U0508784

两岸新编中国近代史

A NEW HISTORY OF MODERN CHINA WRITTEN BY SCHOLARS ACROSS THE STRAIT

典藏版

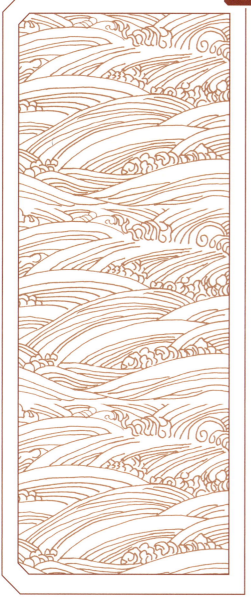

第四卷 民国（下）

王建朗 黄克武 —— 主编

社会科学文献出版社

SOCIAL SCIENCES ACADEMIC PRESS (CHINA)

目　录

第十六章

善后大借款析论：民国财政的奠基 与民族主义的激荡

1911 年的革命，武昌举事不过 4 阅月，清室即宣布退位，孙中山亦辞去临时政府大总统职务，临时参议院选举袁世凯及黎元洪分别任大总统、副总统。1912 年 3 月 8 日，临时参议院制定颁布《中华民国临时约法》，随后，袁世凯于 3 月 10 日在北京就职，组织内阁，掌理国是。袁世凯面对的是旧时代秩序已然崩解、新政权基础尚未及时巩固的紧张局面。对外，国际社会以不干涉之名而迟未承认中国共和体制；对内，中央地方财源均竭而兵变危机频传。想要稳定时局，并非易事。

为了突破内外交迫的困境，新政府保证继承前清条约与承认列强在华既得权益，并且在内阁总理唐绍仪主持下，进行一场引进外资以改造中国财政体制的国际借款谈判。此一谈判，中国方面的主事者由唐绍仪而熊希龄至周学熙，谈到次年 4 月 26 日签字，此即日后所称之"第一次善后大借款"（Reorganization Loan）。

此次借款金额 2500 万英镑，由英、法、德、俄、日五国银行团承做，为期 47 年，利率 5%，因发行折扣率 10% 及佣金 6% 而实收 84%，并且因盐税抵押及聘任洋籍财政顾问问题，从议定之日起即备受争议，国会质疑其违法，舆论批评其丧权。恰在此时，国民党指责袁氏利用改造借款，扩张实力排除异己，于是发动二次革命号召讨袁。及至二次革命失败，袁世凯解散国会，策动帝制。自此之后，"改造借款"一词遂与袁世凯的政治活动密不可分，同

---

* 本章由林美莉撰写。

时也坐实了列强对华施展经济控制的强大野心，成为此一课题的论述主流。①

近年来，论者开始关注在善后大借款进行期间，国际因素有何相互纠葛以及主事者如何在民初党派政争色彩浓烈的政治风潮之下另辟战场。② 本章一方面将观察中外议约代表如何在民族情绪与现实利益之中应变攻防，奠定新兴民国的财政基础；另一方面，由于外国银行团在议定借款的过程中提出监理财政及整理盐务的要求，引起国人强烈反感，虽然中国到最后还是接受了列强要求，由此激发出来的民族情绪，却进而成为日后推动五四运动的历史源头。

一　借款为立国之本

1911 年 11 月底，清朝出使日本大使汪大燮从东京传回数份国际上对于中国革命局势的评论资料。其中有一份论及列强此时对交战双方暂采不干涉态度，但未来必定会为了维护在华权益而有所作为的报道：

---

① 周一匡的《民国政治史讲话之三：丧失国权的善后大借款》（《锻炼》1944 年第 3 期，第26—32 页）一文说此一借款"乘临时参议会将次结束时提出报告，而到正式国会开会时，又诿称早经临时参议院通过，不再依法提出"，而且"数额之巨从来未有，条件极为苛刻"，严词批评袁世凯违法丧权。王纲领的《民初列强对华贷款之联合控制——两次善后大借款之研究》（东吴大学中国学术著作奖助委员会，1982）一书利用中外档案，研究两次善后大借款的议定经过及影响，并在结论（第 238 页）中指出，第一次借款议定之后，黄兴解散了南京留守军队，袁世凯则使用指定用途外余款购买军火，因而决定了二次革命的胜败局势。苏黎明的《六国银行团与善后大借款》（《赣南师范学院学报》1997 年第 2 期，第 74—77 页）及《善后大借款的恶债典型分析》［《漳州师范学院学报》（哲学社会科学版）2001 年第 1期，第 68—72 页］都强调改造借款让袁世凯得以结束南京临时政府与裁遣南方军队，并批评此款用于清偿积欠外债及赔款，产生垄断中国盐税抵押权与监理中国财政的不良作用。

② 贺水金于 1995 年发表《重评善后大借款》（《江汉论坛》1995 年第 5 期，第 46—50 页）一文，是目前所见少数对此次借款给予良好评价的著述。贺水金引述 1913 年 11 月 5 日《申报》上墨西哥向法国借 2000 万镑为期 40 年的款项，利率 6%，折扣率 10% 的事实，推证善后大借款的利率基本上符合当时国际市场行情。至于引起国人严词批判的聘用洋员稽核盐务和审计用途、损害中国财政主权及丧失盐税支配权等问题，贺水金认为袁世凯借由外国稽核盐务的契机，明令禁止地方政府插手盐税征收，加上外国稽查员建立一套现代化税收管理制度，让两淮盐税从 1913 年 6 月底开始整核，到当年年底即由 18.9 万元增加到 210 万元，1914 年更达810 万元，绩效斐然。对于外国银行团垄断民初借款，贺水金的评价是在当时中国政府还没有能力直接进入国际金融市场，外国银行团的操作让中国避免因缺乏经验而承受风险和损失。不过，议定借款过程并非其关注焦点。其后虽有数篇与善后大借款相关的著作，大致上仍又回到恶债批评。值得注意的是陈礼茂及马军合著的《妥协与抗争：熊希龄与善后大借款》（《史林》2003年第 4 期，第 23—29 页）一文，利用新近整编出版的熊希龄函电，回顾议定借款的经过。

此次事变，其损害之及于通商者，列国之所遭遇虽各不相同，然香港及日本两地所蒙之聚伙响殆，有不可以推测者。又况满、汉两族之虐杀，尤为人道上所不忍坐视之事。他日若长此不能平和，则列强为维持共通之利益起见，当善为开导，借图支那（特不言清国而称之曰支那）之安全，此固与不干涉主义毫无所冲突也。至以通商上之损害而言，列国之间有直接与稍稍间接之差别，因此虽有谓善导之机尚未来者，然要之时势所至，固已日迫一日矣。至列国之所谓善导，果用若何之手段，则姑守秘默，以待异日。①

与 11 年前的庚子事变不同的是，辛亥革命是内部纷争，起事者并未向列强宣战，而清室对于宣告独立的各省也未断然镇压。简言之，此时中国还没有失序到让列强有介入内政的理由。列强深知，在对峙情况明朗之前，中立是最好的选择。随着袁世凯与南方渐有相持之势，当时日本媒体即断言，袁世凯此时筹集军费，将成为列强透过政治借款而对"中国事变""有所作为"的着力点。此一政治借款不可能由个别一两个国家承做，而分析国际资本市场形势，法国必将在中国筹借外资活动扮演主导角色。后续的发展，确实也符合外界观察所指出的方向，唯一的推断错误是袁世凯并没有选择对清廷效忠，举借外债转而成为民国政府的立国急务。②

---

① 《列国举动之一致》（录《万岁新闻》1911 年 11 月 21 日），"中央研究院"近代史研究所档案馆藏《外务部档》：02-10-032-03-016"休战议和之新局面"。以下所引外务部、外交部档案藏所同，略。

② 《列强干涉之端乎》（译东京《二六新闻》）分析如下："美国对清素持积极投资政策，其所以然者，乃美大统领之积极政策，与欧洲金融界资本家联合而成也，非美国经济界必致之势，盖美国之企业费，常仰给于英法市场，岂有余力投资清国者耶。即使美国在清投资成功，其资金仍须仰给英法，其实美国不过借他人之力以扶持其在清势力耳，故此时美国以单独意思借款于北京政府之事，恐属子虚。德国之对清政策及国情亦与美国相同。唯法国之政策国情适与德、美相反，法国除每年以二十亿左右之资金投之海外，以求利殖之外，亦无施行其积极帝国政策之必要，并亦无施行之意，法国每年以余资投海外，故其世界金融界势力实在他国之上，其在北京金融界势力亦然。故无论过去、将来，列强断不能不恃法国金融，以应清国大借款，盖本国实无此大资本也。若谓法国果肯借款与清国，则其现在消极之国是不兼容，况法国以投资政策为立国之基础，资本家若应他国之公债，必须政府之承认，固列国资本家无不受政府之指导而借款与他国政府，而法国对于国民资本运用特有监督之义务，以现在之实而论，能借大款与清国者唯法国一国而已。"见《外务部档》：02-10-032-03-016"休战议和之新局面"。

　　发动革命需要资金，维持革命更需要资金。临时政府在南京成立之后，财政状况吃紧，被视为孙中山不得不辞去临时大总统的决定性因素。① 南京临时政府曾由颇负兴办实业时誉的张謇出面，规划以江苏盐税作为抵押，向洋商借款 1000 万两，得到的响应是各国政府饬令所属国民"勿应此项借款"。② 由此观之，临时政府筹募资金失利，与列强保持中立、要求本国商人不得介入革命有直接的关系。

　　袁世凯在北京就职，南京临时政府由黄兴留守，南北两个政府的政务和军饷开销，都由北京来负责筹措支付。此时清室已经退位，北京政府不但不能像过去数月一样从皇室内务府得到款项，还须筹措即将支付的优待清室经费。北京政府急于理财，但地方各省一时之间无法上缴经费，外国银行因其政府仍然要求不准对华贷款，来自本国民间借款数额稀少，加上南京留守不断急电要求支付军饷，北京政府的处境与数月之前南京临时政府相比之下，没有更好，只有更差。

　　在辛亥革命之前，晚清中国由于进行新政改革，各省耗费财力于整顿交通机关和修建灌溉疏水设备等基础设施，致使藩库存银锐减，地方财政吃紧，而民间长期以来在"做官三年可以纳福"的印象影响之下，对官府信用不具信心，内债成绩向来不佳。③ 革命之后，为能尽速安定局面，举借外债势所必然。北京政府由内阁总理唐绍仪出面，向英、法、德、美四国银行团商谈 6000 万英镑的借款。银行团质疑唐绍仪毫无规划，交涉失败。唐绍仪商请清末政坛素有理财能手之称的熊希龄担任财政总长，熊在几经劝说而终于首肯之前，写了一封长信给唐，说当时全国岁出逾 6 亿两，纸币已增发至 3 亿元，物价暴涨，情势危殆。④ 一个月后，熊希龄在 4 月 14 日致袁世凯的电文中说，他接手财政总长时，政府只有存银 3 万余两，如果再没

①　朱志骞：《南京临时政府财政问题之研究（民国元年一月—四月）：中山先生辞让临时大总统的金钱因素》，知音出版社，1992。

②　《日本公使伊集院彦吉照会》（宣统三年十一月），《外务部档》：02-24-008-02-062"革军借款事已转达帝国政府由"。

③　松井石根『清國ノ現勢』（明治 44 年 5 月）、日本防衛研究所戦史研究センター史料室、支那／参考資料／2、32、52 頁。

④　《熊希龄致唐绍仪函》（1912 年 3 月），《熊希龄先生遗稿》第 5 册，上海书店出版社，1998，第 4267—4268 页。

有款项周转的话，共和政府即将垮台。① 在此情况下，熊希龄赞同"舍大借款无以支持危局"的决策，但也认为"借款而不预定用途，注重生产，徒使归于消耗，恐以后更无借款之资格，国其不国"。因此，熊在交涉借款之前，先致电各省都督，请其"速饬财政司，分别临时、常年开列数目，先行电达北京，以便汇总预算，为借款理财之准备"。②

熊希龄重启与国际银行团的借款协商，银行团则于1912年5月5日提出监视裁兵与监督财政两项要求，中外谈判有破裂之势。根据熊希龄在当天致陈其美的电报，银行团怀疑唐绍仪滥用借款，刻意接济南京及上海的革命部队，因此要求派遣外国武官，会同华籍官员，亲至部队，点名发饷，同时要求在财政部内派驻外籍核算员，监督财政收支项目。熊希龄认为银行团的这两项要求，"无异日本之待朝鲜，抵死不能承认"，一旦谈判破局，当局也只好发布紧急命令，停止三个月的军钞兑换。③ 由此观之，对成立不久的北京政府而言，外国对华的军政和财政监督，远比发不出军饷酿成兵变危险。

当熊希龄同银行团谈判借款与垫款事务时，南京留守黄兴发出急电，要求北京拨款，给列强造成中国局势不稳的印象。其间过程，颇值一述。黄兴5月15日发出的急电说："此间军队伙食，已数日不能发给，今日有数处竟日仅一粥。每日索饷者门为之塞，危险情形日逼一日。加以急报密陈，日必数十至，哗溃之势已渐发端，二日之内倘再无款救宁，大乱立至。兴德薄能鲜，支持至今，实已才尽力竭。此后东南大局，如有变乱，则兴不能负此责任。"④ 熊希龄立即回电说中国银行"沪行为兑换军钞，多方搜括，甚至将该行房地抵押，其穷蹙已达极点，故以财政言之，中国目前可谓无国家矣"，而财政部内"部库仅存六万，现尚欠一百五十万，无法可设，专恃借款，而银行团因我愈急，彼心愈疑，要求监督权亦愈坚"。⑤ 中外交涉

① 《熊希龄致袁世凯电》（1912年4月14日），《熊希龄先生遗稿》第1册，第264页。
② 《熊希龄致黎元洪副总统暨各省都督议会通电》（1912年），《熊希龄先生遗稿》第1册，第319页。
③ 《熊希龄致黄兴电》（1912年5月5日），《熊希龄先生遗稿》第1册，第276页。
④ 《黄兴致袁世凯、唐绍仪、熊希龄通电》（1912年5月15日），《熊希龄先生遗稿》第1册，第289页。
⑤ 《熊希龄复黄兴电》（1912年5月15日），《熊希龄先生遗稿》第1册，第290页。

至 5 月 24 日，监督撤兵作罢，但监理财政则仍无法豁免，最后决定在财政部之外，另设经理垫款核算处，由财政部与银行团各派一位核算员，管理银行团的支付垫款。①

谈判结果出炉之后，黄兴等人提出发起国民捐以救危亡，熊希龄立即表示赞成，并筹划扩大范围成为国民公债，期盼"此举有着，即使目前支用外人垫款，吾人受此数月之苦痛，不转瞬即可偿还，振我民气"。② 不过，6 月 9 日国务院以"国民捐为人民血诚所积，不便支用军饷"，让财政部依然无款可用，理财依旧须回到商借外款一途。事后，熊希龄回顾谈判过程，不无气恼地致电黄兴，称当初谈判签字"即系我公屡电告急，迫如星火所致"，因以"公所谓，二日之内无款接济，大祸立至。近已两旬，尚无危险。当时公果以实情告龄与唐总理，何至迫而签字"。③ 也就是说，熊希龄觉得黄兴的告急电文让他在评估己方忍受财政缺口的能力时做了低估判断，以致对外交涉时难以强作坚持。

商借外款虽然失利，熊希龄仍在 6 月 12 日趁日本与俄国尚未加入国际借款之时，发函通知四国银行团，请其垫借 600 万两，垫款项纳入未来议定合约，以保留继续协商的可能性，否则将向国外不属四国银行团体系的其他财团筹借财源。④ 及至日俄两国加入国际银行团，熊宣布缩减借款额度，从唐绍仪原提案的 6000 万镑减至 1000 万镑，熊的考虑是"六国银行团志在垄断经济，少借固不能应我之急，但无论为数若干，彼若允借，即须在外发行债券，债券上必须由外交代表签字，因签字之故，彼各国不得不承认民国，关系固甚大也"。⑤

既然兴借外款与国交承认两不可分，中国自不能斩断与六国银行团的正常联系；交手的六国银行团也知此理，先响应可允中国的垫款要求，但又延迟交付。与此同时，上海总商会在 6 月 18 日致电英国政府，以中国"秩序一日不能回复，商业一日不能流通"，对各国亦不利，希望英国政府"劝令银行团酌改该团所开严厉之条件"。英国外务大臣回复上海总商会道：

① 《熊希龄通电》（1912 年 5 月 24 日），《熊希龄先生遗稿》第 1 册，第 304 页。
② 《熊希龄通电》（1912 年 5 月 28 日），《熊希龄先生遗稿》第 1 册，第 312 页。
③ 《熊希龄致黄兴电》（1912 年 6 月 10 日），《熊希龄先生遗稿》第 1 册，第 325 页。
④ 《熊希龄致赵凤昌电》（1912 年 6 月），《熊希龄先生遗稿》第 1 册，第 343 页。
⑤ 《熊希龄致谭延闿电》（1912 年 6 月 28 日），《熊希龄先生遗稿》第 1 册，第 347 页。

"至今各银行团之举动，本国政府均以为然，且凡有合同借款，倘若银行团视其条款不足担保所借，必须正当合理之花销，暨不足担保妥实抵押确能偿本利之质物者，均不能催劝各银行团出借"，表明支持银行团的态度。①由于中外双方僵持不下，熊希龄于 7 月 1 日致电银行团称："本国如病者待诊，医久不至，生命可危，断不能呆守一医，以致自误，兹特函询，应请贵银行团确定一最速复答日期，逾期不复，即各自由。"② 六国银行团收到熊的来电后采取冷淡处理，熊希龄于 7 月 7 日与陆征祥商议，由外交部出面致函各国驻华公使，希其"饬各银行团关于一千万镑能否照办等情形迅速答复"。陆征祥回复道："备函痕迹太著，大总统意请次长向各使面托，请呈颜次长酌夺办理。" 意即请外交部次长颜惠庆出面协调。③

颜惠庆的行动并无成效，因为熊希龄在 7 月 8 日再与汇丰银行和银行团会议时，请求垫款数百万以"接济各省"，为银行团当面拒绝。熊立即表示："垫款无着，只得令各省自行设法，或由中央另筹他法，以救目前之急。"不过，熊随后在致银行团的信中，不无官样文章地说："本国中央政府贵银行团交谊素挚，本总长深信贵银行团伦敦资本团复信之后，尚可为将来用款，重与贵银行团磋商一切。"实质上呈现出中国仍然试图维持双方沟通的可能性。④

对熊希龄而言，1912 年 7 月 8 日的磋商失败，是其负责交涉以来最为艰苦的一次经验。熊抱着借不到外款的心理准备，对各省都督发出电报，请其设法自筹地方经费。从熊希龄 7 月 10 日发给广东都督胡汉民的电文，可以看到此次决裂之所以如许严重，主要是因为列强又踩到了监督中国财政的谈判底线：

六国银行团因我内阁摇动，又生枝节，要求大借款四条。一、借

---

① 「上海總商會致英政府電」（1912 年 6 月 18 日）及英使复电均见『神州日報』1912 年 8 月 23 日、アジア歴史資料センター、編号 B04010806400、『支那改革借款』、52 頁。

② 「熊希齡致六國銀行團函」（1912 年 7 月 1 日）、アジア歴史資料センター、編号 B04010805700、『支那改革借款』、26 頁。

③ 《熊希齡致陆征祥函》（1912 年 7 月 7 日），《外交部档》：03-20-010-01-004 "借款仍议改一千万镑请达各使饬银行团能否照办迅复"。

④ 「熊希齡致六國銀行團函」（1912 年 7 月 9 日）、アジア歴史資料センター、編号 B04010805700、『支那改革借款』、87 頁。

口唐所许五年交款六千万镑，要求经理全国借债五年经理权。二、盐务须仿海关办法，委洋人管理。三、财政部延顾问员，关于借款合同签字。四、稽核处永久不撤，权力加大。龄以其无理取闹，严行拒绝。嗣议改为一千万之借款，该银行团允电伦敦商榷，迄今两礼拜，尚未回复，屡催罔应，意在延宕其期，乘我危急，以达目的。此次幸稍预备，未为所败，该银行团遂运动各国公使，转电各国政府相助……乃致书银行团，谓垫款无着，本国政府只得另行设法，现在谈判中止，三月初三日所许优先权，自然无效。业已别商借款，惟非旦夕所能办到，须预筹两月饷款，以备不虞。本部库空如洗，务乞迅速设法汇解北京数十万金，苟能支持两月，他项借款一成，自可内外通融。[1]

不过，对中国主政者而言，银行团前曾拨款300万两以稍救燃眉，显见其并非完全不可合作，其后谈判因为财政监督问题而决裂，这并非其乐见的结果。[2] 由于预料短期之内谈判难以恢复，中国官民各方试图另寻外国其他财源。

二 突破网罗的中外攻防

因对六国银行团协商失利，熊希龄于1912年7月15日引咎辞职，周学熙继任，国人继续寻思其他可能的外国借款途径，目标转向比利时、奥地利等国银行以及欧洲工业大厂。中国驻意外交代表吴宗濂8月14日向外交部建议：

窃念此次借款决裂，实与我国前途、列强公认大有妨碍，而我国军民之反对垫款条件，虽出于爱国热忱，其实颇多误会盲从，深文周内，今者事败垂成，不知公众果已有良法弥补否。试为通盘筹算，此中无形损失盖数十百倍于前之赎回粤汉铁路也……盖全球银市，除日俄本非富足，可置不论外，其余四国则固操世界金融之牛耳也（如欲破已散银行团之恶计，非请其政府指令不为功），舍此他图，窃恐多难

---

[1] 《熊希龄致胡汉民电》（1912年7月10日），《熊希龄先生遗稿》第1册，第366页。
[2] 高劳：《银行团借债及垫款之交涉》，《东方杂志》第9卷第1号，1912年，第5—10页。

应命。然于晦盲闭塞之中，姑作生面别开之计，无已，其惟有求诸比奥诸银行及德之克虏卜、英之阿模斯德郎、法之克鲁苏等厂乎。盖此款虽已中止，其情形与六国银行团事大不相同，奥国本曾请入六国银行团而未能如愿，设与彼等商订借款，其或有成，殆居多数（以上二国本自有股票公市，可无须借资他国）。若克厂等则皆以制造军火船只铁路著名，且与我国素有交涉，况乎此后我国所需必多，似不妨径予将来定货之约，请其先行借我若干兆镑，以济燃眉，或不致全遭拒绝也……及今而速与比奥及克厂等商借，窃请可由总长直托各该国之驻京公使，或即饬我国驻在各该国之代表为之先容，如有边际，再行从长开议，期收完美之效果，以救目前之困难，似亦一策也。①

外交部赞同避开银行团垄断势力，另向国外工商厂家借款的做法，训令驻外使节分往接触，于是有驻英代表刘玉麟与英商克利士（Birch Crisp & Co.）借款交涉，驻俄使馆代办郑延禧向法商克侯索洽商借款及订购工业产品的行动。

刘玉麟与英商克利士商谈借款 1000 万英镑，在 1912 年 8 月 30 日完成签约，经国务院转呈大总统提交参议院追认。② 然而，因为此借款合同在送交英国驻北京公使朱尔典（J. N. Jordan）备案时，朱尔典以此案与“本国政府向贵国政府声明之各节不符，本大臣惜难按照贵部所请备案，理合将原送合同奉璧”，不同意备案，而英商也不愿为此案甘冒违逆国策之险，借款活动遂至失败。③

郑延禧在 9 月 27 日呈报一份长达 20 页的函件，叙述前往英国及法国的借款情形。这次交涉由掮客贺尔飞居中牵线，郑延禧在 8 月 6 日到达伦敦，与某银行家会面。据郑的认知，此次借款“已在北京订立，复在森彼得堡签押，各方面均已议妥”，议定利息 5 厘，为期 10 年，而其赴英之行乃为领

---

① 《吴宗濂致外交部函》（1912 年 8 月 14 日），《外交部档》：03-20-010-01-012 “拟请另与比奥及克厂商议借款免受六国团抑制”。

② 《财政部咨外交部》（天字第 3345 号，1912 年 10 月 4 日），《外交部档》：03-20-010-01-018 “六国银行团要求太苟已与英京培克立公司商借款项”。

③ 《外交部收英朱使节略》（天字第 3531 号，1912 年 10 月 11 日），《外交部档》：03-20-010-02-001 “送回培克立公司合同碍难备案”。

款。但在与银行家见面后，对方却说，"中比所订借款合同系一年后还清，而中奥所订借款合同则系六厘起息"，现在条件太差，不愿出借，于是在 8 月 6 日修改条件为期 4 年，经理费 1%。稍后，银行家又在 8 月 13 日修改条件，以"中国时局尚未大定，前拟四年为期一层，为时太久，现止可一年为期；继谓原定经理费百分之一，未免太少，须加至百分之二"，郑延禧也只好表示接受。随后，该银行家以英国政府警告他若"不听政府命令，私自借与中国，如以后中国无力偿还，不得向政府申说，且从此政府与银行断绝往来"，前议作罢。8 月 20 日，郑延禧抵达巴黎，与贺尔飞介绍的法国某银行家碰面，该银行家表示，"此事牵动各国，其中并有政治性质，事关重大，不能不告知政府，一经告知，势必竭力相阻"，突破之道在于"将定造用品与借款连而为一，半系借款，半系用品，是则互相支配"，于是议定借款 6000 万法郎，一半定造用品，一半现金。到了 9 月 9 日，银行家表示，"借款之事已与首相言过，首相谓法国亦在六国银行团之内，若私自借与中国，实使政府为难，此事可否从缓再议"，借款又成泡影。[①]

经历与六国银行团交涉及尝试工商借款失利后，熊希龄于 9 月 22 日提出其撰写的《借款条例》，总结过去 5 个月中外攻防的经验，并预筹将来谈判再开时的各项准则。熊希龄把借款数额定在 2500 万英镑，并根据中国的还款能力，订出地方配合办法。熊认为辛亥革命后，"各国严守中立，南北财政，均蹈于危险之极点"，是和议得以速就的原因。清末各项借款均由政府直接与银团商议，列强在华使节无庸置喙，然而，北京兵变后，"银团请转各国公使批准"成为谈判基础，其直接结果就是原本单纯的经济交涉转变为复杂的政治交涉。熊期望正在商谈中的英国财团可以商借到 1000 万英镑，专供作中国行政费，接下来，只需再向银行团商借 1500 万镑，可以减轻负担。政府以兴办印花和验契两项新税案增加税收，同时推行盐斤加价和地亩租捐，应可及时清偿。[②] 可惜，到了 10 月初，洽商许久的英国财团 1000 万英镑借款宣告失败。不管此际中国是否心生懊悔，共和成立以来的迭次兵变，让各国政府及其派驻在北京的外交使节堂而皇之地把经济交涉

---

① 《驻俄使馆代办郑延禧函外交部》（1912 年 9 月 27 日），《外交部档》：03-20-010-02-002 "与贺尔飞父子另向英法银行借款均被该政府阻止情形"。

② 《熊希龄函》（1912 年 9 月 22 日），《外交部档》：03-20-010-01-020 "印送借款条议"。

变为政治交涉。与此同时，各国政府又强烈制止国内财团私下与中国订约，虽然，其后由于美国退出六国银行团，局势再度发生微妙的变化，而列强摊在世人眼前，质疑中国无力偿债，据以强势主张监督财政与管理盐税之尖锐议论，仍是中国无法规避脱逃的核心议题。

经过数月沉寂，六国银行团中势力最强的法国政府于 1912 年 10 月 23 日由其驻北京公使康德（A. M. R. Conty）派员到中国外交部，表明愿意调停银行团与中国借款事。从谈话记录看来，法国颇为积极，提出的待解决问题也很具体：

> 法使又尝通知银行代表，谓法政府所深望者，乃借款条件虽一面必须保守，务求不可免之抵押物主义，然一面仍宜以相当之词申明之，俾中政府得承认之。法使且谓，如要使中政府承认此项条件，则其中不可用管理等字样。法使又尝对银行团表示愿意，谓开续议时，银行团不必派六个代表，至多留以三人为限。再对于中国政府方面，现有二要点，其关系续议事甚为细密，不妨于此时说明之。一，如能详细指明应撤各项军人，则深为便利，前称八十万之数，不过用以表示兵令多耳，现在顷照大概总数报告详细情形，证明各省确有之兵数。二，按八月三十日驻英华使与格列斯魄公司所签之合同第十四款，中国续借时，如该银行团所开之条件与他银行团所开等一便宜，则该银行团应有优先权等语，此所开条件四字，究系何指，是否系指借款之价格及其利息之多寡，抑系指合同之大概情形，该第十四款将来不免生出事实上之难处，如此格列斯魄公司之合同得归在六国银行团账上，则此种难处可免矣，但此须研究磋商多日。以上问题，于未开议之前，中政府似宜首先答复。[①]

在这次的提案中，取消了"管理"的字样，以争取中国重回谈判桌。但是，相对的，在实质问题，即中国如何办理裁兵，以及稍前中国在英国与商团议定千万英镑借款的后续善后上也并未放松。面对法国主动释出的

---

① 《外交部致赵秉钧总理、周学熙总长函稿》（1912 年 10 月 24 日），《外交部档》：03-20-003-03-003"法馆交来说帖一件当饬译汉文并抄录原件希查核赐复"。

善意，外交部决定"派干员赴馆详探办法"。

六国银行团之所以愿意重启协商，与此前中国四处寻找工商财团进行借款或订货有直接的关系。虽然各国政府极力制止国内财团对中国的借款活动，但中国还是成功借到几次小规模的款项，这令六国银行团甚为不怿。当时法国报纸曾有以下的报道：

> 中国于其允许之件未免虚饰，而于其要请预先垫款时又多诡计，缘其请求垫款已经商允之条件未能履行也。闻自六国银行团与中政府停议商议后，该银行团又自行开议，研究此项条件可否减让，并商议对于盐务盐税之事可否只限于一二省而不普及全国。论理，若此数省盐税改良办法后已足敷担保之用，则其他各省当然置诸不问。记者以为，银行团可不致解散，惟各宗小借款冠以实业借款之名者，实大不利于该团，即照上年十二月扬子码头借款，以汉阳铁厂及华商招商局为担保之日东借款、安诺克伯借款，以及现在第得里克森之电车借款是也。记者甚怪夫德公使之不阻止德人之款贷与中政府，深盼其余五政府出而抗议，否则银行团之解散，而后演竞争之剧矣。记者最后之忠告，则切盼该团亟求团结，盖该团之力，足能停止中国借款之紊乱也。[①]

六国银行团意识到，如果让小额借款继续存在，恐将引起恶性竞争，反而使中国政府趁机得利。

中国政府为求快速解决财政缺口问题，也愿意继续与六国银行团谈判改造借款。中外双方探询彼此要求，只待解决两个问题即可达成共识。第一个问题是列强要求中国政府必须对南北交战期间外人所受损失负责赔偿；第二个问题是为确保借款担保品的盐税收入稳定起见，中国必须同意派驻洋员稽核。陆征祥与周学熙会商之后，于 1913 年 1 月 15 日回复六国银行团：

> 中国政府允将南北交战期内，外人在交战地所实受之直接损失，

查明情形，酌予赔偿，是以中国政府将此次借款二千五百万镑内划出二百万镑，备充前项赔偿之用。至何者应行赔偿，及赔偿之数用如何酌给，可由各使馆开明详细清单，送与中国政府查阅后，交仲裁委员会酌定办理。此项仲裁委员会之组织权限与办法，再行协定。

中国政府现因整顿盐务，业由财政部制定章程，设立稽核造报所，其总所内应用洋会办，分所内应用洋协理，以资襄助。又审计处拟定章程，设立稽核室，专司考核外债用途，用洋稽核员，会同华员办理，并拟聘用外洋财政大家，充审计处顾问。届时六国驻京大臣可备私函，向外交部询问所聘顾问系属何人，权限若何，以及延聘合同内定何条件，外交部即将中国政府所拟聘之人及所拟之合同，亦备私函签复，惟此项来往函件，彼此言明系属秘密。①

六国银行团接获中国提出的方案，于 1 月 21 日由法国公使康德与日本公使伊集院彦吉联袂拜会陆征祥，代表六国银行团与中方会商。伊集院提出："此次革命受损各洋人一事，贵部节略内所答复者，仅限于武汉战界内所受损伤者，然洋人因此次之革命受有损伤者，何止武汉一隅，中国各处均有之，今立此限制，颇不以为公允。至于聘用财政顾问，本以合同一时难定，且不便以此事载在借款合同内，彼此乃商妥以公函，询问贵政府有无其事，贵国亦以公函答复，乃贵部之节略易公函为私函，使团亦不能表其同意。"陆征祥则回应道："关于聘用顾问一事，一般国民反对极力，各国政府诚不宜干预之，中国政府本允聘财政顾问，但有鉴于前财政总长熊君之因此而事受国民排击，故亦欲各国不干预，之用私函，即所以避各国有干预我国用人行政之嫌。"陆征祥并且表示，此次"中国亦开诚布公，停止各小借款，以与六国银行团商议借款，凡可迁就者，无不迁就，今既议而无成，甚为可惜。中国需用巨款甚急，不能不另向他处筹借款项，今日贵大臣等所议各款，系根据于借款条件，今借款既停议，则此次提议各件，亦宜暂行搁置不议"，协商又有破裂之势。②

① 《外交部致六国驻京公使密函》（1913 年 1 月 15 日），《外交部档》：03-20-011-01-005"银团接伦敦电与前议有修改之处另拟稿抄送"。
② 《陆征祥会见日伊使、法康使谈话纪录》（1913 年 1 月 21 日），《外交部档》：03-20-011-01-012"两使言关于赔款用人各节之答复不合总长谓银团不垫款中国则筹小借款"。

三 现实困境与历史记忆的叠合

熊希龄在其议商借款时发出的函电中曾经提到，中国之所以抗拒国际监督，其原因是银行团的要求与日本对待朝鲜的做法如出一辙。日本由《马关条约》取得对朝鲜的宗主权，在"改良内政"的名义下，陆续接管朝鲜的司法、兵政及警察权。每一次接管，时任日本驻北京公使伊集院彦吉奉命递交照会文书，直到 1910 年 8 月 18 日（宣统二年七月二十四日），伊集院正式告知朝鲜将与日本"合并"，距离辛亥革命之起，不过一年有余，国人对于日本吞并朝鲜的过程可以说是记忆犹新，殷鉴不远。

以伊集院彦吉在 1909 年 10 月 20 日（宣统元年九月七日）向清廷提出日本办理朝鲜司法的照会为例，时人可以很容易地在报刊上读到"日韩协约"上面开宗明义写着"日韩两国政府为改良韩国司法及监狱事，以期确实保护韩国臣民并驻韩国外国臣民及人民之生命财产，与巩固韩国财政之基础起见"而订定条约。对弱国而言，强国为"确保人民生命财产"而施加的"改良"，就是强国体制全盘取代弱国传统。于是，在这次协约当中，朝鲜政府同意"在韩国之司法及监狱事务认为完备以前，允将司法及监狱事务委任日本国政府"（第一条），把执行权拱手交给日本政府，由日方选定"有一定资格之日本人及韩国人，任用韩国内日本裁判所及监狱官吏"（第二条）。[①]

日本接管朝鲜司法不到一年，伊集院彦吉即向清廷正式告知日朝两国即将"合并"。伊集院在与外务部官员会谈时的官式措辞是："此事由来已久，自四年前韩国归日本保护后，日本即拟改良其内政，故凡司法、兵政、警察等权均由日本办理，何如数年来进步甚迟，且地方时有不安之事，不能尽保护之责，故决意实行日韩合并，以期永保和平。"更何况，日本实际接管朝鲜政务已历数年，"合并条约不过表面事"。[②] 在对外刊布的两国"合并"宣言中，则写着"日本国皇帝陛下及韩国皇帝陛下，因两国间有特殊

① 《日本公使伊集院彦吉照会》（宣统元年九月七日），《外务部档》：02-19-010-01-046 "韩国司法事务据日韩协约已委托日本办理订十一月一日起实行"。

② 《日本公使伊集院彦吉照会》（1910 年 8 月 18 日），《外务部档》：02-19-010-03-037 "告知日韩合并事"。

而又亲密之关系，欲谋增进相互之幸福，并确保东洋之平和，深信莫如将韩国合并于日本，两国乃决定缔结合并条约"的文句。[①]新近成立的北京政府官员，在这次借款谈判之中，又看到"改良内政"和"确保和平"这些十分刺眼的字眼。

晚清时期已与列强有过交手经验的唐绍仪和熊希龄，十分戒惧以他国军力保障己国和平，因为前有辛丑议和的屈辱，后有朝鲜失国的借鉴。1912年5月9日，熊希龄回复银行团，声明北京和南京的军队发饷都有固定数额，且将依法造册公开，外界无须对此有所质疑，堵住外国指称中国军队常见滥发饷吃空缺的声浪，接着指出，外国军官监督裁兵的要求，必定引起人民强烈反弹，务必撤销此议。同时，熊也保证中国政府对外借款的安全性，请银行团给中国自行提出改革盐务计划的机会，作为借款担保品。[②]

中外交涉至5月24日，外国银行团为了避免中国舆论的强烈反弹，不再坚持必须派遣武官会同华官点名发饷。但是，银行团不相信中国政府能够自己规划盐政改革方案，他们举出晚清铁路借款已经聘用外籍司账来查账的既成事实，毫不让步。最后，双方协商决议，在财政部的机关编制之外，设立经理垫款核算处，由财政部与银行团各派出一位核算员，会同核算及管理支付垫款项目，并且声明此项账目只适用于银行团对中国政府垫款的用途。[③]熊希龄在谈判结果公开之后，由于受到舆论抨击，而且各省民意机关纷纷派遣代表赴京，要求取消此条，于5月29日发出通电"国民既经反对借债条款，即系希龄外交失败之咎，自应退避贤路，以谢天下"，表明辞意，借款事务也随之停顿。[④]

国际社会对于中国官民反对监督财政的激烈态度，颇表不以为然。驻俄使馆代办郑延禧的报告指出，列强认为，中国此时提出6000万英镑借款，数额过巨，加上自辛亥革命爆发以来，包括庚子赔款在内的各项借款本息都未按期支付，显示中国的财务管理已经出现严重缺失。再就现实而论，晚清政府部门内雇用洋人早已不乏先例，散布在铁道、邮政和税关等各机

---

① 《外务部档》：02-19-010-03-038"日韩合并条约及宣言书"。
② 《熊希龄复银行团函》（1912年5月9日），《熊希龄先生遗稿》第5册，第4276—4267页。
③ 《熊希龄通电》（1912年5月24日），《熊希龄先生遗稿》第1册，第304页。
④ 《致赵竹君罗宜六君并各报馆电》（1912年5月29日），《熊希龄先生遗稿》第1册，第304页。

关，人数超过数百，此次的所谓监督财政，只不过是聘请外人来管理账目，为中国整理财政，可说有益无损。至于已作罢论的中外武官会同发饷及监理裁兵，列强也提出解释，这是因为"南方兵队甚众，军律不一，往往有克扣军饷之事，此次各国要求监视，无非欲使军饷实数发给，且军队既行减少，则财政自然宽裕"。① 总而言之，中国财政本已困窘，参与革命阵营的军队又多非正规训练，成员来源复杂，越发加重财政负担，此际中国的贷款条件比起清政府时代还要差，外国为保障贷款能够回收，当然要提出监督的要求。

议定外国借款失利，北京政府改募内债，在 5 月底时筹得 50 万两，但这数额与积欠未付 2000 万两庚子赔款，以及预估至少 1000 万英镑的岁支需求而言，只能说是涓滴之于汪洋。此时国人有提出不兑现纸币的构想，引起国际批评，认为此举将使各国在华纸币成为"墓中殉葬品"。② 在国内财源短缺的压力下，中国尝试协商调整借款金额，从 6000 万英镑降为 1000 万英镑，没有得到银行团的正式响应，于是又宣布将另筹他法，目标是国外不隶属六国银行团的其他财源，试图突破网罗。然而，在刘玉麟与英商的1000 万英镑借款，以及郑延禧与法商借款的活动，均因该国政府制止而相继失败之后，解决财政缺口的大额借款，最后还是要回到与六国银行团继续洽商一途。六国银行团经过中外交锋的历程，对于保障贷款安全的具体做法，也逐步达成明确共识，那就是监管盐税。

对于中国积极与其他不属六国银行团之列的财团洽商借款的做法，英国公使朱尔典于 9 月 25 日谒见袁世凯总统之时，提出中国政府大开对外借款门户，不管利息轻重，日后将招致外国以兵力索债的下场。袁世凯反驳道，中国向六国银行团之外的财团借款，实是逼不得已。银行团不愿松口监督财政，即使中国政府愿意接受这个条件，送到参议院也绝无可能通过。此时已届中秋，政府立即要支付清室经费及各省军费，势必要借得小额款项，以维持社会秩序。接着谈到盐税管理问题，朱尔典直接挑明立场："六国团肯以盐务作抵，系六国银团用人自行整理也。本大臣在华三十余载，

---

① 《驻俄使馆代办郑延禧函》（1912 年 5 月 30 日），《外交部档》：03-20-010-01-003 "报告俄政府借款意见系监督财政解散军队"。

② 《驻俄使馆代办郑延禧译呈 5 月 31 日新时报》（1912 年 6 月 24 日），《外交部档》：03-20-010-01-003 "译呈俄京新时报对于中国论说"。

而中国所行新政略有起色而能作实在抵押者，只有税关暨京奉铁路而已，然此二事皆借西人之力而于账目有西人会计左右其事也。若华人自行新政如粤汉铁路、山西矿务，皆成虎头蛇尾之势，其余更不必论矣。中国果能自行整顿盐务，使其发达到底，是乃英国政府及本大臣之所属望，然以晚往而测将来，恐非易事也。"言下之意，中国政府想要拿到借款，除了交出盐税管理的权限，别无选择。袁世凯表示，国民必定反对外国监理盐税的做法，严重的话甚至可能激起排外情绪，一旦事态发展到难以掌控的局面，袁世凯自身政权可能不保，各国在华权益损失也难以预料。[①]

六国银行团并不满意袁世凯的说辞。因为，他们发现，事实上，中国在与英商克利士洽谈 1000 万英镑借款时，就是拿盐税来作为担保品。不在六国银行团之列的意大利公使斯第尔扎（C. C. Sforza）代表列强的共同利益，向中国政府提出正式抗议。其理由是，按照《辛丑条约》第六款规定，盐政收入已经纳入支应赔款的项目。中国政府在知会各国之前，即以此税作为抵押，直接损及各国既得权益。[②] 中国政府面对抗议，由外交部回复，说《辛丑条约》所称的担保赔款之盐政各进项，是指旧有盐课，而作为新借款抵押的盐税，则是指辛丑之后才产生的盐斤加价等各项羡余，因此并没有违约另抵，对列强的既得权益也不会有任何损害。[③]

在法国公使康德的调停之下，中外双方在 1912 年 10 月下旬重回谈判桌。中国政府为取得借款，同意外国盐税监理之议。中外双方解除谈判障碍之后，议定各项借款条件，并在 12 月 27 日送交临时参议院议决通过，俾于该年底之前清偿积欠款项。临时参议院讨论借款中英文合同时，因有议员提出，此项借款以"维新"作为合同名称并不确当，财政总长周学熙即席回复可予改议他词。[④]

经过漫长的协商折冲，中国当政者虽然争得免除监督裁兵之议而得以

---

① 《英使朱尔典偕参赞巴尔敦晋询大总统问答》（1912 年 9 月 25 日），《外交部档》：03-20-010-01-015"因六国银团梗议另借他款英使请废比约"。

② 《外交部收义馆函》（天字第 3240 号，1912 年 10 月 1 日），《外交部档》：03-20-010-01-016"盐款已抵赔款兹复抵借款有背辛丑和约特行抗议"。

③ 《外交部通商司节略稿》（宙字第 84 号，1912 年 10 月 15 日），《外交部档》：03-20-010-02-003"新借款指抵之盐税系辛丑以后羡余之课并非违约另抵希查照转达"。

④ 《善后借款合同经参议院通过情形纪实》，《外交部档》：03-20-012-01-027"函送借款合同参议院通过情形纪实"。

保存颜面，但现实财政困局令其不得不同意以管理财政账务与整顿盐税事务换取国际借款的支持。从中国官员在往来文书之中不断出现的对日本吞并朝鲜引以为鉴的戒慎言辞，吾人方能理解，为何北京政府在交涉借款时，一直不愿接受外国银行团提出的"改造"（reorganization）借款名称。因为，在当时的国际环境下，"改良"或是"改造"都属于列强展示优越感的词，不时牵动着弱国敏感的民族情绪神经，而"维新"一词，更令国人直接联想到日本在东亚兴起的经验，于是，最后出现在中方借款文书中的，乃是作为替代的"善后"一词。

四　民族情绪之挑起

当周学熙等人在1912年12月27日带着与六国银行团协商的文件合同，到参议院寻求支持之后，商借外款案只待正式签字，即可告一段落。然而，12月31日早晨，法国公使康德与日本公使伊集院彦吉再度拜会陆征祥和周学熙，提出必须在合约之中，正式纳入赔偿外人在辛亥革命南北交战期间所遭受损失，以及聘用外籍财政顾问和派驻洋员稽核两项条款。伊集院彦吉公使并说："非先行解决此两问题，借款恐终无成。"这一新要求让借款案又添变数。①

陆征祥回答："外间已纷传此次借款系有政治关系，今竟欲加入此两问题于借款合同内，岂非竟如所传。且赔偿受损乃另一问题，与借款无涉，聘用财政顾问等员，系财政总长分内应办事，似宜仍由财政总长先行将借款定议。盖赔偿一事，应行研究者甚多，非一二日所能收效者，岂不因此而误借款之进行乎。"法国公使回应道"此次借款有政治关系，无足讳者"，如果不先解决赔偿问题，即使借款合同签字，法国也将拒绝发行债券。于是，中外双方决议在原先已议定的2500万英镑借款金额之外，再多借200万英镑，并指定为赔偿外人损失之用途。

续谈管理财政问题时，周学熙说："现在已多有谣言，谓财政受外人之监理，用人之权亦操之外人，以故若将聘用财政顾问等员载在借款合同内，

---

① 《陆征祥、周学熙会见日伊使、法康使谈话纪录》（1912年12月31日），《外交部档》：03-20-011-01-002"革命损失赔偿及聘用财政顾问之问题"。

更易引起国人之反对。本国政府对于聘用外人之有名望者有学问经验者，相助为理，已久怀此意，各使当表同情，但于借款合同内加入此条，则政府反觉为难。"因此，他建议不要加载合同正文，而以附件或是彼此互易照会的方式来解决问题。法国公使回答说："借款条件原有管理财政一层，但须为中国政府承认，方允借款，但承认之法，载在合同或另行订定，原可通融。"周学熙接着表示："如能给一封信，询问聘用外人条件薪数等事，当必明白答复。"法国与日本两国公使对陆、周的回应表示满意，同意将告知其他有关各国此一会谈结果。

　　然而，1913 年 1 月 15 日陆征祥发出致银行团的信函（已见前述）后，外国公使团由法日两国公使出面，于 1 月 21 日前往外交部求见陆征祥。此次会面，外方由日使伊集院彦吉主谈，法使未置一词。伊集院称，前次关于赔偿问题及财政监理这两大问题的会谈结果，和这次外交部提出的函件内容相比，可说是"尽翻前议"。陆征祥有所辩驳，双方立场不一，会谈不欢而散。之后，外交部秘书顾维钧往见美国公使嘉乐恒（W. J. Calhoun），并在两人的会谈记录中，记下中外双方对于力争权益的认知差异。[①] 顾维钧首言：

　　　　此次本国政府与六国银行团续议大借款，原冀有成效，以应种种急需，所以对于银团提出之条件，始终和衷通融，再三让步，先则应许统一议订借款之权，特发令任委财政总长独管借款事宜以专责任，次又应许取销谷利斯浦借款合同第十四款，付出赔偿费十五万镑，嗣又允许聘请洋员襄理审计及整顿盐务事宜。及至草合同已起稿，银团又要求本国政府通电各省，分别承认担保指定担保物，而本国政府因需款孔亟，不得不委曲求全，又允许照办，业经回复银团。夫前后退让至此地步，亦不可不谓至矣尽矣，然仍无满意之效果。盖于约定画押之日，银行团代表忽称，现因巴尔干问题吃紧，金融机关塞闭不灵，垫款一层断难办到等语，想此必是实情，本国政府深知银行团之难处，借款因而不克告成，本国政府尤深歉仄，惟望将来巴尔干风潮稍静后，

① 《秘书顾维钧谒见美使嘉乐恒问答录》（1913 年 1 月 21 日），《外交部档》：03-20-003-03-006 "美银团垫款事"。

仍可商议其事。至于目前乃需款方殷，缓不济急，不得不向别处商借，以应当今燃眉之需。

嘉乐恒则说：

> 贵国国库空乏如洗，需款之急，朝不待暮，故亦以为贵国急应向他处告借。前日本公使尝谓公使团曰，银团既难拨付垫款，自应任中国自由向他处筹借，不当阻挠云等语。然推考此次借款合同所以不能成立之原因，似亦不能尽行归咎银团。盖本公使回忆此次续议开始之初，法使奉政府训条，要求二端，舍此不愿承认借款合同，聘请洋员办理审计借款用度，整顿盐政以固担保，一也，允许对于革命时法人所受损失，承认全行赔偿之主旨，二也。六国公使于是开特别会议，英、德、日、俄公使咸以法政府之条件为然，本国公使对于聘请洋员负审计用度整理担保品一层深表同情，至于赔偿一层不无反对，然念巴黎为全球金融之惟一机关，设法政府不准发售贵国债券，则借款之议必难告成，故亦从而允之，遂公同议决，举法、日二使为代表，进谒周、陆二总长，代达法政府提出之二条。嗣据二使报告，要求二条，业经贵国政府允许，六国公使遂颇满意，以为此次借款可告成矣。讵数日前接贵国政府来函，一反前议所允聘请洋员办理审计盐政一条，并未将拟聘之人之姓名国籍聘用年期职掌权限详细开单交议，至于赔偿一条，又忽限制于战线内所受之损失，六国公使阅此函文颇不满意。

顾维钧立刻追问："然则此次银团宣告不能拨付垫款之实在原因，不在巴尔干问题，而在此乎？"嘉乐恒回答：

> 巴尔干事不过目前之障碍，本公使所述者乃是根本之难处……贵国政府现在不愿允许者，付所拟聘请之洋员以审计用度承认否认支票之权及切实管理担保品之权，然此二项非第为保护债主之权利起见，盖于贵国财政前途亦有益也。质言之，贵国大员中糜耗与侵吞公款者时有所闻，今欲祛此恶习，坚人信用，则非聘请洋员，稽查借款之用

度，整理担保之入款大宗不能也……现在贵国进款涓滴无增，而出项与时并进，若长此不图改良，则贵国之将有国家破产之患也，定如日月之出没，不可不及早图之。

美使的回答，充分显示出中外双方对于聘用洋员稽查用度的歧见，中方设不让步则无法得到借款，成为后续商谈的主要障碍。

法日两国公使将会谈结果带回六国使团，其他国家也迅速有所反应。英国公使于1月23日发出一份节略，表示对中方更动原已应许事项的举动，难以"视为妥当"，措辞虽然委婉，态度却相当强硬。[①] 为了避免事态走向公开决裂，陆征祥于1月30日与朱尔典会面，双方决定同时取消关于此事的外交节略，重新提案。次日，陆征祥与朱尔典再度会谈。朱尔典代表六国使团，向中国正式声明二事：（1）赔偿外人因革命所受损失一事，暂订赔偿金额200万英镑，将来须视实际情况而有所增减；（2）关于委任顾问一事，要求在"所订合同于未签押于前，须预先知照六国公使"，其意即"所委任之顾问须得六国公使之同意"。[②] 陆征祥同意朱尔典的提案，双方注销先前发送的外交节略。[③]

1913年2月3日，周学熙接到六国使团询问："所拟聘为顾问及官员之外人系属何人权限？"[④] 这三位聘用洋员包括盐务处稽核造报总所会办欧森（J. F. Oiesen，丹麦籍）、审计处稽核外债室洋稽核员戎普（C. Rump，德国籍）和审计处顾问罗希（Prof. L. Rossi，意大利籍）。[⑤] 使团认为，中方回报的顾问人选，丹麦和意大利都不在借款出资国之列，出资最多的英法两国更被排除在外，用意显系借重第三国力量来抗衡银行团的压力。于是，六国银行团在3月3日向中国提出洋籍顾问的国籍分配，包括"盐务处用英人

---

① 《英馆节略》（1913年1月23日），《外交部档》：03-20-011-01-014 "准答复一月九日节略难视为妥善"。

② 《陆总长接见英朱使问答》（1913年1月31日），《外交部档》：03-20-011-01-019 "赞同取消节略"。

③ 《陆征祥致周学熙函稿》（1913年2月1日），《外交部档》：03-20-011-01-021 "已函驻使取消节略"。

④ 《英馆节略》（地字第1995号，1913年2月3日），《外交部档》：03-20-011-01-022 "请示聘用外人为顾问之权限条件及合同条件"。

⑤ 《周学熙函陆征祥》（1913年2月4日），《外交部档》：03-20-011-01-023 "送聘员合同"。

一名，德人一名副之，国债所科长聘用德人，审计处洋员人数原拟聘用洋员一人，改为法俄各一人"。

六国银行团的举动激怒了周学熙，周于3月11日以一封措辞强烈的信函，表明不愿在聘用洋员问题方面再做让步。周学熙在此函中回顾过去数月与银行团交手的不愉快过程，先是1月26日接到银行团要求在"签押合同之前，应由各本国公使将所有盐务稽核审计处顾问国债所科长业经聘定可用之洋员，并经订立相当之合同，先行通知本团"，周学熙即延聘三名洋员，并将其经历回复银行团。银行团在3月3日提出的洋员国籍分配，根本不顾中国感受。周并且在信末说："欧洲各报大都诋毁敝国，然各国以欠款未偿相责，而各国之举动则阻我来源，弗令清偿；各国以新政未举相责，而各国之行为则多阻我集资，弗令进行。在敝国庶事延误受亏甚巨，实难再为迁延。至此次议商借款，屡承贵银行团盛意，本总长深为感谢，不意枝节丛生，致令预备签押之件竟成画饼，不能见诸实行，尤深惋惜。此种情节，诚如二月五日尊函所谓，显非能力所能为，不能担负责任也。"① 中外协商，几经波折，至此又再度停摆。

五　各有所得的赛局

旬日之后，传来美国新总统威尔逊（T. W. Wilson）反对美国财团继续参与对华借款的消息。根据报道，威尔逊因"借款条件内属于该团所负责任，似有侵犯中国行政之独立，并恐启干预中国内政之渐，且谓此项条件既用特别税作抵，又须用洋员管理，如此抵押执行，我美政府若涉足其中，势必有应负之责，然核于我民主国宗旨实大相背"，因而不赞成财团继续办理六国联合借款案。② 美国退出六国银行团，北京政坛的解读是美国打算单独先行承认中华民国，此后"列强之间，利害关系之冲突……日益激烈……

① 「周學熙函」（1913年3月11日）、アジア歴史資料センター、編号 B04010810400、『支那改革借款』、67—69頁。
② 《译1913年3月20日太晤士报》，《外交部档》：03-20-011-02-011"译送泰晤士报驻美访员关于美总统反对六国借款来电"。

于是美国得俟可乘之机，进取其一己之利益"。① 对于此一新发展，英国外务大臣在下议院表示："英国对于中国借款政策未尝改变，银行团并无限制中国财政自由之事，所虑者中国到处借款，毫无限制，自行破坏其信用。"② 中国政府随后发表声明，否认外国银行团对中国用人有支配权，但大借款正式宣布决裂以前，决不再以盐务为抵押品。③ 五国银行团再与中方联系，同意利率由 5.5% 调降为 5%，并表示尊重中国政府自由选聘洋员的权力。中外双方重启谈判，待借款合同约文底定，袁世凯于 4 月 22 日以密令方式任命赵秉钧、陆征祥、周学熙三人全权会同签字。④ 4 月 26 日借款合同完成签字手续，外交部并依据合同第五款规定，于 4 月 28 日以正式公文照会驻北京之英国、德国、法国、俄国及日本五国公使，完成换文程序，各国正式在外交文书上面承认中华民国。⑤

借款合同签约消息传出，参议院中的国民党议员立即在 4 月 29 日提出质询："此次借款一案，临时参议院不过赞成大意，并未全案议决，遽行签字"，"而条件内容秘不宣示，人心惶惑，咸目政府为违法丧权"，要求国务总理、外交总长和财政总长出席答复。⑥ 由于在会场上曾议决此次借款无效，外交部立即发出照会给五国公使，重申"借款合同本诸法律继续有效"，其文云："照得一千九百一十三年五厘利息金镑大借款合同，业于本月二十六日签押，兹特正式照会，以备存案。查此次所签之借款同本诸法律，系现时中国政府及继续政府必须遵守之契约，此情已于本月二十四日由本部达知，发公使转再声明，以为信守可也。"⑦ 法国公使为此特在次日

---

① 许家庆：《日人评论美国之脱离六国借款团》，《东方杂志》第 9 卷第 11 号，1913 年，第 60 页。

② 《德华社电》（1913 年 3 月 29 日），《外交部档》：03-20-011-02-007 "英外务大臣宣言并无限制中国财政自由"。

③ 《大借款不可推测之前途，资本团会议善后办法》，《震旦》第 3 期，1913 年，第 174 页。

④ 《国务院公函》（二年密字第 727 号，1913 年 4 月 22 日），《外交部档》：03-20-011-02-013 "任赵秉钧等全权会同签字命令"。

⑤ 《周学熙致陆征祥函》（1913 年 4 月 28 日），《外交部档》：03-20-012-01-002 "垫款合同请速送各该公使"。

⑥ 《抄送参议员汤漪等质问书》（1913 年 4 月 29 日），《外交部档》：03-20-012-01-011 "抄送参议员汤漪等质问书"。

⑦ 《外交部致五国公使照会》（1913 年 4 月 29 日），《外交部档》：03-20-012-01-007 "声明借款合同本诸法律继续有效"。

往见外交总长陆征祥，直言：

> 昨日参议院已议决大借款为无效，此种消息设一传至巴黎，则中国债票之价值当见跌落，盖不知中国内情之法人，视参议院如法之上议院，该院不认可之借款，将来谁负偿还之责，危险之报资无人肯，为此债票跌价之因也。今惟有请贵政府向参议院接洽，挽回此认借款为无效之决议，使法人知此项之借款乃政府与国民间认可负责之件，方不与市上售票事妨碍。前日参议院张议长来见，本公使曾云，贵院作事宜从大处落墨，所谓大者何，即维持贵国之信用于海外是也，信用一失，求资无望，至于政府借款之手续，对于参议院是否合宜，此乃细节，本公使不过问。可忠告贵国，对外信用关系重大，毋因小忿而摧残之，望贵总长于挽回参议院之趋向，尽力能于数日内或一星期内有一电，通告各报，声明参议院与政府得同意，则善矣。

陆征祥回答道，"自磋商借款以来，政府时派人赴参议院报告进行情状，因得有参议院之认可，始能继续进行"，并保证将有电报通知各驻外使馆借款协商过程，故"现时参议院之举动，诚为少年人无阅历之行动"。①

袁世凯在 4 月 30 日致函参议院正副议长张继及王正廷，从现实需要的角度提出解释："大借款内容概略，迭据国务员报称，早向临时参议院说明，曾邀同意。现以应还积欠庚子赔款二千万逾期已久，俄使催索甚急，此外洋款到期者亦纷纷要求偿清，如再迁延，前欠各款均有抵押，势必横加干涉，大有破产之虞。此时虽赖数友国从中维持，而一方意存破坏者，仍不遗余力，每于粗有成议时，忽合忽离，变幻莫测，民国前途，至为危险。近日多方调停，已可定议，破坏一方面暂无异词，稍有犹豫，险象环生，且赔款洋款逾期过久，倘又生变，必致牵动大局，穷于因应，实难负此责任，是以特将定议各款，迅速签字。"② 参众两院并不满意，咨请负责

---

① 《陆征祥会见法康使谈话纪录》（1913 年 4 月 30 日），《外交部档》：03-20-012-01-013 "请挽回参议院之不认可"；03-20-012-01-012 "询签押后南方风潮并请用丹人为顾问"。

② 《袁世凯致张继、王正廷函》（1913 年 4 月 30 日），《外交部档》：03-20-012-01-014 "抄送关于大借款签押情形致参议院正副议长函"。

签字的国务总理、财政总长及外交总长，于 5 月 5 日出席议会答复。①

周学熙未亲自赴议会答询，但提供了一份公开的书面资料，说明借款案经过临时参议院应出席议员过半数人数的正式讨论与议决，并由议长宣布"合同今日已全通过，政府应赶紧办毕，备印文到院备案"，完全符合法定程序。② 然而，不论周学熙如何解释，江西都督李烈钧、广东都督胡汉民及安徽都督柏文蔚仍于 5 月 5 日当日发出通电，反对此一借款。孙中山更于 5 月 6 日发表宣言，劝告各国政府及人民阻止银行贷款给北京政府，以免用作军费，促成国内战争。袁世凯立即在 5 月 7 日咨文参众两院，声明"善后借款合同签订手续并无不完"，不过，此时国人的注目焦点，已经从借款程序合法与否，转移到一触即发的政争战事。

在国内政局激变之中，日本透过议定改造借款而展现出对华盐务利益的强烈企图心，是另一令当局感到棘手的问题。1913 年 4 月 22 日下午，借款协商甫告一段落，日本公使伊集院立即求见陆征祥，要求由日人担任东三省盐务会办，并且希望争取更多职位，留下了一份极为详尽的记录。

> 伊云：本国政府对于借款之事毫无他意，元来顾问一事本列入条件之中，嗣因顾全贵国之体面，并鉴于国民之舆论，外交团始行退让，改为由贵国政府延聘。既属延聘，应属于贵国之自由，故本国政府对于顾问一职，并不要求加入，惟各省盐务会办，本国人必须多派，此当日在六国使团中曾经言及者，已荷各公使之同意。近闻天津盐务会办为日本人郑姓者，其他各省并无日本人，拟请将日本人多派数名。而东三省盐务会办，并闻有派美国人之消息，窃以美日感情近颇不洽，前闻美国颇有排斥日人之说，如果以美人为东三省会办，日本国民必疑中国政府故意派定美人，以监督日本，反恐惹起国民之误会，特请改派日人为东三省盐务会办。况山东盐务会办已派德国人，则东三省改派日本人，亦未为不便。

---

① 《国务院函外交部》（1913 年 5 月 4 日），《外交部档》：03-20-012-01-020 "参众两院质问请总理及财政外交总长出席答复"。

② 《善后借款合同经参议院通过情形纪实》，《外交部档》：03-20-012-01-027 "函送借款合同参议院通过情形纪实"。

总长云：以美国人为东三省盐务会办，贵大臣自何处得此消息？

伊云：闻之于周总长。

总长云：本总长尚未闻知，至美人排斥日本人之说，本总长亦曾闻之，此事直接虽为排斥日本，间接实排斥东亚也，容再商之财政总长。

伊云：尚有应请注意者，盐务会办一职，元来借款合同所商定者为会办，今贵国政府取送合同，多为协办。又凡派各省盐务会办，须与税务司接洽，亦为商定之事，今则事由蔡廷幹先生独行派定，万一各国公使提出抗议，反恐延误时日，应请格外注意。

总长云：此言诚然，容转达之，不过协办与会办，亦无甚差异耳。①

伊集院公使提出要求之时，借款合同尚未正式签字。他消息灵通，得知出任全国盐务稽核总所总办的蔡廷幹已经决定让美国参与会办东北盐务，于是直接找上旧谊陆征祥，希图挽回局面。

陆征祥于 4 月 25 日派佥事施履本到日使馆，说他已经把伊集院的要求带到国务院讨论，转达日本的期望，众议等到借款成功后再来商办。② 陆征祥在借款议定之后的 4 月 29 日致函国务总理赵秉钧与财政总长周学熙，告知"东三省及他省聘用日人为盐务会办一事，该国政府甚为注意"，并把日使来函与外交部派员面告的记录抄送给赵、周二人。③ 然而，到了 6 月 6 日，伊集院公使由日本驻营口领事报告得知，财政部设立奉天盐务稽核造报分所，专司管理东三省盐务，并已聘美籍人士巴尔穆（Palmar）担任该所协理，伊集院立即提出抗议。依照伊集院的说法，外交部在 4 月 25 日派人转告的信息是：东三省尚未聘定盐务负责人选，国务院在讨论时也同意，将来在延聘时必请日本人充当此职。④ 中国政府由蔡廷幹在 6 月 7 日亲自出面往访伊集院，说该名美籍人士在借款契约签订之前即已录用，且与奉天

---

① 《陆总长接见日伊使问答》（1913 年 4 月 22 日），《外交部档》：03-20-011-02-017 "请多派日本人为各省盐务会办"。

② 《施履本函》（1913 年 4 月 25 日），《外交部档》：03-20-011-02-027 "东省及他省聘日人为盐务会办政府允为易商"。

③ 《外交总长致国务总理、财政总长函稿》（1913 年 4 月 29 日），《外交部档》：03-20-012-01-004 "抄送关于东省及他省聘日人为盐务会办纪略"。

④ 《伊集院彦吉函陆征祥》（1913 年 6 月 6 日），《外交部档》：03-20-012-02-016 "询东省盐务会办是否延聘美人"。

盐务稽核造报分所经理有合作经验，基于遵守契约与推动业务的考虑，不宜贸然撤换。[①] 伊集院公使不满意中国方面的说明，并说早已汇报政府，日人可在东三省取得盐务协办职位，请日本政府事先找好适任人选，以备选任。中国若不同意给予日人此一职位，即是背信。[②] 随后，陆征祥与代理国务总理段祺瑞、代理财政总长梁士诒商议之后，通知伊集院公使，东三省盐务协办一职业已决定而不能改易，但可以把一席地方盐务会办人选，即营口分所协理一职给予日本。[③] 伊集院仍不满意，于 6 月 26 日致电蔡廷幹，希望在确保两席地方盐务协理之外，再取得其他地方职位。蔡廷幹立即回函拒绝，表示"分所只有十处，用人无多，除贵国郑永昌、河野岩男二君遵嘱派往天津营口外，其余英、法、德、俄诸国均有荐员，每多不过两员"，总算以必须兼顾列强公平分配的原则，勉强打消了伊集院公使的攻势。[④]

北京政府为反击国民党对借款为非法之举的攻击，透过陆征祥在 1913 年 5 月 14 日与日使伊集院彦吉谈话，公开声明："此次借款并非供政府之挥霍，所有赔款、代各省清还债款、优待皇室经费、整顿盐务等费，均一一开列清楚，不可更议，彼等不知其详，甚以为此晓晓。"[⑤] 核对其合同文字及日后实际执行，并非虚语。再就借款债票的发售情况观之，5 月 21 日伦敦债市甫发售半小时即已认购逾额六倍，22 日即因超额停售。由于销售良好，国外媒体赞誉"袁总统处中国财政困难，急需外款，竟能于光复之后，对于建设一切，均能得手，已足征其行政之才能，此次借款，只作行政善后经费之用，更可坚固袁总统所立之地位"。同时，债券完售的事实，证明"中国信用名誉素著，各国协商订立借款条约，与夫五国政府对于借款合

---

① 「伊集院彦吉致牧野外務大臣報告」（1913 年 6 月 7 日）、アジア歴史資料センター、編号 B04010835800、『支那改革借款』本邦人傭聘第一巻/分割 2、3 頁。

② 《陆征祥致段祺瑞、梁士诒函》（1913 年 6 月 10 日），《外交部档》：03-20-012-02-018 "日使询东省盐务会办延聘美人一节如何答复"。

③ 「伊集院彦吉致牧野外務大臣電」（1913 年 6 月 25 日）、アジア歴史資料センター、編号 B04010835800、『支那改革借款』本邦人傭聘第一巻/分割 2、7 頁。

④ 「蔡廷幹致伊集院彦吉電」（1913 年 6 月 26 日）、アジア歴史資料センター、編号 B04010835800、『支那改革借款』本邦人傭聘第一巻/分割 2、24 頁。

⑤ 《陆征祥会见日本伊使谈话纪录》（1913 年 5 月 14 日），《外交部档》：03-20-012-01-030 "询大借款风潮如何"。

同，认明现在中国政府及其继续之人，完全担负责任，当无危险之虞"。① 另值得一提的是，1914 年 3 月，善后借款签约届满一年之际，周学熙即依据合同第六款"倘一周年盐务收入，足敷担保各借款债务，及敷付次年上半年息票之用，则直隶、山东、河南、江苏四省，按月应交保息之款，即行停止"的规定，命令核算 1913 年 4 月 26 日以来的盐税收入，准备与银行团磋商那项在签约之初最令国人言之痛心的盐税监理之务。②

1913 年善后大借款议定之后，不旋踵间，欧洲巴尔干半岛从绥靖紧张而至爆发第一次世界大战，日本趁欧洲列国无暇东顾，迅速发展在华势力。即以先前力争未获的东北盐务而论，东三省盐运使虽在中央政府的强力授意之下曾在 1913 年与日本盐业会社订约筹划运销工作，但随后即以东北情况特殊，实施专卖官运制度，前约无形取消。日本商民为了打破专卖限制，甘冒禁令肆行走私，引起国人的普遍反感。③ 及至袁氏帝制失败，北京政府再议以盐税余利作为抵押，向五国银行团商借第二次善后大借款 1 亿元。然尚未成议，社会舆论已指出，此次协商，德国因战事而被摈除于银行团之外，日本则极力乘机包揽，且有提出增列常关与地租作为抵押之传闻，国家利权的损失将比第一次善后大借款更为严重。④ 果然，经过第二次善后借款，日本立刻在中国盐务机关取得强势的领导权。在 1917 年时，日本除了原先已取得的两席协理（长芦分所的郑永昌和奉天分所的河野严男），又多取得两席协理（扬州分所的高洲太助和两浙分所的大河平隆则）以及两席助理员（山东分所的小泉土之丞和松江分所的杉本久太郎）。原先领导东北盐务的美籍洋员巴尔穆则改任吉黑榷运局稽核员兼顾问，被调离实权。⑤

第一次世界大战结束后，日本取得德国在华利权，中国拒签《巴黎和

---

① 《刘玉麟电》（1913 年 5 月 21 日），《外交部档》：03-20-012-01-041 "本日认票逾额六倍"；《路透电》（1913 年 5 月 22 日），《外交部档》：03-20-012-02-001 "记债票定购过额及中国信用名誉"。

② 《对于善后借款第六款之计画》，《谈盐丛报》第 12 期，1914 年，第 94 页。

③ 「夏詒霆函」（1916 年 7 月 8 日）、アジア歴史資料センター、編号 B10073677300、『支那ニ於ケル 本邦人ノ塩密輸出入密売買取締ニ関スル件』、102 頁。

④ 《借款交涉：第二次善后大借款》，《新青年》第 2 卷第 3 号，1916 年，第 80 页。

⑤ 〔英〕丁恩（Sir Richard Morris Dane）：《改革盐务报告书》（1922 年 10 月），《国家图书馆藏民国税收税务档案史料汇编》第 6 册，全国图书馆文献缩微复制中心，2008，第 2788—2790 页。

约》，掀起以"外争主权、内除国贼"为号召的五四运动。五四前后的各种期刊报章在陈述政府如何沦丧主权之时，总会讨论到善后大借款对于财政监管和盐税整理等列强宰制的铁证。梁启超在为《盐政杂志》撰写序文时即指出，自从善后大借款要求管理盐政以来，世界各国强权介入中国盐政，表现出"我不整理，人将代我整理，我不改革，人将代我改革"的姿态，而且，"欧美日本各报纸近发一致之言论，以为盐政不归欧美人管理，永无改革之日"。① 值得注意的是，从晚清以来的"东洋"和"西洋"概念出发，梁启超在谈世界强权的实际作为时，也把日本和欧美并列。

这项在议定之时充满国际外交角力，在议定之后又覆盖国内军政斗争的改造借款，在短短一年之间，满足了各方的需要：列强得以保障其在华外债赔款安收无虞，共和中国的北洋派主政者得以获取财源及稳定政权，至于坚决站在反对借款立场的国民党，则从反袁战事确立其发动革命的合理性。同时，国人透过观察借款协议的各国交手人物，加深对美国的好感，痛恶日本的强横。日本在辛亥鼎革之际的借款议约中，极尽趾高气扬，执行期间却毫无实际出资，而后又因为经历袁氏帝制的政局动荡与世界大战的霸权重整，顺利强夺东北地方盐务，享尽一切权益。亦即，在两次善后借款议定过程之中占尽一切便宜的日本，比其他同样也在欺侮中国的西方列强国家更为险恶，自此之后，成为汇集国人众愤于一身的帝国主义代表。

辛亥革命之后，不论是南京临时政府抑或北京政府，都面临由国际暂守中立而国内募款失利造成的严重财政危机。袁世凯主政之后，为打破局面，在唐绍仪、熊希龄和周学熙等人的主持下，进行与国际银行团协商筹借外债工作。国人所称之第一次善后大借款，解决了推翻清朝之后共和中国的外交承认问题，也提供了北京政府处理后续对外赔偿及整编内政的理财基础。

回顾长达一年的借款协商过程，北京政府对于列强提出监督财政与管理盐务的要求，几经僵持停议。列强提出监理问题，让中国官民立即与日本吞并朝鲜的历史记忆联想在一起。列强则从现实方面提出反驳，称中国停付赔款借款本息，丧失财务管理能力，而且晚清政府机关如铁道、邮政

---

① 梁启超：《盐政杂志序》，《国家图书馆藏民国税收税务档案史料汇编》第 32 册，第 15639 页。

和税关内已雇用数百名洋人，此次外人为中国管理账目，对华有益无损。中国方面的协商代表最后不得不屈服于财政需要和外交承认的双重压力之下，以主动延聘洋员的方式，签订借款合同。不过，由于中国官民十分排斥晚清以来被列强不断使用的"改造"或"维新"等具有强烈民族优越感的名词，借款以为革命破坏后的"善后"以建新国之用字取代。

从这次借款的相关档案资料和历史文献，可以看到日本当局在借款合同签字之后如何强势介入东北盐务，令人印象深刻。可以说，五四运动强烈的反日情绪，实乃种因于这次借款，并主导了现代中国民族主义的后续发展。

第十七章

从银元到法币：民国币制演进

民国初立，承继清季银铜复本位制，实际是属以银元为主的乱局；终结乱象步入正轨则在实施法币。本章抓紧银元与法币这两大要素来考察民国币制，以厘清民国币制的演进过程。近代中国币制改革之艰难，不惟货币本身纷纭错杂，且牵连甚广。诸如国家财政困难、中央与地方权利之冲突、银钱业者之操纵，乃至税吏玩法、奸商投机及中外关系、涉外利权等问题，均为币制改革之障碍。尤其严重者，币制之变动亦涉及外商在华投资及经贸权益。当时英美诸国为推展商务，亦期望中国整顿货币，但日俄等反以利害不同，多所掣肘。因而每言改革，列强必一傅众咻，喧腾争攘，难以进行。可知中国近代之币制改革，实非单纯货币问题，而为涉及政治、外交、社会、经济等外在环境相关因素之大难事。因而对此问题之研究，亦必须从错综复杂之历史背景一并探讨，始克有济。

一　银元时代的降临：废两改元

白银在中国为稀少珍贵金属，自中西交通渐开，白银与西式银元随着交通与中外贸易发展而源源流入，方便国人作为货币使用。16世纪末西式银元始流入，至19世纪下半叶，国际贸易畅通后，西方银元才大量涌入，并以其面值流通市面。由于西方银元的形式、重量、成色较为一致，使用简便，且铸工精细，易于辨识与分合、携带或移转。这些特点正是银两所没有的。制钱则太琐细，一串千文，劣币、伪币夹杂其中，数目亦不等，

＊　本章由卓遵宏撰写。

结算费时费事，对渐趋频繁的交易已难因应，而纸钞又无全国性公正可靠的发行机构。因此外国银元很快受到国人欢迎，迅速扩散流通。外国银元以西班牙（本洋）、墨西哥（鹰洋）、英（站人洋）、美及中南美洲等流入最多。其他各国亦纷纷以成色接近的银元到中国交易，这些外国银元统称"洋钱"或"贸易银"。

洋钱的含银量只有 9 成，中国人却习惯用十足的白（纹）银换取外国贸易银，吃亏难免。由于列强在华势力不断增强，外商来华增多，外国银元也随之大量涌入，在沿海沿江港铺逐渐成为流通货币。外国银元既受欢迎，加上外商有意哄抬，例如要求中国商人用外国银元付款等，遂使外国银元的市价不断提升，后来竟超过铸银价格，于是有外商用外国银元收购中国纹银，运出国外贩卖图利。历代政府虽管制钱，但采分散铸钱，除中央外，各地亦分别铸发，各省都可随时奏请设立铸币厂，自行按户部制定的标准铸造管理，仅法理上受户部节制。各省因铸钱有利可图，纷纷设局铸造铜币，追求铸币利润，竞铸的结果不仅成色不一，也因过度鼓铸而贬值。制钱是民间生活的基本货币，铜币既贬，各省又滥铸，成色益劣，正如民初梁启超所说："近数年来，以各省滥发铜元之故，致物价腾贵，民生凋敝，实为全国人民切肤之痛。"[1]

自 19 世纪下半叶，国内多民变，云南回民起义使该省铜产量顿减；而太平军与捻军又扰乱铜矿运销，使铜价飞涨，许多铸钱局因缺铜矿而减产或停铸，制钱奇缺，即所谓"铜贵钱荒"。当朝野苦无对策解救钱荒时，两广总督张之洞适时于 1887 年奏准购置机器试铸银元，1890 年新式造币厂竣工，生产西方圆形中间无孔，每枚重库平 7 钱 2 分，成色 9 成，币面镌有龙形的银元流通市面，国人称之为"龙洋"。[2] 1893 年，张之洞调湖广总督，复在湖北创办造币厂，继续铸造银元。不论国人自制的银元还是外国流入的银元，在清末民初通称为"大洋"。机铸银元式样既美，重量成色划一，深受商民欢迎。其时列强都已改采金本位，国际银价长期大幅下跌，白银既丰且廉，过去饱受缺银之苦的各省，也开始大量铸造银元，结果造成银

---

① 梁启超：《各省滥铸铜元小史》，《饮冰室合集·文集之二十一》，中华书局，1989，第 13—14 页。

② 中国人民银行总行参事室金融史料组编《中国近代货币史资料》第 1 辑《清政府统治时期》，中华书局，1964，第 671—672 页。

币取代纹银的景象。

由于朝廷缺乏有力的领导者及必需的财力后盾，改革并未全面实施，反而产生许多负面效果。甲午战后，财金问题更趋严峻，1902 年清廷要求沿江沿海各省督抚仿铸银元筹款救急。翌年，户部也在天津筹建铸银厂，命名为"造币总厂"，1905 年竣工，开机造币，名曰"大清银币"。清末全国通行的硬币多达数十种，最受民间喜爱的是银元。1912 年民国肇建，百废待举，政府无心关照货币，货币市场更显混乱，商民依旧使用清末的货币。1912 年 3 月，造币总厂被乱兵抢劫，建筑被烧毁，清代造币总厂与新建银元制度就此终结。1913 年北京政府在原址重建造币总厂，1914 年重建完成，到 1928 年再度关闭。

民初造币总厂银币流通市面的先后有：袁世凯 1 元银币、袁世凯共和纪念币、袁世凯洪宪元年币及徐世昌像仁寿同登纪念币、曹锟像双旗纪念银币、段祺瑞像执政纪念币、张作霖像海陆军大元帅纪念币等流通币与纪念币。天津总厂可说是北洋时期主要的造币厂，此外全国 22 省官银钱局中，有 18 省开铸银元。分散铸币、乱建滥铸的结果是银元的轻重厚薄，各地区、各时期均有所不同，价值亦有差异，同时也因过度鼓铸而贬值。[①] 一般言之，民初 1 银元约等于 130 铜元，约可买 150 个鸡蛋；一个普通工人每月的薪水仅 2—3 个银元，1 银元对普通家庭而言，算是不小的数目。纸币的泛滥一如银铜币，清末除中央特许银行发行纸币外，各地方银行及一些旧式的官银钱号仍本传统，继续自行发行各种纸币。

武昌起义，独立各省军需、官饷与建设，在在需款孔亟，因而不仅加快铸造银铜币等，也采最简易方式——发行军用钞票以应急，于是各种纸币五花八门。据研究，湖北军政府发行银圆票 1 种；湖南官私银行发行各式银圆票、银两票与铜票 6 种；山西发行票 10 种；云南发行银圆票 6 种；贵州发行银圆票 6 种；江苏发行军用钞票与银圆票 7 种；浙江发行军用票与公债券 5 种；广西发行银行券 2 种；安徽发行银圆券与军用钞票 4 种；福建发行军务公债票、银圆票、银辅币与铜币计 10 种；广东发行银圆票、银毫与铜仙 10 种；四川发行军用银票、银币与铜币 10 种；而上海的中国银行、中

---

① Wen-pin Wei, *The Currency Problems in China* (New York: Columbia University Press, 1914), p. 48.

国通商银行、交通银行与中华银行也发行新币数十种，总计就不下百种。①
加上民初各地滥印滥发纸币，造成纸币的价值低落，引起物价上涨。各类
地方纸币实际购买力大为下降，平均实质市价仅为发行面额的70%左右，
不少地方的纸币期票价值甚至只有发行面额的50%。

北京政府虽然想整顿纸币发行的乱象，于1915年10月公布《取缔纸币
条例》，但政令难行，效果不大，只有少数如浙江兴业银行、四明银行等商
业银行暂时停止发行纸钞或减少发行量，以领用中国银行兑换券作为替代。
大多数省的官银钱号与银行仍旧我行我素，继续滥发纸钞。②清末走入地方
化歧途的币制改革，到民国以后更为复杂化，各地货币在很大程度上脱离
中央的监督，此亦使地方势力增强。

1914年2月，为筹划整顿币制、划一银币，袁政府颁布《国币条例》
13条，这是中国历史上第一部有关本位铸币的法规，但体系并不周密完备。
以银币为无限法偿的本位货币，实行的是"银本位制度"，规定以库平纯银
6钱4分8厘为单位，定名为元；1元银币总重7钱2分，银89、铜11。③
根据《国币条例》，造币总厂于1914年12月、江南造币厂于1915年2月开
铸1元银币，因币面镌刻袁世凯头像，俗称为"袁大头"或"袁头币"。这
种新银币式样新颖、形制统一，因此发行以后，商民都乐于使用，不论在
沿海沿江市镇还是内陆农村都顺利通行，在上海金融市场首先取代各省自
铸的银元即龙洋，加之北京政府顺势于1915年8月取消龙洋行市，其在市
面上也逐渐取代外国银元，流通全国。

袁死后，1916—1928年，军阀据地称雄，强者先后主导中央，然汲汲
营营于扩张武力，忽略国家建设；地方军人则拥兵自重，甚或割据一方，
目无法纪，毫不受法令与中央约束，国家行政几近瘫痪。是时虽有如梁启
超有志于改革币制的财经首长，但总是"千头万绪、欲理还乱"，无具体成
果呈现。银元越铸越多，通行区域越来越广，种类也特别多，铸造时地不
一，厂别各异，重量、成分无统一标准，因此价值不尽相同，并有军阀私

---

① 丁张弓良：《中国军用钞票史略》，忠孝彩色印刷事业有限公司，1982，第56—100页；吴
　　筹中等编著《辛亥革命货币》，宁夏人民出版社，1986，第12—37页。
② 中国人民银行总行参事室编《中华民国货币史资料（1912—1927）》第1辑，上海人民出
　　版社，1986，第1074—1077、1092—1094页。
③ 《国币条例》，见《政府公报》第631号，1914年。

铸版等问题。例如四川军阀，各据一方乱政，几乎每个防区军阀都有几个造币厂，且银元铜钱越铸越滥，坐噬百姓。川民恨之入骨，成都造币厂门口曾被贴有"造毙厂"的卷标，川人常称货币为"祸毙"。[①]

但货币市场自然演进，银元逐步取代其他币种，成为市面上流通最普遍的货币。尽管银两在货币市场中已经逐渐被银元取代，但铸币的不统一，导致银元的不统一，银两制度并未完全废止，大宗交易仍长期以银两为计算单位，成为虚银两制。总而言之，在北伐统一前，政经的分裂，导致货币的繁复零乱。此前近代的过渡货币问题，足以影响国计民生，对正在转型为近代工商贸易的社会经济，更是障碍重重。著名经济学者马寅初 1925 年 8 月在上海学生联合会演讲时说道，货币不统一，使"各省往来，几若异国，故（上海）规元不能通用于汉口，（汉口）洋例不能通用于上海"。即以京津而论，惯例"天津不用锭，北京不用宝"，如京商与津商相互采购货物，天津向用行平白宝（重 50 两），北京向用长锭十足银（重 10 两），因此两地商人需向钱庄或银行兑换对方货币，以支付差额。兑换之时，不免受到折扣盘剥。如此一来，两地交易无利可得，商品不能流通，势必导致市场萧条。马寅初又列举东北商人与沪商交易之麻烦。张作霖规定："严禁现银输出，每人只能带出 50 元。"当时东北实行的流通券奉票（纸币），不能用于上海，沪商不接受。如果要付款，只有"间接汇兑"，商人只好购买日金，送至大连，托朝鲜银行汇至日本，又由日金汇至上海，沪商得将日金卖出兑换成上海的规元使用。如是往来，除银行从中盘剥外，如果中日经济绝交，就必须另起炉灶，困难更多。[②] 如此一国之内，有如他国，经济贸易当然不能发达。

1910 年《币制则例》及 1913 年《国币条例》之颁布，理论上已确定以银元为本位货币。大体言之，嗣后财经当局、专家学者以及银行界人士均朝此目标努力，但由于军阀割据，政局扰攘，统一货币的目标迟迟未能实现。北伐统一后，整理全国货币之可行性提高。自第一次世界大战结束，银价高涨的因素消失，国际白银产量与日俱增，而银需求量则日渐减少，银产量供过于求，价格开始暴跌。伦敦标准银价与英镑的比价，至 1931 年

① 参见〔美〕罗伯特·A. 柯白《四川军阀与国民政府》，殷钟崃、李惟键译，四川人民出版社，1985，第 33—39 页。

② 参见《中国经济之分裂》，《马寅初演讲集》第 3 集，北京晨报社，1926，第 171—174 页。

2月，竟跌至最高峰时的1/5。① 银价低落，对仍以银作为主要货币的中国有很大的影响，有识之士与银钱、企业界对币制问题的讨论与建言，也都催促政府加速进行货币改革。

1928年底国家统一大体完成，国民政府也有意承继彰显孙中山重视金融货币的理念，惟兹事体大，仍需审时度势，于戒慎恐惧中在与金融界尤其是银行界沟通的基础上逐步推进，才能构建现代化货币金融体系。概观言之，1928—1937年，政府在内忧外患中推动改革与建设的理想，其中以统一币制、整理税务、修筑铁路公路与发展实业最具成效，被西人誉为"黄金十年"。② 然而其时政府处境仍极艰困，内忧外患不断，财源极少，支出又大，中央掌握的只有长江下游江浙几省，其他省表面上归顺，收入却不缴中央。占总收入达80%—90%的关、盐、统三大税收，因清季订定不平等条约，及北京政府向外举债而早被抵押用罄。加上1929年世界经济大萧条，各国不敢向外投资，且战事频仍，军费开支庞大，中国经济可说是百病之躯。至20世纪20年代以降，中国成为世界上极少数沿用银币的国家，此时西方国家已先后改采金本位币制，纷纷抛出白银，银随着华侨汇款回国与各国在华投资，源源流入中国。白银不断流入，充裕币材也便利银元的铸造，助长了银元气势。

1928年3月，浙江省政府即向国民政府提呈《统一国币应先实行废两改元案》。③ 6—7月全国经济、财政会议召开，财政部鉴于要实质统一全国、发展经济，必须先解决货币问题，均以"确定币制"作为会议的主要议题之一。④ 经济会议决议统一通货，并确立国币铸发权专属国民政府，设立中央银行，授予其独占纸币发行权，其他银行纸币限期收回，统一纸币发行。⑤ 财政会议整理财政大纲中"确定币制方针"，宣示货币政策根本之计，

---

① 赵兰坪：《现代中国货币制度》，"中华文化事业出版委员会"，1955，第38页。

② 1951年9月魏德迈（A. C. Wedemeyer）在美国国会演讲时称，这10年是公认的"黄金十年"。见 Paul K. T. Sih ed., *The Strenuous Decade*: *China's Nation-Building Efforts*, *1927–1937* (N. Y.: St. John's University Press, 1976), p.26.

③ 《统一国币应先实行废两改元案》，卓遵宏编《抗战前十年货币史资料》（本章以下简称《货币史资料》）（1），"国史馆"，1985，第99—101页。

④ 中国人民银行总行参事室编《中华民国货币史资料（1924—1949）》第2辑，上海人民出版社，1991，第60页。

⑤ 全国经济会议秘书处编《全国经济会议专刊》，学海出版社，1972，第114—142页。

"宜遵总理钱币革命计划"。[1] 两会均议决废两改元案。北伐结束后停铸"袁大头"，改以民元版开国纪念币孙中山像版旧模，略改英文币名等，由南京、天津、浙江、四川等造币厂鼓铸。此银元较"袁大头"略小，坊间称之为"孙小头"。因其时市场各银元成色、重量仍有不同，故大宗交易与结算，还使用银两为计算单位，不同的银元转换为银两有不同的折让，实际上当时的货币仍属两、元并用，对统一市场的形成颇为不利。

到 20 世纪 30 年代初期，"袁大头"与"孙小头"两种银元已流通甚广，因此各界均以为统一货币正是其时，其中以废两改元最被关注。1929 年 3 月，国民党第三次全国代表大会已有"统一货币之铸造权与纸币之发行权，使外国货币不得充斥于国内之市场"的议论，[2] 但政府因其时世界经济危机，外部环境不佳，国内经济亦受影响，一时不敢轻举变动。同年美国经济专家甘末尔（E. W. Kemmerer）应财政部之邀，抵华筹谋币制新猷，提出逐步采行金本位的建议案，引起政府和金融业进一步的讨论和思考，然未付诸实行。

此后的货币政策，即摇摆于现实与理想间，思虑于纸币、银本位与金汇兑本位制。总而言之，统一初期，种种现实困难，使政府无法立即从事币制改革。20 世纪 30 年代中国处境仍艰危，1931 年长江大水、西南半独立事件，加上日军节节进逼，九一八事变爆发，日本在东北建立"满洲国"，翌年的"一·二八"事变，1933 年日军进兵热河与长城诸口，威胁华北，随后企图使华北"特殊化"，外患由隐而显，形势岌岌可危。内忧外患相继加速农工商业凋敝，各地金融市场备受冲击，尤以"一·二八"事变日军突袭上海，作为金融中心的上海货币市场，面临极大压力。半年间日军多次挑衅，都选在中国经济的重地东北和上海，且又值世界经济大恐慌，因此中国的经济饱受冲击，影响东北轻重工业、上海工商经贸甚巨，对中国皆属致命的打击，迫使政府在危机处理中，只能于逆境中寻找出路。

"一·二八"淞沪战事历时不久，但深深影响了沿海精华地区的货币信用，事变期间，内地钱庄无法依期前往上海结账，金融市场濒于瘫痪，民众纷纷收藏银两，抛出银元。战事结束，上海银行、钱庄纷纷要求内地以现金清账，上海存银量遂大增。1931 年底上海白银存底为 2.66 亿银元，至

---

① 贾士毅：《民国财政史续编》第 1 编，台湾商务印书馆，1962，第 203、206—207 页。

② 《中国国民党财政政策》，中国国民党党史会藏，第 54 页。

1932 年底达 4.38 亿银元，到 1933 年 3 月更达 4.72 亿银元。[①] 上海因银元量多，价格趋软；内地则因经济萧条，银元需求量减少，价格也随之跌落。民众收藏银两，抛出银元，致银根枯竭，影响国家经济，形势逼人非改不可。为挽救市面危机，并使长久呼吁的废两改元早日实现，国民政府把握良机，积极协调上海金融界配合推动废两改元。

1932 年 7 月，财政部部长宋子文与上海银钱业人士非正式会商，决定废两改元原则：（1）实行废两改元，完全采用银元统一币制；（2）旧币仍可使用；（3）每元法价决定后，即开始铸造新币。随后组织废两改元研究会，由央行副总裁陈行出任主席，其余委员有上海金融工商人士贝淞荪、胡笔江、刘鸿生等。会后财政部决定实行废两改元，因势利导期能事半功倍，[②] 1933 年 3 月 1 日公布：自是月 10 日起先从上海实施《废两改元令》，规定以上海市面通用银两 7 钱 1 分 5 厘合银元 1 元为法定换算率，停开洋厘行市，所有银行钱庄均应以银元为本位币，并具体规定银两银元换算办法。此时上海铸币厂已正式更名为中央造币厂，3 月 3 日立法院通过《银本位币铸造条例》及《银两银本位币换算计算法》，8 日公布。

法令规定明确细致，如银本位币之铸造，专属中央造币厂（第一条）；银本位币定名曰元，总重 26.6971 公分，银 88、铜 12，即含纯银 23.493448公分（第二条）；银本位币之形式由财政部拟定（第三条）；凡公私款项及一切交易，用银本位币授受（第八条）；等等。[③] 旧有之 1 元银币，暂准与银本位币值流通。[④] 换言之，此后所有税款、交易及结账以银本位币元为单位。3 月 10 日起，上海市及江苏省内首先实行废两改元，凡公私款项及一切交易，按此定率用银币收付，[⑤] 亦即所有公私款项之收付、债权债务之清算、交易税收、国外汇兑以及各商店之货物市价，均改用银元计算，上海

---

① Arthur N. Young, *China's Nation-Building Effort*, *1927-1937*: *The Financial and Economic Record* (Stanford: Hoover Institution Press, 1971), p. 200, table 18.

② 《财政部部长宋子文提议银本位币铸造条例提案》，卓遵宏编《货币史资料》（1），第 165—166 页。

③ 《银本位币铸造条例》《财政部上海实行废两改元令》，中央银行经济研究处编《金融法规汇编》，商务印书馆，1937，第 3 页。

④ 《关于银问题之契约节略》，卓遵宏编《货币史资料》（1），第 165—171 页。

⑤ 《中央政治会议第 346 次会议纪录》，秦孝仪主编《中华民国重要史料初编——对日抗战时期　绪编》（本章以下简称《绪编》）（3），中国国民党党史会，1981，第 442 页。

钱业公会之洋厘行市同日停开。中央造币厂于3月开铸新币，新版银本位币币值为1元，正面有孙中山侧面像及纪年，背面是双桅帆船图案，新银元比"袁大头"略小，含银量亦较低，俗称"孙头"或"船洋"。7月新银元开始流通，财政部复委托中央、中国、交通三行，合组上海银元银两兑换管理委员会，管理银元银两之兑换、调节，以免市面供求滞碍。

上海实施废两改元进行得非常顺利，于是财政部进一步决定自4月6日起在全国实行，并于4月5日发表公告，规定翌日所有公私款项与订立契约票据及一切交易，须一律使用银币；并规定以前所订之契约等，若以银两收付，应以上海98规元银7钱1分5厘折合银币1元为标准，并以银币收付，上海以外地区则按4月5日申汇行市先行折合98规元，再换算银币。财政部又于同日公布：以后新立契约、票据与公私款项之收付及一切交易仍用银两者，法律上无效。其持有银两者，需请中央造币厂代铸银币，或送交当地中央、中国、交通三行兑换银币行使。①

上项布告发出后，上海、汉口、天津等处银业公会均立即开会决议一致遵令办理，实行废两改元。此三埠为中国首要之商业重心，三埠顺利废两带动全国货币走向。此外，上海重要外商银行如汇丰、花旗等，亦于同日举行联席会议，决议支持改元政策。同年9月，财政部令中外银行钱庄将库存宝银汇报交送三行，兑换新币或厂条（相当1000银元的银块）。宝银收兑工作，直到1935年8月因民间已无流通宝银才停止，支配中国货币千余年的银两制度遂告终结。

中国银币本位制也进一步趋向统一与稳固。废两改元是顺应世界货币与经济的发展趋势，对过去繁杂混乱的货币做出大整理，是中国币制史上可贵的进步，沿用千余年的银两制度从此退出历史舞台，货币趋于统一，在发展经济和便利民生两方面均有积极作用。

实施改元后，两元兑换之利消失，银（两）汇（兑）自此绝迹，钱庄与外国银行的利源大受打击，地位一落千丈；反之，政府对金融市场的控制力与货币政策的推动力增强。况且当时系西方经济大萧条初期，由于中国实行银本位，一时反获得部分好处，由是更获得国人信赖与拥护，为随后法币政策的实施奠定基础。但改元不久，便受到美国白银政策的冲击，

① 参见《国民政府废两改元训令》，卓遵宏编《货币史资料》（1），第172—173页。

不少银元刚进入流通领域，即被运往海外贩卖图利。其时政府的财力与造币能力有限，新铸银元尚无法完全取代旧银元，因而中国的法定通货银元并未因此而统一。改元虽然成功，但相对于国际上先进国家货币而言，银本位仍属落后。惟废两改元已扩大国家银行的活动机能与作用，有利于国家银行纸币的推行，为嗣后实施法币政策定下初基。

二　白银危机与法币制度的建立

20世纪20年代末世界经济形势快速逆转，1929年美国股市大崩盘，随即爆发世界性经济大恐慌。英、美、日等先进国家放弃金本位币制，改采"外汇倾销"策略，贬值货币，以提高国外竞争力，达到刺激出口的目的，这是向外倾销商品与争夺国外市场的非常手段。然中国仍用银本位，无法如此机动改变货币价值，遂致改元只有短期的荣景，便急速恶化。此时美国回归孤立主义，见世界经济景气逆转而各国又改变经济政策，为转嫁国内危机，国会在1933年3月通过为金融危机纾困的法案，赋予罗斯福总统动用防止黄金囤积的权力。随后罗斯福即宣布黄金国有政策，从市场收回大量黄金，以黄金做准备来增印纸钞。同年7月，世界经济会议在伦敦召开，来自全球66国代表商讨如何因应经济衰退，振兴国际贸易，以及稳定国际货币。宋子文代表中国与会，希冀获得国外支持，[①] 然而事与愿违。当时美国每年产银约占世界总产量的66%，是世界最大的产银国。美国白银派议员高呼银价低落对美货出口不利，只有提高银价才能刺激用银国的购买力，打开美货销路。会中此派议员也勠力运动与会各国签订白银协定，承诺共同采取措施限制银产销量及增加银购买力来稳定银价。协定签订后，世界银价随之上涨，国人见银价上涨，纷起抛出纸币，收藏银币，结果纸币纷纷回笼，银准备也每况愈下。当时中国财政困窘，无力进行改革币制。宋束手无策，无奈于1933年10月辞去行政院副院长及财政部部长职，改由中央银行总裁孔祥熙继任。此后国际银价持续大涨，中国白银大量外流图

---

① 1933年4月宋电蒋介石云：参加世界经济会议求取外援助。汪精卫也电蒋云：宋告知财政已走入绝路，如得美国经济援助始有生机。见"国史馆"藏《蒋中正档案·特交档案·一般资料》：170190、221318。以下所引"国史馆"藏档案，馆藏略。

利，1934年2月上海银行公会鉴于事态日趋严重，致电罗斯福，力陈提高银价对两国均属不利，勿使银价突然高涨；9月财政部也三次照会美国。美国虚应其事，无补实际。[①]

中国空前的货币与经济危机，出现在1934年下半年。美国银矿主联合议员促使国会于1934年5月通过《购银法案》，6月总统签字生效。该法案授权财政部在国内外收购白银，使银准备占金银准备的1/4，达到黄金存量货币价值的1/3，且最高收购银价为每盎司值1.29美金。[②] 如此高价巨额收购，立刻促使世界白银价格飞腾。纽约银价从7月到次年5月，由每盎司0.4625美元升至0.7437美元。此时仍为银本位的中国深受其害，世界银价高涨，中外银价悬殊，外国在华银行以运银出口有利可图，遂不顾银为中国货币经济血脉所系，暗将存银大批运售国外。中外投机者也纷纷收购白银，装运出口贩售，使国内白银大量外流。

上海原存银5.44亿元，至1934年底，已有2.57亿元被运往国外。[③] 因此1934年4月到1935年11月，中国白银储备从约6.02亿元下降到2.88亿元。[④] 中国存银骤然大量外流，造成货币供给大失血，使通货紧缩，资金奇紧，国人苦于缺乏交易中准，商民购买力急剧下降，物价下跌，利率也急速上升，经济萧条，工商百业凋零，市面人心不稳，时闻银行挤兑，许多银行与钱庄因此倒闭。货币汇价被迫升值，严重打击出口贸易。工商企业周转不灵，停业倒闭所在皆是，导致金融恐慌，并可能随时爆发更严重的经济危机。连美国也承认"我们收购白银达敲骨吸髓的程度"。[⑤] 美国白银政策使中国实施不足两年的银本位摇摇欲坠。

财政部为避免银外流而告罄，于1934年10月采取紧急处置，征收银出口税与平衡税，运大条宝银及其他银类出口，征出口税10%，运银币或厂

① 培梯：《从白银抗议到白银征税》，《新中华杂志》第2卷第20期，1934年，第4页；《申报年鉴》，申报社，1935，第5页。
② L. Y. Shen, *China's Currency Reform* (Shanghai: The Mercury Press, 1941), p. 171. 美国产银7州之议员却占国会席位的1/3，力量不容忽视。
③ 《中国白银问题：1935年5月中国致美国来华经济考察团备忘录》，卓遵宏编《货币史资料》（2），第89页。
④ 徐蓝：《英国与中日战争（1931—1941）》，北京师范学院出版社，1991，第75页。
⑤ 转引自〔美〕阿瑟·恩·杨格《一九二七至一九三七年中国财政经济情况》，陈泽宪、陈霞飞译，中国社会科学出版社，1981，第249页。

条出口，出口税减铸费 2.25%，实征 7.75%。如伦敦银价折合上海汇价，与中央银行汇价相差数，仍有不足时，按不足额加征平衡税。[1] 银出口税与平衡税的征收，虽遭到中外商人的强烈反对，但最高当局仍坚持贯彻。[2] 但中国海岸线绵延甚长，边境辽阔，且香港、东北均非国民政府权力所及，又因治外法权与租界障碍，防范走漏甚为不易。此时中日局势微妙，日本浪人倚仗特殊势力，武装私运颇为猖獗，上海日商甚至将白银交予日舰强运出口。国民政府不得已乃限制国内现银自由移运，沿海各口运银必须携带证件，个人旅行亦限制携带数量，并制定偷运银币类出洋惩罚办法，对情节严重者处以极刑，但收效不大。[3] 至 1935 年 2 月，上海钱庄宣布清理者 8 家，以后又续有 2 家，5 月底，明华、美丰（外商）等银行及荣康等 20 余家钱庄相继倒闭。[4] 国民经济有崩溃之虞，时人称之为"经济国难"。[5]

日本乘机步步进逼，使两国关系更趋恶化，国民政府只能忍辱求全，暗中则加速建设积极备战。其时中国仍是一个贫穷落后、军阀割据的国家，中日两国不仅军力悬殊，财经实力亦有极大的差距，国民政府遂百般退让。1935 年日本变本加厉，放言给予中国贷款以渡过货币危机，来达到独占中国财经利权之目的。宋子文于 1935 年 1 月致电返美述职的美国驻苏大使布里特（Britt），述说中国困境，请求其协助向美国政府求援，称："我认为中国的经济，尤其是货币面临不可避免的危机可能在 3、4 月间……像我们这样组织不健全的国家里，又当日本要控制中国，目前正逼着摊牌的时候，届时中国政府只能做出如下的选择：不是在苛刻的经济条件下接受日本的贷款，就是面临着事实上是日本人庇护下各省使用不同的货币。"[6] 宋希冀美国提供巨额贷款来协助中国稳定货币，以便摆脱白银危机及防范日本的侵凌。

早于 1928 年 11 月，中央银行创建时，宋子文即在开幕式上说，创建该

---

[1] 《关于银问题之契约节略》，国民政府档案：财 0-2.3-1。

[2] 《蒋中正电孔祥熙指示白银出口税应坚持到底》，秦孝仪主编《绪编》（3），第 444 页。

[3] 《偷运银币等出洋准照危害民国紧急治罪法办理》，卓遵宏编《货币史资料》（2），第 77—80 页；另见 W. Y. Lin, *The New Monetary System of China*（Chicago：The University of Chicago Press, 1936），p.71。

[4] 《财政报告》，财政部档案。另据谢菊曾《1935 年上海白银风潮》（《历史研究》1965 年第 3 期，第 90—93 页），仅上海就倒闭银行 12 家、钱庄 11 家。

[5] 赵兰坪：《现代中国货币制度》，第 87 页。

[6] 引自董长芝、马东玉编《民国财政经济史》，辽宁师范大学出版社，1997，第 172 页。

行的目的是"统一国家的币制，统一全国的金库，调剂国内的金融"，且强调以之作为改善金融体制、进行币制改革的主干。① 中央银行成立之初，在信誉与货币发行量上远不及官商合营根深蒂固的中国、交通两银行，因此财政部多方设法将中、交两行纳入国家直接管理的范围，俾结合三大银行之力以发挥更大的力量，1928年10月，曾先后改组中、交两行，强制增加官股，总行均由北平迁到上海，俾便就近指挥。1935年3月，财政部发行公债，筹募资金扩张中央银行资本，使其资本额由2000万元提升到1亿元，旋又迫使中、交两行增资改组，官股取得优势，从此两行完全听命于中央。孔祥熙说明："改组中、交两行，增加政府资本，俾于救济改革币制之设施上，得以与中央银行通力合作，借收事半功倍之效。"② 是年5月《中央银行法》公布实施。当代金融史学者对此持肯定的看法，认为"在中国首次较全面地确立了中央银行制度，对货币发行、外汇管理和金融市场的有序运作，具有重要意义"。③ 在政府的大力推进下，该行纸币得以快速流通，到1935年底，发行量已增长28倍。10月中央银行又创立中央信托局，资本额1000万元，借资吸收资金，倡导民间储蓄，防止资金外流，并运用信托业务对抗外商经营的储蓄与奖券等事业。从此中央银行的实力远超其他各银行，在1934—1935年的金融恐慌期间，中央银行联合中、交两行放款救济艰困的中国实业银行、中国通商银行等，许多金融机构经此救济方得重整，继续经营。从此三行成为实力坚强的银行团，为来日币制改革做有力的后盾。

　　中国经济濒临枯竭，最高及财政当局（蒋与孔）均有颇深的危机感，密商不断。④ 财政部派常务次长兼钱币司司长徐堪负责研拟新币制，徐一面与

① 《中央银行开幕志要》，中国银行经研室编《全国银行年鉴（1937年）》，第A5页。
② 孔祥熙：《1934年会计年度及该期以后财政情况报告》，《银行周报》第20卷第45号，1936年，第3页。
③ 吴景平：《蒋介石与战前国民政府的财政金融政策》，吕芳上主编《蒋中正日记与民国史研究》下册，世界大同出版公司，2011，第434页。
④ 《蒋介石日记》1935年1月17日与2月28日都记：与孔数次密商财政、金融与币制事，应以统制金融与币制为财政命脉（美国斯坦福大学胡佛研究所藏蒋介石日记手稿影印件，藏所下略）。3月22日再致密电孔与国民党中央秘书长叶楚伧云：国家社会濒破产，症结在"金融、币制与发行之不能统一"。见《蒋介石致叶楚伧孔祥熙养未机渝电》，《蒋中正档案·革命文献·财政经济类》：002-020200-00033-020。

杨格（A. N. Young）、林枢（F. B. Fynth）、洛克哈托（O. C. Lookhart）等外籍顾问暗中筹划改革方案，[1] 一面咨询国内学者专家及江浙资本集团的重要人士。

6月，徐慎思熟虑国内财经实情，外参各国币制，草拟实施法币政策办法。[2] 其基本原则，一是以纸币取代银元，将新货币与白银完全脱钩；二是新货币的发行须有一定的准备金。采用纸币政策，必要条件在于发行银行的金融实力，由于政府国库空虚，无力筹措改革资金，只得向美、英、法等国求援。法国对此反应冷淡；美国亦漠不关心，甚至不考虑如此"会给中国带来什么样的后果"。[3] 此时日本见机不可失，不请自来，提出"中日经济提携"方案，拟由正金、台湾、三井、朝鲜、三菱5家银行共同出资2亿日元，在上海设立信用借款，以救济中国金融。[4] 英国政府判断，中国货币即将崩溃，故拟借此介入中国币制改革，俾能恢复往日在华经济势力，遂决定派遣首席经济顾问李滋罗斯（F. Leith-Ross）来华，协助国民政府进行币制改革。1935年6月英国告知派员协助挽救金融，给中国送来一线希望。虽然徐堪拟具的法币政策办法得到蒋、孔、宋之支持，[5] 然李滋罗斯即将来华，加上国际形势微妙，故暂未付之施行。

此时日本变本加厉，华北危急不断，蒋介石于1934年发表《敌乎？友乎？》一文，希望日本悬崖勒马，以免造成难以弥补之伤痛，日本却全然不顾。蒋见战争难以避免，遂决定以西南为抗日基地，密令沪宁地区准备作为初期对日抵抗战地，并决定敦促实施已拟具富有弹性的法币政策案，俾能支持战时财政需求。1935年8月，蒋反复思考统一发行、停止兑现之可能性后，"决定钞币统一发行政策"，[6] 遂陆续电催及早改革币制，实施统一

①　Arthur N. Young, *China's Nation-Building Effort*, 1927–1937, pp. 229–230.
②　徐堪：《自述》，《徐可亭先生文存》，徐可亭文存编委会，1970，第5—6页。
③　参见 "Roosevelt to Henry Morgenthau, Jr, Secretary of Treasure," in Edgar B. Nixon ed., *Franklin D. Roosevelt and Foreign Affairs*, vol. 2, 1935（Cambridge, Mass. : Harvard University Press, 1969）, p. 306.
④　参见美国驻华大使约翰逊1935年4月18日致Roy Howard信，转引自 Russell D. Buhite, T. Nelson, *Johnson and American Policy Toward China*, 1925–1941（East Lansing：Michigan State University, 1968）, p. 118.
⑤　徐堪：《自述》，《徐可亭先生文存》，第5—6页。
⑥　见《蒋介石日记》，1935年8月16、23日。

发行。① 9 月蒋在峨眉军官训练团讲课时特别指出："有篇遗教……大家应当注意研究，并拿来教导国民的，就是所谓：钱币革命……照社会进化的趋势，纸币一定会取金银之地位而代之，成为惟一的钱币。"② 可见蒋对钱币革命、实施法币政策的重视。

9 月李滋罗斯抵达上海，却传来英国不欲单独贷款给中国的消息。③ 此消息迅速流传，遂致流言纷起，投机风气再炽。蒋介石于日记中对孔祥熙倚重英使颇不以为然，痛心其不及时自力实施币制改革，也表现出对英国特使的失望，并透露其对货币改革之渴望实与日本侵略有极大关系。④ 10月，上海商民对国币已失去信心，投机者或将资本外移，或抢购标金外汇，⑤ 上海外商银行乘机操纵，汇价暴跌。至 10 月下旬，蒋已"决定法币政策"，⑥ 步步逼使财政部采取断然措施。11 月 2 日，孔祥熙前往上海欢迎美国副总统迦纳（J. N. Garner）过境中国。他目睹沪市人心惶惑，投机居奇之风弥漫，标金外汇公债拆息价格离奇，体悟若再不急图改革，将不可收拾。是日适美财政部答允向中国购银。3 日下午 4 时，孔于财政部上海办事处召集银行界领袖，讨论实施新货币政策办法。是日晚孔以实施法币政策就教于李滋罗斯，后者欣表赞同。⑦

11 月 3 日晚，孔祥熙连夜发出呈请实施法币政策的江电给国民政府主席林森等，又发出宣告实施法币政策的支电给国民政府等，其中包括中央与地方单位及相关民间团体。⑧ 在英国拒绝贷款，日本又武装威胁以索取中国财政金融利权的双重逼迫下，国民政府遂大胆采取破釜沉舟的根本性措

---

① 《蒋委员长致孔部长统一发行令有否发表电》（1935 年 8 月 26 日）、《蒋委员长致孔部长告以统一发行务于意、阿开战之前先行实施电》（1935 年 9 月 8 日），秦孝仪主编《绪编》（3），第 444—445 页。
② 蒋中正：《实施钱币革命》，卓遵宏编《货币史资料》（1），第 91—92 页。
③ 《美国外交文件》1935 年第 3 卷，第 542 页，转引自政协文史资料研究委员会编《法币、金圆券与黄金风潮》，文史资料出版社，1985，第 13 页。
④ 《蒋介石日记》，1935 年 9 月 30 日。
⑤ 财团法人金融研究会『中華民国弊制と金融』第一部银问题、金融研究会、1936、248 页。
⑥ 《蒋介石日记》，1935 年 10 月 26 日。
⑦ 稚言：《中国实施新货币政策》，《国闻周报》第 12 卷第 44 号，1935 年，第 11 页。
⑧ 参见《货币金融管理法令——财政部长孔呈请实施法币政策江电》《改定货币政策》，《国民政府档案》：211.12.10122、10111。

施，企图一劳永逸，从此摆脱金融危机与国际金银价格升降的影响。① 这项币制改革措施，标榜为采用孙中山倡导的钱币革命精义，以纸币取代银元；禁止白银在市面流通，如此中国才能使货币与白银脱离关系，摆脱世界银价涨落影响，改变在国际贸易中的不利地位。简而言之，币制改革是脱离困境的唯一出路。孔计划向美国售银 1 亿盎司，并将大量银元运往伦敦出售，所得款项全部分别存入纽约与伦敦的银行，作为新币的外汇准备金。在售银期间，汇丰银行以 3 厘低息向中国提供 200 万英镑贷款，作为机动准备。②

1935 年 11 月 3 日财政部颁布《紧急安定货币金融办法》6 项，即通称的法币政策，其主要内容如下。（1）自当年 11 月 4 日起，以中央、中国、交通三行发行之钞票为法币。一切公私款项收付，概以法币为限，不得行使现金，违者没收。（2）三行以外，曾经财政部核准发行之银行钞票，现在流通者，准其照常行使。其发行数额与流通之总额，以截至 11 月 3 日为限。（3）设发行准备管理委员会办理准备金之保管、发行及收换事宜。（4）凡持有银、银币等者应自 11 月 4 日起，交由发行准备管理委员会，或兑换为法币。（5）旧有契约于到期日，概以法币结算收付。（6）三行无限买卖外汇，以稳定法币对外汇价。③

法币政策的实施是中国近代货币史上最彻底的一次币制改革，其作用、意义及影响至深且巨。法币对内不兑现，为示民于信，除以现金做准备外，一切完粮纳税均可用，另以无限制买卖外汇来稳定汇价。该政策实施后金融危机得以舒缓，国内混乱的金融开始步上正轨，经济发展呈现新气象。④此后法币的价值基础不再是银，换言之其价值已脱离银价，具有无限偿还能力的货币，是迈入现代化管理的币制和具有弹性的通货。法币的问世，是中国历史上第一次全面流通不兑现的钞票。法币制度对稳定货币市场具有非常功效，持之以久，国家对经济的控制力必得以强化，而各地方势力，

① 见《蒋中正档案·特交文电·领袖事功》卷 1 上册"伍、领导国家建设案——改革政经"。
② 见资耀华等《国民党政府在法币改革前后依附帝国主义和彼此间钩心斗角的内幕》，转引自《法币、金圆券与黄金风潮》，第 10—25 页。
③ 参见《财政部关于施行法币布告》，中国第二历史档案馆等编《中华民国金融法规档案资料选编》上册，档案出版社，1989，第 401—403 页。
④ 参见石毓符《中国货币金融史略》，天津人民出版社，1984，第 279 页。

甚至租界洋行的利益则遭到削弱。此一变革对嗣后的影响重大，因其集中准备，统一发行，不仅巩固当前的财政基础，而且取得民众信赖后，即可弹性调节发行量，对日后备战与战时财政卓具功效。

然法币政策实施之初流言纷起，谓该计划系李滋罗斯所拟定。故李滋罗斯在政策发布后即数次公开辟谣说，"本人对中国政府，并未提出任何周密完整之计划"，是中国"决定以其本身之资源，制定一不兑换之管理货币"。① 英国外务部、财政部均坚决否认法币政策为李滋罗斯所拟定，法币对外汇率亦非李滋罗斯的建议。② 事后徐堪说他"独居南京郊区……草定实施法币政策办法6条"。③ 惟此方案最后虽由徐独自拟稿，但亦应看到，美财政顾问与上海金融界精英之参与研讨与规划，扩大了徐对新通货管理的认识，才有如此成果。参与其事的杨格也表示："很久以来财政部外籍专家与孔、宋研讨法币政策，李滋罗斯抵华前，财政部已拟妥一个详细的币制改革方案。10月2日，李滋罗斯抵华未满一个月，孔、宋即请其审阅改革计划，此为一个月后公布实施的法币政策。"④ 上述均足以证明法币政策实由国人拟定，可惜许多人不细查原委，以为法币政策只是一时不得已的救急应变措施，或以为系李滋罗斯的杰作。现今档案的陆续公开，澄清此疑点，使真相得以大白。

法币政策之公布，正值国人对银本位货币失去信心，金融市场与国家经济濒临崩溃之时，因此该政策一经公告，即得到各地区各行业的支持。本来传统中国社会对纸币戒慎恐惧，因元明清官方纸币宝钞，以迄近代咸丰宝钞、民初洪宪及军阀印制之纸票，无一不膨胀过度而贬值或无法兑现，造成民间不信任纸钞。法币政策公布前，上海已有流言，称政府将大量发行钞票，膨胀货币。及法币政策发布，若干投机商及不明事理者争相抢购现银，囤积铜元，使原本枯竭之白银与铜钱更形缺乏，因此实施初期各地

① 《中央日报》1935年11月6日、8日；《申报》1935年11月6日。详情参见 E. Kann, "China's Currency Reform of 1935 in Retrospect," *Far Eastern Economics Review*, August 19, 1954, 转引自瑜亮《孔祥熙》，开源书局，1955，第73页。
② 伦敦哈瓦斯1935年11月4日电，见《申报》1935年11月5日、《中央日报》1935年11月6日。
③ 徐堪：《自述》，《徐可亭先生文存》，第5—6页；可参见卓遵宏《徐堪传》，《中华民国名人传》第8册，近代中国社，1988，第316—317页。
④ Arthur N. Young, *China's Nation-Building Effort*, 1927-1937, pp. 229-230.

均有通货不足、物价上涨之现象。[1] 但国民政府快速建立民众对法币之信心，各地方政府亦配合金融机构与警宪共同维持市场稳定。往昔政府对混杂的货币均束手无策，而国民政府却能短期内获得各地各界支持，收回国家货币发行权，实属不易。

上海为全国金融中心，主事者事先已与当地金融、工商各界洽商研讨，使上海成为推行法币政策之中心。实施法币后，中央对各省货币之整理不遗余力，江浙皖赣闽两湖豫等省，素亲向中央，故竭力拥护法币政策。其他各省则异常复杂，东北、新疆等非国民政府管辖所及，而许多各自铸印货币的地区，其较著者有河北、四川及两广。由于日本华北驻军嫉视，河北宋哲元不敢轻举妄动，而平津却能不顾强敌环伺，毅然支持法币政策。山东韩复榘、绥远傅作义虽与中央关系不深，亦先后实施法币政策。[2] 四川地方银行钞票、广东毫券、广西纸币等地方钞票，早已各成系统，长期不受中央节制。四川滥铸发钞票，复杂冠全国，准备空虚，汇价低落，接受法币后按各银币所含纯银数换给法币，收回旧钞，川民大悦。[3] 关内除两广多年置外于南京，不欲追随外，其余均先后使用法币。[4]

两广不仅自行铸印钱币，连计算单位也不同。法币实施前，中央曾多方与广东当局磋商，俾两广币制同时改革，未被接受。但其准备空虚，信用不良，物价因之腾贵。1936年7月粤省归顺中央，时粤券发行量已达2.5亿元。[5] 财政当局于8月发行整理广东金融公债，以资补足准备之短缺，至翌年6月，复进一步改革粤币，责成三行及广东省银行以法币兑换毫券，毫币逐步收回。广东省币制整理后，金融安定，人民称便。[6] 广西至1937年12月，也主动要求改用法币。[7] 香港亦加入了改行纸币行列。

---

① 上海情况参见傅斯年《这个样子的宋子文非走开不可》，《傅孟真先生集》第5册（下），傅孟真先生遗著编辑委员会编印，1952，第180页。南京、天津情况分见《中央日报》1935年11月7日、8日、10日。

② 《中央日报》1935年11月7日。

③ 秦孝仪主编《绪编》（3），第445页。

④ 《粤省通过发行准备管委会章程》，《银行周报》第19卷第46期，1935年，第3页；《粤省赞同新币制消息》，《中央日报》1935年11月7日、8日。

⑤ 参见余捷琼《中国新货币政策》，商务印书馆，1937，第85页。

⑥ 高素兰编注《事略稿本》第38册，"国史馆"，2012，第49—54、137—142页。

⑦ 秦孝仪主编《绪编》（3），第450页。

全面抗战爆发前，除少数地区外，全国以法币流通，同时由于法币流通范围不断扩大，发行量急速扩张，全国货币逐渐走向统一与现代化，金融日趋健全，工商各业逐渐复苏，经济得以发展。法币政策施行成果显著，政府因此能主导财政金融，故七七事变爆发，国民政府一改往昔委屈不敢还手态度，决心抗战。

对中国实行法币政策，英美与西欧各国大体能保持友好立场，企望中国稳定货币，复苏经济，有利贸易推展。而日本蓄意侵华，竟图独占中国经济，故对币制改革极尽曲解、阻挠与破坏之能事。日本首先以不当之逻辑推断货币改革必定失败，认为其准备不足，没有人才，又未得到各国之谅解，故绝不可能成功；并谓白银国有会造成政治社会不安，白银集中后会被滥用；且认为中国必定会向英国借款，而遭受胁迫加入英镑集团，使英国取得债权与财政监督权，致中国财政陷入困境。日本还指责中国未征得日人谅解而求助英人，将使中日两国感情恶化，造成东亚不安，称日本为维护东亚秩序，不得不干预。[①] 以此论点出发，日本采取威胁恫吓态度，企图迫使中国变更政策，并纵容其在华商民与浪人从事不合作及破坏举动。

国民政府对日人的无理行径加以严密注意并以外交方式寻求解决，未采取激烈对抗方式，冀局势稳定后，日本会知难而退。事实证明，币制改革除加深日本之疑惧与侵略外，日本终未达到阻挠中国币制改革之目的。此一事件，亦促成国人对日本野心之认识，币制改革后，抗日情绪益发激昂。[②] 新货币政策以紧急命令颁行，法制规章未及完备，民众对法币制度之认识与信心均显不足。财政部复接纳各方反应，谨慎筹划，修正法令，颁布规章，设立机构，再接再厉，扩大绩效，推进不懈，充分显示领导币制现代化之意向与能力。

财政部于实施之日先在上海成立发行准备管理委员会，以办理三行发行法币准备金之保管及检查。该会随即调查各银行发行准备金与收兑现银

---

① 《驻日大使馆报告日人对中国改革币制之态度》（1935 年 11 月 5—6 日），见 Ann Trotter, *Britain and East Asia, 1933-1937*（LSE Monographs in International Studies），pp. 165-167.

② 见 "The Ambassador in China（Johnson）to be the Secretary of State," Nov. 9, 1935, *Foreign Relations of the United States*（*FRUS*），p. 561.

工作。① 由于美国已承诺向中国采购白银 5000 万盎司，1936 年 5 月，《中美白银协定》签字，美国将向中国续购银 7500 万盎司，所得美元存入纽约的美国银行作为法币发行准备，以维持法币汇率，② 从而使存入英国的法币准备金约有 2500 万英镑，存入美国的法币准备金约有 1.2 亿美元。1936 年初，中国农民银行也取得与三行同等的法币发行权，但以 1 亿元为限，时人称之为四行。③ 这也标志着中、中、交、农等政府银行体系更形巩固。④

在辅币方面，中央银行于 1936 年 2 月开始发行 5 分、10 分、20 分镍质辅币及 1 分、半分铜质辅币，废除旧有之银角、铜元，建立十进制的现代货币体系。实施法币后，白银不再作为货币，但仍是换取外汇最便捷的媒介，因此政府积极收兑白银，除建立法币发行的准备外，并运售海外，换取外汇，以稳定汇价，增强法币的国内外币信。虽民间尚藏有相当数量的现银，但无须讳言，自此法币快速进入市场，替代银元成为人人接受的通货。自法币开始流通，半年之间流通额达 9 亿余元，到 1937 年 6 月更达 14 亿余元，占当时货币流通额的 80%。⑤

早在法币改革之初，孔祥熙即计划将货币发行集中于中央银行，改组该行为中央准备银行，成为超然机关，以"全力保持全国货币之稳定，后享有发行专权"，⑥ 故初拟另三行只给予两年的发行权，作为过渡期，冀望于两年后中央银行得独享发行专权。⑦ 至 1936 年底，中央银行发行额已增至 3.3 亿元，而同时的中国银行为 4.6 亿元，交通银行为 3 亿元，中国农民

① 《发行准备管理委员会章程》，《中央日报》1935 年 11 月 5 日。
② 参见 *FRUS, 1935*, pp. 632-633, 641-642；张寿贤《陈光甫先生传略》，上海银行，1977，第 83—84 页。
③ 中国人民银行金融研究所编《中国农民银行》，中国财政经济出版社，1980，第 190—194 页。
④ 参见吴景平《蒋介石与战前国民政府的财政金融政策》，吕芳上主编《蒋中正日记与民国史研究》下册，第 436 页。
⑤ 抗战时期国民政府财经战略措施研究课题组编著《抗日战争时期国民政府财政经济战略措施研究》，西南财经大学出版社，1988，第 77 页。
⑥ 参见陈行《我国中央银行之进展》，《中央银行月报》新 3 卷第 10 期，1948 年，第 309 页；中国银行经研室编《全国银行年鉴（1936 年）》，第 43 页。
⑦ 杨培新：《旧中国的通货膨胀》，上海三联书店，1963，第 65 页。

银行为 1.6 亿元。① 可见中央银行在政府的大力扶持下实力已经逼近资深的中国银行，更在交、农两行之上，但未及两年即爆发全面抗战，不得已延缓此计划。

法币政策实施后，1937 年农产品的价格恢复到 1931 年的水平，民众生活水平提高，购买力增强，促进了经济发展。在检视法币政策实施后的汇价、物价、国际贸易、工商业、农业经济情况后，王世鼎得出如下结论："自新货币政策实施后，金融宽松，物价提高，国际贸易发达，厚植工商业发展之基础，而农村经济之回苏，销路之兴旺，使工商业之发展，更盛极一时。"② 一般研究者也有类似的看法：法币政策实施后，"出现了几十年来未曾有过的贸易顺差，出口超过了进口。国外对于中国出口货物的需求，增加了农业生产者的购买力，到 1937 年上半年，进口比前一年同期增加了40%"。③ 研究军阀的学者则从国家由形式统一逐步迈向实质统一的视角检视法币政策，如有学者指出，法币取代四川几家银行发行的钞票，四川即纳入国民政府的经济轨道。④ 货币改革促进了经济状况的改善，也相应提升了政府的威望和国民的信心。《大公报》的社论说："在最近几个月内，国人的信心好象又死而复苏。"⑤ 美国大使约翰逊（N. T. Johnson）在 1937 年 4 月写道："观察家……不会不为中国政府……推行经济建设计划的活力，而留下深刻印象。"⑥

三　法币盛极而衰终至崩溃

1937 年 7 月卢沟桥事变发生，平津告急，京沪人心浮动，上海出现提存潮，蒋介石立即指示徐堪组织临时性的金融管理机构。据徐回忆："事变

① 沈雷春：《中国金融年鉴》，文海出版社，1979，第 40—41 页；另参见寿充一等编《中央银行史话》，第 2—3 页。
② 王世鼎：《新货币政府实录》，财政建设学会，1937，第 52 页。
③ 《抗日战争时期国民政府财政经济战略措施研究》，第 78 页。
④ Robert A. Kapp, *Szechwan and the Chinese Republic: Provincial Militarism and Central Power, 1911-1938* (New Haven: Yale University Press, 1973), pp. 119-120.
⑤ 见《大公报》1936 年 12 月 13 日。
⑥ 见 Arthur N. Young, *China's Wartime Finance and Inflation, 1937-1945* (Cambridge, Mass.: Harvard University Press, 1965), p. 30.

后数日，委座以战时金融措施关系重要……面饬本席迅组金融委员会，负执行国策之责。当由委座亲定委员名单，并由本席请以宋董事长（子文）为委员长。"① 此后宋虽名义上"从旁协助"，却是幕后有力推手，有相当的表现，如拟定限制提存、鼓励存款的《非常时期安定金融办法》等。②

8月9日，日军突袭上海虹桥机场，上海人心震荡，提存更形拥挤，而各银行钱庄到期应收款项，多不能如期收讫，市面流通货币顿感吃紧。13日晨，财政部为稳定局势，俾讨论妥善办法，乃令上海各银行钱庄休业两天。③ 经缜密研讨，财政部于8月15日颁布《非常时期安定金融办法》，规定自翌日起，每户每周只可提领活期存款5%，以法币150元为限。至于公司、工厂、商店与机关等存款，如系支付工资或与军事有关者，照常支取，俾能安定金融，节制不必要的消耗，防止资金外逃，又无碍于正常资金运用与后方资源开发。④ 至8月底，上海金融已稍见稳定，为便利小额存户支取，财政部于31日宣布准许300元以下的小额存款，一次提取，不受每周提取5%的限制。⑤

财政部为凝聚金融业力量、厚增抗战实力，于淞沪战役爆发后，责令四行在上海组联合办事处（简称"四联总处"），统一管理资金。8月16日，该处在法租界开业，暂由宋子文负责，"每日开会一次或数次不等"，"凡财政部决定之措施，如安定金融办法等"均经该处赞襄或执行。⑥ 10月底，孔祥熙出访欧美回国，该处交由孔主持。11月，上海与华东战局失利，四行陆续内迁，该处亦移至汉口，不久又迁到重庆。⑦ 前此该处属松散协调性机构，对四行尚少强制性机能，1939年9月，国民政府公布《战时健全

---

① 《徐堪谈四联总处成立的经过》，重庆市档案馆、重庆市人民银行金融研究所合编《四联总处史料》（上），档案出版社，1993，第66页。

② 《宋子文致蒋电》（1937年8月1日），《蒋中正档案·特交档案·金融（一）》：002-080109-001-003-012a；参见吴景平《蒋介石与战时国民政府金融政策的制定与实施》，《蒋介石与现代中国再评价国际学术研讨会论文集》上册，"中央研究院"近代史研究所，2011，第5页。

③ 财政部年鉴纂处《财政年鉴续编》下册，商务印书馆，1943，第210—211页。

④ 孔祥熙：《五届五中全会财政工作报告》，《民国档案》1986年第2期，第74页。

⑤ 卫挺生：《战时金融之错误与救济》，清岑编《抗战文选》第3辑，拔提书局，1938，第65页。

⑥ 《四联总处史料》（上），第66页。

⑦ 民国年鉴社编《中华年鉴（1948年）》下册，第1155页。

中央金融机构办法纲要》，决定合组联合办事总处，负责办理政府有关战时金融政策的特种业务，由是其职权大为增加。总处设理事会，由四行负责人及财政部代表共同组成，为最高决策机构，主席由国民政府特派，财政部授权主席于非常时期得总揽四行一切事务，有权对四行做便宜措施，或代行职权。[①] 蒋介石以农民银行理事长身份担任理事会主席，成为强势的金融领导中心。总处不仅可代行四行职权，且拥有政府战时金融决策大权，居统率全国金融之地位。

此外，为稳固币值，1937 年 8 月底，国防最高会议通过《总动员计划大纲》，提出对通货、汇兑、金融业务及金融机构等实施管理。11 月，上海沦陷，租界成为"孤岛"。当时租界内流通的仍是法币，在强大的抛售法币、抢购外汇的压力下，法币严重贬值，自此上海外汇市场不稳。1938 年 2—3 月，蒋介石分别与孔祥熙、宋子文商定统制外汇办法及外汇管理办法。[②] 1938 年 4 月，国民党临时全国代表大会通过《抗战建国纲领决议案》，明定要"巩固法币，统制外汇，管理进出口货，以安定金融"。[③] 在1938 年 8 月至 1940 年 5 月召开的历届参政会上，屡有参政员提出巩固法币、防止资金外流与维持外汇等案，[④] 可知朝野上下均对安定法币予以极大的关注。其间蒋介石也俟机电告罗斯福：日本侵略，币制压力极为严重，"盼贷我现金以维持币制"。[⑤]

国民政府也在努力尝试各种有助于稳定法币的办法，法币政策实施后，即先后颁布各项收兑银币银类办法。洎乎全面抗战爆发，为充裕外汇基金，防止资金向外逃逸，杜绝敌伪夺取，复加强收兑工作。1937 年 9 月公布的《金类兑换法币办法》规定：人民持有生金、金器及黄金制品，向四行及邮政局等兑换法币，可增给手续费 3%—5%，以资鼓励。10 月施行细则颁布，

---

① 《中华民国金融法规档案资料选编》上册，第 634—635 页。

② 叶健青注《事略稿本》第 41 册，"国史馆"，2010，第 203—204、254 页。

③ 《中国国民党历次会议宣言及重要决议案汇编》第 2 册，中国国民党中执会训委会编印，1941，第 845 页；秦孝仪主编《中华民国重要史料初编——对日抗战时期　第四编　战时建设》(1)，中国国民党党史会，1988，第 50 页。

④ 详情参见《国民参政会对于巩固法币、节制资金外流案之决议及对维持外汇等建议案，交由国民政府令行政院筹划实施》，见《国民参政会档案》：002-000000395A。

⑤ 详情参见《蒋中正电罗斯福日本侵略，币制压力严重，盼贷我现金以维持币制》，《蒋中正档案·革命文献·对美外交：财经援助（一）》：002-020300-00030-031。

以增进实施之功效。① 该办法颁布后，四联总处即派员前往战区周遭，以法币兑收库藏银币。11 月，财政部又分别拟定收集金银各类实施办法。② 国民政府将收集的白银陆续运售美国，换取外汇存于海外，以稳固法币准备，不仅增强了法币的外汇准备，对于法币信用之维护与战时财政金融力量之增进，亦居功厥伟。

为防止资金逃避，平衡国际收支，统制对外贸易，1938 年 5 月，财政部发布"关于战时巩固法币地位、统制外汇、节制发行、稳定物价方针"，指出："凡可增厚法币准备之方法，均应积极进行，凡可减损法币地位之用途，均应极力防止。"③ 6 月，财政部再颁布命令，对旅客由内地到港澳、广州湾等通商口岸所携带法币、外币及金银制品等，都有严格的限制。④

币制改革前后，财政部积极争取国外援助，以稳定货币。七七事变次日，孔祥熙在美国与美方初步达成协议，美方将向中国购银 6200 万盎司，并提供 5000 万美元贷款，协助稳定法币，维持法币对美元的汇价。其后更有大额购银与贷款的协商案，后因中日战事扩大，且双方具体条件未达成一致而未执行。⑤ 类似情形也发生在中英借款谈判中，英国 8 月初答应贷款 2000 万英镑，亦因中日战事扩大而遭英内阁会议否决。⑥ 至 10 月下旬，宋子文又在香港向英方接洽借款，中国驻英大使郭泰祺与英籍顾问罗杰斯（Cyril Rogers）也在伦敦进行外汇借款。英国曾认真考虑协助方式，期望与美法联合提供贷款，但未为美法接受。到 1939 年 2 月下旬，英内阁原则通过 500 万镑的外汇借款。中英双方遂正式签署协定，设置总额为 1000 万英镑的中英第一次平准汇兑基金，由汇丰银行投资 300 万英镑，麦加利银行投资 200 万英镑，中、交两行也共同投入 500 万英镑，用于港沪的外汇市场，

---

① 《财政金融资料辑要》第 7 篇，"财政部"编印，1952，第 26 页。

② 孔祥熙：《五届五中全会财政工作报告》，第 72 页；戴铭礼：《抗战三年来之货币管理》，《经济汇报》第 2 卷第 1、2 期合刊，1940 年，第 68 页。

③ 中国第二历史档案馆编《中华民国史档案资料汇编　第五辑第二编　财政经济》（4），江苏古籍出版社，1997，第 451 页。

④ 《中华民国史档案资料汇编　第五辑第二编　财政经济》（4），第 483 页。

⑤ 参见吴景平《美国和抗战时期中国的平准基金》，《近代史研究》1997 年第 5 期，第 76—78 页。

⑥ 分见《美国驻英大使致国务卿电》（1937 年 8 月 12 日），FRUS, 1937, vol. 4, pp. 620-621；《郭泰祺致孔祥熙电》（1938 年 7 月 14 日），秦孝仪主编《中华民国重要史料初编　第三编　战时外交》（2），第 202 页。

共同维持英镑汇价。[1]

为有效管理与运用平准基金及取信英国，旋有中英平准汇兑基金委员会成立，由罗杰斯任主席。平准基金的设立，固对维持法币的汇价具有相当帮助，但战时支出大增，在全面抗战爆发后的前两年，政府支出年增33%，而岁入年下降63%，加上日伪方面不断以法币套取外汇，[2] 以及投机商的推波助澜，使平准基金穷于应付，法币的汇价也不可避免跌落。平准基金委员会成立后，即按 1 元合英镑 8.25 便士的汇价，在上海与香港公开发售法币。

1939 年，财政部做出两个导致全面抗战中后期法币发行额快速增发的决策。其一，1 月宣布："为适应社会筹码需要，并协济国、地两方库款周转起见"，对法币发行额"酌为合理之增加"。其二，9 月公布《巩固金融办法纲要》，规定除金银和外汇外，还可以短期商业票据、货物栈单、生产事业投资（即股票）与公债充当法币的准备金，公债最多可占准备金总额的 40%。[3] 这两项决策使法币发行额限制更形宽松，法币发行量如脱缰野马，快速上升，从而导致长期的通货膨胀、物价上涨与汇率跌落。

1937 年 6 月底法币发行额为 14.1 亿元，至 1938 年底增发至 23.1 亿元，可见全面抗战初期的一年半间，法币发行额仅增 9 亿元，只是之前发行额的 63.83%。但 1939 年底至 1944 年底，每年分别增至 42.9 亿元、78.7 亿元、151 亿元、344 亿元、754 亿元、1895 亿元，到 1945 年 8 月抗战胜利时更高达 5569 亿元，是 1937 年的近 395 倍。[4] 1939 年 10 月，上海法币牌价已跌至 4 便士；到 1940 年 5 月初，法币的市价更下跌至 3.125 便士或 0.045 美

---

[1]　《中华民国货币史资料（1924—1949）》第 2 辑，第 445—449 页；另参见《宋子文电蒋中正平衡外汇基金为一千万镑原则英政府已赞同》，《蒋中正档案·革命文献·对英外交：军经援助》：002-000000395A。

[2]　此方面的著述甚丰，请参见当时人徐日洪《上海的法币》，重庆《大公报》1942 年 9 月 16 日、17 日；戴建兵《金钱与战争——抗战时期的货币》《抗日战争时期国民政府货币战时策略初探》，《九一八事变与抗日战争——第三届海峡两岸抗日战争史学术研讨会论文集》，中正文教基金会，2011，第 313—322 页；林美莉《抗战时期的货币战争》，台湾师范大学历史研究所，1996；新近解密的情报局档案，见《戴笠先生与抗战史料汇编·经济作战》，"国史馆"，2011，第 307—396 页。

[3]　孔祥熙：《抗战三年来之财政与金融》《抗战四年来之财政与金融》，重庆《大公报》1940 年 7 月 7 日、1941 年 1 月 1 日。

[4]　关吉玉：《民国四十年来之财政》，经济研究社，1976，第 133—135 页。

分，7月，平准基金会外汇存底仅余 200 万英镑，甚至一度停止售汇。[①]

汇市的不稳迅速波及黄金与麦、面粉、棉纱等，其价格大幅上涨，使管理战时外汇工作陷入重重困难。幸有 1940 年 7 月，三行与汇丰银行的代表订立总额为 300 万英镑的 B 种平准基金的协议，其中汇丰出资 100 万英镑，三行出资 200 万英镑。[②] 此外，财政部令外销货品依照商人运货出口及结售外汇办法规定，所得外汇以法定汇率售予中、交两行，换取法币。还应该指出的是，全面抗战前海外侨汇，平均每年 3 亿—4 亿元，为中国外汇收入之大宗。全面抗战爆发后，为便利侨胞汇款，财政部先函令中央、中国两行设法在海外增设分行，并委托国外其他银行代收汇款，继又责成中央、中国两行与闽粤两省银行及两省侨批业、邮政储金汇业局等，组成侨汇收兑金融网，[③] 令中国银行总其成。此举不仅充分便利侨胞汇款回家，充实法币准备，复可集中侨汇，支持抗战。

1941 年初，上海汇率更形疲软，情势堪忧，靠原有的平准基金难以为继。英国又于 4 月再提供 500 万英镑，在华盛顿签署中英新平准基金协议，设立新的基金，但须在上海、香港维持汇率稳定。[④] 同日中美也在华盛顿签署协议，美方提供 5000 万美元，中国政府提供 2000 万美元，共同设立中美平准基金。后依据蒋介石的意见，中英、中美两基金合并为中英美联合平准基金。三国议定基金委员会设委员 5 人，中方为陈光甫、席德懋、贝祖贻，美方为福克斯（A. M. Fox），英方为霍伯器（E. L. Hall-Patch），陈光甫担任主席。决定外汇政策的机关完全由中方人员组成，由蒋介石主持。[⑤] 总计第一次中英平准基金动用 274.6 万镑，1941 年第二次中英平准基金动用 287 万余镑。1941 年中美平准基金实际动用 1000 万美元。[⑥]

战争对任何交战国财政经济之破坏摧残，均难以估计。欲在战乱中维持货币的稳定，本属极其艰困，甚至可说是不可能的任务，尤其在尚未具

---

① 《中华民国货币史资料》第 2 辑，第 458 页。

② 瑜亮：《孔祥熙》，第 102 页。

③ 《孔祥熙在国民党五届五中全会上的财政工作报告》，《民国档案》2006 年第 1 期。

④ 参见 Arthur N. Young, *China and the Helping Hand*, *1937-1945*（Cambridge, Mass.：Harvard University Press, 1963），pp. 182-187.

⑤ 《宋子文致蒋介石电》（1941 年 1 月 24 日），《蒋中正档案·革命文献·对美外交：财经援助（一）》：002-020300-00030-054-001x。

⑥ 吴景平：《美国和抗战时期中国的平准基金》，《近代史研究》1997 年第 5 期。

有健全金融体系的中国。① 全面抗战爆发初期的 21 个月，法币发行尚称稳定。1938 年 10 月武汉、广州相继失守，沿海沿江经济精华区陆续丧失，国民政府撤守的后方，除少数城市外，大部分为落后贫穷的农牧地区。以这样落后的经济形态，支持消耗极大的近代战争，财政之困绌可想而知。经历多年的苦战，其他筹款办法如增税、募捐与举（公、外）债、吸收存款等，收效甚微，国民政府于是铤而走险，陷入滥发钞票的陷阱。换言之，抗战中后期改采以发钞为主的战时财政政策后，国民政府用尽办法仍无法弥补大量财政赤字，唯一快速简便的办法，就是增加货币发行量来补救。战时负责规划及指挥金融与经济的四联总处，即为此筹谋稳定法币措施，首先于 1940 年 3 月制定《经济三年计划》与《金融三年计划》，4 月再制定《经济三年计划实施办法》与《金融三年计划——二十九年度实施计划》。四联总处预计三年内国库亏短将达法币 105 亿元，除以增加税收、公债、募捐来补救外，只得增发法币 60.5 亿元。而《金融三年计划》则以稳定法币、调节法币流通额、防止通货膨胀与设法紧缩开支、稳定外汇与严防敌伪破坏货币经济为鹄的。战时开源往往可望而不可即，因而政府仍冀望以调节法币流通额来弥补，1940 年度拟推广法币在内地的流通额，相当于增发 8 亿元，推行小额币券 4 亿元，保持法币在华北、华中、华南游击区的流通额约 15 亿元。② 经此努力，1940 年底以前，法币发行量虽增加甚多，但尚未失控。

1941 年以后，法币发行量剧增，币值下跌，物价随之急涨，出现严重的通货膨胀。1941 年 2 月，罗斯福特使居里（Laughlin Currie）访问重庆时，建议货币由央行统一发行。③ 蒋介石也认为此时再不补救，局势将不可收拾。3 月，蒋令四联总处加强"限制四行发行钞券，改由央行统一发行"，称此为最急要务，须限期完成。④ 11 月，蒋接见美财政部代表柯克朗

① 参见卓遵宏《孔祥熙的财政观》，《近代中国历史人物论文集》，"中央研究院"近代史研究所，1993，第 304—312、377—378、416—417 页。

② 见《金融三年计划——二十九年度实施计划》（1940 年 4 月 9 日），《四联总处史料》（上），第 158—162、174—177 页。

③ 《居里致蒋委员长》（1941 年 3 月），秦孝仪主编《中华民国重要史料初编 第三编 战时外交》（1），第 602—603 页。

④ 《四联总处史料》（中），第 47 页。

（H. M. Cochran）时特别强调，抗战以来"军事方面并无危险，当可操胜算，经济方面危机日迫"，而"经济崩溃危险较军事为烈"，希望美国给予贷款，并称贷款将存于美国，指定为平准汇市补充基金，使民众心理上对法币有信仰。① 1941 年财政部与中央银行、四联总处会商，先后拟具《统一发行办法》与《统一发行实施办法》等。

1942 年 5 月，四联总处理事会通过《中中交农四行业务划分及考核办法》，确定中央银行主要业务为集中发行钞票、统筹外汇支付、调剂金融市场等。7 月 1 日颁布的《统一发行办法》规定：自即日起，所有法币之发行统由中央银行集中办理；其他三行所有法币，亦移交中央银行发行；各省银行或地方银行发行之小额纸币，由中央银行接收，不得继续发行。该办法重新划分各行任务：（1）中国银行业务主要为发展与扶助国际贸易、办理与国际贸易有关事业的贷款及投资、经理政府国外款项的收付、经办进出口外汇及侨汇等；（2）交通银行业务为办理工矿、交通与生产事业的贷款及投资等；（3）中国农民银行业务为办理土地金融、农业生产贷款与投资、合作事业的放款等。三行业务均受中央银行委托执行。② 三行发钞权全被取消，实行货币统一发行与四行专业划分，现代的央行制度及政府银行体系至此方告确立。

财政部随后又颁行《中央银行接收省钞办法》，以集中整理地方券钞，由是中央银行可收回所有银行的货币。各省与地方银行奉令一年后，已发行钞券与准备金 90% 以上上缴中央银行。③ 至 1942 年底，接收各行货币工作完成。故中国法币由中央银行统一发行，事实上 1943 年才实现。④ 据财政部统计，中央银行共收回中国银行货币 3 亿元，交通银行 1.37 亿元，中国农民银行 1.27 亿元。⑤ 这是有史以来中国第一次统一纸币，法定纸币遂通行全国。⑥

————————

① 周美华编注《事略稿本》第 47 册，"国史馆"，2010，第 426—427、437—441 页。
② 《中华民国史档案资料汇编　第五辑第二编　财政经济》（3），第 22 页。
③ 《中华民国货币史资料（1924—1949）》第 2 辑，第 349—350 页。
④ 陆民仁：《抗战时期的经济与财政》，秦孝仪主编《中华民国经济发展史》第 2 册，近代中国社，1983，第 697 页。
⑤ 《中华民国货币史资料（1924—1949）》第 2 辑，第 336—346 页。
⑥ 张公权：《中国货币与银行的朝向现代化》，薛光前编《艰苦建国的十年》，正中书局，1971，第 166 页。

1942 年罗斯福特使威尔基（W. L. Willkie）访问重庆。事后他在《天下一家》中写道，那时重庆物价比战前增高 5—60 倍，每月上涨率约为 10%。[1] 物价高涨是因法币扩大发行，尤其 1939 年以后增发额占银行垫款的比重越来越大，最低为 76.6%，最高竟然超过 100%，都远超过 1937—1938 年的25%（参见表 17-1）。

表 17-1　1937—1944 年法币增发额占国家银行垫款的百分比

财政年度	法币增发额（亿元）	国家银行垫款（亿元）	前者占后者的百分比（%）
1937—1938	3	12	25.0
1938 年下半年	6	9	66.7
小计	9	21	42.8
1939	20	23	87.0
1940	36	38	94.7
1941	72	94	76.6
1942	193	201	96.1
1943	410	409	100.2
1944	1141	1401	81.4
小计	1872	2166	86.4

注：（1）1938 年度因改历年制，故 1938 年度只含 7—12 月。（2）1938 年下半年、1939 年、1943 年所占百分比重新计算订正。

资料来源：杨荫溥《民国财政史》，中国财政经济出版社，1985，第 163 页。

由于法币发行量大增，物价不断上涨，财政更趋困难，形成了通胀与财政的恶性循环。抗战虽获最后胜利，但是国家的总体经济与建设力量几乎破坏殆尽，留下的是残破家园、饥民遍地、满目疮痍与严重的通胀。[2] 百废待举以整顿货币最为急迫，堪称经济建设之首要任务。然而尚未休养生息，又爆发更激烈的内战，且国民党军接连失利，各种改革措施难以施展，战费来源只能靠发行法币，物价持续上涨。从 1946 年 3 月至 1947 年 2 月，政府开放外汇市场并抛售黄金、美元，企图收回法币，紧缩通货，以维持法币币值，缓和物价上涨。但抛售黄金及外汇收回的法币与增发的法币额

---

[1]　转引自吴相湘《第二次中日战争史》（下），综合月刊社，1974，第 847—848 页。

[2]　赵兰坪：《通货外汇与物价》下册，作者自印，1944，第 458—471 页；王璧岑：《通货膨胀论》，商务印书馆，1948，第 17—23、27 页。

相比，不过是杯水车薪。[1]

原本抗战末期，美国许以黄金援助以解决通货膨胀问题，遂有黄金储蓄办法的出台，期以储蓄一定数额的法币可换回黄金若干的方法，收回过度发行的法币。1947年2月马歇尔调处失败离华，美援贷款无着，庞大的财政赤字使物资匮乏、物价飙涨，通货膨胀日甚一日，加上国共局势大逆转，促发金价猛涨，民众抢购黄金，引起"黄金风潮"。[2] 其间总计抛售黄金达353万两，占库存黄金的60%，回笼法币9989亿元。[3] 政府黄金已近枯竭，不得不停止抛售。此后通货膨胀势不可当，法币的发行量至1948年8月上升到604.6兆元，三年间增加近109倍。原先发行的黄金储蓄也无法兑现，由是失信于民，人心浮动，[4] 反政府的运动更形激烈，国民党已无力掌控社会。由表17-2可见，抗战结束后，法币发行累积额令人触目惊心。

表17-2　1945—1948年法币发行累积额

单位：亿元

时间	法币发行额	备注
1945年8月	5569	吴冈本
1945年12月	10319	贾士毅本
1946年6月	21170	贾士毅本
1946年8月	23761	吴冈本
1946年12月	37261	贾士毅本
1947年6月	99351	吴冈本
1947年8月	136974	贾士毅本
1947年12月	331886	贾士毅本
1948年6月	2625353	贾士毅本
1948年8月19日	6046428	改用金圆券前夕。贾士毅本
1948年8月21日	6636946	吴冈本

资料来源：吴冈《旧中国通货膨胀史料》，上海人民出版社，1958，第96页；贾士毅《民国财政史》第3编（下），台湾商务印书馆，1962，第790页。

---

[1] 参见"教育部建国史编委会"主编《中华民国建国史》第5篇（3），"国立编译馆"，1990，第1180页。

[2] 秦孝仪主编《中华民国经济发展史》第2册，第156页。

[3] 《法币、金圆券与黄金风潮》，第156页。

[4] 参见《蒋介石日记》，1945年4月"反省录"、1947年2月12日。

由表 17-2 可见，抗战胜利后三年，法币发行额增加了 1190 倍，较全面抗战前则增加了 47 万多倍，法币膨胀的危机，实已至不可收拾的地步。全国人心惶惶，工商交困，物价波动越大，周期越短，进而推演成更严重的恶性通货膨胀。法币信用已回天乏术，国民政府不得已决定以金圆券替代法币，1948 年 8 月 19 日公布财政紧急处分令，其要旨如下。（1）即日起以金圆为本位币，每圆之法定含金量为 0.22217 公分，由中央银行发行，十足准备，十足流通使用，发行总额以 20 亿元为限。（2）法币及与东北流通券停止发行，并限期收兑；分别以 300 万元与 30 万元折合金圆 1 元，限于 1948 年 11 月 20 日以前兑换。（3）金圆券分为 1 元、5 元、10 元、50 元、100 元五种；辅币为角与分，10 分为 1 角，10 角为 1 元。（4）人民持有之黄金、白银、银币及外国币券限期收兑，逾期任何人不得拥有。[1]

重新发行新货币取代旧货币，如果新货币的发行量和发行准备能够维持一个合理比例，或许可以重新建立金融秩序。然而金圆券发行之初，虽严格限制 20 亿元发行额度，但是面对迅速扩大的财政赤字，发行额很快就完全失控，民众对金圆券也毫无信心。至 1949 年 5 月 23 日，国民党政府不得不停止发行金圆券，时金圆券发行额已高达 1095000 余亿元，以 1948 年 8 月底发行 5.44 亿元为基数，膨胀了近 20.12 万倍，[2] 物价则膨胀 128 万倍。[3] 1949 年 5 月底，上海解放，金圆券更窒碍难行，各地纷纷以银元代替流通，广州更以港币为计算单位。1949 年 7 月 2 日，代总统李宗仁公布《银元及银圆兑换券发行办法》，规定以银元为国币单位，以 1 元为本位币，恢复银本位制。每 1 银元含纯银 23.493448 公分，十足准备，以 1 银圆券等于 5 亿元金圆券收兑，十足兑现。[4] 时国库调拨困难，银圆券兑换工作推展不顺利，民众多心怀恐惧，时常发生挤兑。一旦民众对货币丧失信心，货币制度便濒于崩溃。至 1949 年 12 月初，国民党政府

①　节录《金圆券发行办法》《人民所有金银外币处理办法》条文，参见吴冈《旧中国通货膨胀史料》，第 100—105 页；贾士毅《民国财政史》第 3 编（下），第 791—792 页。

②　《财政金融资料辑要》第 7 篇，第 30—31 页。贾士毅《民国财政史》第 3 编（下）第 802 页记至 1949 年 6 月底，金圆券发行额为 130 万亿元；而季常佑《金圆券币史》（江苏古籍出版社，2001）第 198—199 页则记为 679459 亿元。

③　参见吴冈《旧中国通货膨胀史料》，第 154—173 页"上海与重庆基要商品、生活必需品逐售、生活必需品物价指数表"。

④　参见贾士毅《民国财政史》第 3 编（下），第 791—792 页。

溃败，银圆券也告终结。

四　法币制度的历史地位

国民政府成立后，先为金贵银贱所苦，随后又有长江大水灾、九一八事变及"一·二八"事变相继发生，深深影响沿海精华地区的货币信用，民众纷纷收藏更具实质的银两，抛出银元。上海银钱业也要求内地钱庄以现金清账，上海存银量遂大增。上海因银元量多，价格趋软；内地则因经济萧条，银元需求量也减少，价格跌落。洋厘暴跌，商民遂收藏银两，抛出银元，市面银两几已绝迹。市况如此，影响国家财政经济，形势予人改革良机。1933 年 3 月，财政部公布先从上海试办废两改元，以挽救市场危机。由于上海进行顺利，财政部旋宣布自 4 月 5 日起，全国实施改元，白银一律收归国有。支配国人千余年的银两制度至此废除，从而使国内货币渐趋于统一，在便利交易与社会经济发展上均具积极作用，奠定了实施法币政策的基础，是中国币制现代化的先声。

废两不久，美国实施购银政策，国际银价暴涨，国内存银大量外流，市面银根奇紧，商民苦于缺乏交易中准，购买力急剧下降，经济萧条，加以中国货币的被迫升值，严重打击了出口贸易，工商企业与银钱业周转不灵，停业倒闭所在皆是。为避免经济崩溃，国民政府于 1935 年 11 月 4 日实施"紧急安定货币金融"办法，明定"以中、中、交三行所发行之钞票为法币。所有完粮纳税，及一切公私款项之收付，概以法币为限，不得行使现金"，一般称之为法币政策。法币政策是借助形势而将符合时代潮流且梦想已久，又迟迟不敢落实的举措一举实行，其后更在万分艰辛的抗战中继续完成统一发行的现代货币制度。法币政策不仅为挽救一时之难，在引导国家币制现代化，健全国家财政与复苏经济上也都有一定贡献。

国民政府因实施法币政策而获得总揽全国货币的发行与收缴权，借此充分掌握现金和集中贵重金属金银等，以此向国外购买军火，这也预筹即将面对的战时通货不足、财政失衡等问题。及七七事变爆发，国民政府决心抗战，其中重要关节即在有无灵活的货币制度，来支撑金融财经的应变能力。事变发生后第三天，蒋介石密令将上海各银行库存白银与钞票，从速移运后方。若不行纸币则白银无法集中移运，政府也无财力抗战。事实上，全面抗战一爆发，国用即感严重不足，每年国家的各项收入只占总支出的 1/4 强，其余的近 3/4 只好发行法币借垫弥补。全面抗战的第一年，银行及民间企业或海外尚有部分弥补资金，其后就全靠扩大发行法币来因应。①

一般人很难察觉法币密切了民众与国民政府的关系。敏锐的日本经济学者木村增太郎 1938 年即指出："法币已使中国民众与其政府，结成不可分割之强固连锁矣！中国民众为维持其所有之法币价值计，更非绝对拥护国民政府不可。""今日中国民众对于以国民政府为背景的法币，一定会有倘若国府崩溃，法币或许要变为废纸的感觉。货币可以当作生命，民众……自不得不去拥护国民政府，国民政府于此便有了权威。总之，国府与中国民众是由法币而结合着，这也就是蒋氏所以能够一直高叫着抗日的根本要素。""国民政府实行货币制度的根本改革……是引起这次中日事变的根本要素，我以为万一货币制度改革失败，此次事变绝不致发生。"其结论是"中国无 1935 年之币制改革，则无 1937 年之抗战"。② 美籍财政顾问杨格则指出："1935 年币制改革是一个决定性的转折点，它成功地稳定外汇率，并制止通货紧缩，因而为经济注入新的力量，加强对未来的信心。"③

一些国人对此也有清醒的认识，与木村增太郎同时，中国经济学家方显廷指出："（法币使）垂危之我国金融界幸得赖以维持。"④ 蒋介石于 1941 年在第三次全国财政会议上致辞称："到如今抗战已经四年，不仅国家财政没有什么危险的现象，而且只有一天一天地健全稳固……财政之所以尚能维持到如此程度者，就是由于法币政策之成功。"⑤ 1943 年参谋总长何应钦也指出："战争开始之时，敌人预料我们最多只能支持一年半载……殊不知

① 详见卓遵宏《抗战爆发后稳定法币的应变措施——对照档案看历史（1937—1939）》，中国社会科学院近代史研究所民国史研究室编《一九三〇年代的中国》上册，社会科学文献出版社，2006，第 354—369 页。
② 〔日〕木村增太郎：《日本经济学者评论我国法币绝对成功》（上、下），重庆《时事新报》1939 年 2 月 27 日、28 日；另参见徐日洪《上海的法币》，重庆《大公报》1942 年 9 月 16 日。
③ 〔美〕阿瑟·恩·杨格：《一九二七至一九三七年中国财政经济情况》，第 456 页。
④ 方显廷：《统制经济与中国》，《中国经济研究》上册，商务印书馆，1938，第 59 页。
⑤ 第三次全国财政会议秘书处编《第三次全国财政会议汇编》，学海出版社影印版，1971，第 10 页。

此后在财政方面意外的坚强……能供应无缺，不虞匮乏，这才使我们的军事行动稳定下来。要之现代……战争所需无一不赖财政之维持，战争之胜负，视财政有无办法。"[①]　陈光甫也说："抗战之成在于法币，若无法币，必更艰难。"[②]

战后研究金融的学者也多充分肯定法币政策，如旅美著名经济学者刘大中评论说："中国后来能在1937—1941年单独抵抗日本的侵略，货币改革有重大的贡献。"[③]　当代学者戴建兵认为："抗战初期的法币是中国人民奋起抵抗侵略，与敌进行殊死搏斗的经济、货币战的主力……支持政府的重要经济武器。"综上，可清楚得知，国民政府因见法币情况良好才敢奋起抗战，民众则因见政府不惜代价维持法币才坚定保存法币。全国从沦陷区到偏远落后的山区均能一体认同法币，支持抗日战争，政府才得以坚持抗战。

法币制度原属完备合宜的现代币制，却被日本侵略、战时破坏而未发挥应有的功效，反而因其发行具有的弹性，成为通货膨胀的元凶。战时及战后由财政拖累货币，造成恶性通货膨胀，此为近代世界史上屡见不鲜之事。例如第一次世界大战中，德国出现恶性通货膨胀，战后的1923—1924年则达到最严重的恶性通胀，1922年最高的货币面值是5万马克，1923年则为1百兆马克，在最严重的时候，800亿马克币只能兑换1美元。前车可鉴，从法币政策实施之日起，国民政府即设法维持法币的稳定与信誉，并为此汲汲寻觅国外贷款援助。

这也是英美等国能够在面对战争冲击时伸手援助的重要理由。因为货币的稳定与信誉，不只是维系中国人心士气的根源，也是维系国际商务贸易的要件。全面抗战前期法币的稳定，与中外平准汇兑基金的大力支撑有着密切关系；及抗战中后期法币汇价无法稳定，法币的信誉与币值遂如江河日下，一泻不可收。战后贬值的法币及后继的金圆券、银圆券，使国家机体与民心一蹶不振，终致政权易手。

---

① 　瑜亮：《孔祥熙》，第245页。

② 　陈光甫：《五十年来之中国金融》，中国通商银行编《五十年来之中国经济——中国通商银行创立五十周年纪念册》，文海出版社影印版，1973，第36页。

③ 　见 Paul K. T. Sih ed.，*The Strenuous Decade：China's Nation-Building Efforts, 1927–1937*, p. 168.

第十八章

近代中国银行业的变迁

——以官商互动为中心

中国银行业近百余年的发展，是整个社会转型进程的重要组成部分，在金融史的著作中占有很大的比重;[①] 在经济史的著作中，也或多或少都有提到。本章将梳理自鸦片战争以降百来年中国本国银行业变迁的基本脉络，着重相应的制度构建，剖析银行业变迁中的官商之间、政商之间的互动博弈关系。

一 晚清近代银行业的兴起

通常认为，民国以降中国金融业形成了三足鼎立的格局：钱庄、外商银行和华资银行。

钱庄作为本土经营性金融机构，其诞生可以追溯到明中叶。[②] 在上海，根据确切文字记载，钱庄在清乾隆年间已经形成独立的行业。[③] 说到银行，

---

* 本章由吴景平撰写。
① 中国内地第一部系统叙述自古至今中国金融演变的通史类研究著作，为李飞、赵海宽、许树信、洪葭管主编的 6 卷本《中国金融通史》，中国金融出版社 2003—2008 年陆续出版。其中第 2—5 卷涵盖了 1840—1949 年这一时段。
② 明神宗万历五年（1577），右金都御史庞尚鹏曾奏准"设立钱铺，以市镇中殷实之家充任"。引自张国辉《中国金融通史》第 2 卷《清鸦片战争时期至清末时期（1840—1911年）》，中国金融出版社，2003，第 15 页。
③ "盖自乾隆至今，垂二百年，斯园阅世沧桑，而隶属钱业如故。"见《上海钱庄史料》，上海人民出版社，1960。

虽然清前期在广州已有称为"银行"的行业，并有其同业组织"忠信堂"即银行会馆，[①] 但本质上依然是本土旧式金融机构。一方面，钱庄在中国早期工业化进程中的边缘化和解决政府财政金融危机方面的无可作为，极大地凸显了华资新式银行业应势而生的客观必然性；另一方面，钱庄又是华资银行业（尤其是政府银行之外诸多商业银行）赖以建立人际关系网络和形成市场网络方面重要的本土资源，而在20世纪二三十年代金融业与政府的互动中，钱庄业与银行业互为最密切的奥援，以至于"银钱业"成为一个固定的常用词。

在中国，最早出现的作为近代意义上的新式金融机构银行，是外商银行。第一次鸦片战争结束不久，英商银行便率先登陆中国，以后各国银行纷纷进入主要口岸城市，在华洋贸易、对华贷放、吸收高端阶层存款，以及证券、保险、金银和外汇行市、国际汇兑等业务方面，确立了主导性甚至垄断性的地位，给中国本土金融业带来很大的冲击和激烈的甚至生死意义的竞争。应当说明的是，自1845年英国在香港设立丽如银行，到1897年出现第一家中国人自办银行，50多年时间里在华外国银行已经达20余家。近代在华外商金融机构应当被看作完整意义的中国金融业的组成部分，其在中国市场上攻城略地、所向披靡，是中外关系领域不平等关系、列强在华种种特权和势力范围使然，但外商银行独立于洋行开拓新市场的进取精神，以及在资金的获取和运用、新业务新市场的拓展培育、国际化等方面不容争辩的优势，是刺激与催生华资新式银行业的因素之一，并且是华资银行业基本制度建构和经营管理的主要借镜，甚至在某些领域是重要的合作伙伴。对于不同时期、不同情况下外资银行的作用，特别是其与华资银行业的关系，应做客观、具体的分析和评价。

国人自办的第一家新式银行——中国通商银行，是在1897年才正式问世的。但早在1846年，魏源在《海国图志》中便简要介绍了英国的银行制度并竭力推崇。太平天国后期，洪仁玕提出过"兴银行"，容闳也提出创立银行制度的建议。到了甲午战争前夕，早期维新派的代表人士郑观应在其著名的《盛世危言》中设有"银行"专章，详述近代银行的职能、作用、资金来源、业务、钞券发行等基本方面。而在19世纪七八十年代兴办洋务

---

① 　参见杨端六编著《清代货币金融史稿》，三联书店，1962，第365页。

企业的高潮中，国人已有自办银行的计划和筹备活动。

1876 年春，《申报》曾刊出一则简讯，称洋务企业家唐廷枢向福建巡抚丁日昌提出"由中国纠聚股份设一大银行，并在东洋各埠及英京伦敦亦设分行"。值得注意的是紧接着上述简讯的评语："此信确与否，固尚未悉，惟商客无银行来往，生意必不能畅行。前闻广商议出三十万银设一生意公司，以走东西两洋，如无银行以济其后，则华商于客地或有所需，将何以设措耶？至若外国银行，既非熟识，自难予取予求。"① 可见，当时已经把开设华资银行与商人的异地甚至海外经商联系在一起。稍后的报道把唐廷枢向丁日昌提议设立的银行称作"中国银行"，香港的西文报纸刊有所拟章程，额定股本为 200 万元。不久，关于华商拟设银行又有进一步的消息："前述华商拟设银行一举，兹闻已议章程，资本共二百万元，分作两万股，每股百元，先付十元，次付四十元，终付五十元，限十阅月付清，并不准西商入股云。其总行设在广东，至香港、上海、汕头、福州、天津等处，亦将逐次开设也。"② 这里已经比较具体地提到了开设银行要采取召集股本的方式、分期逐次交齐股款、仅限国人认股的规定。

1877 年，又有报道称"华人拟在天津设一银行，计本银共三十万两"，"由招商局人司理其事"。1882 年，亦有关于华人"欲在上海仿照西法开一大银行"，"广帮商人之富裕者可纠以入股"的报道。③ 尽管相应的银行并未随即设立经营，但体现了本国资本工商经济的发展和资本集聚，正呼唤着华资银行的诞生。

1882 年，《申报》还刊登了一份实质是官督商办"有限国家银行"的章程，主要内容为：招股 1000 万关平两，分为 10 万股；尽照洋商公司章程办事，总局设北京，上海分设总局，各地设分局；国家向各总分局简派京外大员督办，经股东推举、督办查核产生总办；主要业务包括经办国家借款国外购货出洋官员廉俸等汇兑、代理国库收支、代理各省官款收发、收存海关收入、开具银票等。④ 这一章程体现的观点有：通过招股开办国家银

① 《中国拟设银行》，《申报》1876 年 3 月 18 日。

② 《华商新设银行纪略》，《申报》1876 年 5 月 20 日。

③ 引自张国辉《中国金融通史》第 2 卷《清鸦片战争时期至清末时期（1840—1911 年）》，第 295—296 页。

④ 《谨拟有限国家银行章程恭呈宪鉴》，《申报》1886 年 1 月 27 日。

行，而非动用国家库款；实行股份化的公司制度而非政府机构；国家委派大员督办银行开办；银行高层管理人员由股东推选，官派大员认定；各层次各种用途的官款均可由银行经理。

甲午之役中国战败后，浩大的军费开支尤其是巨大的赔款负担，使清政府上下意识到，单凭财政手段和传统金融模式，已经无法维系财经运作，遑论产生新的收入，必须从币制金融领域探寻变法自强大计。自光绪二十一年（1895）闰五月清廷发布令各省筹拟变法自强的上谕后，不断有奏折论及设立新式银行。如顺天府尹胡燏棻当月即上变法自强折，提出了从中央到地方设立"官银行"的主张："于京城设立官家银行归户部督理，省会分行归藩司经理，通商码头归关道总核。"银行业务主要为印行钞票、办理军饷官俸之出入授受及查核、放款、押款，并指出用人必须按照西法，用商务之章程，杜官场之习气，慎选精明廉洁之人，综计出入。① 当年底御史张仲炘提出的《请发钞票铸银元设银行》奏折中，除了"在京先设官银行，凡各省会暨通商口岸俱一律分设"的主张与胡燏棻的奏折相同外，对于银行的基本制度和业务范围有较具体的设想：京直各省之公款，向之存于官银号及钱店者，均令改存银行；各省银钱应归并银行铸造；发行钞票于本银外只准多开三成；一切捐缴支发之项，概以银钱搭半；银行章程仍仿商办，所有官银号、汇票庄可劝令合入银行，并成大股；先拨银四五百万作为铁路官股，由银行广招商股，逐渐兴筑；军务或大工程可向银行借用，照例计息，无须仰给外人；参考泰西银行章程，斟酌妥善，以期有利无弊。② 综观该奏折，主要以新式银行统领原由官商旧式金融机构承担的业务，乃至将这些机构整合入银行之内，改变政府在举借债务方面对外资银行的仰赖，同时在制度构建方面强调仿行商办和参考西方银行。稍后，恭亲王奕䜣和户部尚书敬信等奉旨查核张仲炘的这份奏折时，虽然对于奏折各项具体条款的可行性不无质疑，但总的结论是提议"特简大臣承办"设立官银行，"当于承办之先，博考西俗银行之例，详稽中国票号之法，近察日本折阅复兴之故，远征欧美颠扑不破之章，参互考证，融会贯通，拟定

---

① 中国人民银行总行参事室金融史料组编《中国近代货币史资料》第 1 辑《清政府统治时期》（下），中华书局，1964，第 637 页。
② 《中国近代货币史资料》第 1 辑《清政府统治时期》（下），第 641 页。

中国银行办法，咨会筹商妥定，即由户部指拨专款，请旨开办"。① 这些关于设立新式银行必要性的认识，是此后盛宣怀著名奏折中关于设立银行主张的前声。在朝廷重臣之中，通过开设新式银行而摆脱财经困境和相应整理币制，已经不是个别人的孤立主张，而是清廷内部相当程度上的共识。

光绪二十二年九月二十六日，洋务企业重要代表、时任督办铁路事务大臣盛宣怀在《条陈自强大计折》中，具体提出了设立"商办银行"的主张：

> 银行昉于泰西，其大旨在流通一国之货财，以应上下之求给。立法既善于中国之票号、钱庄，而国家任保护，权利无旁扰，故能维持不敝。各国通商以来，华人不知务此，英、法、德、俄、日本之银行乃推行来华，攘我大利。近年中外士大夫灼见本末，亦多建开银行之议。商务枢机所系，现又举办铁路，造端宏大，非急设中国银行，无以通华商之气脉，杜洋商之挟持。议者谓国家银行，当全发帑本，简畀大官，通行钞票，由部造发，如英法等国，财赋皆出入于银行，是户部之外府也。然中外风气不同，部钞殷鉴未远，执官府之制度，运贸易之经纶，恐窒碍滋多，流弊斯集；或致委重西人，取资洋款，数千万金，咄嗟立办，其词甚甘，其权在彼，利害之数未易计度。……臣惟银行者，商家之事，商不信，则力不合；力不合，则事不成。欲慎始而图终，必积小以成大。拟请简派大臣，遴选各省公正殷实之绅商，举为总董，号召华商，招集股本五百万两，先在京都、上海设立中国银行，其余各省会口岸，以次添设分行，照泰西商例，悉由商董自行经理……各省官司向银行借贷，应照西例，由总行禀明户部批准，以何款抵还，方能议订合同。欧洲国债数千百万皆由银行筹办，印发借券，应收年息归行取付，大信不渝，集事自易。嗣后京外拨解之款，可交汇，以省解费；公中备用之款，可暂存，以取子息；官造银元，尚不通行尽利者，可由银行转输上下，官得坐收平色之利。银行用人办事，悉以汇丰章程为准则。合天下之商力，以办天下之银行。但使

---

① 《中国近代货币史资料》第 1 辑《清政府统治时期》（下），第 641—642 页。

华行多获一分之利，即从洋行收回一分之权。并照西例，俟有余利，酌量提捐归公，预定章程遵守，商民既交得其便，国家即阴受其益。俟将来官商交孚内外，政法变通尽利，再行筹设国家银行，与商行并行不悖，庶几早见措施，以免空言无补。①

这段已经被视作近代中国金融史特别是银行史经典的文句，除了提到新式银行优于本土传统的票号钱庄、可资收回被洋商和外国银行攫夺之利益、有利于发展本国实业特别是修建铁路外，在官商关系方面，强调了新设之银行是"商行"、招商股、"悉由商董自行经理"，而非"官银行""国家银行"，但指出，这一"商行"须得到清廷批准，由"简派大臣"主持银行总董之遴选、招集股本和开设总分行；由户部掌控银行向地方当局提供借贷的批准权；规定了银行经营中的以下利益当归清廷：节省京外拨款之解费，备用公款子息，银元流通之平色之利。虽然关于设立本国新式银行的必要性和迫切性的主张，曾分别为其他有识之士提及，但正是盛宣怀从设新式银行的主旨到操作层面进行了整合，且与总理衙门、军机处及其他方面的重要官员沟通，达成基本共识，最后获得奏准设立。

1897 年中国通商银行的设立，标志着华资新式银行业的产生，可视为中国金融现代转型的一件大事。朝野有识之士多年呼吁建立本国银行，屡议屡辍，政府职能部门逐渐形成共识，最终获得奏准。由此为发端，华资银行逐渐成为中国金融业的主导性力量。

中国通商银行的资本和营运资金的来源，体现了官商关系在推动华资银行业萌生上所起的作用。

通商银行创立时，额定资本 500 万两，先收半数 250 万两，1897 年 7 月即实收 2131350 两，其中轮船招商局和电报局所认股款达 90 万两，盛宣怀本人名下为 73 万两，总董张振勋 10 万两、严筱舫 5 万两。可以认为，通商银行的主要投资者由官督商办新式企业、盛宣怀等洋务派官僚、部分新式商人三部分组成。

通商银行并没有严格意义的官股，但开办时户部拨存官款 100 万两，规

---

① 《盛宣怀奏呈自强大计折附片》（光绪二十二年九月二十六日），谢俊美编《中国通商银行》（盛宣怀档案资料选辑之五），上海人民出版社，2000，第 3—4 页。

定年息 5 厘，另自 1903 年起每年还本 20 万两，于 1907 年底还清。邮传部在通商银行也开有存款户，款额最高时达 248 万两。此外，从 1897 年到 1911 年，沪宁、京汉、粤汉、华北、汴洛、沪甬杭等铁路在通商银行的存款，合计达 547 万两。官督商办企业也在通商银行有大量存款，如轮船招商局在通商银行成立后的第一年里存款达 325 万两；仁济和保险公司存款 40 万两，1905 年存款额达 90 万两。[①] 上述官款、路款和官督商办企业的存款，在数额上大大超过一般私人存款，为设立初期的通商银行的营运提供了主要资金，同时也获得了可观的利息收益。通商银行在资金运用方面，则主要有钱业拆借、工矿业和洋行放款，虽然工矿业放款中官督商办企业占有较大比例，但总体来看属于"在商言商"。

中国通商银行的酝酿筹设以及初期运作，成为尔后中国出现新式银行业和相应制度构建的先声。不久，在清末新政的框架内，先后设立了户部银行和交通银行。

1905 年清政府设立了被定位为"中央银行"的户部银行。[②] 根据户部拟订之《试办银行章程》，户部银行额定资本 400 万两，分 4 万股，户部认 2 万股，为最大股东，得派总办、副总办各 1 人，另由股东举理事 4 人。户部银行发行之钞票准予公私出入款项一律通用；一切库款官款，均准以该行纸币照缴；各省解部款项并准一体解兑；办理户部出入之款项；户部银行有整齐币值之权。1908 年户部改为度支部后，户部银行改为大清银行，资本总额增至 1000 万两，官股占比例亦为 50%。根据奏准的《大清银行则例》，进一步明确大清银行享有如下特权：代国家发行纸币，经理国库及公家一切款项，代国家发行新币。大清银行由度支部简派正监督、副监督各 1 人，另由股东总会公举理事 4 人，呈准度支部派充；各分行总办由银行呈准度支部奏派，经理、协理、司账等员由银行职员公同选派，呈度支部备案。[③] 总体看来，户部（大清）银行是官股占一半的国家银行，政府在确立

①　参见张国辉《中国金融通史》第 2 卷《清鸦片战争时期至清末时期（1840—1911 年）》，第 309—310 页。

②　据光绪三十四年正月三十日度支部尚书载泽折："臣部所设银行原名户部银行，即为中央银行。"见《中国近代货币史资料》第 1 辑《清政府统治时期》（下），第 1044 页。

③　《大清银行则例》，《中国近代货币史资料》第 1 辑《清政府统治时期》（下），第 1045—1048 页。

制度章程、高层管理人事、确定特权等方面，有着支配性的定位，承担清廷重要的财政与金融职能。

1907年邮传部奏准设立了交通银行，资本最初额定500万两，邮传部认股200万两，占40%；招募商股300万两，占60%，其中以官僚和金融企业界人士为主。根据该行章程，"交通银行纯用商业银行性质"，"系官商合办之业"，"官股、商股本无歧异"，但作为"最大股东"的邮传部派定交通银行总理和协理各1人，专管总分行事；"总理、协理均听邮传部堂官命令"；总行、分行均定派总办1人，酌派副办1人，有办事全权；另由邮传部派出总稽查1人，随时赴行专司稽查之责。交通银行被赋予总司京汉路赎路一切存款汇款，经理收发赎路债票、股票之权限，同时负责邮传部管理下之轮、路、电、邮各局所存储汇兑揭借等事。① 交通银行主要人事由邮传部决定，经营管理亦受邮传部直接监管。

晚清设立的华资新式银行，除了中国通商银行、户部银行、交通银行外，还有10余家，其中较有影响的有：

信成银行，系无锡籍实业家周廷弼于1906年在上海设立，股本50万两，先后于无锡、南京、天津、北京设立分行；

浙江兴业银行，由浙路公司于1907年在杭州设立，股本100万两，上海、汉口设分行；

四明商业储蓄银行，由宁波籍商人李云书、虞洽卿等人集股，于1908年在上海设立，股本150万两，汉口、宁波设分行；

浙江省银行，1909年由浙江官银号改组而来，设于杭州，官商合股，1915年改为浙江地方实业银行；

北洋保商银行，由华洋商人集资400万两，于1910年在天津设立；

广西省银行，1909年由广西官银钱号改组而来，设于桂林；

直隶省银行，1910年由天津银号改组而来；

湖南省银行，1911年由湖南官钱局改组而来；

殖边银行，1911年设立于天津；

① 《交通银行奏定章程》（光绪三十三年十一月初四日邮传部奏颁），交通银行总行、国家历史档案馆编《交通银行史料》第1卷（1907—1949），中国金融出版社，1995，第172—181页。

福建省银行，1907 年原福建官银号改组为福建官银行，1911 年改为福建省银行。[①]

除了上述专门针对国家银行的《试办银行章程》《大清银行则例》，清政府还于 1908 年颁发了《银行通行则例》15 条，较明确地规定了银行的业务范围、申请开设银行核准注册的基本程序和申报内容、银行开业后按期向政府申报资产和收支情况并须向社会公布，但对于银行开办资本未设最低限额。该则例还规定，凡是开设店铺经营所列银行业务的，无论用何店名牌号，总称之为银行，皆有遵守该则例之义务，各地商设票庄、银号、钱庄等，均须遵例注册。而对于各省官办或官商合办之行号，亦须限期申报注册，并遵守则例；官办行号每省会商埠只准设立一所，商办金融机构的数目则无相应的限制。[②] 同年，清政府还颁布了多个关于银行业的条例，如《银行注册章程》《储蓄银行则例》《殖业银行则例》。[③] 可以认为，至少在文本上，已经形成了华资银行业建制性法规体系的初步框架。

在晚清的最后十余年里，"是时社会经济环境，对新式银行之需要，尚未见迫切。同时票号及钱庄，满布各地，营业极为发展；外商银行更挟其经济势力，盘踞于通都大埠，在在予新兴银行以无形之阻力"。[④] 在此环境下，华资新式银行业得以萌生和初步发展，已属不易。如前所述，清廷对于设立新式银行必要性的认识并付诸实施，确实滞后于实际需要，加上财政拮据，直到 20 世纪初户部银行设立，清廷才开始以库款作为股本直接开办官银行。但是对于官督商办企业资本和个人资本进入银行业，无论是参股政府银行，还是独资设立地方性商业银行，清政府并未设置过高的门槛。另外，在官商合股的户部（大清）银行和交通银行中，官股的主导地位和商股权益之间并没有发生大的冲突。这既与清政府的合法性资源依然存在有关，也因为当时针对商人和民间资本的制度安排较为宽松。

---

① 以下见中国银行研究室编《全国银行年鉴（1937 年）》；张国辉《中国金融通史》第 2 卷《清鸦片战争时期至清末时期（1840—1911 年）》，第 330—335、344 页。

② 《银行通行则例》（光绪三十四年正月十六日奏准），中国第二历史档案馆、中国人民银行江苏省分行、江苏省金融志编委会合编《中华民国金融法规档案资料选编》（上），档案出版社，1989，第 145—148 页。

③ 《中华民国金融法规档案资料选编》（上），第 148—156 页。

④ 杨荫溥：《五十年来之中国银行业》，《五十年来之中国经济——中国通商银行创立五十周年纪念册》，中国通商银行编印，1947，第 40 页。

二　民国北京政府时期银行业的发展

1912年民国肇兴，民族工商业与社会经济进入近代以来的黄金时期，加上北京政府的财政需求和内债政策，都为华资银行业的新发展提供了客观需求。

北京政府延续了清政府较为宽松的民间资本银行准入政策，明令"仍暂照前清度支部奏定各种则例及注册章程办理。凡有设立银行号者，仰即转饬遵照办理可也"。[①] 在1918年3月北京政府财政部编辑之《现行银行法令辑要》中，依然列有前述《银行通行则例》《银行注册章程》《储蓄银行则例》《殖业银行则例》。1924年北京政府颁布《银行通行法》，规定银行资本总额须达50万元，至少须收足1/2以上方能开业。[②] 这也是自晚清以来相关法规中首次对银行最低资本额的规定。另外，北京政府时期在币制与钞券发行、银行与金融管制、证券物品交易和邮政储金等特种金融方面出台了数十种法规，其中《国币条例》在国币单位名称、重量、成色、辅币等方面，基本沿用了宣统二年（1910）《币制则例》的内容，并且基本按照条例的规定铸发了"袁头"银元，发行后受到欢迎，在制度文本和实际流通两方面体现了银元的国币即本位币地位，这对于当时中国银行业的经营与市场运作，无疑是稳定因素，也为国民政府时期完成废两改元打下了基础。

进入民国之后，各大商埠"市面日渐恢复，设立银行号者络绎不绝"。[③] 1912年当年新设华资银行就有14家，直逼晚清设立银行总数17家。从1912年至1927年，新设银行总数竟达185家。[④] 华资银行的资本得到迅速增长。1912年华资银行资本总额为2713万元，1915年增至5197万元，1920年增至8808万元，1925年增至16914万元，为1912年的6.2倍。[⑤] 其

---

① 《财政部致京师商务总会令稿》（1912年9月18日），《中华民国金融法规档案资料选编》（上），第145页。
② 《中华民国金融法规档案资料选编》（上），第287页。
③ 《中华民国金融法规档案资料选编》（上），第145页。
④ 参见《全国银行年鉴（1937年）》；《五十年来之中国经济——中国通商银行创立五十周年纪念册》，第41页。
⑤ 参见洪葭管主编《中国金融史》，西南财经大学出版社，2001，第211页。

中北四行（盐业、金城、大陆、中南）、南三行（上海商业储蓄、浙江兴业、浙江实业）两大区域性银行群体的崛起，标志着中国商业银行（或商营银行）开始成为银行业不可忽视的力量。无论政府财政还是新式工矿商贸交通事业，都对其寄予厚望。

北四行的发起人和投资者中，军阀、官僚的投资占较大比重，如金城银行的大股东倪嗣冲、王郅隆，盐业银行首任董事长张镇芳；中南银行的创办者是南洋侨商黄奕住。北四行并没有官股，但与北京政府关系较密切。北四行聘请了银行界知名人士出任总经理，如盐业银行的吴鼎昌、金城银行的周作民、大陆银行的谈荔孙、中南银行的胡笔江等。北四行的资本额大，业务网点多，重点在北方，吸收了大量存款。在资金运用方面，盐业银行偏重公债和外币债券，大陆银行较多购买房地产，金城银行和中南银行则偏重工业放款和投资。如金城银行 1927 年的工业放款与铁路放款合计占其放款总额的 40.1%，在实业界有较大影响。① 北四行之间在资金运用、市场开拓和主要业务方面均有合作，特别是四行联合事务所、四行准备库和四行储蓄会的设立及成功运作，是商业银行之间实质性合作的成功范例，对于增加华资商业银行在金融市场的份额，扩大对社会各界、各领域的影响，起着重要的作用。

南三行的投资人主要是江浙籍商人，其高层管理者熟悉财经事务且具有开拓进取精神，如上海商业储蓄银行总经理陈光甫、浙江兴业银行总经理徐新六、浙江实业银行总经理李铭。南三行的业务重点在以上海为中心的长三角地区，尤其关注工商经济与服务社会。如上海商业储蓄银行开设小额账户，推行银两、银元并用，银元存款亦给利息，极大便利了中小工商业者和一般客户，并设立旅行部，以后发展为中国旅行社。浙江兴业银行总行于 1915 年由杭州迁至上海，其宗旨为振兴实业，一向重视对华资工商业的放款投资，工业放款投资始终是各项放款中的重点，涉及范围包括钢铁、机器制造、化工、煤矿、水电动力、纺织、面粉、造纸、印刷等多个行业。② 浙江实业银行系由原浙江地方实业银行的商股独立出来后设立，

① 参见洪葭管主编《中国金融史》，第 217 页。
② 参见盛慕杰、朱镇华《浙江兴业银行的盛衰》，《上海文史资料选辑》第 60 辑《旧上海的金融界》，上海人民出版社，1988，第 111 页。

以上海为总行。浙江实业银行规模虽然不大，但与外商的业务往来非常多，外资企业存户有美商慎昌洋行、上海电话公司、上海电力公司、沪西电力公司、英商德士哥洋行、纶昌洋行等。该银行一直比较重视储蓄业务，开创了零存整付储蓄，受到社会各界的欢迎。① 南三行之间合作关系密切，如互兼董事监事、互开户头、以互相存款方式通融头寸；互相代理收解；提供担保品即可随时透支。南三行不满北洋军阀的统治，曾公开支持上海中国银行抵制停兑令，并支持国民党发动的北伐战争和建立南京国民政府。

辛亥革命的发生摧毁了清朝的统治，起义独立各省的大清银行亦受到冲击，原有的产权结构面临重整，从而衍生出围绕民国时期国家银行的官商关系的博弈。

1912 年南京临时政府成立后，原大清银行商股联合会呈文临时大总统孙中山，强调"商民固有之权利自未可稍加损失"，要求将大清银行改组为中国银行，原有之官股 500 万两即行消灭，备抵此次战争地点各行所受之损失及一切之烂账，原商股 500 万两一律改为中国银行股本，定期另换股票。② 经孙中山批准后，中国银行于 1912 年 2 月 5 日在上海开业，由江西省大清银行总办吴鼎昌为第一任监督。但是，原大清银行商股联合会的要求未及落实，不久南京临时政府解体，袁世凯政府在北京成立后，同年 5 月原大清银行商股联合会向北京政府财政部呈文，提出三种方案：一为商办，即取消原有官股，换给商股新股票，所欠股利推算加入股本；二为官办，政府一次还清商股 500 万两；三为官商合办，政府派总裁 1 员，股东公选副总裁 1 员。北京政府财政部决定清理而非改组大清银行，但没有按商股会提出一次还清商股 500 万两的办法，而是分 4 年退还商股、分 3 年退还商欠。至 1916 年，共退还商股商欠本息 6656821.84 两。③

北京政府一方面清还原大清银行商股，另一方面确定重建后的中国银行的产权制度，宣布中国银行采取股份有限公司制度，额定股本 6000 万元，政府认垫 3000 万元，先交 1/3 即 1000 万元。然而，北京政府的财政状况很

① 参见马炳荣《浙江实业银行》，《上海文史资料选辑》第 60 辑《旧上海的金融界》，第 132—133 页。
② 中国银行总行、中国第二历史档案馆合编《中国银行行史资料汇编》上编（1912—1949）（1），档案出版社，1991，第 1—2 页。
③ 《中国银行行史资料汇编》上编（1912—1949）（1），第 15—16、39 页。

快陷入窘境，从 1912 年 8 月 1 日起到 1913 年 3 月 3 日，财政部 5 次向中国银行拨股款总计才 2930587.16 元，后来到 1917 年 11 月才勉强达到 500 万元。[①] 与此同时，北京政府不得不同意中国银行于 1915 年、1917 年和 1921 年三次招收商股。最初确定的商股额度为 1000 万元，由于时局动荡，工商界"人人视投资为畏途，欲求商股募足全额，于势有所未能"，从 1915 年到 1917 年两年里仅收到股款 3643300 元。[②] 于是，中国银行副总裁张嘉璈特赴上海向商业银行、交易所及各纱厂劝募，结果南三行以及上海证券、金业、面粉、粮食各交易所，申新、宝成等纱厂反响强烈。北京、天津工商界也增加了认股，至 1922 年共募得商股 1481 万余元，使中国银行股本总额达到 1976 万余元。至于政府官股方面，由于政府财政状况江河日下，不得不以中国银行官股作为押品向工商界金融界借款，到期无法偿付，只得作价变卖，过户于债权人。到 1924 年 4 月，500 万元官股中已经有 495 万元被抵押转售，仅剩 5 万元。[③] 一方面是北京政府的"败家子"财政导致官股商股化，另一方面是商股不断扩大，中国银行成立后仅十余年，实际上已经成为商股占绝大部分的银行。不过，这一产权性质的转变得以实现，至少说明北京政府还是尊重市场逻辑的，接受了中国银行商股坐大的现实。

中国银行主要负责人的产生方式也体现了官商之间的博弈。1915 年修正通过的《中国银行则例》，明确规定中国银行总裁、副总裁均由政府简任，任期 5 年；董事、监事由股东总会选任，任期 3 年。财政部还可以直接派监理官 1 人，监视中国银行一切事务。[④] 这表明，当政府拨款为资本主要构成部分时，中国银行最高层人士的产生方式必然直接纳入官僚体制，并且随着政局的变动，中国银行总裁、副总裁更换频仍，于行务大有窒碍。与此同时，随着商股的增加，商股代表的诉求必然也会日益强烈，尤其是要求总裁、副总裁应于理事中产生，与官员任命体制有所区隔。1917 年第

①　《王克敏、张嘉璈致财政总长呈文》（1917 年 11 月 5 日），《中国银行行史资料汇编》上编（1912—1949）（1），第 83—86 页。

②　《财政部呈大总统文》（1917 年 11 月 12 日），《中国银行行史资料汇编》上编（1912—1949）（1），第 122 页。

③　《财政部致中国银行总管理处函》（1924 年 4 月 21 日），《中国银行行史资料汇编》上编（1912—1949）（1），第 87—88 页。

④　《修正中国银行则例》（1915 年 9 月 30 日），《中国银行行史资料汇编》上编（1912—1949）（1），第 115—118 页。

二次招收商股期间，官商之间关于总裁、副总裁的产生方式及任期的分歧公开化，最后以政府方面一定的让步告终，即改为董事、监事由股东总会选任，总裁、副总裁由董事中简任；总裁、副总裁任期以董事之任期为限，董事以4年为一任。至于监理官仍由财政总长派出。[①] 这样，虽然总裁、副总裁仍然为政府任命制，但相应人选理事身份的规定，使总裁、副总裁的产生还是离不开股东总会选举的基础，商股的权利和意愿，毕竟在相关的制度设计中有所体现了。1919年，北京政府试图重新控制该行高层人事任命权，由国会通过恢复旧则例的议案。对此，上海中行股东誓不承认国会之决议，汉口、山东、安徽、北京等地的中行股东也一致反对。部分商股甚至要求退还股本，另组商业银行。在商股权益意识强烈而及时的诉求之下，北京政府没有选择的余地，只好做出让步，没有对《中国银行则例》进行相应的改动。

另一家晚清设立的官商合资的政府银行——交通银行，进入民国之后，改由北京政府交通部主管。1914年由大总统颁行的《交通银行则例》明确股本1000万两中40%为原邮传部官股，60%为商股，营业种类除了一般商业银行业务之外，被赋予"掌管特别会计之国库金""受政府之委托分理金库""受政府之委托，专理国外款项及承办其他事件""受政府之特许发行兑换券"等特权，[②] 显然已经具备国家银行的性质。作为商股始终占多数的政府银行，其总理、协理原由邮传部委派，1914年改由股东会选出，呈交通部转财政部存案，帮理由交通部委派。[③]

北京政府时期的中、交两行停兑风波，集中体现了官商之间、政商之间的较量。

1916年北京政府发出的停兑令，其直接目的是要通过中、交两行的停兑，让北京政府渡过财政困境。中、交两行开业以来，一方面发行钞票流通市面，另一方面向政府提供垫款。

---

① 《修正中国银行则例》（1917年11月20日），《中国银行行史资料汇编》上编（1912—1949）(1)，第119—121页。

② 《交通银行则例》（1914年4月7日），《中华民国金融法规档案资料选编》（上），第174—176页。

③ 中国人民银行总行参事室编《中华民国货币史资料（1912—1927）》第1辑，上海人民出版社，1986，第157页。

民初中、交两行的钞票发行额本来并不大，中国银行 1913 年发行额仅 502 万元，交通银行 1914 年底的发行额也只有 893 万元。到 1915 年底即袁世凯"洪宪"登极前夕，中国银行的发行总额已增至 3844 万元，交通银行发行总额也增至 3729 万元，而两行钞票发行的现银准备均不及发行额的 30%。同时，两行都向北京政府提供了巨额垫款，1915 年底中国银行的垫款已达 1204 万元，交通银行垫款更高达 4750 万元，垫款额竟占其全部放款的 94%，占全部存款的 72%。① 更糟糕的是这些垫款收回无望。在停兑令下达之前，交通银行曾以"金融万急，连上三缄"，恳请财政部归还部分垫款，以解燃眉之急，然而财政部毫无响应，交行也无可奈何。② 一般说来，如果"在商言商"，银行发钞和垫款，属于常态业务，无可厚非；如果规范操作，风险应在有效控制之下。问题是在北京政府的财经政策下，有着官股和享有"国家银行"特权的中、交两行，在发钞和向政府垫款两方面，来自政令的压力和盈利预期的诱惑，都是难以抵挡的。

1916 年 5 月北京政府下令中、交两行停兑，直接侵害了两行钞票持币人的权益，两行如果遵令停兑，必然信誉受损，中国银行的商股股东和客户的利益也将受到损害；作为中、交官股的直接投资人，北京政府也因中、交停兑而透支其信用。

中国银行上海分行经理宋汉章素以保护商股利益著称，副经理张嘉璈亦力持维护银行信用和对客户负责的理念。收到北京政府的停兑令之后，宋、张两人当即进行紧急磋商，认为如照命令执行，则中国之银行将从此信用扫地，永无恢复之望，而中国整个金融组织亦将无由脱离外商银行之桎梏。随即经过核算库存和对应付挤兑的能力做充分估计，他们认为足敷数日兑现付存之需，应可渡过挤兑及提存风潮；即使不敷兑现与提存，尚有其他资产可以抵押变现，提供兑现付存准备；纵令竭其所有而仍属不敷，亦必能邀民众谅解，明了经理人员维持信用，负责到底之苦心，而寄其希望于不受政府非法支配之银行，足以维护中国金融之生命。因此宋、张毅然决定拒受北京命令，照常兑现付存。③ 这一主张得到了上海中国银行股东

①　参见洪葭管主编《中国金融史》，第 205 页。
②　《中华民国货币史资料（1912—1927）》第 1 辑，第 197 页。
③　《中国银行行史资料汇编》上编（1912—1949）（1），第 295 页。

的充分肯定。在获悉国务院停兑令后，上海中国银行股东联合会即宣称，
"金融枢纽首在银行，中央银行又为银行之母，此时骤行停顿，则金融枢纽
立时破坏，是无异国家宣告破产、银行宣布停闭，况沪行为中外观瞻所系，
欲自保全必自沪始"，"中央命令万难服从，沪行钞票势难停兑"；[1]　并公布
五条办法：由股东联合会推选监察人到行监察，将全行财产负债及发行准
备金移交外国律师代为保管，再由外国律师委托宋汉章、张嘉璈二人继续
营业；所发钞票，随时兑现，不得停付；一切本行存款，均届期立兑；以
后政府不得提用款项，一切均按普通银行营业办理；将来如逢商家有损失，
均由本会向南北政府交涉，归正式政府承认。[2]　5 月 15 日，上海中国银行致
电国务院、财政部，据理力争，明确表示了继续维持兑现的态度："此次中
央院令，停止中交两行兑现付存，无异宣告政府破产，银行倒闭，直接间
接宰割天下同胞，丧尽国家元气，自此之后，财政信用一劫不复。沪上中
国银行由股东决议，通知经理照旧兑钞付存，不能遵照院令办理，千万合
力主持，饬中行遵办，为国家维持一分元气，为人民留一线生机，幸甚。"[3]
股东联合会还发函、通电，争取社会舆论和有关方面的同情支持；并致函
上海商会转知各业，重申上海中行决定照常兑现，以免各业误会；同时发
电外国驻沪领事团和江苏都督冯国璋表示上述立场。[4]　很显然，中国银行商
股股东维护自身和客户的共同利益，是其决定拒绝停兑令的基本动因。

　　上海中国银行抗拒停兑令，也得到了南三行为代表的各商办银行和上
海商界的全力支持。如浙江兴业银行在上海中国银行的领券和存款达数百
万元，一旦停兑，不仅这部分资金将成为坏账、烂账，而且势将对整个上
海社会经济金融产生不良影响，于是浙兴率先以该行资产向本国和外国银
行抵押现款，支持上海中国银行维持兑现。浙江实业银行和上海商业储蓄
银行等在沪其他商业银行也竭诚资助，维持中国银行正常营业。[5]

　　上海中国银行坚持继续兑现，挺过了挤兑风潮，站稳了在上海乃至
全国性金融市场上的地位，维护了股东、客户和持券人的权益，并为日后

①　《中国银行行史资料汇编》上编（1912—1949）（1），第 272 页。
②　朱镇华：《中国金融旧事》，中国国际广播出版社，1991，第 147 页。
③　《中国银行行史资料汇编》上编（1912—1949）（1），第 265 页。
④　参见洪葭管主编《中国金融史》，第 206 页。
⑤　朱镇华：《中国金融旧事》，第 146—147 页。

摆脱北京政府的控制打下了基础。而在北京地区，遵从停兑令的中、交两行的纸币即"京钞"，遭到了市场的唾弃，两行在以后多年难以摆脱这一阴影。

1921 年 11 月发生第二次停兑风潮后，中国银行、交通银行与北京政府的关系进一步疏远。交通银行原来商股便占多数，1922 年 6 月的股东大会，选举张謇为总理、钱新之为协理，南方商界的势力占据上风，提出了交通银行的新方针："发行独立，准备公开，清理旧欠，拒绝借款（指军政借款）。"交通银行的额定资本于 1922 年改为 2000 万元，先收 1000 万元。如同中国银行的情况，交通银行的官股被北京政府作为获得垫款的押品，因无法偿付本息逐步被变卖为商股，如 1925 年北京政府以官股 60 万元向金城、盐业、大陆和中国实业银行抵借 30 万元，三个月后无法归还，官股被变卖。到 1928 年交通银行官股仅剩 78 万元，商股则有 693 万元。[①]

北京政府时期的中国银行和交通银行，在特权、资力、市场份额等方面有着普通商业银行无法企及的优势，这两家银行的则例和章程体现了当时对政府银行的扶持和监管，都甚于一般银行。但是，中、交两行却在相当长的时间里为政府财政所"绑架"，无法正常开展业务经营，由于政局动荡，政府财政和金融主管机构主官变动频繁，金融业被政府定位于外库，许多政策甚至规章带有明显的短期性，或朝令夕改，或只是一纸具文。再从产权构成实际状况来看，在商股所占股额大甚至远超出官股的情况下，商股的权益和主张均得不到尊重，徒具股份制公司之表，实际经营管理仍在政府操纵和直接控制之下。尤其是 1916 年和 1921 年的两次挤兑、停兑，不仅使中、交两行的信誉收到重挫，也使整个本国新式银行业的现代化进程出现反复。只是因为北洋时期政局动荡，政府财政破产，无法继续控制金融业，在商股主导下的中、交两行业务重心转向工商业，业务经营方面才逐步走出困境，重新启动现代转型的步伐。

三　南京国民政府时期银行业的新动向

通过推翻北京政府而建立的新的中央政权南京国民政府，是中国国民

---

① 《中华民国货币史资料（1912—1927）》第 1 辑，第 155 页。

党主导的政权，在发展经济尤其是金融建设方面，继承了孙中山的不少主张。早在"反满"革命年代，孙中山就提出过"钱币革命"的主张，辛亥革命后，由他担任临时大总统的南京临时政府在改组清理大清银行的基础上建立了中国银行，积极筹划统一造币厂，规划了包括商业、惠工、海外汇业、兴农、殖边、农业和储蓄银行等在内的多种规章制度文本，体现了构建现代化银行体系的取向。待到1928年6月北京政府垮台后，基本统一关内的国民政府定都南京，继承和光大了孙中山重视银行建设的理念，推行了一系列银行制度的建设，至1937年全面抗战爆发，南京国民政府在币制与钞券发行、银行与金融管制、外汇管理、存放款业务、汇兑储蓄业务、特种与合作金融、综合类等方面，制定颁布了100多部法规，远远超过晚清和北京政府时期。如从最初公布的中央银行条例、章程，到正式颁行《中央银行法》，可以说在中国首次较全面地确立了中央银行制度，对于货币发行、外汇管理和金融市场的有序运作具有重要意义。普通商业银行制度方面，1928年的《银行注册章程》要求凡开设银行，均须先拟具章程，呈财政部核准；核准之后，方得招募资本；再经验资注册、发给营业执照后，方得开始营业；原有银行合并或增减资本，也需要另行核准注册，并规定"凡开设银行，经营存款、放款、汇兑、贴现等业务，须依本章程注册，凡经营前项之业务不称银行而称公司、庄号或店铺者，均须依本章程办理"，体现了把钱庄、票号、银楼等传统金融机构纳入统一监管的趋向。1931年公布的《银行法》共51条，则体现了金融业从准入、组织、经营实行规范化的取向。

另外，针对长期以来中国银行业纸币发行失控、准备不足的顽症，国民政府先是制定了有关银行兑换券的发行、印制、运送方面的章程条例，后来颁行《银行兑换券发行税法》，对各银行纸币发行流通进行监控；又通过了《银行收益税法》《储蓄银行法》等法规。除了直接针对银行（也包括钱庄）本身及其发行和业务经营的法规，国民政府还陆续颁行了《交易所法》《交易所交易税条例》《保险法》《票据法》《邮政储金法》《邮政国内汇兑法》等，使银行业务和非银行金融业务都有基本的法规得以遵循。

在币制改革方面，值得提及的是1933年的废两改元和1935年的法币政策。废两改元，在确立银元的国币地位的文本方面，与1910年、1914年的两个法规并无本质的区别；关键的区别是"废两"，即抽去了银两的价值尺度、流通手段、支付手段的合法性，仅仅作为具有储藏手段的贵金属和本位币材。这一改革的另一重大作用是抽去了本土钱庄业的市场定价权，巩固了华资银行业独立进行联合准备、票据交换的新的安排。而法币改革朝着废除贵金属本位、统一货币发行迈出了关键的步伐，化解了国际市场汇率波动对中国财政金融的损害，同时推进了政府银行之间的合作并确立起在金融业的主导地位。法币政策一方面规定"以中央、中国、交通三银行所发行之钞票为法币，所有完粮、纳税及一切公私款项之收付，概以法币为限，不得行使现金，违者全数没收，以防白银之偷漏"；另一方面收回了各商业银行的发行权，并且要求"将流通总额之法定准备金，连同已印未发之新钞及已发收回之旧钞，悉数交由发行准备管理委员会保管"。[①] 法币政策对于政府银行和一般商业银行，其利益关系当然是不同的；此后华资银行业中的"官""商"对比，在货币发行数额方面，已经不再是多与少的比较，而是有和无的差别；而商业银行发行准备金的集中，亦可解读为被政府占有，官商之间有着明显的利益博弈。但是，发行统一是近代货币制度的必然要求，也是建立现代银行体系的基本前提之一，各商业银行发行权的被收回是题中应有之义。在经济危机和金融恐慌之下，各发行银行随时面临提存与挤兑的压力，正常业务经营难以为继，整个金融市场面临信用链中断的可能。商业银行被收去了发行权，不复有维持相应货币信用的义务；政府银行独占发行权的同时，也就无法推卸维护币制和市场稳定的责任，政府的信用、合法性权威性和有效运作，都成为金融稳定的抵押品。

南京国民政府作为中央政权的头十年里，华资银行数量和资力都有了前所未有的增长，并形成了较完备的银行体系。

从 1928 年到 1936 年，新设华资银行达 128 家，其中除了中国农民银行外，绝大部分属于商办银行。加上此前设立的，扣除停业的，1937 年 6 月底全国开业的华资银行共有 164 家，其分行数更高达 1627 家。[②]

全国银行总行中，政府银行为中央、中国、交通和中国农民 4 家，省市

---

① 《财政部关于施行法币布告》（1935 年 11 月 3 日），《中华民国金融法规档案资料选编》（上），第 402 页。

② 《五十年来之中国经济——中国通商银行创立五十周年纪念册》，第 42 页。

地方银行 25 家，其余 135 家均为商业银行，包括商业储蓄银行 80 家、农工银行 31 家、专业银行 15 家、华侨银行 9 家。1937 年中央、中国、交通、中国农民四家政府银行实收资本总额 1.675 亿元，全国商业银行实收资本总额 8324.3968 万元；四行放款总额为 19.139 亿元，占全国各银行放款总额的 55.2%；四行存款总额为 26.764 亿元，占全国各银行存款总额的 58.8%。[①] 虽然数量上一般商业银行数占绝大多数，但在资产和市场业务方面，政府银行占据明显的优势。

南京国民政府成立后，1928 年全国意义的中央银行在上海正式成立，《中央银行条例》明确规定"中央银行为国家银行，由国民政府设置经营之"；"中央银行资本总额定为国币二千万元，由国库一次拨足，开始营业"。该条例虽然也谈到了中央银行可以招集商股，但设置了几方面的限制条件：因业务上之必要，理事会决议，监事会同意，呈请国民政府核准；商股额不得超过资本总额的 49%。[②] 1935 年 5 月颁布的《中央银行法》规定，在"必要时"且经过相应批准程序招集商股时，商股总数不得超过资本总额的 40%，其中法人所购商股必须达资本总额 30% 以上时，始许本国人民经财政部部长允准后入股。[③] 然而，事实上整个大陆时期中央银行都没有实行股份公司制度，没有招集过商股，其组织架构并无股东会、董事会。中央银行设总裁、副总裁，分别由国民政府特任和简任。中央银行还设理事会、监事会，成员均由国民政府特派。总裁综理全行事务，并为理事会之主席。南京国民政府时期，中央银行总裁基本上由财政部部长兼任。1945 年之后，央行总裁与财政部部长两个职位才不再由同一人兼任。

在晚清政府和北京政府颁布的国家银行法规中，国家银行既享有其他银行不具备的特权，又得以经营一般银行业务。这一安排在 1928 年的《中央银行条例》和 1935 年的《中央银行法》中基本上得以维持。1936 年和 1937 年，国民政府一度积极筹备把中央银行改组为中央储备银行，准备在

---

① 《全国银行年鉴（1937 年）》。
② 《国民政府颁布之中央银行条例》（1928 年 10 月 5 日），《中华民国金融法规档案资料选编》（上），第 529—530 页。
③ 《中央银行法》（国民政府 1935 年 5 月 23 日训令公布），《中华民国金融法规档案资料选编》（上），第 597 页。

1937年上半年完成相应的立法。[①]中央储备银行将不再从事一般商业银行业务，除了独享货币发行权，着重通过货币政策、银行监管和提供再贴现，发挥稳定金融的功能，旋因抗战军兴，中央储备银行制度未能建立起来。1942年实行中、中、交、农四行专业化，此后中央银行基本不再经营一般银行业务，中央银行的制度在文本和实践中均得以确立。

如果说，制度设计和实际资本构成两方面的因素决定了中央银行自身不存在官商关系的话，那么中国银行和交通银行则经历了与政府关系的整合，定性为政府特许银行，股本构成中官股绝对控股，高层人事安排重新洗牌，北京政府后期的独立化被制止，经营管理被置于国民政府控制之下，商股的地位也不可避免地下降。

1928年国民党取得了北伐的胜利，确立起南京国民政府作为中央政权的地位。国内政局的这一重大变动，直接导致工商经济和金融中心的南北区域变迁。

应当指出，北伐期间中国银行和交通银行对国民革命军方面已经有所支持，虽然双方的关系尚在磨合之中。如1927年5月，上海中国银行总经理宋汉章承诺捐助400万元，交付200万元之后，余款200万元未能及时续交。对此蒋介石大怒，直指"此等商人毫无信义可言，何必客气"，电令该行限期补足1000万元。[②]当时蒋介石将银行业视作予取予求之钱库，对市场等价交换法则并无半点尊重。在此高压之下，交通银行通过虞洽卿带话给蒋介石，表示愿意"先借给纸币二千万元"，蒋颇为满意。[③]不管怎样，在强势的国民党和没落的北洋军阀之间，中、交两行没有太多的选择余地。

待到北京政府覆亡不久，1928年11月，中国银行和交通银行便将总行自北平迁至上海。中、交两行中枢机构南迁，是国民政府相应银行体制构建的一部分，当时国民政府公布的《中国银行条例》和《交通银行条例》，

① 蒋介石曾催促立法院加快立法进程，"储备银行法务望于此一二星期内通过为盼"。见《蒋介石致立法院秘书长梁寒操转立法院长孙科电》（1937年6月12日），"国史馆"藏《蒋中正档案》：002-010200-00176-043-001a。本章所引《蒋中正档案》藏所同，略。

② 《蒋介石致俞飞鹏电》（1927年5月20日），《蒋中正档案》：002-010100-00008-059-001x。

③ 《蒋介石致张静江电》（1927年5月2日），《蒋中正档案》：002-010100-00008-008-001x。

明确规定两行的总行设于上海。① 但这也是两行自身业务发展的需要。随着北洋政权的彻底垮台，中国政治中心的南移已成定局，南北工商经济的景气状况也呈截然不同的两重天。中国银行对 1928 年北平与上海开展金融业务的环境做了如下比较："北平入春以来，因南北军事未经解决，交通又复阻滞，以致银根枯窘，各业均受影响，倒闭时有所闻，迨至首都南迁，市面更形萧条。""（上海）本年春初，时局尚在军事进展之中，各业咸具戒心，市面因之停顿，迨至夏间，兵戎既戢，交通恢复，商业始呈活泼之象，金融亦渐宽舒。"② 交通银行最初谈到迁沪原因时称："（交行）总管理处，原在北京，兹因国都设宁后，内部公务，诸多不便，特将北平总管理处迁入沪行。此后对外一应公务，均由沪行总管理处办理。"③ 这里只是谈到了政治因素。但稍后即谈到南北工商业状况之对比是交行决定南迁的重要原因："北京原非商战之地，十数年来，沧桑几变……虽一般金融界渐注意工商事业，究未能尽量发挥。本年中央财政，市面金融，上下交困，殆臻极点。银行业务，直接受其影响，应付困难，不言而喻……上海为我国最大商埠，实南北金融之中心。"④ 中、交两行中枢机构如果不相应南迁，无论是财政性还是与工商性金融业务的竞争中，都将处于不利的地位。换言之，中、交两行总部的南迁无疑也代表了商股的利益和意愿。

在北京政府后期，中国银行与交通银行的资本构成已经商股化，其业务方针注重工商经济而与政府保持距离，虽然两行名义上依然是政府银行并享有相应的特权。在南京国民政府时期，中、交两行两度增资改组，银行性质、资本构成及与政府的关系，都起了重大变化。

1928 年随着中央银行在上海设立以及中、交两行总部的南迁，国民政府对中、交两行进行了第一次增资改组。中国银行改组为政府特许之国际汇兑银行，交通银行改组为政府特许之发展全国实业之银行。中国银行资本总额 2500 万元，其中官股为 500 万元；交通银行资本总额 1000 万元中，官股为 200 万元。即两行官股均占资本总额的 20%。政府指派的官股董事、

① 《中华民国金融法规档案资料选编》（上），第 539、551 页。
② 《中国银行行史资料汇编》上编（1912—1949）（3），第 1979、1975 页。
③ 《银行周报》第 12 卷第 40 期，1928 年。
④ 《银行周报》第 12 卷第 46 期，1928 年。

监察人，均占两行董事、监察人总数的 1/5；两行董事选出常务董事 5 人，政府在常务董事中指派董事长 1 人；常务董事选出总经理 1 人，报财政部备案。总体看，这次增资改组后，中、交两行成为以商股为主的政府特许银行，并体现了商业银行的业务方针。

1935 年国民政府对中、交两行再次增资改组。中行新增加官股 1500 万元，在 4000 万元股本中，官股达 2000 万元即占 50%；交行新增加官股 1000 万元，在 2000 万元股本，官股达 1200 万元即占 60%。值得一提的是，国民政府对于中、交两行新增官股，都是以 1935 年金融公债的预约券拨充的。在人事方面，中、交两行各 21 名董事，其中官董 9 人；监察人 7 人中，官方指派 3 人。在中、交两行的董事和监察人中，官派代表均为 3/7，略低于官股比例。这次增资改组采取了突然发出行政命令的方式，事先没有经过股东会议，违反了 1928 年《中国银行条例》和《交通银行条例》的有关规定。[①] 至于增资后官股的比例，财政部起初提出的方案是中、交两行的官股均增加到 60%，只是因为中国银行商股表示了强烈的反对，才改为 50%。在国民政府方面，这次中、交改组的意义不仅在于提高官股的比例，更重要的是为取消各商业银行的发行权、实行不兑现的法币政策扫除障碍。正如蒋介石在致国民党高层的密电中所言："国家社会皆濒破产，致此之由，其症结乃在金融币制与发行之不能统一。其中关键，全在中交两行固执其历来吸吮国脉民膏之反时代之传统政策，而致国家与社会于不顾，若不断然矫正，则革命绝望，而民命亦被中交二行所断送。此事实较军阀割据破坏革命为尤甚也。今日国家险象，无论为政府与社会计，只有使三行绝对听命于中央，彻底合作，乃为国家民族惟一之生路。"蒋介石还强调，必须变动中国银行的高层人事，即把坚持商业银行方针的总经理张嘉璈调离："闻中行总经理张公权君有意辞职，弟意应即劝其决心完全脱离中国银行关系，而就政府其他任命，或调任其为中央银行副总裁，俾其专心致力于中央银行之发展，促成国家之统一，则公私两全，是为至意。"[②] 除了张嘉璈

---

① 《中国银行条例》第二条："中国银行因业务上之必要须增加资本时，得有股东总会议决，呈请财政部核准增加之。"《交通银行条例》第五条："交通银行因业务上之必要须增加资本时，得有股东总会议决，呈请财政部核准。"见《中华民国金融法规档案资料选编》（上），第 539、554 页。

② 《蒋介石致叶楚伧电》（1935 年 3 月 22 日），《蒋中正档案》：002-020200-00033-020。

被调离外，原董事长李铭也被迫辞职。根据财政部的提名，宋子文以董事长的身份掌管中国银行，再经宋子文提名，由宋汉章出任总经理。至于交通银行的董事长胡笔江、总经理唐寿民，虽然没有官方的职衔，由于持与政府合作的态度，① 在这次增资改组中没有更动。

国民政府在对中交两行进行第二次增资改组的同时，还把原豫鄂皖赣四省农民银行改组为中国农民银行，资本额1000万元，分为官股和商股。官股即财政部认股250万元（1935年实拨225万元）；其他名义上的商股有黄埔抚恤委员会100万元，遗族学校100万元，武岭学校25万元，中央军校同学会抚恤会250万元，其余12个省政府各认股25万元。② 中国农民银行董事长是孔祥熙，蒋介石为理事会主席，下设总经理主持日常事务，但重大人事和业务均报蒋介石批准决定。在四省农民银行时期，曾计划在陆军各师部设立储蓄部并筹备消费合作等事项，各省分行要求在各乡举办农民合作社，业务重点在军队和农村金融。③ 待到改组为中国农民银行之后，性质定为国民政府之特许银行，"为供给农民资金，复兴农村经济，促进农业生产之改良进步"，业务范围除了合作社放款、农业与水利放款、经营农业仓库之外，还包括抵押放款和保证信用放款、票据承受或贴现、收受存款及储蓄、代理收解各种款项、汇兑及同业往来、买卖有价证券等。④ 1936年2月，中国农民银行还获得了法币发行权。

中国农民银行的设立及其总行由汉口迁往上海，标志着中、中、交、农四大政府银行体系正式形成，政府实行金融统制的基础已经具备。同年11月实行法币政策，取消其他商业银行的发行权，废除银本位，通过政府银行独享发行和集中各商业银行的发行准备金，做到了"白银国有"，更确切地说，是白银的"国民政府所有"。近代以来华资银行业的官商关系到了

---

① 蒋介石曾电示孔祥熙："交通银行唐寿民如对政府能服从，则不必多事更张，此亦安定人心之一法也。"见《蒋介石致孔祥熙电》（1937年3月27日），《蒋中正档案》：002-080200-00277-031-001a。交通银行董事长胡笔江亦保留，至1937年4月成立第七届董事会，财政部仍指派胡笔江为董事长。
② "中国农民银行股东、股权及代表姓名一览表"，中国人民银行金融研究所编《中国农民银行》，中国财政经济出版社，1980，第35页。
③ 《蒋介石致郭外峰电》（1935年7月5日），《蒋中正档案》：002-010200-00087-031-001x。
④ 《中国农民银行条例》（民国二十四年六月四日公布），《中国农民银行》，第332—333页。

一个转折点，即国家金融资本垄断地位的强化和民营金融资本的非主流化。

大体自中、中、交、农政府银行体系形成起，开始了华资银行业官商关系博弈的另一典型案例，即被称为"小三行"的四明、中国通商、中国实业三家老牌商业银行几乎同时陷于挤兑、发行准备金不敷抵缴的困境，通过人事变动及增加官股，最终成为官股占绝对多数、业务经营完全为政府控制的官商合办银行。在这一波金融恐慌发生之前，"小三行"在整个金融市场中居于较重要的地位。据统计，在1934年度政府银行与商业银行合计的营业总额中，中国实业银行为106688912.57元，位居第8位；四明银行为78103598.97元，居第11位；中国通商银行为63649730.39元，居第12位。① 这三家商业银行都有发行权，都存在发行准备金不足、经营管理不善的问题，在1934—1935年的金融恐慌冲击下，都发生了无法应对的挤兑。"小三行"只得接受中、中、交三行的救济，成为政府银行的债务方；而在法币政策实施后，"小三行"发行准备金空虚、根本无法依法足额缴交的情况暴露无遗，银行运作陷于停顿。"小三行"高层管理被政府代表接管的情况十分相似：中国实业银行董事长兼总经理刘晦之先辞去总经理职务，由中央银行国库局总经理胡孟嘉代理该行总经理（1936年6月去世），董事会改组以后，财政部指派原中央银行经济研究处处长傅汝霖为董事长，原中央银行业务局副局长周守良为总经理。② 四明银行董事长兼总经理孙衡甫也是先辞去总经理，由全体董监聘原中央信托局局长叶琢堂代理总经理，后改聘中央银行南京分行经理李嘉隆出任总经理；董事会改组后，财政部指派税务署署长吴启鼎担任董事长。③ 中国通商银行董事长兼总经理傅筱庵则直接辞去两个职位，由董事会议公推该行常务董事杜月笙为董事长，同时聘原中央银行业务局局长顾诒穀为总经理。④

"小三行"改组过程中，对于原有股本，国民政府方面仅同意按10%折算，后商股董事力争，才允诺按15%折算。于是四明银行原有商股折减为

① 潘恒敏：《各银行信托公司储蓄会二十三年度营业报告统计》，《中央银行月报》第4卷第9号，1935年，第1893页。
② 胡若谷：《先父胡孟嘉事略》，《档案与史学》1997年第3期；《北京金融史料·银行篇》（3），中国人民银行北京市分行金融研究所编印，1990，第204页。
③ 上海市档案馆藏四明商业储蓄银行档案：Q279-1-59、62、63。
④ 上海市档案馆藏中国通商银行档案：Q281-1-9。

33.75 万元，财政部另拨公债 366.25 万元作为官股；中国通商银行原有商股折减为 52.5 万元，另拨公债 347.5 万元充作官股；中国实业银行原有商股折成 52.6 万元，加入公债 347.4 万元作为官股。这样，在资本构成方面，政府资本占了绝对优势。这种人事和资本的双重控制，与先前对中国银行和交通银行的增资改组所奉行的原则是完全一致的。正如当时报刊所指出的："现三行改组后，已与中央、中国、交通等三银行打成一片，协作努力"；"自该银行改组之后，已与中央中国交通三银行互相联络，成为相关一系统"。①

应当看到，与国民政府对中、交两行增资改组时采取的"突然袭击"方式不同，"三小行"接受政府银行救济、加入官股以及重大人事变动，都是由"小三行"提出要求，并且经由三行董事会决议的。在新担任"小三行"高层管理者的人选确定之前，政府还与"小三行"方面洽商，听取意见，以示郑重。② 另外，对"小三行"的救济和增资改组是否必要，还应当联系当时的客观实际。已经有学者指出："这三家银行在 1935 年金融危机时被兼并，置于官僚资本信用体系控制之下，固然是蒋介石实施金融垄断的产物，也说明它们本身经营管理上的严重缺陷。"③ "小三行"准备金空虚，发行失控，经营管理不善，资金周转难以持续，股价下跌，投资人利益遭受损失，局势十分严峻，如果听之任之，随着"小三行"的破产停闭，商股、债权人乃至客户的权益更将无法得到保障，因此"小三行"方面当然盼望引入外来资金，无论是政府银行的救济还是加入官股；同样，业界、社会和政府等各方面，都不愿意看到业已十分脆弱的信用链由"小三行"危机而造成更严重后果。所以，"小三行"接受救济和增资改组后的业绩和效果，市场的相关反应，以及商股、债权人与客户的利益与评价，都是构成该案例不可忽视的部分。

---

① 《钱业月报》第 15 卷第 9 号，1935 年；《中行月刊》第 11 卷第 3 期，1935 年。

② 孔祥熙曾于 1937 年 3 月 26 日向蒋介石报告："为四明银行事，弟已派美顾问林枢赴沪，对于董事长总经理人选，正与孙鹤皋（衡甫）俞佐亭接洽，俟得到伊等同意决定后，即发表。至吴启鼎税务署长职，亦已免去。"见《蒋中正档案》：002-080106-00074-010-002x。蒋介石则要求孔"出国以前农民与四明二总经理须派定发表"。见《蒋介石致孔祥熙电》（1937 年 3 月 27 日），《蒋中正档案》：002-080200-00277-031-001a。

③ 洪葭管：《中国金融通史》第 4 卷《国民政府时期（1927—1949 年）》，中国金融出版社，2008，第 92 页。

四　全面抗战时期及战后银行业的国家资本化

从 1937 年全面抗战爆发到 40 年代后期，中国华资银行业发生了一系列变化。

全面抗战爆发前，中国西部省区金融业发展滞后，除重庆金融业相对较为发达外，其余贵州、甘肃等省，甚至没有一家银行总行设立。据统计，1937 年全国银行总行共 164 家，其中设于川、康、滇、桂、陕、宁、新 7 省的银行总行只有 23 家，占全国的 14%。① 全面抗战爆发后，随着正面战场战线的西移和国民政府的西迁，经济重心向后方转移，大量人口从东部及沿海迁移至大后方，于是中央、中国、交通、中国农民等国有银行，以及大批省营、民营银行，纷纷将其总行迁往以重庆为中心的大后方，开设分支机构，推进有关业务。

全面抗战时期四大政府银行在内地的发展，主要基于战时军事、政治与经济诸方面需要，而非简单地与商业银行争利。鉴于民营银行多在后方城市设立行处，财政部提出加速完成西南西北金融网的计划，要求中央、中国、交通、中国农民四行在凡后方与军事、政治、交通及货物集散有关之城镇乡市，至少有一行设立机构；地点稍偏僻者，四行短期内不能顾及者，责成省银行务必前往设立分支行处，以一地至少有一行为原则。② 至 1940 年 3 月 20 日，四行所设立的分支行已达 171 处，其中四川 60 处、云南 25 处、贵州 21 处、广西 22 处、广东 4 处、湖南 5 处、陕西 15 处、甘肃 11 处、青海 2 处、宁夏 1 处、西康 5 处。③ 到 1941 年底，中、中、交、农四行在各地的分支行处总数已达 469 处。④ 另外至 1943 年底，各省省地方银行设立各级机构共 360 个。⑤

除了四大政府银行，全面抗战时期后方私营银行即一般的商业银行，

① 《全国银行年鉴（1937 年）》，A9 页。
② 《五十年来的中国经济——中国通商银行创立五十周年纪念册》，第 46 页。
③ 《完成西南西北金融网方案》（1940 年 3 月 30 日），重庆市档案馆、重庆市人民银行金融研究所合编《四联总处史料》（上），档案出版社，1993，第 191 页。
④ 《四联总处三十年度工作报告》，《四联总处史料》（上），第 197—198 页。
⑤ 《五十年来的中国经济——中国通商银行创立五十周年纪念册》，第 46 页。

也有相当快的发展。全面抗战爆发后，随着国民政府和诸多工矿企业内迁，贸易中心西移，原来的经济中心和金融中心城市上海受到极大的冲击，贸易额急剧下降，各种押款也无从料理，金融业出路困难，"各银行既感沦陷区之无业可营，港沪租界地之范围狭小，惟有将其游资散之于农村，爰于抗战之初，即有若干银行随政府内迁，在川、湘、粤、桂、滇、黔各省筹设分支行，入后纷至沓来"。据统计，到全面抗战爆发一年后的1938年7月底，南方和西南地区银行总支行共322家，其中广东81家、广西48家、湖南50家、贵州4家、四川128家、云南11家。[①] 以四川为例，全面抗战爆发前四川境内商业银行，重庆有28家，其他各县市有47家。全面抗战爆发不久，重庆成为西南乃至整个大后方的金融中心。到1942年，重庆的商业银行有23家总行、14家分行、6家支行、17家办事处，共计60家。在四川，商业银行有10家总行、35家分行、9家支行、114家办事处，共计168家。其他内地省份的商业银行机构数为：西康省13家，陕西省12家，甘肃省4家，广西省11家，云南省42家，贵州省9家。[②] 战前一些著名的商业银行，如"南三行"中的上海商业储蓄银行、浙江兴业银行，"北四行"的金城银行、大陆银行、盐业银行、中南银行，"小四行"中的中国国货银行、中国实业银行等，或将总行迁往后方，或将业务重心放在后方，在战时后方的金融市场起到了重要的作用。而为了遏制通货膨胀的势头，政府最高当局也直接要求关注"各行储蓄总额与竞赛"，[③] 甚至命令"各行集中游资，提高其利率"。[④] 在管理方面，则要求各省银行及商业银行，必须向政府银行详细报告有关押款、放款、存贷、储蓄等业务情况。[⑤] 这些措施也促使各商业银行加强展开相应业务。

战时国民政府加强了对于商业银行的监管。根据1940年颁布的《非常时期管理银行暂行办法》，银行经收普通存款，应以所收存款总额20%为准

---

① 中国人民银行上海市分行金融研究室编《金城银行史料》，上海人民出版社，1983，第684—685页。

② 中国第二历史档案馆编《中华民国史档案资料汇编　第五辑第二编　财政经济》（4），江苏古籍出版社，1997，第605—606页。

③ 《蒋介石日记》，1940年4月6日，斯坦福大学胡佛研究所藏。藏所下同，略。

④ 《蒋介石日记》，1940年8月18日。

⑤ 《蒋介石日记》，1940年8月22日。

备金，转存当地中、中、交、农四行任何一行，并由收存行给以适当存息；银行运用存款，以投资生产建设事业及联合产销事业为原则，承做抵押放款应以各该行业正当商人为限，押款请求展期者应考察其货物性质，如系民生日用品必需品应限令赎取出售，不得展期；银行不得直接经营商业或囤积货物；承做汇往口岸汇款应以购买日用必需品及扩展必需品之款为限；银行应每旬造具存款、放款、汇款报告表，呈送财政部查核，财政部得随时派员检查银行账册簿籍、库存状况及其他有关文件。[①]　其中尤其关于存款准备金的要求，意味着商业银行 1/5 的存款额将完全不得支配，且存在政府银行的利息只有年息 8 厘，低于一般存款利息；政府银行与商业银行经营同样业务的话，商业银行明显处于不利地位。对此，各商业银行的意见颇大。有鉴于此，1942 年 7 月国民政府在实行四行专业化分工的同时，规定各银行应将存款准备金改由中央银行集中收存；以现金缴存存款准备金者，其利率一律提高为年息 1 分。[②]

到了 1943 年 1 月，国民政府鉴于商业银行和地方银行数量诸多，经营管理良莠不齐，颇多资力薄弱者，无法发挥正常作用，遂通过修订《非常时期管理银行暂行办法》，明确规定新设银行除县银行外，一概不得设立，银行设立分支行处，应先呈请财政部核准；凡已开业而尚未申请注册之银行，应于本办法公布命令到达之日起一个月内，呈请财政部补行注册；银行非经呈奉财政部特准，不得买卖外汇。[③]　蒋介石还电示财政部部长孔祥熙，要求对于"各地公私银行之开设，财部应有严格之规定，不可漫无限制，任其自设"。"至于目前各地之银行，仍应调整减少。凡非必要之银行，应令停止营业。"[④]　由于新设银行难以获得批准，一些银号、钱庄便申请增资后更改名称为银行，对此蒋介石还令饬财政部，必须合并三家以上业已

①　《中华民国金融法规档案资料选编》（上），第 642 页。
②　《财政部关于提高银行缴存普通存款准备金利率令》（1942 年 7 月 16 日），《中华民国金融法规档案资料选编》（上），第 662—663 页。
③　《修正非常时期管理银行暂行办法》（1943 年 1 月 7 日），《中华民国金融法规档案资料选编》（上），第 671—672 页。
④　《蒋介石关于限制各地公私银行开设的手令》（1943 年 2 月 3 日），《中华民国金融法规档案资料选编》（上），第 674 页。

登记的银号或钱庄，方准立案。① 大体上自此开始，国民政府对于商业银行和地方银行的政策，由原先的大力鼓励设立，改为严格限制新设，加强对这些银行的检查和监理。

四联总处的设立和强化，既是战时政府银行体系新变动，也对整个银行业产生了重大影响。1935 年 4 月初国民政府完成了对于中、交两行的官股化程序，但是蒋介石认为还需要加强对中、中、交三行的统制，已经设想由中央银行总裁和中、交两行的董事长，组成一个"总揽三行业务"的"联合机关"，"而以财政部长兼任该机关之主席，对政府监督三行负其全责"。② 全面抗战爆发后，根据蒋介石的指示，中、中、交、农四行先后组成了联合贴放委员会和联合办事处，协调四行之间的贴放业务，对各商业银行与钱庄调剂头寸颇多裨益。联合办事处是一个协调性机构，对中央、中国、交通、中国农民各行都不能下达强制性的命令。但它对于统制金融、推进全面抗战初期经济政策的实施，起了重要的作用。四行联合办事处先后向国民政府军事委员会属下的工矿调整委员会、农产调整委员会、贸易调整委员会，以及经济部工矿调整处、农本局和财政部贸易委员会等机构调拨了大量急需的资金。③ 四行联合办事处还直接向内迁的民营厂矿提供资金上的帮助，至 1938 年底，贷助民营厂矿内迁和复工的款额达 850 万元。此外，到 1939 年 12 月，四行的联合贴放总额达 63645 万元。④ 显然，四行联合办事处对于集中四大政府银行的资力并提高使用效率，协助内地工业体系的建立和完善，缓解内地资金的紧窘状况，有着直接的积极作用。

1939 年 9 月 8 日，国民政府宣布设立"中央、中国、交通、中国农民四银行合组联合办事总处，负责办理政府战时金融政策有关各特种业务"；四联总处设理事会，由中央银行总裁、副总裁，中国、交通两行的董事长、总经理，中国农民银行理事长、总经理，以及财政部的代表共同组成；理事会是最高权力机构和决策机构，实行主席负责制，主席由国民政府特派

① 《蒋介石关于限制钱庄银号设立代电》（1943 年 3 月 1 日），《中华民国金融法规档案资料选编》（上），第 677 页。
② 《蒋介石致孔祥熙电》（1935 年 4 月 3 日），《蒋中正档案》：002-020200-00033-022-001x、002x。
③ 《徐堪致蒋介石呈稿》（1941 年 8 月 1 日），《四联总处史料》（上），第 5 页。
④ 《四联总处史料》（上），第 5 页。

之，"总揽一切事务"，"财政部授权联合总处理事会主席在非常时期内，对中央、中国、交通、农民四银行可为便宜之措施，并代行之职权"。[1] 蒋介石以中国农民银行理事长的身份，担任四联总处理事会的主席。作为中央银行、中国银行和交通银行最高负责人的孔祥熙、宋子文、钱永铭，则为四联总处理事会的常务理事。

实体性的四联总处的设立，尤其是蒋介石亲自担任四联总处理事会的主席，标志着战时党政军高度集中的决策体制和赋予蒋介石最高决定权的制度安排，已经扩展到政府银行体系。事实上，自1935年完成对于中、交两行的改组和实施法币政策之后，华资银行业官商之间的统制与被统制格局已经确立，以民营资本为主体的商业银行在经营方针和市场份额方面，基本上处于被安排的地位，以往曾经的官商之间互相制衡局面不复存在。倒是政府银行之间业务经营上各自为政、资源配置和利益划分失衡，越来越多地引起最高决策者的关注和不满。在决定四联总处改组前夕，蒋在日记中写道："金融机关如不能由中央统制，则无异养痈致患，岂仅子文一人而已也。"[2] 四联总处的设立及相应体制的设计，针对的不是商业银行而是政府银行，是要确立对于四大政府银行的统制，进而言之是确立蒋介石本人对于各政府银行的直接命令权。当然，面对作为一个整体的政府银行体系，商业银行无论是个体还是群体，在官商关系方面话语权越来越少了。

无论从四联总处最高机构的组成人员还是从其职权来看，它不仅在四行之间起协调作用，而且是一个在四行之上起指导、监督、考核作用的新的机构。改组后的四联总处的权限范围较广，包括全国金融网之设计分布、四行券料之调剂、资金之集中与运用、四行发行准备之审核、受托小额币券之发行与领用、四行联合贴放、内地及口岸汇款之审核、外汇申请之审核、战时特种生产事业之联合投资、战时物资之调剂、收兑金银之管理、推行特种储蓄、其他四行联合应办事项、四行预算决算之复核。[3] 根据这些规定，四联总处的职权涉及金融和社会经济两大领域。与此相应，四联总

---

① 《战时健全中央金融机构办法纲要》（1939年9月8日国民政府公布），《中华民国金融法规档案资料选编》（上），第634—635页。

② 《蒋介石日记》，1939年7月29日。

③ 《中央、中国、交通、农民四银行联合办事总处组织章程》（1939年10月2日），《四联总处史料》（上），第70页。

处下设战时金融委员会和战时经济委员会，来实施其具体职权。

改组后的四联总处统一了在各地的下属组织，在业务重要地区设立分处，次要地区设立支处，以督导国家金融机构在各地的分支机构。原在各地设立的贴放分会均归并于当地的分支处。至 1940 年 1 月，已设重庆、成都、上海、香港、杭州、宜昌、福州、贵阳、桂林、长沙、西安、衡阳、南昌、昆明、兰州等 15 个分处，内江、自流井、叙府、嘉定、泸州、万昌、北碚、宁波、吉安、泉州、永安、梧州、零陵、常德、南郑、柳州、西宁等 17 个支处。各分支处下设文书、业务、会计、调查、农贷、储蓄等组，①填补和增强了四行在大后方地区机构设置的空白与薄弱之处。通过数量多、分布地域广的分支处的活动，国民政府得以控制战时后方地区的金融事务和经济事务，甚至把经济、政治影响扩大到日伪地区。

四联总处对战时经济和金融进行了规划。1940 年 3 月 30 日，四联总处正式提出了《经济三年计划》和《金融三年计划》，同年 4 月 9 日，又分别制定了《经济三年计划实施办法》和《金融三年计划二十九年度实施计划》。经济、金融三年计划及其实施办法，成为 1940 年之后四联总处工作的基本依据，同时也在相当程度上规范了国民政府的经济和金融基本政策。这方面的工作是四大政府银行中的任何一家都无法单独完成的。

四联总处较早就采取了扶植中央银行的措施。如 1940 年实行轧现制度，规定由中央银行对政府银行实行总轧账；自 1942 年初起，规定由中央银行集中办理票据交换。特别是 1942 年 5 月起拟订的《中中交农四行业务划分及考核办法》和《统一发行实施办法》，规定中央银行的主要业务为集中钞券发行、统筹外汇收付、代理国库、汇解军政款项、调剂金融市场，但不再从事一般银行业务。中国、交通、中国农民三行的法币发行权被中止，业务经营范围得以明确。于是，中央银行制度在文本上基本确立，其实际运作中如何处理与各政府银行的关系也有了制度规范。

战时在日伪占领区，中、中、交、农系统各经营机构大部分撤退，日伪则分别设立过"联合准备银行"（总行设于北平）、"华兴实业银行"（总行设于上海）、"中央储备银行"（总行设在南京）、"蒙疆银行"（总行设于

---

① 《四联总处关于 1940 年分支处组织演变情况的报告》（1940 年），《四联总处史料》（上），第 127 页。

张家口），加上在东北设立的"满洲中央银行"（总行设在长春）。未及撤出的中国银行和交通银行的机构，则被日伪强迫增资改组，纳入傀儡银行体系。商业银行除了部分资力撤往后方外，大部分继续经营，并有较多新设。以上海为例，到 1945 年抗战胜利，银行总数已经达到 193 家，较 1937 年前增加近 3 倍。其中除了部分是全面抗战爆发前开设，30 余家为太平洋战争之前向国民政府注册设立，其余 120 余家商业银行都是在日本占领上海租界后设立的。[①]

　　抗战胜利后，银行业先是经历了复员、接收和清理，即后方地区的政府银行、商业银行有相当部分迁回收复区，日资和其他敌性银行、傀儡政权银行被接收，占领时期开业的银行被停业清理。随着战争的结束和战后经济的复员，全国范围内一度金融业务兴旺，无论政府银行还是一般商业银行，均有大量增设。以 1937 年 6 月底和 1946 年底相较，全国银行业总行从 164 家增加到 574 家，其中国营银行为中、中、交、农加上中信局、邮储局 6 家，省市营银行从 26 家增加为 381 家，一般商业银行的总行由 134 家达到 187 家；分支行总数从 1627 家增加到 3070 家，其中国营银行由 491 家增加为 846 家，省市营银行由 464 家增加为 1239 家，商业银行由 672 家增加为 985 家。[②] 但 1946 年 4 月，国民政府颁行《财政部管理银行办法》，加强了银行监管，重点为一般商业银行。一是停止批准新设银行，限制设立分支行。规定除了县银行外，一律不得新设银行；商业银行设立分支行处应先呈请财政部核准，且财政部规定限制增设分支行处的地方不得请求增设，甚至不得移设；在主要业务方面，再度规定银行经收普通存款（包括活期和定期）须以现款缴存准备金于中央银行或指定代理银行；银行非经批准不得买卖外汇及金银；对于贷款放款的规范化和附属业务、禁止业务等，也有明确的限定。[③] 商业银行的基本业务额虽然比全面抗战爆发之初有明显增长，但与政府银行相比，市场份额在下降。如以存款计，1937 年底商业银行存款总额达 11.15 亿元，占全部银行存款总额的 33.7%，但到

① 《五十年来的中国经济——中国通商银行创立五十周年纪念册》，第 43 页。
② "历年全国银行类别表"，引自朱斯煌编《民国经济史》下册，银行周报社，1947，第 495 页。
③ 《财政部管理银行办法》（1946 年 4 月 17 日公布），《中华民国金融法规档案资料选编》（上），第 697—700 页。

1948 年 6 月底，虽然商业银行存款总额高达法币 275271.65 亿元，占全部银行存款总额的比重却下降到 12.8%。另外，上述 1937 年底商业银行存款数可折合黄金 9772129 两，但 1948 年 6 月底的存款数折合黄金仅为 245997 两。[①] 如果考虑到物价指数上涨、法币贬值的因素，商业银行可以支配的资力更是大大缩水了。

　　1947 年 7 月，国民政府颁行了《银行法》，共 10 章 119 条。由于中央银行有《中央银行法》，其他政府银行各有特定法规，所以这部《银行法》是关于一般商业银行制度的较详尽的法规。与一年前的《银行管理办法》相比，《银行法》对于上缴存款准备金的比例有所调低，形式也从现金改为可以国债、公司债等有价证券抵充。然而从整体来看，战后国民政府在制定与一般商业银行利益攸关的重大政策方面，以政府银行和国家资本为本位，商业银行完全没有话语权。如战后法币收兑中储券的比例迟迟未决，最后定为 1 元法币收兑 200 元中储券，给原日伪占领区广大民众造成极大的损失，也牵涉诸多商业银行资本和资金额的缩水。特别是 1948 年 8 月 19 日起实施的《财政经济紧急处分令》，包括发行金圆券，收兑金银外币，登记外汇资产，整理财政、加强管制经济，这些都关系到各商业银行的利益。尤其是"限期收兑人民所有黄金、白银、银币及外国币券，逾期任何人不得持有"，以及强令普通商业行庄公司向中央银行申报移存金银外币。[②] 需要指出的是，自晚清华资银行开始发行纸币以来，金银历来作为发行的现金准备，是纸币得以流通的价值基础。1935 年实行法币政策时，虽然禁止使用银币，但并不禁止持有；各发行银行的发行准备金要集中，但各银行完全可以保留非发行准备的金银，外币的持有更不成问题，法币政策实施后，中、中、交三行在近三年时间里实行无限制买卖外汇。可以这样说，金圆券政策从设计到实施，都包含如下目的：支配乃至占有商业银行和其他民营金融机构的金银外币资产。这是近代以来历次币制改革所未曾有过的安排。而伴随金圆券政策破产的，不仅仅是诸多商业银行的金银外币资产的云飞烟灭，也是金圆券的名义发行者中央银行以及炮制和固执这一荒

----

① 见洪葭管《中国金融通史》第 4 卷《国民政府时期（1927—1949 年）》，第 511 页。

② 《人民所有金银外币处理办法》（1948 年 8 月 19 日），《中华民国金融法规档案资料选编》（上），第 482—484 页。

唐政策的国民党政权在大陆的覆亡。

百余年来近代中国银行业的变迁，留给后人值得记取的内容应当是很多的。迄今为止，在中国真正称得上百年老店的银行不多。创办于1897年的中国第一家银行中国通商银行，没有垮在其创立者盛宣怀手中，在政府银行救济和增资后也挺过了20世纪30年代的金融危机，但于20世纪50年代经过改造而消亡。1987年成立招商银行时，只考虑到与所属招商局的名称一致，失去了让中国通商银行这一老店获得新生的机会。创立于1912的中国银行历经坎坷，其名称算是延续了下来。创立于1907年的交通银行，1949年之后曾经停办，20世纪80年代得以恢复建制，营业至今。银行是专门从事货币信用业务的企业，货币信用是要靠积累的，要靠每一笔业务中的讲信用持之以恒；毁掉银行的信用很容易，恢复却很难。银行的信用是靠善待客户确立起来的，说到底是要履行对社会的运作、经济的运作应守的信用。

近代中国银行业的变迁，所体现的当然不光是官商关系、政商关系。尤其商业银行作为企业，最根本的是处理与客户、同业的关系，处理与社会方方面面的关系。银行能够向客户提供安全优质高效的服务，向投资人即股东提供稳定的说得过去的回报，就是尽到了银行的社会责任。然而，银行的准入和监管，就会涉及"官"，就会产生官商关系、政商关系。问题是进入民国以后，政府在对待银行的问题上，其取向往往倒退到部分倡设银行的前清重臣的境界，即借开设银行解决财政需要，视银行为予取予求的外库。更甚者，则是把银行业视作官股和国家资本的领地，实行全面统制，使银行业的民营资本处境维艰。后世当权者抓住银行不放，当然不能算错，但大都忘记盛宣怀的如下名言："银行者，商家之事，商不信，则力不合；力不合，则事不成。"商家，商海博弈者也，银行必须讲求商业精神，包括诚信、公平、等价等，必须重信守诺；进而言之，理解和信守商业精神，才是银行业走向百年辉煌的不二法门。

说得更明确些，国家（中央政府）不是不可以对银行业搞统制，不是不可以发行不兑现的纸币（如法币和金圆券）。但是，权利和义务是不能割裂的，在国家资本统制银行业包括发行不兑现纸币的同时，国家（中央政府）也就无法推卸维护币制和金融市场稳定的责任，政府的信用、合法性权威性和有效运作，都成为币制和金融稳定的抵押品。正因为如此，抗战胜利之后政府一系列金融政策措施缺乏民意基础，而且政府统制演化成寡头独断，人治代替党治，却依然无法制止恶性通货膨胀，法币与金圆券的相继垮台，国家行局信用丧失殆尽，民营资本银行任凭摆布，实际资本严重缩水，除了囤积居奇、投机牟利之外无法维持，金融体系、金融制度和市场完全崩溃，这一切必然导致包括一般工商业者、商营行庄业者在内的广大民众对失信的当政者的彻底绝望。这或许是战后国民党在大陆统治迅速覆亡的原因之一。

第十九章

阶级和职业：20 世纪三四十年代上海 银行界的政治和经济动态

一 上海银行界研究概论

学界对上海资产阶级的研究，自 20 世纪 80 年代以来方兴未艾。其中，以讨论与国民政府关系，尤以对所谓"江浙财阀"① 的研究成果为最多。② 不过，近年出现了新的趋势。首先，讨论上海资产阶级与国民政府关系于

---

* 本章由李培德撰写。

① "江浙财阀"一般被认为是政治用语，指具经济实力、影响能达全国、与帝国主义和封建势力关系密切、出身江浙的资本家阶级，他们支持蒋介石于 1927 年策动"四一二"反共政变和"剿共"的中国内战，1935 年后开始衰落而被四大家族吸收成为附庸。对江浙财阀最早提出系统说法的，是 1929 年由南满洲铁道株式会社上海事务所出版的《浙江财阀》。此外，山上金男整理了包括上海市商会、各大金融机构和国民政府财金经济委员会的名单，指出成员多由江浙两省人士垄断，且有互相重叠迹象。见山上金男『浙江財閥論——その基本的考察』日本評論社、1938。

② 参见 Parks M. Coble, *The Shanghai Capitalists and the Nationalist Government*, *1927-1937* (Cambridge, MA: Council on East Asian Studies, Harvard University, 1980); Joseph Fewsmith, *Party*, *State*, *and Local Elites in Republican China: Merchant Organizations and Politics in Shanghai*, *1890-1930* (Honlulu: University of Hawaii Press, 1985); Andrea L. McElderry, "Robber barons or National Capitalists: Shanghai Bankers in Republican China," *Republican China*, vol. 8, no. 4 (1985), pp. 42-67; Marie-Claire Bergère, *The Golden Age of the Chinese Bourgeoisie*, *1911-1937* (Cambridge & New York: Cambridge University Press, 1989); Marie-Claire Bergère, "Shanghai Capitalists and the Transition from Nationalist to Communist Regime (1948-1952)," in Yungsan Lee & Ts'ui-jung Liu eds., *China's Market Economy in Transition* (Taipei: Academic Sinica, Institute of Economics, 1990), pp. 515-536.

时间上有所延伸，由北伐统一下移至抗日战争，由讨论与国民政府关系转移到与日本或汪伪政权，甚至于中华人民共和国成立初期与新政权关系。[①]不过，在抗战结束至新中国成立甚至以后的一段时间，有关上海资产阶级与国共两党关系的研究始终不多。其次，由讨论广义的资产阶级细分到对金融、工业等界别的专论，以"企业家"（entrepreneur）和"专业经理"（professional manager）取代原来"江浙财阀"的统称，在一定程度上中国只有"财阀"而没有金融阶级，只有攀附政权的资本家而没有讲求地位独立、专业知识的"银行家"看法。[②]

随着近年银行档案的逐步公开和对个别银行家个人资料的整理，作为最主要的金融组织——银行的历史重新被学界关注，银行在中国经济发展中扮演的角色需做重新解释。20世纪三四十年代对于上海的银行业来说，可谓极之重要但又错综复杂。第一，在这一时期银行业快速发展，达到高峰。第二，随着经济发展，大量服务性企业在上海出现，上海的职员阶层不断扩大，不过由于阶级利益的不同，出现不少劳资纠纷和各种企业内部的人事管理问题。第三，国民政府在此期间积极推行金融改革和经济统制政策，没有银行界的支持，任何措施都不可能顺利推行。第四，中国的内

---

① 参见 Parks M. Coble 的系列成果。*Chinese Capitalists in Japan's New Order：The Occupied Lower Yangzi，1937-1945*（Berkeley：University of California Press，2003）；"Chinese Bankers in the Crossfire，1937-1945," in C. Y. Y. Chu & R. K. S. Mak eds.，*China Reconstructs*（Lanham，Md.：University Press of America，2003），pp. 161–177；"Chinese Capitalists in Wartime Shanghai，1937-1945：A Case Study of the Rong Family Enterprises," in Christian Henriot & Wen-hsin Yeh eds.，*In the Shadow of the Rising Sun：Shanghai under Japanese Occupation*（Cambridge：Cambridge University Press，2004），pp. 46-65；"Zhou Zuomin and the Jincheng Bank," in Sherman Cochran ed.，*The Capitalist Dilemma in the China's Communist Revolution*（Ithaca：Cornell University East Asia Program，2014），pp. 151-174. 另外，Sherman Cochran（高家龙）亦在注意 1949 年后上海资本家与新政权的关系，见 "Capitalists Choosing Communist China：The Liu Family of Shanghai，1948-1956," in Jeremy Brown & Paul G. Pickowicz eds.，*Dilemmas of Victory：The Early Years of the People's Republic of China*（Cambridge，MA：Harvard University Press，2007），pp. 359-385；Sherman Cochran and Andrew Hsieh，*The Lius of Shanghai*（Cambridge，MA：Harvard University Press，2013）；Sherman Cochran ed.，*The Capitalist Dilemma in the China's Communist Revolution*（Ithaca：Cornell University East Asia Program，2014）.

② Linsun Cheng（程麟苏），*Banking in Modern China：Entrepreneurs，Professional Managers，and the Development of Chinese Banks，1897-1937*（Cambridge & New York：Cambridge University Press，2003）.

忧外患使政府更容易争取到银行界的支持，有利于推行各种以舒缓政府财政压力为目的的政策，但当合作关系消失，利益上的矛盾便会浮现出来。第五，世界经济发展对中国的影响加大，美国白银政策直接影响中国金融市场之稳定。这样动荡不安的环境，对银行业的经营者和从业人员来说，会有怎样的影响？

过去学界对上海银行界的研究，多集中讨论资本家而非中下层的职员阶级。正如表 19-1 所示，"银行家"（banker）与"事务员"（officer）、"雇员"（employee）最大的分别在于前者是经营银行之首脑，后两者是负责执行之事务者，包括经理和一般职员，而职员之中还可细分行员及雇员。显然，我们对中下层的职员阶级注意较少。①

表 19-1　银行家和银行职员的定义

银行家（banker）	银行职员（bank officer）	出处
经营银行之人物也，即银行中活动机关之首脑者。银行中全部事务人员及夫役均不能称为银行家	银行中有两种执事：一为事务员（officers），即经理及各科长；一为一般雇员（employees）及事务员	陈稼轩：《增订商业辞典》，商务印书馆，1935，第986—987 页
经营银行事业者，称为银行家	通常指银行职员皆谓之行员，实则其间尚可分行员及雇员，前者之责任较重，如收支主任、出纳员、付款员等，后者之地位更次，如各部之办事员等	张一凡、潘文安编辑《财政金融大辞典》，世界书局，1937，第 1295、1298 页

本章撰写的目的，第一，在 20 世纪 30 年代内外复杂的经济环境中，上海银行业的职员阶级是如何形成的，在形成的过程中又产生哪些问题？第二，除专业知识外，新的职业伦理又如何建立？第三，面对 20 世纪 40 年代

---

① 参见 Wen-hsin Yeh, "Corporate Space, Communal Time: Everyday Life in Shanghai Bank of China," *American Historical Review*, vol. 100, no. 1 (Feb. 1995), pp. 97-122; "Republican Origins of the Danwei: The Case of Shanghai's Bank of China," in Xiaobo Lu & Elizabeth Perry eds., *Danwei: The Changing Chinese Workplace in Historical and Comparative Perspective* (New York: M. E. Sharpe, 1997), pp. 60-88; 岩间一弘「人事記録にみる近代中国銀行員給与・経歴・家族——上海商業儲蓄銀行を中心に」『アジア経済』第 47 巻第 4 号、2006 年、21—38 頁; 史瀚波（Brett Sheehan）：《民国时期专业银行职员社会及教育背景研究》，中国社会科学院近代史研究所编《中华民国史研究三十年（1972—2002）》，社会科学文献出版社，2008，第 940—953 页。

国共两党的激烈斗争，上海银行家和职员阶级有何种不同反应，与国民党的关系产生了怎样的转变，这种利益和阶级上的矛盾又如何被利用？本章尝试利用各种相关档案和已刊资料，对上述问题逐一解答。

二　20 世纪 30 年代上海银行业职员阶级的形成

上海商业储蓄银行（以下简称"上海银行"）是近代中国最大的商业银行，它的分行和雇用职员数量仅次于中国银行。上海银行的成功，除了与被认为是江浙财阀领袖的创办者陈光甫有密切关系外，完善的经营和人事管理制度亦相当重要。

上海银行的人事管理和"服务"精神

陈光甫把上海银行的宗旨定为"服务社会，辅助工商业，发展外贸"，这也为上海银行树立了鲜明的社会形象。1923 年，上海银行成立实习学校，6 年后改为银行传习所，1931 年又改为银行训练班，招收 19 岁以下高中毕业生，由具经验之银行职员担任教师。据统计，至 1937 年，上海银行训练班共招生 278 人，成为银行一个重要人力资源。从狭义上说，服务社会是自我约束、自我牺牲的混合。陈光甫以此大事宣传上海银行的服务，教导行员作为一个优秀银行职员的准则就是"银行是我，我是银行"。很明显，服务社会不仅为上海银行营造正面社会形象，更以此作为训练员工忠心、勤奋的策略。从另一角度看，服务社会亦可视为银行指导员工日常生活的一种企业精神。正如有学者所指出的，在上海银行工作与在中国银行一样，不仅仅是一份工作和一笔收入，它更是一个银行行员身份认同的形成过程，在企业指导下过着一种新的集体生活。[①]

陈光甫视"服务"为银行从业人员的座右铭，他极之讲求纪律和严明的组织。他认为在银行工作必须抱终身服务之精神，绝不能"见异思迁"，要把行务视为己事，做出完全的奉献。如果用现在的标准来衡量的话，可以直截了当地说，加入银行之后就犹如失去了自我，因为行方鼓吹的是

---

① 　Wen-hsin Yeh, "Corporate Space, Communal Time: Everyday Life in Shanghai Bank of China," *American Historical Review*, vol. 100, no. 1 (Feb. 1995), pp. 97-122.

"只有银行而没有个人"，对于上司和《银行服务守则》，只可义无反顾地服从和遵守。

陈光甫于1915年上海银行开办之初即任办事董事兼总经理。1929年，上海银行进行组织改革，成立总经理处，实行总经理负责制，把全行各部门分为业务部和事务部两大部分，分由总经理直接委任部门主管并总其成。1934年，上海银行又实行分行管辖制，把全国分行划分为10区，每区设一分区管辖行，由管辖行经理向总行总经理负责，调动区内的人力和财务资源。显然，银行的所有权力归总经理所有，由陈光甫一人独揽。他对职员的要求十分严格，曾在行务计划会议上公开地说：

> 余意凡分行经理，如只顾自己的事情，只图表面，只知利用自己的地位干与行无益之事，将来终归淘汰。现在分支行处中有无此种经理，余不敢必，但如能训练出一大批良好经理出来，终可把不良的经理，减少至最低限度。[1]

上海银行职员的薪酬和升迁阶梯

正如表19-1所示，只有经营银行者被称为银行家，其他的雇用者为职员或行员，都是受薪阶级，其薪金和职位成正比，职级越高则薪金越多。从表19-2可见，1931年时以最低级的初级试用助员进入上海银行服务，每月可拿30元的薪水。以当时的标准来说，相对于百货公司的练习生每月只可拿3—5元，显然是较优厚的。[2] 不过，正如研究英国苏格兰银行薪金制度的学者所指出的，银行职员通常被认为是终身职业，所谓"易进难出"，一个人在银行工作了10年后就很难转职，除非他提早退休。[3] 另外，如果

---

[1] 《行务计划会议上陈光甫发言摘要》（1935年1月3日），中国人民银行上海市分行金融研究所编《上海商业储蓄银行史料》，上海人民出版社，1990，第808页。

[2] 中共上海华联商厦委员会、上海永安公司职工运动史编审组编《上海永安公司职工运动史》，中共党史出版社，1991，第10页。

[3] H. M. Boot, "Salaries and Career Earnings in the Bank of Scotland, 1730-1880," *Economic History Review*, vol. 44, no. 4（1991），p. 635.

把职员的薪金水平和年龄挂钩的话，就可见到每一年龄组别的职员在领取相差无几的薪金，这种情况不容易改变，除非整个组别的薪酬改变。换句话说，银行的薪金结构是"非常等级性"（strongly hierarchical）的，是根据拥有不同程度的权力、监督、责任来决定。只有按照银行人事升级的程序，才可获得薪金的调整。[1]

表 19-2　1931 年上海商业储蓄银行行员月薪

单位：元

	职位	级	一等	二等	三等
高级职员	职员	超等	380		
		一级	360	300	240
		二级	340	280	220
		三级	320	260	200
中级职员	办事员	超等	190		
		一级	180	150	120
		二级	170	140	110
		三级	160	130	100
初级职员	助员	超等	95		
		一级	90	75	60
		二级	85	70	55
		三级	80	65	50
	试用助员				45
					40
					35
	初级试用助员				30

资料来源：《总经理人字通告第六号》（1931 年 4 月 16 日），《上海商业储蓄银行史料》，第 818—819 页。

根据上海银行《行员待遇服务规则》，所有升级和加薪均由总行各部主管人员负责，程序是先由各分支行处经理主任考核成绩，于每年 12 月呈报总经理核准。一般来说，初级试用助员及试用助员进入银行半年后可按照

---

①　《上海永安公司职工运动史》，第 645、651 页。

办事成绩甄别去留及加薪，最优者可晋升为三等三级助员，次优者可获升级和加薪，平常者不获升加；助员一年后最优者晋升两级，次优者得晋升一级，平常者不获晋升，由助员晋升办事员须有出缺并经审查及格后始得补升；办事员一年后最优者可晋升两级，次优者得晋升一级，平常者不获晋升，由办事员晋升职员须有出缺，由总经理遴选补升；职员一年后最优者得晋升两级，次优者晋升一级，平常者不获升级，至一等一级后所获升加均得由总经理决定。[①] 每一职员入行后，人事部门都会设立个人专用文档，记录其一切资料，包括家世、出身、学历、经历、婚姻、特长、熟识亲友等，同时也记录今后的职务调动、升迁、功过、奖惩、主管人员对之每年评核考语、请假等。[②]

　　上海银行对职员的表现，有一个监察和赏罚分明的机制。每年 12 月，全行职员都会被这一共有 24 点之多的机制评核。显然，上海银行的工作要求是非常严格的，但薪酬待遇还是具有一定的吸引力。上海银行提供优厚的行员福利，例如为未婚职员提供宿舍、退休后给养老金、给予优惠利息以鼓励行员储蓄、以特惠价配售银行增资股份等，这些都不可不说是用以鼓励行员上进的方法。[③]

　　1939 年出版的《上海产业与上海职工》关于银行职员的待遇有以下评价：对全上海市约 20 万的职员阶级来说，银行可以说是待遇最高和最受欢迎的工作。该书同时指出，待遇好会导致反效果，引来腐败的生活：

> 　　金融机关的职员，如银行保险公司等，特别是银行，被大家看做很高贵的职业。拿几个大银行来讲，待遇确也很不坏。如中国银行初年的练习生，每月就有三四十元的薪水，可以与小机关的高级职员相比较。行员的住宿，银行又可以低廉的价格供给，甚至每天办公时间前后，有载客大汽车在行与宿舍间往来接送，行员连车钱都无须耗费。

---

① 《总经理人字通告第六号》（1931 年 4 月 16 日），《上海商业储蓄银行史料》，第 819 页。
② 沈维经：《银行之人事管理》，《上海商业储蓄银行史料》，第 797 页。
③ 根据上海银行对行员服务的规则，为了鼓励行员养成储蓄习惯，凡在职人员自试用助员月薪 35 元以上者，必须把收入的 1/10 存入行内开纳之储蓄会户口。见《上海商业储蓄银行史料》，第 823 页。

造成的结果，便是行员们一天到晚的勤劳行务，一部分人则过着糜烂的业余生活，多数打牌，少数玩女人。[1]

从事银行业者是否生活糜烂，有时很难加以界定，特别是对于工余寻找休闲、乐趣的职员阶级来说，银行职员和其他上海市民没有太大的分别。有学者指出，最常到上海舞厅消费的一类人便是于商界从事服务性行业的职员，"由于每次跳舞要花费几元钱，对不少职员来讲也是一笔不少的开支，但又不能不跳，于是'每餐嚼咬两块大饼，走路省几文车钱，拼凑了几块钱，一到晚上，整一整衣冠，梳一梳头发，昂然又走进了舞场'"。[2]虽然银行管理层经常告诫不可有不正当的行为和参与任何被称为不当的娱乐，但是参加工余娱乐活动始终吸引着年轻职员。

三 20世纪30年代上海的投机风气与社会问题

20世纪30年代的上海金融市场

1929年世界经济大萧条在美国爆发，但对中国并未即时产生影响。[3]据表19-3所示，中国股市不仅没有崩溃，由政府发行的债券相对于股市，更为吸引投资者。1932年1月日本攻打上海后，公债的指数不跌反升，成为金融市场上最热门的炒卖对象。由于有大额的折让，加上政府强硬推行，一般的商业银行都很难抵抗。

---

[1] 胡林阁、朱邦兴、徐声合编《上海产业与上海职工》，远东出版社，1939，第633页。另外，据曾服务于上海银行界的孙曜东回忆，打麻将和豪宴成为高级银行家生活的一部分，"银行业大发展，银行界的竞争日趋激烈，银行家的豪宴就更加升级，简直是日新月异，各类美味琼浆，令人眼花缭乱……金城银行上海总行经理吴蕴斋……祖上是大盐商，家里历有吃的传统。他家每天下午8圈麻将，从下午2点开始，先由他太太陪朋友们打，他从银行回来后就接着上阵。到四五点钟时一定有一道点心招待，七八点钟留客'便饭'。那'便饭'可是值钱的手艺，是真正的淮扬菜"。见孙曜东口述，宋路霞整理《浮世万象》，上海教育出版社，2004，第6—8页。

[2] 楼嘉军：《上海城市娱乐研究（1930—1939）》，文汇出版社，2008，第290页。

[3] 李培德：《略论世界大萧条与1930年代中国经济》，《史林》2010年第5期，第156—159页。

表 19-3　1928—1936 年上海证券指数

年份	债券指数	股票指数
1928	69.62	—
1929	80.95	—
1930	68.03	—
1931	62.29	—
1932	49.12	79.12
1933	71.97	71.46
1934	96.73	65.31
1935	92.47	57.11
1936	104.58	57.65

资料来源：孔敏主编《南开经济指数资料汇编》，中国社会科学出版社，1988，第 466 页。

　　由于公债利润丰厚，上海银行界大量吸收存款，而这些资金绝大多数投放于高额回报的公债市场，而非用于一般企业投资贷款。[1] 不仅本国银行，由外国人开办的万国储蓄会及中法储蓄会亦努力从社会吸收存款，无不以有奖储蓄来吸收储户，虽然因管理混乱引起国民政府的关注，但最后亦无法禁止。

　　从表 19-4 所见，直到全面抗战爆发，上海的生活费指数并没有被推得很高。在世界经济大萧条发生后的翌年即 1930 年，上海生活指数约只比1926 年增加两成，但在 1932 年日本攻打上海后便开始下降，直到 1935 年法币推出后才开始回升，不过相比 1926 年时仍有一成多的增幅。值得注意的是，在众多的生活费指数中，多以先跌后升，或先升后跌，然后再反弹的情况较多，唯独房租一直保持升势，直到 1936 年才略为下调，可见房地产在上海亦成为投机炒卖的对象。[2]

表 19-4　1930—1936 年上海生活费指数（1926 年 = 100）

年份	食物	服装	房租	燃料	杂项	总指数
1930	118.8	99.6	104.4	122.5	145.1	121.8
1931	107.5	108.3	106.0	133.6	187.4	125.9

---

[1]　杜岩双：《中国金融业高额纯利之来源》，《申报月刊》第 3 卷第 7 号，1934 年，第 15—18 页。

[2]　杜恂诚：《收入、游资与近代上海房地产价格》，《财经研究》2006 年第 1 期，第 31—39 页。

年份	食物	服装	房租	燃料	杂项	总指数
1932	101.3	102.7	107.8	133.0	173.2	119.1
1933	86.9	90.0	109.7	121.9	164.3	107.2
1934	86.4	83.2	110.7	112.5	166.9	106.2
1935	89.1	80.0	111.3	119.4	160.3	106.6
1936	100.7	87.2	109.7	128.7	154.8	113.3

资料来源：《民国二十六年上海市年鉴》，中华书局，1937，第70—71页。

由于上海是中国的金融中心，当世界银价出现变动时，上海的金融市场很快就做出反应，上海自然成为游资聚集的地方，即所谓"上海充血，内地贫血"。当全国的热钱都集中上海等待投资机会时，公债、房地产、标金和外汇都会成为投机炒卖的工具。当世界银价下跌时，上海的标金便上升，相反银价上升时，上海的标金便下跌。当世界银价上升时，上海的银货便会流出（见表19-5）。

表 19-5　1928—1936 年上海金融统计

年份	银价（每盎司）		上海标金	上海拆息	上海银货净移出	上海各银行库存	上海各银行发行兑换券
	伦敦（便士）	纽约（美元）	每条合国币	日息	单位：千元		
1928	26.75	0.5849	497.3	0.134	+144074	145160	101.735
1929	24.47	0.5331	541.3	0.149	+154382	222090	128.933
1930	17.66	0.3846	766.9	0.067	+27920	263884	172.921
1931	14.59	0.2901	1018.0	0.133	-24179	253107	265.187
1932	17.84	0.2749	1008.7	0.111	+147860	357545	229.706
1933	18.15	0.3501	901.19	0.057	+65399	457015	288.475
1934	21.20	0.4817	976.87	0.092	-232466	515064	353.262
1935	28.96	0.6432	920.37	0.141	-43341	327330	411.633
1936	20.06	0.4510	1143.79	0.082	-204506	109384	921.640

资料来源：孔敏主编《南开经济指数资料汇编》，第485页。

上海的投机风气

20 世纪 30 年代上海经历过两次战争，社会上投机风气充斥，不过我们的注意力多在 1937 年后上海出现的所谓"畸形繁荣"。左翼作家对上海的投机风气，提供了大量的写实文学作品，茅盾的《子夜》和《林家铺子》便是讲述城市大投机家和小商户破产最为家喻户晓的故事。他在《上海——大都市之一》中一针见血地道出当时银行的经营问题：

> "我看周亲家那家银行只有储蓄部还热闹，可是我刚才留心一瞧，储户倒是十元五元的零星小户居多数；他家又不发行钞票，行内用了许多人，开销想来不小，他们怎么还能赚钱呢？"
> ……
> "放出去呢，自然不能到三分，况且近年来百业萧条，也没有稳当的地方可放。他们吸收了存款来，全是拿到交易所去买卖公债的。稳当的做法是套套利息，冒险的，可就投机了。农村破产，又不太平，金钱都逃到上海来。上海的银行家吸进了许多存款，也没处去运用，那不是要胀死么？自然都到交易所去变把戏去了。……"①

1940 年，上海银钱业业余联谊会（简称"上海银联"）编辑了一本名为《金融线上》的银行从业员征文集，收录了不少表达银行职员心声的文章，颇能反映出当时的社会风气是如何讲"派头"：

> 公共汽车涨了价，于是不得不安步当车。早晨到行，为了时间关系，依然是乘车子的，晚上回家，就一路闲荡着，顺便看看衣铺橱窗里的陈列品……因为不乘车子，鞋子比较容易损坏……然而，价格是贵得可怕了；皮鞋起码十多元，竟有至五十余元的，看来皮鞋是穿不起的了，还是看看鞋子罢……比较便宜的，像橡胶底的跑鞋之类，现在也得二元多：按照自己的经济能力，的确只能穿穿这种鞋子，但，这种鞋子，向来是一般小学生和工人们所常穿的，对于自己这样一位所谓"银行先生"怕不甚合适吧!？自己纵然想下一个决心去买来穿，但穿到行里，被同事们看见了，挪揄讥讽，是在所不免的，而且说不

---

① 茅盾：《上海——大都市之一》，新生命书局，1935，第 45—46 页。

定，那位经理先生还会埋怨我不应该自贬身价哩！①

在物质生活压力之下，并不是所有人都能够处之泰然的，如上文所述的炽热投机风气，便一直笼罩着整个上海银行界。在银行职员所写的文章里，便曾多次提到这种投机行为的普遍程度：

明明知道买卖股票是一种投机，行市的涨落一定有人操纵，但因为眼看着人家赚钱，不由得也有些心动……结果连佣金在内，一共亏蚀一千多元之巨，每人摊派二百另二元六角九分。正所谓偷鸡不着蚀把米。二百元钱，在看惯了银行账簿的我们，真不算一个了不起的数目，如今要自己平空付出这一笔款子，那就非同小可。②

"现在总行外汇部已可以允许同人开立户头，来作投机了，虽说在行员规则上载有'禁止同人投机行为'的条文，可是现在这么一来岂不是等于鼓励同人去作投机了吗？……哈哈……" "不要说这话了。钱，那个不要呢！总行里的×副理，×襄理，×科长，以及××主任等，在"五二"那天，不是都赚了几十万元吗？……"③

在整个 20 世纪 30 年代，上海金融市场出现前所未有的动荡，公债、标金、外汇、房地产都成为炒卖投机的对象。在租界特殊环境的保护下，全国游资涌进上海，④ 使上海的投机火焰更加炽热。在上海从事金融业的无论高、中、低级职员，都被卷入金融投机的巨涡中。

四　上海银行职员的舞弊问题和解决方法

上海银行虽然有迅速的发展，但亦衍生出各种问题，银行不得不推行

---

① 容才：《摘录某行员的日记》，《金融线上——上海金融从业员征文集》，文艺习作社编印，1941，第 110 页。

② 容才：《摘录某行员的日记》，《金融线上——上海金融从业员征文集》，第 111 页。

③ 沙文：《舞弊是怎样产生的?》，《金融线上——上海金融从业员征文集》，第 195 页。

④ 李宇平：《1930 年代中国的经济恐慌论：分歧与演变》，台湾师范大学历史研究所博士学位论文，1996，第 26—33 页。

改革，务求在制度上尽量完善。上海银行于 1934 年将人事科升格为人事处，并配合施行数种增强行员"向心力"和提高行员福利的措施，包括改良待遇、增进修养、沟通意志、鼓励行员持有银行股份等。上海银行的策略是"使行员生活安定，无后顾之忧，不致见异思迁，舞弊犯法"。① 为何会出现银行舞弊，曾在银行界服务的李权时有如下评论：十余年前华商银行规模小，业务简单，数目能够掌握；十余年前华商银行数目少，但现在数目多，存有竞争，必须减省手续，提高效率，减低成本，应付竞争；以前银行职员数目不多，而且都有亲戚关系，且有保人制度保障，不需有严密之稽查制度，但现在行员数量急增，达数百至千人，进来者或凭考试或凭介绍，品流复杂，保人已不可靠，加以人心不古，投机风气盛行，必须有严密之稽查制度，加上防范。②

1934 年，陈光甫完成了银行的组织改革，成功推行了总经理制、分区管理制和管辖行制，务求对各部门和各分行施行更严密的监察。

上海银行创办初时，由于业务简单，而且规模较小，用人不多，大多聘用曾在银钱业工作的人，但后来分行逐渐增多，据说曾试用国内外大学毕业生，结果未能令人满意。③ 据 1940 年加入上海银行训练班的王廉善回忆，当时从训练班毕业的同人被分派全国各地分行，考试的题目便是"男儿志在四方"。④

根据上海银行 1935 年公布的《本行行员舞弊之研究》，如表 19-6 所列，1920—1934 年，舞弊行员共 76 人，牵涉金额达 881435 元。⑤

表 19-6 上海商业储蓄银行行员舞弊统计

年份	舞弊行员（人）	舞弊金额（元）
1920	4	32169

① 周庆雄编《上海商业储蓄银行八十年》，上海商业储蓄银行，1995，第 28—29 页。
② 李耀祖编著《我国银行会计制度》，商务印书馆，1938，第 11—12 页。
③ 吴相湘：《陈光甫服务社会》，《民国百人传》第 4 册，传记文学出版社，1982，第 14 页。
④ 王廉善编著《我的生活浪花》，私人出版，2005，第 20—21 页。
⑤ 根据所收集的资料，几乎所有在上海的官营或私营银行都有舞弊案发生，而且牵涉金额都不在小数，银行怕把事情闹大，影响银行声誉，都会尽量低调处理。这里显示的数字，并未收入个别几起上海商业储蓄银行重大舞弊案件。对上海银行界的舞弊问题将另文讨论。

续表

年份	舞弊行员（人）	舞弊金额（元）
1921	6	74010
1922	3	1280
1923	5	17214
1924	3	78246
1925	3	60343
1926	1	3000
1927	3	19119
1928	1	1620
1929	2	3000
1930	6	18933
1931	2	7400
1932	20	295839
1933	9	17804
1934	8	251458
总数	76	881453（881435）

服务时间（年）	舞弊行员（人）	舞弊金额（元）
1—3	43	454432
4—6	18	214525
7—9	6	31798
10—12	3	12129
不明	6	—
总数	76	881453（881435）

薪金水平（元）	舞弊行员（人）	舞弊金额（元）
29及以下	12	148803
30—44	19	67234
45—59	20	326357
60—74	8	184235
75—89	5	52080
90—104	4	5855

续表

薪金水平（元）	舞弊行员（人）	舞弊金额（元）
105—120	1	78795
不明	7	—
总数	76	881453（881435）

注：括号中的 881435 元为据原表数据进行修正后的数额。

资料来源：《本行行员舞弊之研究》，上海商业储蓄银行，1935。

何谓舞弊？据该调查报告所指，"即凡故意虚造或匿藏过去或现在之事实而侵害关系人之权利者均为舞弊。包括伪造及变造文书、现金及物品之中饱、与顾客共谋诈欺本行款项、偷窃款项"。综观各舞弊案件，多为行员"挪用""移挪""私挪""卷逃"银行款项。

上海银行仅 1934 年一年，即在全国各地增设分支行处凡 32 处，计天津 4 处，北平 2 处，上海本埠、广州、香港、衡阳、吉安、临川、宣城、明光、大通、溱潼、蚌埠、滁县、晌水口、清江浦、泰县、东台、淮北陈家港、溧阳、丹阳、海门、青岛东镇、潍县、石家庄、西安、渭南、河南灵宝等各 1 处。① 可以想见，要在一年内对所有新设的分支行处配以适当的人力资源和施行监管，并不容易。上海银行至此设立的机构总数达 110 个，职员人数达 2775 人，是当时中国私营银行之冠。② 当上海银行努力扩展业务，增设分行、支行、办事处的同时，在人事及银行内部管理问题上便出现失控的现象，呆账和舞弊事件层出不穷，已到了不可收拾的程度。1934 年，上海银行副总经理杨介眉指出，在 1932 年之前坏账只有 70 万元，但 1932 年坏账急增至 300 余万元，1933 年亦有 200 余万元，杨介眉警告"无论何人闻之，均觉可惊可惧……今年市面如此，倘再有坏账，如何得了"。③

有关银行过分扩充，失去平衡，以致酿成舞弊事件的问题，早在 1928 年 3 月，总行人事科经理伍克家已经向陈光甫提出。他在写给陈光甫的信中说：

---

① 《民国二十三年度上海商业储蓄银行营业报告》，第 23 页。

② 周庆雄编《上海商业储蓄银行八十年》，第 81 页。

③ 《第 138 次总经理会议记录》（1934 年 5 月 16 日），《上海商业储蓄银行史料》，第 638 页。

　　因察本行现状已逐渐陷入老大苟安之境，人才缺乏，朝气日就湮灭，对于本行特殊之使命，了解者不多，服膺者更少，中上级行员受社会环境及衣食住之束缚，大都非孳孳为自身利益忙，即意态消沉，据位素餐，以此人马何能打仗？窃恐地盘愈大，统治愈难，危机亦愈多，即无时局之纠纷，亦应竭力收敛，从事于整理训练，至少使中上级行员了解钧座创办本行之宗旨，信仰服从，捐弃借公众机关谋个人发展之恶根性，消除苟且偷安、敷衍了事之恶态度。①

　　1928 年 10 月，陈光甫对上海银行屡次发生行员舞弊事件十分震惊，但当受别人批评时，又尝试为自己辩护，他对杨介眉说：

　　今后非努力训练行员，俾可应用。现在各部添人均是临时抱佛脚，毫无准备，所添来之人不免有乌合之众之象……馥荪（指李铭）批评我行，云内中乱七八糟，盖部分太多，人才不齐，馥荪宗旨不在扩充，省开支，全年不过十七八万元，专做几个老主顾，公债票有机会之时购进或卖出，一年可赚四五十万元，毫不吃力。此乃绍兴人之办法，难怪其对我等有此评论也。②

　　为进一步加强行务管理，下级向上级、分行向总行、各部门主管都必须向总经理汇报工作，为此而发、收的文件甚多，包括各种通告、通函、通讯、密字通函、公函、行务会议报告、经理月报等，可谓形形色色，不一而足。此外，每周在总行内举行的大小会议，几乎天天如是，十分惊人。1935 年，陈光甫在第二次全行行务会议上再一次强调银行组织的统制政策，包括统一的营业政策、重复事务之去除、中枢命令之服从、主管人员之负责、办事效率之机械化。他说："任何组织，欲求其不松懈，必须有纪律，所谓纪律，以服从为第一要义，凡管辖部分所发出之命令，被管辖部分必须服从，并且必须立刻认真做到，必如是方可称组织严密。"③

---

①　上海市档案馆编《陈光甫日记》，上海书店出版社，2002，第 31 页。

②　《陈光甫日记》，第 69—70 页。

③　《由松懈而统制——民国二十四年七月第二次全行行务会议致词》，《陈光甫先生言论集》，上海商业银行编印，1970，第 247—248 页。

有关上海银行本身对控制舞弊问题恶劣变化的反应，银行屡有改善业务、提高行员服务水平的讨论，例如提高行员之保证金、改善会计方法等，以防舞弊事件之重演。1937 年 2 月 11 日由上海银行界创刊的《银行生活》杂志出版，直到全面抗战爆发，共发行 9 期。它的创刊号广告是这样写的："异军突起，全国银行行员公余唯一正当刊物"，给人一种拨乱反正的感觉。在《银行生活》创刊号刊登了一封读者来函，函称：

> 讲到我们银行的行员，一天到晚，埋头苦干，精神贯注在"钞票"、"数字"、"算盘"、"钢笔"上面，到了工作完了以后，当然要找一种正当的娱乐，或者阅读有趣味的刊物，方可调剂日间耗费去的精神和脑力……现在有了《银行生活》的创刊，可以弥补了这一个缺点，直接的增进行员银行学识，间接的银行本身基础得以巩固。那末，《银行生活》所负的使命，是何等的重大啊！①

《银行生活》的内容有两点是与银行界息息相关的。第一，讨论行员的修养和业务知识，如潘仰尧《银行员应有之道德修养》、怀素禅《日本青年银行员之不安》（刊于第 1 卷第 1 期），林康侯《怎样利用业余时间》、灵敏社《行员职业谈》（刊于第 1 卷第 2 期）。第二，邀请有名气的大银行家接受访问或介绍外国知名银行家的生平事功，以达到树立银行家榜样的目的。有关这一方面的文章计有《英兰银行总裁诺曼传》《徐寄顾先生访问记》《王志莘先生访问记》《林康侯先生访问记》等。

银行管理层为提高工作效率，减低营运成本，提高营运上的安全和保险，对行员施以种种不同的控制手段，例如提供在职训练、经济上的鼓励、讲求赏罚分明的表现评核制度等，而银行认为重要的方法是控制行员的思想和行为，使之服从行方的指挥。但是，纪律式的人事管理方法和完全中央集权的总经理制度，有时会产生相反效果，过分的控制和极端严密的监管只会令行员反感，甚至做出反控制的行为，这是银行高层所始料不及的。与 1934 年国民政府推动的新生活运动的结果相同，对私人空间的过分干预

---

① 范铸九：《银行生活的使命》，《银行生活》第 1 卷第 1 期，1937 年，第 50 页。

只会导致排斥和反弹。[①]

20 世纪 30 年代上海的投机风气并未因银行改革或政府推行新生活运动而减退，相反在太平洋战争爆发以后，可谓愈演愈烈。上海真正的通货膨胀是 1937 年以后出现的，银行职员的收入因物价高涨而不断减少，被卷入投机炒卖旋涡的人不断增多。[②]

20 世纪 30 年代上海银行发生的舞弊事件只是劳资双方关系矛盾的冰山一角，下级职员不满于上级职员滥用职权、以公谋私，更表现于政治立场之取向。对于解决舞弊问题的方法，陈光甫表现出更为积极地施加纪律性的控制。显然，他的目标是有效管治上海银行行员，让他们忠心耿耿地为银行服务。因而，行员训练只是一种手段而非目的。

1936 年，走左翼路线的上海银联成立，一开始便有会员 400 多人。[③] 加上日后中国共产党地下工作的影响，第二次世界大战结束后行员问题则变得更为复杂，下文将予以讨论。

五　中国共产党对上海银行界的统战

中共对上海银行界的统战，最早可追溯到全面抗战时期，随着政治局势和经济、社会环境之转变，统战的目的和手段亦有所不同。早期统战的目的多为发展中共力量，在金融界培养一批倾向支持自己的人，扩大中共于这一界别的影响，并向苏区、沦陷区输送力量。战后则大为不同，统战的目的变为阻止资方转移银行资产，为日后中共建立政权保留实力，此外，还有配合解放军和平进入上海、维持社会秩序之目的。

整体而言，中共对上海银行界的统战可分为三个时期：全面抗战时期、大战结束至新中国成立时期、新中国成立后。

---

① 有关公私观念在近代中国的演变，可参见李长莉《公私领域及私观念的近代演变》，刘泽华主编《公私观念与中国社会》，中国人民大学出版社，2003，第 218—243 页。

② 〔日〕岩间一弘：《1940 年前后上海职员阶层的生活情况》，甘慧杰译，《史林》2003 年第 4 期，第 43 页。

③ 中共上海市委党史资料征集委员会主编《上海银联十三年》，中共上海市委党史资料征集委员会，1986，第 2 页。

全面抗战时期

据统计，全面抗战前上海作为全国的金融中心，有270余家中外金融机构，1.5万多名从业人员。1936年，上海银联成立，其与当时的上海职业界救国会有密不可分之关系。由于发展顺利，上海银联由一个原本隶属救国会的银钱业大队演变为一个独立的联谊会组织，也不过是短短数月的时间。1936年2月，顾准积极投入上海职业界救国会的工作。1937年11月，中共设立江苏省委员会，顾准出任江苏省委之下的职员运动委员会书记，大力推动由中共领导的职员运动。职员运动委员会与学生运动委员会、工人运动委员会、军事运动委员会等13个委员会并列，可见中共对其重视。[1]有学者指出，顾准当时并没有借助已有的救国会、救亡协会、战时服务团等力量去发展银行、钱庄、保险、百货等行业的职员组织，而是利用联谊会、俱乐部等新形式去吸引群众，这可以说是顾准独到的策略。后来他虽然受到批评，却成功发展了中共与职员阶级的关系。[2]继上海银联之后，上海陆续出现类似的组织，例如四行二局系统的"六联"、北五行系统的"四行一会同人交谊会"、浙江实业银行的"同人福利会"及新华银行的"同人福利会"等。[3]

1936年10月4日，上海银联正式成立，入会人数达441人，计来自中国通商银行39人、上海市银行27人、交通银行22人、中南银行22人、中国保险公司18人、大陆银行17人、宝丰钱庄14人、中国企业银行13人、大中银行13人、金城银行11人、浙江实业银行11人，还有来自其他58个行庄的200余人。上海银联作为亲中共的地下组织，一方面要隐藏身份，开展地下活动；另一方面则要争取合法社团登记，成为官方认可的合法组织。因此，如顾准所言，取名为"联谊会"是较为容易为各方面所接受的。

上海银联除了有非政治性的名称外，还积极争取银行界高层的支持，

① 中共上海市委组织部等编《中国共产党上海市组织史资料（1920.8—1987.10）》，上海人民出版社，1991。

② 〔日〕岩间一弘：《1940年前后上海职员阶层的生活情况》，《史林》2003年第4期，第44—45页。

③ 杨世仪等：《上海金融地下党工作的几点经验》，《上海党史资料通讯》1989年第6期，第35页。

这有利于获得国民政府的合法社团登记。这里所指的银行界高层，包括钱新之、李铭、杜月笙。钱新之出任上海银联第一、二、四届名誉理事，而李铭则为第四届名誉理事及会务指导委员。不过，日本占领租界后，名单上便再也见不到他们二人的名字了。直到战争结束，他们的位置被王志莘、徐寄庼等人取代。① 1937 年 1 月，该会机关刊物《上海市银钱业业余联谊会会报》创刊，上海银联竟能邀请到杜月笙为刊名题字，可见其极高的人脉网络动员能力。

上海银联从 1936 年创办时起，发展得相当顺利。由于上海银联能够吸纳不少会员，到了 1938 年夏天，中共党内成立了银行总支部，其后陆续在中国银行、金城银行、大陆银行、盐业银行、中南银行建立起党支部。可以肯定地说，中共势力得以进入上海的各大银行，上海银联的组织和活动发挥了不少作用。② 1939 年前后，上海金融界的中共党员人数达至 100 人，而上海银联的会员人数也大为增加，有 7200 余人，分布于 368 家不同行庄或公司。③

大战结束至新中国成立时期

1946 年，当吴国桢接任上海市市长时，他感到最棘手的问题，便是中共在上海的潜伏和对现政权的威胁。他在口述回忆中提到："共产党集中在上海的特工（地下人员），也就比其他地方都多。在我任职的三年中，几乎没有一天没有共产党煽动的骚乱或示威。"④ 吴国桢提及的骚乱、示威，还有罢工，大部分是由中共地下党人组织的。

必须指出，大战结束后上海的形势与战前或战时不同。这一时期中共进行地下活动难度更大。首先，国共关系在 1946 年进入内战后，可谓全面破裂，国民党加紧"围剿"中共党人。其次，上海租界之消失，意味着中共地下活动失去了庇护。继上海银联之后，1946 年 3 月中共又成立包括四行二局（即中央银行、中国银行、交通银行、中国农民银行、中国信托局、邮政储金汇业局）的"六联"。

---

① 《上海银联十三年》，第 209—216 页。
② 《上海银联十三年》，第 38 页。
③ 《上海银联十三年》，第 42 页。
④ 裴斐、韦慕庭访问整理《从上海市长到"台湾省主席"（1946—1953 年）——吴国桢口述回忆》，吴修垣译，上海人民出版社，1999，第 30 页。

由于资料的限制，我们无法知道为何要在上海银联之外，另成立一个性质类似的组织，这是否和内部领导问题有关？虽然目前未能提供答案，但有一点是可以肯定的，即中共比过去更重视上海银行界，因为在"六联"涵盖的每一个金融机构，中共都设有党支部，由中共中央直接领导。据说，"六联"成立的目的有数点，其中有两点最值得留意，同时也是与前期统战工作不同的地方。

第一，争取银行高层留沪，不随国民党离开。在这方面对上层银行家工作做得最多的是中国银行的宋汉章。据"六联"的看法，宋汉章在上海乃至全国金融界有较高的声望，与国民党官僚资本也有一定矛盾。如果能争取宋汉章留在上海，迎接解放，在政治影响上和对建立新中国金融事业将是有利的。中行支部负责人胡宣同曾派吴震修去劝说宋不要离开上海，但最后并没有成功。

第二，加强调查研究，为将来新政权接管和建立新行做准备。根据"六联"的资料，对这些银行进行调查的内容有：（1）中行本身资财，重要放款对象、投资单位、房地产、仓库地址和堆存重要物资情况，库存金、银、外币、现钞情况，客户寄存的保管品等；（2）描绘中行各大楼的地图，中行仓库中主要物资的堆放位置等；（3）各部门人员情况，如名单、政治身份、历史表现、工作能力等，供人民解放军军代表在接管时遴选协助接管和建行人员时参考。交通银行的地下党员亦做相同的工作，收集交行的股东名册、人事派系、投资去向等资料，为日后接管做准备。[1] 由此可见，"六联"对于保存银行资产，无论是实质的还是无形的财产，均极重视。据曾任职中央银行的李立侠回忆："那时我和中共地下党已有联系，遵照党的指示，团结员工，坚守岗位，尽量保存物资，迎接上海解放。"[2] 中共针对国有金融机构设立党支部，看来是非常正确的策略。

随着政治、军事、经济局势的转变，国民党对中共的镇压愈加严厉。1947年7月，国民政府颁布《戡乱动员令》，实施《后方共产党处理办法》《特种刑事法庭组织条例》《戒严法》等，大举拘捕中共党人。因此，上海

---

① 中共上海市委党史资料征集委员会主编《上海四行二局职工运动史料》，中共上海市委党史资料征集委员会，1987，第177—180、73页。

② 李立侠：《刘攻芸的最后挣扎》，寿充一、寿乐英编《中央银行史话》，中国文史出版社，1987，第76页。

的中共地下活动，不得不有所转移，包括中共地下党员，甚至资本家转移香港，香港对于中国来说，称得上是一块"飞地"。①

1947年5月，中共中央香港分局正式成立，分别以方方和尹林平为正副书记，下设香港工作委员会（简称"香港工委"）和香港城市委员会（简称"香港城委"）。香港工委属公开性质，分管统战工作委员会、财政经济委员会、文化工作委员会和外事组四个分支机构。香港城委走地下秘密路线，领导华南城市和农村地下党组织及武装斗争。② 1946年10月到1947年上半年，中共中央从上海调配了不少得力的干部到港，包括章汉夫（化名章翰）、夏衍、许涤新（化名许瀚生）、冯乃超、乔冠华、龚澎、潘汉年、胡绳等，可见其对香港统战工作之重视。③

中共以上海干部来执行香港的统战工作，除了上述遭受国民党猛烈"围剿"外，最主要是因为当时的统战对象，是从上海来的资本家而非香港本地的商人。据原于上海从事统战工作的许涤新回忆，他认为从上海来的资本家更具吸引力：

> 开展对香港工商界的统战工作，对象是指在香港经营工商业的人士。但是，这是不能同对上海商界的代表性人物的统战关系脱节的……这种情况使江浙资本家逐步把资金从上海转移到香港。申新九厂和天利、天厨等厂就是例子。这么一来，就增强了江浙资本家在香港华商资本中的比重……而且有进步的工商界代表性人物，如盛丕华、包达三、黄延芳和章乃器等先后到了香港。这就使我们在香港，对工商界的统战工作日益扩展了。④

在资本家当中，有不少是来自银行界的。香港工委之下的财经委由许涤新领导，负责的银行家统战对象有金城银行周作民、中汇银行杜月笙、

---

① 袁小伦：《战后初期中共利用香港的策略运作》，《近代史研究》2002年第6期，第126页。

② 中共广东省委组织部等编《中国共产党广东省组织史资料》上册，中共党史出版社，1994，第371—389页。

③ 李培德：《上海解放前夕的上海银行家》，《社会科学》总第338期，2008年，第172—178页。

④ 许涤新：《风狂霜峭录》，三联书店，1989，第354—355页。

中国银行总行宋汉章、中央信托局骆美奂、中国银行香港分行郑铁如。早在被派往香港之前，许涤新就已开始与上海银行家接触。1946年，许涤新便对浙江兴业银行的黄延芳进行过统战工作。① 据夏衍的引述："1948年在香港，我（潘汉年）和夏衍同志还去看访过杜月笙，我们离开香港之前，杜月笙曾向我们作了保证，一定安分守己。"② 这里杜月笙所说的"安分守己"是指不会做与中共敌对的事。

不过，当中共正式建立政权时，这批原来在香港进行统战活动的力量迅即回到内地投入建设新政权的工作。1949年3月，中共中央下达命令，要香港分局及各地党委做好四方面的工作：撤退国内民主人士，完成新政协召开；国际宣传；培养干部；与内地游击队接头。"除此以外，不能另有过高企图，以致妨碍大局。"③

周作民因受迫于蒋经国——他是所有上海银行家中最早离开上海的，成为中共在港统战对象的第一人。④ 到底统战用的是什么策略和方法，双方的立场和心理又如何，由于资料的限制，这里未必能够——解答。不过，有一点可以肯定的是，"中间人"扮演的角色至为重要。

1948年10月，周作民来到香港，他通过《群众》编辑林默涵认识了正在香港进行统战活动的潘汉年和许涤新。⑤ 上海解放时物资缺乏，许涤新要求周作民从香港输入一批棉纱，可惜因为资金不足而没有成事。不过，当潘汉年要求周协助滞港民主人士回内地时，周指派金城银行国外部经理杨培昌动用行款港币45万元租了一艘"华中"号轮船，成功运送柳亚子夫

---

① 杨世仪等：《上海金融地下党工作的几点经验》，《上海党史资料通讯》1989年第6期，第37页。

② 夏衍：《懒寻旧梦录》，三联书店，1986，第585页。有关中共在香港执行的统战策略，可参考李培德《1949年前中共在香港的发展及其对本地华商的统战》，李培德编著《大过渡——时代变局中的中国商人》，商务印书馆（香港）有限公司，2013，第212—232页。

③ 叶金蓉、陈扬和、许振咏编《中共中央香港分局文件汇集（1947.5—1949.3）》，中央档案馆、广东省档案馆，1989，第140页。

④ 李培德：《上海解放前夕的上海银行家》，《社会科学》总第338期，2008年，第172—178页。

⑤ 周作民之认识林默涵，是通过金城银行香港分行经理陈伯流。见陈伯流《我所知道的周作民》，许家骏等编《周作民与金城银行》，中国文史出版社，1993，第80页。有关林默涵获周的资助，见王晓吟《林默涵1946—1949年在香港》，《新文化史料》1996年第1期，第40页。

妇、叶圣陶夫妇、陈叔通、马寅初、包达三、郑振铎等 27 人去天津。[①] 而周本人并未随船一同返回内地，他先派亲信徐国懋回去了解情况，直到1950 年 8 月，周乘船回天津，成为第一位回国的上海银行家。

周作民迟迟不回内地的原因，据徐国懋说，是担心金城银行香港分行资金周转不灵。周曾向中国银行郑铁如商借 100 万元港币，但未获答允。此事后来得到时任中国人民银行行长南汉宸的帮助，徐国懋在他的回忆录中记道："他（南汉宸）随即问我，香港金城需要多少透支呢？我回答说，有一百万元港币的透支也就够了。南行长毫不犹豫地表示，他即告香港中国银行拨给金城五百万元港币，作为定期一年的存款。他又说：'八月份要开全国金融会议，希望周先生能回来参加。'"[②]

新中国成立后

上海银行家面对国共两党关系破裂，中国陷入内战局面，不得不做出一些因应时局变化的决定。无可否认，上海银行家与国民政府的关系，在新中国成立前后的短短数年间，出现了前所未有的变化，不少人对国民党失去信心，因而撤离上海，他们大多选择去香港。姑勿论国共两党在战后对香港的政策如何布置，上海银行家离开上海后都要面临以下几个问题：首先，如何过渡，在香港、台北、上海之间如何做出抉择，归宿何处？其次，今后事业上的安排，是否继续做银行家？最后，如何应对来自国共两党的统战，应否靠拢？

上海虽于 1949 年 5 月解放，但对于国民政府时期遗留下的商业银行，并未及时订出具体的处理办法。1949 年 10 月上海工商局调研室对包括银行家在内的上海资本家曾做一详细的调查。需要指出的是，这份调查报告之目的是与各部门做情报交换，为极度机密，内页上注明："调查的对象本人在经常变动中，本刊资料又系来自各方面，故仅供参考，不能作为定论。"值得注意的是，一些倾向支持中共的银行家如徐寄庼、徐国懋、王志莘、孙瑞璜、李立侠、陈朵如等，亦在被调查之列。

---

① 徐国懋：《八五自述》（《上海文史资料选辑》第 72 辑），上海市政协文史资料编辑部编印，1992，第 152 页。
② 徐国懋：《八五自述》，第 155 页。

　　由表 19-7，我们不仅可以了解这批上海银行家的政治背景，例如与国民党的关系和与中共合作的可能性，更重要的是对中共来说他们具有何种统战价值和应施行何种统战方法。以宋汉章为例，由于宋对中国银行内情熟悉，对将来接收中国银行海外资产可以起很大作用。因此，中共对他的统战工作从上海到香港，从未间断。陈光甫虽然不支持中共，但也不支持台湾，由于他对国民党持消极态度，成为中共要争取的对象。周作民可以说是最愿意接近中共的银行家，当然中共亦了解他过去与国民党一段不愉快的经历。至于杜月笙，他既然在上海有钱钟汉为其代理人，则表示出他仍未完全与上海割断关系，这很可能与他在上海的财产和业务有关，甚有与中共谈判对话的余地。

表 19-7　上海银行家于上海解放前后的政治背景和动向

姓名和年龄	背景与态度	其他
宋汉章 （76 岁）	余姚帮金融领袖，在金融界极有声望，政治上尚不十分反动。与孔宋有矛盾，但因在中国银行根底已深，不易去掉。解放前本不愿离沪，以致在中国银行被免职，被迫到港后才复职，在香港受到特务的监视。对中国银行内情甚熟悉，在将来接收中国银行海外资产时，如能通过宋，可起很大作用。在上海中国银行的余姚帮，尚肯与我们合作。	
陈光甫 （70 岁）	解放后在香港，对中共抱观望态度，对国民党也颇为消极，不愿去台湾，对毛主席的"民主与专制"细心阅读，闻工商界开会讨论，读了"不怕民族资产阶级造反"语后，认为对资产阶级不利。据周作民今年 7 月对其亲信陈伯流谈，陈光甫在港十分苦闷，常一个人出去喝咖啡。上海银行已拿出 100 万至 150 万元美金到美国和美商合作设立一信托公司。自毛主席的"一边倒"理论发表后，陈认为利用美国投资无望，对中国经济建设前途甚为悲观，最近有回沪之说。	生活洋化，但并不甚腐化，没有儿子。
周作民 （67 岁）	政学系，与张群、张公权、吴鼎昌之流关系很深。抗战结束后，很受 CC 的打击，宋子文也从旁消灭他，并曾一度被匪特捉去，但由于张群的维护，始获释放。蒋经国在上海时，要各银行的外汇寄放于伪中央银行。他曾被一连三次传去，听了许多训话。据说这件事给他的精神和身体打击很大。因此他到了香港，	

续表

姓名和年龄	背景与态度	其他
周作民 （67岁）	身体尤为衰弱。据他自称，他对于中国共产党，在抗战胜利前一年就想接近，去年被蒋经国打击后更有此要求。自认过去缺少认识。他对于匪党虽感绝望，但还与张群等维持不恶的友谊。上海解放后，他曾想回来，因为封锁和生病，直到今日仍留在香港。	
钱新之 （65岁）	政治立场方面是政学系人物，与吴鼎昌、张嘉璈关系密切，成为新政学系主角之一。与黄炎培关系深久，黄说他爱国心甚浓，政治兴趣淡薄。他自己则表示是无党无派的人物。由于他的圆滑、灵活、面面俱到，因此在四大家族独占资本的控制下，他还能在交行立脚，在经济上和CC拉拢，企图用二陈的力量以对抗孔对于交行的压迫。1947年4月张嘉璈掌握财权，他被重用，出任美金公债募销委员会的主任。1948年底，当我军进迫京沪时，与杜月笙等在美帝及匪方赞助下领导组织上海各界自救救国联合会进行活动。	现在香港，任金城银行正董事长之职，事实上他是不管事的。
李铭 （63岁）	国民党改革伪金圆券时，强迫各行庄缴出外汇，浙实隐缴一部，曾引起大蒋小蒋的不满，李也因此牢骚满腹，表示消极。解放前赴香港，浙实逃在国外外汇还有相当数目。	李有一秘书名陈道希，头脑颇清晰，平日李之文稿计划均出自其手笔。解放前在友人谈话中，陈对国民党颇多指责与批评，解放后对中共及人民政府甚表赞赏，最近曾在《银行周报》著文，称颂人民政协及共同纲领。
杜月笙 （61岁）	抗战前便与军统戴笠相结纳，任南农社中央特务部长，后为军统局的顾问。抗战期间杜在汉口、香港、重庆之间来往，名义为中央赈济委员会常务委员、中国红十字会总会副会长、行政院战时公债劝募委员会总会常委，当时并组织准备接收上海的机构，上海市统一委员会由杜任主委。抗日结束后参加中美合作所，与戴笠关系更密切，后与军统局徐亮合组中国新社会事业建设协会，任常理。该会系军统外围组织，杜在沪的代理人为茂新厂主任钱钟汉。	蒋介石在年轻时即曾宣誓加入，拜黄金荣为师。蒋富贵后乃将门生帖子奉还，以示不敢僭越。惨胜后蒋政府在上海建立自己的党部（CC）的特务机构，而把帮派及流氓头子当作次要之可供利用部分。

资料来源：上海工商局调研室编《上海工商人物志》，上海经济研究所，1949。

　　1950年1月6日，英国政府正式宣布承认中华人民共和国，3日后，周恩来向香港发出"保护财产，待命接收"的命令，指示收回原内地于香港设立官营机构的财产。当时，香港的中资金融机构包括中国银行、交通银行、中国农业银行、福建省银行、广东省银行、广西省银行、中央信托局、邮政储金汇业局、中国保险公司，连同其他航运、贸易机构，总资产估值达 2.43 亿港元。①在这批官营机构中，以中国银行拥有的资产最多，它因此成为日后国共两党争夺的目标，同时也是中共对上海银行家实行统战策略中最下力的机构。

1949 年 12 月 31 日，曾长期负责地下党工作的罗静宜②向中共中央华南分局汇报有关中国银行香港分行的最新动态并建议执行适当的政策：

中国银行香港总管理处流动资金除负债及款账外，约净余二千万美元，目前可动用者约一千五百万美元，均存纽约，存款户名总行约四五百万元，国外部约五六百万元，沪行约四五百万元，其余为各分行名义。上述存款项均由纽约州银行派监理官监视，最近反动派屡要支援，均被拒绝，存款签字均由宋汉章、霍宝树、陈长桐、高昌柏中之二人，陈、高已辞职，徐柏圆上台，签字权归徐、宋、霍。

总行管辖的分行，伦敦、纽约、加拿大、东京还没有和我们联系。伦敦分行夏屏方曾与宋子文相好，铁如说这人可争取。星加坡分行最近表示向我靠拢。

郑铁如再保证不让反动政府提取一分钱，但没有交出该行的账册，只口头说港行约有净值三千万港元，均已贷出纱厂，曼谷行也有一千万以上港币，港行最近向荃湾南华铁工厂放款二百万港元，又旧欠贷款一百万港元。

港行管辖的曼谷、西贡两支行，据郑称，西贡鉴法方可短期内承认人民政府，而保大仍然与台湾来往，那时西行可能为反动政府控制。曼谷行吸收到的存款不少，也有此情形，我们要郑阻止两行的改隶。郑在行的地位算已告老，只维持原职原薪，徐柏圆上台，欲挤退郑。我们答应他，假如斗争明朗化，郑起义保全资产，另方面由我们请北京总行委郑港行经理。

港行职员长期处在养尊处优的生活条件下，忧心斗争，忧心将来

① 刘晶芳：《接收香港国民党政府机构和资产述略》，《中共中央党校学报》1997 年第 1 期，第 94 页。
② 目前很难找到有关罗静宜的生平资料，只知道她于 20 世纪 30 年代加入中共地下党。她与冀朝鼎有密切关系，后结为夫妇。

是否原职原薪，其中稍有正义的计襄理张昌龄、谢启铸，会计主任吴俊麟，办事（司）理赵文□、苏一鹏等人，若掀起斗争风暴，中下级力量还不大可靠，上层分子中比较可争取的有郑铁如、高昌柏、邵增华。顽固的有陈长桐、霍宝树，而宋汉章迄未表示靠拢之意。

为了应付英国承认我们，建议北京总行目前即准备接管的文件、印信、授权书。因为中行是官商合办，那时要重新召开股东会、董事会议产生新董事，在接收中最好能派冀朝鼎来，除港行外，并可到星加坡、伦敦等地去接。这是周同志和郑铁如等的意见。[①]

根据罗的报告，当时对北京来说，最大的优势是英国准备承认中华人民共和国，届时申请香港中行改隶应比目前有较大的胜算，关键遂在于英国于公布承认之前必须稳住中行，不能让任何一方转移中行资产。罗的报告有几点很值得注意的地方。首先，对宋汉章于中行的地位和实权（具动用外汇的签字权）予以肯定，由于宋尚未表态"靠拢"，对宋之统战工作不能有丝毫松懈。其次，对郑铁如扮演之角色予以保留，因为郑只口头答应尽力而为，既没有交出账册，也未清楚说明中行资产数字。不过，只要郑能够忠心，将来可成为香港中行的负责人。最后，虽然中行能够成功改隶，投向中共，但由于中行有商股董事，将来召开新一届董事会，还需要这批旧商股董事的支持。因此，中共对原是中行董事会成员的银行家之统战，更不能以掉以轻心。

六　1949年后国民党对在港上海银行家的控制[②]

正如前文所述，上海银行家在离开上海之前，各自有不同的经历，但对于国民政府的态度，则甚为一致，都不愿意继续支持，甚至有利益上的冲突。因此，他们离开上海后都没有选择马上到台湾而留在香港，以便观

---

①　《罗静宜关于港中行问题的报告》（1949年12月31日），《中共中央华南分局文件汇集（1949.4—1949.12）》，中央档案馆、广东省档案馆，1989，第420—421页。

②　此部分的资料，多采自李培德「統一戰綫と反統一戰綫：1940年代末から50年代初めの香港における上海銀行家」日本上海研究会編『建国前后の上海』研文出版、2009、255—285頁。

察两岸局势，好为自己的前途做打算。与此同时，国民党对这批上海银行家的行动并没有施行特别的政策，在迁台计划中亦没有为商业银行做特别的安排。1949年后，根据台湾的金融条例，省外银行不允许在台经营，使上海银行家对台湾不抱厚望，关系几乎断绝。

国民党对中共的反统战措施

1949年6月，蒋介石派"戡乱建国动员委员会"秘书长洪兰友携信到港问候滞港的上海银行家，该信谓："当北伐之时，上海工商界一致拥护赞助，政府得力颇多，此次退出上海，政府未能为工商界安排，闻受损甚大，殊为抱歉，派洪慰问。倘工商界有需政府协助之处，当为办理云云。"不过，蒋的问候信并没有得到良好的反应。1949年7月2日，杜月笙在港设宴，招待潘公展、吴开先、石凤祥、王启宇、吴坤生、杨管北、唐星海、刘鸿生、宋汉章、钱新之、周作民、陈光甫、李铭（缺席）。陈光甫在日记中记述："政府向来予人以'空心丸'，不知已有若干次，受者深知其味，今又再来一次，未免难受。洪述各点，皆不符于实情。"

1949年7月20日，雷震到香港，准备筹办《香港时报》。不过，他到香港实有多重目的，其中包括监视第三势力在香港的发展情况。雷在当天的日记中谓：

> 餐毕与希孔访其亲戚，继访王晓籁、钱新之、赵栋华、刘鸿生、杜月笙诸人。王晓籁谓一家四人在香港而三千港纸而不够用，仍在发牢骚。记得某日在广州时，赵栋华约晚餐，潘公展在座，谓大家都为国辛劳，因王晓籁不能离沪，谓走不动，现在即送三千港纸，其他则如何，对此似甚牢骚，而王晓籁则感不满，可见摆平之难也。鸿生拟去肃州看厂，月笙约予等晚餐，谈及上海情形甚多。予此次到港，因王、刘系予邀其离沪而不能返去，心中深感不安，故特去访问也。[1]

为何国民党方面对滞港的上海银行家如此之关注，笔者认为与中国银行香港分行今后的去向有莫大的关系。当时中国银行25位董事中，有10人

---

① 傅正主编《雷震全集·雷震日记》(1)，桂冠图书公司，1989，第269页。

身处香港，包括莫德惠、吴鼎昌、陈其采、吴忠信、卞白眉、陈光甫、李铭、张嘉璈、杜月笙和宋汉章，这些银行家在国共两党对中国银行的争夺中起着关键性的作用。其中，以位居董事长职位的宋汉章最惹人注意。早于上海解放前夕，宋美龄已注意到中行的情况，亲自拍电报给蒋介石，谓：

> 密（表）介兄鉴：顷闻纽约财政监理官通知，纽约中国银行因上海时局紧急，中行总行仍在上海，恐发生不幸事故，及纽行故有取销营业执照、冻结款项之意，此事关系重要，祈急令总行迁移，宋董事长离沪，免为敌方操纵利用，并令总行通知纽行，以便转机要。妹美沁印①

宋美龄提醒蒋介石，"宋董事长离沪，免为敌方操纵利用"。其实，她对滞港的宋汉章，早有令其辞退的打算，而以席德懋代之。不过，席德懋并不同意，宋美龄也没有办法，最后由既不是中行董事会成员，更不是常务董事的徐柏园来代替。② 1949 年 12 月 15 日，席德懋写信表明"不愿意接任"："贱躯多病，早思引退，籍［藉］免贻误行务。今蒙兼任董事长职务，全承温谕勉励，益兹感愧，惟因中国银行行务，向有宋董事长主持，尚可维系，若任其引退，不特易使内部解体，且恐供人利用。若德懋属力对外传令，掩护难于转圜，对于行务，决不敢辞劳怨，惟董事各义，万祈俯仍由宋董事长继续担任，于公于私，均属有益。"③ 同月，徐柏园致函席德懋，解释接任中行董事长职位的原因，表示有为时势所迫的意思：

> 纽约蒋夫人密译，特席德懋兄删电诵悉，宋董事长系自传辞职。值以严重时期，行□不可□人负责。核政府特传兄兼任，因照行章规定，董事长须由常董担任，中行七常董之中，庸之、子文、贝淞荪、

---

① 《宋美龄电蒋中正令中国银行总行迁移宋汉章离沪免为敌方操纵利用》（1949 年 4 月 27 日），"国史馆"藏《革命文献·政治·政经重要设施（下）》（本章以下馆藏略），第 167 页。

② 中国银行行史编辑委员会编著《中国银行行史（1949—1992 年）》上卷，中国金融出版社，2001，第 38 页。

③ 本段及以下两段，见《黄少谷呈蒋中正催席德懋速到港抢救中国银行在港资产》（1949 年 12 月 9 日），《革命文献·政治·政经重要设施（下）》，第 230—231 页。

郭锦坤暨兄在美，宋汉章、莫德惠在港，宋君既甫经政府准辞，自不便再行相强，就共余六位言，自以由兄以总经理兼任为便，明令既□更张为难，且值与英国特承认伪政权，港府态度暧昧，共匪□尽力攫取政府在港资产之时，中行总经理、副总经理均在国外，旧董事长已辞，新董事长小就，中行在港资产实属□□□宪，倘有差失，责任綦查分，望兄排除万难，负责处理……□皓，替□徐柏园为董事，以郭锦坤君常务□□柏园□充，即由柏园□代兄之董事长。

1949年12月19日，当时任"行政院"秘书长的黄少谷，催促席德懋赶赴香港抢救中行行产："夫人特来席德懋君删电□□中国银行董事长，适徐柏园同志自港来台，言中□情形□详经与熟商□觉欲拾救中行在港资产，惟有催席君迅速到港负责一法，除详□纸□呈外，并拟复电呈核。"两天后，徐柏园从香港拍电回复黄少谷，告之中行董事长职位交接事：

黄少谷先生密，昨抵港即访宋汉章先生，面送总座函，并遵照谕示传达意旨，渠甚表感激。今晨复访，商谈董事长职务交替事，并访各董事及行内高级主管，仰赖总座德威，进行尚称顺利。顷已商定明日下午四时，由汉章先生邀请在港董事监察人及总座鉴察为□。弟徐柏园叩马①

国民党无计可施，便想出尽量挖空的办法，把可调动的资金尽快从中国银行提出。黄少谷电告宋子文，请求协助将航空建设委员会原存于中行的86万元港币作为还款尽快调出：

顷接徐柏园同志本月二十三日自港来函称："中国银行香港分行问题，现正积极策划，如能布置完备，当采取明朗办法，撤换主管人员，唯目前有一急待解之问题，拟请转陈总座核示，过去航空建设委员会，拖欠中国总行港币壹百万元，同时存放香港分行港币八十六万元，最

---

①《徐柏园电黄少谷抵港访宋汉章商谈中国银行董事长交接事宜》（1949年12月21日），《革命文献·政治·政经重要设施（下）》，第233页。

近总行拟将此项存款调回总行，扣还欠款，并可转调美国，以策安全，乃香港分行借口须原存款人来电，始允照付，原存款人为宋子文先生，总行曾电纽约请宋先生来电，尚未得复，此事不宜拖延，最好由总座电饬宋先生速电香港分行，将‘建购记’存款全部划存总行归还欠款，以便外调”等语。鉴核。拟请钧座迅予电嘱宋先生，速电香港分行，将“建购记”存款全部划存总行归还欠款，以便外调，是否有当，敬候示遵。①

据统计，当时中国银行有海外资产约2000万美元，其中500万美元为不能动用部分，其余的1500万美元分别为：总行行款400万—500万美元、国外部500万—600万美元、上海分行400万—500万美元，余下的是各分行行款。至于中行港行则有6000万港元资产，另有保存其管辖的曼谷分行资产约1000万港元。② 郑铁如采取尽量拖延的办法，最后并没有向台湾方面交出中行的资产。首先，他将款项尽量借出，向上海资本家在香港开设的纬纶纺织公司、宝星纺织公司和南华铁工厂等贷出大量款项。③ 此外，又斥巨资以港币374.5万元投得香港中环德辅道中2A号地段，兴建中国银行大厦，刷新了当时香港官地拍卖价的最高纪录。郑铁如的目的极为明显，就是尽量减少中行的流动现金。其次，他称病搬进养和医院暂住，避开所有来访的客人。④ 曾在中行服务多年的姚崧龄，对于中国银行伦敦分行最后落入北京中国银行的控制有如下评论：

迨至英国政府正式承认中共政权后，该处（指中行伦敦经理处——引者注）征询英国法律顾问意见，照常营业，并分电台北总管理处，及北京伪总管理处报告经过。主管人双管齐下，首鼠两端，意存骑墙。结

---

① 《宋子文电蒋中正香港中国银行将建购记户存款数划存总行》（1949年12月29日），《革命文献·政治·政经重要设施（下）》，第247—250页。
② 有关的数字引自《罗静宜关于港中行问题的报告》（1949年12月31日），《中共中央华南分局文件汇集（1949.4—1949.12）》，第420—421页。
③ 中国银行行史编辑委员会编著《中国银行行史（1912—1949年）》，中国金融出版社，1995，第709—710页。
④ 端木树勋：《中国银行职工的护行纪事》，中国银行精神文明建设和思想政治工作办公室编《中国银行爱国爱行事例选编》，中国经济出版社，1997，第54页。

果立场不清，进退失据。不久中共派人赴伦敦接管，原主管人仍无法保全自己地位。[①]

姚崧龄所指的主管人便是伦敦经理处经理夏屏方。由此侧面可见，统战对于当时海外分行归属问题，发挥了极大的作用。1950 年 4 月 9 日，中国银行新一届董事会在北京召开，陈光甫、李铭、张嘉璈、杜月笙和宋汉章都签了委托书，以郑铁如为代表出席会议。[②] 同年 6 月 8 日，南汉宸组织香港金融工作团，派项克方、闵一民、庄世平、张锡荣、孙文敏来港进行接收在港中资金融机构的工作。[③] 中行行产的争夺到此告一段落。据统计，国共两党对中行海外分行的争夺战互有胜负，其中曼谷和悉尼分行始终控制于国民党之手。[④]

上海银行家对中共统战的顾虑

北京中国银行召开新一届董事会，台湾方面有何应对措施？1950 年 4 月 20 日，雷震的日记中记道：

> 晚方（治）、谷（正纲）约餐，遇到洪兰友。渠云张公权、陈光甫、李馥荪与宋汉章四人对伪中国银行常务理事开会于上海，确实有书面向伪中行请假，而由四人正式签名盖章。杜月笙系另函，并云已得台北谅解，现台北中行已开会，四人又默认参加此间，杜说愿去疏通。[⑤]

雷震于这里提及"现台北中行已开会"，表示台北已于当天举行台北中国银行总管理处董事会议。会议举行日期比北京中国银行召开董事会迟 11

---

① 姚崧龄：《中行服务记》，传记文学出版社，1968，第 99 页。

② 《中国银行行史（1912—1949 年）》，第 713 页。

③ 席长庚：《中国人民银行的筹建和创业》，《金融科学：中国金融学院学报》1998 年第 4 期，第 112—117 页；邓加荣：《开国第一任央行行长南汉宸》，中国金融出版社，2006，第 335—345 页。

④ 《中国银行行史（1949—1992 年）》上卷，第 39 页。

⑤ 傅正主编《雷震全集·雷震日记》（2），第 88 页。

天。显然，台湾对中共的反统战措施并不奏效。1950 年 12 月美国因朝鲜战争而冻结中国资产，使北京对上海银行家的统战策略出现变数，本来对北京有好感的银行家不得不考虑他们在美国资产的安全问题。由于台湾是美国的盟友，将来对申请资产解冻肯定会产生影响，这令上海银行家不敢太亲近北京，对来自北京的统战不得不有所顾忌。

1950 年 10 月 12 日，陈光甫收到一封署名周恩来的信函，内谓：

> 光甫先生赐鉴：久仰渠范，弥切钦迟。国步维艰，胥凭英杰作中流柱，共挽狂澜，翘首云天，感盼出岫。潘忠尧、张惠农同志因公赴港，特着晋谒崇阶，希予延见，代为致意。伊等拟在港筹设日报一所，惟创办伊始，尚望海外贤达时赐匡助，使此文化事业，俾底于成，党国前途，实深利赖。①

信里要求陈协助访者潘忠尧和张惠农在香港办一份报纸，陈觉得莫名其妙，并对这两位自称周恩来代表的人产生怀疑。因为他们来访的目的似非转达周恩来的信函而是询问陈与内地的联系和今后的动向，陈光甫甚至发现，自己与周曾有数面之缘，信中为何会称"久仰渠范"，似是从未见面，陈认为该函极可能是伪造的，而潘忠尧和张惠农二人也可能是台湾派来的特务，用以打听陈与北京是否在进行某些方面的接触。当然，陈是否仍对国民党忠心绝对是这两位冒称周恩来代表的人最为关切的问题。② 由此可见，上海银行家虽然迁港，但仍摆脱不了国共两党斗争的影响。

七　国共之争中的上海银行界

过去把所有支持国民政府的上海资本家统称为江浙财阀，其政治标签的意义至为明显，遮盖了上海资本家原来的面貌，对产生于 20 世纪 30 年代的上海银行家和职员阶级，都难以有深入的认识。银行家经营银行，除了

---

① 美国哥伦比亚大学手稿及珍本图书馆藏《陈光甫私人文书》第 9 箱第 9 号文件夹（1950 年 11 月）。
② 《陈光甫日记》，第 249—251 页。

要应付政府推行的政策外，在资本、人事、组织管理各方面，都需要有专业的技能，否则难以成功。中国于 20 世纪 30 年代面对前所未有的巨大金融转折，对内要应付币制、金融改革，对外要克服因世界金融市场动荡所带来的影响，包括银行家和银行职员的上海银行界，处于这样的时代背景，可谓如履薄冰，稍有不慎，便会出现各种各样的问题。作为银行的经营者，为了保障银行的利益，无不希望通过不断的改革，对从业者施以最有效的管治，如陈光甫便强调纪律和服务，在使银行工作职业化的同时，无形中把银行管理渗入职员的日常生活，使之达到充分监管的目的。在陈光甫的眼中，对于正在不断扩充的上海银行，必须有大量的人力资源支持，因此包括银行职员的培训、待遇、工作、升迁、责任等都必须加以制度化。银行职员进入银行工作，绝不可能逃脱这一制度。

最先掌握银行职员阶级问题的是走左翼路线的上海银联，这个本来只有俱乐部性质的组织后来成为中共上海地下工作的最重要的据点，由银行、保险、钱庄等金融机构，逐渐扩展到百货、洋行等整个职员阶层，成为日后支持上海解放和中共建立新政权的重要力量。从某种意义上说银行家和银行职员阶级的矛盾被中共地下组织利用，亦不为过。

经历了抗日战争时期的金融统制，到二战结束，上海银行界无不寄予厚望的是国民政府能够大力振兴经济，可是事与愿违，经济不仅没有改善，相反却招来恶性通货膨胀和比以前更严厉的经济统制。1948 年，蒋经国在上海施行统制经济措施，强迫上海银行家交出外汇、黄金、白银等贵重金属，宣告了上海银行家与国民政府关系的逆转。此外，国民党政府撤离大陆到台湾，但对商业银行毫无安排，加快了上海银行家与国民党的决裂。毫无疑问，如比较国共两党对上海银行家的政策，中共无疑在国民党之上。[①]

中共对上海银行家统战的重点，由初期针对职员阶级到后期转移为银行家高层，与中国银行香港分行所保存的中行海外资产有莫大关系，同时成为国民党与之争夺的关键。因而，统战与反统战之间出现了拉扯，王晓

---

① 杜月笙的景况最能够说明国民政府对上海银行家的态度，如 Y. C. Wang 讨论蒋介石与杜的关系时所说："He coddled Tu when he was useful, cast him off when he was no longer needed, and retrieved him again as the Communists approached." 见 Y. C. Wang, "Tu Yueh-Sheng (1888 - 1955): A Tentative Political Biography," *Journal of Asian Studies*, vol. 26, no. 3 (May 1967), pp. 433-455。

籁向雷震声称 3000 元港币不够他一家人在香港生活，而周作民成功取得香港中行 500 万元港币贷款，可见统战是可以讲条件的。当然，上海银行家处于国共两党的夹缝中，有时变得进退维谷，如郑铁如在英国公开宣布承认中华人民共和国前努力保护中行资产，尽量减少香港中行存有流动现金；有时亦可说是两面逢源，如陈光甫一面与内地上海银行保持联系，一面又怕被台湾特务监视，影响将来向国民党政府申请解冻在美国被冻结资产。

在上海银行家中，能够在香港站住脚，并继续在银行界有所发展的，只有陈光甫和李铭。他们之所以成功，很大程度上和他们于大战结束后迅即投资于美国市场，保留银行的外汇有关。1950 年，陈光甫和李铭同时分别为上海银行及浙江第一商业银行在香港注册，成为独立于内地的香港公司。

一般来说，我们对 1949 年上海银行家选择来香港原因的说明，无不在于回避政治。其实，还应该加上一点，即与上海继续保持联系。上海银行家虽然离开了上海，但正如陈光甫所说“人在香港，心在上海”。周作民在离沪后把大部分银行事务交给徐国懋办理，他最后决定返回上海，也与徐的安排有关。杜月笙虽然人在香港，仍能遥控上海的银行业务，因为他的儿子杜维翰一直留在中汇银行工作。至于上海银行与内地的业务虽已大不如前，但仍可以维持，主要因为陈光甫的亲信伍克家、资耀华从中协助。显然，周、杜、陈各人都有他们在上海的代理人。在国共两党统战与反统战的过程中，中间人的角色至为重要，但他们往往也是我们最容易忽略的。

第二十章

官僚资本与"官办商行"

一 "官僚资本"溯源

在中国,"官僚资本"虽然是个耳熟能详的名词,但歧义很多。那么什么是"官僚资本"或"官僚资本主义"呢?据百度百科,"官僚资本"是"在半殖民地半封建的中国,统治者凭借国家政权的力量建立和发展起来的资本主义经济。是政治不民主、经济不发达的产物"。按照中国史学界的传统解释,官僚资本主义就是依靠帝国主义、勾结封建主义、直接利用国家政权而形成的国家垄断资本主义。它主要表现为与国家政权结合,因而具有买办性、封建性和垄断性等基本特征。依照这样的解释,晚清政府、北京政府和南京国民政府时期的所有官办、官商合办、官督商办以及官僚私人投资兴办的企业或公司都应属于官僚资本。①

"官僚资本"这个名词究竟是什么时候在中国出现的?根据香港中文大学中国文化研究所"中国近现代思想史专业数据库"的统计数据显示,这个名词最早是由中国共产党的领导人发明并使用、出现于 20 世纪 20 年代

---

* 本章由郑会欣撰写。

① 关于官僚资本的传统解释,可参见黄逸平《民国经济史研究述评》,曾景忠编《中华民国史研究述略》,中国社会科学出版社,1992,第 10—11 页。譬如有的学者就认为,官僚资本除包括一部分私营企业外,还包括"官办""官督商办""国营""公营"等形式的企业,官僚资本在军事工业、商业、金融业等部门得到更大的发展,更多地表现为商业和金融业资本。见全慰天《中国四大家族官僚买办资本的形成》,孙健编《中国经济史论文集》,中国人民大学出版社,1987,第 349 页。

大革命时期的中共机关刊物上。蔡和森认为美国计划在中国大力发展实业，实质上是"表明中国官僚与外国资本的勾结，又是表明外国经济的侵略主义之另一种方式。外国帝国主义者这种经济侵略的新方式（扶植一班奴性的官僚资本家，如梁士诒、周自齐、曹汝霖、王正廷等，使之代替外国资本出面，以掠夺中国的财政富），与他们在政治上想扶植沪、汉资本家的新方式是相表里的"。① 毛泽东则呼吁全国各地的商人"不为曹锐和一班'官僚资本家'所迷惑"，共同响应和支持上海商人的行动。② 很明显，这里所说的"官僚资本家"指的是那些具有官僚身份的资本家。1923 年7 月，瞿秋白（化名屈维它）在《前锋》创刊号上发表《中国之资产阶级的发展》，首次提出"官僚资本"这一名词，他将洋务派经办的官办企业称为"官僚资本之第一种"，将官商合办企业称为"官僚资本之第二种"；1929 年，李达在《中国产业革命概观》一书中提到清代官僚于举借外债时"从中渔利，自肥私囊，形成官僚资本"；1936 年，吕振羽在《中国政治思想史》一书中将清政府创办的"国营事业的萌芽"统称为官僚资本。③ 由此可以看出，这一时期中国马克思主义学者眼中的官僚资本家，指的是那些具有大官僚背景的资本家；而官僚资本则既是指晚清政府和北洋军阀政府时期的官办企业，同时也包括那些具有官僚地位和身份的人所经营的企业。

不管怎样解释，"官僚资本"这个名词在战前其实并不常见，然而到了抗战中期，随着官僚政治的腐化加剧，越来越多主管财经事务大权的官员亦参与各种经济活动，他们利用手中掌握的权力假公济私、化公为私，这种"前方吃紧、后方紧吃"的腐败现象日益严重，终于引起了大后方人民的强烈不满，报刊舆论亦对此大张挞伐，并将他们利用职权、私人参与投资和经营的企业或金融机构称作"官僚资本"，其中以孔祥熙、宋子文为代表的长期执掌国家财政金融命脉的大员更成为朝野上下攻击的目标，而"官僚资本"也就成为报刊上频繁出现的词了。

---

① 和森：《美国资本奴隶中国的新计划》，《向导》第 16 期，1923 年，第 126 页。
② 泽东：《北京政变与商人》，《向导》第 31、32 期合刊，1923 年，第 234 页。
③ 参见许涤新、吴承明主编《中国资本主义发展史》第 2 卷《旧民主主义革命时期的中国资本主义》，人民出版社，1990，第 10 页。

二 官僚资本的产生和发展

"官僚资本"产生的历史背景

在中国古代传统社会，在"官本位"的政治和社会条件下，在自给自足的自然经济环境中，重农轻商、重本轻末一直是主导整个社会的取向，长期以来商人的地位很低，常居于四民之末。而某些官僚虽趋于利益的诱惑，或是利用权势与商人勾结分取其利润，或是自己私下经商，享受特权，但他们大多隐蔽进行，或是委托代理人经营，或是以假名及堂号入股牟利。这是因为中央政府严令高级官员及亲属经商，《大明律》就明文规定公、侯、伯以及四品以上官员及其亲属、仆人不得经商；而且商人的地位低下，从某种意义上讲，官员亦不屑与商人为伍。

鸦片战争后，中国被迫纳入世界体系，在洋务运动中开始出现一批从事近代化生产的大企业，其资本的构成形式大多由官办、官督商办到官商合办，原由官府经营的事业通过招商，改由私人承办，但政府仍能予以严格控制。在向近代化转型的过程中，商人的经济实力不断上升，此时经商已并不是什么低下的职业，清政府内如李鸿章、张之洞、刘坤一等封疆大吏在推行现代化的同时，自己也深深地卷入经济活动，在这些官督商办、官商合办的企业中，政府的财产已经同官僚的利益混为一体，难以区分了。在这中间，盛宣怀既是政府主管经济的高级官员，本人又积极参与金融、航运、电信、铁路、矿山等实业的投资和经营，拥有强大的经济实力，可以算是完成由官僚向商人转变、成为官商合一最为成功的官僚资本家。①

民国成立后，由于政府的提倡以及现实的需要，整个社会价值观如对"义""利"的判断以及对职业的取向与追求等，都发生重大的变化，因而刺激了一大批士绅投资近代化金融与企业的意欲，甚至连那些军阀和官僚也将以往购置土地房产等传统项目改为投资近代化的工业。有学者专门进行过统计，北京政府时期先后有 45 名军阀和官僚投资于 212 家企业和金融

---

① 参见〔美〕费维恺《中国早期工业化：盛宣怀（1844—1916）和官督商办企业》，虞和平译，中国社会科学出版社，1990。

机构，包括矿山、建筑、制造、棉纺、交通运输和公共事业等部门，其中金融或与金融相关的机构最为集中，共有82家。① 王秋华则专门对直系军阀私人投资进行研究，据他统计，属于直系的军阀投资了包括矿山、纺织、面粉、银行等部门的93家新式企业，其中金融业的投资也是最为显著，共有20家银行，另有不少旧式的银号和当铺。② 这些军阀与官僚投资的银行和企业，即可以视为北京政府时期官僚资本的代表。

国民政府成立后，官员经商、官商勾结的情形虽然并不罕见，但其现象尚不严重，因此当时并未引起社会的广泛注意。导致官僚资本在中国急速发展是抗战中后期的事，其原因则与全面抗战爆发后大后方政治、经济和社会的局势变化有关。

全面抗战初期，全国军民响应政府号召，不分党派，奋起抵抗，民众有钱出钱、有力出力，同仇敌忾。然而到了广州、武汉失守之后，抗战进入相持阶段，由于政府实施战时统制经济体制，凡是对外出口创汇的商品一律实施统购统销，而涉及国计民生的物资则予以垄断专卖，这就给那些经办财政金融事务的官员极大权限；同时，战争对经济造成严重的破坏，加上大后方人口迅速增加，导致物资供应极度匮乏，通货膨胀日益加剧。随着政府对外汇实施严格管理，原先投机外汇的资金转而对货物囤积居奇，以致走私、贪污等各种腐败行径大行其道。

抗战中期以后，由于军事节节失利，物资缺乏，物价飞涨，军、公、教人员均感生活困难。政府迭颁紧急法令，管制物价，取缔囤积居奇，但相当多的政府官员利用手中职权牟取暴利，尤其是那些掌管国家财政金融大权的高级官员，私事公办，公款私营，他们的亲属则凭借其特殊身份，亦官亦商，视违法乱纪为常事，一班不肖之徒，竞相逢迎，朋比为奸，或假借名义向国家银行贷借巨款，或套购外汇，大做无本生意。于是上行下效，官商勾结，贪污盛行，政治和社会风气每况愈下，国家财政日益困难，全赖发行钞票以应急。而这些贪官污吏和不良奸商，特别是豪门望族的财富则暴增，过着极为奢侈豪华的生活。由于长期以来宋子文、孔祥熙一直执掌国家的财经事务，这些官员不是他们的亲属，就是他们的部下，甚至

---

① 魏明：《论北洋军阀官僚的私人资本主义经济活动》，《近代史研究》1985年第2期。

② 王秋华：《直系军阀私人经济活动研究》，河北大学历史系硕士学位论文，2006。

他们对自己的经商活动亦毫不掩饰，孔宋家族早在抗战期间就成为豪门权贵的代表，因此以他们为代表的官僚及其亲属所经营的企业公司就被人们称为"官僚资本"，也有人将其称为"豪门资本"或"权贵资本"。

国民党曾试图限制官僚资本发展

抗战期间，对于大后方囤积物资、物价飞涨，特别是政府官员参与投机牟利的情形，国民政府高层并非毫不知情，蒋介石就曾下令对有关涉案官员严加惩处。他电令四联总处秘书长徐堪："据报各国营银行及贸易机关职员私做投机买卖，囤积居奇，几成普遍现象，而普通检查仓库，皆早得讯逃逸，国家施行统制管理，甚或反为此辈操纵图利之机会。闻上海方面外汇黑市买卖，亦以四行人员私做为多，坐令金融经济时生波动，国计民生胥受严重影响。此辈利欲熏心，罔知国难，若不设法取缔，严加制裁，物价前途必更趋昂涨，于社会治安、民心向背关系均甚重大。希立核议具体实施办法，呈候核定颁布施行，以期严禁严惩，树之风声，是为至要。"①为此蒋介石还屡屡下令设立各种评议机关和物价平准处，企图压抑物价，甚至以操纵物价、囤积居奇等罪名，处以成都市市长杨全宇死刑。然而这一切却无法根治腐败，原因就像蒋介石的幕僚唐纵所说："据报成都米价涨至一百四十余元一担，现仍涨风未已（重庆涨至一百八十余元）。城厢内外，陆续发生抢米风潮。查川省去岁丰收，据估计足敷全省人口五年之食。乃入夏以来，各地米价，骎骎上涨，抢米之案层见迭出。有人多疑为共党鼓动，企图暴动，而不知军阀、官僚、资本家故意囤积，致激民变。委座曾令省政府组织物价平准处，稳定价格，孰知评〔平〕价之人，即系操纵之人，如何能制止风潮，消弭隐患？"②

政府官员不仅囤积物资、操纵物价，还依仗权势投资经营实业，从中牟利，从而引起大后方民众的强烈不满，就连国民党内部对此也一片责难。1940年7月6日国民党五届七中全会期间，中央委员王漱芳、曾扩情等21人联名提交"严防官僚资本主义之发展，以免影响民生主义"之提案，提

---

① 《蒋介石致徐堪电》（1940年6月14日），重庆市档案馆、重庆市人民银行金融研究所合编《四联总处史料》（上），档案出版社，1993，第698—699页。

② 《唐纵失落在大陆的日记》（本章以下简称《唐纵日记》），传记文学出版社，1998，第125页。

案开宗明义指出，抗战以来在中国出现的一种奇怪现象就是"官僚资本主义之长足发展"。他们认为，资本主义之所以能够发展，凭借的是"大量之资本、大量之土地、经营之技术与劳工之能力"，而如今中国的官僚资本则"因利乘便、巧取豪夺"，其后果乃"直接影响民生，间接危害抗战"。因此他们提议："严禁官吏经营商业，最低限度亦不许经营与职务有关商业"；"切实实行战时利得税"，所有具独占性质的企业均"由政府经营之"，"明定统制范围及职责，并严防其弊病"。他们还明确指出必须"严惩官僚资本主义者"。很明显，这里所说的官僚资本，指的就是那些国民党内大官僚以"政治的地位""政治的权力""政治的计用"而操控的资本，他们再以这样的资本去大发"国难财"。①

1941 年 3 月，第二届国民参政会第一次会议于重庆召开，刘家树等 22 名参政员提交提案，请求政府重申前令，严禁官吏利用权位私营商业、操纵物价。② 在其后不久召开的国民党五届八中全会上，梅公任等 14 名委员也提出相似的议案，要求"严禁贪官奸商操纵物价、囤积货物、营私图利，以解除军民痛苦而增加抗战力量"，后经行政院下令，将此议案转发各部。③

在 1945 年 5 月召开的国民党六全大会上，裴鸣宇等 61 名代表提出议案，要求执行五届七中通过的"严防官僚资本主义发展"之提案，并补充办法，以挽救经济危机。④ 5 月 17 日通过的六全大会《对于政治报告之决议案》指出，抗战以来，"政府关于财政、经济、金融、贸易之政策，既不能相互配合，更未能贯彻发展国家资本及限制私人资本之主张"，以致"社会财富日趋于畸形之集中，亟应严切注意，力挽颓风"。⑤

尽管政府对于官员经商有所限制，但大后方官商勾结、权钱交易的现象日益严重，官员利用职权，参与或从事各种经济活动的情形更是屡见不

---

① 该提案油印件分别藏于台北"国史馆"《国民政府档案》：266/1231 和南京中国第二历史档案（以下简称"二档"）藏经济部档案：四/24587；又载秦孝仪主编《革命文献》第 80 辑，中央文物供应社，1981，第 101—103 页；中国第二历史档案馆《中华民国史档案资料汇编　第五辑第二编　财政经济》(5)，江苏古籍出版社，1997，第 41—43 页。

② 二档藏经济部档案：四/24590。

③ 《行政院训令》(1941 年 5 月 31 日)，二档藏经济部档案：四/24588。

④ 中国国民党党史会藏档案：国防 003/3324。

⑤ 荣孟源主编《中国国民党历次代表大会及中央全会资料》下册，光明日报出版社，1985，第 916 页。

鲜。对此陈布雷曾十分精辟地形容道："在北京政府时代买办与官僚结合，南京政府时代买办与官僚结合，尚有平津、京沪之距离；今者官僚、资本家、买办都在重庆合而为一。"① 各级政府掌握一定权力者，特别是主管财政经济部门的首脑，甚至军队将领，上行下效，一旦有机会也会置身于内。这种借助权力而形成的官僚资本，以及由此而产生的特权阶层，其所作所为不仅阻止了市场经济向公平竞争的现代化方向发展，而且将市场经济导向畸形的方向，从而成为腐败的市场经济。特别是到了抗战胜利之后，这些特权阶层更是借接收之名大肆掠夺国家财产，利用手中的权力直接或间接参与各种经济活动，从中牟取暴利，终于引发国内各阶层民众的愤慨。

战后国家资本与官僚资本的扩张

南京国民政府成立后，秉承孙中山"节制资本"的建国思想，主张发展国家资本，发展国营经济。1930 年 3 月 3 日，国民党三届三中全会通过《关于建设之方针案》，强调今后"铁道、水利、造船、制铁、炼钢等伟大建设之事业，依照总理节制资本之义，宜由国家经营之"；规定"煤、铁、油、铜矿之未开发者，均归国家经营"，并计划两年之内由政府筹资建设大规模之制铁炼钢工厂、造船厂和电机制造厂。②

与此同时，国民政府先后成立了全国建设委员会、全国经济委员会和国防设计委员会（后改名为资源委员会）等一系列机构，规定"凡水利、电力及其他国营事业，不属于各部主管者，均建设委员会办理之"。全国经济委员会的职能则是统筹国营经济，负责审定投资、审核经费及视察或指导各种计划之实施。③ 1935 年，又强行对中国、交通二行实行增资改组，企图完成对全国金融的统制。南京政府所做的一切都是为建立以国家资本为主要成分的经济体系奠定基础，但种种原因，使这一时期国家资本的力量尚未全面完成对国家经济的垄断。

全面抗战爆发后，随着战时统制经济体制的建立，国家资本的力量得以迅速发展，特别是在工矿、交通、金融以及对外贸易等行业占据重要的

---

① 《唐纵日记》，第 392 页。

② 上海《民国日报》1930 年 3 月 4 日；又载秦孝仪主编《革命文献》第 79 辑，第 161—162 页。

③ 韩文昌、邵玲主编《民国时期中央国家机关组织概述》，中国档案出版社，1994，第 226—231 页。

地位。虽然过去人们对于国家资本膨胀多持批判的态度，但近年来有学者从战时统制经济的角度，对这一时期金融、工业和贸易三方面国家资本的活动进行研究，并对其作用基本予以肯定。[1]

日本投降后，国民政府即宣布："没收日本在中国工矿事业之资本财产及一切权益，归中国政府所有，并由政府经营处理之。"因此国家资本在短时间内得到极度扩张，其中以资源委员会及中国纺织公司最具代表性。

据统计，抗战胜利后资源委员会接收日伪经营的工矿企业多达2401家，不仅掌控全国主要的钢铁、煤炭、石油、有色金属、电力、化工、机电等企业，还扩展到水泥、造纸、制糖等行业，不包括成品、半成品和原材料等流动资产在内的固定资产账面价值即达10万亿元。因此，资委会所属企业的产值在全国工业生产总值所占的比例分别为：煤炭38.8%，电力83.3%，钢90%，水泥51%，而石油、铁砂、钨、锑、锡、铜等有色金属及机制食糖都超过95%。[2]

中国纺织建设公司成立于抗战胜利之后，是主要以接收原日本在上海、天津、青岛和东北的38家纺织工厂而成立的大型纺织公司。该公司共计拥有纺锭1756480枚，织机38591台，号称当时世界上最大的纺织企业集团，在中国纺织工业中占据绝对垄断地位，其中纱锭枚数占36%，织布机台数56%，棉纱生产量39%，棉布生产量74%，原棉使用量28%，电力消耗量36%。[3]

有学者对中国的工矿企业、金融和商业的资本及比重做过统计，认为1936年国家资本与民间资本的比重相差不多，分别为49.21%和50.79%，但1947—1948年国家资本上升到58.43%，民间资本则相应下降到41.57%。尽管如此，若按1936年的币制计算，不论是国营还是民营，资本总额都有所下跌。[4]

战后在国家资本极度扩张的同时，政府内那些掌管财经事务大权的官僚及其亲属也利用战后接收敌产等特权，抢滩登陆，特别是在经营进出口

[1] 参见丁日初、沈祖炜《论抗日战争时期的国家资本》，《民国档案》1986年第4期；郑会欣《国民政府战时统制经济与贸易研究（1937—1945）》，上海社会科学院出版社，2009。
[2] 吴兆洪：《我所知道的资源委员会》，全国政协文史资料研究委员会工商经济组编《回忆国民党政府资源委员会》，中国文史出版社，1988，第118页。
[3] 金志焕：《中国纺织建设公司研究（1945—1950）》，复旦大学出版社，2006，第56、1页。
[4] 虞和平：《抗战后国家资本膨胀和垄断问题再研究》，《历史研究》2009年第5期。

贸易中大发其财，这和主政者推行的财经政策具有密切的关系。

抗战胜利后百废待举，国民政府先后制定、采取相应的经济政策与措施，以应对这突如其来的变化，其中最重要的转变，就是由战时的管制外汇到战后初期的开放金融市场，以及由战时对进出口贸易实施严格的统制到战后取消统购统销政策、撤销国营贸易公司，同时鼓励输入、对进口商品采取极度放任的态度。行政院院长宋子文推行这一措施的初衷，是想借开放外汇市场和出售库存黄金，回收过量发行的货币，通过大量进口国外的商品，解决物资供应不足、物价不断上涨的问题，希望在较短的时间内制止自抗战中后期爆发且日益严重的通货膨胀。然而事态的发展与当局的意愿截然相反，开放金融市场的后果，是国库中大量的外汇与黄金外流，而放任外国商品的自由输入，更使得国际收支严重失衡。新政策实施不久，内战即全面展开，紧接着，在上海这个中国最大的经济城市又爆发了金融恐慌和经济危机，并迅速波及全国。然而那些官僚及其亲属却利用这个千载难逢的机会，大量套购外汇，从美国进口各类奢侈品，大发其财，特别是当国库外汇急剧流失，有关部门修改政策，严格限制进口商品的输入，严禁外汇和黄金的自由买卖之时，他们却能利用特权，仍然轻易取得进口配额并结购大量外汇，赚取超额利润，因而激起众怒，成为朝野和舆论一致攻击的目标。

三　官僚资本成为众矢之的

社会舆论对官僚资本的抨击

抗战中期，由于大后方的物价日益上涨，而孔祥熙等权贵豪门的敛财行径却愈演愈烈，终于引起各界民众的愤怒，1940 年前后，在重庆等地相继爆发了声势浩大的倒孔运动，倒孔的健将当属马寅初、傅斯年等几位知名学者。马寅初抨击说："有几位大官乘国家之危急，挟政治上之势力，勾结一家或几家大银行，大做其生意，或大买其外汇。其做生意之时，以统制贸易为名，以大发其财为实，故所谓统制者是一种公私不分之统制。"[1]

---

① 　周永林、张廷钰编《马寅初抨官僚资本》，重庆出版社，1983，第 90 页。

虽然马寅初在文章中并未公开点名，但他所攻击的对象众人皆知，这种情形就连蒋介石的亲信都觉得解气，只是认为蒋身为"一国领袖，忧劳国事，不能获得家庭之安慰，不亦大苦乎？"对其处境深表同情。但是孔祥熙毕竟"为今日之红人，炙手可热，对马自然以去之为快"，站在家族的立场，蒋介石为了维护孔祥熙的名誉和地位，竟"手令卫戍总司令将其押解息烽休养，盖欲以遮阻社会对孔不满之煽动也"。[①]

其后，社会舆论逐渐将官僚、地主与商业资本的结合视为破坏战时经济的重要因素，《大公报》在一篇题为《工业资本与土地资本》的社评中即指出："大地主与商业资本合流，协力囤积居奇，不仅助长了后方市场的波动，且将牵动整个经济基础。"[②] 还有社评称："管理物价是管物，要管物必先管人，尤其要先管管人的人。把管人的人管好，则一般的人可望管好，而物价也可望管好。"政府原本即有公务员不得兼营商业的禁令，因此"应该清查一下，若干官吏兼着商业银行或企业公司的董事长或董事经理，或若干商人作了官，对这种官而商、商而官的二重人格的人，应该限令他们辞官或者辞商，专干一门，而不能任其进退自如，左右逢源。政府能做到这一步，则社会视听必为之一新，而官商分离，实际必大有益于物价的管制"。[③]

1944年9月5日，国民参政会三届三次会议在重庆开幕，第二天财政部次长俞鸿钧代表孔祥熙在会上做财政报告，参政员傅斯年带头开炮，强烈要求"办贪污首先从最大的开刀"，并提出四大问题：孔及其家族经营商业问题，中央银行问题（任用私人，予取予求），美金储蓄券舞弊问题，黄金买卖问题，[④] 矛头直指孔祥熙。

抗战胜利后，随着官僚经商的现象日益普遍，特别是他们倚仗权势、大肆扩张的行径激起社会舆论更加不满，报刊和讲坛上对于官僚资本的攻

① 《唐纵日记》，第152、161页。
② 桂林《大公报》1941年11月12日。
③ 重庆《大公报》1942年11月4日。
④ "中央研究院"历史语言研究所藏傅斯年档案：1-647；王世杰也在1944年9月6日的日记中写道："参政员傅斯年等责问孔部长极厉，并涉及许多私人问题（私人营商，以及滥用公款等等）。"见《王世杰日记（手稿本）》第4册，"中央研究院"近代史研究所，1990，第394—395页。

击愈加频繁。有学者在报上公开提出，欲推翻"学而优则仕"，改革教育，必须铲除官僚资本；欲主持社会正义，整饬吏治，必须铲除官僚资本；欲整理财政，发展经济，必须铲除官僚资本。[1] 马寅初则为官僚资本下了一个通俗的定义，他说，"甚么叫官僚资本？靠做官发财的人所得的资本就叫做官僚资本"；而"中国官僚资本其始大抵皆借为官之搜刮、或侵蚀国营事业之本利而自肥"。[2] 在这前后，批判官僚资本的言论几乎遍及所有报刊，为此广州综合出版社编辑出版了一本《论官僚资本》的小册子，将当时发表在各种报刊上有关论述官僚资本的文章收集在一起，作者包括狄超白、马寅初、周恩来、吴大琨、郑森禹、郑振铎、姜庆湘、赵元浩等著名学者和政治家，他们的言论主要是攻击那些掌控国家资本、负责经营国营企业的大官僚利用手中的权力，与拥有大量财富的财阀相结合，通过官商合办、投资渗透或业务代理等形式，巧取豪夺，化公为私，成为千夫所指的对象。1947年出版的《中国经济年鉴》将当时国家经济危机、民族企业破产归纳为五大原因，其中之一便是"官僚资本的祸害"。该书认为："官僚资本在抗战时曾扼杀了无数民营工业，胜利后更展其魔手于接收工业，许多敌伪大型工厂都落入官僚资本的手里，破坏法令，逃避关税，垄断原料，控制价格，促成少数人发财，整个民族工业破产。"[3] 傅斯年严厉抨击这种丑陋的现象，说国营企业被"各种恶势力支配着（自然不以孔宋为限），豪门把持着，于是乎大体上在紊乱着、荒唐着、僵冻着、腐败着。恶势力支配，便更滋养恶势力；豪门把持，便是发展豪门"。[4] 他更将孔、宋比附为赵高和魏忠贤，并大声疾呼，要想决定中国未来之命运，首先要请走宋子文，"并且要澈底肃清孔宋二家侵蚀国家的势力"。[5]

如果说战后初期众多从事进口业的商人从政府开放市场的政策中大获其利的话，那么到后来因外汇大批流失，政府不得不更改政策，严格管制外汇和进口配额，致使他们失去赚钱的途径。然而那些具有特殊背景的公

[1]　赵迺搏：《铲除官僚资本三大理由》，重庆《大公报》1945年11月25日。

[2]　《新华日报》1946年2月5日，转引自周永林、张廷钰编《马寅初抨官僚资本》，第137页。

[3]　狄超白主编《中国经济年鉴（1947）》，太平洋经济研究社，1947，第12页。

[4]　傅斯年：《论豪门资本之必须铲除》，《观察》第2卷第1期，1947年，第6页。

[5]　《这个样子的宋子文非走开不可》，《傅斯年全集》第5册，联经出版公司，1980，第317—325页。

司却可以享受种种特权，继续从事利润极大的进口贸易，这才引起中外商人的强烈不满。1947年3月13日，上海的美资报纸《大美晚报》披露合众社的一则消息称：目前中国的国营商行购有价值数十万万元的进口货物，绝不受结汇限额及进口条例等限制，如环球贸易公司、中央信托局及中国供应局现大量进口奢侈品，如汽车、无线电机、冰箱及其他政府严禁进口之货物，"此项奢侈品大部分为政府有关之商行所定购，供应私人买户，且传获利以饱私囊"；而"中美商人对于宋子良主持之孚中公司、宋子安之中国建设银公司、孔令侃之扬子建业公司，利用特权，经营商业，尤多指摘"；上述公司的一些头面人物还利用中国外交官的护照在美国从事商业活动。同日《大美晚报》的社评亦称，"从其他方面所得之报道与合众社所称者完全相符，望官方能对此事予以说明"云云。在这种形势下，蒋介石也亲自致电财政部部长俞鸿钧，令财政、经济二部对此事"遴派要员彻查具报"。①

来自体制内的反对声浪

战后官僚资本的极度膨胀不仅在民间引起强烈反弹，就是在国民党内也响起一片骂声。抗战胜利后国民党机关报《中央日报》多次发表社论，指出"官僚资本操纵整个的经济命脉，且官僚资本更可利用其特殊权力，垄断一切，以妨碍新兴企业的进展"，若不清除代表官僚利益的官僚资本，"非仅人民的利益备受损害，抑且工业化的前途，也将受到严重的影响"，因此建议必须实行大扫除，"从党里逐出官僚资本的渠魁，并没收其全部的财产，正式宣告官僚资本的死刑"。②

1946年3月召开的国民党六届二中全会上，以CC系为代表的党内反对派对官僚资本进行了严厉的讨伐。在会上，萧铮、赖琏、吴铸人、吴绍澍、郑亦同、刘健群等中央执行委员慷慨激昂、义愤填膺，对官僚资本大肆抨击。赖琏即将当时经济衰退的原因归结于官僚资本的猖獗，认为凡是利用政治地位，运用公家资金及其他力量，操纵物价，把持国营事业，破坏国家信用，就是官僚资本。他还提出，必须实行官商分开，实行官吏财

---

① 《蒋介石致财政部部长俞鸿钧代电》（1947年3月19日），二档藏财政部档案：三（2）/599。

② 转引自汪朝光《1945—1949：国共政争与中国命运》，社会科学文献出版社，2010，第85页。

产登记，绝对不允许官吏经商，以消灭官僚资本。为了表示对官僚资本的愤慨，萧铮等人临时提出动议，要求经济部撤回报告。[①] 虽然动议最终因未过半数而遭否决，但得到接近 45% 与会代表的支持。当然其中不乏国民党党内派系斗争的因素，但也说明即使是国民党上层也已经认识到官僚资本的危害。

在这之后召开的国民参政会四届二次会议也提出"严厉清除官僚资本"的议案，提案指出："官僚资本往往假借发达国家资本、提高民生福利等似是而非之理论为掩护，欺骗社会。社会虽加攻击，彼等似亦有恃无恐。盖官僚与资本家已结成既得利益集团，声势浩大，肆无忌惮也。倘我政府不予彻底清除，恐将成为革命之对象。"提案为此还提出若干清除官僚资本的原则，即所有公务员及公营事业人员均不得兼营工商业，凡"利用职权经营工商业者，直接图利或便利工商业机关间接图利者，均应依法加重处罚"。[②]

到了 1947 年，宋子文推行的战后开放外汇黄金以及鼓励进口的政策惨遭失败，他本人也因黄金风潮的爆发而辞去行政院院长的职务，但朝野上下对宋子文仍然予以抨击。4 月 2 日，黄宇人等 103 人在国民党六届三中全会上提出"拟请惩治'金钞风潮'负责大员及彻查'官办商行'账目、没收贪官污吏之财产，以肃官方而平民愤"的临时动议，要求追究宋子文、贝祖贻等负责大员的责任，不能以辞职、免职即为了事，因为这些大员"不但运用失宜，且抑有勾串商人、操纵图利之嫌"，因此应"依法提付惩戒"，"从速查明议处，以肃党纪，而彰国法"。临时动议还称，一统公司、孚中公司、中国建设银公司、扬子建业公司等"官办商行""皆有利用'特权'、结购巨额外汇、输入大量奢侈品情事，致普通商人难与争衡，外商并因此屡提抗议"，而且"此类'官办商行'又大抵为官僚资本之企业机构，其间不乏贪官污吏之财产，尽为搜刮民脂民膏之所得"，因此要求有关部门"彻查此类'官办商行'之账目"，如果发现其有"勾结贪官污吏之确凿事

---

① 关于国民党六届二中全会上对"官僚资本"的攻击，参见汪朝光《1945—1949：国共政争与中国命运》，第 82—94 页。

② 《财政部奉发国民参政会建议严厉清除官僚资本案的训令》（1946 年 8 月 20 日），中国第二历史档案馆编《中华民国史档案资料汇编 第五辑第三编 财政经济》（1），江苏古籍出版社，2000，第 38 页。

实者，应即封闭其公司，没收其财产，以肃官方，而平民愤"。① 由此可见，孔宋家族经营的这些公司业已成为官僚资本的代表，更成为朝野上下一致攻击的目标。

1947 年 7 月 29 日《中央日报》披露了财政、经济二部调查孚中、扬子公司套购外汇的情形，虽然二部调查的只是政府开放外汇市场政策这一阶段，而且事隔两天该报又刊发更正，称该数字漏填小数点，从而将两公司套购外汇的数额减少为早先数字的零头，却并不能解除人们的疑虑。这就说明此时政府已经没有什么公信力，更反映出朝野上下对于"官办商行"依仗权势套汇、牟取暴利的愤懑之情。② 而且大量的事实也说明，这些公司确实在管制外汇和进口物资时期从政府相关部门获得进口配额，并可以官价套购外汇，从而引起中外商人的强烈不满。

中共对"官僚资本"一词定义的变化

应该指出的是，中国共产党对官僚资本的批判经历了一个过程。全面抗战时期中共的机关报延安《解放日报》和重庆《新华日报》与大后方舆论所抨击官僚资本的定义大致相同，基本上泛指国民政府中那些主管财政经济的官员利用职权搜括民财、垄断工商业而形成的资本。1945 年抗战胜利前夕，毛泽东在中共七大的政治报告《论联合政府》中也只是说"官僚资本，亦即大地主、大银行家、大买办的资本"。③ 1946 年 1 月 16 日，参加政协会议的中共代表团提出要防止官僚资本发展，并"严禁官吏用其权势地位从事投机垄断，逃税走私，挪用公款与非法使用交通工具的活动"。④ 上述内容后被列入政协会议通过的《和平建国纲领草案》。此时虽然舆论对官僚资本的抨击声势浩大，但所谓官僚资本主要还是用来专指官僚的私人资本以及私人经济活动。

将所有国家资本与官僚私人资本统称为官僚资本是国共两党内战加剧

---

① 临时动议原文见中国国民党党史会藏国民党中央执行委员会会议档案：6.3/89；又见二档藏经济部档案：四/28233。

② 详见郑会欣《关于孚中、扬子公司套汇数目的争论及其真相》，《中央研究院近代史研究所集刊》第 61 期，2008 年 9 月。

③ 《论联合政府》，《毛泽东选集》第 3 卷，人民出版社，1991，第 1046 页。

④ 《新华日报》1946 年 1 月 17 日。

的后果。抗战胜利后不久，内战便接踵而来。国共两党除了在战场上兵戎相见外，在政治上、舆论上更是互相指责，因而此时中共所谓官僚资本的含义就不再限于官僚私人所拥有的资本，而是将国民党政府控制的交通、工矿及金融机构等所有企业都包括在内了。1947年陈伯达首先将蒋介石、宋子文、孔祥熙、陈果夫和陈立夫并列为中国的四大家族，进而指出："近代中国所谓'官僚资本'不是别的，正是代表帝国主义与封建主义的利益而在政治上当权的人物利用政治的强制方法，一方面掠夺农民及其他小生产者，一方面压迫民族自由工业而集中起来的金融资本。"① 1947年8月31日，西北野战军前委提出"没收战争罪犯、官僚资本、贪官污吏、反动头子、恶霸全部财产"的口号，次日中共中央便复电同意，从此"官僚资本"成为革命的对象。

此时毛泽东也正式将四大家族连同外国帝国主义、本国地主阶级和旧式富农结合在一起的垄断资本称作"买办的封建的国家垄断资本主义"。1947年12月25日毛泽东在中共中央扩大会议的报告中指出："蒋宋孔陈四大家族，在他们当权的二十年中，已经集中了价值达一百万万至二百万万美元的巨大财产，垄断了全国的经济命脉。"他进而强调："这个国家垄断资本主义，在抗日战争期间和日本投降以后，达到了最高峰，它替新民主主义革命准备了充分的物质条件。"毛泽东最后的结论是："这个资本，在中国的通俗名称，叫做官僚资本；这个资产阶级，叫做官僚资产阶级，即是中国的大资产阶级。"② 按照这一理论，没收官僚资本归新民主主义国家所有便成为新民主主义革命的三大纲领之首。嗣后，"四大家族"这一名词家喻户晓、深入人心，所有国营企业、官僚私人的资本和四大家族三者之间似乎也画上了等号，而帝国主义、封建主义和官僚资本主义更成为"压在中国人民头上的三座大山"，成为新民主主义革命的对象。1949年4月国共两党和平谈判中，中共代表团提出的《国内和平协议（最后修正案）》就明确规定："凡属南京国民政府统治时期依仗政治特权及豪门势力而获得或侵占的官僚资本企业（包括银行、工厂、矿山、船舶、公司、商店等）及财产，应没收为国家所有"；"凡官僚资本属于南京国民政府统治时期以

① 陈伯达：《中国四大家族》，华东新华书店，1949，第2页。
② 《目前形势和我们的任务》，《毛泽东选集》第4卷，第1253—1254页。

前及属于南京国民政府统治时期而为不大的企业且与国计民生无害者，不予没收；但其中若干人物，由于犯罪行为，例如罪大恶极的反动分子而为人民告发并审查属实者，仍应没收其企业及财产"。① 中华人民共和国成立前夕召开的第一届中国人民政治协商会议通过的《共同纲领》也明文规定"没收官僚资本归人民国家所有"。据统计，截至 1949 年底，全国被没收接管的"官僚买办资本企业"共计 2858 个，其中包括资源委员会和中国纺织建设公司所属企业，国民党兵工部及军事后勤系统所办企业，国民政府交通部、粮食部和其他部门所办企业，宋孔家族和其他官僚的"商办企业"，CC 系统的"党营"企业，以及各省地方官僚资本系统的企业。②

正如毛泽东自己所说，当他 1940 年发表《新民主主义论》的时候并没有提出没收官僚资本的问题，这是因为那时"民族资本与官僚资本的区别在我们脑子里尚不明晰"，但是到了 1948 年 9 月国共内战的关键时刻，他毅然提出"大工业、大银行、大商业，不管是不是官僚资本，全国胜利后一定时期内都是要没收的"。③ 由此可见，有关"官僚资本"的定义和内涵是随着国内政治和军事斗争的升级而不断变化的，并且它还因应新兴政权政治与经济的现实需要，最终从宣传的口号落实到行动上。

四　国家资本抑或官僚资本

对官僚资本传统说法的质疑

中华人民共和国成立后，上述说法一直被奉为神圣不可侵犯的信条，没有人敢怀疑它的理论是否科学，它的含义是否清晰。在当时极左思潮的影响下，传统的认识根深蒂固，若用一道公式表示，那就是国家资本＝官僚资本＝四大家族。这种认识其实也很容易理解：如果没有官僚资本，那我们的革命目标是什么，压在我们头上的三座大山岂不是少了一座？

"文化大革命"结束之后，特别是实施改革和对外开放的国策以来，随着

---

① 武力：《"官僚资本"概念及没收过程中的界定问题》，《中共党史研究》1991 年第 2 期。
② 涂克明：《国营经济的建立及其在建国初期的巨大作用》，《中共党史研究》1995 年第 2 期。
③ 《在中共中央政治局会议上的报告和结论》（1948 年 9 月），《毛泽东文集》第 5 卷，人民出版社，1993，第 140 页。

经济的持续发展，学术界的思想也得到解放，过去长期不敢触动的学术禁区亦逐渐受到挑战，关于"官僚资本"的争论就是其中一个具代表性的事例。

早在 1982 年，上海社会科学院经济研究所就围绕"官僚资本"的概念进行讨论，该所杜恂诚即对官僚资本的内涵提出异议，他认为将官僚私人的资本统统看作官僚资本并不能反映其资本的特征，因为这样就会将"国家所有制同私人所有制两种不同所有制形态的资本混为一谈"；尽管他并不否认官僚资本的存在，但提出"解放前中国官僚资本的基本特征应是国家资本"这一结论。① 丁日初等则对"官僚资本"这一概念提出质疑，但开始时他们还不敢涉及国民党统治时期"官僚资本"这个敏感问题，研究对象只限于晚清时期的官办企业和官督商办企业。他们认为，中国早期的资本主义都是民族资本主义，可以根据资本的所有权将其划分为国家资本和私人资本两大类，它们的存在和发展对于当时中国的现代化有着积极的影响，为整个社会资本主义因素的增长奠定了基础。② 然而即便如此，他们的这一结论也立即受到同所其他学者的批评，其中一个重要的理据就是"如果洋务企业和北洋企业都不是官僚资本，四大家族官僚资本岂不成了从天上掉下来的无本之木和无源之水了吗？"③

1985 年在重庆召开的抗日战争时期西南经济讨论会上有学者正式向"官僚资本"这一传统观念提出挑战，他们认为官僚资本是一个政治概念，而不是一个经济概念；使用这种术语研究中国的政治问题或许有一定道理，但用以研究经济问题则会导致概念上的含混。由此他们得出的结论是：就经济研究而言，还是使用国家资本和私人资本为宜。④

在这之后，关于官僚资本的讨论引起了学术界的重视，就连原先提出并坚持这一概念的学者也承认官僚资本是个通俗名称，原意并不明确，⑤ 但是他们还是坚持认为，既然这个名称已为群众所接受，同时又被加载中国

---

① 杜恂诚：《官僚资本与旧中国社会性质》，《社会科学》（上海）1982 年第 11 期。

② 丁日初、沈祖炜：《论晚清的国家资本》，《历史研究》1983 年第 6 期。

③ 姜铎：《旧中国有没有官僚买办资本》，《文汇报》1984 年 10 月 22 日；《略论洋务企业的性质》，《历史研究》1985 年第 6 期；《略论北洋官僚资本》，《中国经济史研究》1990 年第 3 期。

④ 有关这次讨论会的综述文章载《中国经济史研究》1986 年第 1 期。

⑤ 如许涤新早年就认为官僚的私人资本是"固有意义的官僚资本"，而"国家资本在实际上就是四大家族的私人资本"，因此也被划入官僚资本的范畴。见氏著《官僚资本论》，海燕书店，1951，第 51、54 页。

共产党的正式文献之中，因此还是"可以用它来概括中国资本主义发展史中一个特定的范畴，即从清政府的官办、官督商办企业到国民党垄断资本这一资本主义体系；而它的实质，用政治经济学的术语来说，就是在这些不同政权下的国家资本主义"。[①] 然而丁日初等学者不同意继续使用"官僚资本"这一概念，他们的理由是，虽然这个通俗名称已为群众所接受，并已用于某些政治文献之中，但既然已经发现它所存在的问题，同时也承认它的实质就是不同政权下的国家资本主义，为什么就不能更正错误，使用正确的科学概念，将其称为国家资本主义呢？至于那些官僚军阀利用枪杆子或政治权势从人民身上搜括来的资本，进而用于投资兴办的企业，则"大部分是民族资本主义的私人资本企业，他们的原始积累的来源并不能决定所办企业就是所谓'官僚资本'"。[②] 杜恂诚也支持这一观点，他认为毛泽东所说的"官僚资本"，就是特指国民党时期的国家垄断资本主义，但它只是一个通俗名称，而不是政治经济学的科学定义；再加上后来一些学者又把它的内涵不断扩大，把官僚、买办的私人资本也包括进去，并在时间跨度上向上追溯，一直前推到清政府所创办的企业，造成内涵混乱，时限不清，它的外延也就变得十分模糊。实际上它的界限已经无法确认了。[③]

其后丁日初还陆续发表文章，对这个问题进行深入探讨。[④] 近年来内地学术界对这个问题认识的分歧越来越小，除了尚有为数不多的学者仍坚持传统观念外，[⑤] 多数学者不同程度地对上述观点加以修正，其中具代表性的《民国社会经济史》的作者即将过去统称为"官僚资本"的国民党及其政府

① 许涤新、吴承明主编《中国资本主义发展史》第1卷《中国资本主义的萌芽》，人民出版社，1985，"总序"，第18页。

② 丁日初、沈祖炜：《论抗日战争时期的国家资本》，《民国档案》1986年第4期。

③ 杜恂诚：《民族资本主义与旧中国政府（1840—1937）》，上海社会科学院出版社，1991，第4页。

④ 如《关于"官僚资本"与"官僚资产阶级"》，张宪文、陈兴唐、郑会欣编《民国档案与民国史学术讨论会论文集》，档案出版社，1988；《关于近代上海资本家评价的札记》，《上海研究论丛》第7辑，上海社会科学院出版社，1991；等等。后来他将这些论文收入他的文集《近代中国的现代化与资本家阶级》，由云南人民出版社1994年出版。

⑤ 持这种观点的代表文章有：黄如桐《关于官僚资产阶级问题的一些看法》，《近代史研究》1984年第2期；全慰天《中国四大家族官僚买办资本的形成》，孙健编《中国经济史论文集》；清庆瑞《国民党官僚资本的形成对中国经济究竟起了什么作用》《坚持对国民党官僚资本的科学认识》，《教学与研究》1986年第6期及1989年第6期；沙健孙《中国共产党对官僚资本主义经济的政策》，《思想理论教育导刊》2004年第5期。

控制下的企业与机构改称为"国家垄断资本"。他们认为，这种资本一般来说应具备以下三方面条件：其一，这一资本集团是和国家政权结合在一起的，换句话说，它的资本来自政府，并由政府的官员掌管经营大权；其二，这一资本集团对国民经济的某些方面具有垄断性；其三，这一资本集团对广大人民具有压迫性。而他们对"官僚资本"的定义则与传统说法具有明显的不同，这些区别表现为：（1）这一资本集团的资本不是来自政府，而是来自某一个或多个官僚的私人投资；（2）这一资本集团的经营权掌握在某个或某些官僚手中；（3）掌握这一资本集团的官僚利用手中的权力以权谋私、操纵垄断、囤积居奇，损害国家和人民利益，中饱私囊。①

在这前后，还有不少学者围绕这一问题进行了深入的个案研究。如有学者对北京政府时期官僚私人的投资及其经营活动进行了深入的考察，认为军阀与官僚的私人投资应有别于洋务派动用国家资金所开办的企业；② 也有学者以周学熙为研究个案，将官僚资本（bureaucratic capital）与官僚的资本（capital of bureaucrats）加以区别，认为中国早期的现代化过程在很大程度上是"官僚资本"转为"官僚的资本"的过程。③ 陈自芳则统计搜集了近代 210 名官僚（包括军人）私人投资企业的资料，并将其身份归纳为四大类：一是在职官吏投资于企业，其中多数还担任董事长或总经理；二是官吏退职后成为企业的投资者或经理人；三是官吏亲属为投资者或经营者；四是通过捐纳入仕的绅商。其中特别是前三种人，他们多利用职权或在位时留下的基础积聚资本，从事经济活动。④

至于国家投资和经营的企业，则有学者专门对资源委员会这个民国时期规模最大的重工业机构，也是过去统称为官僚资本的代表进行了全面的研究，认为若用"官僚资本"来概括资源委员会的性质是不恰当的，这容易造成人们思想上的混乱。他们的结论是：资源委员会所经营的事业在旧中国国民经济中具有举足轻重的作用，将它说成是一种反动的、落后的事物，既缺乏历史根据，也不符合历史事实，确切的说法应该是"国家资本

① 陆仰渊、方庆秋主编《民国社会经济史》，中国经济出版社，1991，第 774 页。作为该书的作者之一，我自然也是同意这一观点的。
② 魏明：《论北洋军阀官僚的私人资本主义经济活动》，《近代史研究》1985 年第 2 期。
③ 李林：《从周学熙集团看官僚资本的转化》，《二十一世纪》总第 3 期，1991 年 2 月。
④ 陈自芳：《中国近代官僚私人资本的比较分析》，《中国经济史研究》1996 年第 3 期。

企业经营管理机构"。①

虽然目前多数学者不同程度地接受了以"国家资本"来代替以往将国营企业统称为"官僚资本"的概念，因为这一提法内涵比较明确，不会将官僚私人的投资与国家（包括中央和地方）投资的资本混淆在一起，但这种说法依然存在一些问题，其中一个重要问题就是缺乏对军阀官僚（特别是南京国民政府时期）私人投资的企业做细致的分析。丁日初等人也只是笼统地说，他们所创办的企业"大部分是民族资本主义的私人资本企业"，那么剩下来的小部分企业的创办人又是什么人呢？按常理来分析，这部分人就应该是指"四大家族"了，他们的投资如果不属于民族资本的范畴又是什么性质呢？

官僚资本的形态及其特征

官僚资本这一概念在近代史上已存之有年，其定义却众说纷纭、莫衷一是，大有可商榷之处。如果仅仅是按照资本的来源，区分企业或公司的性质其实并不是一件困难的事情，譬如以投资的国家分类，可以划为外资、华资（民族资本）或中外合资几种类型；若以国内的资本分类，则又可大致分为私人资本、国家资本或官商合资几种；若再细分，则私人投资部分又可分为一般商人投资的民族资本和官僚及其亲属投资的官僚资本。然而由于意识形态上的斗争，在中国长期以来有关官僚资本的定义极为含混，掺杂了许多政治因素，因此有必要对此做一厘清。

什么是资本？按照一般经济学家的解释，资本就是各种以生利为目的的财货，其中货币是最重要的一种形态。资本通常用来代表金融财富，特别是用来经商、兴办企业的金融资产。按照列宁的定义，"国家资本主义就是资本主义制度下由国家政权直接控制这些或那些资本主义企业的一种资本主义"。② 因此国家资本（state capital）从其资本的自然属性来说，应为国家投资并拥有的企业或事业，在不同的生产关系下，国家资本亦同样具有不同的社会属性。然而要注意的是，在资本主义社会，国家资本与私人

---

① 郑友揆、程麟荪、张传洪：《旧中国的资源委员会——史实与评价》，上海社会科学院出版社，1991，第3页。

② 《列宁全集》第43卷，人民出版社，1987，第83页。

资本之间存在一种相互转化的关系，国有资产既可以通过各种途径转化为私有资本，而私有资本也可能因国家以强行参股或改组等方式进行干预，改变它的属性。

早在60多年前，著名经济学家王亚南就曾对官僚资本进行过深入的研究。他认为官僚资本应该有三个具体形态：第一是官僚所有资本形态，第二是官僚使用资本形态；第三是官僚支配资本形态。这三者间的相关性和融通性，是官僚资本之所以成形的具体内容和条件。这三者之间在某些场合下各自独立，在某些场合下又是相互结合的，然而若离开了其中之一，则不足以完整了解其他。因此他认为，所谓官僚资本，即使是就其所有形态来说，也不能单从资本为官所有这一事实来评定，还应该从资本在如何的情形下为官所有这一事实来判断。为什么官僚资本被人们诅咒和诟病，就是因为其资本来源和资本活动，通通与他们的官职发生密切联系。

王亚南指出，官僚资本应是在特殊社会条件下，为官僚所拥有、所运用、所支配的诸种资本之有机结合。它的基本特征是：（1）官僚资本的三个形态，通通是以官为其发生联系作用的枢纽，没有官的凭借，这种资本的属性根本无法存在；（2）官僚资本之一极是人的属性的官或官僚，而其对极，却是物的属性的资本，资本打上官僚的烙印，只能在一定的社会政治条件下才有可能，因此官僚资本的产生和发展，也只能从特定的社会政治关系中去加以理解；（3）官僚资本的第一形态应是其基本形态，因为对公营资本做自利的运用、对私营资本做自利的控制，无非想使其所有资本形态迅速扩大，但第二、第三两种资本形态不仅同样重要，甚或更加重要，因为如果没有这两种资本形态，第一资本形态也许根本就不易产生，即使产生，恐怕亦不会形成官僚资本。①

官僚资本究竟是官僚占用的资本，官僚运用的资本，抑或是官僚控制的资本？很明显，单凭其归属无以确定其内涵。界定官僚资本的标准应是其生存方式。官僚资本的生存方式有二：其一是其积累的方式，或者毋宁说是其兼并的方式；其二是其获取利润的方式。此二者都和自由资本具有明显的分别。自由资本的积累和利润都是在竞争中实现的，而官僚资本的积累和利润都是在垄断中实现的。操纵二者的都是"一只看不见的手"，但

---

① 王亚南：《中国经济原论》，生活书店，1947，第252—254页。

手与手有别，操纵自由资本的是价值规律，而操纵官僚资本的则是被滥用了的公权力。二者的物化环境也不同，自由资本的积累和利润是在市场经济中实现的，它与市场经济的发展相一致；而官僚资本的积累和利润是在市场经济之外实现的，它本身是公权力的异化，如果任其发展，必然导致市场经济的窒息。

"官商之间"：官僚与财阀的结合

若从资本的来源分析，相对于外国资本来说，官僚资本属于中国资本是毫无疑义的；而相对于国家资本来说，尽管官僚用于投资的资金在原始积累时可能充满血腥，但它原则上还是应属于私人的资本，这也应该没有问题。然而在认同官僚资本与民族资本具有某些一致性的同时，我们更应看到两者之间的差异，特别是在中国传统文化的长期浸淫下，官本位的思想根深蒂固，无处不在。"官"居于四民之上，商人的地位则向来很低（士农工商，商排在最后），因而必须屈从于朝官的势力。而官却象征着权力，权力则可以衍生资本，有了权就有了一切，这在官本位盛行的专制社会中似乎永远是颠扑不破的真理。

官僚资本可以通过几种方式获得其独占的利益，其一，借公营事业的经营从中渔利；其二，以商股的名义加入享有独占权的半公营事业，进而牟利；其三，允许私人经营某些享有特权的企业，官僚再以特殊股份的占有者予以牟利。而所谓官商合办的"官"，其实并不是官员个人，应是"官方"或是公家，而其中的"商"也不是一般意义上的商人，他们多与官府之间具有某种特殊的关系，或者本身就是掌握国家经济大权的官僚及其亲属。

官僚虽然对于国有企业或官办事业这类资本经营并没有所有权，却享有运用权。公营事业是由政府任命的官员负责，并不是因为资本由公家所运用，为官方所经营，便成为官僚资本，而是公家的企业经营被掌握在官僚手中，由官僚任意处置，并使其对于官僚所有的资本形态发生或明或暗的内在联系，这也是民众与舆论一致攻击的原因。

至于官僚支配的资本形态，指的是那些既非官僚直接保有又非为官僚直接运用，却显然在多方面受着官僚支配控制的私人企业的资本，在经济与政治保有密切联系而又缺少明确的法的权界划分的场合，特别在私人资本必须取得政府各种方式的支持始能维系的场合，几乎大部分的私人企业或其资本，都不免要在不同的程度，通过不同的方式，变为官僚的"俘虏"，变为官僚任意侵渔和自由游泳的大水池，变为他们所有资本形态扩大汇集的又一来源。

官僚与财阀的结合及其这种结合所产生的影响非常重要。从历史上来看，古代中国的官僚统治是以土地为基础，建立在传统的土地经济上，农村和农民的安定或动乱，直接影响其统治能否维持。古代中国早已存在官办事业，例如盐、铁的专卖，武器、火药的生产就一直由官府控制，严禁民间染指，所以鸦片战争后中国在西方的冲击下首先兴办军事工业采用官办形式是很自然的。由于官办事业的腐败尽人皆知，在具有革新思想的有识之士多年主张商办企业的呼吁下，直到清季才有了招商制，即将原由官府经营的事业招商人出资承办，但政府仍能予以严格控制，一时间轮船招商局、矿务招商局、电报招商局便应运而生。

应该注意的是，近代中国是在列强炮舰的威迫下被迫打开大门，是在一系列不平等条约下纳入世界的，因此中国的新式企业，特别是金融业大都具有某种买办性格，同时它们也直接或间接与列强具有不同程度的依存关系，与政府和权贵之间更存在密切的联系。由于近代化企业、商业和金融业的发展，资金开始向城市流动，出现了一些财团，由于利益的驱动，这些新兴财团与政府之间的关系日益密切，其中金融界尤为明显。与此同时，政府为了维持运转需发行内债，这必须得到金融界的支持，而金融界亦从发行公债中与政府建立了紧密的联系，并从中赚得巨大利润。中国近代化的银行几乎是为国家政权提供资金的唯一工具，这就使银行家比从事其他行业的资本家更具备向官僚化转变的条件。抗战期间特别是抗战胜利后出现的大批"官办商行"，则为我们研究这一时期的官僚资本提供了最好的范例。

五 "官办商行"的个案研究

何谓"官办商行"？

什么叫"官办商行"？按照字面理解，应该是由政府出面或投资、从事商业经营例如中央信托局、物资供应局那样的机构或公司。但是在抗战胜利后的中国，这个名词却具有特别的含义，它主要是指那些与政府具有特殊关系的豪门资本。表面上看，它们与一般私营公司一样申请注册、收募资本，但实际上公司的股东不是政府内主管财经事务的高级官员或其亲属，就是富甲一方的财阀大亨，因此他们能够利用特权控制经济，牟取暴利，从而引起社会舆论的强烈抨击。在这些"官办商行"中，由于孔祥熙、宋子文执掌国家财政20余年，其间从未放弃为家族谋利，所以孔宋豪门资本成为千夫所指的目标。

抗战胜利后，国民政府接收了大量敌伪产业，同时又改变了战时的统制经济体制，实行开放外汇和黄金市场以及鼓励输入的财经政策，使经营对外贸易成为有利可图的行业。一时间从事进出口贸易的公司纷纷注册，而那些官僚及其亲属更是利用特权抢滩登陆，在经营美国商品进口的贸易中大发其财。然而数月之后，由于国库中外汇的大量流失，进口商品充斥于市，国民政府又不得不修改对外贸易政策，成立输出入管理委员会，对进口商品实施配额制，同时对结购外汇实行严格的管制。[①] 这一政策确实卡住了一般商人的发财之路，但对那些具有强大背景的豪门资本来说，这些举措不但没有任何作用，反倒为他们清除了大量竞争对手。就像傅斯年所抨击的那样："惟有权门、霸户、豪势，或与这些人有关系的，才能得到贷款。"[②] 这些权贵豪门资本中以孔宋所经营的中国建设银公司、孚中实业公司和扬子建业公司最具代表性，也是被舆论攻击为"官办商行"的三大公司。

中国建设银公司

在这几家公司中，中国建设银公司成立的时间最早，它是1934年宋子文在上海联合国内最大的十多家银行（包括国家银行和商业银行）共同投资而成立的一家股份有限公司。此时宋子文刚刚辞去财政部部长之职，照他的原话说就是"决计弃官就商，且具做'中国摩根'意愿"，[③] 因此成立

① 参见郑会欣《从统制经济到开放市场：论战后初期国民政府对外贸易政策的转变及其原因》，《中央研究院近代史研究所集刊》第53期，2006年9月。

② 傅斯年：《宋子文的失败》，《世纪评论》第1卷第8期，1947年。

③ 这句话是宋子文亲口对中国银行总经理张嘉璈说的，见姚崧龄编著《张公权先生年谱初稿》上册，传记文学出版社，1982，第133页。

这家公司的目的是解决引进外资和促进国内资本市场发展两大问题,故"本人经本党同志及银行界友好之赞助,发起组织中国建设银公司,成为吾国第一家真正投资公司"。① 公司成立后一度以国家的名义积极吸引外资,完成和新建多条铁路,公司本身又同时投资国内的工矿企业,特别是通过改制将大批国有企业控制在手中。然而抗战后期,随着公司中原属国家银行投资的股份以极低廉的价格出售给私人(主要是包括孔宋家族在内的政府官员和金融大亨),公司的性质及经营方向都发生了重大的变化,成为名副其实的官僚与财阀结合的典型。② 由于宋子文长期操纵公司的运作,其弟宋子良和宋子安更相继担任公司的总经理,因此中国建设银公司一直被认定为宋氏家族的官僚资本。③ 1949 年 5 月上海刚刚解放,中国建设银公司亦立刻被军管;1950 年 1 月 4 日,军管会正式宣布,对中国建设银公司及其属下的所有企业、公司均以"国民党官僚资本"的名义予以没收,但在此之前公司的资本早已撤出,留下来的只是那座矗立在上海外滩的建设大厦。

孚中实业公司

孚中实业公司是由中国国货银行、交通银行和金城银行三家银行共同投资成立、专门从事进出口业的公司,董事长为钱新之,但实际权力则由总经理宋子良所掌握。抗战刚刚胜利,远在大洋彼岸的宋子良就以中国国货银行总经理的身份亲笔致函交通银行董事长钱新之、总经理赵棣华和金城银行代总经理戴自牧,提出以三行共同投资成立公司、独家代理美国厂商、专门经营进口贸易的建议,信中称:"兹为促进中美合作,以利建设起见,子良等拟组织孚中公司(Fu Chung Corp.),先在美国注册,资本多寡,容再酌定,但至多国货银行可认半数。其营业范围包含经营国际贸易及兴

---

① 宋子文 1947 年 9 月 18 日在国民党中常会上报告中国建设银公司成立经过时的讲话,全文见《大公报》1947 年 9 月 19 日、20 日。

② 参见郑会欣《从投资公司到"官办商行":中国建设银公司的创立及其经营活动》,香港中文大学出版社,2001。

③ 譬如陈真、姚洛主编《中国近代工业史资料》第 3 辑(三联书店,1960)的副标题就是"清政府、北洋政府和国民党政府官僚资本创办和垄断的工业",该书下卷即将中国建设银公司及其属下的企业列为"宋子文家族官僚资本";而黄逸峰、姜铎的《旧中国的买办阶级》(上海人民出版社,1982)第 165 页表"四大家族直接控制的金融机构"亦将中国建设银公司列于其中。

办实业，特别注重交通工具以及附属业务。"宋子良表示，他已经和"美国著名之 Willis-Overland Motors 公司 Toledo Ohio 订立合同，五年为期，订明在中国境内（包括东三省、台湾及香港）独家经销其所有出品，如汽车、货车、军用或农用之奇普车（Jeep）及小型发动机等"。他并且计划，"初步为其代销，次为由美装运机器赴华设厂，制造一部分零件及装配，如获成功，则合资在华设厂，制造全车，并由其技术协助，在各运输要地广设汽车修理供应处"，除此之外，"尚有其他美厂多家（如全世著名之 Spark Plug 公司、化学医院用品公司等）欲在吾国发展营业，苦无对象为其策划，孚中公司可为效力，裨益建设前途，良非浅鲜。不特此也，一俟国内得设立机构时，即可着手推销国货及农产品于海外市场"。至于股份，则全数来自国货、交通和金城三行（其中国货银行应占半数），不收外股，但"如荷诸兄个人投资，亦所欢迎"。① 这封信详细介绍了成立孚中公司的目的、公司经营的范围、资本的来源等重要内容，更充分显示宋子良等人计划战后抢占国内市场的强烈野心，值得深入研究。②

扬子建业公司

扬子建业公司同孚中实业公司成立的背景几乎完全一样，只不过其老板是孔令侃。全面抗战爆发时，大学毕业不久、只有 20 多岁的孔令侃就被其父任命为财政部秘书、中央信托局理事，常驻香港，负责从西方国家购买军火，从中赚取大笔佣金。其后他在美国活动期间与美国众多金融寡头建立了联系，成为他们在中国的代理人。抗战刚刚胜利，孔令侃就抢先成立扬子建业公司，专门从事进出口贸易。扬子建业公司的总公司设于上海，在汉口、福州、南京、香港、天津等地设立分公司，并在纽约设有联合机构"扬子贸易公司"，公司下设工业、营业、事务、财务、代理进出口、颜料、影片等九个部门。③ 由于公司主要经营进出口贸易，如棉花、电器、药品及奢侈品的进口以及猪鬃、茶叶等农畜产品的出口，因此人们将其视为垄

---

① 《宋子良等致钱新之等函》（1945 年 8 月 18 日），二档藏交通银行档案：三九八（2）/ 252。

② 关于孚中公司的成立经过，请参见郑会欣《战后"官办商行"的兴起：以中国孚中实业公司的创立为例》，《中国经济史研究》2009 年第 4 期。

③ 《大公报》1947 年 9 月 21 日。

断进出口的"孔家资本"是十分自然的,而 1948 年 9 月、10 月蒋经国在上海"打虎"时所牵连的所谓"扬子公司囤积案",使这家公司更为世人所知。

这些"官办商行"利用其特殊的政治背景及与政府的微妙关系,战后迅速在上海抢滩登陆,一方面独家拥有美国各大厂商的在华经销代理权,垄断汽车、电器、药品、奢侈品等非生产性的物资进口,另一方面又仗恃特权,套购外汇及申请大量的进口配额,赚取超额利润,加快了国库中外汇和黄金流出的速度,同时它也成为国人攻击的目标。

六 "官办商行"的特点

资本的来源与转变

首先我们对这些公司的资本来源进行分析。

以中国建设银公司为例,公司的创立得到国民政府最高当局和国内银行界的广泛支持,公司注册资本为国币 1000 万元,25 名董事和 9 名监事不是政府主管财政经营的高官(如孔祥熙、张静江、李石曾、陈行、徐堪等),就是以江浙财阀为代表的金融大亨(如胡笔江、周作民、唐寿民、张嘉璈、徐新六、贝淞荪、李铭、陈光甫等),其声势之强大、阵容之鼎盛,可谓一时无二。最能说明问题的是,1936 年以后的中央银行理事会 8 名常务理事(宋子文、孔祥熙、徐堪、陈行、叶琢堂、张嘉璈、陈光甫、唐寿民)竟全是建设银公司的董事会成员![1] 从中我们可以得出一个结论:中国建设银公司的董事会由政府主管财经事务的高官主事,其成员包揽了中国最大的十几家国家银行与商业银行的首脑,他们与政府间具有十分密切的关系,有些人甚至担任政府的重要官职,其中有些人"官"与"商"的身份已很难区分。这些事实都说明,中国建设银公司的创办是国民政府成立后官僚与财阀结合的一个重要标志。[2]

孚中实业公司在美国注册,注册资本为美金 60 万元,先付一半,其中中国国货银行占一半股份,其余的股份则分别由交通银行(20 万)和金城

---

[1] 参见刘寿林、万仁元等编《民国职官年表》,中华书局,1995,"中央银行职官年表"。

[2] 有关银公司股东及董事会成员的背景可参见郑会欣《中国建设银公司的创立:官僚与财阀结合的一个实例》,《改革》1999 年第 2 期。

银行（10万）拥有。其后孚中公司又在重庆申请注册，其资本为国币1800万元（不久又增资为国币3亿元），股份分配的比例与前者完全一样，但两家公司并无隶属关系，而是一种兄弟公司的平行关系，为了以示区分，前者称孚中国际公司，后者则称中国孚中实业公司。孔祥熙为公司的名誉董事长，董事长为交通银行董事长钱新之，其他的董事按比例分别由国货、交通和金城三行负责人出任，而真正执掌公司大权的则是董事总经理宋子良。

扬子建业公司筹备于1945年冬季，1946年1月在上海登记注册，资本为法币1亿元，1947年7月增加为10亿元，分为100万股，孔祥熙之子孔令侃一人就拥有24.9万股，其余的大股东包括杜月笙、范绍增、赵季言、顾心逸、姚文凯等上海闻人，董事长及总经理均由孔令侃一人担任。[①]

在介绍上述公司资本构成的同时还应注意的是，国有资产往往可以通过各种所谓合法的方式流入官僚和财阀的手中。全面抗战爆发前夕，建设委员会属下几个经济效益良好的国营企业如首都电厂、戚墅堰电厂和淮南铁路与煤矿等企业，就是以私有化的形式，让中国建设银公司以低廉的价格取得经营权，成为民国时期国营企业私营化的典型案例。[②]难怪傅斯年就认为，孔宋等豪门势力具有"无限制的极狂蛮的支配欲"，全面抗战前即以中国建设银公司的名义经营或收买戚墅堰电厂、首都电厂、既济水电公司、淮南煤矿、鄱乐煤矿等国营企业，以致变国营为"宋营"。[③]

需要指出的是，中国建设银公司成立初期董监事所占有的股份并非来自个人，其中绝大部分属各股东银行的参股数额。但是到了抗战后期，随着大后方腐败的加剧，这些官僚和财阀却以极为低廉的价格，将国家银行和商业银行的股份转移到个人名下，再利用种种特权操纵市场，买卖外汇，从事各种投机活动。[④]对于这一点公司的高级职员亦承认："本公司成立之

---

① 陈真、姚洛合编《中国近代工业史资料》第3辑，第1000页。

② 郑会欣：《扬子电气、淮南矿路公司的创立与国有企业私营化》，《历史研究》1998年第3期。

③ 傅斯年：《论豪门资本之必须铲除》，《观察》第2卷第1期，1947年。关于全面抗战爆发前夕中国建设银公司投资经营建设委员会属下国有企业的经过，可参见郑会欣《扬子电气、淮南矿路公司的创立与国有企业私营化》，《历史研究》1998年第3期。

④ 郑会欣：《关于中国建设银公司股份的演变情形》，《历史研究》1999年第3期。

初，其股份大部分属于当地各国家银行及商业银行，私人股份甚少。其后时日变迁，原有股份渐多转移，私人股份亦渐次增多。"① 这说明，此时国家的资产已与官僚财阀私人的利益结合在一起而难以区分了。

抗战胜利后经济部次长何廉反对政府接收和经营日本在华纺织工业，其中一个重要的原因就是担心政府拥有并经营棉纺织业可能导致官僚资本主义。他所认为的这种官僚资本主义，即意味着某些人或团体，通过其在党或政府内的特殊地位，建立起他们的经济权势。虽然纺织厂由政府管制，但这些企业具有非常巨大的引诱力，会使一些个人或单位企图加以操纵和控制，最终落入官僚资本家手中。② 何廉的担心并不是没有道理，确实有许多官员利用手中掌握的权力，通过各种方式，将国有资产转到个人的名下，造成国有资产的严重流失。浙江大学校长竺可桢曾在日记中提到世界贸易公司（U.T.C）成立的来由：因为当年陈光甫赴美借款，"美国人不愿违日本之意作左右袒，故不遂，但以商行名义可贷二千万元，成立 U.T.C.。珍珠港事变以后，公开为政府机关，孔、宋二人争欲夺取囊中，以两方不洽，陈光甫乃得独立经营，但胜利后又改为私人股，其中组织颇为复杂，但对于书坊所得之 Commission 佣金均交与原购书人云。任嗣达为副经理，正经理美国人，李善述则襄理也"。③ 这也是国有资产如何转移的一个实例。

外汇双轨制和进口贸易配额制

正是由于这些公司的特殊背景，它们与政府之间存在极为密切的关系，譬如说，中国建设银公司就是凭借与政府间的特殊关系，才可能完成国有资产私有化的转移过程。除此之外，"官办商行"还通过外汇的双轨制和进口贸易的配额制享受特权，从中牟利。

1935 年 11 月法币政策实施后的一段时间，法币与美金、英镑等主要外币的比率虽然不断调整，但相对来说尚比较稳定。到了抗战中期，国民政府终于放弃了平衡外汇市场的企图，美元对法币开始固定在 1∶20 的汇率

---

① 《暂拟中国建设银公司清理计划草案》（1949 年 6 月 14 日），二档藏中国建设银公司档案：二八九（2）/24。

② 《何廉回忆录》，朱佑慈等译，中国文史出版社，1988，第 258 页。

③ 《竺可桢日记》，1947 年 10 月 4 日，《竺可桢全集》第 10 卷，上海科技教育出版社，2006，第 549 页。

上。以后随着大后方通货膨胀的日益严重，法币急剧贬值，但官方的外汇比价从未进行调整，而黑市外汇的比价却不断以数倍乃至数十倍的速度大幅攀升，当时大后方盛传的"工不如商，商不如囤，囤不如汇"就是对这种现象的生动写照。由于战时国家对外汇实施严格的管制，因此只要是能与政府高层拉上关系，以官方牌价购得外汇，再在黑市上一倒手，数十倍的利润便唾手可得。

战后国民政府一度开放外汇市场，但外汇的黑市市场依然存在，而且随着通货膨胀的加剧，官价与黑市之间的差价日益扩大。当时行政院主管审核外汇工作既无一定机构，又无详细法规，核准时或由行政院行文，或由行政院院长宋子文个人决定，以便条手谕中央银行拨售外汇。经审计部派员审核，未经正式程序、违反规定之处甚多。1946 年 4 月 11 日，宋子文致中央银行总裁贝祖贻英文条谕称："宋子良代政府向加拿大政府购买 4700 吨之船只三艘，价款加币 1575000.00 元，已电席德懋（纽约中国银行）先付宋子良加币 157500.00 元，并于准备启运时续付全部，嘱付还席德懋。"中央银行当即与席德懋接洽，结果于 4 月 23 日函财政部国库署，请准拨归垫并呈报行政院。计三船共付加币 1580028.78 元，先垫加币 310000.00 元，折合国币 569272723.60 元，于 1946 年 4 月 23 日函请国库署拨还归垫，7 月 25 日再付加币 1270028.78 元，折合国币 2565458135.60 元，于 7 月 20 日列入财政部欠账内。[1]

抗战胜利后，政府实施开放外汇的政策，将美元与法币的汇率一下子提高到 1∶2020 的水平，经营进口贸易者趋之若鹜，导致外汇库存急剧下降。在这种情形下，政府一方面再度贬值法币，另一方面修正进出口贸易办法，对进口商品实施配额制，对外汇则予以严格的审批。然而这些制度对于豪门资本和"官办商行"来说并无妨碍，相反他们却可以依仗特权，优先获得配额，进口管制物资，再"合法"套购外汇，从而赚取超额利润。

当时的上海市市长吴国桢后来回忆说，按照政府的有关法令来说，这些豪门资本所做的一切确实没有问题，一切都是合法的，因为法令本身就是他们自己制定的，这是因为"他们有影响力，一切都是在合法的范围内

---

[1]　监察委员何汉文等：《外汇使用及各公司营业情形调查报告书》（1947 年 1 月 1 日），二档藏监察院档案：八/2040。

做的"。比如，当时没有人能得到外汇（因申请外汇需要审查），"但他们的人，即孔的人是控制财政部外汇管理委员会的，所以就能得到外汇。每个人都得先申请才能进口必要的货物，但他们却有优先进口权。因此，尽管他们的确从中国人民的血汗中发了大财，但一切仍然是合法行为"。① 何廉也回忆说："如果没有政府的帮助，没有机会从政府手里买进外汇，在这个当口任何企业肯定都是要覆灭的。可是在 1945 年到 1947 年这两年期间，在宋子文的控制下，政府出售外汇时是差别对待的，和宋子文没有联系的企业所有人几乎没有机会从政府手里得到外汇，而与之有关系的人申请外汇就得到照顾。"② 著名金融家、上海商业银行总经理陈光甫对于管理外汇有自己的看法，他认为那些外国专家觉得这种方法不错，却不了解中国的官僚政治，"管理外汇，愈管而资金愈逃避"，而"管理正好帮助政府中人方便……好比唱戏人总想唱一出好戏，不知政治经济环境，死硬的做，弄得百姓鸡犬不安，可怕的学说！"③ "官办商行"正是利用与政府间的特殊关系，"合法"地获得进口配额，再"合法"地套购外汇，从中赚取差价，但也激起众怒。

依仗特权，牟取暴利

"官办商行"不仅利用特权申请配额、进口物资、套取外汇，还享有其他特权，合众社记者龙特尔即披露："孚中公司有代表一人，利用中国外交官之护照，现正在美国从事商业上之旅行，而一般有经验之中国商界领袖欲赴美国，则常不能获得准许。"④

1947 年 6 月，经监察院调查外交部相关案卷，证实孚中公司现任总经理宋子良曾于 1940 年 7 月 3 日领有外交部 D-2067 号外交护照，由行政院以派赴美国考察交通专使的名义出国，1946 年 9 月 14 日又将护照加签赴美，现尚未回国。孚中公司现任协理沈鸿年则于 1942 年 4 月 20 日以当时外交部部长宋子文随从秘书的身份，领有外交部 D-2435 号外交护照出国，

---

① 裴斐、韦慕庭访问整理《从上海市长到"台湾省主席"（1946—1953 年）——吴国桢口述回忆》，吴修垣译，上海人民出版社，1999，第 69 页。

② 《何廉回忆录》，第 280—281 页。

③ 上海市档案馆编《陈光甫日记》，上海书店出版社，2002，第 205 页。

④ 转引自《何汉文等监察委员报告书》（1947 年 10 月 1 日），二档藏监察院档案：八/2040。

1946 年 7 月 5 日加签赴美，目前仍在美国。而中国建设银公司总经理宋子安亦于 1941 年 11 月 6 日以军事委员会侍从室侍从秘书的身份领有外交部 D-2325 号外交护照出国，现仍在纽约。[①] 很明显，宋子良、宋子安兄弟和沈鸿年当年出国或许确为公务所需而持有外交护照，但战后他们的身份已经完全改变，所持外交护照却仍能加签，从而继续使用这一特权，由此也可以看出他们与政府之间所具有的那种密切关系了。

战后从事对外贸易当属进口汽车的利润最大，但经营这一行业必须具备一些先决条件：首先，公司要拥有充足的资本；其次，要与外国汽车公司建立良好的关系；最后，所有经营活动必须得到国家相关部门的支持。而"官办商行"正具备这些有利条件。《文汇报》记者披露宋子良"曾获得美国对华钢铁输出限额的 90%"，而且孚中实业公司"独家经营之威利吉普，进口已达万辆，今年进口之新汽车也达千辆"。[②] 扬子建业公司垄断经营奥斯汀、雪佛兰等高价名车，每辆进口成本约合 1800 美元，公司却可以 5000 美元一辆在国内市场出售。[③]

当时舆论普遍认为，进口客车主要是为有产阶级特别是官僚财阀服务的奢侈品，因此要求严格控制进口。1946 年 3 月 4 日公布的《进出口贸易暂行办法》规定，禁止出厂价格在 1200 美元以上、7 座位以下之客车进口。但"上有政策，下有对策"，本来吉普车按其性质应属于客车，孚中公司就钻了这个空子，将吉普车列为 1 吨以下货车，并得到海关的同意，从而堂而皇之地将其大量输入国内。[④] 另外该办法规定凡在 1946 年 3 月以前所订的各项合同或已购进者"不在此限"，孚中公司又利用这一空隙，拿出与伟力斯公司所签订的包销合同以及已售出的合同向海关交涉，结果批准进口 7000 辆吉普车，均按当时的官方外汇牌价 2020 元结汇。这个数字相当庞大，据时任孚中实业公司协理的陆品琹后来回忆，当时在美国购买一辆吉

①　《财政、经济两部会查报告书》（1947 年 6 月 14 日），二档藏输出入委员会档案：四四七（2）/80；又见《何汉文等监察委员报告书》（1947 年 10 月 1 日），二档藏监察院档案：八/2040。

②　《工商天地》第 1 卷第 9 期，1947 年，转引自交通银行总行编《交通银行史料》第 1 卷（下），中国金融出版社，1995，第 1579 页。

③　宋子昂：《扬子公司的一鳞半爪》，《孔祥熙其人其事》，中国文史出版社，1987，第 217 页。

④　《交通银行史料》第 1 卷（下），第 1580—1581 页。

普车的价格不超过 400 美元，加上运费、关税后，成本至多为 800 美元，然而运到国内一转手，即可以 2400 美元的价格售出，利润实在惊人。因此，孚中公司仅从经营汽车进口一项业务中就发了大财。①

此后不久，因政府以国家的名义向国外购入大批卡车，所以又规定其他商家自 1946 年 4 月 29 日起暂时停止输入卡车，孚中公司却于 5 月以后共进口 738 辆汽车。该公司之所以能够违背国家法令公开进口汽车，是得到有关部门密切配合的。据海关报单签注，这批汽车中分为 5 月 1 日、9 日、23 日和 6 月 22 日共进口 189 辆，系 4 月 29 日以前业已起运在途；而 5 月 23 日至 1947 年 1 月 28 日共进口吉普车 549 辆，则是 4 月 29 日以前业已订购并以现款或信用证付结购价，因此海关方按章核准进口云云。但是海关提供的单据只是一份抄件，说是原件已发还。而经调查公司的结汇账册，仅有 1946 年 4 月 10 日和 24 日两次订购吉普车 200 辆，共付定金 49000 美元，这是属于合法进口的；其余吉普车价款美金 767240.68 元都是在 4 月 29 日以后发生，而且大多是在 8 月份以后才陆续结汇的。很明显，这与公司及海关的报告内容并不相符，因此"所称四月廿九日以前业已订购一节不无可疑"。②

孚中公司还于 1946 年 3—12 月凭政府发给之配额，进口旅行汽车 101 辆，其中 74 辆为 3—9 月份额度，获发 M. C. 11-49 号许可证（6 月 22 日发证），指定向中国银行结汇美金 54020 元，27 辆系 10—12 月份额度，指定向大通银行（Chase Bank）结汇美金 38021 元，并以 M. C. 11-101 号许可证（9 月 21 日发证）报经海关查验后进口。③

此外，孚中公司还进口其他各类紧俏物资，如进口 108 箱各类无线电设备，其中无线电收音机 60 件，内有 40 件是在 1947 年 1 月 18 日进口的，而输入临时管理委员会 1946 年 11 月 17 日即公布了《修正进出口贸易暂行办法》，对已订货而尚未进口的货物限定了起运时间，因此，这 40 件已经超

① 《原孚中公司协理陆品栗访问纪录》（1963 年 3 月），转引自《经济学术资料》1982 年第 8 期，第 36 页；又见《交通银行史料》第 1 卷（下），第 1580 页。

② 《财政、经济两部会查报告书》（1947 年 6 月 14 日），二档藏输出入委员会档案：四四七（2）/80。

③ 《输入临时管理委员会非限额进口审核处报告》（1947 年 7 月），二档藏输出入委员会档案：四四七/425。

出了政府公布的限制进口日期。但孚中公司称，这批货物是代中央航空公司购置的，主要是供飞机航行及机场交通联络之用，而且凭有中央银行外汇审核处签发之第 14747 号许可证报关进口，已于 1946 年 11 月 6 日将这批货物由纽约运出，所以海关即以"手续尚无不合，似可予以进口"为由予以放行。[①] 孚中公司还曾代理美国西屋电器公司（Westing House）进口电机，售予台湾电力公司发电机及水电设备，并为上海经纬纺织机器制造厂进口全套设备及其他一切零星机器。[②]

孚中公司大量进口汽车牟取暴利之事可算是当时的一大新闻，就连竺可桢也从朋友口中得知孚中、扬子公司"均利用政府，大批购汽车入国，其贪污情形直堪发指也"。[③] 这说明"官办商行"在民众中的形象极为恶劣，已成为舆论攻击的主要目标。

党国与家族

应该说，蒋介石对于贪污腐败的行径还是深恶痛绝的，也曾下令严惩贪官污吏。当他收到有关密报后即命令财政、经济二部秘密调查"官办商行"依仗特权牟取暴利的活动，而且在披阅调查报告后下令："中央信托局、物资供应局、孚中公司进口汽车中确有超出规定限制，依法应禁输入；又，孚中公司、扬子公司进口之无线电及冰箱，亦有在法令限制输入以后，何以主管机关竟予核发许可证，准予进口？""孚中实业公司进口之吉普车，其结汇在卅五年四月廿九日以后，依法应停止输入，何以仍准进口并结售外汇？以上各节仍有查究必要。"[④]

蒋介石日记也进一步证实了这点。1947 年 8 月 1 日蒋在日记中写道：

> 近日为宋家孚中、孔家扬子等公司，子文违章舞弊，私批外汇□□（不清），令行政院彻查，尚未呈复……余严电财部公布真相，稍

---

① 《输入临时管理委员会非限额进口审核处报告》（1947 年 7 月），二档藏输出入委员会档案：四四七/425；又见《何汉文等监察委员报告书》（1947 年 10 月 1 日），二档藏监察院档案：八/2040。
② 《交通银行史料》第 1 卷（下），第 1580 页。
③ 《竺可桢日记》，1947 年 10 月 4 日，《竺可桢全集》第 10 卷，第 549 页。
④ 《蒋介石代电》（1947 年 6 月 28 日），二档藏输出入委员会档案：四四七（2）/80。

息民疑。子文自私误国，殊为可痛，自应严究惩治，以整纪纲。

朝课后，为查究孚中等公司案，令财部与《中央日报》公布改正，必须根究查办，水落石出方妥。

两天之后，蒋介石又在"上星期反省录"中写道：

对孚中、扬子各公司违法外汇，子文私心自用如此，昔以荒唐误国，犹以其愚顽而尚无舞弊之事谅之。今则发现此弊，实不能再恕，故依法行之，以整纪律。

与此同时，蒋介石为了制止官商之间的勾结，又亲自向行政院院长张群下达手令：

目前中外商人对于政府申请外汇、核准进口货物之办法诸多批评，认为唯有与政府密切关系之商家，始能有特殊之待遇。而事实上管理办法是否尽善，亦成问题。查目前核准之外汇有限，而申请之商行则甚多，为免除社会对政府之责难，并防止管理机关徇情偏袒起见，唯有采取公用［开］公告之方式，按月由财政部将结放外汇之数额及准许进口物品之项目，先期登报公告，嘱各行商限期登记申请。至于各商行之名称、董事长、经理之姓名、资本额、申请外汇之数额、进口物品之名称、数量等项，无论核准与否，均由财政部按月登报公告，以昭大信。如有数个商家同样合于申请之规定者，则取抽签式轮流核准之方法，以示公允。倘商家认为财政部核准有不公允者，准予提出申诉。此事简而易行，且将使中外舆论认识我政府确有保障人民合法利益及铲除积弊之决心。此外，凡涉及工商业核准之外汇、进出口贸易、公营事业经费状况等，应由行政院采取公开公告之原则，并尽量鼓励人民检举贪污，提成充奖，以杜流弊。希即照此原则，限本月十五日前拟定实施办法呈核为要。①

———————————

① 《国民政府主席蒋介石致行政院院长张群手令》（1947 年 8 月 5 日），"国史馆"藏《国民政府档案》：001-084100-0005。

　　然而蒋介石的心情是矛盾的，他对于贪污腐败深恶痛绝，亦希望通过严刑峻法予以打击，以巩固党国的统治；然而一旦腐败牵连家族利益，特别是涉及孔氏豪门，蒋介石的态度就变得犹豫不决了，1945 年对美金公债舞弊案的处理结果就是一个明显的案例，[①] 而 1948 年的扬子公司囤积案的最终处理，又再次证实了这个判断。

　　1948 年 9 月，蒋经国在上海"打老虎"的行动中查抄了扬子建业公司囤积的大量物资，此举得到朝野上下的密切注意，监察院亦立即委派监察委员熊在渭、金越光前往上海进行调查。孔令侃立即搬出宋美龄为他说情。10 月 9 日，蒋经国从无锡飞往北平，特地向蒋介石报告上海执行经济管制的情形，蒋介石在日记中写道："经济本为复杂难理之事，而上海之难，更为全国一切万恶鬼诈荟萃之地，其处理不易可想而知。对于孔令侃问题，反动派更借题发挥，强令为难，必欲陷其于罪，否则即谓经之包蔽［庇］，尤以宣铁吾机关报攻讦为甚。余严斥其妄，令其自动停刊。"[②] 10 月 18 日，刚从沈阳督战回到北平的蒋介石又给上海市市长吴国桢发去一电，要他立即制止监察院的行动：

　　　　关于扬子公司事，闻监察委员要将其开办以来业务全部核查，中以为依法令论殊不合理。以该公司为商营，而非政府机关，该院不应对商营事业无理取闹，如果属实，则可属令侃聘律师进行法律解决，先详讨其监察委员此举是否合法，是否有权，一面由律师正式宣告其不法行动，拒绝其检查。并以此意与经国切商，勿使任何商民无辜受屈也。[③]

两天后吴国桢发来回电：

　　　　查此案前系由督导处办事处径饬警局办理，奉钧座电后，经与经国兄洽定三项办法：（一）警局即日通知监察委员，检查该公司业务全

<hr />

①　参见郑会欣《美金公债舞弊案的发生及处理经过》，《历史研究》2009 年第 4 期。
②　《蒋介石日记》，1948 年 10 月 9 日。
③　《蒋介石致吴国桢电》（1948 年 10 月 18 日），"国史馆"藏《蒋中正档案·特交档案》：002080200334070。

部超越警局，只能根据违反取缔日用品囤积居奇条例之职权，警局前派会同查勘人员即日撤回；（二）该公司可以无当地行政人员在场为理由，拒绝查账，不必正面与该委员等发生争执；（三）监察委员熊在渭与天翼先生关系极深，职定访天翼先生，请其转达不作超越法律范围之检查。是否有当，敬请示遵。①

此时东北战场鏖战正急，国共两党正在进行决定中国未来两种命运、两种前途的大决战。蒋介石居然万里戎机，特地从前线发来电报，阻止有关部门对扬子建业公司的调查，这说明此刻党国荣辱与家族利益已经紧密地结合在一起，也是到了生死存亡的关键时刻。面对中共甚至国民党内的抨击，蒋介石却认为"社会对宋孔豪门资本之攻讦，几乎成为全国一致之目标，共匪宣传之阴毒与深入如此，以此为倒蒋手段也"，而且，"对孔宋攻讦牵涉内人，凡卑鄙龌龊足以毁灭余全家之信用与人格之诽谤，皆已竭尽其手段矣。是非不明，人心恶毒至此，如无上帝之恩施与耐心毅力，当已悲愤弃世矣"。②

七 官僚资本研究概论

关于国家资本和官僚资本的争论延续了多年，虽然目前绝大多数学者不同程度地接受了以"国家资本"来代替以往将国营企业统称为"官僚资本"的概念，因为这一提法内涵比较明确，不会将官僚私人的投资与国家（包括中央和地方）投资的资本混淆在一起，但是应注意的是，在一定条件下，特别是在中国长期以来官僚政治传统的影响下，官僚可以通过手中掌握的权力，以各种方式将国家资本转化为官僚私人的资本，而且这种转化往往是以"合法"的途径加以实现的。

有学者曾明确指出："在对资本类型作分类统计或分类研究的场合，'国家资本'或'国家垄断资本主义'确有比'官僚资本'清晰的一面，但

① 《吴国桢致蒋介石电》（1948年10月20日），"国史馆"藏《蒋中正档案·特交档案》：0020080108002015。
② 《蒋介石日记》，1948年11月11日、12日。

'国家资本'或'国家垄断资本主义'的经济学概括并不完整，在许多场合，'官僚资本'的概念仍不应被弃用。""官僚资本"应该是"在中国近代国家资本主义经济体系中，官僚利用对资源的控制，利用对信息的独占，利用对企业的使用权、收益权、处置权和转让权的掌握，牟取私利并损害全社会福利的一种经济和社会形态"。① 因此，我们认为官僚个人投资的资本仍应属于中国的私有资本，而不能简单地将其划为国家资本的范畴，尽管这样的资本在原始积累时可能充满血腥，但并不能因此而将其划出私人资本的范围。我们在认同官僚资本与民族资本一致性的同时，更应看到两者之间所存在的明显差异，特别应注意到官僚与财阀的结合以及这种结合所产生的影响。在这些官督商办、官商合办的企业中，政府的利益和财产已经同官僚私人的利益混为一体、难以区分了。② 而中国建设银公司、孚中实业公司和扬子建业公司等这些"官办商行"正是民国时期官僚资本的典型代表，因此应该对其进行深入研究。

我们还应看到，民国时期的官僚资本还具有一个重要特点，那就是除了政府高级官员本人直接从事或投资企业外，往往还采用另一种形式介入国家的商业活动：他们本身不直接出面，而以其亲属（配偶、子女、兄弟等）投资兴办公司，即所谓"裙带资本"（apron-string capital），这些事例在抗战胜利前后表现得格外明显。抗战胜利前后，宋子文担任行政院院长，步入其一生中仕途的巅峰，他为了表明官员不参与经商而辞去扬子电气、淮南矿路和既济水电三公司董事长的职务。然而就在同时，一大批政府高级官员亲属创办的公司纷纷出现，前文提及最著名的也是被朝野上下指责为"官办商行"的三大公司——扬子建业公司、孚中公司和中国建设银公司，总经理就分别是孔祥熙之子孔令侃和宋子文的两个胞弟宋子良、宋子安。

民国成立后，由于军阀混战，政局不稳，中央权威日益下降，政府干预经济的能力也随之减弱，企业家和商人从而可以摆脱政府的某些控制，得到相对的发展。然而国民政府成立之后，随着中央集权的强化，政府对经济的干预日益加强。当新政权成立之初，以江浙财团为代表的中国金融

① 杜恂诚：《试论近代中国社会阶层排序》，《学术月刊》2004 年第 1 期。
② 有关晚清官僚投资经商的史实，可参见〔美〕陈锦江《清末现代企业与官商关系》，王笛、张箭译，中国社会科学出版社，1997。

资产阶级在经济上立即给予援助，他们同时也从经营国债中获得优厚的利润，从而将自己与政权紧密地联系在一起，由是权势与财势便紧密结合，并对整个国民经济产生极为重要的影响。从上述几家"官办商行"的发展历史和经营活动中我们可以清楚地看到，宋子文、孔祥熙这些主管财政经济事务，同时又以私人名义从事各种经济活动的亦官亦商的官僚，是如何与张嘉璈、陈光甫、钱新之这些原本是金融大亨，但又与政府具有密切关系甚或担任政府重要职务的亦商亦官的财阀结合在一起的。

第二十一章

南京政府十年中美经济关系的考察

南京政府十年（1927—1937）被喻为国民政府的"黄金十年"，在政治、经济、交通、教育、文化、社会政策、外交和军事等方面有跃升的成就，同时也奠定日后中国全面抗战的根基。从中美关系而言，这段时间国民政府在外交事务上越来越向美国靠拢，两国的经济交往也愈为密切，通过中美经济的交往因素，中国越来越走向以美国为主导的国际市场和经济活动，确定 1949 年以前中美经济关系之基本格局。

这一时期中美两国的经济交往，乃事实上外交活动的一环，其随着九一八事变之后美日关系的不安，以及美国对整体远东利益和安全的考虑而有所转变。在环绕政府层次的中美经济交往中，最重要者莫如棉麦借款、白银问题和币制改革等议题，可见南京政府逐步走向亲美外交的过程，然而美国的态度始终瞻前顾后，一直要到 1938 年的中美桐油借款，国民政府的联美外交才真正走向乐观局面。因此，中美桐油借款签约时间上虽不属于南京政府十年范畴，但这项外交活动是南京政府一连串对美经济和外交活动的结果，而其谈判又紧接币制改革之后，因此，本章亦将其纳入讨论范围。

从美国企业在中国的投资而言，据统计，美国在中国的投资在 1930 年达到高峰，即使中日战争期间在日军占领区仍持续运作，直到太平洋战争爆发后，美国在中国的投资才急遽滑落。因而，不论就政府层次还是民间层次的中美交往而言，南京政府十年的中美经济关系具有特殊的意义。本章在综合前人研究成果的基础上，探求这一时期中美经济关系的发展历

---

* 本章由吴翎君撰写。

程和经验。

一　南京政府十年中美经济关系的重要性

南京国民政府成立后的中美经济关系在近代中美两国交往的历史上有何重要意义？从中国本身而言，诚如白吉尔所言，从一战结束到 1937 年是中国资产阶级的黄金时代，特别是 1915—1927 年由于一战提供的市场机会（欧洲各国卷入大战）、中国市场的开放和国家力量的较少介入及其他经济因素，一批中国资本家兴起，这一时期也是国际资本与外国技术热络于中国市场的时期，从而形成民族企业与外国企业的微妙复杂关系。[1] 从美国对中国的投资而言，一战的爆发和同年巴拿马运河的通航，提升了中国市场的重要性，美国政府与民间对中国市场有更大的兴趣。[2] 美国最初因未参加大战，美国资本家成立广益投资公司（American International Corporation，简称 AIC），借机扩大在海外市场的影响力，而中国正是他们亟欲拓展市场的地区之一。为了促进大战时期对华贸易，1915 年 6 月 19 日，美国在华商人更进一步于上海成立美国中国商会（American Chamber of Commerce of China，简称 AmCham）。他们和美国亚洲协会（American Asiatic Association，1898 年成立）互通声息，为促进美商在远东的共同发展而发声。一战后，美国在华进出口贸易快速成长，在 1931 年日本侵略东北之前，已成为占中国进出口额首位的国家。

如从近百年中美经济关系的历史脉络而言，南京政府十年中美经济关系的跃升意义更加凸显。19 世纪末以前美国对华贸易量占其外贸的比重极其微小，据统计，1841—1845 年为 1.6%，1861—1865 年为 2.5%，以后逐年下降，1872—1876 年最低，为 0.2%，19 世纪 80 年代以后逐渐上升，1897—1901 年达到 1.0%，1902—1906 年为 2.0%，此后又下降到 1.0% 左右，直到一战前后（1916—1920 年）从 1.1% 上升到 1921—1925 年的

---

[1]　〔法〕白吉尔：《中国资产阶级的黄金时代（1911—1937 年）》，张富强、许世芬译，上海人民出版社，1994，第 78—84 页。

[2]　吴翎君：《美国大企业与近代中国的国际化》，联经出版公司，2012，第 4—5 页。

2.4%，1926—1930 年为 2.3%，到 1931 年为 4.0%。[1] 以各国对华贸易而言，美国对华贸易在 1931 年以后已高居各国之首，该年占 18.85%，1932 年为 21.16%，1933 年为 20.80%，1934 年再上升为 23.34%，超过日本（含台湾，但未含东三省之统计）、英国（不包括香港）和德国。[2] 就贸易国别而言，全面抗战前夕的 1937 年 1—3 月，美国仍占中国对外贸易的首位，进出口总值达 5.47 亿元（国币），超过日本的 5.07 亿元（国币），德国又次之，英国更次之。如与 1936 年 1—3 月对照，1937 年同期美国对华进出口贸易值约增加 1 亿元（国币）。1937 年中日战争全面爆发后，日本除占领东北外，对华北、华中占领区进行经济扩张与垄断，美国在中国的经济利益开始受到影响。[3]

就美国在华投资数量而言，有一资料说法是 1930 年底，美国在华投资总额为 1.968 亿美元，1934 年为 2.7 亿美元，到 1936 年则上升到 3.427 亿美元。在此期间美国在华投资总额虽不及日本和英国，但其增加的速度大大超过其他国家。[4] 据美国企业史学者米瑞·威尔金斯（Mira Wilkins）的研究，美国在中国的投资在 1930 年达到高峰，即使中日战争期间在日军占领区仍持续运作，直到美国参加二战后才急遽滑落。他据不同数据源的估算，1900 年美国企业在中国的投资约有 1750 万美元，1914 年约 4200 万美元，1929 年约 1.138 亿美元，1930 年再上升至 1.551 亿美元（一说 1.293 亿美元），1936 年为 9060 万美元，1940 年陡降为 4610 万美元，1941 年再降为 4060 万美元，到 1949 年则有 5600 万美元。[5]

① Peter Schran, "The Minor Significance of Commercial Relations between the United States and China, 1850-1931," in Ernest R. May & John K. Fairbank eds. , *America's China Trade in Historical Respective, the Chinese and American Performance* (Cambridge, Mass. : Harvard University Press, 1986), pp. 239-240.

② 周新：《二十三年度我国之对外贸易》，《东方杂志》第 32 卷第 12 号，1935 年，第 15 页。

③ 允中：《民国二十六年第一季贸易概况》，《东方杂志》第 34 卷第 11 号，1937 年，第 85 页。

④ 郑会欣：《改革与困扰——三十年代国民政府的尝试》，香港教育图书公司，1998，第 265 页。

⑤ Mira Wilkins, "The Impact of American Multinational Enterprise on American-Chinese Economic Relations, 1786-1949," in Ernest R. May & John K. Fairbank eds. , *America's China Trade in Historical Respective, the Chinese and American Performance*, pp. 285-287. 威尔金斯是研究美国企业史的大家，但中国市场部分非其最主要的研究成果。1927—1941 年是美国在华企业活动的高峰期，但目前相关的具体成果，特别是个案研究事实上并不多，各说数据差别甚大，如以上所引，这方面的具体情况，还有待深入研究。

从美国方面而言，以下几个因素为理解这一时期中美经济关系的重要脉络。

其一，美国对华贸易法案（China Trade Act）。一战结束后，美国政府出于资本扩张以及推广在华商务的利益需要，着手拟定对华贸易法案，并于1922年颁布。这一法案系为在中国营业的美国公司专门制定的，其基本内容是特准美国公民依照这一法案，在美国本土向联邦政府登记在法律上作为美国的国内公司，但是总、分公司都必须设在中国境内，并且在中国境内营业，可享有联邦政府税捐的豁免权。由此可见美国政府在对中国贸易和市场投资中所扮演的重要角色。1922年对华贸易法案实施，到1949年以前约有250家美国公司是在这一法案下组成的，而其间只有4家公司最后解散或因执照过期而被注销，可见该法案的影响力。在此之前，美国在中国的投资形态基本上是营运公司，大抵要到对华贸易法案实施后才大量出现独立公司。独立公司是英国1870—1914年海外直接投资的一种重要形式，该法案的制定为美国有意仿照英国在一战以前拓展海外贸易的模式。① 美国商务参赞阿诺德（Julean Arnold）于1919—1920年为美国商务部编辑《中国工商手册》（*Commercial Handbook of China*）两大册，为提供美商来华贸易之指导；1927年又编辑《在华贸易大要》。两书均由美国政府出版，可见其重要性。②

其二，延续20世纪20年代的工矿投资。一战后的20世纪20年代，美国大型企业对中国市场的实业投资兴趣盎然，美国大公司参与中国的油矿开采、大型铁桥建造、无线电信和水利、港口等公共工程，尽管这期间在华的投资经验充满挫败，但其信心和企求并未减弱，而这段历程正是作为20世纪30年代参与南京政府公共事业和实业建设的借镜。相关资料亦显示，美国在一战后的1919—1928年在华行号与人数增加快速（详见表21-1）。从英美人数的相较，更可知美国在华利益的快速扩张。

① 详见美国商务部网站，http://www.ita.doc.gov/ooms/ChinaTradeActRCS.pdf，访问日期：2010年1月10日；William J. Hausman, Peter Hertner, Mira Wilkins, *Global Electrification: Multinational Enterprise and International Finance in the History of Light and Power, 1878-2007*（Cambridge University Press, 2008），pp. 30-72。

② 两部书可于网上下载，http://catalog.hathitrust.org/Record/006601320. Julean Arnold, *Salient Facts in China's Trade*（Washington D. C. Govt. Print Office, 1927）。

表 21-1　美英在华公司数量比较（1919—1928 年）

单位：家，人

年份	1919	1920	1921	1922	1923
美国行号/人数	314/6660	409/7269	412/8230	377/9153	409/9356
英国行号/人数	644/13234	679/11082	703/9298	725/11855	661/14775
年份	1924	1925	1926	1927	1928
美国行号/人数	470/8817	482/9844	510/9401	551/6970	574/6023
英国行号/人数	726/14701	718/15247	714/14670	617/11714	682/12383

资料来源：杨端六、侯厚培等《六十五年来中国国际贸易统计》，"中央研究院"社会科学研究所专刊（4），出版时间不详，第 143—148 页。

其三，美国私人企业的作用。一战后美国大企业快速向海外扩张，其秉持自由贸易的传统信念，加以自 19 世纪末以后美国政府采取的金元外交为之后盾，一般人咸信这是美国大企业得以成功拓展海外事业的重要因素。1929 年美国爆发史无前例的经济大萧条，美国政府坚持关税壁垒政策以保护国内市场，并实行强力干预利伯维尔场，以解燃眉之急。然而，多数美国大企业在大萧条时期反对政府的过度干预，他们和美国政府间的关系变得异常复杂。在 1930 年以前，美国政府政策和私人企业的目标常是平行发展的，但是在 20 世纪 30 年代美国大型财团对市场国际化充满想象，他们主张利伯维尔场的开放，与美国政府的锁绑政策越来越不相同。尽管大企业仍试图通过院外集团来影响美国政府的决策，政府亦试图通过私人关系影响大企业的决定，但整体而言，美国政府和大财团的利益互惠越来越少，大财团未必配合美国政府的政策。①

就中国方面而言，尽管 20 世纪 30 年代初中国亦受到全球性经济危机的影响，但相对于欧美工业国家所经历的严重困难，中国在南京政府时期的经济发展和各项建设相对稳定。晚近国内外经济史学家的研究均指出在两次世界大战之间的 1920—1936 年中国经济有快速的成长，特别是工矿交通业中的近代生产发展迅速。以铁路为例，1919—1937 年共筑铁路 10274.56公里，平均每年筑路 540.77 公里，多于前后的其他时期；货运量则从 1920

---

① Emily S. Rosenberg, *Spreading the American Dream*, *American Economic and Cultural Expansion*, *1890-1945*（New York：Hill and Wang, 1982），pp. 166-167.

年的 89 亿吨公里增加到 1936 年的 178 亿吨公里。新式交通的迅速增长更突出地表现在公路运输和民用航空事业上，1921 年中国公路通车里程只有 736 英里，到 1935 年已竣工的公路总长达 59900 英里，15 年间增加近 80 倍。中国第一家民用航空公司始建于 1929 年，到 1935 年 15 家航空公司设立了 10 条通达全国的航线，总里程超过 168 万英里。[①] 1929—1930 年中国外贸总额保持稳定，在 1930—1931 年还稳定增长了 20%。1929 年南京政府制定新的关税制度，使关税收入增长一倍多。此外，1930 年后，为了免受国际市场银价波动的影响，南京政府改以黄金而不再以白银收取进口关税。这一政策不仅减少了经常性的收支逆差，而且增加了对外国投资者的吸引力。在欧洲工业国家经历严重困难的时候，中国却给人一种相对稳定的印象。[②]

南京政府十年中国经济的稳定发展，究竟有多少是得利于外资企业的合作，或是中国本身民族工业的发展或是华洋竞合的结果，而其中究竟有多少是美国企业和资本的作用？侯继明早于 20 世纪 60 年代中期提出外资有利于中国近代化，最明显的是外资不仅在许多领域凡涉及技术引进者，多有开创性作用，其于铁路、航运和采矿等行业的发展，也有很大的正面影响。侯继明认为外资在几个方面有助于中国经济的近代化：一是激起了中国的民族主义，而民族主义又刺激了中国发展近代工业的决心；二是有助于建立一种使工业企业可以获利的外部经济环境；三是承担了许多社会基础的投资，有利于华资企业的发展。侯继明还强调在华的外资企业与华资企业各有优势，而且由于各自的市场不同，外资企业并未阻碍中国民族工业的发展。[③]

分析这一时期中美经贸关系的发展，或许可以分为美国政府与民间企业两个层次来看待。在美国政府方面，美国金元外交消退于经济大萧条最

---

① 王玉茹：《论两次世界大战之间中国经济的发展》，《中国经济史研究》1987 年第 2 期，后收入氏著《增长、发展与变迁——中国近代经济发展研究》，中国物资出版社，2004，第 2—22 页。

② Arthur N. Young, *China's Nation-Building Effort，1927–1937：The Financial and Economic Record* (Stanford, Calif. : Hoover Institution Press, 1971).

③ Hou Chi-ming, *Foreign Investment and Economic Development in China，1840–1933* (Cambridge, Mass. : Harvard University Press, 1965), pp. 216–217, 221. 近年来中国大陆学界从具体问题的讨论到研究方法的取径均有大幅的修正，此处不赘。详见吴承明《经济学理论与经济史研究》，《经济研究》1995 年第 4 期；《市场·近代化·经济史论》，云南大学出版社，1996。

为严重的 1929—1930 年。这一时期美国自顾不暇，对中国市场的经济外交大大不如一战以后积极。一直到 1934 年美国经济复苏后，才重振与中国的经济外交，也才有这一时期与中国在棉麦借款和币制改革等政府层次的紧密合作。[①] 然而在民间层次，自 1922 年美国对华贸易法案推动之后，美国企业界在中国市场越来越活跃，从跨国公司到一般小规模公司行号在中国各通商口岸特别是上海的交往日趋密切，各种俱乐部、协会团体和组织欣欣向荣，直到全面抗战爆发后，美国商会和侨民在中国的活动才逐渐受到影响，太平洋战争之后不少企业撤离中国，但亦有不少美国企业在日本占领区为谋求利益，以不同方式配合日本政府在沦陷区的经济政策而持续营运。[②]

二　南京政府十年中美经济关系的重要议题

1928 年 7 月，《整理中美两国关税关系之条约》（《中美关税自主协定》）是美国对国民政府事实承认的开始，也是南京政府成立后废除不平等条约的重大外交成就。这项关税自主协定表示美国对中国事务越来越感兴趣，甚至有意与英国争锋，争取对华政策的主导权。南京政府成立后，日本发动九一八事变及后续破坏远东秩序的一连串作为，则再度考验美国对华外交的实质。

九一八事变发生时，美国正处于经济危机的风暴中，为摆脱经济萧条，美国在经济和外交上趋向政治上的孤立主义和贸易保护主义。美国总统胡佛的首要任务为解决国内的经济危机，由美国的经济危机所引爆的世界性经济危机，使欧洲战债和赔款问题愈为尖锐，中国和远东事务事实上并非美国政府的关注所在。罗斯福总统上台后，受到白银集团在国会的操纵，他们利用罗斯福急于实施"新政"法案将美国从经济泥沼中解脱出来的时

---

① Emily S. Rosenberg, *Financial Missionaries to the World: The Politics and Culture of Dollar Diplomacy, 1900-1930* (Cambridge, Mass.: Harvard University Press, 1999). 该书探讨美国的宗教性格、政治文化、私人企业和公共政治等因素，论述美国 19 世纪末金元外交政策的起源，到 1927—1930 年经历经济危机之后金元外交的没落。

② 详见吴翎君《珍珠港事件前美国企业在华北的投资活动——以大来和英美烟公司为例（1939—1941）》，《政治大学历史学报》2010 年 11 月号，第 85~114 页。

机，迫使其为解决经济问题而实行大量购买白银政策。这一政策导致中国白银外流严重，世界银价剧烈上涨，使中国的金融结构日趋紧张，并削弱了南京政府抵抗日本侵略的能力，最后迫使中国不得不放弃银本位，并向美国寻求各项金融援助，1933 年的棉麦借款和 1934 年的白银协定，均显示南京政府越来越向美国靠拢。

九一八事变之后中国在外交上采取不抵抗政策，却遭到日本外交政策的节节进逼。1935 年起日军展开一系列蚕食鲸吞华北的军事行动（一般称之为"华北事变"）。从华北事变到八一三淞沪战争，日本欲"现地交涉"，而中国政府则欲将冲突事件"国际化"，以国际社会的参与（例如，向国际联盟申诉，并要求《九国公约》规范日本的侵略行为）来解决中日冲突。然而，中国在国联会议和布鲁塞尔会议上没有解决实际问题，不论是对日制裁还是中国内部期望的实质性援助均告落空。

经济危机不仅牵动美国的内政，更加深美国孤立主义的氛围。1935 年，美国国会通过《中立法案》（Neutrality Act of 1935），禁止运送军火至交战国。美国国会其后在 1936 年、1937 年、1939 年陆续修订《中立法案》，直至 1941 年由《租借法案》（Lend-Lease Act）结束了中立政策。在 1937 年的修订中，国会授权总统有权禁运军火、军械至交战国，或经中立国转运至交战国。总统亦可认定特种商品（如军火原料），交战国若欲采买，必须"现购自运"，即以现金在美国市场采购，并自备运输工具，此外尚有禁止交战国船舶进出或租用美国港口等项规定。同时，1937 年修订的中立法案也持续禁止贷款给交战国，但总统可以决定普通商业贷款与短期信用借款。尽管美国在中日间并未适用《中立法案》，但其政策基本依循《中立法案》之规范。

同一时期，美日贸易关系也相当密切，在美国对外贸易中，日本的地位较中国更为重要。1931—1935 年，远东贸易占美国对外贸易的 19%，其中日本占 43%，中国（含香港）只占 14%，美国在日投资，更是在华投资的 3 倍以上。① 基于以上两大因素考虑，美国政府虽不满意日本自九一八事变以后侵略中国东北的行为，但认为其尚未动摇美国远东利益，不愿以此

① Whitney A. Griswold, *Far Eastern Policy of the United States*（New York：Harcourt, Brace & Company, Inc., 1938），pp. 468-469.

影响美日贸易关系。因此，尽管罗斯福总统在 1937 年 10 月 5 日发表"隔离演说"（Quarantine Speech），被外界认为是针对德、日、意等国之侵略行为的，但考虑到国内舆情与美日关系，仍不愿对日采取强硬政策，即便同年12 月美国军舰"潘纳"号（Panay，又译"帕奈"）及三艘商船在长江被日军击沉，亦未采取报复行动，而让日本赔偿了事。[①]

关于九一八事变以后和抗战初期中美关系的研究成果，经典性的研究有多萝西·博格和入江昭等人的著作。[②] 中文方面仇华飞的《中美经济关系研究（1927—1937）》（人民出版社，2002）为迄今针对中美政府经济交往最完整的综论性著作，该书共分为四部分：修订商约与整理债务；中美商务关系；中美白银问题；币制改革与中美货币协定。值得留意的是这一时期中美经济关系的研究，特别是经济学者的分析，因研究取径与观照面的不同，弥补了政治外交史学家对于经济层面研究的若干缺陷。虽然对于美国白银政策与中国问题的分析，经济学者间仍有歧见，但不可否认的是经济学和其他跨学科的分析，有助于拓展以政府交往层次为主轴的视角。

中美关税谈判和对南京政府的承认

1928 年 7 月，《整理中美两国关税关系之条约》由财政部部长宋子文与美驻华公使马慕瑞（J. A. Macmurray）在北京签字，美国率先有条件承认中国关税自主，这项协定也被视为美国对国民政府的事实承认，为南京政府与美国正式外交关系建立的开始。

关税自主是国家主权独立的表征，关税收入多寡影响国家的财政与发

① 详见杨凡逸《美日"帕奈号"（U. S. S. Panay）事件与中美关系（1937—1938）》，政治大学历史学系硕士学位论文，2002。

② Dorothy Borg, *The United States and the Far Eastern Crisis of 1933-1938: From the Manchurian Incident through the Initial Stage of the Undeclared Sino-Japanese War* (Cambridge, Mass.: Harvard University Press, 1964); Akira Iriye, *Across the Pacific: An Inners History of American-East Asian Relations* (New York: Harcourt, Brace & World, Inc., 1967); Akira Iriye, *The Cambridge History of American Foreign Relations*, vol. Ⅲ, *The Globalizing of America, 1913-1945* (Cambridge University Press, 1993); Akira Iriye & Warren Cohen eds., *American, Chinese and Japanese Perspectives on Wartime Asia, 1931-49* (Wilmington, Del.: SR Books, 1990); Ernest R. May & James C. Thomson, Jr. eds., *American-East Asian Relation: A Survey* (Cambridge, Mass.: Harvard University Press, 1972); 汪熙、〔日〕田尻利主编《150 年中美关系史论著目录（1823—1990）》，复旦大学出版社，2005，第 321—329 页。

展。晚清以来中国被迫接受列强所定之税则，海关行政权、关税收支与保管等业务均为列强所掌控。20 世纪 20 年代中国民族主义运动风起云涌，废除不平等条约的呼吁不断。在 1921 年召开的华盛顿会议上，中国曾向大会提出废除不平等条约之要求，其中，恢复中国关税自主权及税率案，列在第一优先（此外并有治外法权、势力范围及租借地的收回等），但并没有得到解决。1925 年五卅事件发生后，北京政府于 6 月 24 日向华盛顿会议相关国家提出修约照会。对此美、英、日各国反应略有不同。美国表示如果中国政府善尽保护外人之职，愿意就关税问题尽速召开特殊会议，并组成治外法权调查团，依循调查结果将有明确的计划案。不久国务卿凯洛格（F. B. Kellogg）两次会见中国驻美公使施肇基，表示美国政府愿意敦促其他国家尽快召开关税会议，并催促派遣治外法权调查团代表到中国。

　　1925 年 10 月 26 日，关税会议于北京召开。会议召开的直接原因是法国终于在同年 8 月 5 日批准华盛顿会议的各项条约。按华盛顿会议之规定关税会议"得自条约生效后，三个月内在中国集会"。① 当时中国内部反对召开关税会议，直接要求关税自主权，尤其是南方的国民政府，抨击北京特别关税会议"不过使北洋军阀得到巨款，徒增中国之内乱"。② 受到中国内部的舆论压力，中国政府代表王正廷于关税会议召开的第一天，具体提出中国关税自主的提案。王正廷甚至向各国记者表示如列国不接受中国关税自主的要求，中国有可能仿照土耳其之先例，废除与列国间一切关税条约。11 月 19 日，关税会议临时办法委员会通过了下列决议："承认中国享有关税自主之权利，约定中国与各国现存条约中之关税上之限制，一切废除，并允许中国国定税率，将于 1929 年 1 月 1 日发生效力。与施行税率的同时，中华民国政府声明，裁废厘金。"③

　　受到五卅事件后华南地区日益激进的民族主义威胁，以及省港大罢工

①　黄月波、于能模、鲍厘人编《中外条约汇编》，商务印书馆，1935，第 610 页。法国因金法郎案争议，迟迟不批准华盛顿会议条约。1925 年 4 月北京政府让步使得金案解决。法国国会始通过华盛顿会议各项条约，该条约需至 1925 年 8 月 5 日才正式生效。

②　李守孔：《北伐前后国民政府外交政策之研究》，"中华文化复兴运动委员会"主编《中国近现代史论文集》第 24 编，台湾商务印书馆，1986，第 631 页。

③　详见吴翎君《美国与中国政治（1917—1928）——以南北分裂政局为中心的探讨》，张玉法主编《中国现代史丛书》（8），东大图书公司，1996，第 154—158 页。

等事件的影响，英国有意缓和与南方之关系。1926 年 12 月 18 日，英国驻京代办欧玛利（O. C. O'Malley）在公使会议上正式发表英国变更对华政策建议案（即圣诞备忘录），强调不必等待强而有力的中央政府成立，就应与中国地方政府协调。在这个基本认识下，英国所提关于附加税的具体方案是："无条件承认华盛顿会议附加税，不当以在外人监督之下，而以其大部分供偿还无担保借款为要求，应准许其在各处实行征收，其进款之支配储存均由中国主管官厅自行，并根本反对关税会议涉及无担保债款问题。"①

国民政府并不欢迎英国的新政策，缘于声明中有关华盛顿会议附加税方案，将对尚未掌握全局的国民政府造成不利态势。12 月底武汉国民政府外交部部长陈友仁正式发表宣言，反对英国政府对于附加税之提案，因为英国的新提案将使新税的 2/3 归国民政府的政敌使用，而且将使各地商港成为军阀争夺的新目标，尤其是占附加税总数 40% 的上海，必定成为各派争夺的血战之地。② 基于实现华盛顿会议协定的考虑，美国政府曾经有意做更大的让步，国务院准备发表一公开的对华政策宣言。1927 年 1 月 27 日，美国国务卿凯洛格发表对华政策声明，关于 2 分 5 厘附加税的实施，表示此为 1925 年关税会议所决定，但因中国内战导致会议中断，无法签订协定，美国政府始终希望"实施华盛顿会议所规定的附加税，并增加海关税收，俾在实施关税自主以前，足够维持中国一切需要"，并说明：

> 美国政府准备继续谈判治外法权及关税的全盘问题，或由美国进行单独谈判。唯一的问题是和谁去谈判。我已说过假如中国能协议任命能代表本国的人民或当局的代表，我们准备谈判这样的一个新条约……③

---

① Edmund S. K. Fung, *The Diplomacy of Imperial Retreat*：*Britain's South China Policy*，1924－1931（Hong Kong, New York：Oxford University, 1991），p. 101.

② The Chinese Acting Minister of Foreign Affairs at Hankow to Kellogg, Dec. 31, United States Government Printing Office, *Papers Relating to the Foreign Relations of the United States*，1926, vol. I，pp. 935-936. Hereafter cited as *FRUS*. 中文参见洪钧培《国民政府外交史》，文海出版社影印，1968，第 84—85 页。

③ 美国对华政策重要声明，见 Kellogg to the Chargé in China, Jan. 25, 1927, *FRUS*, 1927, vol. II，pp. 350-353.

美国参众两院于 1927 年初对中国问题进行热烈讨论，对美国务院产生强大压力。1927 年 2 月 21 日，美国众院以 262 票对 43 票的压倒性多数通过了有关中国问题的波特决议案（Porter Resolution）。此案由当时担任众院外交事务委员会主席的共和党众议员提出，要求柯立芝总统与"中国政府合法授权而能替全中国人民发言的代表"进行商谈，以便修订中美两国间的条约，使今后两国间的外交关系建立在平等互惠的基础上。讨论过程中显见不少国会议员对中国民族主义运动表示同情，同时也有一些主张予国民政府承认的呼声。[①]

1928 年 5 月，国民政府派特使伍朝枢赴美活动，希望获得美国在废除不平等条约上率先允诺及外交之承认。5 月 28 日，美国国务卿凯洛格接见伍朝枢，重申美国政府将不改 1927 年 1 月 27 日对华政策声明的承诺，亦即只要中国能有"代表本国人民或当局之代表"，美国政府愿与中国展开治外法权及关税问题的谈判，对于承认问题仍三缄其口。[②]

1928 年 6 月初，南京国民政府军队击败奉军，攻下北京，形式上统一关内。马慕瑞随即建议国务院考虑与中国缔结一个简要的条约，在确保美国贸易不受歧视待遇的条件下，承认中国关税自主。这一看法得到了国务院的赞同，并拟定了条约草本。但是驻华公使与国务院对于中国政局的安定不抱太大希望，最初国务院并未准备立即给予法理承认。

6 月 27 日，凯洛格接见法国公使时，表示国务院将考虑中国政局的演变，采取承认步骤，希望外交承认有助于中国政府表现统治能力，促使中国政局稳定、遣散私人部队、停止内战，且希望与中国商谈关税协定，虽然在可预见的未来，还看不出整个中国政治的安定。7 月 9 日，凯洛格与各国驻美使节会面，仍持这一主张。他在给驻华公使的电文中表示，如果北京公使团内提出这一问题，希望表达美国政府欢迎对南京政府的承认，至少是事实承认，如果不做此表示，他相信将危及对华关系；相反，如果表示承认，将有助于中国政治之稳定。11 日，凯洛格请示柯立芝总统，希望履行 1927 年 1 月 27 日对华政策之承诺，"不论此一政府是否能演变为稳定

① 魏良才：《一九二〇年代后期的美国对华政策：国会、舆论及压力团体的影响》，《美国研究》第 10 卷第 1、2 期合刊，"中央研究院"美国文化研究所，1978，第 160 页。

② 1927 年 1 月 27 日美国对华政策重要声明，见 Kellogg to the Chargé in China, Jan. 25, 1927, *FRUS*, 1927, vol. Ⅱ, pp. 350–353.

的公民政府，但我认为各国给予的鼓励，将有助于它解决内部的重大困难"，希望美国政府能就关税问题与南京尽速谈判。柯立芝总统次日即予批准。驻华公使马慕瑞不赞成中国过早谈判治外法权问题，他认为国民政府尚无法履行保护外人之义务，主张暂且拖延，凯洛格对此表示同意。[①]

7月25日，宋子文与马慕瑞签署《整理中美两国关税关系之条约》。该条约主要内容为：中美两国以往条约中有关进出口货物税率、子口税等条款作废，1929年元旦起中国适用关税完全自主的原则；缔约双方在彼此领土内享受之待遇，应与他国享受之待遇毫无区别，并不得向对方人民所运输进出口之货物征收超过本国人民所缴纳的关税及内地税。[②] 这是打破百年来不平等条约桎梏的一项成绩，写下了中国迈入国际社会新纪元的一页。

中美关税协定签约之后，承认南京政府问题也就顺理成章。所以，凯洛格于8月10日致电马慕瑞表示，关税协定之签订在技术上已表示承认南京政府，但参院批准条约并不能代表承认，不久将以某种外交程序公开确认此事。依美国宪法，承认一国政府之权在总统，而不是由参院批准条约之程序。同日，凯洛格对柯立芝总统称："有关承认南京政府之事总统有绝对的权力"，并表示"我们对南京政府的影响莫甚于此时"。柯立芝总统表示"可将此条约的签订视为对国民政府的承认"。[③] 9月11日，国务院致电马慕瑞："你可声明北京公使馆已授权与南京政府在完全承认的基础上发展正式关系。"[④] 南京政府与美国政府的关系乃正式进入法理承认的阶段，嗣后相继与德国、挪威、比利时、意大利、丹麦、葡萄牙、荷兰、瑞典、英国、法国、西班牙缔约；1930年5月6日与日本订立最后一个关税自主的协定，困扰中国近百年的协定关税之枷锁始得解脱。因此，中美关税自主协定不仅为百年中国条约史的大事，亦是美国与南京政府建立政府关系的重要开端，更具有代表美国对华事务取得重要影响力的指标性意义。然就

---

① 吴翎君：《美国与中国政治（1917—1928）——以南北分裂政局为中心的探讨》，第248—249页。
② 程道德等编《中华民国外交史资料选编（一九一九——九三一）》，北京大学出版社，1985，第474—476页。
③ Kellogg to Coolidge, Aug. 10, 1928, Coolidge to Kellogg, Aug., 11, 1928, *FRUS, 1928*, vol. II, p. 193.
④ Kellogg to Macmurray, Sep. 11, 1928, *FRUS, 1928*, vol. II, p. 199.

关税自主的谈判过程而言，早于 1925 年北京关税会议上列强对 1929 年 1 月中国实施关税自主权已有共识原则。北伐统一后，美国率先通过中美关税自主协定，对国民政府表示友好，其政治意义应大于此项经济协定本身。

中美棉麦借款的政治经济效益

1927—1937 年，中国共向外国借款 14 笔，其中属于政治借款的有 6 种，其他 8 种为路工借款。在这 6 笔政治借款中，1931 年中美小麦借款、1933 年中美棉麦借款形式特别，并非一般意义上的借款。它是从美国借贷小麦、面粉、棉花运到中国后出售给中外厂商获得款项，其情形类似国际贸易；所获得的款项用于各地建设，发展生产，又具有投资的属性。所以，棉麦借款是介乎贸易和投资之间的特殊形式借款。① 由于两次借款在国内外引起很大的反响，特别是 1933 年棉麦借款发生于九一八事变之后，日本将其视为政治借款而强烈抨击，致使日美矛盾加深。因此，棉麦借款不论其经济价值如何，都带有政治效应。

1931 年日本发动九一八事变，从某种意义上说是对美国门户开放政策的公然挑战，但美国正受经济大萧条困扰，对中日争端基本上采取不介入态度。次年初，日本侵占东北之最后据点锦州，美国决定予以外交上及道德上之抵制。1 月 7 日，史汀生（H. L. Stimson）同时向中日两国政府提出照会，谓：凡违反条约（指《九国公约》与《非战公约》）而订立之条约与协定，及由此而造成之事实上之局面，损害美国条约上之权利，包括中国之主权独立或领土与行政完整以及开放门户政策者，美国政府皆不能承认。此即史汀生之"不承认主义"，亦实时人所谓"史汀生主义"（Stimson Doctrine）。国民政府内部亲英美派人士、时任行政院副院长兼财政部部长的宋子文逐渐采取"联合欧美抵御日本"的政策。

1933 年 5 月，财政部部长宋子文与美国金融复兴公司签订《中美棉麦借款合同》。宋子文此次的美国之行是应罗斯福邀请，在参加由罗斯福发起的伦敦世界经济会议前赴美商讨双边经济关系，最后达成总额高达 5000 万

---

①　美国农业部答应于 1931 年 9 月 8 日正式启动。规定年利息 4 厘，每年 6 月 30 日和 12 月 31 日为付息日期。麦款分三期偿还，每期付 1/3。中美订有 8 项条件，含购麦数量、装运安排、麦和面粉价格、每次运麦数量、长年利息、利息偿还时间、借款票据、借款用途等。详见仇华飞《中美经济关系研究（1927—1937）》，第 316—317 页。

美元的棉麦借款。访美之初，中国代表团准备向美国商借用于购买棉花和小麦两笔各 500 万美元的信贷，以应国内经济和国防之急需。但处在经济萧条中的美国对此有自己的考虑，认为这是倾销国内过剩棉花和小麦的良机，主动把贷款总额提高到 5000 万美元。一些来自棉麦产区的国会议员出于对国内经济的考虑，积极促成这笔贷款，以期通过倾销过剩产品为经济复苏注入动力。时任农村信贷署署长的摩根索（Henry Morgenthau）代表这部分人的观点，他说得非常坦率："即使这笔借款永远不能偿还，出售这些棉花也将提高国内棉价，美国国内库存棉花的价值即可以增加 1 亿美元。"① 但国务院对此持不同看法，反对借款给中国，理由是中国没有足够的偿还能力，而且这样一笔借款会激怒日本，日本又恰好是美国棉花的大主顾。这是中日在美国经济中的不同地位对美国决策者产生影响的一个例证。最后罗斯福否定了国务院的意见，赞同摩根索的主张。虽然罗斯福此时在远东外交问题上采取不愿有所作为以免刺激日本的态度，但对于此项棉麦借款的选择显然着眼于美国国内的经济因素，而向摩根索和代表棉麦州的国会议员让步。5 月 29 日，宋子文与美国金融复兴公司总经理琼斯（Jesse Jones）正式签订借款合同。合同规定：5000 万美元中，4000 万美元用于购买美棉，其余 1000 万美元购买美麦；年息 5 厘，5 年还本。

当宋子文在欧洲频繁活动，倡导建立由欧美国家组成的顾问委员会，对中国的经济发展提供意见，并请国际联盟加强与华合作时，日本意识到宋子文试图"联合欧美抵御日本"，中美棉麦借款也就被视为整个计划的一部分，便开始加以反对。7 月下旬，日本政府公开声称，反对向中国提供借款，"如列国仍继续不变其态度，则日政府为阻止计，固不得不讲求适当手段以应付"。与此同时，日本驻美使馆参赞武富会见美国国务院远东司司长项贝克（S. K. Hornbeck），根据外务省的指示，指责美国向中国提供棉麦借款是针对日本的援华行为，他要求美国应让中国保证借款不被用于政治目的。8 月 10 日，日本驻美大使出渊胜次又向国务卿赫尔（Cordell Hull）表示，棉麦借款"会严重影响日本"，美国政府在采取任何会影响日本利益的

①　John Morton Blum, *From the Morgenthau Diaries* (Boston: Houghton Mifflin, 1959), p. 53.

步骤之前，"应与日本商量"。①

9月下旬，装载首批美棉的船只抵达上海。然而，此时恰逢中国棉花丰收，棉纺织业因供过于求紧缩生产。于是，中国政府试图向上海的日本纺织厂转售美棉，日本厂商对此颇感兴趣，但日本政府极力加以阻挠。刚取代内田出任外相的广田弘毅告诉日本驻华公使有吉明，如果美棉比其他棉花便宜，要劝说日本厂商不去购买确实有困难，但应在"政治上引导"他们，以便在"事实上中止"棉麦借款。显然广田意图破坏这一借款计划。尽管日本厂商不太情愿，但外务省的方针还是得到贯彻，其结果造成美棉大量积压，为这项棉麦借款设置了最后的障碍。1934年2月，中国政府不得不向美国提出，将美棉部分的借款由原来的4000万美元削减为1000万美元。②

究竟这项借款对中国产生怎样的效益？中外学者的研究基本上都同意这项借款的政治意义大于经济意义。日本学者细谷千博早于1980年发表的论文《30年代中期的美国与东亚——棉麦借款》，认为这笔借款使美日两国关系的改善更加无望，然而这笔借款并不比《购银法案》对中国有更大的帮助。南京政府试图通过棉麦借款促进中美两国财政合作以抵制日本入侵，其结果却加剧了日本帝国主义对中国的干预，反而给棉麦借款带来更大的困难，这项借款的失败也就不可避免。③ 郑会欣则将中美棉麦借款与国内政治联系起来，认为宋子文商订棉麦借款包含广泛向欧美各国寻求财政技术援助、遏制日本侵略的目的，然而在日本的阻挠下，欧美各国最初都不愿触怒日本而采取冷漠态度，进而使南京政府内部亲日势力抬头，而采取对日妥协态度，致使宋子文计划完全破灭，宋子文也因此被迫于1933年10月辞去行政院副院长兼财政部部长职务。④ 近年陈永祥的研究则指出这项借款正于日本极力谋求改善日美关系之时达成，对于防止日美再次妥协以牺牲中国利益，也起到了抑制作用，"反映宋子文和南京国民政府具有一定的远见"。虽其实效对南京政府的财经帮助并不大，并对国内经济产生了消极作

---

① 以上参考胡礼忠、金光耀、顾关林《从望厦条约到克林顿访华——中美关系（1844—1996）》，福建人民出版社，1996，第222—226页。

② 汪熙主编《中美关系研究丛书》（7），复旦大学出版社，1997，第75—91页。

③ 汪熙主编《中美关系研究丛书》（7），第75—91页。

④ 郑会欣：《1933年中美棉麦借款》，《历史研究》1988年第5期。

用，但对日本侵略者造成了一定的压力。[1]

经济危机、中美白银协定与币制改革

在 1929—1933 年的世界经济危机中，全球金融市场完全处于失序状态，股票暴跌，银行倒闭，信用危机，企业也随之大量破产。经济大萧条时期美国内部对于美国政府在国际经济事务中的角色亦多所辩论。国际主义（internationalism）主张世界性的自由贸易与开放市场，并扩大美国在海外影响力，其和国家主义（nationalism）主张以国内经济的自足自力，并提倡国内贸易保护主义，互相对垒。例如著名的史学家比尔德（Charles Beard），否认经济扩张中的自由信念将带来繁荣和平。罗斯福总统受制于两派势力，而无法有一致性政策，直到新政见效，美国逐渐从经济大萧条的谷底回升始有改变。[2] 1929 年的世界经济危机并未马上影响中国本土，中国大约到 1934 年才受到影响；然而，在经济危机时期，美国扩大海外贸易及其相关措施，均以解决本土的经济问题为最高目标。就在这一背景下国民政府实行的《中美白银协定》，以及废两改元和币制改革的政策交涉，均受到美国经济危机的直接冲击，其影响不可谓不大。

有些经济学者主张用"金镣铐"（the golden fetters）假说解释 1929—1931 年的金球大危机。所谓金镣铐是指 19 世纪 70 年代到 20 世纪 30 年代流行于世界的金本位制度，实际上可以等同于固定汇率制度，通过金镣铐的机制，商业危机、金融危机、银行恐慌可以迅速传播于世界。朱嘉明以 1929—1935 年生产水平、贸易平衡、汇率及银价、批发价格的相互关系及

---

[1]　陈永祥：《1933 年中美棉麦借款协定》，《广州大学学报》2007 年第 4 期。此外，李宇平探讨了美国棉麦借款对中国本身政治经济的冲击与意义。李文分析中国对美国棉花的需求，美棉进口的趋势及其对中国棉农、棉商与纱厂的冲击，美麦进口的趋势及其对麦农、麦商与粉厂的冲击，实业界与金融界及国民政府对借款的态度，地方政府与国民政府对借款的争议。她认为这项棉麦借款的失败，形成了普遍的总体农业危机，并使中国走向以救济农业为目标的社会内在保护主义。见氏著《1930 年代美国对华棉麦借款的政治经济分析，1931—1934》，侯坤宏、林兰芳编《社会经济史的传承与创新：王树槐教授八秩荣庆祝寿论文集》，稻乡出版社，2009，第 219—254 页。

[2]　Emily S. Rosenberg, *Spreading the American Dream*, *American Economic and Cultural Expansion*, *1890-1945*, pp. 178-180. 1934 年美国政府颁布《互惠贸易协定法》（Trade Agreement of Act），希望与外国政府在关税协定上扩大美国的海外贸易，这些协定签订国在二战爆发以前主要集中于拉美地区。

其变动，作为理解当时中国经济的四个重要变项，他认为中国因为不是金本位国家，经历了从"得以幸免"甚至受益到深受其害的三个不同阶段。第一阶段，1929—1931 年。中国白银货币体系为中国经济与世界大萧条的防火墙或者说"救生艇"。银本位制的贡献在于使世界大危机的波及时间滞后了两到三年，缓和了大萧条的冲击力度。中国银元贬值使中国在这波世界经济危机的严重期中未受影响，甚至出现繁荣景象。中国以银元为标准的物价，在 1929—1931 年上升了 1/4 以上，1931 年下半年达最高峰。中国面对的是通货膨胀而非通货紧缩，成了当时世界上少数物价不跌反涨的国家，经历了一次温和的通货膨胀和温和的增长。第二阶段，1932—1933 年。一方面，中国仍是白银输入国；另一方面，国际大环境改变，世界经济危机的影响及于中国。1931 年英国迫于美国金融市场的信用危机冲击及德国等停止偿付战债的影响，宣布放弃金本位制，不久与英镑挂钩的国家也纷纷放弃金本位制。日本发动九一八事变之后不久，亦颁布法令停止银行券与黄金兑换，正式脱离金本位制，实施金汇兑本位制。这次世界性的金本位制度瓦解，金价下降，使相对于黄金的白银价格上升。就在世界银价上扬的 1933 年，中国实施废两改元，确立银本位制，继续对白银实行自由流入和流出体制。因此购买中国银，再合法地熔化成白银，通过国际市场套购，利润空间巨大，刺激了中国银外流。1931 年之后，流入上海的白银，不再流入本国市场，而是从上海流失到国外，到了 1933 年上海已是白银纯输出口岸。中国银根紧缩，负面后果立即出现，对进出口影响至深。第三阶段，1934—1935 年。1934 年美国实行《购银法案》后，立即刺激世界白银价格上涨，对中国业已严重的白银外流如同火上浇油，引爆 1934—1935 年的"白银风潮"，中国成为美国《购银法案》最直接和最大的受害者。[①]

　　关于 20 世纪 30 年代中国经济危机之性质，是否仍为传统农业危机的延续与扩大，或者已延伸发展为整个世界经济危机的一环？李宇平的研究指出，早在 1932 年之前世界经济危机之初，中国即已显现农村经济加速崩溃之势，但 1932 年、1933 年以后，世界主要国家贬低币值及 1934 年美国《购银法案》实施后，由于国际市场银价高于国内银货，白银大量外流，中

[①]　朱嘉明：《从自由到垄断：中国货币经济两千年》上册，远流出版社，2012，第 360—371 页。

国通货发生严重紧缩，中国经济危机的发展始与世界经济危机产生桴鼓相应的关系。她从中国各方面的经济概况，如货币数量的消长、外贸变动与产业兴衰、金融体系与财政收入的变化、阶层变动与政府的对策等方面，说明 20 世纪 30 年代的中国经济危机，乃因世界经济危机的介入，而使原本喧腾多时的农业危机，演变成全面性的危机。农村经济萧条不只为城市经济危机的渊薮，且城乡经济均受外在因素的强烈影响，致中国整体经济陷于危机之境地。她认为中国经济在 20 世纪 30 年代初期陷入低迷，与深陷于大萧条的西方核心工业国家难脱关系，却也未必全盘源自西方经济的冲击，与亚洲本身特别是日本的历史发展不无关联。①

关于大萧条时期中国与世界市场的关系，日本学者城山智子所著《大萧条时期的中国》分析了 1929—1937 年中国在大萧条时期的市场、国家与世界经济的关系。她认为中国于 1935 年才放弃银本位制，而在此前后各国逐渐转向金本位制，数据显示 20 世纪 20 年代世界银价的贬值促进了中国贸易的发展，并为中国农村和新兴工业崛起创造了机会。然而，1931 年后银价在世界市场持续贬值，罗斯福为稳定银价，实施《购银法案》，银价节节上涨，影响中国进出口贸易，造成金融危机。在这波世界性的金融危机中，由于各国都已纷纷摆脱银本位，世界货币体系由金本位主导，而中国是当时世界上几乎唯一仍采用银本位的国家，因此当世界上其他国家作为商品的白银价格发生波动，便给中国的金融和经济生产带来直接的冲击。城山智子通过长江中下游地区棉纺业、缫丝业在大萧条中的表现具体演示了这种传导效应。最后，国民政府不得不积极地进行币制改革，废除银本位。这场由政府主导的币制改革，从一开始就面临复杂的国际关系和严峻的国内经济形势的挑战。尽管以摆脱银本位为目的的法币改革初时颇见成效，但外汇储备始终不足，对财政金融管控不力，1934—1935 年终于爆发上海

---

① 李宇平：《1930 年代初期东亚区域经济重心的变化——日本扩张输出与中国经济萧条》，《中央研究院近代史研究所集刊》第 43 期，2004 年，第 57—116 页。关于世界经济危机与中国经济问题，李宇平有多篇文章：《恐慌之救济与法币政策的形成（1932—1935）——货币改革说与贸易平衡说的对立与消长》，《中央研究院近代史研究所集刊》第 23 期（下），1994 年，第 167—194 页；《中国经济恐慌与废两改元》，《台湾师大历史学报》第 27 期，1999 年，第 93—120 页；《一九三〇年代中国的救济经济恐慌说（1931—1935）》，《中央研究院近代史研究所集刊》第 27 期，1997 年，第 231—272 页。

金融危机，并为中国经济后来更大的混乱埋下伏笔。城山智子从英美政府的档案中发现，1935 年中国废两改元的币制改革中罗斯福的关键性作用不亚于英国财经专家李滋罗斯，而过去比较强调英国与李滋罗斯的作用。[①]

综言之，就目前学界的研究成果，1929 年的世界经济危机并未马上影响中国，中国大约到 1934 年以后才受到影响。中国在这波全球性的经济危机中，更暴露了原本农村经济和金融市场的问题，国内与国外因素的相互激荡加深了中国自身的经济萧条。与此同时，罗斯福总统则急欲从经济大恐慌的泥沼中脱困而出，在这一背景下，1934 年以后中国实行的白银政策和币制改革，均与罗斯福对华政策关系密切。

第一次世界大战后，主要西方国家相继恢复了某种形式的金本位，加上技术更新致使白银产量大量增加，世界上出现了金价涨、银价落的现象。为应对 1929—1933 年的世界经济危机，1933 年 4 月，罗斯福宣布美国将放弃金本位制，调整美元与黄金的比价等政策，让美元贬值以刺激国内物价景气。同时为稳定世界银价，美国、中国、印度等 8 个产银或用银大国，在 1933 年 7 月伦敦世界经济会议上，签订了一项《国际白银协定》。其中规定美国政府每年购银不超过 3500 万盎司，中国则承诺不出售 1934—1937 年销毁银元所得之白银。但是，一年不到，美国就违背了它所承担的稳定银价的国际义务。为推行拯救经济大危机的新政，罗斯福政府不得不求助于美国国会内来自西部产银州的议员集团。这些白银派议员借机对罗斯福总统进行政治关说和敲诈，提出了旨在提高银价的 1934 年《购银法案》（或译《白银收购法案》），以增加其所在州的经济利益。[②]

美国政府公布《购银法案》是国内白银集团施加压力的结果。美国国内有 7 个产银州，尽管这 7 个州都是小州，但在每州两个席位的参议院中共有 14 名参议员，占表决人数的 15%，尤其是其中有担任参议院外交委员会主席这样重要职务的资深参议员毕德门（Key Pittman），因此在国会中相当有影响力。这些议员的当选取决于他们为白银卖力的程度，而政治家为了获取这些人手中的选票又要取悦于他们。罗斯福竞选时颇受制于白银集团

---

①　Tomoko Shiroyama, *China during the Great Depression*：*Market*，*State*，*and the World Economy*，*1929-1937*（Cambridge，MA：Harvard University Press，2008）.

②　任东来：《1934—1936 年间中美关系中的白银外交》，《历史研究》2000 年第 3 期。

的选票压力，当选后的罗斯福为了推行新政，要通过各种各样的法案，更需要这些议员的支持。于是，罗斯福最终屈服于白银集团的压力，推行了新的白银政策。

1934年6月19日，罗斯福总统签署了《购银法案》。该法案规定，美国政府应收购白银使之数量达到联邦货币准备金的1/4，或者通过收购白银使世界银价上升到每盎司1.29美元的水平。接着，罗斯福根据该法案颁布白银国有令，将美国国内银价定为每盎司0.50美元。随之，美国在世界市场上大量收购白银，世界银价扶摇直上。

虽然白银政策的制定最初源于美国国内政治，但它导致的世界银价飞涨却给当时的中国经济带来了灾难性的后果，并深刻地影响了远东的国际关系。中国是当时世界上少数几个仍实行银本位的国家，而且又是世界上最大的用银国。世界银价的猛涨拉开了中外银价间的差距，1934年秋国际银价高出中国国内银价1/4，1935年春已达50%，中国成了世界白银市场的低谷。从中国收购白银到国际市场抛售成为一项利润极大的买卖，于是各种投机活动造成了中国历史上规模最大的白银外流高潮。按白银议员们的说法，银价的上升会增加中国对外的购买力，扩大中美贸易总量，从而为美国商品开辟一个广阔的市场。但实际上，白银外流使中国出现了通货紧缩的经济危机：工商业凋敝，金融衰败，进出口减退，农村破产。更为严重的是，日本此时正向华北大肆扩张，当中国因美国的白银政策身受其害时，日本却乘机大捞利益。通过从中国有组织地大规模地走私白银，日本一方面进一步破坏了中国的经济，削弱了中国的抵抗能力；另一方面则积累了资金，为进一步扩充军备提供了条件。[①]

美国白银政策实行后，国民政府多次请求美国政府放弃该项政策。1934年12月初，财政部部长孔祥熙告诉美国政府，由于中外银价差距甚大，中国白银必将以合法或非法方式流向境外。他请求美国政府提供帮助，并提出两项方案供其选择：宣布不以高于每盎司0.45美元的价格从国外购银；向中国提供贷款或合作整理中国币制。[②] 虽然美国表示愿意就其购银政策与

---

① 胡礼忠、金光耀、顾关林：《从望厦条约到克林顿访华——中美关系（1844—1996）》，第228—229页。

② Dorothy Borg, *The United States and the Far Eastern Crisis of 1933-1938*, p. 22.

中国防止白银外流的措施相互协调，但回避了正面的承诺。既然美国拒绝配合，中国遂在美籍顾问杨格的建议下，告诉美方中国正在考虑逐步采取金本位，而美国正在购买白银，因此，美国可否同意用美国的黄金来换取中国的白银。但美国国务卿赫尔表示，金银互换不是政府间的事情，中国应在国际市场上进行这种买卖。不过，摩根索表示中美两国可以通过中国的中央银行和美国财政部委托的美国银行进行售银交易。1934 年 11 月，中国向美国财政部出售了 1900 万盎司白银。美国购买这批白银后，暂存上海。中国政府担心这批白银的外运会加剧金融危机，只好从伦敦购买了 1700 万盎司白银来垫付。而且，中国一再要求推迟交付时间，结果从 1935 年 1 月一直推到 7 月底，最后分几批运到美国。其中只有 200 万盎司是在 1935 年 11 月中国币制改革后从中国运出的。因此，这一交易并无多大经济意义，没有赚到什么外汇，主要目的看来是警告美国白银派议员，中国可能要放弃银本位。[①]

1935 年 10 月下旬，中国请求美国以非公开方式从中国收购 1 亿盎司白银，所用款项作为中国发行纸币的准备金。企图通过援助的方式来插手中国财政的美国财政部部长摩根索对此提议颇为动心，表示可以考虑。11 月初，摩根索与中国驻美大使施肇基就购银条件进行磋商。但此时中国国内尤其是上海金融危机加剧，国民政府在尚未得到外援的情况下，不得不于11 月 4 日开始推行法币改革，将白银收回国有。

在此之前的 1933 年 3 月 1 日，南京政府财政部曾发布废两改元令，确立中国银本位货币体制。当时正值经济危机波及中国，国际白银价格节节上涨，而中国此时实施废两改元，并不能有效抑制和化解日益恶化的经济形势。从国际情势来看，废两改元不仅可行性研究不充分，且在实施的时候已暴露其显而易见的局限性。[②] 美国于 1934 年推行《购银法案》，采取禁止白银出口、发行银券、白银收归国有等一系列措施，实施至 1935 年底，其目的在控制和操纵世界银价，增加银本位国家对美货的购买力。中国实施废两改元不久，美国即推行《购银法案》，导致中国白银外流，对中国经

---

① 任东来：《1934—1936 年间中美关系中的白银外交》，《历史研究》2000 年第 3 期。

② 长期以来一般人对 1933 年废两改元的认识不清，甚至将它与后来的法币改革混为一谈。有关废两改元的历史评价，可参见朱嘉明《从自由到垄断：中国货币经济两千年》上册，第 350—352 页。

济造成严重打击。在此情势之下，国民政府于 1935 年 11 月实施法币政策。

正是这场经济危机促使中国下决心加速推行酝酿已久的币制改革计划，放弃银本位，建立起现代的、容易管理的货币制度。法币改革以中央、中国、交通三银行（后加中国农民银行）所发行的钞票为法币，其他银行不得发行，由银本位改为法币；限期收回其他纸币，并规定一切公私款项必须以法币收付，将市面银元收归国有，以 1 法币换银元 1 元。法币改革以信用货币制度取代银本位，是适应国际货币经济潮流的跳跃式进步，使中国进入现代货币经济时代。

在稳定货币以及走向币制改革的努力中，积弱的中国不得不寻求列强的支持。于是，由美国内政造成的白银问题在演变为中国的财政危机之后，又成为东亚国际关系的一个焦点。美、英、日为控制中国的货币财政进行了一场暗中较量。中国币制实行改革后，英国政府反应积极，态度明朗，立即颁布了英王敕令，要求在华英国侨民服从中国的币制改革法令。

1935 年 9 月至 1936 年 6 月，英国政府派著名经济学家、财政顾问李滋罗斯在中国进行一系列的经济调查，表面上，李滋罗斯使团是一个非官方的团体，实则是英国政府意图通过其使命以达成中日关系的和解来达到中国政治局势的稳定；再者，该代表团的另一任务为通过中国货币的整顿方案——将中国的新币制与英镑联系起来，以拯救英国在中国业已衰弱的地位。李滋罗斯使团最后并没有达到它的主要目的（促成中日缓和以及增进英国在华的经济利益），而美国政府也怀疑英国的政治动机而不愿配合李滋罗斯使团的改革方案。在国民政府和李滋罗斯使团接洽的过程中，关于英国计划案中是否有承认伪满洲国的利益交换问题遭到中国舆论的强烈质疑："任何与日本的合作都将包含有伦敦同意日本在中国的支配地位。"[①]

美国方面在脱离经济危机的低谷后，在对华白银政策和中国币制改革的事务上也逐步调整步调。摩根索部长认为在中国经济复兴的问题上寻求日本的合作无济于事，只会使美国人的信誉压在一个不切实际的计划上。美国驻华大使约翰逊（N. T. Johnson）则相信只有美国的白银政策才是援助

① 〔美〕迈克尔·罗素：《院外集团与美国东亚政策》，郑会欣译，汪熙主编《中美关系史研究丛书》（9），复旦大学出版社，1993，第 123、127 页。

中国货币改革的唯一有效方法。① 虽然国民政府并没有宣布法币与英镑挂钩，但摩根索一直认为东亚有一场美元、英镑、日元之间的货币战，他当然不愿美国无所作为而让英镑在这场货币战中独占鳌头。摩根索要求调整白银政策的想法立即得到罗斯福的支持。1935 年底，罗斯福对在国会中通过自己主张的法案充满信心，从而不必再为白银议员的投票而捆住自己的手脚。摩根索拒绝考虑续购的主要原因是他已经决心改变美国的购银政策。12 月上旬，摩根索和罗斯福开始从经济和政治两方面对于美国把白银价格控制在每盎司 0.65 美元的明智性表示怀疑。首先，这会鼓励银本位国家和地区放弃银本位。香港已在中国内地之后放弃了银本位并开始向世界市场抛售白银，其他国家也可能效仿此举，而这与 1934 年《购银法案》维持高银价的初衷相悖。其次，日本从中国的白银走私中获利巨大，从而增加了它在伦敦海军会议上与美国讨价还价的砝码。12 月 9 日，摩根索在与罗斯福商量之后，下令改变美国在伦敦市场的购银方式，即由美国开价改为卖主开价。白银投机商立即意识到这一变化可能意味着美国不再支持世界银价，银价遂开始下跌，40 天后，便从每盎司 0.65 美元降至 0.45 美元。

这次美国对白银政策的操作对中国产生了新的不利影响。由于中国的币制改革是以法币自由兑换外币为信用保证的，因此这时银价下跌贬低了法币准备金的价值，削弱了市场对法币的信心，中国只好再向美国寻求稳定银价。这一时期中国对美国的白银外交已从寻求稳定银价转为争取美国支持和配合中国币制改革。它首先是想获得美国贷款，继之是希望美国购买中国的白银。美国在考虑中国的要求时，力图在其经济利益和安全利益之间保持平衡。一方面，摩根索想利用这一机会坚持让法币与美元挂钩，以便扩大美国在中国的经济利益；另一方面，由于担心日本会利用中国的财政困难进一步扩张，他又不得不支持中国的币制改革。当这两者发生矛盾时，摩根索最终选择了后者。②

摩根索表示希望中国财政部部长孔祥熙或中国银行董事长宋子文来华

---

① 〔美〕迈克尔·罗素：《院外集团与美国东亚政策》，郑会欣译，汪熙主编《中美关系史研究丛书》（9），第 130—134 页；另可参见吴景平《李滋罗斯中国之行述评》，《近代史研究》1988 年第 6 期。

② 任东来：《1934—1936 年间中美关系中的白银外交》，《历史研究》2000 年第 3 期。

盛顿与他直接讨论中美之间的财政问题，但美国国务院对邀请宋子文来访可能引起日本的过度反应而加速美日间的紧张关系有所顾虑。而宋子文和孔祥熙则表示在中国财政困难之际，无法离华访美。由于摩根索的助手劳海（Archie Lockhead）原在纽约化学银行工作，与中国上海银行总经理陈光甫有业务往来，对陈光甫的人品和能力均很尊重，根据他的建议，摩根索希望中方给陈光甫一个财政部高级顾问的身份率团来美。是以有 1936 年 4 月陈光甫赴美的谈判。①

　　1936 年 4 月上旬，陈光甫率领中国代表团抵达美国，与摩根索开始进行谈判。5 月 14 日，中美以换文形式达成《中美白银协定》（《中美货币协定》）。协定的主要内容是：自 1936 年 6 月至 1937 年 1 月，美国分批从中国购银 7500 万盎司，价格根据当时的市价确定，美国可以根据中国的要求支付黄金；② 中国的售银所得存放在纽约的美国银行；中国货币储备中至少保持 25% 的白银；中国扩大白银在艺术和工业中的用途；中国将在美国铸造含银量为 72% 的 1 元和半元辅币；中国改变其法币与外汇的报价方式，以免造成法币与英镑挂钩的印象；以中国存在纽约的 5000 万盎司白银作抵押，美国联邦储备银行向中国提供 2000 万美元的外汇基金。③ 在协定中，中国保证不与其他货币挂钩，打消了美国原先对英镑与法币关系的担忧，而中国货币准备金的 1/4 仍用白银，则是摩根索对白银集团的安抚，因此毕德门参议员最终对这个协定表示"完全满意"。这一协定表明美国开始改变原先在远东的消极政策。对美国来说，由于中国向美国出售白银所得必须存于美国，实际上它控制了中国的外汇基金，并增强了对中国财政金融的影响力，从而在列强的货币战中赢得了优势。对中国来说，美国政府收购中国白银，充实了中国的外汇基金，对稳定法币和确保币制改革的顺利进行有一定的积极作用。

　　1936 年《中美白银协定》的签订，为 1934 年《购银法案》引起的"白银风潮"画下了句号。《中美白银协定》是美国支持法币改革的法律保障，标志美国和中国正式实行货币体系的合作，对中国的货币经济影响至

①　〔美〕迈克尔·罗素：《院外集团与美国东亚政策》，第 159—160 页；任东来：《1934—1936 年间中美关系中的白银外交》，《历史研究》2000 年第 3 期。

②　这是美国的让步，因为美国原来拒绝向非黄金本位的国家出售黄金。

③　详见任东来《1934—1936 年间中美关系中的白银外交》，《历史研究》2000 年第 3 期。

深。由于美国的支持，中国政府几乎在一夜之间，没有经过金本位过渡阶段，而使其货币现代化。[1]

在国民政府的货币改革过程中，英、美、日三国因各有政治动机，表现出不同态度。英国表现得最为支持，然而中国的币制改革使法币与英国货币连接之后，英国既不能利用它的力量来稳定中国币制，又不能通过借款解决中国财政和经济上的困难，所以中国在关键时刻改弦更张投入美元集团。日本则竭力反对，因日本在华大规模走私白银再到国际抛售，由此牟取暴利，中国宣布白银国有，使日本的经济利益受到打击。中国放弃银本位后，世界减少白银对中国的输出，削弱了美国在中国的影响，加强了英国的影响，使英国得以利用中国政府对美国白银政策的反对态度来增强伦敦作为世界白银市场的作用。经济实力逐渐强大的美国不愿让中国的货币落入英日等国之手，遂通过与中国进行金银交换，实现控制中国货币发行权的计划，其标志则是 1936 年 5 月签订的《中美白银协定》与 1937 年 7 月签订《中美金银交换协定》，中国的货币终于与美元发生连锁关系。据统计，从 1934 年 11 月到 1937 年 7 月 10 日，国民政府一共向美国政府出售了 4 批白银：第一批，1934 年 11 月，1900 万盎司；第二批，1935 年 11 月，5000 万盎司；第三批，1936 年 5 月，7500 万盎司；第四批，1937 年 7 月 10 日，6200 万盎司（即将 5000 万盎司作为借款抵押的白银售与美国政府，再加上额外运往美国的 1200 万盎司的白银）。美国能否大量购买中国白银，增加中国货币发行准备的外汇基金，使国内通货暂时得以稳定，避免一场行将爆发的全国性金融总危机，这是币制改革成败的关键所在。也就是说，如果中国没有以美元作为外汇储备的主体，这次改革成功的概率微乎其微。[2]

在国民政府启动币制改革之初，英美政府仅原则上表示支持，承认中国的币制改革有利于改善中国与西方的关系，却没有实质性举动。所以，中国推动币制改革之初，几乎处于孤军奋战和破釜沉舟的境地。但是法币改革需要以外汇为基础，不可能孤立进行，因此必须平衡与英、美、日的金融关系，中国本身仍不得不要求国际的支持。而美、英、日为控制中国的货币财政也暗中较量，中国经过仔细评估后最终寻求美国支持和以美元

---

[1] 朱嘉明：《从自由到垄断：中国货币经济两千年》上册，第 384—386 页。
[2] 朱嘉明：《从自由到垄断：中国货币经济两千年》上册，第 384—385 页。

为联系货币。可以说，1935—1936 年中美之间在法币改革方面的合作，美国最后决定购买中国白银支持法币，平衡英镑对中国货币影响力，抑制日本在中国的扩张，为中美在二战中全面合作奠定了初步的基础。①

美国历史责任的相关论述和争议

全球经济危机约于 1933 年始波及中国，国际白银价格节节上涨，中国经济困顿全面显现，此时国民政府采取废两改元并不能满足国内货币的需求，更无法化解日益恶化的经济形势。国民政府乃不得不废弃银本位制，于 1935 年 11 月宣布实行法币改革，以信用货币替代银本位，中国由此进入现代货币经济时代。法币初期与英镑挂钩，可在指定银行无限兑换。1936年国民政府与美国签署白银协定后，由中国向美国出售白银，换取美元作为法币发行的外汇储备，法币改为与英镑及美元挂钩。相较于与英镑的关系，法币与美元的关系更为紧密，很快与美元形成固定汇率。②

关于上述美国实施白银政策与中国货币经济的相关问题，学术界有不同的看法，特别在经济史学界关于白银问题曾有重大的争辩，自不可忽略。西方学界的研究重点在美国白银政策与罗斯福新政的关系，早从 20 世纪 50年代开始，迄今仍受到外交史学者的注意。③ 关于白银政策的掌舵者、美国财长摩根索的研究亦相当丰富，最新研究有 2010 年出版的 Herbert Levy, *Henry Morgenthau, Jr.: The Remarkable Life of FDR's Secretary of the Treasury* (New York, 2010)，该书运用大量档案资料，以及摩根索个人的信件说明其与罗斯福的关系。在中文著作方面，仇华飞认为将 20 世纪 30 年代中美白银问题产生的全部责任归诸美国白银利益集团是不客观的，罗斯福、摩根索等人对白银政策的制定亦负有相当责任。白银问题对中国而言是经济问题大于政治问题，因先有美国白银抬价，才出现中国白银外流，中国征收

---

① 朱嘉明：《从自由到垄断：中国货币经济两千年》上册，第 386 页。

② 朱嘉明：《从自由到垄断：中国货币经济两千年》上册，第 350—352 页；〔美〕阿瑟·恩·杨格：《一九二七至一九三七年中国财政经济情况》，陈泽宪、陈霞飞译，中国社会科学出版社，1981，第 274—281 页。

③ Allan Seymour Everset, *Mongenthau, the New Dear and Silver: A Story of Pressure Political* (New York: King's Crown Press, 1950)；〔美〕迈克尔·罗素：《院外集团与美国东亚政策》，郑会欣译，汪熙主编《中美关系史研究丛书》(9)。

白银出口税、平衡税，直至放弃银本位实施法币政策。他同时强调"白银问题最终由于它的负面效应走向它的反面，中国进行货币改革，实施法币政策，从根本上改革中国货币制度，使中国货币走向现代化"。

李宇平《银与亚洲国际经济秩序——孟买与上海白银流通动向的比较观察（1933—1935）》一文，聚焦于以上海为中心的亚洲国际金融秩序发生的变化，强调美国白银政策对中国的冲击，事实上是透过国际银市场的相互作用而形成。美国实施白银政策期间，纽约、上海、孟买的买卖关系发生改变，纽约成了银的买方市场，上海、孟买两市场转变为银的卖方市场。她认为美国企图借大力购买白银提升纽约在国际金融中心的地位，并未成功地达成预期目标，然这一政策确实产生巨大的威力，影响了跨地域的白银流通动向及地区分布。作者也认为 20 世纪 30 年代初期伦敦国际金融霸主的地位仍难以撼动，可由与上海外汇市场呼应密切的欧洲白银投机帮的活动，系以伦敦为核心，进行白银、法郎与英镑的套汇行为看出。相对而言，纽约市场几乎不能对上海外汇牌价发生任何重大影响。

自 1989 年以来，美国一些经济学者围绕罗斯福担任总统时期美国实行的白银购买计划对中国经济的影响及有关问题进行了讨论。1989 年劳伦·布朗特（Loren Brandt）和托马斯·莎金特（T. J. Sargent）共同发表《对有关中国与美国白银政策新资料的阐述》，对 20 世纪 30 年代美国白银政策对中国的影响提出新的看法。他们认为美国的白银购买计划，并没有使中国的全面经济活动遭到划时代的、长期的萎缩，也没有引起一系列经济恶性事件。中国政府之所以放弃银本位而采用法币本位，是为了从白银升值中获利，以便在未来易于发行低利率的国债。中国政府实行这一措施是主动的，并非美国白银购买政策所致。该文并挑战了之前诺贝尔经济学奖得主弗里德曼（Milton Friedman）与安娜·施瓦茨（Anna Schwartz）于 1963 年所著《美国货币史（1867—1960）》的一些说法。1992 年弗里德曼撰文《罗斯福、白银与中国》重申《美国货币史（1867—1960）》一书的观点，认为 1933 年美国白银政策给中国经济带来灾难性打击，这一政策剥夺了中国的货币储备，使中国陷入严重的通货紧缩，迫使其放弃银本位，实行法币政策。白银外流削弱了国民党政权的基础，导致战时的严重通货膨胀和战后恶性通胀。而世界经济危机的头几年，中国因采用银本位获利，1933

年美国放弃金本位，使中国原本采用银本位的优势成为最不利的因素，而这不利因素又被美国采购白银购买政策强化。

中国学者刘佛丁等人认为这两位学者的根本分歧在于对20世纪30年代前期中国基本经济状况的估计不同。在弗里德曼等人的著作之前，长期以来的主导意见是20世纪早期的中国经济是衰退的，直到罗斯基（T. G. Rawski）于1989年出版《战前中国经济的成长》一书对传统的说法提出挑战，而布朗特和托马斯・莎金特在这个问题上的看法可说是和罗斯基一路的，同时他们两人亦采取罗斯基对中国战前货币供给一文中的数字为基础进行分析。[1]　王玉茹对中国银价波动与进出口物价的问题，针对两方学者的说法又提出不同的见解，她认为弗里德曼夸大了美国白银政策对20世纪30年代前期中国经济的影响，而忽视了其他因素（中国本身经济发展的作用，例如货币供应的作用等）；同时她也认为布朗特等人关于美国购买白银政策与中国物价变动、放弃银本位和经济的进一步衰退没有关系的论述，难以令人信服。在王玉茹看来，世界市场对中国经济发展的影响正是以价格变动的信号为媒介，两方学者的说法均有不足之处。[2]

上述经济学上的重大争辩，后续研究须根据更可靠的资料及翔实的考证，始有助于厘清相关问题的讨论。

三　南京政府十年中美经济关系之评析

就近代中美历史发展的轨迹而言，以上所探讨的南京政府十年是一个特别的阶段。首先是通过中美关税协定的签订，中国获得关税自主，并带动各国的跟进政策，使中国摆脱近代以来在关税上任列强宰割的地位，从而增加国民政府的财政自主和收入。其次，南京政府自成立到1937年，中美间的经贸和投资关系愈趋密切，尽管美国对华外交仍受孤立主义影响，又历经1929年经济危机风暴，然而这一时期通过棉麦借款、白银问题和币制改革等重要事项，美国一方面从这些交涉中获益——以挽救国内的经济

---

① 刘佛丁、王玉茹、王利华：《二十世纪三十年代前期的中国经济——评美国学者近年来关于美国白银政策对中国经济影响的讨论》，《南开经济研究》1995年第2期。
② 王玉茹：《近代中国价格结构研究》，陕西人民出版社，1996，第58—60页。

问题为更高目标；另一方面也以廉价的付出获得了南京政府的友谊。事实上，南京政府从美国手中获得的棉麦借款等获益并不大，而《中美白银协定》对稳定中国法币改革及促成中国货币与美元挂钩，其作用影响更大。

美国对华的经济和外交援助，一直到 1938 年、1939 年之交的桐油借款始见到曙光，这一时间点又与日本"南进"政策的明朗化，美日关系趋于紧张互为呼应。如同入江昭所指出的，美国政府开始对远东问题的态度由消极转向积极，关键点在 1938 年以后日本的"南进"政策，而不是日本侵华。美国因对日本可能破坏其在南太平洋利益的不安，而逐渐转变对华政策。日本的"南进"政策导致美日关系的紧张，对美国人而言，他们将美英安全视为一体，日本的扩张意味着最后破坏了英国在亚洲的地位和削弱了英国的安全；而"南进"政策的巅峰——珍珠港事变，终于迫使美国对日宣战，使美国将亚洲战场与欧洲战场联系起来，为本身的安全体系而战。[①]

美国从传统上对中国的友好特殊关系，在 20 世纪 20 年代以后走向更为同情中国的民族主义和收复国权运动，上文提到的《中美关税自主协定》即为其一。日本提倡自以为是的"亚洲主义"及由此发动的挑战英美的"大东亚战争"，给亚洲国家特别是中国带来了巨大的灾难。九一八事变后，美国提出史汀生主义，在中国向国联控诉日本侵略案的过程中，也对中国作为被侵略国表示了同情，但这种同情并未转化为具体的行动，一直到太平洋战争爆发以后，中美伙伴关系始正式形成，两国的经济与外交合作真正迈入新阶段。

中美经济和外交关系从南京政府十年到太平洋战争爆发期间的发展历程，或许可以帮助我们在重新认识过去的基础上，找到中美两国共同利益的基础，从政治、经济和文化的发展上，更深入地理解中美关系的历史。

---

① 详见 Akira Iriye, *Across the Pacific: An Inners History of American-East Asian Relations*, pp. 200-211.

第二十二章

党国体制肇建与商民
运动之兴衰

　　1924年国民党改组完成后,民众运动便成为国共两党扩张党势的重要依靠,同时亦是随后确立的党国体制之下资源汲取的主要途径之一。然而,党部与政府的关注重心未必相同,不同的任务需求之间便常常发生冲突,从而使党国体制合法性及运行效率大受影响。这一点,从商民运动的发展过程便能清楚看出。尽管在既有国共两党的历史叙述脉络中,商民运动似乎是一种边缘化事件,但是,北伐前后,商民运动曾经是国共两党权力争夺的一个重要平台。对其研究,可以帮助我们了解革命的局限性及其变化,加深对党国体制肇端之时民众运动实践的理解。

　　商民运动从1924年开始酝酿,国民党第二次全国大会召开前后,已成为国共两党民众运动领导权竞争的领域。不过,对国民党各政府部门及官员来说,商民运动更多的意义则在于稳定地方秩序及保证财政收入。

　　目前,有关商民运动的研究,主要有两种观点,一种是"党治压迫论",一种是"党治失败论"。① 持前论者,普遍认为国民党由于意识形态的原因,压迫民间商会组织,从而扼杀了"民间自治"与"公共空间"。其手段便是用商民协会来压迫商会,直至将商会消灭,代之以党控的商人团体。这种观点过高估计了国民党的意识形态纯洁性,没有看清国民党首先也是一个利益集团。意识形态对其而言,主要是一种供宣传用的使其自身行为

　　*　本章由冯筱才撰写。
　　①　这可以从相关研究论文中看出,如郭太风《虞洽卿与商会变异（1924—1930）》,《档案与史学》1996年第5期;李天纲《1927:上海市民自治运动的终结》,《史林》1998年第1期。

"合法化"的革命话语系统，其政治实践未必一定要按照此种话语来进行，实际的政治运作主要还是看时势发展与利益获取的可能性而定。持"党治失败论"者，则将商民运动视作国民党"以党治国"的理想实践。[1] 但是，所谓国民党的意识形态，其实是在变化的，并无一特定的描述系统，对每种描述的理解不能与特别的时空背景相脱离，更需要注意国民党其实是一个各持己见的多派系的混合体。而且，国民党的革命并不是先构建了一套理论再去动员，而是边做边想，走一段说一段的话，在"摸索"中前进。即使是孙中山的表述，亦是与种种情境分不开的，政治家对公众的演讲往往与其自身的思想实际有相当大的落差。在意识形态上将国民党视为一个整体，是非常不妥的。

在北伐前后党人发动的民众运动中，"运动民众"与"民众运动"实际上是在双向进行，将党人或者民众的任何一方视为静止的被动接受体，均有不妥。党人在利用农民、工人、商人等厚植政治势力的同时，农民也有利用党人来打倒仇敌、减轻租捐压迫、抢占被打倒的"土豪劣绅"的房产与土地的企图；工人也有利用党人达到增加工资、减少工作时间、确保饭碗、改善待遇的目的；即使是与民众运动有天然隔膜的商人，偶尔也会利用商民协会的牌子来呼吁政府减税，保障财产利益。所以"民众运动"在一定程度上确有存在。本章将从商人的角度来看他们如何应对党人主导的商民运动，这种应变行动如何影响商民运动的发展乃至结局。

一　国民党改组与商民运动的发起

1924 年，对于国民党而言，无疑是标志着其"新生"的一年。无论是国民党改组，还是黄埔军校成立，以及国共合作模式的确立、苏联顾问对国民党事务的介入，都使国民党与此前的面貌迥然不同。而在这一年发生的广州商团事变，亦成为孙中山领导下的国民党与商人关系转折的标志性事件。

对于以孙中山为首的革命党人来说，自清末起，他们便在努力争取海

---

[1] Joseph Fewsmith, *Party, State, and Local Elites in Republican China: Merchant Organizations and Politics in Shanghai, 1890-1930* (Honolulu: University of Hawaii Press, 1985), p. 110.

内外商人对其军事政治行动的支持。民国初年，党人这种努力一直没有停止。然而，国民党是一个以代表广泛国民利益为对外宣传口号的政治组织。1924 年前，相对于拥有武力的各系军阀，国民党（包括其前身中华革命党）希望从广泛的民众中获得力量源泉，但在动员革命力量、筹措革命经费这两个目标上，党人无疑又必须保持一定的平衡，不能偏废哪一方。然而，依当时的社会认识，工人与商人（特别是工厂主与大的商店店主，即所谓资本家）却是两个处在对立地位的阶级，如何平抑不合理的劳资关系正是五四前后知识界讨论的一个重要话题，也是革命党人关注的焦点之一。虽然一些国民党人较早就开始提倡阶级合作，但同时党人中反资本家的思想并不鲜见。① 这两种看似矛盾的观点实际上便是后来国民党人有关商人政策理论的源头。它们经常和国民党人实际工作层面的另一对矛盾——革命经费筹措与革命力量动员搅在一起，塑造了复杂多变的党商关系的历史图像。

　　1923 年 2 月，再起的孙中山虽然得到苏联经费援助的承诺，但是仍然在设法与港粤商人达成合作计划，双方的关系似乎正处于"蜜月"期中。此时，商人无疑是孙中山政府的重要联合对象。但是在 1923 年下半年，孙中山与商人的"蜜月"期便因双方利益目标无法达到一致，以及当局对商人沉重的捐税索取而结束。② 而这时，孙中山与苏联的联盟关系也正式确立。

　　1923 年 10 月，苏联代表鲍罗廷（M. Borodin）抵达广州，开始规划改组国民党。在初期的谈话中，鲍氏即向孙中山强调宣传与民众运动之重要性。③ 但是，商人并未在国民党改组框架中获得与其他职业的民众同等的重视。与此同时，共产国际执委会主席季诺维也夫（Zinovief）在莫斯科接见来访的国民党代表团时，表示希望国民党"不为新的资本家阶级、新的资

---

① 沈定一、李汉俊等人此时的观点中便充满反资本家的情绪。见《星期评论》第 48、49 号，1919 年，转引自吕芳上《革命之再起——中国国民党改组前对新思潮的回应（1914—1924）》，"中央研究院"近代史研究所，1989，第 377 页。1922 年底，国民党宁波市党部组织第一消费合作社，亦宣称："现在虽是以提倡国货，振兴实业为一种目的，在将来定可以成功一个世界主义，什么军阀、财阀、资本家，都可以从此打倒。"见《宁波第一消费合作社的发起》，中国国民党党史会藏五部档：1771。

② 参见〔美〕陈福霖《孙中山廖仲恺与中国革命》，中山大学出版社，1990，第 61—70 页。

③ 参见〔美〕丹尼尔·雅各布斯《鲍罗廷——斯大林派到中国的人》，殷罡译，世界知识出版社，1989，第 113 页。

产阶级在中国的兴起提供可能。它不应用中国资本家阶级的统治去取代外
国帝国主义的统治"。代表团团长蒋介石即声明"我们不是为资产阶级而进
行革命工作的。这就是我们的立场"。①

在国民党一大上，与会的党人对商人多缺乏好感，"以为凡属商人多属
不革命反革命的"。② 会议所通过的宣言，将"商人政府派"言论列为四种
空谈救国的主张之一，③ 显示了党人对商人政治力量的警惕。

但是，现实压力使国民党人不得不认真考虑商人问题。在财政极度困
难之际，广东政府亟须从商人方面设法，但商界领袖并不愿配合。1923 年
底，为抵制善后手票发行，广州总商会正副会长相率辞职，拒绝承担责
任，④ 给当局计划的执行带来困扰。1924 年 5 月，广东商界为反对统一马路
业权办法，发动请愿罢市，并准备以武力为后盾，⑤ 迫使政府下令取消这一
办法，政府借此筹款的打算也落空。1924 年 2 月，汪精卫在中央执行委员
会会议上，初步提出增设实业部的提议，并在 6 月 16 日的会议上获得通过。
7 月初，实业部正式成立，以汪精卫为部长，其任务主要是从事对商界的调
查与宣传，目的在便利联络商界。⑥ 尽管如此，随着党商冲突的加剧，广州
商人越来越表现出不与政府合作的意愿，⑦ 国民党的领袖也不得不设法解决
与商人的矛盾。

---

① 《有国民党代表团参加的共产国际执行委员会会议速记记录》（1923 年 11 月 26 日），《联
　共（布）、共产国际与中国国民革命运动（1920—1925）》（1），中共中央党史研究室第
　一研究部译，北京图书馆出版社，1997，第 336—337 页。国民党代表团由蒋介石、沈定
　一、王登云等人组成，时称"孙逸仙博士代表团"。

② 《谭平山所作党务总报告》（1926 年 1 月 7 日），《中国国民党第二次全国代表大会会议记
　录》，中国国民党中央执行委员会印行，1926，第 32—33 页。

③ 宣言主张全体平民自己组织代表全体平民利益之政府，不能限于商界，而且其政府必为独
　立的，不求助于外人。见《中国国民党第一次全国代表大会宣言》，荣孟源主编《中国国
　民党历次代表大会及中央全会资料》上册，光明日报出版社，1985，第 14—15 页。

④ 《验发枪照展期一个月》《核定总商会请求无效》《陈廉仲复任商会长》，《广州民国日报》
　1924 年 1 月 7 日、26 日，3 月 6 日。

⑤ 《罢市虚传与敌党造谣》，《广州民国日报》1924 年 5 月 27 日。广州市政厅当时想通过统
　一马路业权办法收征铺底捐改善财政。

⑥ 《商民部半年工作报告》（1925 年 2 月 17 日），中国国民党党史会藏五部档：10681；李云
　汉主编《中国国民党题名录》，中国国民党党史会，1994，第 36 页。

⑦ 7 月，财政厅向总商会借款 1.5 万元，遭到婉拒。总商会会长陈廉仲复函表示上次财厅借
　5000 元，已是"张罗竭蹶"。见《总商会筹商财厅借款》，《广州民国日报》1924 年 7 月
　19 日。

广州商团事件的爆发是以"扣械案"为导火线，但是，孙中山政府及各系部队与商团间的敌对状态早在 1923 年底便已出现，其中的重要背景是政府的捐税政策受其掣肘。国民党一大的召开，加剧了商人对孙中山政府的怀疑。1924 年 8 月初，广东扣械风潮发生，围绕商团枪械处理问题，国共两党及国民党内部各派意见发生分歧。10 月 3 日抵粤的苏联军舰 Vorovsky 号运来大批苏联支援的军火及款项，[①] 使国民党人突然拥有了控制局势的有利资源，视利益为转移的各系军队将领在商团处置问题上，态度也渐趋一致。在 10 月 10 日发生商团军与工团军流血冲突后，各方达成以武力制裁商团的决议。14 日，孙中山下令解散广州商团，各军联合镇压行动开始，不到 24 小时，行动取得完全胜利，是为历史上有名的广州商团事变。虽然广州商团力量受到严重打击，但是其他地方的商团势力仍在。不仅如此，政府捐税及财政仍需要商界的合作。

商团事件后，为了给自己的行动辩护，缩小敌对面，国民党在宣传上采取的最重要措施便是开始以"买办阶级"为打击对象。这种分化宣传具有明显的策略性。对买办的攻击，在五卅运动后达到高潮，一个表现便是将反买办制度化。1925 年 7 月，国民党中央执行委员会颁布训令，不许现任买办为行政官吏及各社团董事。[②] 此后，在国共两党的宣传中，"买办"便与"帝国主义""军阀"等一起成为革命的主要敌人。[③] 进而，共产党人将买办阶级扩大为"大资产阶级"，认为由银行买办、大商业阶级、大地主及大工业阶级之一部分所构成的"大资产阶级"已表现完全的反动，"附脱于外国帝国主义，与军阀勾结"。[④]

在将"买办阶级"或者"大资产阶级"列为革命的敌对面时，广东政府更重要的工作则是争取大多数商人的支持。商团事件之后，努力分化商

---

① 罗刚编著《中华民国国父实录》第 6 册，财团法人罗刚先生三民主义奖学金基金会，1988，第 4793—4794 页。

② 《廖仲恺关于解释买办含义呈及国民政府批稿》，中国第二历史档案馆编《中华民国史档案资料汇编》第 4 辑（上），江苏古籍出版社，1986，第 127 页。

③ 彭公达：《农民的敌人及敌人的基础》，《中国农民》第 3 期，1926 年，第 9 页。

④ 列甫：《斥小资产阶级反革命派》，《政治生活》第 29 期，1925 年，第 2—3 页。不过，同时，作者仍将小商人、小地主及知识阶级称作"小资产阶级"，认为其大部分仍是革命的。

人，便是控制局面的一个重要举措。[①] 还在 1924 年 6 月，在政府的支持下，即有人召集各行各街各马路商店代表百余人，讨论组织商业维持会，与广州总商会对抗。[②] 而商民运动的真正发动，则是商团事件后开始的。10 月 20 日，广州商团事件的硝烟尚未散尽，经甘乃光提议，国民党中执会决定改实业部为商民部，以伍朝枢为部长。11 月，商民部正式成立。[③] 从时间及情势上来看，实业部改为商民部，及发起商民协会，实有应对商团事件后果的用意在其中，而不仅仅是"因为实业二个字范围太泛滥"。[④] 商民协会之发起，也有重要的即时因素在其中，那就是呼应孙中山及国民党召开国民会议的主张。不过，后来因为国民会议之号召在外界反响并不大，[⑤] 故国民党采取双管齐下的策略。商民运动的初期目的，在通过新成立的商民协会组织协助政府，尤其在民意与财政上成为政府可以倚重的力量。但是，进行的结果却并不乐观，即使在广州，由中央党部直接筹建的商民协会也不能获得"商界代言人"的资格。以商民协会代表商界的计划显然无法实现。这使当局发现力量弱小并未得到商界承认的商民协会仍无法动摇总商会及商会联合会等团体的地位。尽管在商团事件中，总商会的态度明显倾向于商团总所及陈廉伯等人，但当局在许多事务上仍需得到有实力的商人团体的配合，无法完全否认其地位，并且当时在广东的国民党人势力尚未稳定，这点显得尤其重要。

此事过后，广州商界便有了"四商会"并存的局面。在政府推行措施时，往往由四商会组织联席会议商议对策。

商民部除筹组广州商民协会外，这段时间的主要工作仅在编印宣传品及代合作运动委员会开展合作运动上。商民部下面实际并没有多少可以动

①　〔苏〕亚·伊·切列潘诺夫：《中国国民革命军的北伐——一个驻华军事顾问的札记》，中国社会科学院近代史研究所翻译室译，中国社会科学出版社，1981，第 133 页。

②　《广东扣械潮》第 1 卷，香港华字日报编印，1924，"事实"，第 36 页；《五法团劝告商民营业》，《广州民国日报》1924 年 8 月 28 日。

③　《中央执行委员会第五十六次会议录》，《广州民国日报》1924 年 10 月 27 日；《商民部半年工作报告》（1925 年 2 月 17 日），《中山主义商民必读》，中国国民党党史会藏五部档：10681，第 4 页。

④　《中国国民党商民运动之经过》，中国国民党党史会藏五部档：10690，第 5 页。

⑤　武汉一般商人对国民会议毫无兴趣，国民党人在武汉开国民会议促进会，商界无一人参加。见仰山《汉口的商界》，《中国青年》第 65 期，1925 年。

员的群众，对于地方上已成立的商民协会，亦无经费补助。商民运动从一开始便面临经费困难的情形。

改组后的国民党（包括跨党的共产党人）虽然意识到发动民众的重要性，但是在1925年初，他们即使在广东也没有多少可以有效控制的区域。商民运动的发起虽然有时势的需要，要广泛展开却窒碍难行。因此党人不仅要发动民众去推动国民会议运动，争取全国政治话语权，也要借重民众团体的力量来反对广东的滇桂等系军人势力，巩固其革命根据地。不过，在国民党对广东尚无实际控制权之时，要想得到商人的合作是比较难的，只有当其在军事与政治上取得了胜利，党商关系才可能有真正的改善可言。

在党军及粤、湘、朱培德部滇军等军队的联合攻击下，6月13日，杨希闵及刘震寰所部滇桂军溃败。蒋介石与陈铭枢等人率党军、粤军占领广州。这是广州首次在国民党军事力量直接控制之下，政府在军事上的胜利为广州党商关系的改善带来契机。

在广东发动对杨刘战事的同时，五卅运动在上海爆发。6月2日，国民党中央执行委员会发表通电，呼吁"凡我党员应一致援助国民，以与英帝国主义相搏"。① 随后，支持上海运动的省港大罢工爆发。

为了维持省港罢工委员会的运作及罢工工人的基本生活，广东政府每月要支出30万元，② 向广州市业主征收租捐便成为罢工经费的重要来源。尽管国民党党报上仍有反对资本家的舆论，但就政府主流意见而言，此时无疑在鼓励工商两界合作，希望在罢工一事上得到商界的支持，解决财政困难。即使曾热衷于农工运动的廖仲恺，此时亦在呼吁"工人和商人相需相助，不可分开界限"。③

省港罢工及抵货运动发起后，考虑到商界与工界及学生界可能因利益

---

① 《中国国民党中央执行委员会通电》，《革命文献》第18辑，中国国民党党史会编印，1978，总第3279页。
② 《中华民国史档案资料汇编》第4辑（下），第1371页。截至1926年8月的统计显示，省港大罢工罢工费用共500万元，国内捐25万元，华侨捐113万元，租捐及政府收到各方面捐款280万元，殷实绅富捐2万元，拍卖仇货40万元，罚款20万元，其他20万元。见《一年来省港罢工的经过》（1926年8月），《邓中夏文集》，人民出版社，1983，第296页。
③ 廖仲恺著，尚明轩、余炎光编《双清文集》上卷，人民出版社，1985，第862页。

冲突发生矛盾，① 9 月 14 日，省港罢工委员会宴请商界领袖以联络感情，由苏兆征主席，出席者包括市商会、总商会、商联会及商民协会领导人。② 为了维持罢工的持续进行，此时商人的配合实至关重要。

罢工使广东商人获得一定的实际利益，对那些"外向竞争性企业"而言，③ 更是如此。南洋兄弟烟草公司经理简琴石，省港罢工后被举为广州粮食维持会副会长，为政府承担广州粮食供应保障的任务，他力倡"上下联合协力奋斗，把政府与人民之隔阂，力为疏通"。④ 简后来曾担任国民党广州市党部商民部部长、农工商学联合会主席。南洋公司正是借助于这种关系得到丰厚的利润回报。⑤ 不过对于大多数商家而言，却要为此付出不少代价。省港罢工在历时一年多后，由广东政府自动中止，而数万罢工工人的善后，仍需向总商会筹借巨款解决。⑥

在取得对杨刘战事的胜利后，国民党政治委员会议即决定组织国民政府，并下令由政府直接整理军民财政。⑦ 在最初的政府机构设置中，曾列入商务部。1925 年 7 月 1 日，广州国民政府正式成立，汪精卫在鲍罗廷支持下担任主席。但政府下只设三个部，以许崇智为军事部部长，廖仲恺为财政部部长，胡汉民为外交部部长。不过，在随后的广东省政府中，却首次设置商务厅，以宋子文为厅长，"掌理广东全省地方商务行政，提倡矿业、农产、森林、恳〔垦〕殖、渔牧、丝茶暨工业制造各事业，并监督农商等

① 参见冯筱才《罢市与抵货运动中的江浙商人：以"五四"、"五卅"为例》，《近代史研究》2003 年第 1 期。

② 《罢工会欢宴商界领袖》，《广州民国日报》1925 年 9 月 16 日。

③ 所谓"外向竞争性企业"，指与外国商人在营业上有竞争关系的行业。参见冯筱才《罢市与抵货运动中的江浙商人：以"五四"、"五卅"为例》，《近代史研究》2003 年第 1 期。

④ 《总商会今日之会议》，《广州民国日报》1925 年 9 月 5 日。简在 1919 年曾担任商团副团长，团长为陈廉伯。见陈天杰《我所知道的陈廉伯的几件事》，《广州文史资料》第 10 辑，广州市政协文史资料研究委员会编印，1963，第 192 页。

⑤ 〔美〕高家龙：《中国的大企业——烟草工业中的中外竞争（1890—1930）》，樊书华、程麟苏译，商务印书馆，2001，第 290—295 页。据说简本人后来也加入了中共。

⑥ 《中国国民党中央执行委员会第 37 次政治会议记录》（1926 年 10 月 23 日），转引自刘明宪《省港大罢工、封锁及抵制英货运动之研究》，中国文化大学史学研究所硕士学位论文，1994，第 132 页。

⑦ 郭廷以编著《中华民国史事日志》第 1 册，"中央研究院"近代史研究所，1979，第 896 页。

实业团体"。[①]

　　商务厅成立后，曾制订商务行政计划书，拟订一系列发展商务的计划。但在当时的环境下，究竟有多少条款能落实，则十分令人生疑。不过，透过计划书，可以看到国民党人在掌握实际政权后的建设理想，以及他们为改善与商界关系所做的努力。商务厅还打算本"政府与商民合作"之旨，附设一实业研究会，研究各项措施实施办法，希望借此能使政府与商人"日益接近，痛痒相关"。然而这一方案后来也没有实现。

　　正值此时，外界对广东政府"共产"的传说愈演愈烈。[②] 广州反共产派的阵营也已形成，并筹划着惊人的行动。8月20日，身兼政府及党内多项要职、被视为左派领袖的廖仲恺被刺殒命。廖案发生后，国民党中央即以汪精卫、许崇智、蒋介石组成特别委员会，以古应芬兼署财政部部长。24日，蒋介石就任广州卫戍司令。同时广州宣布戒严，次日即将涉嫌廖案之粤军军官10余人逮捕。特别委员会决议统一财政，胡汉民出洋。广东政府在驱除杨刘后，权力再次得到加固。

　　为了加强与商界的关系，"沟通政府与商民间的隔阂"，实行政府统一财政的目标，9月3日，特别委员会宴请广州商界重要人物，国民党党政要员及鲍罗廷均到场致辞，向商界通报政府各种情形及计划。鲍氏表示军人与商人、农人、工人、学生五种人民是国民政府赖以成功的基础，五种人应联合起来，造成廉洁政府。[③] 负责商民运动的中央商民部在廖案发生后，更以市面"谣言甚多"，努力疏解商人的紧张感。商民部召集广州市商民党员及市商民协会会员大会，否认廖死于"共产"与"反共产"之争，要求商协努力于反帝国主义运动，团结革命商人协助政府。[④] 广州商民协会为表示"商人真正之意思"，发表敬告市民书，指出廖仲恺是为广东人民而牺牲。[⑤] 但在

① 此处及下段，分见江苏省商业厅、中国第二历史档案馆编《中华民国商业档案资料汇编》第1卷（1912—1928）上册，中国商业出版社，1991，第17—25页。
② 《特别委员会宴请商界之重要演说词——蒋介石先生之演说词》，《广州民国日报》1925年9月15日。
③ 《特别委员会宴会商界之重要演说词——鲍罗廷先生之演说词》，《广州民国日报》1925年9月14日。
④ 《中央商民部哀告全国商民》，《广州民国日报》1925年9月3日。
⑤ 《商民部召集商民党员会议详情》《商民协会为廖案敬告市民》，《广州民国日报》1925年8月28日。

另一方面，国民党党报则批评商人"在国民革命中最不努力"，敦促商人"真心反对帝国主义"，不要做"帝国主义侵略中国的向导"。① 这种对商人软硬兼施的现象反映了政府内部在商人态度上的不同。

廖仲恺的被刺使广东政府内部的权力斗争趋紧。许崇智及邓泽如等人也积极争取商界的支持，来控制财政并厚固实力，对抗蒋介石、汪精卫等与苏俄顾问较接近的一派。9 月 18 日，国民党中央军事委员会令蒋介石全权处理粤局，蒋即派人对在省垣之粤军实施监视。20 日，许崇智被迫辞职离粤，蒋终于获得对粤军的支配权，宋子文也接任财政部部长并兼广东省财政厅厅长。

政局虽有变动，但当局对商人的绥靖政策仍继续推行，因为在财政上仍需要商界的支持。1925 年 10 月后，广东政府在政治清洗与军事胜利基础上渐渐建立起权威，当局统一财政的目标亦有所实现。对商人而言，财政果能统一，减少军人直接勒索，也未必不是好事。更重要的是，在善于盘算的商人眼里，党政府以前多半是个空招牌，所以他们必须与拥有实际权力的各系军事将领交涉。但当党政府有了实际的权力，商人自然会将目光转移过来。鲍罗廷后来说，每一次与"右派"斗争之后，便有更多的老百姓转到党政府方面，甚至商人也公开对政府表示满意。② 这其实说明所谓民心向背是要有实力做基础的。党商关系的恢复也是双方利益选择的结果。

对于党人而言，通过对商人团体的控制便达到左右商界的目的，无疑是他们最乐意看到的，但是既有的商人团体出于利益考量不会自动受制于人，无奈的党人只有试图创建新的商人团体来"代表"商界，为自己制造一个合作对象。然而，党办的商人团体如何能真正获得商人的拥护并且替代原来商人团体的地位，这是一个无法解决的难题。一个自发性的商人利益代表团体，不可能接受外界强力的介入和操纵。党办的商人团体虽然能在党政府需要时作为商界的"代表"发表一些支持性的文电，但这种"代表"并不能得到商人的认同，只能是"自代自表"，更难以掌握商界实在的

---

① 何冀：《全民革命与解决罢工——港商业省谋解决罢工之错误》、曙风：《此后之商民与革命政府》，《广州民国日报》1925 年 9 月 14 日、12 日。

② 《鲍罗廷在联共（布）中央政治局使团会议上的报告》（1926 年 2 月 15 日和 17 日于北京），《联共（布）、共产国际与中国国民革命运动（1926—1927）》上册，中共中央党史研究室第一研究部编译，北京图书馆出版社，1998，第 116 页。

权力与资源。在这种情形下，理论与现实便有了相当大的落差。

国民党政府为维持其统治，解决实际问题，仍必须与原来的商人团体交涉合作。后者为避免政府强制性的捐税摊派及制定不利于商界利益的政策，也需要保持与政府对话的渠道。尤其当官办商人团体以及亲政府的商人团体出现后，为保持既有的商界权利不被侵夺，这些原来的商人团体甚至要加强与政府的联络。故商民运动实际上不只是新兴官办商人团体的运动，也是既有的商人团体的运动，广东时期中央商民部的工作对象，其实便包括这两类商人团体。政治与军事情势越紧张，当局便越需要对商人采取绥靖政策。当广东政府因省港大罢工与港英政府关系僵化时，商人便成为政府重要的联盟者，当然，这并不表示党人对商人的怀疑完全消除。

商团事件标志着国民党人及其政府与广东商人关系恶化到了极点。对双方而言，在当时的环境下，绝交或者完全的镇压都是不可能的。1925年底前，广东情形尚不明朗，国民党人对财政亦未有办法解决，所以对保守商人团体的妥协是现实的策略。这也显示国民党在推行商民运动之时所必须面临的一大难点，即在急需借重民意之时，如何解决党办商人团体的名与实问题，如何处理对旧有商人团体事实上的需要与名义上的疏离、否认的矛盾，或者说，如何解决两种不同的需要——"民众利益代言人"的角色扮演需要与实际的统治稳定需要。对这个问题国民党似乎始终没有找到满意答案。因此，商民运动从一开始便处在一种暧昧的状态。

二　商民运动与国共势力的竞争

与国民党类似，中共对商人的看法也是与时势的需要紧密联系在一起的。虽然在一些早期共产党人的公开言论中，不难找到反商的思想，但这并不意味着共产党在这个问题上的恒定立场。中共一大通过的《中国共产党纲领》表示"革命军队必须与无产阶级一起推翻资本家阶级的政权，必须支援工人阶级，直到社会的阶级区分消除为止"。[1]但"资本家阶级"包

---

[1]　中央档案馆编《中共中央文件选集》第1册（1921—1925），中共中央党校出版社，1989，第3页。

括哪些人，并无具体规定。国共党内合作的政策明定后，对中共来说，国民党与"商人派"的合作似乎成为完成革命必需的步骤。共产党人曾呼吁商人摆脱帝国主义的圈套，一律聚集到国民革命的旗帜下。[①] 1923 年 6 月，因直系迫走总统黎元洪，组织摄政内阁，上海总商会通电表示不予承认，中共乃对商人的革命性大力肯定。陈独秀称国民党必须利用国民力量来进行国民运动，在这些力量中，商会被排在第一位。毛泽东更撰文赞扬以总商会为代表的上海商人的政治进步，称"商人在国民革命中应该担负的工作较之其他国民所应该担负的工作，尤为迫切而重要"，对全国商人起来革命充满期望，并反对在商人中分出派别。在当时一些中共党人眼中，商人阶级比工农阶级进步得多。[②] 这些文章所反映的思想，与当时中共对国民党在国民革命中的地位及革命阶段性的判断有一致性。

商团事件发生前，共产党人正在展开反击国民党右派的斗争。扣械案发生后，中共方面主张采取强硬措施，并将其与同右派的斗争联系起来。[③] 尽管商团与"右派"或"中派"有共同阶级利益的说法是一种虚构，但是后来形势的发展让中共中央的强硬意见占了上风。

冯玉祥发动北京政变后，中共中央对国民党提出在民众团体基础上召开国民会议预备会议的主张表示赞同。[④] 在讨论国民会议问题时，中共领袖意识到必须依靠党的力量，"在可能的范围内"加快组织各种民众团体，商人团体的组织当然也被纳入考虑范围。[⑤] 不过，国民党中央商民部与广州商民协会的初期工作，一开始并没有引起共产党人太多的注意。1924 年底到 1925 年上半年，共产党人在广东、上海等地忙于国民党地方党部的组织及工人运动的筹划，这方面的重要成果是五卅运动与省港大罢工。

---

① 和森：《国民运动与太上国民运动——告沪上资本家》，《向导》第 16 期，1923 年，第 125 页。

② 独秀：《北京政变与国民党》、毛泽东：《北京政变与商人》、孙铎：《北京政变与上海工会之主张》、竞人：《北京政变与劳动阶级》，均载《向导》第 31、32 合期，1923 年。

③ 巨缘：《帝国主义与反革命压迫下的孙中山政府》，《向导》第 85 期，1924 年；记者：《答国民党中央执行委员会》，《向导》第 92 期，1924 年，第 770 页。

④ 述之：《中国共产党对时局主张的解释》，《向导》第 93 期，1924 年，第 778 页。

⑤ 彭述之曾认为"商界联合会"有可能成为全国性的职业团体，彭所指可能是与上海国民党人及共产党人有关系的上海各马路商界总联合会。见述之《勖国民会议促成会》，《向导》第 95 期，1924 年，第 795—796 页。

五卅运动对中共党人而言是一次非常重要的经历，共产党人在上海及其他各地目击了商人力量的显现，亦有过重要的与商人的合作经验。① 即使在五卅运动沉寂之后，现实也使中共与商人的联络仍在延续。中共在上海与广东的经验使其对商人在政治运动中的作用有了许多新的认识。1925 年下半年，中共在攻击买办阶级、地主阶级的同时，也开始对商人做更复杂分层的尝试。1925 年 12 月，毛泽东发表《中国社会各阶级的分析》，在对社会各阶级分层时，特别使用了"民族资产阶级"的概念（毛泽东认为"民族资产阶级"即"中产阶级"，处于"大资产阶级"与"小资产阶级"之间），认为这个阶级代表中国城乡资本主义的生产关系，他们对于中国革命的态度矛盾：他们在受外资打击、军阀压迫感觉痛苦时，需要革命，赞成反帝国主义反军阀的革命运动；但是当革命在国内有本国无产阶级的勇猛参加，在国外有国际无产阶级的积极援助，对于其欲达到大资产阶级地位的阶级的发展感觉到威胁时，他们又怀疑革命。其政治主张为实现民族资产阶级一阶级统治的国家。② 这里对"民族资产阶级"的定义，后来成为中共革命话语系统中一个经典命题。对商人群体进行更细致一些的分层，于中共来说，既有理论上的意义，也能给政治行动带来许多灵活性，避免陷入自相矛盾的境地。这种新的定义为中共开始重视商人（民族资产阶级）及介入商民运动提供了一个理论背景。

在中共策略转变的同时，广东的商民运动也开始有了一些起色。这主要是由国民党中央商民部的变化及广东省党部成立所带来的。1925 年 6 月 30 日，甘乃光担任中央商民部部长。甘是国民党商民运动最重要的倡议人之一，也是当时公认的所谓青年左派领袖。他上任后，中央商民部第一个重要举措便是举办商民运动讲习所。广东省党部成立后亦在大力推动省商民部的工作。

通过中央商民部与省商民部的工作，到国民党二大前夕，商民运动走上了制度化发展的轨道，俨然成为中共与国民党左派合作主持的民众运动的一个重要内容。

国民党对商民运动做出全面规定，是在第二次全国代表大会上。1926

---

① 关于五卅运动中商人与中共的关系，参见冯筱才《沪案交涉、五卅运动与一九二五年的执政府》，《历史研究》2004 年第 1 期。

② 参见《毛泽东选集》第 1 卷（人民出版社，1991）第 3—11 页的相关论述。

年 1 月 1 日，中国国民党第二次全国代表大会在广州开幕。17 日大会通过
《商民运动决议案》，包括前言与 8 条具体规定。大会并通过《商民协会章
程》，就商民协会的性质、会员、组织方法及系统等做了具体的规定。这两
个文件对商人的政治看法出现较大变化，为国民党领导的商民运动确立了
基本的制度，提升了商民运动在国民党（包括共产党）民众运动中的地位，
也显示了国民党将商民运动从区域性民众运动扩大到全国性民众运动的意
图。对广东的共产党人来说，此时，他们可能希望尽力将国民党发展成为
左派领导下的一个群众性政党，并在此基础上将革命运动扩大到全国。[①] 在
这一计划中，商民运动便有其重要的政治意义。但决议案中所表现出来的
自相矛盾及《商民协会章程》的脱离实际，为后来的执行者带来困扰，也
造成了国共两党相关政策的分歧。

　国民党二大将商民运动摆到与农民运动、工人运动及青年、妇女运动
相同的地位，二大一结束，商民运动便在中央商民部与广东省商民部的工
作下进入另一个发展时期。中央商民部的工作主要分部内及部外两部分。
部内工作较重要者，一是发动商界参加国民会议运动，一是发动商民入党
运动。部外工作，则是建立特派员制度。为了避免成为"空头的"机关、
没有群众可以指导，商民部只有多派人下去组织商民协会，使各地商民
"革命化"。[②] 在宣传方面，中央商民部出版《商民运动》周刊，"以发表商
民运动之理论及材料"。

　广东省党部在二大结束后，也在推动省内商民运动的发展。1 月底，广
东省党部商民部即派员分往各地运动商民，筹组商民协会。[③] 在推动运动发
展中，省党部商民部表现出激进的色彩。3 月中旬，该部发表告全省商民党
员书，公开提出"打倒反革命的商人，训练革命的商人"，[④] 这在商团事变

① 中国社会科学院近代史研究所中华民国史研究室编《中华民国史资料丛稿·大事记》第
　12 辑，中华书局，1982，第 2 页。
② 张振鹏：《过去一年间在各地工作情形和今后对于商运的意见》（1927 年 4 月），中国国民
　党党史会藏五部档：11849。
③ 《商民协会成立》《惠阳各墟商民协会纷纷成立》，《广州民国日报》1926 年 3 月 11 日、
　17 日。
④ 《广东省党部商民部为商民运动告全省商民党员书》，《广州民国日报》1926 年 3 月 18 日。
　此文据说由省商民部部长刘中悟所撰。见《刘中悟先生与国民革命之商民运动》，《海南文
　史资料》第 6 辑，南海出版公司，1993，第 6—14 页。

后尚不多见。广东各地已成立的商民协会亦开始以"有组织的革命商人"自居，[①] 对旧商会的攻击表面化。如果从商民协会筹备组织的范围及正式成立数量来看，国民党二大后广东的商民运动发展速度是相当快的。商民协会组织的范围从广州、中山等地扩大到宝安、东莞、番禺、台山、新会等23县。

各地商民协会的实际主持者仍极复杂，地方上各派势力也以商民协会的控制与其利益攸关而互相攻讦。1926年7月17日，中央商民部通告各地党部商民部及商民协会，防止不良分子加入商协。号称要统一商运组织的广东全省商民协会自身也因党派关系及利益争夺而陷于分裂。

国民党二大后，广东以外的地方党部也开始设置商民部，并发起商民运动。中央商民部要求各省市党部商民部每月报告商民运动进行情形。商民运动至少在形式上已在全国范围内开展起来，但并无多少实际的活动。各省市地方党部多认为商运无足轻重，中央商民部迫于环境，对广东以外的商民运动"很难着手指挥"。[②] 这种从上到下的发动，根基实际上非常薄弱，民众运动如不是内发的，其维持存在严重问题，甚至最后可能造成形式化的趋向，只见几个党员在一幢建筑物里办公，收发文件，充当中央政策的传声筒，与广大的商人并无关系；或者造成商民运动其表、店员运动其里的局面。

国民党二大后，在鲍罗廷等人的安排下，共产党人占据了国民党中央党部中将近80%的领导职位。中共势力的上升引起国民党人的侧目。其实，不仅那些因失势而不满的国民党干部有此种怨意，即使当时被视为坚强左派的蒋介石，乃至国民党内一些青年"左派领袖"包括陈公博、甘乃光等人，在苏俄顾问与共产党人的权力光环下也不无压力。三二〇事件就在这种充满潜在紧张性的政治气氛中发生。事件发生后，苏俄当局及其在广州的代表布勃诺夫（Bubnov）都清楚事件的根源在于国民党中央权力的归属，为避免"联合战线"的破裂，采取一定的退让政策符合其在中国的整体利益。4月底，莫斯科做出决定，要中共在内部组织上向国民

---

① 《各地商民协会慰问罢工工友书》，《广州民国日报》1926年3月20日。

② 张振鹏：《过去一年间在各地工作情形和今后对于商运的意见》（1927年4月23日），中国国民党党史会藏五部档：11849。

党左派让步。正是由于这个决定，当蒋介石等人在 5 月 15 日召开的国民党二届二中全会上提出旨在排除中共在国民党中央机构中领导权的整理党务案时，中共与会的谭平山、毛泽东、林伯渠等人均表现了"相当合作的态度"。①

不过，中共在国民党内部组织上向左派让步，不等于在其他方面亦采取全面退却的方针。"三二〇"事件尤其是"整理党务案"之后，中共党员按规定不在国民党中央担任部长职务，其视线转向下层，故控制下级党部及民众团体遂成为另一种现实的政治选择。② 当中共将视线更加集中于基层，通过民众运动去积蓄力量时，其民众动员策略也需要发生变化，商民运动成为其"抓群众"工作的重要一环。仍然在国民党内的共产党人，既然需要以国民党的招牌去发展民众运动，那么在"利益代表"上要表现出一定的广泛性，以争取更多的力量支撑以及合法性基础。这便是中共此后更多介入商民运动的一个重要背景。在商民运动发展的过程中，各地商运控制权的争夺也渐趋激烈。

随着策略的转换，中共开始公开表示对商人利益的关注。1926 年 5 月 1 日，中共中央发表《"五一"告中国工农阶级及平民书》，号召工人农民和被压迫的学生、自由职业者、小商人等一切劳苦平民联合起来，打倒国际资本主义及国内军阀、大商绅士阶级等恶势力。③ 中共广东区委在《对于中国国民党第二次中央全体会议宣言》中指出，中国共产党是代表中国工农群众利益的党，但同时认为中国商人与智识分子能否解除痛苦，"也有赖于国民革命的成功"，并称如果要商业兴盛，一定要先打倒帝国主义，使实业有发展的机会。因此，商人为自身利益计，必须参加国民革命。④ 这是中共在公开言论中比较少见的谈到商人的革命性问题。此时，中共甚至认为，

① 《联共（布）中央政治局会议第 22 号（特字第 16 号）记录》（1926 年 4 月 29 日），《联共（布）、共产国际与中国国民革命运动（1926—1927）》上册，第 236—237 页。参见杨奎松《陈独秀与共产国际——兼谈陈独秀的"右倾"问题》，《近代史研究》1999 年第 2 期；《蒋介石从"三二〇"到"四一二"的心路历程》，《史学月刊》2002 年第 6 期。

② 《联共（布）、共产国际与中国国民革命运动（1926—1927）》上册，第 456 页；李超英：《国民革命的趋向》，《浙江党务》第 6 期，1928 年，第 7 页。

③ 高熙编《中国农民运动纪事（1921—1927）》，求实出版社，1988，第 67 页。

④ 广东省档案馆等编《广东区党、团研究史料（1921—1926）》，广东人民出版社，1983，第 262 页。

"小商人及民族资产阶级"既然能与工人、学生等一道参加反帝斗争，共产党也能相应顾及小资产阶级利益。①

"整理党务案"后，中共一方面在商人政策方面有大的转变；另一方面，也通过各种途径发挥对商民运动的影响力，如继续派共产党人参加国民党中央及地方党部商民部的工作，发起组织商民协会并以共产党员担任指导员。除了在商民部、商民协会等方面的工作，中共在广东的商人运动主要是通过广东农工商学联合会来展开。这个机构无疑完全掌握在中共手中，②中共通过这个机构把商人吸收到统一战线中，以阻止商人"向右转"。1926年7月12日，中共中央在上海召开第三次扩大会议。会议首次将中国社会势力分为四种：军阀、买办、官僚、新旧士绅，工农群众及急进的知识者，中小商人，资产阶级，并对各种社会势力的趋向做了分析。会议认为资产阶级在民族民主革命运动中，"乃站在非常重要的地位"，"若没有资产阶级有力的参加，必陷于异常困难或至于危险"。③此次会议还特别通过《商人运动议决案》，这是中共首次将商人运动列入中央会议议程，并做出决议案。

相较于国民党二大通过的《商民运动决议案》，中共这个决议案的目的无疑要明确得多，对商人运动的对象、方法、目的、商民协会的会员成分、商人运动对党的意义等均有清楚阐述，从而为中共在各地广泛介入商民运动提供了重要的路线政策依据。

对于1926年下半年的中共来说，联合"中小商人群众"，建立"民权运动（市民运动）的联合战线"是其在广东的一个工作重心。基于此，中共中央认为商民协会的组织"非常重要"。

北伐开始后，随着军事上的进展，民众运动的范围迅速扩大。作为民众运动的重要组成部分，商民运动的发展势头也非常迅猛，商民协会组织

---

① 《中国共产青年团的过去与现在》（1928年12月31日），《中国青年运动历史资料》，中国新民主主义青年团中央委员会办公厅编印，1957，第481页。

② 广东"清党"后，农工商学联合会职员全部逃匿，会务中止，这从另一方面说明了该机构的性质。见《农工商学联合会之改组》，《广州民国日报》1927年4月20日。

③ 《中国共产党第三次中央扩大执行委员会中央政治报告》（1926年7月），中央统战部、中央档案馆编《中共中央第一次国内革命战争时期统一战线文件选编》，档案出版社，1991，第241—243页。

在党军所占领的省城、县城甚至乡镇都建立起来。在这个过程中，从控制权上来看，中共占有绝对的优势。① 然而，作为北伐军后方基地的广东，由于权力竞争的加剧，中共主导的民众运动在趋向激烈的同时也遭到政府的压抑。广东商民运动因时势的易动而出现一些新的变化。我们既可以把这些变化看作商民运动制度化的进一步完善，也可以将其视为商民运动中存在的一些根本性矛盾的呈现，如店员属性问题的争执，以及省港罢工策略的改变。

为了应对北伐开始后新的政治形势及出现的矛盾，争取民众对北伐战争的支持，10 月 19—28 日，国民党在广州召开中央及各省市党部联席会议，决定新的政策纲领，商人问题成为这次会议的主要议题之一。从会议最后通过的《中国国民党最近政纲》中，我们可以发现对商人态度表现得相当缓和，但会议并没有就此问题做出任何决议。这些政纲基本上是一纸空文，在军事行动及党派倾轧之际，事实上也不太可能实施，更多的是一种对于商界的姿态，用来争取"民意"。相反，国民党中央及各省市党部联席会议的召开并未使广东紧张的工商关系得到缓解，工商矛盾反而因店员工会的成立及联合而急剧恶化。

综合而论，国民党广东省党部成立前，共产党对商民运动基本上没有介入，商民运动也由于没有明确的政策及因应政治军事时势的工具性过强，没有多大发展。广东省党部成立后，共产党人开始把商运作为争取民众的重要途径，其对象以"小商人"（实际上包括大量的店员）为主，国民党则渐渐失去了对商民运动的主导权。

中共的介入使商民运动的性质发生变化，从运动本身而言，开始有了大步前进，然而，此种前进是在共产党人的努力下，且是在将商界成员划分为不同阶级的前提下取得的，与国民党对运动的认识未必完全相同。而商民运动讲习所、商民运动委员会的成立，国民党二大通过《商民运动决议案》《商民协会章程》等，均显示国民党主导的商民运动开始从应景式走

---

① 中共也毫不忌讳自己在民众运动中所拥有的绝对优势。1926 年底，中共即自认有"包办国民党""包办民众运动"之嫌。见中央档案馆编《中共中央文件选集》第 2 册（1926），中共中央党校出版社，1989，第 384 页。

向制度化。这种变化与国共两党的权力斗争密切相连，也从某种程度上反映了两党对商人的重视。

北伐前广东的商民运动相对于其宣扬的目标而言充满了妥协性，需要对商人妥协的不仅是国民党，共产党亦然。对于一个想争取政治利益的党派而言，扩大联盟者的范围是其与对手竞争时的重要策略。各地商民运动的激进与缓和取决于时势的需要，共产党人无疑在采取"因地制宜"的办法。1926年底，上海共产党人在争取商人，建立对抗"军阀"的联合战线；广东共产党人却因国民党保守派势力的抬头，酝酿发动与商界对抗的"反对年初二解雇权运动"，工商对峙、党商对峙达到一个高峰，其间并无一个僵硬的教条在统一各地运动的发展。北伐开始后，由于共产党人的注意力主要集中在发动工人、农民上，对商民运动的兴趣转移了许多，运动的发展有了新的面相。

三　商民运动的发展及其内部问题

商民运动随着北伐战事的推进而发展，运动范围迅速扩大，同时潜在的问题也开始显露，并制约了其实际成效。

北伐开始后，党军所到省份，商民协会与农民协会、工会、妇女协会等民众团体普遍建立，各地国民党党部商民部在其中发挥了主要作用。负有指导全国商运责任的中央商民部，则由于其特派员工作重心仍在两广，职员又不敷分配，对党军新占省份的商民运动颇有鞭长莫及之感。中央党部北迁后，商民部开始在武汉正式办公，湖南、湖北、江西三省成为商民运动发展较快的省份。国民革命东路军所到福建、浙江、江苏等地，商民协会陆续建立，但由于这些省份国民党左右派势力斗争激烈，商民协会的组织情形也非常复杂，其主导权未必能掌握在共产党人或国民党左派手中。随着各地商民协会的建立，其形态呈现多元化，这与指导者及组织者有关，也受到党人在组织过程中所面临的实际困难的影响。

据中央商民部特派员的报告，江西、广西等地的商民协会组织，主要是由各军政治部派员指导成立的，其系统和组成分子等并不按商民协会章程办理。而两湖地区的商民协会，地方党部虽然比较主动，实际上仍需建立在既有商界势力之上。如在武汉等中心城市，商民协会尚能处在党部一定程度的监控之下，但到下面各县，商民协会则有由地方商会人士及其他各界发起者，也有由老革命党人趁机发起组织以攘夺地方权力者。商协职员成分相当复杂，既有党部派下来的职员及抱有投机心理的地方士绅，也有别有所图的商界活动分子。往往越到基层，民众团体越容易受既有地方势力的支配。由于发起者成分复杂，有时商民协会不但不受基层党部的监督指导，甚至与党部发生冲突。如果是纯粹由党人控制的商民协会，没有建立在商人的基础上，便可能成为一个空壳。

党部与商民协会的冲突可以从商民协会分会的组织形式上反映出来。从江西、湖南、湖北等地商民协会的实际情形看，城市商民协会分会多半是按行业而不是按区组织的。这实际上牵涉商民协会受制于党部的程度问题。因为地方基层党部多按区划分，如果商民协会不按区划分，其管理便产生问题。商人的组织习惯多是按行业划分，如果按区划分，会使不同行业的商人被划到一个商民协会，资本有大小，营业有区分，难有一致意见，所以商人多反对按区划分商民协会。这样一来，商民协会的组织便容易与原来既有的行业组织合流，多数地方的行业商民协会也确实是由行业公所或者会馆等同业组织改组而来，或换一个招牌，或多挂一个招牌。在这种情形下，党部的控制力难免要打折扣，对商民协会的监督也往往成为空话。

商民运动发展的情形也与经费问题密切相关。从商民运动发展的过程来看，一直存在经费困难问题。因为经费不足，从中央到地方的商民部，许多工作计划无法落实，只能停留在纸面上；而商民协会也多将注意力放在如何"创收"上，其活动与此一利益动机密切相关。中央商民部在迁到武汉后，部中职员曾就今后工作提出多种建议案，如续办商民运动讲习所，训练商运人才；召集全国商民协会；扩大宣传，多编印商运之宣传品。[1] 这些计划多未能实现，原因泰半与经费有关。

按当时各地的办法，县党部经费由原县议会经费抵支，农民协会由原

① 张振鹏：《过去一年间在各地工作情形和今后对于商运的意见》（1927 年 4 月）、黄诏年：《我工作商运的概况和今后的意见》（1927 年 4 月）、周从孟：《工作及意见》（1927 年 4 月 21 日）、《钟澄光报告》（1927 年 4 月 21 日），中国国民党党史会藏五部档：11849。

农会经费抵支，[①] 新成立的商民协会及工会等团体则没有既有经费可供抵支。工会虽然没有固定经费，但在革命浪潮高涨之际，往往能借助一些激烈革命行动而获得收入，[②] 或如广东时期一样，由于中共在背后支持，于各地被没收的逆产分配上占有优势。民众团体中经费最为困难的便属商民协会，尤其是在县市商民协会基础上成立的省商民协会，往往因为经费困难，或者不能成立，或者成立后没有任何活动。到 1927 年 4 月，各省商民协会成立者仅广东一省。[③] 5 月，湖南全省商民协会终于成立，但由于没有经费，"实际上是一个空架子"，该会曾要求中央商民部转请湖南省政府拨款补助，但似未成功。后来该商协负责人居然想出一个办法：发一通告给下面各县市商协，称凡愿意来省商协办事的，由地方筹措经费，可以授权驻部办理省商协事务。[④] 浙江省商民协会成立后，也一再声称"经费万分竭蹶，一切工作难以推行"。[⑤]

由于经费无着，各处商民协会成立后，便往往自己设法解决。如武昌商民协会曾擅自收取渔捐，后经湖北省党部发现查处，负责人被停职。[⑥] 汉口特别市商民协会欲请当局同意将商业帮规注册费作为经费弥补，但此项注册费向归市政府征收，难以实现。[⑦] 后来，汉口商协又试图介入商人印花

---

① 《新组团体之经费问题》，中国国民党党史会藏五部档：0938；《浙省暂停民众运动后之办法》，《申报》1928 年 1 月 13 日；《川沙县党部请拨经费》，《江苏省政府公报》第 10 期，1927 年，第 40 页。

② 湖北省应城县长江埠商民协会就曾呈控应城县总工会驻长江埠办事处向该镇商号挪用 7000 余元。见《应城县党部呈中央党部商民部、中国国民党湖北省党部商民部》（1927 年 6 月 22 日），中国国民党党史会藏五部档：6654。

③ 《中国国民党中央执行委员会商民部训令》（1927 年 4 月 14 日），中国国民党党史会藏五部档：0821。

④ 《中央商民部第九次部务会议记录》（1927 年 7 月 22 日），中国国民党党史会藏五部档：4289。由原商会改组而来、经济比较宽裕的衡阳商民协会便曾筹 400 元派两人驻省会办公。见肖伯麟《大革命时期的衡阳商民协会》，《湖南文史资料选辑》第 17 辑，湖南人民出版社，1983。

⑤ 《浙江省商民协会调查表》，中国国民党党史会藏五部档：12346。根据相关档案判断，此表填写时间大概在 1927 年 11 月中旬。

⑥ 《湖北省党部第十五次常会》，《汉口民国日报》1927 年 3 月 14 日。

⑦ 《汉口特别市商民协会呈请中央商民部补助经费函》（1927 年 5 月 30 日），中国国民党党史会藏五部档：5837。

税包销，① 并为此鼓动商协会员发起大规模请愿。② 此事也说明商民协会比较投入的活动多半与自身组织的切身利益有关。

在经费缺乏的情形下，商民协会工作多半为应对各种宣传与动员的需要，即使是最为活跃的汉口商民协会所从事的工作，也主要是宣传性的。③一些市县商民协会成立后，便致力于扩充分会规模，以期收取会员规费解决经费困难。此时在表面上可以看到商民协会组织获得大的发展，但这可能仅是数字上的，而没有实质意义。商民协会不可能像工会鼓动工人那样，为商人提供有吸引力的口号。对于商人来说，减轻捐税负担、应对工会压迫，向政府陈情等，都是他们希望商协做的事情，但在当时，商民协会没有实力解决这些问题。

商民运动经费的缺乏和工作的空洞化与国共两党对此问题的态度有关。北伐开始后，国共两党的民众运动政策渐渐分离，中共控制的民众团体行动日趋激烈，而国民党在民众运动上的立场则因时势的变化而越来越保守。不过，在商民运动问题上，两党政策实施的结果都是使其越来越看不到前途。

在北伐前后国共两党所领导的各种民众运动中，商民运动与工人运动关系最为紧密。盖工人运动的目标实际上便是商人，劳资冲突即工商冲突。而对于商人而言，加入商民协会的主要目的之一，也是获得组织的力量来对抗工人的集体行动。相对于发展迟缓的商民运动而言，党军所到之处，工人运动却在迅猛发展，如以规模而论，则以武汉地区为最，造成的影响也最大。

1926 年 10 月，武汉三镇相继被攻下，当地工人运动在军事当局支持下遂有大规模的发展。到年底，武汉工会已增至 210 余个，号称拥有会员 16万人。④ 工会成立后，即向资方提出加薪及改良待遇等经济要求，并相继发

① 《汉市党部第十八次执委会议记》，《汉口民国日报》1927 年 2 月 27 日；《汉口市商民协会对于现行征收税法之意见》，《银行杂志》第 4 卷第 17 号，1927 年。
② 《大雨淋漓中之商协大会及请愿》，《汉口民国日报》1927 年 3 月 14 日；《中央商民部致中央执行委员会函》（1927 年 4 月 29 日）、《中央商民部呈中央执行委员会报告召集印花税会议结果请即核议文》（1927 年 4 月 29 日），中国国民党党史会藏五部档：4921。
③ 《汉口特别市党部商民部十六年七八九月工作计划》，中国国民党党史会藏五部档：10394。
④ 曾成贵：《中国工人运动史》第 3 卷《第一次大革命时期的工人运动》，广东人民出版社，1998，第 336、337 页；〔苏〕A. B. 巴库林：《中国大革命武汉时期见闻录（1925—1927 年中国大革命札记）》，郑厚安等译，中国社会科学出版社，1985，第 4—5 页。

动罢工斗争，引起巨大反响。① 武汉商界亦采取集体应对行动。12 月初，汉口总商会召集全埠商民大会，到会各厂主店东据说达万余人。大会要求当局约束工人行动，保护商人营业自由，严禁工人横暴行动，否则将罢市自卫。②

当时武汉工商冲突严重，工会与商民协会虽同为"革命民众团体"，也不免发生矛盾与斗争。工会大发展的同时，商民协会地位却非常暧昧，即使共产党人想贯彻"联合小资产阶级"的政策，工人也未必能听从指挥。汉口商民协会曾在一次中央宣传会议上诉苦，称经常发生"工会同志把商协同志拿着，戴着假面具游街等事，以致商人都不到会"，使商协会务工作困难。③ 商民协会与工会的冲突，也在会员争夺上表现出来。表面看来，两者会员一为商人，一为工人，不会发生冲突。然而，由于真正的产业工人有限，为了能多收会费及扩充势力，工会往往尽力拉店伙、学徒及小贩入会，甚至所谓中小商人也成为其动员入会的对象。

1926 年 12 月，陈独秀在中共中央特别会议上承认共产党没有好的应对中小商人的政策，工农运动的发展使资产阶级产生恐惧。武汉工商冲突的紧张情势及商界的全面反弹亦引起国民党中央高度重视，7 日，国民党中执会在庐山举行会议，决议将工运适当缓和，随后，蒋介石以国民革命军总司令的名义表态，声称国民党是代表全民利益的党，要求工人集中在党的领导下，接受指挥，尊重商人的利益。④

在对商界表示安慰的同时，国民党中政会湖北分会也拟组织劳资仲裁委员会，"一方面拥护工人利益，一方面顾及企业家前途"。⑤ 1927 年 2 月，汉口特别市党部会同总政治部、全省总工会、商民协会组织解决工商纠纷

① 《武汉最近之工潮》，《申报》1926 年 11 月 20 日；《武汉工潮杂讯》，《申报》1926 年 12 月 5 日。

② 该书编委会编《中华民国史事纪要（初稿）（1926 年 10—12 月）》，"国史馆"，1980，第 1088—1092 页；《汉商会开商民大会》，《申报》1926 年 12 月 9 日；〔苏〕A. B. 巴库林：《中国大革命武汉时期见闻录（1925—1927 年中国大革命札记）》，第 15—16 页；《武汉商民大会感言》，《〈国闻周报〉评坛、社论、时评》，文海出版社，1985，第 499 页。

③ 《汉口民国日报》1927 年 4 月 2 日。

④ 郭廷以编著《中华民国史事日志》第 2 册，"中央研究院"近代史研究所，1984，第 115 页；《中华民国史资料丛稿·大事记》第 12 辑，第 212 页。

⑤ 《武汉工潮杂讯》，《申报》1926 年 12 月 5 日。

委员会，规定凡各工商属于辞就问题发生纠纷不能解决者得提交该会，并制定 9 条原则，规定除有私人过失者，凡在工会现任职务者不辞；有重大过失者被辞退之店员，工会得另行介绍店员替代。① 5 月 16 日，在武汉政府提出"退让"政策之际，湖北全省总工会与汉口特别市商民协会举行联席会议，22 日，会议就 15 个重要问题做出决议，并经武昌市商民协会与汉阳县商民协会同意，通告各界，作为工商两界处理纠纷的政策依据。② 对此汉口总商会反应激烈，强烈要求国民党中央取消店员工会，认为商民协会与总工会所定的条件，并没有得到总商会的同意，即使实行，也不能恢复商业。③

"四一二"前后，武汉政府由于内外问题的困扰，财政困难更加严重，政治上也陷入多重危机。这其中的工商冲突，店员问题便是重要原因之一。频繁的工商冲突使商人投资经营信心丧失，工人失业人数剧增，这对武汉乃至两湖地区的工商业造成了严重的破坏，并进而影响到政府财政及统治合法性，对商人让步成为急迫的需求。到 4 月下旬，武汉政府已被经济困难逼到绝境，决定开始采取向商人让步的新经济政策。④ 此举亦得到共产国际及中共的同意。

5 月 20 日，国民党中政会公布训令，告诫各级党部与政府机关及全体党员不宜漠视革命同盟中工商业者之利益，而当充分保护之，使与农工立于同一战线获得一致之利益。到 6 月中旬，店员问题成了武汉国民党中央政治委员会最为重要的议题。邓演达甚至称店员工会不是一个工商冲突的小问题，乃是一个关系到革命能否成功的大问题。政治委员会最后决定一面由总工会、商民协会及总商会用书面详陈意见，一面由中央工人部、商民

① 《解决店员辞就问题》《辞退店员原则规定》，《汉口民国日报》1927 年 2 月 8 日、13 日。
② 《工商联席会议宣言》《工商联席会议决议案》，中国国民党党史会藏五部档：13189；参见〔苏〕A. B. 巴库林《中国大革命武汉时期见闻录（1925—1927 年中国大革命札记）》，第 203—208 页。
③ 《中执会政治委员会第 29 次会议记录》（1927 年 6 月 15 日），中国第二历史档案馆编《中国国民党第一、二次全国代表大会会议史料》（下），江苏古籍出版社，1986，第 1248 页。
④ 参见冯筱才《自杀抑他杀：1927 年武汉国民政府集中现金条例的颁布与实施》，《近代史研究》2003 年第 4 期。

部切实调查。① 中央商民部赴汉口总商会、汉口商民协会、武昌市商民协会、武昌总商会、汉阳商民协会等处调查，广泛征求商人意见。在各处报告中，由店员工会引起的用人权与营业管理权之争成为商人最感痛苦的问题。在当时，武汉经济困难虽然有多种原因，对于商家而言，外界环境不利时可以减少营业，以免亏蚀，然而，此种自由却由于店员工会的干涉而丧失。而用人权完全操于店员工会后，商家无疑难以继续营业。② 对店主而言，外在政治军事形势是无法左右的，也是以前多次遇到的，但是形势不利时，他们不能自由解雇店员，转移资本，却是从未遇到过的情形。此次调查中，除受中共激进政策影响的汉阳商民协会外，其他商会与商民协会所反映的情形相当一致。③

1927 年 7 月 15 日，武汉国民党中央在重重危机中终于宣布"分共"，此一决定实际上是半年多来的种种冲突与矛盾所酿就。武汉"分共"后，当局先将中央党部及各级党部中的共产党人停止工作，中央商民部中被查明身份的共产党人也全部退出。④ 中共领导的南昌起义发生后，国民党武汉中央执行委员会复决定"清共"办法，将所有跨党分子开除党籍，并下令湖北全省民众团体一律停止活动，听候改组。⑤ 湘、鄂、赣三省的商民运动因为共产党人的退出及商民协会的改组，处于停滞状态。

8 月中旬，国民党宁、沪、汉各派合作条件基本谈妥，蒋介石宣布辞职，武汉政府决定迁都南京。9 月 16 日，国民党中央特委会在南京成立。其发表的宣言指责共产党"阴谋利用中央党部及国民政府之掩护，包办民

---

① 《中执会政治委员会第 31 次会议速记录》（1927 年 6 月 22 日），《中国国民党第一、二次全国代表大会会议史料》（下），第 1272—1277 页。

② 《中央商民部致中央执行委员会组织部函，报告调查武汉商业近况于中央》，中国国民党党史会藏五部档：12538。

③ 汉阳商民协会的调查中绝小未提店员问题，只是将倒闭原因归咎于金融停滞、货源断绝、经济封锁。见《汉阳县商民协会筹备委员会关于汉阳商业情形暨状况答复案》，中国国民党党史会藏五部档：12389。

④ 《中央商民部致中央执行委员会秘书处函》（1927 年 8 月 10 日），中国国民党党史会藏五部档：2540。

⑤ 《武汉中央政治委员会第 44 次会议速记录》（1927 年 8 月 8 日），转引自李云汉《从容共到清党》（下），及人书局，1987，第 749 页。

众运动，勾结地痞流氓，激起各地之骚扰"。①

　　9月27日，中央特别委员会第四次会议决定将商民部改为商人部。各方"清共"后，国民党内各派系由于有了可以共同打击的敌人，在对商人的政策上达成默契，以前在处理与商人关系时的紧张感似乎减轻了一些。商民运动仍在以南京为中心的一定区域内继续进行，商人部的主要工作首先是继续处理武汉时期没有了结的店员问题，其次是准备拟定商民运动新的计划，部外工作则是就近派员指导调查江苏与浙江两省的商民运动。

　　不过，虽然中央商人部一再令各省及特别市党部商人部限期将一切详细工作情形报告于部，为筹建"全国商民协会"做准备，但呈报者仍寥寥无几。② 这说明特委会权威的局限性，地方并不太拿中央的命令当回事，地方商民协会实际上已成为地方性的权力与资源争夺的工具。如广东在1927年底仍在推行"商民运动"，但将其工作扩大至大商人，不囿于中小商人，表示以"联合革命战线，力谋全民革命"，③ 实际上是想趁此机会得到既有商会势力的认可。

　　国民党"清共"之后，工农运动在地方实际上已停止，但商民协会的组织仍存在。这与其参与者身份的复杂有极大关系。由于商运牵涉商界自身的权力争夺及国民党内部各派的利益关系，加之商民运动没有实质性的威胁，所以各地当局未多加干涉，而是听任其自生自灭。直至1927年12月中共领导的广州起义爆发，国民党中央下令湘、鄂、皖、赣、闽党部暂停活动，江浙党部派员接收，各地民众运动因此更陷于停顿状态。12月28日，中央特别委员会亦宣告结束，国民党的民众运动政策遂改弦更张。

　　民众运动问题，是1928年2月召开的国民党二届四中全会的中心议题之一，许多议案均涉及于此。蒋介石等人提出民众运动案，强调过去之民运受中共"把持"，后虽经"清党"，但其"余毒窜伏、尚未净除"，因此，

① 《中国国民党中央特别委员会宣言》（1927年9月16日），中国第二历史档案馆编《中华民国史档案资料汇编　第五辑第一编　政治》(2)，江苏古籍出版社，1992，第5页。
② 《中央令各省及特别市商人部限期呈报详细工作情况》（1927年11月8日），中国国民党党史会藏五部档：12888。全国商民协会组织是上海各省区商民协会代表会议向中央商人部呈请提议的。见《中央批准筹备全国商民协会》，《申报》1927年11月2日；《中央商人部注意各地商运状况》（陈樗航拟，11月4日），中国国民党党史会藏五部档：12887。
③ 《市商协会欢迎市商民部长大会记》，《广州民国日报》1927年11月7日。

为纠正过去民众运动的"错误"，应由中央重新制定民众运动的理论与方略，注重民众实际利益的增进，避免幼稚破坏的动作。大会通过《民众运动方针案》，在原则上承认民众是国民党的基础，强调农民工人与工商业者是国民革命的同盟者，应照顾到各方利益，避免阶级斗争。[①] 此一方案的核心是要对民众运动进行整理训练，使之纳入国民党（蒋介石为中心）的领导下，避免民众团体失去控制，不赞成破坏性的民众运动。会议也规定在中央确定整理办法前，所有一切民众运动暂行停止。不过，此时一些地方的商民运动因商会存废问题的争论而趋热，商民协会不但没有停止，反而有大规模的积极活动，这其中有地方党部在试图与既有的商界势力争夺资源的因素，也有商界本身权力斗争的色彩。然而这种"商民运动"已多属地方自发，未必在国民党中央的控制之中。

四　商民协会被取消与商民运动的中止

商民运动事实上是以打倒旧商会为目的之一，这从其发起背景及后来国民党二大《商民运动决议案》中可以清楚地看出。事实上，无论在广东，还是后来在两湖地区或者东南地区，各地绝大多数的旧商会不但未被打倒，政府还再三给予保障其合法地位的宣示。这就使商民运动陷入一种自我矛盾的境地，商民运动宣称的目标与后来的实践严重脱离。更具讽刺性的是，最终被取消的并非商会，而是号称"真正革命商人团体"的商民协会。

国共两党对商会的态度有很大的不同，但究其实，不外乎三点：利用、控制与攻击。从当时的史实来看，无论国民党还是共产党，对商会的策略实际上以利用为主。在北伐前的全国政治舞台上，国民党要利用商会配合其召开国民会议的主张；在广东地方政治舞台上，国民党则需要利用商会来协助解决财政问题及配合其"反帝"战略。省港大罢工的爆发，更使商会成为国共两党重要的合作对象。对共产国际代表与中共而言，商会在一定时候也成了中共及国民党左派打击右派时需要争取的同盟者。北伐开始

---

① 《第二届中央执行委员会第四次全体会议至第三届中央执行委员会第二次全体会议关于民众训练决议案汇录》，中央训练部民众训练处第三课编审股编印，第3—4页，中国国民党党史会藏五部档：4406；《四次全会中之两要案》，《申报》1928年2月7日。

后，商会又有了另外的意义。对前线的军人而言，有着较完善组织与动员力的各地商会实际上是可以用来快速稳定地方秩序的重要团体，也是他们在地方上可以依靠筹措军饷的主要对象。在鲍罗廷及中共以"省民会议""县民会议"等提高党权的计划中，商会则是必须争取的"省民团体""县民团体"的代表。①

当然，不是说党人不想控制商会，但当时这实际难以做到，党人即使有彻底消灭旧商会的打算，现实压力也使他们必须利用商会。这对于商民运动而言，却是一个最难绕过的关节。商民协会在事实上不能取代商会的位置，也不能从党政府得到根本性的援助，最终自然无法维持下去。这种结局也说明《商民运动决议案》所揭示的目标是脱离现实的，以此为基础的商民运动也往往成为一种空中楼阁。

商会与商民协会究竟有什么不同，这个问题在国民党二大前尚未浮现。在一定程度上，商民协会当时也被看作商会的一种。② 然而，国民党二大将商民协会与商会视为两种性质截然不同的商人团体，政治立场上有"革命"与"不革命"的区分，利益代表上有"大商人"与"中小商人"的不同。然而，这些纸面上的区分标准难以与现实吻合。政府迫于事实上对商会的需要，又不断给予商会合法性的保证，商会与商民协会之间的一些所谓区别实际上越来越模糊，二者的地位都受到影响，因此各地不断有商民协会与商会上书要求上级机关对二者的区别做一明晰的界定。

对于非商会主导的商民协会来说，为了说明自己的地位，一般喜欢用政治性标准来作为其与商会的分野。由事实层面观察，商民协会成立后，在许多方面也难与商会区分开来。除会费外，商民协会通常没有稳定的经费来源，商会则由于历史的原因往往掌握了商界事务的处理权，并能从中获得一定的报酬。所以商民协会成立后，经常汲汲于此类商界权力的攘夺。在劳资冲突中，究竟谁代表资方，这也是商民协会与商会争执的焦点之一，尤其在劳资冲突频生的时期，更是如此。革命时期，在一些地方党部主导下，拟由其控制的商民协会与工会主宰劳资调解。不过，仅由商民协会代

---

① 《欢迎湖北省民会议》，《汉口民国日报》1927 年 1 月 7 日。
② 广州市商民协会成立后，与广州总商会、广州市商会、广东省商会联合会被合称为"四商会"。

表资方，在事实上障碍难行，其调解结果也未必产生效果。所以一些大的纠纷的仲裁，仍需要商会参与。商民协会成立后，因会址问题，也经常与原有商会发生冲突。由于各地商会会所一般都有较大规模的建筑，新成立的商民协会如果不是商会主导者，多半对商会的会所有所企图。

当然，不是所有地方的商民协会都会与商会发生冲突。两者关系如何，取决于商民协会的主导权在谁手中，也与地方党部的控制权有关。如果商民协会是由原商会中人参与成立甚至主导组织，那么此类商协与商会间的关系多比较融洽，[①] 甚至两个机构一块牌子。反之，如果商民协会的设立与原商会无关，或者由较激进的党部，或者由当地潜在的商界权力竞争者主导设立，那么双方关系可能非常紧张，权力与资源之争经常发生。尤其当党部是由较激进的中共党员控制时，便可能有封闭商会、逮捕商会会长的举动。各地商民协会形态不同，衍生出不同的商民协会与商会的关系。

前文已经提到，广州市商民协会的筹备与国民党人对当地商人的分化策略及控制商界的企图分不开。商民运动在一开始便想挑战既有的商界权力，推翻商会权威，造成"一代表商人协助政府之机关"。[②] 国共两党在推行民众运动时，一般来说，当新组织的民众团体成立后，便要将原来的民众团体取消。如农民协会成立后，国民党中央颁令将旧农会一律解散。[③] 对商人团体，却不能如此操作。商民协会虽然成立，但政府仍需要依靠商会筹款，甚至行政经费有时发不出，也要商会协助。[④] 事实上，无论是在广东，还是后来在湖北、江苏等地，中央政府部门在一些涉及需要确立商界代表的事情上，常有意采取商协与商会平衡的原则。

然而，一些地方在对待商协与商会的态度上，则出现党政分离的情形。由于商民协会按规定由地方党部发起，所以常站在反对商会的立场上。对地方政府而言，更多的考虑则在地方秩序的维护及财政问题的解决，甚至要应对党部权力过大而借地方势力与之竞争。在广东中山县，政府多偏袒

---

① 湖北钟祥县石牌镇商会干事李登朝捣毁店员工会并受地方党部检控后，该镇商民协会乃在报纸上刊登启事，为李辩白，以争"公道"。见《石牌商民协会启事》，《汉口民国日报》1927年4月1日。

② 克立：《商人与政府》，《广州民国日报》1924年6月10日。

③ 《中央党部第四十六次会议纪》，中国国民党党史会藏五部档：1396。

④ 《县府托商会筹款之昨讯》，《苏州明报》1928年7月29日。

商会，不支持商民协会。[1] 中央商民部的特派员也承认，许多地方政府在处理和商民有关的问题时，仍"以旧（商）会为宗"，商民协会没什么重要性。[2] 不过，武汉时期，在商会问题上，党政分离实际上反映出国共两党态度的差别。当时担任政府要员的国民党左派首先要考虑财政及经济实际情形，共产党则主要以民众运动为工作重心，重视革命动员的一面，目标既然不同，态度便也各异。

即使对党部而言，上层与下层的考虑重心也未必一样，常因利益诉求不太一致而对商会态度有差异。中央商民部更多地考虑与政府的步调一致，在商会与商民协会之争中态度谨慎。1927 年 4 月，中央商民部强调要注意"旧商会在经济界、金融界占有优势力"，故必须加以政治运用，同时在表面上不能过分偏向商民协会。[3] 但这种两手策略在执行时未必能贯彻。地方党部要发展商民运动，经费困难，因此助商民协会打商会，争夺地方资源便成为常事，而商会则以政府为依靠，巩固自身团体，以作对抗。

商民运动在广东最初发起时，发动者的动机比较简单，即制造出能够受党和政府控制的商人团体，由于力量有限，尚未提出打倒旧商会。但后来随着政府权威的确立，以及国民党内激进势力的影响，对商会的态度越来越严厉。尤其当商民运动的范围扩展到中小城镇时，由于会员及利益资源有限，商民协会与商会之间似乎势不两立，商民协会成立后商会是否存在，便成为商民运动最为关键的问题。到国民党二大《商民运动决议案》通过时，虽然对商会存废问题在一个文件中居然出现两种不同的说法，但"打倒旧商会"的口号仍被有心者抓住甚至付诸实施。

国民党中央商民部在商会存废问题上实际处于左右为难的境地。虽然在政策上商民部不能与国民党中央的意见相违背，对此问题持慎重态度，但作为商民运动的领导总机关，它非常清楚，不废除商会，其所领导的商民运动便难有真正的成绩。

1927 年 11 月，国民党中央商人部以商民协会日益增加而旧有商会仍然

---

① 《岐海商涛——中山工商经济史专辑》，政协广东省中山市委员会文史委员会编印，1994，第 11—12 页。

② 黄诏年：《我工作商运的概况和今后的意见》（1927 年 4 月 21 日），中国国民党党史会藏五部档：11849。

③ 《关于本部商民运动之最近方略》（1927 年 4 月 28 日），中国国民党党史会藏五部档：10686。

存在，阻碍工作进行，于是发出通告称，拟于中国国民党第三次全国代表大会时提出议案，请求撤销全国旧商会，以商民协会为领导机关，以集中商人力量便于统一指挥，并要求各地商民协会就此征求商人意见。① 各地党部及商民协会接到通告后多表欢迎，并开始对商会有所行动。而全国各地的商会对此则表示强烈抵制。

12月，各省商会代表在上海总商会召开大会，会后发表宣言，其要旨包括：（1）"我国商人向为一体，并无畛域阶级之分"；（2）劳资纠纷为经济界最不幸之现象，请求政府召开经济会议解决；（3）谋求全国和平建设，解除商民痛苦；（4）希望商人对于政治有深切之了解，为积极之参与。② 为避免外界攻击商会组织不良，按照各省商会代表大会的议决案，各省商联会总事务所饬令各地商会自动改组，为此并拟定改组大纲，呈请中央党部及国民政府批准。③

1928年2月，国民党二届四中全会上，又有国民党中央执行委员、江苏省民政厅厅长缪斌提出所谓"建设的民众运动"一案，建议将旧有工会、农会、商民协会、教育会等一律取消，代之以工业协会、农业协会、商业协会、教育协会等，从事实际的发展实业运动。④ 对此提案，上海总商会首先表示反对，并以全国商会联合会的名义致电中央党部执监委会，认为一大、二大会议均决议商会存在，中执监委无权议废，要求遵照以前大会议决，否决缪斌提案。电文指出，虽然缪的提议基于同一商业而分为两种组织，但是商会自有商会历史与成绩，并力辟商会不革命之说。⑤

经过上海总商会及全国商会的力争，撤销商会的拟议后来被打消。商民协会与商会之间仍未有明晰的区分，各地冲突不断发生。商会与商民协

① 《中国国民党中央商人部通告》，中国国民党党史会藏五部档：4309；冯少山：《商民协会能否代替商会之讨论》，《商会存废问题之讨论》（上海总商会月报临时增刊，1927年12月），第1页。
② 《各省商联会对内对外宣言》，《申报》1927年12月31日。
③ 《各省商联会拟具商会改组大纲》，《申报》1928年3月5日；《河南省政府呈国民政府文》（1929年9月10日），"国史馆"藏《国民政府档案》：200000000A-0121.47/0080.01-01，第150页。
④ 《第二届中央执行委员会第四次全体会议至第三届中央执行委员会第二次全体会议关于民众训练决议案汇录》，中国国民党党史会藏五部档：4406，第7—9页。
⑤ 《中央执委缪斌之提案》《冯少山等之三重要提案》《商联会请维护商会地位》，《申报》1928年2月4日，3月11、21日。

会都催促政府明令公布商会与商协界限，以资共同遵守。1928 年 7 月 19
日，国民党中央常务会议第 157 次会议通过《民众团体的组织原则及系
统》，其中包括"商人组织的原则及系统"。按其规定，商民协会与商会分
立并存，以商会代表大商人，商民协会代表中小商人利益。商会归政府管
理，商民协会归党部管理。商会为国民党经济政策之所在，商民协会为革
命力量之所在。① 此次会议还通过《商民协会组织条例》，规定商民指商人
店员及摊贩而言，商人指有一定店屋或场所以经营商业之主体人或经理人。
新的商人组织原则及系统的规定无疑是对国民党二大《商民运动决议案》
的重大修正。这一规定虽然真实反映了国民党中央在这一问题上的两难处
境，但正如二大《商民运动决议案》条文中充满矛盾一样，新规定也是歧
义重重，不但不能解决商会与商民协会之间的冲突，反而两面都不讨好。
正因为新规定存在内在矛盾，商民协会方面为保持其地位，要求取消旧商
会，以统一商民运动。各地党部亦不断有此种呼声，使地方层面的党商关
系更趋紧张，商民协会与商会的矛盾加剧。

　　商民协会章程颁布后，从法理而言，商民协会的地位显然得到稳固。
但由于新的商人组织原则与系统实际上难以推行，所谓商会与商民协会的
性质划分，也说明政府并没有将商会废除的打算，而且从 1929 年 1 月底国
民政府将商会法草案送立法院审查的事实来看，当局也在想用法律规定商
会的合法性。② 这种情势，使商民协会与商会间的竞争加剧，其争斗尤以势
力雄厚的上海总商会与上海特别市商民协会为猛烈。由于国民党三全大会
拥有否认前次大会决议案的权力，双方都把三全大会视为消灭对方最重要
的机会。③

　　1929 年 3 月 15 日，中国国民党第三次全国代表大会在南京开幕。上海
市代表陈德徵、潘公展在大会上提出《请解散各地、各级商会以统一商民
运动组织案》，其大意，一曰商会反党反革命；二曰商会组织散漫，小商不
能加入；三曰其破坏商运统一。上海特别市商民协会也向大会提出请愿书，

①　《民众团体的组织原则及系统》，《中央党务月刊》第 3 期，1928 年，"法制"，第 36—37 页。
②　《立法院公报》第 1 册，南京出版社，1989，第 58 页。
③　按当时的理解，商民协会的地位由二全大会而来，商会也以一大会议宣言作为其合法性的
　　依据。

请愿取消商会，统一商民组织，以作声援。① 上海银行公会、钱业公会、华商纱厂联合会等数十团体上书总商会，力驳商会为买办阶级土豪劣绅盘踞一说，认为所谓商民协会为革命商人，商会为不革命商人，属于有意贬抑，要求总商会据此情形向三全大会请愿。② 上海商界各团体更召开联席会议，推举代表晋京请愿。

为了制造舆论，加强游说工作，全国商会联合会及各省商会在南京总商会设立临时办事处，专做大会代表工作。3月26日，办事处将全国各处商会所提反对取消商会的意见印成小册子，送到大会散发。小册子的内容包括请速定商会法颁行、商会之革命功绩及维持地方秩序之作用、对外抗争中的贡献等。③ 对此，上海商民协会复以各分会名义发表通电，拥护三全大会代表统一商民组织宣言，对商会宣传册中的观点一一提出反驳，不承认总商会有所谓"革命精神"。④ 双方针锋相对、不共戴天之势已成，但这场争斗没有分出胜负，三全大会在28日闭幕。各地商民协会与商会的斗争则趋向暴力化。

以国民党三全大会的请愿纠纷为导火线，上海商民协会与总商会之间的矛盾日益激化。3月28日，上海商民协会举行临时执行委员会会议，攻击总商会的火药味相当浓烈。⑤ 此时上海市党部训练部及民众训练委员会正在推动统一商人组织，加速成立商民协会分会，商人团体统一的风声越来越紧，连本来置身斗争之外的上海各马路商界总联合会也不断发表声明，反对取消商联会。⑥ 同时，外部形势似乎对上海市党部中的激进派有利。3月下旬，蒋介石与桂系李宗仁、白崇禧之间的战争打响，国民党中央的注意力皆在此事。27日，与白崇禧有密切关系的桂系上海市市长张定璠去职，4月1日，亲蒋的张群就任上海市市长。上海党政格局处于一个不太稳定的过渡时期。6日，陈德徵被任命为上海市教育局局长，其权势正在上升。⑦

---

① 《上海特别市商民协会请愿书》（1929年3月），上海市档案馆藏档案：Q222-1-3，第5页。
② 《各团体反对撤消旧商会》《各省总商会力争取消商会》，《申报》1929年3月22日、28日。
③ 《各省商会之意见》，《申报》1929年3月27日。
④ 《各商协分会主统一商民组织》，《申报》1929年3月28日。
⑤ 《市商民协会临时执委会议》，《申报》1929年3月29日。
⑥ 《三区民训会昨开商工两组委员会》《商总会对统一商界组织宣言》《上海全市各路商联会对商界统一组织宣言》，《申报》1929年4月1日、5日。
⑦ 《市教育局新局长陈德徵今日到局视事》，《申报》1929年4月8日。

由党部控制的旨在打击奸商的市反日会改组为救国会，准备采取积极行动，党商矛盾更加紧张。①

上海市党部执委会在扩大反桂运动的同时，对据说与桂系有染的冯少山等人亦不会放弃打击的机会。在三全大会通过法律程序解决总商会没有成功后，他们似乎想用暴力手段来促成某种事实，而上海商民协会及救国会在行动中起了先锋作用。4月20日，正值上海总商会召开执委会会议，原借总商会三楼办公的商民协会自行招雇铜匠打开门锁，强借该会常会会场，双方发生冲突。22日，市救国会又将总商会常用之两间会客室破门占用，并将室中器具全部掷出，引起冲突，总商会方面召租界巡捕逮走数人。23日，总商会发布通告，称其处于暴力胁迫之下，无法行使职责，自次日起暂停办公，静候政府依法解决。24日，又有四五百人手持铁棍，不顾总商会已闭门，"破门直入"，占据该会并捣毁房屋器具，殴伤职员，将总商会准备寄发的呼吁广告扣留。② 同时，市党部也命令上海各报停止登载总商会种种消息及告白，只能发表由其提供的相关消息，③ 试图从舆论上对总商会实施封锁。

5月2日，国民党中执会第七次常务会议通过《统一上海特别市商人团体组织案》，规定上海特别市商人团体应即统一组织，所有旧总商会、商民协会、闸北商会、南市商会等商人团体，一律停止办公；并指派虞洽卿等34人为上海特别市商人团体整理委员。④ 各会随即奉命宣布停止活动。上海商界权力格局及党商关系出现重大变化。除上海外，济南、北平等地均有类似冲突事件发生。各地商界的动荡，使当局必须对商人团体有一全面的法律解决。

与上海商人团体整理同时进行的是立法院将《商会法》提前通过。《商会法》的颁布也使商民协会失去其存在的合法性，从而被最终取缔。1929年3月9日，中央政治会议第177次会议议决通过《工厂法》《商会法》等

① 《市救国会第二次执委会议》《市执委会昨开临时会议》，《申报》1929年4月5日、13日。
② 《上海特别市总商会公启》（1929年4月25日），苏州市档案馆藏档案：114-2-611，第5页；《今日起总商会暂停办公》，《申报》1929年4月24日。
③ 《中华民国全国商会联合会快邮代电》（1929年5月1日），苏州市档案馆藏档案：114-2-611，第14页。
④ 《统一组织商人团体》，《申报》1929年5月4日。

各法案原则。[①] 7 月 20 日，立法院第 35 次会议议决《商会法》修正通过。[②] 9 月 2 日，国民党中央第 32 次会议临时会议通过商会组织之原则及新《商会法》运用之方法。该案系由戴季陶拟订并提出。[③] 在此次会议上，戴对新的《商会法》中相关之两个重要问题做了解释。首先，新《商会法》没有直接涉及党部之指导，戴认为这是"法律当然之形式"。其次，戴强调商会之所以以商店及同业公会为基础，是根据中国旧有习惯，纠正以前政府颁布之个人自由入会之缺陷，同时也为了解除数年来各地幼稚的商民协会的纠纷。戴认为新《商会法》的制定，其宗旨便是"保育商业团体及商店等之发育"，遵循"会馆制度之精神"。[④] 从戴的解释中可以看出，他已完全抛弃国民党在意识形态上对商人的一系列既有说法。

《商会法》颁布后，商民协会便没有存在的余地。不过，国民党中央下令商民协会结束的时间，则与其面临的国内严峻形势有关。1930 年 1 月，金贵银贱风潮席卷全国，对经济造成非常不利的影响，当局在军事告一段落之际，准备努力谋求解救方案，以免影响政治与财政。工商部为此提出一系列"根本救济办法"，包括保障人民财产、促进劳资合作、便利交通运输、免除苛捐、服用国货、设立国际汇兑银行、改定金本位制等。[⑤] 而此时宣布将商民协会结束，也有安慰国内工商界的意义在其中。2 月 10 日，中国国民党中央执行委员会训令各省党部，通告撤销商民协会的决议。[⑥] 国民政府也告知各直辖机关，通令取消 1928 年颁布的《商民协会组织条例》，各地商民协会限期结束。[⑦]

---

① 《立法院公报》第 1 册，第 255 页；《行政院长谭延闿呈国民政府主席蒋介石文》（1929 年 5 月 2 日），"国史馆"藏《国民政府档案》：200000000A-0121.47/0080.01-01，第 82—83 页。

② "国史馆"藏《国民政府档案》：200000000A-0121.47/0080.01-01，第 104 页。

③ 《中央第三十二次常务会议》，《中央周报》第 67 期，1929 年，第 17 页。

④ 《商会组织之原则及新商法运用方法要点》，《中央周报》第 67 期，1929 年，第 23—24 页。

⑤ 参见源峻《金贵银贱提倡国货》，《江苏党务周刊》第 8 期，1930 年，第 19 页；胡汉民《金贵银贱的恐慌中大家应有的觉悟》，《工商部列举救济金融根本办法》，《中央周报》第 86 期，1930 年，第 25、10 页。

⑥ 《中央执行委员会训令》（1930 年 2 月 10 日），上海市档案馆藏档案：Q201-1-626-7。

⑦ 《国民政府训令第 81 号》，"国史馆"藏《国民政府档案》：200000000A-012071/8077，第 966—967 页；《上海特别市商人团体整理委员会通启》（1930 年 2 月 14 日），上海市档案馆藏档案：Q201-1-627-18-21；《行政院公报》第 126 号，训令第 606 号，1930 年 2 月 14 日。

　　商民协会结束后，商人团体改组工作开始着手进行。但由于牵涉种种利益矛盾，各地情形至为复杂，进度也非常缓慢。1930 年 6 月 19 日，国民党中央执行委员会第 97 次常会通过各地商人团体改组办法，饬令国内大多数地区商人团体改组事宜应在原有商会基础上进行。因此可以说，绵延六七年的商会与商民协会之间的竞争，实际上以商会的胜利而告终。

　　从理论上来讲，商人团体改组应在党部的指导下进行，但实际上，即使是在中央所在地的江苏省，多数县市商人团体的改组工作仍由原商会主导。苏州总商会的改组，便先是向工商部呈请办法，再将办法规则印发各业，敦促其开始按规定改组，该会并向市党务整理委员会呈请派员指导。江苏省党部后来只是声明商会不能擅自改组，要遵照人民团体设立程序，依法组织，但实际未多干涉。①

　　各地商会在改组时，其寻求合法性的目的甚为明了，不过有时会遭到地方党部甚至政府的干扰，如浙江临海县商会准备按《商会法》改组时，便受到当地政府的阻挠，政府另外批准一些商人设立改组筹备会。而嵊县县党部更规定改组后的商会，非有党员参加不能开会，所有议决案须送党部审查，并须依其指导方案，按周填报工作等。全国商联会认为此举实为违法。② 权力争夺在商民协会取消后仍然在继续。

　　商民协会的结束与各地商人团体改组的展开，实际上宣告了商民运动的终止。尽管此后仍有所谓商人运动，但其实质已与本章所讨论的商民运动大不相同。这种程序化、仪式化的"民众运动"，虽然是国民党党国体制的一个重要构成部分，但与商人群体的关系已不是太大了。贯穿 20 世纪 20 年代的商民运动之所以说它"奇怪"，是因为这个所谓的民众运动并没有一个明确的目标，也没有明确的参加者，用来设计指导运动的几份纲领性文件也是充满了矛盾，根本不可能得到切实执行。然而，透过商民运动的发起、演化乃至歧变异化，我们可以看出 20 世纪 20 年代下半期由国共两党发动的民众运动的一些复杂面相。从国共两党与商人的关系演化过程中，我们也可以观察到以政权获取为目标的革命党人在意识形态话语系统与具体政治实践的矛盾交织中面临的难局。

---

① 《总商会准备改组》《商会之改组办法》，《苏州明报》1930 年 9 月 10 日。
② 《全国商联会请维护商运》，《工商半月刊》第 2 卷第 6 期，1930 年，第 4—5 页。

第二十三章

民国乡村建设运动

早在清末民初就有人开始在农村从事普及教育、提倡自治、改良农业、移风易俗的活动，如定县米鉴三、米迪刚父子在其家乡翟城村创办"模范村"，但这些活动不仅时间短，而且规模小，影响不大，没有形成一种社会运动。乡村建设真正成为一种社会运动是在20世纪20年代末30年代初。

一　乡村建设运动的兴起和发展

从乡村教育到乡村建设

中国的近代教育，产生于西学东渐之后，尤其是1905年清廷决定自1906年起停废科举制，使中国的近代教育得到了比较快的发展，新式学堂如雨后春笋般在全国各地设立。但那时的新式学堂大多设置在城镇，直至民初，中国并无真正的乡村教育，甚至没有人重视乡村教育。乡村教育引起人们的重视是在五四时期。傅葆琛在1934年出版的《乡村教育纲要》一书中就明确指出："废除科举改设学校之时，无人知乡村教育应当特别研究。乡村教育最初的呼声，始于民国五四运动。"[①]

为什么会在五四时期开始重视乡村教育呢？分析起来，大概有以下几个方面的原因。

第一，民主思想的发展，使人们认识到对广大民众包括农民进行教育

＊　本章由郑大华撰写。

①　傅葆琛：《乡村教育纲要》，北平辅仁大学1934年夏令讲习会，第16页。

于实现民主的重要意义。1919 年 2 月，李大钊先后发表《劳动教育问题》和《青年与农村》两文，指出"Democracy 的精神，不但在政治上要求普通选举，在经济上要求分配平均，在教育上、文学上也要求一个人人均等的机会，去应一般人知识的要求"。① 他要求青年和知识阶级到农村去，"耕田也好，当小学教师也好"，去开发农村，运用教育去解除农民的黑暗。因为"中国农村的黑暗，算是达于极点"，"农村的教育机关，不完不备"，而"我们中国是一个农国，大多数的劳工阶级就是那些农民。他们若是不解放，就是我们国民全体不解放"。② 同年 4 月，教育调查会召开第一次会议，在《教育宗旨研究案》中，提出以"养成健全人格，发展共和精神"为宗旨的教育。所谓"共和精神"，含有两个方面的内容：其一，发挥民主主义，俾人人知民治为立国根本；其二，养成公民自治习惯，俾人人能负国家社会之责任。③

第二，推行义务教育的失败，使人们认识到要实现义务教育的普及必须重视乡村教育。中国推行义务教育始于清末。1904 年，清政府颁布《奏定学堂章程》，规定义务教育年限为 5 年。1906 年，清政府学部颁布《强迫教育章程》，规定"幼童 7 岁须令人学"，否则"罪其父兄"。这是中国实行强迫义务教育的第一道正式法令。此后，历届政府又颁布了不少有关推行义务教育的法令或规定，但事实上义务教育并未普及。据 1916 年统计，全国只有小学 120103 所，学生 3843555 人。④ 推行义务教育的失败，引起了人们的反思。不少人认为推行义务教育失败的原因，在于以前的教育只注重城市，而忽略了人口占 85% 以上的乡村。古楳在 1939 年编纂的《乡村教育》一书中写道："因为中国以前的教育走错了路，忽略了百万个乡村，直到民国八年，才有些人觉得义务教育的重要，不仅在少数的都市城镇，而尤重在这百万个乡村。由于这样一种觉悟，乃正式的起来提倡乡村教育运动。"⑤

第三，五四时期人们对乡村教育的重视，除上述这两个原因外，与西

---

① 《劳动教育问题》（1919 年 2 月 14 日、15 日）中国李大钊研究会编注《李大钊文集》第 2 卷，人民出版社，1999，第 275 页。

② 《青年与农村》（1919 年 2 月 20—23 日），《李大钊文集》第 2 卷，第 287—288、290 页。

③ 《教育调查会第一次会议报告：教育宗旨研究案》，《教育杂志》第 11 卷第 5 号，1919 年。

④ 熊明安：《中华民国教育史》，重庆出版社，1990，第 70 页。

⑤ 古楳编《乡村教育》，商务印书馆，1935，第 60 页。

方国家尤其是美国重视乡村教育对中国的影响也有密切关系。清末民初派往美国的留学生这时纷纷回国，其中不少人学习的是教育学甚至是乡村教育专业，如陶行知、赵叔愚、傅葆琛等，他们回国后便积极提倡乡村教育。同时，中国当时还多次派遣教育代表团到美国和其他西方国家考察教育，不少代表回国后也大力宣传乡村教育的重要性。

随着对乡村教育重要性认识的加深，全国教育界开始行动起来，"下乡去"成为教育工作者的行动口号，不少大专院校纷纷到农村设立分校或乡村小学，从事乡村教育工作，如江苏省有 5 所师范学校下乡办农村分校，北京高等师范学校在城外设立乡村小学，山西国民师范学校也开办了农村分校，等等。一些从事职业教育、平民教育的教育家和教育团体，如晏阳初领导的中华平民教育促进会（简称"平教会"）、黄炎培领导的中华职业教育社（简称"职教会"）和中华教育改进社总干事陶行知等，也开始将办学重点从城市向农村转移。一时间到农村办学蔚然成风，并逐渐汇集成为乡村教育运动。

乡村教育运动形成于 1927 年前后，但就在乡村教育运动形成不久，乡村教育便开始向乡村建设的方向发展。

乡村教育向乡村建设方向发展的原因主要是，农村经济的衰落，使人们认识到救济乡村的刻不容缓。中国自古以来就是一个农业国家，农村经济的好坏对整个国民经济有着至关重要的影响。但在 20 世纪 20 年代末 30 年代初，由于帝国主义的侵略、封建统治者的掠夺和天灾人祸的打击，农村经济出现了严重衰落。随着农村经济衰落程度的加深，人们开始感觉到农村问题的严重性，因此当时"救济乡村""复兴乡村"的呼声特别高涨。正如孔雪雄在 1933 年所写的《中国今日之农村运动》一书开头开宗明义指出的那样："最近，在'农村经济破产'、'农村崩溃'的呼号声中，'乡村建设'、'农村复兴'的口号弥漫于全国。"① 而乡村教育的实践表明，要"救济乡村""复兴乡村"，仅靠乡村教育还不行，必须进行乡村建设。因为乡村教育的内容，主要是兴办乡村小学和成人学校，教乡村学龄儿童和成年农民尤其是青年农民读书识字，而不能解决农民的生计、卫生以及组织训练等问题。如平教会在开展乡村教育工作的初期，是以设立平民学校为

---

①　孔雪雄：《中国今日之农村运动》，中山文化教育馆，1934，第 1 页。

起点，辅以两三种土产土法的农业改良研究。在劝说农民参加平民学校时，有的农民就提出说："看见某某人读过书还是没有饭吃。"有的农民甚至说道："你老的好心肠，饱不了我的饿肚皮。"平教会同人因此意识到，识字教育之外，尤应普及改良农业生产的工作，以增加农民收入。当农业产品增产以后，又发现另一问题，即高利贷剥削。农民因为贫困，每当播种时只有靠高利贷购买种子和其他生产资料，利息高达4分以上，不等收获，就已被高利贷者剥削一空。这又使平教会同人认识到将农民组织起来，成立信用合作社的重要性。平教会同人还发现，不少农民因农村缺医少药，有病得不到治疗，完全丧失了生产能力，或每天只能劳动三四个小时，所以农村急需通过乡村建设建立公共卫生保健制度。故此，平教会干事长晏阳初指出："在农村办教育，固然是重要的，可是破产的农村，非同时谋整个的建设不可。"[1] 无锡江苏省立教育学院院长高践四在《民众教育》中谈到"为什么有了民众教育、乡村教育，还要有乡村建设"时也写道："一般办理民众教育者、乡村教育者，虽知积极改进乡村，改善农民生活，但终不免枝枝节节的帮忙农民，给他们一点好处，而不知组织农民，训练农民，使他们自觉发生力量，解决自身问题。所以令人不满意而发起乡村建设运动。"[2] 具体来说，他认为，在政治上要养成团体意识，培育民众力量；在经济上要解决民生问题，抵制经济侵略，就必须进行乡村建设，或以乡村建设为民众教育、乡村教育的中心工作。

乡村教育朝乡村建设的方向发展虽然在乡村教育运动形成不久，但"乡村建设"一词的出现则在1931年。最早使用这一词的是山东乡村建设研究院。据该院首任院长梁耀祖的解释，山东乡村建设研究院之所以用"乡村建设"一词，是因为他们认为，当时乡村遭到持续破坏，而全国80%以上的人口住在乡村，因此，"不谈建设而已，欲谈建设，必须注重乡村建设"。[3]"乡村建设"一词使用后，即为大多数人所认同和采用。如1933年7月14—16日、1934年1月10—12日、1935年10月10—12日连续三年召

[1] 《中华平民教育促进会定县工作大概》，《晏阳初全集》（1），湖南教育出版社，1989，第246页。
[2] 高践四：《民众教育》，商务印书馆，1934，第40页。
[3] 梁代院长仲华讲，晏升东笔记《本院创刊之旨趣——代发刊词》，《乡村院刊》第1卷第1期，1947年。

开的全国乡村工作讨论年会出版的会议专集，其书名就叫作《乡村建设实验》。

随着乡村教育向乡村建设的方向发展，原来一些在农村已设立实验区、从事乡村教育的教育机构、学术团体和大专院校，开始逐渐将工作重心从乡村教育转移到乡村建设上来。据晏阳初报告，平教会在定县实验区的工作，1929 年以前主要是开展"广泛的识字教育"，但从 1929 年开始则"转移到乡村生活的深刻研究方面"，亦即乡村建设方面。[①] 另外，一些以前没有到农村设立实验区的教育机构、学术团体、大专院校以及个人，这时都纷纷到农村设立实验区。据南京国民政府实业部的调查，20 世纪 20 年代末 30 年代初全国从事乡村建设工作的团体和机构有 600 多个，先后设立各种实验区 1000 多处，较为著名的有燕京大学社会学系设立的清河实验区、金陵大学农学院设立的乌江实验区、齐鲁大学乡村服务社设立的龙山实验区、北平中法大学设立的温泉实验区、北平大学农学院设立的罗道庄实验区、江苏省立教育学院设立的无锡实验区、中华职业教育社设立的徐公桥实验区、中华平民教育促进会设立的定县实验区、中华教育改进社创办的晓庄学校、中华社会教育社与河南省教育厅及洛阳县政府合作设立的洛阳实验区、山东乡村建设研究院设立的邹平实验区、江苏省立南京民众教育馆设立的汤山实验区、山东省立民众教育馆设立的祝甸实验区，其中定县实验区、邹平实验区和无锡实验区影响最大，也最有名，号称乡村建设运动的三大中心。

从实验区到县政建设实验县

1927 年，尤其 1930 年后，各种实验区如雨后春笋般在全国各地涌现，但这些实验区大多是由民间教育机构和学术团体创办的，缺少官方尤其是国民党中央背景，所以在较长一段时间内，没有引起国民党中央的注意和认可。据梁漱溟说，山东乡村建设研究院成立时，山东省政府向国民党中央报告称，在山东成立了一个乡村建设研究院，并划邹平为实验区。国民党中央同意成立乡村建设研究院，不同意设立实验区，认为全国除了国民党已故总理孙中山的故乡广东中山县特别划为实验县外，不得再有第二个

---

① 《定县的乡村建设实验》，《晏阳初全集》（1），第 257 页。

实验县的名称。但随着乡村建设工作的进一步开展，尤其是作为乡村建设运动三大中心的定县、邹平和无锡实验区影响的日益扩大，国民党中央开始注重乡村建设运动。① 1931 年春，蒋介石邀晏阳初南下，了解定县的乡村建设实验情况。据晏后来说，他和蒋介石夫妇"说了三个下午三个晚上，有一天谈到夜深十二时，蒋先生虽然疲倦上楼休息，还留蒋夫人和我续谈到很晚的时候才得辞出"。② 蒋对定县的四大教育实验很感兴趣，当即决定自溪口选派人员赴定县训练。晏又应邀对革命军人遗族学校的教职员讲述定县实验，旋即被请到中央军校高级班演讲，蒋介石不仅亲临会场听讲，还于晏讲后发表了长达 45 分钟的致辞，赞许定县实验是三民主义的基本工作。此后不久，中央军校教官毛应章受蒋介石的派遣赴定县考察。毛应章"居定经月，农村中之实际成绩，周览无遗"。③ 毛回中央军校后，即写成长达近 10 万言的报告书上呈蒋介石，不久又奉命将考察定县报告摘要呈阅。大约在邀请晏阳初南下同时，蒋介石也通过齐鲁大学校长朱经农带口信，邀请梁漱溟南下武汉见他。后来，梁漱溟因事去南京，通过南京市市长石瑛的安排，与蒋介石见了一面，谈了一个多小时。蒋介石不仅详细询问津浦铁路沿线的水灾情况，还询问关于乡村建设的一些问题。当时南京国民政府内政部正积极推行所谓地方自治，而地方自治是乡村建设的内容之一。因此随着对定县、邹平实验了解的增多，内政部认为乡村建设运动对于地方自治很有帮助。于是，1932 年南京国民政府下令河北、山东、江苏和安徽各省成立地方自治筹备委员会时，指定晏阳初担任河北省地方自治的指导员，山东地方自治指导员则由梁漱溟担任。梁漱溟后来说，指定晏阳初和他担任地方自治的指导员，是中央看重他们的乡村工作、愿意同他们接近的表现，这给他们扩大工作提供了机会。④

　　1932 年 12 月 10—15 日，第二次全国内政会议在南京召开。这次会议的目的在于完成地方自治，整理"匪区"善后，奠定国防基础，统一内务行政。定县平教会的晏阳初、李景汉，邹平乡村建设研究院的梁漱溟、梁耀祖、王怡柯，无锡江苏省立教育学院的高践四等人不仅应邀出席此次内

①　《我们在山东的工作》，《梁漱溟全集》（5），山东人民出版社，1993，第 1012、1013 页。
②　《平民教育运动的回顾和前瞻》，《晏阳初全集》（2），第 295 页。
③　毛应章：《定县平民教育考察记》，拔提书店，1933，"自序"。
④　《我们在山东的工作》，《梁漱溟全集》（5），第 1013 页。

政会议，而且对"地方自治""县政改革"等几个重要议案的起草和通过贡献了意见。据梁漱溟说，第二次全国内政会议召开之前，内政部特别先行电约定县和邹平，请这两个地方帮助内政部参酌几个重要提案，如《地方自治案》《县政改革案》等。在县政改革的提案内，内政部提出的所要设立的实验区，称为"县政实验区"。梁漱溟和晏阳初认为用县政实验区的名义，太注重地方行政了。在他们看来，当真要改革县政，就要从社会方面入手，求社会的改进。而要社会改进，就必须先从扫除文盲、改良农业、组织合作社、改善人民生活以及提高文化入手，因此这些工作是最根本、最紧要的工作。所以他们建议最好改称为"建设实验区"，以一县为实验的范围。他们把自己的意见呈述给内政部。内政部部长黄绍竑认为可以将内政部的意见和晏阳初、梁漱溟的意见调和一下，两个名字并用，于是决定改用"县政建设实验区"。①

第二次全国内政会议通过的《县政改革案》，于 1933 年 7 月经国民党中央政治会议批准，下发各省遵照执行。至是年秋，先后有 5 个县政建设实验县宣告成立，它们是河北的定县，山东的邹平、菏泽，江苏的江宁和浙江的兰溪，统称"五大县政建设实验县"。

从分散走向合作

各地实验区的设立，标志着乡村建设运动的兴起。但从事乡村建设实验的各教育机构和学术团体相互很少联络，故用力虽大而收效甚少。随着各种实验的逐渐推展，各方都越来越感到相互间有加强联络的必要。职教社镇江黄墟乡村改进实验区首先倡议于 1932 年 1 月 15 日在黄墟召开有关乡村工作会议，并致函征求各方面的意见，得到 20 多个单位的复函同意。但临开会前，职教社的江恒源到山东邹平与梁耀祖、梁漱溟等共同商议有关问题，梁耀祖、梁漱溟等认为，召开乡村工作会议的时机还不成熟，需再做充分准备。此次会议于是没有如期召开。1932 年 7 月，职教社在福州开年会，拟同时召开全国农村改进机关联合会。和拟议中的黄墟会议一样，这次会议也因时间过于仓促，多数团体代表未能到会而没有开成。在同年 12 月的第二次全国内政会议期间，梁耀祖、梁漱溟、王怡柯、晏阳

---

① 《我们在山东的工作》，《梁漱溟全集》（5），第 1013 页。

初、李景汉、高践四等人就有关问题交换了意见，他们认为，从事乡村工作的同志有彼此加强联络的必要，但不必注重组织的形式，"其原则在多求精神上之契合"，所以组织不宜庞大，宜注意乡村工作同人的互相联络。[①] 会后，梁耀祖、梁漱溟等继续在北平讨论进行办法，并邀中国华洋义赈救济总会的章元善，燕京大学的杨开道、张鸿钧、许仕廉等人参加。讨论结果，遂由王怡柯、李景汉、梁耀祖、梁漱溟、晏阳初、高践四、章元善、许仕廉、张鸿钧、杨开道、严慎修等 11 人联名，发起成立乡村建设协进会，并定于 1933 年 7 月召开成立暨第一次会议。随即他们向全国乡村工作者发出开会通知，得到各地乡村工作者的热烈响应。不久，发起同人再次集会，讨论会议的有关问题，决定第一次会议于 1933 年 7 月 14 日在山东邹平举行。

　　1933 年 7 月 14—15 日，乡村建设协进会第一次会议如期在邹平山东乡村建设研究院召开。出席会议的代表共 63 人，分属 35 个团体，一些从事乡村建设历史较长、影响较大的教育机构和学术团体如中华平民教育促进会总会、山东乡村建设研究院、中华职业教育社、中国华洋义赈救济总会、燕京大学、齐鲁大学、中法大学、金陵大学、实业部中央农业实验所等都派有代表与会。会议推举梁漱溟、晏阳初、黄炎培、章元善、江恒源和许仕廉为主席团成员，轮流主持大会。会上先后有 14 人代表所在团体做工作报告，与会代表并就有关乡村建设问题进行了认真讨论，并达成如下共识：乡村工作不能急于求成，欲速而不达；乡村工作不能专法欧西，须注意本国国情，因地制宜；乡村建设不能偏重一方面，须以整个社会为对象，才有整个的办法。[②] 这三点共识后来成为不少乡村工作者的指导思想。1934 年 4 月，第一次乡村工作讨论会工作报告经整理由中华书局出版（收入其中的 11 篇），取名为《乡村建设实验》（第 1 集）。

　　1934 年 10 月 10—12 日，乡村工作讨论会第二次年会在定县平教总会所在地举行。出席此次年会的共 150 人，代表单位 76 个，分属于 11 个省市，较邹平第一次年会，到会的人数和单位都增加近一倍。到会者除从事乡村工作的教育机构和学术团体外，南京国民政府各部会，如行政院农村

---

① 《关于出席乡村建设学会会议等经过情形的报告》，《晏阳初全集》（1），第 374 页。

② 乡村工作讨论会编《乡村建设实验》第 1 集，中华书局，1934，第 6 页。

复兴委员会、全国经济委员会、实业部，以及青岛市、河北省等地方政府亦有代表参加。这说明乡村工作讨论会的影响在日益扩大，已引起朝野的广泛重视。

和第一次年会一样，此次乡村工作讨论会年会亦主要是交流各地乡建经验，讨论共同关心的问题。会议的前两天半是大会发言，27个单位在会上分别报告了各自的工作，晏阳初、梁漱溟、高践四、章元善、陈志潜、孙廉泉等各地乡建运动领袖还分别发表了题为《乡村建设旨趣》《中国教育改造与乡村建设》《乡村建设成功之基本条件》《合作经济与乡村建设》《乡村卫生实验》《县政改革与乡村建设》的演讲。会议最后半天是小组讨论，分"农民负担""自治保卫""乡村卫生""经济建设""合作事业""乡村教育""人才训练"等7组进行。这次会议后也由中华书局于1935年9月出版了一本《乡村建设实验》（第2集），共收工作报告30篇、附录3篇，约35万字。

乡村工作讨论会第三次年会于1935年10月10—12日在无锡江苏省立教育学院举行。出席此次年会的代表达171人，他们来自全国19个省市，代表99个单位，并有美国传教士2人，无论就到会的人数还是代表的单位而言，都超过了前两次年会。根据乡村建设所涉及的内容，会议分政治组、教育组、经济组和其他组4个组，与会者可以自由选择一组参加讨论。由于经济问题是一切社会问题的核心，也是乡村建设能否取得实效的关键，因此，讨论会中的分组会议，每次出席的人数以经济组最多，讨论的内容也以经济组最丰富。和前两次年会一样，各单位提交给此次年会的工作报告会后也经整理编辑成书，1937年2月由中华书局出版，即《乡村建设实验》（第3集），内收工作报告27篇。

无锡第三次乡村工作讨论会是该会的最后一次年会。本来，第三次年会闭幕时，曾宣布下一次年会在西安、重庆和广州三地，斟酌大势，择一举行。为此，由一些共产党员和进步经济学者组织的中国农村经济研究会联合生活教育社和妇女生活社，针对前三次年会都没有讨论如何抗日救亡这个压倒一切的中心任务，起草了一份《本会应以全力使全国乡村工作人员一致团结共赴国难案》，准备提交第四次年会讨论，并得到了广泛热烈的响应，但"年会的召集人在'救国有罪'的岁月，根本不敢提抗日救国，结果是借口'事忙'停开了这届年会"。[1]

二　乡村建设运动的内容及成效

兴办教育

乡村建设运动的一项重要内容是兴办教育。这既与从事乡村建设运动者大多来自教育和学术团体以及大中专院校，兴办教育是他们的本业有关，也和他们受"教育救国"思潮的影响，特别重视教育的作用不无关系。而教育的目的，是扫除文盲，尤其是学龄者文盲和青壮年文盲。因此，尽管各实验区的措施、方法和侧重点不完全相同，但都比较重视乡村小学和成人学校的建设工作，包括设立乡村小学和成人学校，完善教育行政管理制度，改革教材和教学方法，以及实行征学制，强迫学龄儿童和青年农民就近入乡村小学或成人学校学习等。以龙山实验区为例，据齐鲁大学农村服务社龙山服务处向全国乡村工作讨论会年会提交的工作报告介绍，1933 年 7月前，该实验区成立平民学校 10 所，学生 200 人左右；1934 年又兴办乡村小学 4 所。后鉴于公立学校数量质量逐渐增益，农民对新式教育的认识有一定程度的提高，齐大龙山服务处乃将 3 所小学交归地方政府接办，另 1 所则改为社会中心小学。同时实验区还将原有的 4 所乡村私塾改良成为平民实习学校。平民实习学校设日校班和夜校班，前者收少年儿童，后者收青壮年农民，日校如普通乡村小学常年开学，而夜校冬春农暇季节开学，夏秋农忙季节停止。夜校开设的课程有千字课、珠算、四书（讲述四书以进行道德教育）、常识、演讲（包括历史名人故事、公民常识等）。日校除开设夜校的全部课程外，另加习字、作文、自然、历史童话和故事等。[2]

各实验区所采取的建设乡村小学和成人学校的措施，对于扫除文盲，尤其青壮年农民文盲起了一定的积极作用。如无锡的黄巷实验区经过 3 年的实验，到 1932 年 6 月，全区非文盲已由 1929 年的 9.23%增至 46.5%，而文盲和半文盲则分别由 1929 年的 67.81%和 23.96%，降至 49%和 4.5%。[3]

---

① 薛暮桥、冯和法编《〈中国农村〉论文选》（上），人民出版社，1983，第 271 页。
② 《乡村建设实验》第 1 集，第 198 页；第 2 集，第 138 页；第 3 集，第 306 页。
③ 甘导伯：《三年来之黄巷实验区》，《教育与民众》第 3 卷第 9、10 期合刊，1932 年。

徐公桥实验区的文盲人数 1934 年比 1930 年减少了近 50%。祝甸实验区成立之前的 1932 年，文盲人数占总人口的比例为 89.2%，实验区成立后两年（1934 年），降至 72.9%，成立后 3 年（1935 年），降至 53.6%，若就成年文盲而言，减少得更多，1932 年时为 79.53%，1935 年仅为 28.19%。[①] 定县实验区经过数年努力，到 1934 年时，全县小学已经普及，成人教育有了很大发展，文盲人数大幅度减少。据小陈村（小）、西平朱谷（中）和东建阳村（大）3 个不同规模自然村的抽样调查，学龄儿童入学率分别达到 85.1%、85% 和 89.9%。另据 1930 年统计，定县总人口为 397000 人，7 岁以上者为 330300 人，其中文盲为 274150 人，占 83%，12—15 岁的青少年有 95800 人，其中文盲为 70890 人，占 74%。到 1934 年 6 月，全县 14—25 岁的青少年 82000 人中，文盲 32550 人，约占 40%，比 1931 年减少 34 个百分点，其中男青年文盲 4406 人，约占 10%。到 1935 年，已不再有男性青年文盲。[②] 邹平至 1937 年 1 月，全县有各类学校（包括乡村小学、乡学高小部、村学儿童部、成人部、妇女部和二部制小学）566 所，在校学生 21789 人，共学处 472 处，在处学生 5468 人，总计 27257 人。[③] 当时邹平全县人口约 16 万人，在校学生（包括共学处）几乎占人口总数的 1/5。这是一个相当不小的比例。尽管邹平没有对实验区文盲人数的变动做过调查，但就以上数据来看，其文盲人数的比例应该有明显的降低。

尤其需要指出的是，在兴办教育的过程中，一些乡村建设者还提出了不少值得重视的乡村教育思想。第一，乡村教育必须适合中国国情和乡村需要，既不能照搬欧美教育的模式，也不能再步城市教育的后尘，走"为教育而教育，与社会需要完全脱节"的死路，乡村教育的目的是为乡村建设培养人才，以解决农村的基本问题。第二，乡村教育必须与改良农业、发展经济相结合，实行"富教合一主义"，以解决农民的温饱问题，因为"仓廪实而知礼节"，只有经济得到发展，农民有饭吃了，普及教育才有可能。第三，乡村教育的重点是扫除文盲尤其是学龄儿童和青壮年农民文盲，因为前者是义务教育的对象，而后者是乡村建设的中坚。

---

① 屈凌汉：《祝甸乡实验区第三年》，《乡村建设实验》第 3 集，第 322 页。
② 李景汉：《定县社会的各方面》，《民间》第 1 卷第 24 期，1935 年。
③ 超然、天培：《对邹平教育现状的巡视》，《乡村建设》第 6 卷第 11 期，1937 年。

在上述乡村教育思想的指导下，许多实验区采取了一些比较切合中国农村实际的扫除文盲、普及教育的方法，如陶行知的"小先生制"，以及脱胎于"小先生制"的"导生传习制"（定县）和"共学制"（邹平）；各种缩短学制、改革教材教法的实验和强迫征学制等，都值得认真总结和借鉴。

当然，在充分肯定乡村建设运动中兴办教育所取得成绩的同时，也应看到它的不足和缺陷，不能对其成绩估计过高。第一，各实验区成立的乡村小学尤其是成人学校数量虽多，但质量普遍不高，有的甚至有名无实。究其原因，主要是师资极端缺乏，不少成人学校，甚至包括定县的平民学校，其教师多由乡村工作者兼任或由私塾先生代课，而对私塾先生，只有江宁、兰溪和下蜀等少数实验区进行过业务训练。第二，除定县等少数实验区外，多数实验区未能解决成年农民尤其是青年农民从成人学校毕业后的继续教育问题，因此不少农民除文盲不久，又因所学的字长期得不到应用而再度成为文盲。第三，各实验区发展不平衡，如定县、邹平、无锡等实验区的乡村教育工作开展得较好，成立的乡村小学和成人学校也较多，而有的实验区则进展缓慢。第四，尽管经过几年的实验，一些实验区的文盲人数有所下降，甚至有较大幅度的下降，但其文盲人数占总人口的比例仍然很大，如定县青年妇女在 1934 年时仍有 73% 是文盲。尤其是不少贫雇农子弟，因家庭极端贫困而没有进入学堂，就是乡村教育相对办得较好的定县，1935 年统计，全县 6—12 岁学龄儿童 52000 人，失学者占 60%，其中男童入学者占 65%，失学者占 35%，女童入学者占 16%，失学者占 84%。[1] 邹平 1935 年时仍有 10650 名儿童失学，其失学儿童人数比在校儿童人数还多 606 名。上述情况说明，各实验区距离彻底扫除文盲、普及教育的目标还有很长一段路要走。

改良农业

乡村建设运动的另一重要内容是改良农业。

改良农业的措施之一是改良和推广优良品种。在改良品种方面，不少实验区（县）设有试验农场，进行农作物和家禽家畜品种的改良试验。设有农场的实验区（县）有定县、邹平、无锡的北夏和惠北、徐公桥、乌江、

---

① 李景汉：《定县社会的各方面》，《民间》第 1 卷第 24 期，1935 年。

江宁、兰溪、西善桥、下蜀、万家埠，以及河北省立实验乡村民众教育馆等。试验的品种包括稻、麦、棉、蚕、大豆、玉米、高粱、蔬菜、水果以及猪、鸡、羊、牛、兔等家禽家畜。经过反复的试验比较，一些实验区（县）的农场培育出一批有很高经济价值和推广前途的优良品种，如定县农场的"114号中棉"、"平教棉"、"72号白麦"、"38号红麦"和"22号大谷"，邹平农场的杂交猪、杂交鸡等。

培育优良品种的目的是推广。各实验区（县）对优良品种的推广工作都非常重视，不仅推广自己农场培育的优良品种，也推广大专院校和科研单位培育的优良品种，据统计，仅推广的优良稻种、麦种、棉种、蚕种和猪种、鸡种就达数十种之多。在推广优良品种的过程中，不少实验区（县）还摸索和创立了一些行之有效的程序和方法，主要包括以下几个方面。第一，凡计划推广的优良品种，一般都要先在实验区农场进行试验，取得成功后，由"表证农家"或"特约农家"小范围种植，表证给附近农民看，待农民对优良品种有了信心后，再在一般农民中大面积推广。第二，推广优良品种之前举办各种技术培训学校（如定县的生计巡回训练学校）、训练班（如邹平的棉蚕训练班）、演讲会（如无锡的养蚕演讲会和清河的农业演讲会），对农民进行训练，使他们懂得并掌握优良品种的栽培养殖技术和方法。第三，利用乡村已有的各种组织形式，推广优良品种。如邹平自始即坚持与合作社连成一气的原则，唯有合作社社员才能领取改良品种，成为表证农家；无锡的惠北实验区为迅速普及改良品种，采用"农业推广保甲制度"，先由保长、甲长依次表证，然后及于普通农民。第四，与大专院校和科研单位合作，充分利用学术研究部门的研究成果和人才力量。当时与大专院校和科研单位建立合作关系的实验区（县）有定县（与金陵大学农学院合作）、邹平（与齐鲁大学、青岛大学农学院合作）、无锡（与江苏省立教育学院农场和苏州省立稻作试验场、无锡县农业推广所合作）、徐公桥（与金陵大学农学院合作）、乌江（为金陵大学农学院创办）、江宁及兰溪（均与中央大学农学院合作）、龙山（与金陵大学农业推广系和华北农产研究改进社合作）等。这些程序和方法，对于今天推广优良品种的工作仍有借鉴意义。

改良农业的措施之二是防治病虫害。20世纪的二三十年代，农作物病虫害十分严重，经常造成大面积减产，甚至绝收。如 1935 年的螟害，给各地造成的损失极大，即便灾情较轻的无锡，据江苏省立教育学院昆虫实验室的调查，平均损失也达 13.18%。无锡作物面积的总数为 120 万亩，除去其他作物占地 20 万亩，水稻种植为 100 万亩左右。以 13.18% 的损失计算，就要少收白米 263600 石，每石市价为法币 10 元，即损失法币 2636000 元。[1]因此，各实验区对防治病虫害都很重视，包括预防稻瘟病、黑穗病和防治蝗虫、螟虫等。在防病治虫工作开展得好一些的实验区（如定县、邹平、无锡、徐公桥、江宁等），病虫害造成的损失明显减少。

改良农业的措施之三是提倡副业。农村副业是中国农村经济的重要组成部分，是农民收入的来源之一。据中央研究院调查，无锡 36 户农家经济来源，平均农产占 64%，副业占 36%。[2]然而在 20 世纪 20 年代末 30 年代初，由于帝国主义廉价商品（包括工业品和农产品）的冲击，农村副业普遍呈现衰落的趋势，农民收入大幅度减少，生活更加贫困。有鉴于此，不少实验区（县）把提倡副业作为乡村建设的一项重要工作。提倡副业的项目主要有养猪、养羊、养蚕、养蜂和经营手工业。由于所处地理位置、客观环境以及历史传统的不同，各实验区的具体措施也不完全一致，如同是经营手工业，在无锡是编织美术草地毯，在镇平是改良丝绸和编织草帽草辫，而在徐公桥则是纺织土布。

改良农业的目的，"是为增高农民的收入，间接提高其生活程度"。[3] 以推广优良品种而论，其经济效益就十分明显。据统计，在定县，推广的优良麦种每亩平均要比原来土种增产 18%—20%，稻增产 18% 以上，棉花增产 56%，白菜增产 25%，梨增产 24.3%，猪每头多产肉 18.6%，鸡每只每年多产蛋 60—190 个。[4] 在邹平，推广的优良棉种不仅每亩要比土种增产 20 斤以上，棉质也要比土种优良，每担能多卖 10—16 元；猪每头多产肉 50 斤，按当时最低市价每斤猪肉 1 角 6 分计算，同样饲养一头猪，饲养优良猪种的农民可多收入 8 元；优良鸡种每只每年产蛋是土种鸡的 2—3 倍。以此计算，

---

① 童润之：《乡村民众教育机关如何促兴农业生产》，《教育与民众》第 7 卷第 4 期，1935 年。

② 许公鉴：《从挽救农村经济说到民众教育的功能》，《教育与民众》第 5 卷第 5 期，1934 年。

③ 《十年来的中国乡村建设》，《晏阳初全集》（1），第 566 页。

④ 李济东主编《晏阳初与定县平民教育》，河北教育出版社，1990，第 217—222 页；《定县试验区工作概略》，《晏阳初全集》（1），第 411—412 页。

1932—1934 年邹平共推广优良棉种 46364.5 亩，可增收棉花 927290 斤，多收入现金 92720—149080 元；1933—1934 年共推广优良猪 12423 头，可增产肉 621150 斤，多收入现金 99384 元。[1] 在无锡，推广优良稻种每亩平均要比土种增产 3—6 斗，麦种增产 1—5 斗，蚕种不仅产量比土种高，而且茧价每石要比土种多卖 20 元以上。以此计算，仅黄巷实验区 1929—1931 年的三年间，农民从推广优良蚕种上就增加收入 3490 元。[2] 其他实验区（县）推广的各类优良品种，也都比土种有程度不等的增产和增收。另外，如防治病虫害、提倡副业、植树造林、推广新式农具、举办农产品展览会等改良农业的措施，对于减轻病虫害的损失，增加农民收入，促进农业进步，也有一定的积极作用。

然而，如同评估兴办教育一样，对改良农业的成效及作用的评估也不能过高。童润之在《乡村民众教育机关如何促兴农业生产》一文中就指出，作为乡村建设运动的一项重要内容，改良农业存在四个大的问题：第一，乡村工作者很少是农业专门人才，没有改良农业的经验和知识，因而他们只知道改良农业的重要，而对于农业如何改良知之甚少，缺乏引起农民自动改良农业的力量；第二，一些实验区或乡建团体把改良农业与推广优良种子视为一事，以为优良种子推广以后，农业即可改良，而对于耕种方法是否合理，经营方法是否有利，则漠不关心；第三，不少实验区未能根据实际需要，只知道抄袭他人；第四，未使农民自动改良农业，换句话说，农民对改良农业积极性不高，"未能踊跃参加"。[3]

在上述四大问题中，"未使农民自动改良农业"的问题最为严重。分析起来，农民改良农业积极性不高的原因主要有四个。

一是土地分配不均。20 世纪 20 年代末 30 年代初中国农村经济衰落的一个突出表现是土地集中，不少农民失去土地成为无地或只有少量土地的雇农、佃农或半佃农。而改良农业的必要前提是土地，因此从改良农业中得到好处的只是占有大量土地的地主、富农或比较富裕的自耕农，广大无地或只有少量土地的雇农、佃农和半佃农则得不到任何好处。据曾任邹平

---

①　《山东乡村建设研究院概览》，山东乡村建设研究院编印，1934，第 59 页。

②　《江宁县政概况·建设》，江宁实验县县政府编印，1934，第 62 页。

③　童润之：《乡村民众教育机关如何促兴农业生产》，《教育与民众》第 7 卷第 4 期，1935 年。

实验县县长的徐树人回忆，当时邹平为了解决棉粮争地问题，山东乡村建设研究院和县政府规定，只能在核定的限度内植棉，超过限度的不提供优良棉种，也不借给贷款。所谓限度，就是除了种粮食够吃外，多余的土地才准种棉。这样不仅无地者没有资格种优质棉，就是有少量土地的半佃农甚至大部分自耕农也没有资格种优质棉，"只有富农和富裕中农才有资格种棉"，其结果"使贫者益贫，富者益富，更加深了农村的阶级矛盾"。① 广大无地或只有少量土地的雇农、佃农、半佃农甚至部分自耕农既然从改良农业中得不到什么好处，他们也就不会对改良农业产生积极性。用童润之的话说："农民若是耕种自己的田，田中收获有一分增加，则生活上可有一分的改善，他们是愿意改良农业的；若农民耕种的田是地主的，那田中收获虽多，只能优裕地主的生活，于农民自身毫无帮助，这样他们为何要设法改良农业呢？所以自耕农的数目愈少，则对于改良农业冷淡的农民愈多；耕地的面积愈小，则不谋促兴生产的农民愈众。"②

二是农产品价格下跌。20 世纪 20 年代末 30 年代初中国农产品价格呈现逐年下跌的趋势，而农产品价格的下跌使农民增产不能增收，或者增收不多，因为农产品价格下跌的幅度往往大于因农业改良而增收的幅度。前述推广优良品种使农民增产增收，是比较同年的土种收入而言，实际上与前一年或前几年的优良品种甚至土种相比，许多品种不仅没有增收，相反是减收。以苏州一带的蚕茧价格为例。1930 年良种茧每担最高价 70 元，最低价 60 元，土种茧每担最高价 60 元，最低价 45 元，良种茧每担要比土种茧多收入 10—15元。1932 年良种茧每担最高价 32 元，最低价 26 元，土种茧每担最高价 28元，最低价 20 元，与当年土种茧比较，良种茧每担要多收 4—6 元；但如果与 1930 年的蚕茧价格比较，每担良种茧价不仅比 1930 年的良种茧价减少了38—44 元，甚至比土种茧价也减少了 28—19 元。③ 再如定县 1933 年各种主要农作物的平均价格都比 1930 年下跌 40%—60%，而优良麦种和稻种每亩只比土种增产 18%—20% 和 18% 以上，其增产幅度远远低于价格下跌的幅度。农民增产不能增收，或增收不多，使他们改良农业的积极性受到影响。

① 徐树人：《我担任邹平实验县县长的前前后后》，山东省政协文史资料委员会、邹平县政协文史资料委员会编《梁漱溟与山东乡村建设》，山东人民出版社，1991，第 103 页。

② 童润之：《乡村民众教育机关如何促兴农业生产》，《教育与民众》第 7 卷第 4 期，1935 年。

③ 吴晓晨：《蚕桑衰落中的吴兴农村》，《东方杂志》第 32 卷第 8 号，1935 年。

中央大学农学院的邹树文在《如何使中国农民改良农业》一文中一针见血地指出，由于农产品价格的下跌，农民"一担谷子卖不到两块钱，一担茧子卖不到二十块钱，我们拿他的出产数量与他出产的成本算一算，这种价钱他们还是够本，还是不够本呢？农民终岁辛勤，盼望秋收，收获以后，拿去换钱，本总捞不起来，你想他能够踊跃改良吗？"[1]

三是天灾人祸频仍。20世纪20年代末30年代初中国农村的天灾人祸连年不断，而一场大水，或一场大旱，或一场战争，都能使农民一年辛辛苦苦改良农业的成果付之东流。如1931年无锡的黄巷实验区推广优良稻种80亩，但是年长江发大水，洪水泛滥，稻田被毁，颗粒无收。也是这一年，乌江实验区大面积推广优质棉种，然不料大水为患，棉种出苗不齐，尽管补种4次，仍是减收十之六七。结果，"农民深觉自然能力大于人力，对于改良农业的态度"，就自然"冷淡"而不积极。[2]

四是农民生活贫困。改良农业需要资金投入。推广优良品种，农民要拿钱购买种子；预防病虫害，农民要拿钱购买农药；提倡副业，农民要拿钱购买材料。而当时农村金融枯竭，农民生活十分贫困，不少农民已负债累累，连最起码的生活都难以维持，又哪里有钱买种买药买材料？因此，虽然有的农民知道种植良种比种植土种能增加收益，预防病虫害可减少农作物的损失，但经济困难只能使他们望洋兴叹。

农民尤其是占农村人口绝大多数的贫苦农民的积极性不高，严重影响了改良农业的工作，尽管不少实验区把这一工作作为乡村建设的一项重要内容，但取得的实际成绩很不理想。以推广优良品种为例。据平教会调查，定县约有耕地156.1万亩，1936—1937年共推广优良棉种125473亩，为耕地总面积的8%。无锡的黄巷实验区有耕地360亩，1929—1931年共推广优良稻种153亩，为耕地总面积的42.5%；北夏实验区有耕地430588亩，1933年推广优良稻种79亩，为耕地总面积的0.02%；惠北实验区有耕地28276亩，1934—1935年共推广优良稻种375亩，麦种300亩，为耕地总面积的2.4%。定县、无锡与邹平一起作为乡村建设运动的三大中心，是改良农业开展得较好的实验区，其推广优良品种的面积占耕地总面积的比例都如此之低，就

---

[1]　邹树文：《如何使中国农民改良农业》，《教育与民众》第7卷第4期，1935年。
[2]　童润之：《乡村民众教育机关如何促兴农业生产》，《教育与民众》第7卷第4期，1935年。

更不用说其他实验区了。至于改良农业的其他措施，如预防病虫害、提倡副业、推广新式农具等，其成绩还不如推广优良品种。

流通金融

20 世纪 20 年代末 30 年代初，由于外贸逆差扩大、白银大量外流和农民现金收入减少，农村出现了严重的金融枯竭。农民无钱使用，只好借高利贷，因此，当时高利贷活动在农村十分猖獗，使本来就十分贫困的农民更加贫困。有鉴于此，各乡建团体和实验区（县）都非常重视流通金融问题，其主要措施是成立借贷处和信用合作社，向农民发放贷款，以帮助他们解决生产生活上的困难。除借贷处和信用合作社外，有的实验区还成立了信用庄仓合作社（如邹平）、合作仓库（如无锡）、农村抵押仓库（如江宁）和农产品抵押仓库（如兰溪）等机构，这些机构也从事放贷业务，如江宁的农村抵押仓库，自 1933 年秋创办到是年 11 月底，仅两个月时间就押款 10 余万元；无锡的北夏实验区，仅东周巷和大桥头两个合作仓库 1934 年就放款 780 元。[①]

借贷处和信用合作社给农民的贷款，月息一般在 1 分到 1 分 5 厘之间，最少的仅 7 厘。如邹平的贷款一般为月息 8 厘，最高不超过 1 分 5 厘；无锡的贷款一般为月息 1 分，有时为 9 厘；徐公桥的贷款月息仅 7 厘；乌江的贷款平均是 1 分 5 厘。这要比各地高利贷的利息（一般为 3—4 分）低得多。同时，借贷处和信用合作社的贷款条件也不像高利贷那样苛刻，一般只需要社员负连带责任，或以衣物、粮食、牲口作抵押，而不必以土地、房屋甚至人身作抵押。

在农村金融枯竭的背景下，各实验区组织农民成立借贷处和信用合作社，提供相对来说利息较低的贷款，无疑对解决他们生产生活上的困难，减轻高利贷的剥削程度，发展农业生产，或多或少有所帮助。据统计，1934 年度祝甸乡实验区各信用合作社贷款用途为：买肥料占 13.8%，买豆饼 64.2%，买猪 2.3%，买种子 5.4%，买工具 3.1%，买牲畜 3.5%，做生意 7.7%。[②] 另据清河实验区 1933 年的统计，信用合作社贷款的 71.79% 用于生产，28.21% 用于非生产，非生产主要包括还债、买牲口、婚丧、续房、租

---

① 佚名：《北夏第三年（上）》，《教育与民众》第 7 卷第 3 期，1935 年。
② 屈凌汉：《祝甸乡实验区第三年》，《乡村建设实验》第 3 集，第 323 页。

房和典房。① 乌江信用合作社的贷款，用于还债、买口粮、买种子、买牛、买肥料、买农具、还利息和其他的百分比，分别是41%、29%、14%、8%、3%、2%、2%和1%。② 其他实验区借贷处和信用合作社的贷款用途，也不外购买生产生活资料、发展生产和偿还欠债等方面。

当然，对借贷处和信用合作社的贷款在解决农民生产生活困难，发展农业生产方面所起的作用不能估计过高。借贷处和信用合作社的贷款有两个明显特点。一是借期短，多数在一年左右，有的甚至是半年或几个月。如邹平为一年，只有清还旧贷款才为2—3年，无锡多为半年，最多也没有超过一年的，徐公桥一般以5个月为限，乌江是10个月到一年，其他实验区（县）也多为半年至一年。二是数额小，一般都在50元以下，少的只有几元或十几元，超过100元的甚少。

借贷处和信用合作社贷款的这两个特点与其资金来源有关。借贷处的资金主要来自各城市银行和其他金融机构或团体的贷款，如无锡借款处的资金主要由江苏省农业银行无锡分行贷给，江宁农民抵押贷款处的资金主要贷自上海银行南京分行。合作信用社的资金从理论上讲由社内和社外两方面供给，社内供给的资金，即为合作社本身的股金、存款和公积金；社外供给的资金，即为合作社向各城市银行和其他金融机构或团体的借款。由于农村经济的衰败，农民已经没有多余钱缴纳股金，或作为存款储于信用合作社，所以信用合作社的社内资金极为有限，向农民发放贷款主要依靠社外资金。如定县，1935年4月底全县合作社的储蓄总数为5398.76元，借入贷款数为44745.05元，后者是前者的7倍多。③ 无锡实验区附设于信用合作社的储蓄会，其存款余额就少得可怜，1934年度北夏12个储蓄会只有储蓄金258.45元。④ 相对于其他实验区而言，邹平合作社是办得比较好的，1934年该县共有信用合作社21所，社员人数314人，股金总数870元，贷款总数6600元，是股金总数的7倍多。1936年该县的信用合作社发展到48所，社员人数1095人，股金总数3807元，贷款总数23626元，仍是股金总

① 张鸿钧：《燕京大学社会学系清河镇社会实验区工作报告》，《乡村建设实验》第1集，第76—77页。
② 蒋杰：《乌江乡村建设研究》，金陵大学农学院农村新报社，1935，第122页。
③ 《定县实验区工作概略》，《乡村建设实验》第3集，第253页。
④ 赵步霞：《北夏第二年（上）》，《教育与民众》第6卷第6期，1935年。

数的 6 倍多。①

借期过短，农民借到钱后，很难将钱用到改进农业生产尤其是见效期较长的项目上。金额过小，根本不能满足农民用钱的需要，解决不了他们生产生活上的困难，他们还不得不向当地钱庄、典当行和地主、富农及商人借钱，继续受高利贷者的剥削，加上各实验区加入信用合作社的农民只占农民总数的很少一部分（详后），绝大多数未加入信用合作社的农民如果发生生产生活上的困难，只能向高利贷者借款，因此，高利贷仍是农民借款的主要来源。据实业部中央农业实验所 1933 年 12 月在江、浙、陕、甘等省进行的全国农民借款来源调查，合作社贷款只占农民现金借款总数的1.3%，亲友借款占 8.3%，其他占 10.1%，其余 80.3% 的农民借款来自高利贷者。② 就此而言，乡村建设运动流通金融的目的并没有实现。

提倡合作

中国的合作事业开始于五四运动时期，知识分子在介绍各种社会思想时，将合作思想也介绍进来，随之出现了中国第一个农村合作社。中国农村合作社出现在 20 世纪 20 年代初，其迅速发展则在 1928 年，尤其是 1930年以后。如果以 1928 年全国农村合作社的指数为 100，那么 1931 年为 274，1932 年为 427，1933 年为 732，1934 年为 1850，1935 年为 2811。③

1928 年尤其是 1930 年后合作社迅速增加有两个原因：一是南京国民政府建立后，为缓和农村社会危机，对合作社采取扶植政策，先后制定和颁布了《农村合作社暂行规程》（1930 年内务部颁布）、《合作社原则》（1932年 9 月 28 日中央政治会议通过）和《合作社法》（1934 年 3 月 1 日国民政府公布）等法规；二是 1927 年后随着乡村教育向乡村建设的方向发展而逐渐兴起的乡村建设运动，以提倡合作、组织农民成立各种合作社为其内容之一，推动了农村合作事业的迅速发展。1937 年商务印书馆出版过一本名为《十年来的中国》一书，晏阳初在为该书所写的《十年来的中国乡村建设》一文中就明确指出，中国农村"合作事业突飞猛进，是近十年来的事，

---

① 柴向清等整理《邹平乡村建设时期的金融业》，《梁漱溟与山东乡村建设》，第 158 页。
② 骆耕漠：《信用合作事业与中国农村金融》，《中国农村》第 1 卷第 2 期，1934 年。
③ 狄超白：《对目前合作运动之评价》，《中国农村》第 3 卷第 2 期，1937 年。

与乡村建设运动有密切关系"。① 表 23-1 是部分乡村建设实（试）验区（县）的合作社数量统计。

表 23-1　部分乡村建设实（试）验区（县）合作社统计

实验区	指导机关	合作社（个）	社员（人）	统计时间	资料来源
定县	平教会	约 120	2844	1935 年 4 月	《乡村建设实验》第 3 集，第 252—253 页
邹平	山东乡村建设研究院	307	8828	1936 年 12 月	《乡村建设》第 6 卷第 9 期，1936 年，第 67 页
无锡	江苏省立教育学院	40	1070	1934 年度	《乡村建设实验》第 3 集，第 67 页
徐公桥	职教社	1	467	1931 年	《三周岁之徐公桥》，第 46 页
乌江	金大农学院	36	1520	1934 年 6 月	《乌江乡村建设研究》，第 115—121 页
镇平	镇平县十区自治办公处	76	未详	1935 年 6 月	《乡村建设实验》第 2 集，第 350 页
江宁	江宁试验县政府	133	4730	1934 年 8 月	《江宁县政概况·建设》，第 44 页
兰溪	兰溪实验县政府	102	3599	1934 年 9 月	《乡村建设实验》第 2 集，第 313 页
龙山	齐鲁大学	7	未详	1935 年 9 月	《乡村建设实验》第 3 集，第 303 页
祝甸	山东省民众教育馆	7	1801	1934 年 6 月	《乡村建设实验》第 2 集，第 321 页
洛阳	中国社会教育社	5	131	1935 年 6 月	《乡村建设实验》第 3 集，第 416 页
西善桥	江苏省立乡村民教馆	8	未详	1935 年 9 月	同上书，第 416 页
下蜀	同上	20	356	1935 年 9 月	同上书，第 149 页
湖塘	武进县农村改进会	14	977	1935 年 9 月	同上书，第 206—208 页

---

① 《十年来的中国乡村建设》，《晏阳初全集》（1），第 567 页。

续表

实验区	指导机关	合作社（个）	社员（人）	统计时间	资料来源
栖霞	栖霞乡师	6	106	1935 年 9 月	同上书，第 213 页
万家埠	江西省农村合作委员会	79	930	1935 年 9 月	同上书，第 425 页

各实验区（县）和乡建团体把提倡合作、组织农民成立合作社作为乡村建设的主要内容之一，这对于解决农民生产生活上的困难，促进农业生产，增加农民收入，起了一定的积极作用。

首先，给农民提供了一定数量的贷款。合作社依其性质而分，有信用合作社、运销合作社、生产合作社、购买合作社和兼营合作社等，而信用合作社在当时各类合作社中数量最多。如 1935 年 4 月，定县合作社约 90 个，而信用合作社就有 78 个；1934 年度，无锡北夏实验区有合作社 18 个，其中 12 个是信用和信用兼营合作社；这一年乌江 36 个合作社中，信用合作社占了 33 个。其他除邹平以外的实验区，信用合作社占合作社总数的比例也多在70%—80%，有的甚至达到90%以上。各实验区和乡建团体成立信用合作社的目的，如前所述，是缓解因金融枯竭而造成的农村资金短缺，给农民提供一定数量的贷款。

其次，部分解决了农产品的运销困难。20 世纪 20 年代末 30 年代初，外国农产品的大量进口，极大地冲击了国内农产品市场，造成农产品价格的大幅度跌落，再加上一些不法奸商压级压价，贱买贵卖，坑害农民，致使农民种田不仅无利可图，还往往亏本，极大地挫伤了农民生产的积极性。针对这种情况，一些实验区组织农民成立运销（或产销）合作社，将农民生产出来的农产品（主要是棉花和蚕茧）集中起来，直接卖给用户或厂家，以免除非法奸商对农民的中间剥削。以邹平美棉运销合作社和无锡蚕业运销合作社为例。邹平美棉运销合作社的棉花，1932 年每百斤要比市价多卖 6.3 元，1933 年每百斤要多卖 3—4 元，1934 年每百斤要多卖 14 元。1933—1934 年度无锡北夏实验区组织蚕户进行鲜茧运销合作，将所收鲜茧按高出市价 4—5 元的价格全部卖给丝厂，仅此一项，农民就比自己到市场出售多收入 4000 多元。

最后，有利于农业改良。20世纪20—30年代中国农业十分落后，一个重要原因是一家一户的小生产严重地束缚生产力的发展，因为如兴修水利、防洪抗旱、使用大型新式农具、大面积植树造林、推广优良品种等，都是只有几亩或十几亩土地的农民无法做到的。加上农民又十分贫穷，连最起码的简单再生产都难以维持，又哪里有力量改良农业，扩大生产呢？所以把农民组织起来，由一家一户变成几户或几十户的联合，是改良农业的重要途径。梁漱溟在《乡村建设理论》中对此有所认识，他指出："农民散漫的时候，农业推广实不好做。乡村有了组织，大家聚合成一气，农业改良推广的工夫才好做。"[①]

当然，乡村建设运动在提倡合作、组织合作社过程中也还存在严重问题。

问题之一是各类合作社发展极不平衡，信用合作社所占比例过大，而生产、运销合作社所占比例太小，多数实验区不到合作社总数的10%。信用合作社的业务主要是办理贷款，其他业务如储蓄、汇兑等没有怎么开展。所以当时有人戏称信用合作社为"信用合借社"。这种情况说明，各实验区和乡建团体提倡合作、组织农民成立合作社的目的，主要是解决农村金融枯竭造成的农民借钱难问题，而不是改良农业，发展生产。所以除邹平外，其他各实验区最先成立的都是信用合作社，而不是生产或运销合作社。

问题之二是只有很少一部分农民（主要是地主、富农和自耕农）入社，绝大多数农民（主要是贫雇农）则被关在合作社大门之外。如定县人口总数约40万人，1935年4月合作社社员2814人，为人口总数的0.7%；邹平人口总数约16万人，1936年底合作社社员8828人，为人口总数的5.5%；无锡北夏和惠北人口总数303369人，1934年度合作社社员1070人，为人口总数的0.3%；徐公桥人口总数3535人，1931年合作社社员467人，为人口总数的13.2%；清河人口总数22500人，1934年合作社社员285人，为人口总数的1.3%。其他实（试）验区（县）的合作社社员占人口总数的比例也非常低，一般在人口总数的0.3%—0.5%。

绝大多数农民之所以被关在合作社大门之外，有以下几方面的原因。一是根据各种合作社法规或章程的规定，社员入社每人至少须认购社股1—

---

① 《梁漱溟全集》（2），山东人民出版社，1990，第426页。

2 股，每股股金 1—2 元。在当时的情况下，广大农民（主要是贫雇农）早已负债累累，连最起码的生活都难以维持，又哪里有钱缴纳股金？因此他们"虽明知合作社之利益，但为股金所限制，不能不趑趄于合作社之门外"。[①] 能成为合作社社员的主要是那些缴得起股金的地主、富农和比较富裕的自耕农。据 1935 年 10 月的调查，邹平的美棉运销合作社社员中，自耕地在 20 亩以下的仅占 30%，而在 20 亩以上的占 70% 还强。[②] 二是各种合作社都实行所谓连带保证责任制，即某一社员通过合作社向银行或其他城市金融机构借款，其他社员都要出具保证书，如果借款社员届时无力归还所借款项，同社社员则要承担连带责任，负责归还；如果合作社遭到意外损失，全体社员也都有责任赔偿。由于担心贫雇农连累自己，那些有钱的地主、富农和比较富裕的自耕农歧视甚至反对贫雇农入社。当然，作为新生事物，合作社还不为一些农民所认识，加上各实验区（县）宣传组织工作不十分到位，也造成合作社社员人数占人口总数比例很低。

由于合作社社员人数只占农村人口总数的很小一部分，因此它所起的作用非常有限，对于广大被关在合作社大门之外的贫雇农来说，他们并没有从乡村建设运动提倡合作、组织农民成立合作社中得到多少好处。曾主持邹平合作事业的张国维告诉千家驹说："现在合作社似乎不能解决贫农的痛苦，因为组织合作社的，天然即为中农分子，贫农根本没有资格加入的，他们自然享受不到合作社的利益。"[③] 能享受合作社利益的主要是有钱的地主、富农以及一部分比较富裕的自耕农。

问题之三是合作社的领导权相当一部分掌握在土豪劣绅手里。各实验区和乡建团体组织农民成立合作社时，非常重视发挥那些能识字读书、家庭富裕、在本地有一定威望（或势力）的"乡村领袖"的作用，让他们担任合作社的理、监事。而这些"乡村领袖"基本上都是地主或富农。"乡村领袖"中虽然不乏热心公益事业之士，但也不容否认，其中土豪劣绅不少，结果有相当一部分合作社的领导权被土豪劣绅掌握。华洋义赈救灾总会的章元善在谈到他们举办合作事业的经验和教训时就曾指出："土豪劣绅是任

---

① 喻育之：《关于改进农村合作社的几点意见》，《教育与民众》第 7 卷第 3 期，1935 年。
② 《乡村建设》第 5 卷第 16、17 期合刊，1936 年。
③ 千家驹：《我所见的邹平》，《中国农村》第 3 卷第 3 期，1937 年。

何乡村都有的。土劣的知识，较一般乡人为高，最好出风头管事。他们骨子里虽然埋藏着自私与险恶，但是在表面上看起来，好像他们识大体明大义似的，与公正士绅几乎没有什么分别，我们办合作的人走到乡村，最先出来接头的就是这辈土劣。因为这种人最善逢迎，会讲话，夸张他们的能力威望，示意你要到乡村办事，非找他们不可。但是事情一到他们的手，便无往而不糟。我们所希望的，本来是好人出来做合作社的中坚分子，但……出头的，反而是以剥削好人为职业的土豪劣绅。"① 他们"常借名组织合作社，向农民银行借得低利之贷款，用之转借于农民，条件之酷实罕其匹"。②

地方自治

中国的地方自治始于清末。1927 年国民党建立南京国民政府后，为巩固其统治，拖延自己所许诺的还政于民的期限，继续推行所谓地方自治，并依据孙中山的遗训，确定以县为自治单位，立法院先后制定了《县组织法》《县组织施行法》《区自治施行法》《市组织法》《乡镇自治施行法》《乡镇坊自治职员选举及罢免法》《乡镇间邻选举暂行条例》《县参议会组织法》《县参议会选举法》等。对于自治事务，定有户口调查、土地调查等 21 项。内政部还根据立法院有关规定拟定了一份《训政时期完成县自治实施方案分年进行程次表》，经第 207 次中央政治会议通过，由行政院颁布，期于 6 年以内，于 1935 年完成所定各项自治事业。自治空气一时弥漫全国。

在此背景下，地方自治很自然地成了乡村建设运动的内容之一，不少实验区（县）根据国民党有关自治事务的规定，开展调查户口（如定县、邹平、无锡、徐公桥、清河、镇平、龙山、江宁、兰溪）、测量土地（如邹平、无锡、镇平、江宁、兰溪）、整顿税收（如镇平、江宁、兰溪）、修筑道路（如无锡、徐公桥、镇平、江宁、兰溪）、改革政制（如江宁、兰溪、邹平、菏泽）、编制保甲（如定县、无锡、徐公桥、镇平）、办理民团或警察局（如邹平、徐公桥、镇平、江宁、兰溪）及成立自治团体组织（如东乡的自治会、定县的公民服务团、徐公桥和无锡的乡村改进会、乌江的乌

---

① 章元善讲，陈以静记《中国合作实际问题》，《乡村建设》第 6 卷第 1 期，1936 年。
② 狄超白：《对目前合作运动之评价》，《中国农村》第 3 卷第 2 期，1937 年。

江农会）等工作。

相较于其他地方，由乡建团体所主持的各实验区（县）的自治工作要认真扎实得多。如调查户口，根据国民党的有关要求，这是办理自治最重要也应最先完成的工作。但各地调查户口的情形，"一半凭空询问，一半由臆想估量，草草填就，呈报塞责为完事"。更有一些区长、村长，"竟虚空填报，闭户造册"，而县政府也为了应付公事，从不过问下面呈报的户口真实与否。所以各地所谓的户口调查及其得来的数字，"除应付公事、作官样文章外，毫无用处"。① 与此不同，由乡建团体主持的各实验区（县）的户口调查较为认真。以邹平为例，在调查工作开始之前，实验县于 1934 年10 月 10 日成立了户口调查委员会，作为全县户口调查之最高机关。调查委员会依照该会规程条文，拟订工作计划大纲，作为进行程序的纲领，并将全县 14 个乡划为 14 个巡查区，每区各设巡查员 1 人、指导员 2—8 人。巡查区内各设固定向导、联络员若干人。联络员由联庄会会员担任，向导由各区的村长、村理事、闾邻长和村学、村小学教师担任，他们都要听从巡查员、指导员和调查员的调遣，担任领路、介绍、递送文件、传达信息的工作。调查员由训练部的学生担任，他们不仅在乡下实习居住达 3 个月之久，对乡村情况比较熟悉，还接受过户口调查的业务训练，有一定的专业知识。为了便于调查，全县还不分普通住户、机关、商店、寺院等，一律编贴县政府新印的门牌，并精心设计和制作了大量调查表格。由于准备工作做得充分扎实，调查进行得比较顺利，得到的数据也较为真实。这次调查的结果后来以《邹平实验县户口调查报告》为书名，由中华书局于 1935 年冬正式出版，受到国内外有关部门和专家的关注。②

由乡建团体主持的各实验区（县）的地方自治工作虽然较为认真，但并没有给地方带来自治，农民也没有从中得到任何权利，他们仍然处于被压迫被奴役的境地。以地方自治组织的建立和改革为例。根据国民党颁布的有关自治法规，县以下各级自治组织的构成人员，或由县署委任，或由地方推举。县署委任以不得罪巨室为原则，故地主土豪当然在被委任之列。至于推举，实际上亦等于地主土豪自举。用周谷城的话说，"原来土豪地

---

① 周葆儒：《推行民众教育培养民众自治能力》，《教育与民众》第 7 卷第 4 期，1935 年。
② 田慕周：《我参加邹平实验县户籍工作的情况》，《梁漱溟与山东乡村建设》，第 162—166 页。

主，经济能力本在他人之上；又因垄断教育，智识技能，组织能力，乃统驭才干，均超人一等，贫苦农民经济几等于零，又因未受教育，蠢如鹿豕，对土豪地主，向来尊为神圣"，推举区、镇、乡、村、里、间、邻、保、甲长及其副职，当然只能唯地主土豪马首是瞻，推举他们。[①] 梁漱溟1929年在考察山西村政后也认为，村长由村民选举，结果只能是土豪劣绅当选。[②] 各实验区（县）也不例外。据对无锡518个村长中的104个村长的经济状况调查，其中91.3%的人为地主，7.7%为富农，1%为小商人；地主中有43.77%的人为中等地主，56.73%为小地主；平均占地44亩的有59人，占地224亩的有45人。[③] 村长都是地主豪强占绝对优势，就更不用说乡长、镇长和区长了。所以，尽管各实验区（县）地方自治组织的建立和改革，不像其他地方那样"因循敷衍，奉行故事"，但无论是江宁、兰溪的废除间邻制，实行村里制，废除区制，实行县、镇乡二级制，还是邹平的裁区并乡，将全县划为14乡365个行政村，抑或无锡的保甲编制与实验，镇平的所有区、镇、乡、间、邻正副长官的选举产生，都没有改变作为地方政权机构的所谓自治组织"是地主土豪用以镇压农民剥削农民之工具"这一基本事实，[④] 它们的权力仍然掌握在地主阶级手里。

当然，这并不是说各实验区（县）地方自治作为乡村建设运动的内容之一毫无意义。实际上如调查户口，使不少实验区（县）的人口数量第一次有了较为精确的统计；修筑道路，一定程度上解决了当地农民行路难的问题；尤其是定县等的公民教育，对于培养农民的公民和团体意识，激发他们投身乡村建设，还是起了一定的作用的。

公共卫生

旧中国农村的卫生条件极差，缺医少药的现象十分严重，农民因病得不到及时治疗而死亡或失去劳动能力的不少。本来广大贫苦农民就生活在水深火热之中，疾病更加重了他们的经济负担和痛苦。为了改变这种状况，

---

① 周谷城：《农村社会新论》，第123—124页，转引自杨翼心《当代中国各种乡村运动在地方自治上之评价》，《教育与民众》第5卷第7期，1934年。

② 《北游所见记略》，《梁漱溟全集》（4），山东人民出版社，1993，第897页。

③ 陈翰笙：《现代中国的土地问题》，《中国经济》第4、5期合刊，1933年。

④ 周谷城：《农村社会新论》，第123—124页。

各实验区（县）都比较重视乡村公共卫生工作。

第一，设立乡村医院（或卫生所或保健所或医药室），为农民看病治病，其中一些面积较大的实验区（县）还在此基础上建立了一套乡村卫生保健制度或组织。如定县县设保健院，区设保健所，村设保健员；邹平县设卫生院，乡设卫生所；无锡的北夏和惠北实验区区设卫生所，分区设卫生分所，各民众学校施教区设特约卫生员；江宁县设卫生院，中心乡镇设卫生所，一般乡镇设卫生分所。鉴于不少农民因生活贫困而无钱看病，一些实验区（县）还实行免费看病制度，对于那些特别困难的农民甚至免收药费。

第二，防治结合，以防为主，为农民布种牛痘和注射预防霍乱、脑膜炎、白喉等传染疾病的预防针。如定县 1930—1936 年布种牛痘 141397 人；无锡惠北 1934—1937 年布种牛痘 4355 人，注射预防针 2644 人；徐公桥 1931—1932 年布种牛痘 1161 人，注射预防针 1800 人。

第三，重视学校卫生，宣传卫生常识。据定县 1934 年下半年至 1935 年上半年的小学卫生实验统计，该县在 42 所小学中进行过卫生实验，接受实验的学生有 2850 人；举办卫生班 996 次，听讲人数 49349 人；清洁检查 996 次，接受检查者 49349 人；体格检查 3008 人；治疗沙眼 95570 人次；治疗头癣 26162 人次；牙齿检查 1529 人；矫正牙疾 433 人；水井改良 14 口；厕所改良 6 处。[1]

第四，试行新法接生。鉴于传统的接生方法既不科学，也不卫生，容易引起产妇和新生儿的感染，甚至死亡，不少实验区提倡并试行新法接生。试行新法接生的实验区有定县、邹平、无锡、徐公桥、清河、龙山等。如清河实验区从 1932 年 7 月起，聘用助产护士 1 人，专门负责此项工作，包括孕妇婴儿检查、产婆调查、新式接生和助产教育。实验区医院设有产床 4 张，遇有生产者，助产护士得到通知后，即前往接生。为了推广新法接生，实验区还举办产婆训练班，凡 35 岁以上 75 岁以下的产婆，一律都要接受两个星期的训练，内容包括上课和在助产护士的指导下实习新法接生。[2]

---

[1]　《定县实验区工作概略》，《乡村建设实验》第 3 集，第 259 页。

[2]　张鸿钧：《燕京大学社会学系清河镇社会实验区工作报告》，《乡村建设实验》第 1 集，第 87—88 页。

　　第五，开展清洁运动，如发动农民进行大扫除，清理堆放在路边的垃圾，消灭大道旁的粪坑等。在这方面搞得好的实验区有徐公桥、无锡和清河。无锡的黄巷实验区基本上每月搞一次大扫除，每次都进行清洁评比；徐公桥实验区夏季每周大扫除一次，发动群众打扫屋内和街道。

　　除以上措施外，有的实验区还经常举办卫生展览，利用宣传挂图，对农民进行卫生常识教育；或组织巡视医疗队，下乡为农民看病治疗。

　　各实验区（县）对乡村公共卫生工作的重视，对改变农村落后的卫生状况起了一定的积极作用。比如，乡村医院（或卫生所、保健所、医药室）的设立，使农村缺医少药的状况有了初步改善，农民生了病能在实验区内得到及时治疗。以定县为例。该县农民医治常见的感冒可以不出村，一般疾病可以不出区，大病可以不出县。在1934年10月至1935年9月的一年内，定县共有189352人次接受治疗或用药。又如，定期为农民布种牛痘和注射预防针，有效地控制了天花、霍乱、脑膜炎、白喉、猩红热等传染病的流行。据各实验区（县）向全国乡村工作讨论会年会提交的报告，此项工作开展较好的定县、邹平、无锡、徐公桥、清河等实验区（县），曾肆虐农村、造成成千上万人死亡的天花、霍乱，在实验区（县）内已基本绝迹，其他传染病也没有过暴发性的流行情况。另外，各实验区（县）的卫生教育、新法接生和群众性的清洁运动，有助于提高农民尤其是儿童的卫生意识，养成良好的卫生习惯，改善农村的卫生环境。如邹平在实行新法接生之前，新生儿的死亡率达50%，实行新法接生之后，降到10%。[①]

　　尤其需要指出的是，一些实验区在重视乡村公共卫生工作的过程中所创造的一些制度和经验，对于今天的农村卫生工作仍有借鉴价值和意义。如定县的村设保健员、区设保健所、县设保健院的三级卫生保健制度，无锡惠北实验区在小园里村实验的农村合作医疗制度，邹平和徐公桥实行的为贫苦农民免费治疗制度，以及定县的学校和妇婴卫生工作经验，无锡和徐公桥的清洁卫生运动经验，邹平的新法接生经验等，都值得认真总结和借鉴。

　　除以上几个方面，移风易俗也是乡村建设运动的一个重要内容，像定县、邹平、无锡、徐公桥、镇平、江宁、兰溪、清河、龙山、乌江等不少

　　《我们在山东的工作》，《梁漱溟全集》（5），第1020页。

实验区（县）都开展过群众性的移风易俗运动，其措施不外剪发辫、禁缠足、禁吸毒、禁赌博、禁早婚、禁溺女、改革婚丧陋习等，有的取得了一定的成效。禁止和革除旧的风俗习惯，有利于社会改良和进步。所以，对于乡村建设运动的这一内容应该给予充分的评价。当然在禁止和革除旧风俗习惯的过程中，有的实验区（县）也出现了这样那样的问题，如镇平以浪费为由不许农民演戏和看戏，这自然是不妥的，但瑕不掩瑜，各实验区（县）移风易俗的成绩要大于它的失误。

三 乡村建设运动的历史评价

复兴农村经济的失败

前面已经指出，乡村建设运动是在中国农村经济日益走向衰落的背景下兴起的，其主要目的就是阻止这种衰落，并使之出现复兴，从而实现"民族再造"或"民族自救"。但乡村建设运动的结果，复兴农村经济的目的不仅没有实现，相反各实验区（县）经济的衰落程度在乡村建设运动期间有了进一步的加深。下面让我们来看看作为乡村建设运动三大中心之一的定县的一组数据。

田地价格：1934 年比 1928 年普通有井田地从每亩 120 元下跌为 50 元，普通旱地从每亩 55 元下跌为 25 元；农民借债：1931 年比 1929 年借债户数增加了 78%，借债次数增加了 117%，借债数额增加了 133%，1934 年借债户达到 46000 户，占全县总户数的 67%；农民生活状况：1929 年前定县的乞丐很少，到 1933 年冬增至 3000 人，1933 年冬定县吃不起盐的约占人口总数的 20%，1931 年因还不起债而被债主没收家产的 50 户左右，1933 年达到 2000 户之多；农民流离：1930 年前每年 700 人左右，1934 年前三个月就超过了 15000 人。[①]

定县在所有实验区（县）中实验的时间最长（1926—1937），投入的资金和人力最多（据晏阳初报告，仅 1933 年，平教会的经费就达 386422 元，

---

① 李景汉：《定县农村经济现状》《农村高利贷的调查》《定县人民出外谋生的调查》，《民间》第 1 卷第 1、14、7 期，1934 年。

职员 224 人①），影响最大，成绩也最突出。定县尚且如此，就更不用说其他实验区（县）了。

乡村建设运动复兴农村经济的目的之所以未能实现，源于它没能解决以下三个有着重大影响的问题。

第一，帝国主义农产品的倾销问题。20 世纪 20 年代末 30 年代初中国农村经济衰落的一个突出表现，便是帝国主义农产品的大量倾销，造成中国农产品价格的大幅度跌落，进而导致田地价格大幅度下跌和农产的严重萎缩。因此，制止帝国主义农产品的大量倾销，是复兴农村经济的必要前提。制止帝国主义农产品大量倾销的最好办法无非两个：一是取消帝国主义强加给中国人民的种种侵略特权包括关税协定权，由国家根据国际惯例和本国利益，制定合适的农产品进口税税率，以保护本国农产品市场；二是大力发展本国农业，尤其是规模、高效农业，加大科技和资金投入，提高农业生产效率，以增强本国农产品的竞争能力。而这两点都只有在一个代表人民根本利益并能独立行使国家主权的中央政府的领导下才能实现。但当时的国民党政府显然还不具有这样的资格和能力，它不仅没有采取措施制止帝国主义农产品的大量倾销，相反还先后与美国达成"美棉借款"和"美棉麦借款"协定，使美国的小麦和棉花通过政治贷款的方式如潮水般地输入中国，从而导致了中国农产品价格的进一步跌落。

各乡建团体在从事乡村建设实验的过程中，虽然也感受到外国农产品的大量输入所导致的本国农产品价格大幅度跌落给农民带来的危害，如兰溪实验县的乡建工作者就认识到："第一，手工业无论如何提倡，总敌不了外来货物的倾销，则手工业还有什么前途？第二，外来农产品倾销到农村，有什么方法可以把洋米洋面赶出去？如果赶不出去，则改良农业生产，增加收获，岂非更将使农产品价格跌落，农民愈不能维持。"② 无锡教育学院的俞庆棠也指出："从事于乡村工作者费了九牛二虎之力，使每亩农作物的田地增加半担以上的收获，这是了不起的成绩了。如果一旦洋米倾销，或棉麦大量进口，每担农作物的价值，立刻可以跌到原有价格的半数。"③ 但

① 《晏阳初全集》（1），第 200 页。
② 转引自李紫翔《农村建设运动应有的转变》，《中国农村》第 2 卷第 4 期，1936 年。
③ 转引自余霖《乡村工作的理论和实践》，《中国农村》第 2 卷第 1 期，1936 年。

乡建团体所能采取的措施只是组织农民成立运销合作社，以免除中间商人对农民的坑害，从而使合作社社员的农产品相对于当地市价而言卖一个好价钱，而没有提出任何从根本上解决外国农产品大量倾销的方案，甚至没有向国民党提出建议，要求其采取措施，减少农产品的进口，以保护本国农产品市场。就目前所见到的材料而言，尽管梁漱溟、晏阳初、高践四等人多次被国民党邀请参加有关会议，或与国民党党国要人经常会晤，但都没有向国民党提出过减少外国农产品进口、保护本国农产品市场的要求，全国乡村工作讨论会三次年会也没有讨论这一问题。

第二，土地分配不均问题。20 世纪 20 年代末 30 年代初中国农村经济衰落的另一个突出表现便是土地高度集中，不少农民失去土地而成为无地或只有少量土地的贫雇农。其结果，一是两极分化更形严重，广大失去土地的农民生活更加贫困；二是无地或少地的农民对改良农业积极性不高，严重影响农业进步。因此，抑制土地集中，使失去土地的农民重新获得土地，是复兴农村经济的又一必要前提。不少乡建工作者尤其是他们的领袖人物不仅对土地分配不均有一定的认识，如号称乡村建设理论家的梁漱溟就认为在土地上存在三个问题：一是耕地不足，人多地少；二是使用不太经济，没有做到合理使用；三是分配不均，"有的地方且相当严重，或很严重"。[①] 晏阳初也承认："农村经济问题中最严重的，莫如土地问题。"[②] 他们还提出过各种各样的解决方案。梁漱溟提出的方案是实行土地公有，他认为："土地分配不均，是从土地私有制来的流弊；私有土地的结果就难免不均。要想根本免于不均，只有土地全归公。"[③] 一位名叫许公鉴的乡建工作者也认为，孙中山提出的"耕者有其田"政策，"是解决我们土地问题的一种好方法"。[④] 全国乡村工作讨论会第三次年会在讨论土地问题时，不少与会者赞同"土地国有原则"，并提出"土地分配最好以劳动力为标准，不以两性为界限"。[⑤]

乡建工作者虽然主张土地国有，实行孙中山的"耕者有其田"政策，但他们反对以暴力手段剥夺地主土地，并无条件地分配给少地或无地的农

①　《乡村建设理论》，《梁漱溟全集》（2），第 530 页。
②　《十年来的中国乡村建设》，《晏阳初全集》（1），第 567 页。
③　《乡村建设理论》，《梁漱溟全集》（2），第 530 页。
④　许公鉴：《从挽救农村经济说到民众教育的功能》，《教育与民众》第 5 卷第 5 期，1934 年。
⑤　《乡村建设实验》第 3 集，第 45 页。

民。如梁漱溟主张通过政府立法形式，"从法律上设为种种限制，裁抑地主，终使其土地出卖"，同时，建立"完整的农业金融系统"，给农民提供长期贷款，鼓励并帮助他们购买土地，从而"达到土地利用的合理化，农业经营的合理化"。① 李景汉也认为："中山先生的平均地权办法实为由土地私有变为土地农有，再由土地农有变为土地国有的和平办法。若能早日实行平均地权，同时亦能节制资本，则土地问题则可彻底解决。"② 从理论上讲，用政府立法的形式，迫使地主出卖土地和国家通过"照价纳税"及"照价收买"，将土地收归国有，的确不失为解决土地问题的好方法，但从操作上说，在当时国民党政府不代表农民的根本利益和农民极端贫困的条件下，这又是行不通的，实际上也从来没有实行过。因此，直至乡村建设运动结束，各实验区（县）的土地问题都没有得到解决，土地集中不仅没有缓解，相反呈现出进一步加剧的趋势。如无锡每户地主占有的土地，1933年就比1929年扩大了近160亩，从平均的54.5亩增加到214亩。

第三，农民负担过重问题。20世纪20年代末30年代初，农民负担特别沉重，主要包括三个方面。一是地租负担。当时的地租额平均在收获量的50%—80%，有的甚至超过100%，再加上押租、预租和附加租等种种名目的剥削，佃农的地租负担甚是沉重，要求减租或抗租的事件层出不穷。但就目前所发现的资料来看，和全国绝大多数地区一样，各实验区（县）并没有实行过减租。个别实验区虽然提出过要求，但因地主的反对，最后不了了之。③

二是赋税负担。当时农民除要缴纳高额的田赋，还要负担名目繁多的苛捐杂税。赋税负担的苛重是农村经济衰落的一个重要原因。但由于田赋和各种苛捐杂税是中央和省、县三级政府的主要收入来源，并且只有这三级政府才有权决定田赋和各种苛捐杂税的税额及征收或减免，因此，尽管一些乡建工作者认识到"赋税繁重，民不堪命"，④"农民生活愈困，则于农业生产愈无力。所以（农民）负担之重，是农业生产的致命伤，这个问题

① 《乡村建设理论》，《梁漱溟全集》（2），第531—532页。
② 李景汉：《中国农村问题》，商务印书馆，1937，第129页。
③ 秦柳方：《农村破产现况下民众教育应有之努力》，《教育与民众》第7卷第4期，1935年。
④ 《江苏省立教育学院乡村民众教育实验工作报告》，《乡村建设实验》第3集，第63页。

的解决，则裨益生产者甚大"，① 也对农民的赋税负担做过一些调查，并在乡村工作讨论会上提出要"改革非法征收"，但他们无权决定赋税的减免。除江宁、兰溪等少数实验区（县）对田赋和捐税的征收进行过整顿，绝大多数实验区（县）没有涉及过田赋和捐税问题。而江宁、兰溪等少数实验区整顿田赋和捐税征收的主要目的，不是减免农民的赋税负担，而是简化征收手续，革除征收过程中存在的诸如贪污中饱等种种弊端，从而使田赋能如数如期征收归仓。

三是债务负担。20 世纪 20 年代末 30 年代初农民因生活困难而借债的现象十分普遍。1933 年河北定县借债户就占全县总户数的 67%。由于农村金融的枯竭和现代金融业的不发达，农民主要借的是高利贷，而高利贷的最主要特点就是利率高，而且多是利滚利。农民一旦借了高利贷，其利息往往使他们不堪重负，甚至家破人亡。所以，解决债务问题是复兴农村经济的又一必要条件。这应包括三个方面的措施：减轻或取消农民已借高利贷的利息；对今后高利贷利率做出限制；尽量使农民不再向高利贷者借款。就前两个方面来看，没有一个实验区（县）实行过减息，也没有一个实验区（县）严格限制过高利贷的利率。就最后一个方面来说，各实验区（县）虽然采取过一些流通金融的措施，但向农民提供的贷款十分有限，根本不能满足农民解决生产生活困难的需要，农民仍需向高利贷者借贷，遭受高额利息的剥削。

正因为乡村建设运动没能解决外国农产品的大量倾销、土地分配严重不均和农民负担过于沉重这三个问题，其复兴农村经济的目的自然无法实现。

"乡村不动"的原因分析

乡建工作者尤其是他们的领袖人物认识到，乡村建设运动要想取得成功，其关键是要使广大农民起来投身乡村建设运动并成为其主力。晏阳初在《十年来的中国乡村建设》一文中也指出："乡村问题的解决，天然要靠乡村人为主力。我们组织乡村的意思，就是要形成这解决问题的主力。"②

---

① 《乡村建设理论》，《梁漱溟全集》（2），第 516 页。
② 《十年来的中国乡村建设》，《晏阳初全集》（1），第 562 页。

中华职业教育社所揭示的从事乡村建设的"主旨"，第一条是："重在启发本地农民自动，扶植农民自主、自立、自治。"① 然而，乡村建设运动的结果却出现了梁漱溟称之的"号称乡村运动而乡村不动"的难局。他在一篇题为《我们的两大难处》的讲演词中写道：

> "号称乡村运动而乡村不动"这个话，差不多是一个事实。在无锡我们开的乡村工作讨论会，乃至去年在定县的上一届年会，都可以看出其间乡村农民的代表差不多没有。放宽点说：即令有，为数亦太少；最多的，还是教育界的人。其他如农业家、公共卫生家，这样的技术人才倒有；政府的人也很不少，地方政府、中央政府，都有人出席；可是从乡村来的，代表农民的，真是凤毛麟角。即此可见乡村之不动。仿佛乡村工作讨论会和乡村没大关系，乡下人漠不关心，只是乡村以外的人瞎嚷嚷。不但如此，我们试以乡村工作的几个重要的地方说：头一个定县平教会，在定县人并不欢迎。本来最理想的乡村运动，是乡下人动，我们帮他呐喊。退一步说，也应当是他想动，而我们领着他动。现在完全不是这样。现在是我们动，他们不动；他们不惟不动，甚且因为我们动，反来和我们闹得很不合适，几乎让我们作不下去。此足见我们未能代表乡村的要求！我们自以为我们的工作和乡村有好处，然而乡村并不欢迎；至少是彼此两回事，没有打成一片。

为什么会出现"号称乡村运动而乡村不动"这种难局呢？梁漱溟分析说，根本原因在于"农民偏乎静，我们偏乎动；农民偏乎旧，我们偏乎新……总之，从心理上根本合不来"。②

把"号称乡村运动而乡村不动"的根本原因归结于乡村建设运动与农民"从心理上根本合不来"，这显然是皮相之见。中国共产党领导的农民运动的成功已经证明，农民并不像梁漱溟所说的那样天生就"偏乎静""偏乎旧"，他们中间蕴藏着巨大的积极性和创造力，一旦动员起来，就能成为埋葬旧世界、创造新世界的主力军。15年后，亦即在参加了20世纪50年代

---

① 江恒源：《徐公桥》，中华职业教育社，1929，第11页。
② 《梁漱溟全集》（2），第574—575、581页。

初的土地改革运动后，梁漱溟对这一问题有了新的认识，认为只要抓住农民的痛痒而启发之，"他还是要动的"。①

乡村建设运动与农民"从心理上根本合不来"不是"号称乡村运动而乡村不动"的根本原因，"乡村不动"的根本原因是，乡村建设运动在经济上没能减轻农民的沉重负担，满足他们对土地的要求；在政治上没能推翻地主阶级的统治，使农民获得翻身解放。

关于乡村建设运动在经济上没能减轻农民的沉重负担，满足他们对土地的要求的问题，前文已有讨论。这里需要指出的是，乡村建设运动在经济上不仅没能减轻农民的沉重负担，相反在一些实验区（县）农民的负担因乡村建设运动而有所加重。

乡村建设需要大量人力和财力的投入，而当时各乡建团体的经费，或主要来自国外（如定县），或主要来自政府（邹平），或主要来自自筹（如徐公桥），但无论来自何方，对于大多数乡建团体来说，其经费都比较紧张，就是中华平民教育促进会，因得到美国一些大公司和财团的捐助，算得上财大气粗，有时也会捉襟见肘。据晏阳初报告，1932 年度平教会的经费预算为 38 万元，但实际上 90%尚未实收，所以他要求平教会职员"不可以为有现款存下，以用完为快"。②

一方面是经费有限，另一方面举办乡建事业又要经费投入，为了解决经费的困难，不少实验区（县）便采取"羊毛出在羊身上"的措施，向农民摊派乡建经费。如邹平的村学乡学的经费就以地方自筹为主，县政府酌量予以补助。其自筹办法，按各村各乡丁银多少摊收。再如镇平的自治经费也主要依靠摊派来筹集，仅 1931 年度该县就共向农民摊派小麦 7194820斤。乌江实验区有一段时间，因中央农业推广委员会停止经费供给，农民不得不负担实验区工作人员的生活费用。③ 农民负担的苛捐杂税等本来就已相当沉重，现在又加上摊派的乡建经费，无疑雪上加霜，使他们的生活更形困苦。

除负担乡建经费外，一些实验区（县）的农民还要无偿出工出力，为

①　《两年来我有了哪些转变》，《梁漱溟全集》（6），山东人民出版社，1993，第 873 页。

②　《在周会上的讲话》，《晏阳初全集》（1），第 232 页。

③　孙友农：《安徽和县乌江乡村建设事业概况》，《乡村建设实验》第 1 集，第 103 页。

乡村建设运动服务。比如不少实验区（县）成立了民团或保卫团，并且一般都采取瑞士义务征兵制，凡18岁以上45岁以下的壮丁都是民团或保卫团团员，有接受抽调训练和执勤的义务。接受抽调训练的时间十几天或几个月不等，其间不仅没有工资，不少实验区（县）还要自带武器和伙食。另外，各实验区（县）的修桥筑路、开挖渠道等建设工程，也都要抽调农民义务工。

如果说乡村建设运动能给广大农民尤其是贫苦农民带来利益，那么农民为此出钱出力是值得的，也是应该的。但事实与此相反，广大贫苦农民从乡村建设运动中得到的利益甚微，得到利益的主要是地主、富农和一部分比较富裕的自耕农。以民团或保卫团为例。一些实验区（县）成立民团或保卫团的主要目的是维护社会秩序，保护地方免遭土匪抢劫。但广大贫苦农民已一贫如洗，他们没有什么需要保护的，所以是否成立民团或保卫团对他们来说无关紧要，只有有钱的地主、富农和富裕的自耕农才怕土匪抢劫，需要保护。既然除增加负担外，广大贫苦农民从乡村建设运动中并没有得到什么利益，那么他们理所当然就会对乡村建设运动抱冷淡态度。

和经济上一样，政治上乡村建设运动也没有给广大贫苦农民带来什么好处，他们仍处于受压迫受奴役的地位。如前所论及的，地方自治组织的建立和改革，并没有改变地方政权的性质，各级权力仍然掌握在地主阶级手中。其他如合作社、借贷处、民团或保卫团、自治团体或乡村组织，其领导权也大多为地主豪绅所掌握。以邹平的村学乡学为例。邹平的村学乡学主要由三种人组成：一是"乡村领袖"，他们充任"学董""理事"（又称"常务学董"）和"学长"；二是成年农民，他们充任学众；三是乡建工作人员，他们充任"教员"和"辅导员"。村学乡学的最高权力机构是"学董会"，理事负责日常工作，学长起"监督训导的作用"。所谓"乡村领袖"实际上大多是当地的地主豪绅。所以尽管梁漱溟否认农村存在阶级和阶级斗争，但实际上村学乡学的权力掌握在地主豪绅手中，广大贫苦农民即所谓"学众"只能服从他们的领导。邹平的民团也是如此。山东乡村建设研究院和实验县政府规定，只有高小毕业并有身家财产的人，才有资格被各乡理事推选为民团乡队长的候选人，最终通过考试和训练成为乡队长。在当时乡村教育不普及、广大农民生活极端贫困的条件下，能读到高小毕业的人，多数只能是地主、富农的子弟。

实际上，乡村建设运动自始走的就是一条依靠地主阶级推动乡村建设的政治路线。因此，尽管各实验区（县）乡村建设的方法、措施和侧重点有所不同，但有一点是一致的，即都特别重视发挥"乡村领袖"的作用，力争获得他们对乡村建设运动的支持。如定县，据晏阳初介绍，无论是从事社会调查，还是成立平民学校，平教会职员都要先与本地"领袖"（村长、村副和德高望重的长老）"接洽"，征求他们的意见，让他们出面领导。① 邹平的村学乡学设立的第一步，是山东乡村建设研究院的工作人员访问各村乡的"领袖"；第二步，是组织学董会，把各村乡的"领袖"纳入学董会；第三步，是由学董会推选学长和理事；第四步，是迎接教员；第五步，是召开学众大会，宣告村学乡学的成立。广大学众只有到村学乡学成立的那一天，才知道村学乡学是怎么一回事。职教社干事江恒源在介绍徐公桥试验区推进乡村建设运动的经验时承认："他们是仗着地方诸位领袖，热心帮助，才能使会务（指乡村改进会会务——引者注）进行不懈，略有一些事业可言。"②

毋庸否认，不是所有的地主都是鱼肉乡里的恶霸，"乡村领袖"中也不乏热心公益事业之士，但也必须承认，地主中不少人确实是土豪劣绅，是南霸天、胡汉三式的人物。各实验区（县）依靠他们来推进乡村建设运动，让他们掌握合作社、借贷处、民团或保卫团、自治组织或乡村组织的领导权，给他们提供了进一步掠夺、欺压和奴役广大贫苦农民的机会和权力，从而既加重了广大贫苦农民的痛苦，也使乡村建设运动失去了广大贫苦农民的参与和支持。其结果与乡村建设者的初衷相反，依靠地主阶级的政治路线不仅没能推进乡村建设运动，相反导致了"号称乡村运动而乡村不动"的局面出现。

"深入民间"的历史意义

乡建工作者尤其是他们的领袖一方面特别强调农民成为其主力对于乡

① 《有文化的中国新农民》《中华平民教育促进会定县实验工作报告》，《晏阳初全集》（1），第147—148、314—315页。

② 江恒源：《徐公桥》，第11页。

村建设运动的重要意义，但另一方面也认为，乡村建设运动要想取得成功，仅有农民成为主力还不够，还必须有外来的知识分子"深入民间"，与农民结合，起提倡、辅导和推动乡村建设的作用。晏阳初在《十年来的中国乡村建设》一文中就明确指出："有了乡村人为解决问题的主力就够了吗？不够！单是乡村人解决不了乡村问题，因为乡村人对于问题只能直觉地感觉到，而对于问题的来源，他们不能了解认识……所以乡村问题的解决，第一固然要靠乡村人为主力，第二亦必须靠有知识、有眼光、有新方法、新技术（这些都是乡村人所没有的）的人与他们合起来，方能解决问题。"①因此，有成百上千的知识分子，其中还有不少人是取得过硕士、博士学位的归国留学生，或是大学校长、教授和著名专家学者，抛弃了城市的优厚工作和生活条件，来到各方面都比较艰苦的农村，从事乡村建设的实验工作。仅以平教会为例。1926年到定县的工作人员是66人，以后随着平教会在定县工作的开展而年年增长：1928年，82人；1929年，204人；1932年，224人；到1935年时达到500人。山东乡村建设研究院仅其研究部和训练部培养的学生，留在实验区工作的就有近千人之多。

毋庸否认，在这成百上千人之中，正如有的批评者所指出的那样，有个别或一小部分人投身乡村建设运动，或是因生活所迫，在城市找不到称心的工作，暂以乡建为栖身之所；或是沽名钓誉，想投机取巧。但就大多数人而言，他们投身乡村建设运动，"不是为着个人的金钱或地位，而是为着追求光明，追求自己的空洞理想"，②真心实意地想为农民做一点好事。有一位叫徐宝谦的乡建工作者在谈到"深入民间"的问题时就指出："我们知识分子，几千年以来，既然犯了欺压民众的大罪过，现在自然应该忏悔，定志为他们去服务。"③

当然，"深入民间"，走与农民相结合的道路，说起来容易，但要真正做到并且做好不是一件容易的事。这首先要克服生活上的种种困难，使自己逐渐适应农村的艰苦环境。李景汉晚年回忆他初到定县时的情况说："从北京到定县现在只需要三个多小时，而那时的火车没个准钟点，要行相当

---

① 《晏阳初全集》（1），第562页。
② 薛暮桥：《关于中国农村经济研究会及白区工作问题——给少奇同志的报告》，薛暮桥、冯和法编《〈中国农村〉论文选》（上），第23页。
③ 徐宝谦：《乡村建设运动的精神基础》，《乡村建设》第6卷第3期，1936年。

长的时间，有时要二十四小时。记得我坐着敞篷车，天还下着雨，浑身透湿。火车走走停停，一天多才到。到定县后离翟城村（平教会办事处设在该村——引者注）还有三十里路，当夜宿在定县的旅店里。夜里，我虽然十分疲乏，却翻来覆去地睡不着觉，觉得身上奇痒难耐，我换到桌子上去睡，仍是无法入眠。后来我才知道那是臭虫在咬。在去定县之前，我的生活一直比较优越，对农村生活并无体验。来到了定县，无异于是一个极大的变化。第二天雇了一辆大车来到翟城村，平教会在那里已经开始工作，办公室宿舍设在几间破旧的草房里。条件尽管艰苦，但是平教会的同仁们情绪都十分高涨。"① 那时平教会工作人员和老百姓住一样的房子，只是墙壁上多开了几扇窗户，以便通风，居室内的设备也非常简陋，冬季要洗澡就得跑 30 多里路到县城的澡堂去洗，因此那些在城市生活和工作时已习惯每天或隔天洗一次澡的工作人员，有时一个星期或几个星期才洗得上一次澡。后来随着定县工作的开展，平教会总会迁至定县县城内，洗澡问题才得到解决。由于生活条件过于艰苦，一些工作人员不能适应，因而做了一段时间后离开了。其次要在思想上、作风上以及学术研究的观念及方法上来一个根本的转变和突破，使自己逐渐地适应新的工作需要。到农村工作的乡建工作者许多是大学教授或科研机构的研究人员，已习惯于课堂讲授或实验室研究，不是大学教授和研究人员的，也多是归国留学生或本国大学毕业生，也早已习惯于自己的工作和学习方法。来到农村后，面对的是自己既不了解甚至从来没有接触过的农民生活，一下子感到很难适应，有的人不知道如何运用自己的知识去寻求实际问题；有的人虽然碰到或发现了问题，但不知道如何从农民的实际生活中去研究和解决问题。山东乡村建设研究院主办的《乡村建设》杂志曾开辟"乡运者的话"专栏，专门刊登乡运者的经验报告、工作写述、问题讨论、对于整个乡运或一地工作的主张或批评，及其关于国事与社会的种种意见。

尽管"深入民间"，从事乡村建设工作十分不易，甚至有不少人或因不能吃苦、过艰苦的生活，或因夫人孩子的不理解、不支持，或因不能适应乡村的工作对象和环境而离开乡建队伍（如平教会就有 1/3 的工作人员先

---

① 李景汉：《回忆平教会定县实验区的社会调查工作》，《晏阳初与定县平民教育》，第 447—448 页。

后离开定县），但仍有很多乡建工作者坚持了下来，并不断有新人充实到乡建队伍之中，"他们为自己的理想而喜悦，又为自己艰苦工作中所获得的结果（农村破产）而苦闷，他们在矛盾中生活着，工作着，斗争着"，[1] 从而使定县、邹平、无锡等地的乡村建设实验工作坚持达数年或十余年之久，直到1937年才因日本的侵略被迫中止。

在"深入民间"的过程中，晏阳初、陶行知等人还提出过"农民化"的口号，要求乡村工作者从外表到思想、从衣食到语言，都要和农民保持一致。陶行知在介绍晓庄经验时就指出："我们开始就立了一个信念，要想化农民，须受农民化。"[2] 晏阳初也强调过这个问题。他们还身体力行，为其他乡建工作者的"农民化"起表率作用。如陶行知自晓庄一开办，就脱了西装、马褂，穿起粗布衣，打起草鞋。有一次，江宁师范请他去演讲，他天不亮动身，徒步而去，走到镇上饥肠辘辘，便买了油条在街上一边走一边吃。该校校长特派学生到镇头迎接，久候不至。迎接的人以为像陶先生那样颇有名气的大教授一定举止阔绰，不曾想他会身着农民衣服，和当地农民一样边走边啃油条。回到学校一看，曾从他们身边走过的人便是大名鼎鼎的陶先生、陶教授。[3] 陶行知还经常走村串户，和农民交朋友。当地农民有事也喜欢和他商量，讨个主意。无论多忙，只要农民来找他，他都热情接待，耐心听他们叙说一些琐碎小事，并且眯着眼睛笑嘻嘻地给他们满意的回答。由于陶行知能和农民知心、交心，深得当地农民的尊敬和爱戴，农民在路旁碰见他，无论男女老幼，都要亲热地喊他一声"陶叟"（乡村土语，即"陶先生"）！晏阳初也是如此。他是最早将全家迁移到定县与农民共同生活的平教会领导人之一，也经常骑着小毛驴下乡，深入农家，和农民交朋友。在陶行知、晏阳初等人的影响下，不少乡建工作者放下知识分子的架子，和农民同生活，同劳动，尽量使自己"农民化"，有的甚至到农村安家落户。

① 薛暮桥：《关于中国农村经济研究会及白区工作问题——给少奇同志的报告》，薛暮桥、冯和法编《〈中国农村〉论文选》（上），第23页。

② 陶行知：《晓庄试验乡村师范的第一年》，《教育研究》（广州）第4期，1928年。

③ 见袁振国、张奚编著《伟大的人民教育家——陶行知》，江苏教育出版社，1991，第105—106页。

知识分子"深入民间"，走与农民相结合的道路，这首先是对传统"学而优则仕"观念的超越或否定。几千年来，文人读书的主要目的，就是应试科举，以期一朝登科，拜相封侯。尽管科举制度早在1905年就已被废除，封建王朝也于1911年辛亥革命后成为历史，但这种传统的"学而优则仕"观念在不少人的思想中仍根深蒂固。和那些"自命为优秀分子的旧士大夫"相反，投身于乡村建设运动的知识分子选择了"深入民间"、与农民相结合的道路，有人甚至辞官不就。如平教会卫生教育部主任陈志潜，加入平教会之前，是南京行政院卫生署公共卫生处主任。平教会干事长晏阳初曾多次谢绝当局要他出山做官的邀请，也放弃过不少发大财的机会，安心率领平教会同人身居定县，从事乡村建设实验，过着清苦、简朴的乡间生活。在当时的社会环境下，知识分子能超越传统的"学而优则仕"观念，心甘情愿地到农村走与农民相结合的道路，是非常难能可贵的。

其次，知识分子"深入民间"，走与农民相结合的道路，有利于发挥他们的聪明才智，更好地实现自身价值。由于农村条件差，生活艰苦，城市知识分子都不愿到农村去工作，就是农村出来的大中专学生毕业后也都想方设法留在城市。其结果，一方面是城市里知识分子成堆，许多人甚至找不到事做；另一方面是农村知识分子尤其科技人才奇缺，农民急需有文化、懂科学的人去提供帮助。乡村建设运动中，成百上千的城市知识分子来到农村，或当民众学校的教师，为农民上课，扫除文盲；或任农民医院的医生、护士，为农民看病治病，解除他们的痛苦；或到田间地头，指导农民防病治虫，种植优良品种。他们找到了能实现自身价值的用武之地。如参加定县实验的农业工程专家刘拓博士，经过6个月的观察和反复研究实验，发明了一种经济方便、深受农民欢迎的新水车。再如美国威斯康星大学毕业的陆燮钧博士，到定县后负责家畜改良工作。为了寻找优良鸡种，他差不多走遍了全县的村村寨寨，终于在一户农民家里发现了一只好的鸡种。后来他将这只鸡种与国外鸡进行杂交，培育出了定县自己的优良鸡种。他还对猪进行同样的实验，使定县的猪种得到了改良。[1] 陆燮钧博士培育出来的优良鸡种和猪种，今天仍是定县农民饲养的主要鸡种和猪种之一。[2] 乡村

---

[1]　《有文化的中国新农民》，《晏阳初全集》（1），第156—157页。

[2]　邵芳：《寄给晏阳初先生的信》，《河北文史资料》第11辑，河北人民出版社，1983。

建设运动中知识分子"深入民间"，走与农民相结合的道路所取得的成绩说明，农村确实是一个广阔天地，知识分子在那里是可以大有作为的。

总之，乡村建设运动中广大知识分子"深入民间"，走与农民相结合的道路，其历史意义应该给予充分肯定。

第二十四章

寻找富强之路：近代中国
教育发展的观察

一　近代中国教育的演进

清朝末年，新式教育的推行，乃迫于列强的船坚炮利，希望借教育力量臻国家于富强境地，也就是想用新教育来抵制新敌国，创造新中国。[①] 至此，以往被视为保守倾向，或仅是文化保存及延续机构的教育行政体系，成为对抗强权国家的利器。但是，传统的科举考试制度，形成了一个只有少数人的统治阶级，及一个有绝大多数人的被统治阶级，这种"单线社会流动"的状况必须改变，才能达到御敌救国的目的。[②] 严复曾经指出，中国传统教育，只是造就少数御用人才。他认为西方富强的主因，在于其教育目的是"善群"，也就是使每一位国民都能接受良好的教育。[③] 甲午战败后，列强侵华日亟，此时知识分子惊觉西方之强不只是坚船利炮，单在器物技能上模仿西方，似乎仍难达到富强之境；真正致强之道，须在制度上求改变，而教育制度尤为根本之图，他们咸信国家兴衰系于人才的培养，而人才则出自学校教育。

在康有为、梁启超等维新改良教育思想的积极鼓吹与内外情势压迫下，

　　＊　本章由陈进金撰写。

　　①　苏云峰：《张之洞与湖北教育改革》，"中央研究院"近代史研究所，1976，第25—27页。

　　②　李弘祺：《公正、平等与开放》，《宋代教育散论》，东升出版公司，1980，第33页。

　　③　振甫：《严复的中西文化观》，《东方杂志》第34卷第1期，1937年，第295页。

清政府逐渐进行种种新教育的改革，如废止八股取士、停止科举考试、改书院为新式学堂等；迨《奏定学堂章程》颁布，乃开始建立现代化的学制系统和中央教育行政体系，使中国教育走上近代化的途程。此一"教育救国"理念，亦成为清末民初知识分子普遍的信仰。

五四以后，随着西方学者来华讲学与中央威权的丧失，教育界呈现前所未有的活泼景象，过去集权中央的教育行政体系，开始承受来自地方的挑战，各地方对课程教学以至教育宗旨，均自行试验与厘定。[①] 这种衍出于美式教育系统的放任教育，广受国内知识界的热烈支持，但因缺乏共同的目标，随着政局动荡不安，也产生许多流弊。1926 年、1927 年的教育界，甚至被形容为：好像几个逃荒的难民住在一所墙壁破漏的房子中，外面谁都可以丢块瓦片或伸只手进去；里面无论是谁亦均忙于找寻生路，只不过暂时蹲在一起。[②] 在如此紊乱的情况下，学界大都渴望经由政治的统一与安定，来彻底解决沉疴已久的教育问题。国民革命军北伐完成后，国民党的党化教育提出平民化、科学化和革命化的教育原则，正迎合了教育界的期盼。

在北伐告成之前，中国教育发展有些畸形的现象，如侧重高等教育，忽视初级教育；侧重普通教育，忽视职业教育；高等教育偏重文、法、商科，轻视理、工、农、医等科；侧重男子教育，忽视女子教育；城乡教育发展不均衡，尤以边疆教育严重不足。[③] 国民政府针对这些弊端，提出因应的措施，以求"三民主义教育宗旨"的实现。1928 年 5 月，大学院召开第一次全国教育会议，确立了三民主义教育政策。此后，国民政府教育政策，即根据三民主义，以充实人民生活、扶植社会生存、发展国民生计、延续民族生命为目的。

1937 年卢沟桥事变爆发，中国面临民族存亡的紧急关头，激发教育界要求政府调整学校教育系统，以适应战时的需要。当时，教育界议论的主题围绕"平时教育与战时教育"的异同，进而引发学校教育系统是否值得

① 舒新城：《中国教育建设方针》，《教育杂志》第 20 卷第 5 期，1928 年，总第 31205—31211 页。
② 刘熏宇：《中国教育的危机》，《教育杂志》第 19 卷第 1 期，1927 年，总第 28947 页。
③ 张玉法：《中国现代史》下册，东华书局，1983，第 484 页。

继续维持的争议。[1] 同时，为了因应抗日战争，国民党于 1938 年 3 月底 4 月初召开临时全国代表大会，通过《抗战建国纲领》和《战时各级教育实施方案纲要》，作为抗日战争时期教育的基本方针与政策。其中《战时各级教育实施方案纲要》共提出 9 大教育方针与 17 项实施要点，不仅规范了战时各级学校教育目标，对于学制、师资训练、课程教材、教育经费，以及留学政策与学术审议等也都有具体的规定。时任教育部部长的陈立夫就指出，战时教育亟须解决的是"量"与"质"的问题。[2]

综合上述，近代中国教育的发展，历经清末的新式教育、民初新思潮的启迪、国民党的党化教育以及战时教育的实施等阶段，而每一阶段的主轴都是冀求国家富强，即希望借由教育的发展来达到民富国强的目的。

事实上，教育是一个时代的重要指标，因为教育改革所涉及的层面很广泛，举凡政治、经济、社会等因素，均与教育保持互动的关系。一项教育政策（措施），没有政治为后盾，缺乏财政的支持，或不为社会所需求，则难以获得重大的成效。相反，成功的教育改革，适足以反映时代环境的需要，甚至影响之后政经和社会环境的发展走向。是以，本章即以"寻找富强之路"为题，进一步分析近代中国教育的发展。

二　传统与西潮：清朝末年的新教育

传统中国的教育，在儒家"内圣外王"的目标下，形成一种官本位模式，教育的出路仅在于为政治服务。[3] 因此古代士子求学的目的，大都为猎取功名，仕途通达。此一价值观念，不但支配士人的言行和社会思潮，而且成为维护封建社会结构的强大力量。中国自唐宋以降，学校逐渐衰微，科举考试代之兴起，统治者亦常以科举为工具，来达到其政治上的目的。清人关后，袭取元代教育政策，以科举利禄羁縻汉族，遂行其统治驾驭。

①　吴家莹：《中华民国教育政策发展史·国民政府时期（1925—1940）》，五南图书出版公司，1990，第 345 页。

②　陈立夫：《战时教育行政回忆》，台湾商务印书馆，1973，第 10—12 页；《成败之鉴——陈立夫回忆录》，正中书局，1994，第 242 页。

③　高瑞泉：《民族思维定势与传统教育模式》，丁钢主编《文化的传递与嬗变：中国文化与教育》，上海教育出版社，1992，第 34—35 页。

但自鸦片战争失败后，清廷即面临"数千年来未有之变局"，遭遇"数千年来未有之强敌"，在列强的侵略压迫下，政治、经济、社会各方面均发生急遽的变化。故以儒学为正宗、以经典为依归的传统教育，已无法因应重大变局，中国近代教育思想乃在西力的冲击下产生。①晚清中国在屡战屡败的情况下，除了被迫放弃天朝观，还受割地赔款之辱，在领土、政治、法律、经济等方面的主权都无法保持完整之下，中国社会有了根本而全面的改变。因此，传统封建式的旧教育，已不能因应变迁的社会，中国似乎必须借由教育来寻找富强之路。

鸦片战败后，有识之士深知中国的确有不如外国之处，林则徐、魏源、徐继畬、姚莹等人都已经了解"查访夷情""开眼看世界"的重要性。《四洲志》《海国图志》《瀛寰志略》等书的编写，开始动摇传统中国的世界观，而魏源"师夷之长技以制夷"的思想，更为晚清新式教育的萌芽提供了理论基础。②1860年英法联军攻陷北京城，清廷创痛尤巨，负责善后的恭亲王奕䜣和文祥等人，深知争端之起，实由于应付不当，故今后必须讲求外交，乃议设总理各国事务衙门以办理外交事务。③此外，中国军事的失败，肇因于军器、训练不如人，故今后须以制器、练兵为首要，故负责总理各国事务衙门的奕䜣乃上奏折云："夫中国之宜谋自强，至今日而已亟矣。识时务者，莫不以采西学、制洋器为自强之道。"④欲达此一目的，则须培养外语人才，以便妥善办理外交事务及通晓西洋技巧，清政府乃相继设京师同文馆、上海广方言馆、广州同文馆等。1863年，江苏巡抚李鸿章奏请筹办广方言馆时云：

> 彼西人所擅长者，推算之学，格物之理，制器尚象之法，无不专精务实，泖有成书，经译者十才一二，必能尽阅其未译之书，方可探赜索隐，由粗浅而入精微。我中华智巧聪明，岂出西人之下。果有精

---

① 苏云峰：《近代中国教育思想之演变》，《中央研究院近代史研究所集刊》第 10 期，1981 年，第 1—5 页。

② 乐正：《从学堂看清末新学的兴起》，中华近代文化史丛书编委会编《中国近代文化问题》，中华书局，1989，第 151—152 页。

③ 李剑农：《中国近百年政治史（1840—1926）》上册，台湾商务印书馆，1982，第 112 页。

④ 《筹办夷务始末（同治朝）》第 6 册，国风出版社影印版，1963，总第 1127 页。

熟西文者转相传习，一切轮船、火器等巧技，当可由渐通晓，于中国自强之道似有裨助。[①]

关于积极向西方学习的主张，当时已有人提出建议，冯桂芬《校邠庐抗议》一书即云：

> 太史公论治曰：法后王，为其近己而俗变相类，议卑而易行也。愚以为，在今日又宜曰：鉴诸国。诸国同时并域，独能自致富强，岂非相类而易行之尤大彰明较著者？如以中国之伦常名教为原本，辅以诸国富强之术，不更善之善者哉？[②]

冯桂芬"采西学""鉴诸国"的思想，不仅成为早期新式学堂创办的基调，亦描绘出近代文化思想变革的方向和途径。因此，论者谓：冯桂芬不仅是新式学堂的思想奠基者，且是清末新学的启蒙者。[③]

以上诸端，皆是在外力冲击下所产生的反应，也是近代中国新式教育的滥觞。但是，此一教育思想的转变并非一蹴即成，于蜕变的过程中，经常受到来自传统价值观念的制约和抵制，是以，清末教育改革的历程，可说是一个对传统价值观念的反思过程，且是一缓慢的过程。传统旧教育直到甲午战败，才逐渐被新式学堂取代。在甲午战前筹设的新式学堂，大多偏重于外语和军事，可知注重"方言"与"军备"教育成了晚清洋务运动时期的教育思潮。[④]

李鸿章等人倡导新学、兴办洋务是为了学习西方长技以制夷，彼等认为西方胜于中国的只有船坚炮利，绝不承认西洋文化优于中华文化，甚至只是为了以西法证明中法。[⑤] 晚清领导洋务运动者，对于西方达到富强之

---

① 李鸿章：《李文忠公集·奏稿》卷3，第11—13页。

② 冯桂芬：《校邠庐抗议》，《中国近代史资料丛刊·戊戌变法》第1册，人民出版社，1953，第28页。

③ 乐正：《从学堂看清末新学的兴起》，《中国近代文化问题》，第153页。

④ 陈青之：《中国教育史》，台湾商务印书馆，1963，第557页。

⑤ 〔日〕小野川秀美：《晚清政治思想研究》，林明德、黄福庆译，时报文化出版公司，1982，第8页。

道，并未深入了解，殊不知工艺的发展须有科学为基础，国防建设须与政
治相配合。故当时的洋务运动者，只知一味追求"西文"与"西艺"的学
习，而未致力于治本之道的政教改革。① 因此，洋务人士秉持"变器不变
道"的态度，其所论新式教育，多属一艺一技之事，所设学堂毫无系统可
言。他们咸信透过此一历程，即可将西方的器艺技巧，完全移植中土，实
乃一厢情愿的陋见。② 关于此时期清廷所设的新式学堂，郑观应曾有一段颇
为中肯的评论：

> 广方言馆、同文馆虽罗致英才，聘请教习，要亦不过只学言语文字，
> 若夫天文、舆地、算学、化学，直不过粗习皮毛而已。他如水师武备学
> 堂，仅设于通商口岸，为数无多；且皆未能悉照西洋认真学习……良以
> 上不重之，故下亦不好。世家子弟皆不屑就，恒招募窭人子下及舆台
> 贱役之子弟入充学生。况督理非人，教习充数，专精研习，曾无一人，
> 何得有杰出之士，成非常之才耶？③

晚清创办新式学堂效果不彰的原因，除了郑观应所云"督理非人，教
习充数"等因素外，根本症结在于传统旧教育的束缚与保守人士的阻挠。
试问科举依然举行，八股照旧考试，甚至留美的幼童还须课以《孝经》《五
经》《国朝律例》，每逢节日且由监督召集学生宣讲《圣谕广训》，并且望着
阙门行跪拜礼，在这种情况下，新式教育怎能发展？而守旧派人士也动辄
以"尧舜之道""孔孟教义"来反对洋务，益使新式教育不能普遍推展。如
监察御史张盛藻特别反对"专用正途科甲人员学习天文算术"。④ 名重一时
的理学家大学士倭仁，亦认为"立国之道当以礼义人心为本，未有专恃术数

---

① 陈景磐：《中国近代教育史》，人民教育出版社，1983，第80—82页。
② 瞿立鹤：《清末教育思潮》，"中国学术著作协会"，1971，第86—87页。
③ 郑观应：《西学》，沈云龙编《近代中国史料丛刊》第751册，文海出版社，1966，第33—35页。
④ 《同治六年正月二十九日掌山东道监察御史张盛藻折》中云："朝廷命官必用科甲正途者，为其读孔孟之书，学尧舜之道，明体达用，规模宏远也，何必令其习为机巧，专明制造轮船、洋枪之理乎？"见《中国近代史资料丛刊·洋务运动》第2册，人民出版社，1961，第28—29页。

而能起衰振弱者。天文、算学只为末议，即不讲习，于国家大计亦无所损"。①
保守人士群起附和，竞相诟病新学，有志者亦凛于众论而瞻顾不前。是以，
清末教育改革的另一要务，即在于"废科举"。

中国科举考试制度施行至明清，方法更趋严密，而弊端也层出不穷，
其中以八股取士之空洞无用，最为人所訾议，顾炎武甚至认为"八股之害
等于焚书"。② 当时议论八股文之害者，更不乏其人，尤以郑观应的分析最
为精辟透彻，他说：

> 中国文士，专尚制艺，即本国之风土人情，兵刑钱谷等事，亦非
> 素习。功令所在，士之工此者得第，不工此者即不得第……虽豪杰之
> 士，亦不得不以有用之心力，消磨于无用之时文。即使字字之精工，
> 句句纯熟，试问能以之义安国家乎？不能也。能以之怀柔远人乎？不
> 能也。③

明清科举制度以八股取士，确实使聪明智巧之士消磨于时文、试帖、
楷书等无用之事。自鸦片战败后，外患纷至沓来，有识之士纷纷讲求富国
强邦之策和经世致用之学，改革科举之声随之四起。魏源曾提议增设水师
科云：

> 今宜于闽粤二省，武试增水师一科，有能造西洋战舰、火轮舟，
> 造飞炮、火箭、水雷、奇器者，为科甲出身。能驾驶飓涛，能熟风云
> 沙线，能枪炮有准的者，为行伍出身。皆由水师提督考取，会同总督
> 拔取，送京验试，分发沿海水师教习技艺。④

但是，洋务运动时期所创办的新式学堂，却因为朝廷用人进取之途不

---

① 《同治六年三月二十一日倭仁折》，《洋务运动》第 2 册，第 38 页。
② 顾炎武：《日知录集释》第 16 卷，转引自邓嗣禹《中国考试制度》，台湾学生书局，1982，
第 268 页。
③ 郑观应：《盛事危言》，朱有瓛主编《中国近代学制史料》第 1 辑（下），华东师范大学出版
社，1989，第 9 页。
④ 魏源：《海国图志》，朱有瓛主编《中国近代学制料》第 1 辑（下），第 1 页。

在于此，而无法吸引士大夫进学堂学习洋务。是以，1874 年李鸿章奏请增设算学科；1875 年礼部也奏请开设算学科，以奖掖精通算学者；1884 年总理衙门会议以算学取士。① 至此，清廷终于改革科考内容，增列算学科取士之举，可视为晚清废科举的第一步，而其催化剂便是甲午战争。

甲午战败，外侮日亟，变法思潮高涨，在教育上要求废止科举，广置学校。严复在《救亡决论》一文中云："如今日中国不变法，则必亡是已，然则变，将何先？曰：莫亟于废八股。"② 梁启超也认为："变法之本在育人才，人才之兴在开学校，学校之立在变科举。"③ 盖变法讲求富强之道，而八股取士禁锢士人智慧，其害使天下无才，已无法让清廷振衰起敝。张之洞《劝学篇》进一步说道：

> （科举）自明至今，行之已五百余年，文胜而实衰，法久而弊起。主司取便以藏拙，举子因陋以徼幸，遂有三场实止一场之弊……近今数十年，文体日益佻薄，非惟不通古今，不切经济，并所谓时文之法度，文笔而俱亡之。今时局日新，而应科举者拘瞀益甚，傲然曰：吾所习者，孔孟之精理，尧舜之治法也。遇讲时务经济者尤鄙夷排击之，以自护其短，故人才益乏，无能为国家扶危御侮者。④

八股取士不仅无法为国家扶危御侮，梁启超甚且认为，民之愚、国之弱皆由于此。⑤ 是以，戊戌变法人士的第一要务便是废八股。1898 年 4 月，康有为奏请废八股改试策论，冀养人才，以为国用。⑥ 同时，梁启超等人"公车上书"也吁请停止八股试帖，推行经济六科，以育人才。⑦ 停止八股

---

①　《同治十三年十一月李鸿章筹议海防折》《光绪元年正月礼部奏请考试算学折》《光绪十三年十月总理衙门会议算学取士》，朱有瓛主编《中国近代学制史料》第 1 辑（下），第 17、18—20、29—30 页。

②　严复：《救亡决论》，朱有瓛主编《中国近代学制史料》第 1 辑（下），第 38 页。

③　梁启超：《戊戌政变记》卷 3，文海出版社，1964，第 177 页。

④　张之洞：《劝学篇》，《张文襄公全集》第 6 册，文海出版社，1963，总第 3735 页。

⑤　梁启超：《戊戌政变记》卷 1，第 52 页。

⑥　《光绪二十四年四月二十九日康有为请废八股试帖楷法试士改用策论折》，朱有瓛主编《中国近代学制史料》第 1 辑（下），第 75—79 页。

⑦　《光绪二十四年四月梁启超等公车上书请变通科举折》，朱有瓛主编《中国近代学制史料》第 1 辑（下），第 79—82 页。

取士，是在科举制度不能骤废时的渐进措施，若欲尽弃科举，必先广设学校，务使人才皆由学校出。为了广设学校，1898 年 5 月光绪颁布上谕，将各省书院改建为学堂，是为变科举的先声；9 月，因戊戌政变，各省书院改建学堂之议停止。① 戊戌政变使废科举昙花一现，八股取士复苏，直到庚子事变后，废科举之声再起。

1900 年，八国联军攻陷北京，给清廷带来巨大的创痛，改革之议再起。两广总督陶模、湖广总督张之洞、两江总督刘坤一、山东巡抚袁世凯、安徽巡抚王之春、江西巡抚李兴锐等人奏请改革科举，递减科举取士名额，逐渐以学堂生员补充。② 基于此，清廷乃于 1901 年 9 月再颁上谕："着各省所有书院，于省城均改设大学堂，各府厅直隶州均设中学堂，各州县均设小学堂，并多设蒙养学堂。"③ 有学者对此评论说，此可谓能治其本，深得培养人才之道矣！④

事实上，检核各省实况，则大多不奉行，即 1901 年令谕改书院为学堂颁布后，传统教育仍在观望。⑤ 晚清科考制度几经改革，未能尽废，致使新教育难以推展。《东方杂志》刊文即明确指出："科举之毒我中国人者，千有数百年。中国人之迷焉，为之抛弃其真学术，消尽其良性质，而从事于迂腐无用之学，濛濛混混，以致有今日之辱（指庚子事变）。呜乎！惨矣！"⑥ 鉴于"科举一日不停，士人皆有侥幸得第之心，以分其砥砺实修之志，学堂绝无大兴之望"，1905 年，直隶总督袁世凯、盛京将军赵尔巽、两湖总督张之洞、两江总督周馥、两广总督岑春煊、湖南巡抚端方等人奏请停止科举，兴办学堂。他们一致认为若能停止科举，将可以"广学育才，化民成俗，内定国势，外服强邻，转危为安"。⑦ 8 月，清廷乃谕令停科举

---

① 丁致聘：《中国近七十年来教育记事》，台湾商务印书馆，1970，第 7 页。

② 朱有瓛主编《中国近代学制史料》第 1 辑（下），第 117—126 页。

③ 《清德宗（光绪）皇帝实录》卷 486，华联书局，1964，第 2 页。

④ 盛朗西：《中国书院制度》，上海中华书局，1934，第 236 页。

⑤ 刘伯骥：《广东书院制度》，"国立编译馆中华丛书编审委员会"，1978，第 402 页；学部总务司编《光绪三十三年份第一次教育统计图表》，沈云龙主编《近代中国史料丛刊三编》第 10 辑第 93 册，文海出版社，1986，第 37—40 页。

⑥ 《论科举误人之深》，《东方杂志》第 1 卷第 8 期，1904 年，台湾商务印书馆影印版，总第 1890—1892 页。

⑦ 《谕立停科举以广学校》，舒新城编《近代中国教育史料》第 4 册，中华书局，1933，第 124—128 页。

以广学校，决定所有乡会试一律停止，各省岁科考试亦即停办。学者认为，科举制废除所造成道治二统两分的直接后果，就是其载体士与大夫的分离。① 事实上，中国自隋唐起实行 1300 余年的科举考试制度，至此宣告终止，更是象征传统旧教育制度在形式上的结束。但是，新教育制度的建立，还需依赖完整教育行政机关的筹设。

清廷自 19 世纪中叶进行教育改革，一直缺乏完备的教育行政机关组织。甲午战败后中央虽设有管学大臣，但其一面要主持京师大学堂，一面又要管辖全国各学堂，职权混淆。1903 年张之洞等奏拟的《奏定学堂章程》颁布，改管学大臣为总理学务大臣，大学堂另派专员负责管理。《奏定学堂章程》分学务纲要与各式学堂章程，即为近代教育新学制的确立。② 该学制兼顾普通教育、实业教育和师范教育，规范完备，清末新式教育即比照此章程施行。清廷颁布《奏定学堂章程》的目的，在使学生"上知爱国，下足立身"，以挽救国势衰微的危机。"全国学堂总要"云：

> 以端正趋向造就通才为宗旨，正合三代学校选举德行道艺四者并重之意。各省兴办学堂，宜深体此意；从幼童入初等小学堂始，为教员者，于讲授功课时，务须随时指导，晓之以尊亲之义，纳之于规矩之中，一切邪说诐词，严拒力斥。使学生他日成就，无论为士、为农、为工、为商，均上知爱国，下足立身，始不负。③

《奏定学堂章程》的颁布，使洋务运动时期盲目、肤浅仿效西方，有如在旧八股外加添点洋八股的情形获得改善。《奏定学堂章程》明确规定："无论何等学堂，均以忠孝为本，中国经史之学为基，俾学生心术一归于纯正，而后以西学瀹其知识，炼其艺能，务期他日成材，各适实用。"其与传统教育相比，有了明显的进步，对当时工商业的发展和近代科学技术的传播应用，也打开了一点门径。尤其 1906 年清廷正式成立学部，开始有了统辖全国教育行政的正式机关，新式教育的行政制度乃告完备，一定的学制、

---

① 罗志田：《乱世潜流：民族主义与民国政治》，上海古籍出版社，2001，第 8—9 页。

② 〔日〕多贺秋五郎编《近代中国教育史资料·清末篇》，文海出版社，1976，第 208—408 页。

③ 〔日〕多贺秋五郎编《近代中国教育史资料·清末篇》，第 209 页。

教育行政组织、教育宗旨，不但使清末教育改革渐趋完善，更奠定近代中国教育现代化的基础，而有其承先启后的历史地位。[①] 不过，清廷借革新教育来挽救其国祚的目的却未达到，废科举、设学部后不到七年的时间，清朝即告灭亡。

三　启蒙与救亡：民国初年的新思潮

学者认为，五四运动包含两个性质不同的运动，一个是新文化运动（启蒙），一个是学生爱国反帝运动（救亡），两者之间的关系，则是由"启蒙与救亡的相互促进"到"救亡压倒启蒙"。[②] 是以，启蒙与救亡乃是民国初年亟待解决的两大问题，也是民初教育政策所必须面对的重要课题，其中，引进世界各种新思潮，在民初教育发展中最为关键。

发展中国家的教育制度，大都移植自外国。[③] 民国初年，教育界为了达成启蒙与救亡的双重任务，乃向各国取经，开始引进新思潮，俾以建设新中国。美国比较教育学者贝乃德曾云："就一个国家而言，要了解别的国家并不是为了好奇，而是有此必要；研究他国教育，不仅是为了认识别人，更是为了认识自己。"[④] 因此，考察民初教育新思潮的引进与发展情形，不仅有助于了解近代各国教育新趋势及其对中国的影响，也能进一步说明面对启蒙与救亡两大课题时，教育方面如何因应。

民初教育新思潮承续清末，晚清中国教育改革主要受英、美、德、法等国的影响。甲午战败后，中国始知国力远逊于日本，学习的对象由欧美转向日本。以留学生为例，清政府派遣学生去日本留学始于 1896 年；1898 年，因日人矢野文雄倡议，御史杨深秀赞同，清政府令各省选派留日学生，并视之为一固定政策。[⑤] 经庚子事变，变法要求日增，新政用人益切，国内

①　关晓红：《晚清学部研究》，广东教育出版社，2000，第 143—151 页。

②　李泽厚：《启蒙与救亡的双重变奏》，《中国现代史想史论》，三民书局，1996，第 3—46 页。

③　James S. Coleman, *Education and Ploitical Development* (New Jersey: Prinston University Press, 1965), p. 5.

④　George Z. F. Bereday, *Comparative Method in Education* (New York: Halt, Rinhart & Winston, Inc., 1964), p. 5, 转引自吕俊甫《美国教育》，台湾商务印书馆，1967，第 1 页。

⑤　舒新城：《近代中国留学史》，中华书局，1927，第 21—24 页。

新式学堂设立缓不济用，疆吏之奏新政者，莫不以派遣留学生为重。1901—1906 年，留日学生增加到万余人。[①] 为了鼓励留日学生，清政府规定："凡在日本国家大学堂暨程度相当之官设学堂之中毕业，得有学士文凭者给以翰林出身"；"凡在日本国家大学院五年毕业得有博士文凭者，除给以翰林出身外，并予以翰林升阶"。[②] 在此优厚的条件下，中国的留日学生日增，故其政治、文化发展即受日本的影响，教育政策亦然。[③]

至于学校系统，民初中国以模仿美国为主，美国是在小学校（Elementary School）之上有中等学校（High School，分有 Junior High School 和 Senior High School），中等学校之上有专门学校（College），再上有研究院（Graduate School），任何人都有均等受教育的机会。[④] 美国的学校系统属于一种平等主义，而非阶级的。日本的学校系统与美国相似，明治维新的基本精神即在反对江户时代封建的阶级观念；另外，在儒教自天子至庶民都可以入校学习的教育观，与佛教的平等观念等思想背景下，明治维新的学校教育彻底民主化，不计贫富贵贱都可以送子弟到公立学校接受教育。[⑤] 晚清教育方针与目标深受日本明治时代的影响，如重视师资养成的师范教育，张百熙等《重订学堂章程折》中有"办理学堂，首重师范"一语，其目的即在达成"开民智"的理想。

此外，日本明治时代国民思想的训练，原以万世一系的皇统中心思想为最高目标，教育目的在养成忠君爱国的国民；同时，把儒家所主张的忠孝作为教育的中心内容，规定教育根本方针在于培养学生对天皇及帝国之信奉，使之成为忠君爱国、义勇奉公的顺良臣民，驱使学生肝脑涂地地拥护万世一系的天皇。日本各级学校每逢举行典礼，必须对明治天皇御像行

---

① 舒新城：《近代中国留学史》，第 46—47 页。张之洞认为游学日本有五大优点：路近省费可多遣；去华近易考察；东文（日文）近于中文易通晓；西学不切要者，东人已删节而酌改；中东（日）情势风俗相近，易仿行可收事半功倍之效。参阅张之洞《劝学篇》，《张文襄公全集》第 6 册，总第 3726—3727 页。

② 《约章成案汇览》第 32 卷（上），转引自舒新城《近代中国留学史》，第 180—181 页。

③ Sally Borthwick, *Education and Social Change in China: The Beginnings of the Modern Era* (Hoover Institution Press, Stanford University, 1983), pp. 66-68.

④ 常导之：《各国教育制度》下卷，中华书局，1936，第 181—182 页。

⑤ 〔日〕吉田熊次：《近代日本教育之文化史的考察》，陈竺同译，《教育杂志》第 22 卷第 12 期，1930 年，总第 35978 页。

最敬礼，并恭读《教育敕语》，甚至当学校发生火灾时，有些教员或校长为保护御像而牺牲性命。[1] 明治时代把整个教育制度都纳入富国强兵的军国主义轨道，这正与清末教育改革者培养"上知爱国，下足立身""出为名臣，处为名儒"人才的目标相契合。[2]

1906年，清政府学部奏请宣示教育宗旨，其内容更表明受日本明治维新教育制度的影响。清末明定的教育宗旨为忠君、尊孔、尚公、尚武、尚实五端。所谓"忠君"，折中以日本为例云：

> 日本之图强也，凡其国家安危所系之事，皆融会其意于小学读本中，先入为主，少成若性，故人人有急公义洗国耻之志，视君心之休戚为全国之荣辱，视全国之荣辱即一己之祸福，所谓君民一体者也。[3]

因此，清廷要以日本为师，欲将"近年之事变，圣主之忧劳，外患之所由乘，内政之所当亟，捐除忌讳，择要编辑，列入教科；务使全国学生每饭不忘忠义，仰先烈而思天地高厚之思"。[4] 此乃效法日本教育所表彰之万世一系的皇统。

又如"尚武"一端，折中引日本小学校、师范学校为例，欲寓军国民主义于中小学堂各种教科书中，欲救国民"饷糈之心厚而忠义之气薄，性命之虑重而国家之念轻"的弊病。[5] 至于"尚公"强调道德教育，与明治教育注重修身与道德人格的养成如出一辙。[6] 至于"尚实"一端，则以"求实业为要政，必人人有可农可工可商之才，斯下益民生，上裨国计"，[7] 故为富强之要图，而教育中最有实益者。

---

[1] 金崃轩：《现代日本教育思想的变迁和派别》，《教育杂志》第22卷第7期，1930年，总第35255页。

[2] Sally Borthwick, *Education and Social Change in China: The Beginnings of the Modern Era*, pp. 65-86.

[3] 舒新城编《中国近代教育史资料》上册，人民教育出版社，1961，第221页。

[4] 舒新城编《中国近代教育史资料》上册，第221页。

[5] 舒新城编《中国近代教育史资料》上册，第223页。

[6] 孙百刚：《近六十年来日本教育之演进及其学制之研究》，第51—52页；《日俄战争与日本修身教育》，《教育杂志》第1卷第1期，1909年，总第81页。

[7] 舒新城编《中国近代教育史资料》上册，第224页。

辛亥革命后，建立民国政府，以忠君尊孔不符共和政体与信教自由，乃删除"忠君尊孔"的教育宗旨。而"尚公""尚武""尚实"三条，对民初教育发展仍有相当影响。1912 年，教育部公布的教育宗旨为："注重道德教育，以实利教育、军国民教育辅之，更以美感教育完成其道德。"其中的"注重道德教育""实利教育""军国民教育"即清末所谓的"尚公""尚实""尚武"三端，亦是民初盛行的教育思潮。

军国民教育思潮

清同光新政期间，一切教育上的措施均以整军经武为目标，如张之洞《劝学篇》有"兵学"一篇，《奏定京师大学堂章程》有"兵学"一门。但以当时认识所及，仅限铁甲兵器、陆海新军，尚无所谓军国民主义之思想。直到日本以军国民教育实施成果，于甲午一役打败中国，留日学生受此教育趋势影响，乃有军国民主义的主张。梁启超《新民说》云："盖强权之世，惟能战者乃能和。"1902 年，蔡锷《军国民篇》说："（中国）居今日而不以军国民主义普及四万万，则中国其真亡矣！"又解释何谓"军国民"云："军者，国民之负债也。军人之智识，军人之精神，军人之本领，不独限之从戎者，凡全国国民皆宜具有之。"① 同一年，蒋百里翻译《军国民之教育》，将军人精神教育分成爱国心、公德心、名誉心及质素与忍耐力四大纲，并订属于学校的军国民教育与属于社会的军国民教育两种方案。② 清末革命党人亦极力鼓吹"军国民"或"尚武"的教育，其目的不仅在于抗御外侮，还含有以武力推翻封建专制的意义。③

1919 年一战结束，国际和平气氛弥漫，教育调查会以军国民教育不合民主本意、不合世界潮流，主张废除。但巴黎和会上山东问题未获正当解

① 奋翮生（蔡锷）：《军国民篇》，《新民丛报》第 1 号，1902 年，艺文印书馆影印版，1966，第 80—81 页。
② 百里：《军国民之教育》，《新民丛报》第 22 号，1902 年，第 35—40 页。属于学校的军国民教育方案，最重要的是扩充教育于学校，使军队与学校联络，变学校为军队；属于社会的军国民教育方案，最重要的是社会组织军队化，社会风俗勤苦化，并以新闻、演剧、美术等激发国民激昂慷慨的精神。
③ 如庚子事变后，留日学生曾组织军国民教育会，1903 年留日学生又组成拒俄义勇队，进行军事操练，准备开往东北；又如革命党人蔡元培、章太炎等在爱国学社，秋瑾、徐锡麟等在大通学校，都利用学校学习军操、组织义勇军，从事革命活动。

决，各国间又貌合神离，钩心斗角，世界和平杳不可得。教育界人士，虽讳言军国民教育，但军国民教育的内容、目标仍为教育界所承续。1925 年五卅惨案发生后，军国民教育思想再度复苏，注重普及军事训练于各种学校。可见清末以来，中国只要一受刺激，军国民教育的呼声便一振。盖教育者深信学校实施军事教育，在政治上可以御外侮、定内乱，在教育上可以强身体、饬学风。

实利主义教育思潮

传统中国的儒生对农、工、商采较鄙视的态度，鸦片战争后，传统经济与生产技术的落后，已无法应付变局，尤以战败后条约的束缚，使中国近代通商体制发生了重大的改变。基于此，朝野人士乃自觉必须学习西方的科学技术，才不致步印度、缅甸后尘，沦为异族统治。这个经验与认识成为同光年间洋务运动的主动力。[1] 因此，清末新教育实施时，即偏重与国防有关之西艺学堂的设立；甲午战后，转而日渐注重与国计民生有关的实业学堂之设立。清末钦定教育宗旨，对于"尚实"教育的教材及教学法都有具体指示，即以躬行实践为方法，以开发实业为目标，使士人不仅为士，且成可农可工可商之才，以益民生而裨国计。对当时八股之余毒犹存，人尚虚伪，士习浮夸的情形，"尚实"教育，确为对症之良剂。[2] 这种类型的学校教育为民初政府与教育界所倡行。实利教育提倡最力者，首推陆费逵，其《民国教育当采实利主义》一文，说明实利主义教育不仅在开发实业，使民有智，而且可以养成人能勤俭、耐劳、自立、自营的美德，促进社会与国家同时进步。[3]

民国初年的教育与实际生活相隔绝，学生受教育不能增进生活技能，反而失掉生活的能力，实利主义教育即在去除此种弊端。[4] 1915 年，全国教

---

① 王业键：《传统与近代中国经济发展》，《思与言》第 15 卷第 5 期，1978 年，第 1 页。

② 孙百刚：《各国教育制度及概况》，上海书店，1934，附录 2，第 31 页。

③ 任时先：《中国教育思想史》，台湾商务印书馆，1968，第 341—342 页。

④ 黄炎培：《学校教育采用实用主义之商榷》、庄俞：《采用实用主义》，《教育杂志》第 5 卷第 7 期，1913 年，总第 5639—5666、5537—5545 页。这两篇文章对民初教育现状之缺失描述颇为尽致，均积极提倡实利主义以救教育之弊。

育联合会议决通过《实业教育进行计划案》。[1] 1919 年，北京政府教育部训令实业教育之主旨：在使学生毕业后，得应用所学，图地方生产事业之改进。今各省区实业学校所设学科、所取教材应适应地方之需要，配合地方情形，以学术助实业发达。[2]

民初职业教育虽源于清末的"尚实"教育，但蔚为思潮的主因，则是来自美国的影响。20 世纪以前，教育与经济之密切关系，尚不为教育人士所了解；属于农业或工商性质之职业教育，尚不包含于国家教育制度之内。直至进入 20 世纪，各国政府开始支出巨额经费于职业教育时，职业学校才得纳于一种制度，对于普通教育有多少的独立性质。职业教育可能源自中世纪欧洲的"学徒制度"，近代的职业教育伴随近代大工业而产生，而在西方各国首先发展，它的兴起反映了大规模机器生产对劳动力在质量和数量上的新需求，最初盛行于欧洲各国，后渐推于美国。[3]

中国的职业教育思想，主要是受到美国的影响，职业教育家黄炎培更坦言是受美国教育家杜威（John Dewey）的影响。1915 年，黄炎培随农商部游美实业团赴美参观考察，之后相继在《教育杂志》上发表文章，对美国连续颁布的几个职业教育法案与职业教育蓬勃发展的情形，如职工教育问题、补习方法、工厂中的效能工程师等，均有极详细的说明。黄氏并云："观其职业教育之成绩，益觉我国教育之亟宜改革。"[4]

一战爆发以后，中国教育界承续以往实利主义教育的内涵与目标，又受欧美职业教育思想的影响，转而提倡职业教育。1917 年 5 月，黄炎培等人创立中华职业教育社于上海，成立宣言中说明中国教育之最大危机在于毕业者失业，就业者所学亦不能适于用。中华职教育社的章程揭示其成立之目的在于推广职业教育、改良职业教育、改良普通教育，俾为适于生活

---

[1] 丁致聘：《中国近七十年来教育记事》，第 68 页。

[2] 中央教育科学研究所编《中国现代教育大事记（1919—1949）》，教育科学出版社，1988，第 8 页。

[3] Nicholas A. Hans, *The Principles of Educational Policy*，李之鹏译，《各国教育政策之综合研究》，第 118、123—126 页。

[4] 黄炎培：《旅美随笔》，《教育杂志》第 7 卷第 8、10、11 期连载，1915 年，总第 9081—9084、9350—9353、9481—9486 页；《黄炎培君调查美国教育报告》，《教育杂志》第 8 卷第 4、6 期连载，1916 年，总第 10239—10246、10528—10533 页。

之准备。① 此后，中国的职业教育思想乃有一专门机构以资策励，1918 年以后职业教育的目的更由"谋生"而推广至"做人"，即中华职业教育社所揭橥的为个人谋生之准备、为个人服务社会之准备、为国家及世界增加生产能力等三大目标。② 在中华职教社的努力下，1922 年新学制的颁布，确定了职业教育在学制上与法制上的地位。③ 但因中国内战争频仍，经济艰困，且过去职业教育与社会脱节，虽有教育人士尽力而为，仍距理想甚远。黄炎培乃于《教育与职业》撰文，提出"大职业教育主义"，即强调职业教育界须与一切教育界、职业界联络沟通，积极参加社会运动。④ 黄炎培的这一主张，让民初的实利教育由强调国家的富强，开始转向个人技能养成的关怀。

平民主义教育思潮

民初受美国影响的另一股教育思潮，即平民主义教育思潮。1912 年，教育总长蔡元培赴参议院宣布政见时，提及教育方针应分为二：普通与专门。在普通教育方面，务顺应时势，养成共和国民健全之人格；在专门教育方面，务养成学问神圣之风习。所谓"养成共和国民健全之人格"即从受教育者本体着想，立于儿童之地位而体验之，以定教育方法。⑤ 这种以儿童为本位、注重个性的教育，即民初平民主义教育的先声。1919 年一战结

① 许汉三编《黄炎培年谱》，文史资料出版社，1985，第 38 页；《教育杂志》第 9 卷第 7 期，1917 年，总第 12304 页。

② 任时先：《中国教育思想史》，第 349—350 页。

③ 1922 年，中国颁布新学制系统，对职业教育的设计包括以下几种。初等教育规定：小学课程得于较高年级斟酌地方情形，增置职业准备之教育，初级小学修了后，得以相当年期之补习教育，对于年长失学者宜设补习学校。中等教育规定：初级中学施行普通教育，但得视地方需要兼设各种职业科，高级中学分普通、农、工商、师范、家事等科，但得酌量地方情形单设一科或兼设数科，依旧制设立之甲种实业学校酌改为职业学校或高级中学农工商等科；各地方得设中等程度之补习学校或补习科，其补习之种类及年限视地方情形定之；职业学校之期限及程度得酌量各地方实际需要情形定之，依旧制设立之乙种实业学校酌改为职业学校，收受高级小学毕业生，但依地方情形亦得收受相当年龄之初级小学毕业生。高等教育规定：因学科及地方特别情形得设专门学校，高级中学毕业生入之，修业年限三年以上。年限与大学同者，待遇亦同。依旧制设立之专门学校应于相当时期内，提高程度，收受高级中学毕业生；大学校及专门学校得附设专修科，修业年限不等，凡志愿修习某种学术或职业而有相当程度者入之。参阅《教育杂志》第 14 卷第 10 期，1922 年，总第 20619—20621 页。

④ 许汉三编《黄炎培年谱》，第 66 页。

⑤ 孙常炜编著《蔡元培先生年谱传记》上册，"国史馆"，1985，第 312、329 页。

束，民主思想盛行，平民主义教育的要求亦告急切，适于此时，平民主义教育倡导者杜威来华讲学，经胡适、陶行知等介绍其学说，遂成为当时中国最有影响力的一股教育思潮。[①]

杜威的平民主义教育主张，详见于《民本主义与教育》（*Democracy and Education*）一书，其教育思想信念是"教育即生活，学校即社会"，特别重视经验与教育的关系，他曾说，教育即经验的重组或改造，以便增加经验的意义并增进尔后指导经验或控制经验的能力。有关杜威平民主义教育的内涵，胡适在《实验主义》一文中说明得最为具体，大意为：现代的世界是平民政治的世界，阶级制度根本不能成立。杜威主张平民主义教育须有两大条件，即须养成智能的个性（intellectual individuality），和须养成共同活动的观念与习惯（co-operation in activity）。即杜威的新教育理论，只是要打破从前的阶级教育，归到平民主义的教育。[②] 所以平民主义教育，是由近代政治思想的转变而产生的。它具备了几个要件：反封建的、反阶级的、科学的、大众的。[③] 平民教育思潮输入中国后，教育界受其影响至深且巨，举其荦荦大者如：1919 年废除旧教育宗旨，议定"养成健全人格，发展共和精神"为教育本义；教育行政与学校行政，由中央集权制而变为地方分权制；课程编制原则改变，由平板而趋向活动且与各地方实情相配合；研究与改进教学法，注重实验；各级学校开放女禁，男女教育机会平等；教育研究盛行，许多教育刊物出版；进行教育实验，产生许多试验学校；平民主义教育推行于全国，且有中华平民教育促进会的组织；学生实行自治，有学生自治团体的组织，学生在校内权力加大，在校外参加政治运动。[④]

一战结束后，风行于中国的职业教育思潮、平民主义教育思潮或科学教育思潮等均深受美国的影响。其主因乃清末以后，中央政府对教育未加重视，教育领导地位转入私人教育家之手，其中尤以留美者（大都为哥伦比亚大学毕业者）居多。[⑤] 除了教育新思潮涌入中国外，1922 年公布的新学

① 陈启天：《近代中国教育史》，台湾中华书局，1979，第 208 页。
② 陈启天：《近代中国教育史》，第 209—210 页。
③ 任时先：《中国教育思想史》，第 361 页。
④ 陈启天：《近代中国教育史》，第 210 页。
⑤ Y. C. Wang, *Chinese Intellectuals and The West*，梅寅生译，《中国知识分子与西方》，久大文化公司，1991，第 67 页。此期民间教育团体的领导者以留美者居多。

制，即仿效美国学制。可知中国的教育政策，已由清末的以日为师，到了民初转而向美国学习，而中国的学制系统，从此即无重大改变。此外，从上述各种新思潮的引进中国，可知救亡与启蒙确实为此时期之重大课题，值得注意的是，在政治上，从某种意义上说最后是"救亡压倒了启蒙"；在教育上，则从晚清重视国家富强，转而开始注意个人技能养成的关怀与思考。

四　控制与建设：全面抗战前的党化教育

民国建立以后，北京教育部几为腐败官僚植营党私的场所，是以，国民政府建立后，乃舍教育部之名，改设大学院为管理学术及教育之机关。[①] 大学院制之精神，虽仿自法国，却非全盘移植，其含有专门学术研究系用英国制，其兼重社会教育系用美国制，大学校长由教授公举系用德国制。可见大学院除了袭取法国的精神外，还撷取英、美、德诸国优良的教育制度，被视为"一个完美的教育制度"。[②]

大学院制的设立源于1922年的教育独立思潮，李石岑在《教育独立建议》一文中，主张废除中央教育部、地方教育厅，旨在使教育超乎政府管辖之外，免受政潮波及。[③] 蔡元培也极力主张教育脱离政党与宗教而独立。如何可以实行超然的教育，蔡元培提出一个办法，即"分全国为若干大学区，每区设立一大学；凡中等以上各种专门学术，都可以设在大学里面。……大学的事务，都由大学教授所组织的教育委员会主持。大学校长，也由委员会举出。由各大学校长，组织高等教育会议，办理各大学区互相关系的事务"。[④] 秉此理想，国民政府乃于1928年设立大学院制。但是，大学院制试行不到一年即告取消，其原因在于与训政精神不合、学界派系倾轧、经费的困难及主持者的不合等。[⑤] 其中与训政精神不合系为主因，其他如学界派系倾轧、教育经费困难等皆为民国教育界常有的现象。

---

① 蔡元培：《发刊辞》，《大学院公报》第 1 卷第 1 期，1928 年，第 11—13 页。
② 陈哲三：《中华民国大学院之研究》，台湾商务印书馆，1976，第 94—95 页。
③ 《教育杂志》第 14 卷第 2 期，1922 年，总第 19365—19373 页。
④ 蔡元培：《教育独立议》，孙常炜编著《蔡元培先生年谱传记》中册，"国史馆"，1986，第 587、588 页。
⑤ 陈哲三：《中华民国大学院之研究》，第 180—195 页。

大学院设立后，蔡元培即致力于争取教育经费的独立，相继组织教育经费计划委员会，计划全国教育经费；会同财政部向国民政府提议保障教育经费独立；筹设教育储蓄银行、庚款兴学委员会；指拨锡箔捐及注册税充全国教育经费、附加煤油特税充中央及地方教育经费等。[①] 然因当时国家财政紧张，且庚款又转拨筑路、水利及电气事业之用，教育经费要独立，实为困难；而大学院制又要求人事、立法独立，与训政时期"以党治国"的精神相违背。[②] 教育政策制定权的冲突，使大学院终被取消，蔡元培亦以"老腐之身，不宜再妨贤路"为由，辞却本兼各职。[③]

大学院试行失败后，民族本位教育昌行，教育界对各国教育思潮仍积极倡导，如《教育研究》于第22期（1930年10月）出版"欧美新教育运动专号"，《教育杂志》亦于第22卷第6、7期（1930年6月、7月）出版"现代世界教育专号（上、下）"，庄泽宣亦相继出版《各国教育比较论》《各国教育新趋势》，常导之编著《各国教育制度》等。可见，国民政府时期的教育政策仍受各国教育思潮影响，尤以苏联及德、意等国为深。[④]

在苏、德、意等国教育思潮的影响下，中国国民党希望根据三民主义，养成党治下"健全的国民"，[⑤] 尤其北伐完成后，在内忧外患的交迫下，更期望用"三民主义教育"来救中国。[⑥] 此外，国民党党政要员也相继在《中央党务月刊》发表有关教育的论述，其中胡汉民于《建设与教育》一文中即论述道：

> 今后我们在惟一主义的民族，惟一主义的国家，惟一主义的政治

① 《大学院之工作报告与决算》，中华民国大学院编印，1928，第10—11页。
② 陈哲三：《中华民国大学院之研究》，第184、195—196页；Allen B. Linden，"Politics and Education in Nationalist China：The Case of the University Council，1927-1928，" *The Journal of Asian Studies*，vol. 26，no. 4（August 1968）：p. 224.
③ 《大专院校教职员任免案——大学院》，"国史馆"藏档：02000.0323.20/4050。蔡元培曾于1928年8月17日，9月3日、15日，10月1日四次呈函国民政府辞却本兼各职（大学院院长、代理司法部部长、国民政府委员、政治会议委员）。
④ 陈进金：《抗战前教育政策之研究（民国17年至26年）》，近代中国出版社，1997，第43—45页。
⑤ 张九如：《党化教育下各科教学法纲要》，新时代教育社，1927，第6页。
⑥ 朱家骅：《今后要加紧教育工作》（1930年11月10日在中央党部总理纪念周演讲词），《中央党务月刊》第29期，1930年，第226页。

之下，必不许教育独异于此惟一的主义……今后三民主义如果连在教育之中，都没有肯定的惟一的地位，那还说什么训导全国以求实现，推行世界以进大同！那样教育所造就的人才，有何补于训政与建设！①

北伐后，政治上主张"首领集权制"，② 教育则须受三民主义指导，正是德、意等国极权独裁的影响所致。可以说，全面抗战前的中国教育，实施了符合国民党训政的三民主义教育亦即党化教育。

全面抗战前国民党实施党化教育，着重于对教育的控制，引发了学界的争论。早于民国肇立时，蔡元培曾主张，在共和时代，"教育家得立于人民之地位，以定标准，乃得有超轶政治之教育"。民国时代的教育方针，"应从受教育者本体着想，有如何能力"，方能尽如何责任；受如何教育，始能具如何能力"。③ 为实现其超轶政治的民国教育，蔡元培特别打破政党的樊篱，请不同党派的范源廉任教育部次长。④

1922 年蔡元培发表《教育独立议》一文，力陈"教育事业，当完全交与教育家，保有独立的资格，毫不受各派政党或各派教会的影响"的主张，他认为，若把教育权交给政党，两党更迭时，教育方针也要跟着改变，教育就没有成效力量。⑤ 蔡元培"独立教育制度"的主张，曾于 1927—1929 年大学区制的试行中获得实现。但大学区制试行未及一年，中央大学区（江苏）中等学校教职员联合会呈请南京国国民政府、国民党中央党部要求变更大学区制。呈文中列举大学区之重大弊害有：易受政潮之牵涉；经费分配不公；行政效率之减低；学风之影响；酿成学阀把持之势力。⑥ 基于此，国民政府于 1929 年 6 月依据国民党三届二中全会决议，把试行两年的

① 胡汉民：《建设与教育》，《中央党务月刊》第 15 期，1929 年，第 148—149 页。
② 程天放：《民主与独裁》，《中央党务月刊》第 79 期，1935 年，第 162—163 页。
③ 蔡元培：《对于教育方针之意见》《对教育宗旨案之说明》，孙常炜编著《蔡元培先生年谱传记》上册，第 275、329 页。
④ 梁容若：《记范静生先生》，《传记文学》第 1 卷第 6 期，1962 年，第 13—14 页。
⑤ 蔡元培：《教育独立议》，孙常炜编著《蔡元培先生年谱传记》中册，第 587—588 页。
⑥ 《教育杂志》第 20 卷第 7 期，1928 年，总第 31597—31599 页。《申报》亦报道该会说明大学区制之弊端有：一为经费分配不均，大学成畸形之发展；二为政潮起伏，各级学校均有横被牵连之危险；三为评议会之组织，侧重大学而忽视中学，且仍受校长之操纵；四为校长处长对于校务政务不能兼顾，且各校公文往往延至三月尚未批答；五为大学屡起风潮，延及中学。见《大学院公报》第 1 年第 8 期，1928 年，第 45—48 页。

大学区制停止，教育与学术打成一片的原则没有实现。① 取消大学院改设教育部及大学区试行的停止，使蔡元培教育独立的理想犹如昙花一现。

蔡元培所谓超轶政治的共和时代教育，确实是难以实现的理想，正如周谷城在《教育杂志》撰文所指，教育无时无处不与政治相关，解决中国教育上的几种病态，必须运用政治力量始能奏效，教育问题，必须政治问题彻底解决时，始能有彻底之解决。② 全面抗战前国民党基于党治和训政的需要，尤须控制教育，作为宣传的重要工具。在广州时期，国民党中央执行委员会曾致函广东大学校长邹鲁称：本会决议凡教育机关人员及学校教职员均须一律入党，请贵校长查库。该决议并规定：所有广州市教育局职员，均劝令一个月内加入本党，逾期不入者须提出正当理由。如有决意反对本党主义者，应分别撤换停职。广州国民政府亟思控制教育，谋使"学校为整个的党部，教育为整个党务，师生为整个党团"。③

几乎同一时间，主张国家主义教育的余家菊、李璜、左舜生、陈启天等 39 人也正式成立国家教育协会，以拥护国权、发扬国光、陶铸国魂、燮和国民为该会宗旨。国家主义教育者认为，教育是一种国家主权，教育是一种"国家事业"，教育是一种国家工具，教育是一种国家制度，所以必须养成以国家为前提的爱国国民教育，建设教育的国家制度，才能运用教育的国家工具，完成教育的国家职能，保持教育的国家主权。④ 1923 年，余家菊、李璜合著《国家主义的教育》一书，使国家主义教育受到教育界的注意；五卅惨案后，国家主义教育更是风靡了整个中国教育界。⑤ 但是，随着国民革命军北伐，国家主义被视为帝国主义的前身，又违反国民党党治原则，遂遭到国民政府的压制和禁止。但余家菊等人依旧坚持国家主义教育的主张，反对国民党的党化教育。

北伐前后，除了国家主义派反对党化教育外，1925 年 1 月东南大学校

① 何炳松：《三十五年来中国之大学教育》，蔡元培等：《晚清三十五年来（1897—1931）之中国教育》，龙门书店影印版，1969，第 116 页。

② 周谷城：《教育新论》，《教育杂志》第 20 卷第 1 期，1928 年，总第 30583—30596 页。

③ 《中国现代教育大事记（1919—1949）》，第 95 页；张九如编《三民主义教育学》，商务印书馆，1928，第 72 页。

④ 陈启天：《近代中国教育史》，第 212—213 页。

⑤ 余家菊、李璜：《国家主义的教育》，冬青出版社影印版，1974。原书付梓于 1923 年，多为余、李二氏在巴黎主张国家主义教育的文稿。

长郭秉文被北京执政府教育部免职，因汪精卫、吴稚晖的介入，也曾引起一股反对党化教育的风潮。东南大学教授发表通告云："教育之不应为政潮所左右，中外公认，今偶因政治上之得势，实行党化教育之运动，是则从事教育者失其自由，不党者无以自存，纷乱社会，摧残教育，莫此为甚。"①针对东南大学事件，陶行知也发表《国家教育与党化运动》一文，认为："教育是国家万年之计应当超然，应当纯粹，应当除去政党的色彩，应当保持独立的精神，全体国民党人与非党人，都应当站在教育精神独立的旗帜之下。"②

陶文引起国民党机关报《民国日报》的批驳，1月26日该报刊登《党化教育的意义》一文，称国民党的运动是全民运动，党化的目标，不单在教育；是民众的场所，就是国民党征求同志的场所。国民党主张党化各阶级民众。③针对《民国日报》的批驳，陶行知又于29日发表《一封致国民党机关报的公开信》，特别强调赞成用出版自由、言论自由、集会自由的方法去宣传党纲政见，入党与否，一听人民自决，但不能用勉强的方法，去逼迫不受同化的人。④张奚若则在《党化教育与东南大学》一文中直指郭秉文被免职，纯是因为郭本身的种种"劣迹"，如推翻评议会、取消工科、擅改校章、联合齐燮元等，与一般人所谓的"党化"无关。⑤

郭秉文免职案，引发1925年的东南大学学潮，正是党化教育者与江苏省教育会之间的角力，在拥郭派与反郭派的争持下，导致校外谣言不断，校内则剑拔弩张，并于3月发生东大"奇变"，胡敦复被学生饱以老拳及胁迫签具"永不就东大校长职"甘结。⑥可见，在国民党党治原则下，其势力所及，凡在政治上、教育上、社会上，均要求完全党化。任何机关团体，

① 《时事新报》1929年1月18日，"国史馆"藏缩微卷。
② 陶知行：《国家教育与党化运动》，《时事新报》1925年1月19日，中国国民党党史会藏剪报资料。陶知行，即陶行知。
③ 《"党化教育"的意义》，上海《民国日报》1925年1月26日，中国国民党党史会藏剪报资料。
④ 陶知行：《一封致国民党机关报的公开信》，《时事新报》1925年1月29日，中国国民党党史会藏剪报资料。
⑤ 张奚若：《党化教育与东南大学》，《现代评论》第1卷第17期，1925年，中国国民党党史会藏剪报资料。
⑥ 吕芳上：《民国十四年的东南大学学潮》，"国父建党革命一百周年学术讨论集"编辑委员会编《国父建党革命一百周年学术讨论会论文集》第2册，第144—145页。

无不以国民党之主义是从，苟有反对国民党主义，或反对国民党主义之赞同者，似不许其存在。① 东南大学兔郭案，或许正寓有此意。

党化教育运动虽然受到部分人士的反对，但在北伐期间仍深受各界欢迎。有学者分析其因，认为是五四时期，革命党人对新思潮的响应，落实到中国国民党的改组，充实了改组的内涵，振兴了国民党，促成了革命的再起。② 不过，北伐期间国民党文化保守主义的倾向，也遭到自由主义学者的批评。1929 年底，胡适针对叶楚伧《由党的力量来挽回颓风》一文，在《新月》发表《新文化运动与国民党》，抨击国民党打着"铲除封建势力，打倒封建思想"的旗帜，党内重要人物却发表维护传统文化的思想。胡适认为，国民党的运动根本上是种极端民族主义运动，自始便带有保守的性质，含有传统文化的成分。③ 事实上，国民党对传统文化与新思潮的把握，有其一定的原则。④ 对文化思想、青年学生的恶化和腐化，也均有剀切的宣示。

除了文化上保守与进取的争议外，最大的争论来自对国民党训政的质疑。1929 年 6 月，国民党三届二中全会决议训政时期为 6 年，至 1935 年完成。训政，本是革命过程之一，作用在于训练人民行使政权，以便在民主政治中，能正确实行民主宪政。但若借训政为名，以求政权垄断，则难以得到国人的普遍赞成。因此三届二中全会通过训政时期规定案后，胡适马上在《新月》发表《我们什么时候才可有宪法？》，不相信"无宪法可以训政，认为无宪法的训政只是专政"。⑤ 至 1931 年九一八事变时，朝野已频有"提前结束训政"，"召开国民代表大会，议决宪法，决定颁布日期"的呼声。⑥ 不过，反对提前结束训政的朱经农，在参加国难会议后，则写了一篇

① 陈味凉：《中国国民党之沿革与组织》，世界书局，1927，第 95 页。

② 吕芳上：《革命之再起——中国国民党改组前对新思潮的响应（1914—1924）》，"中央研究院"近代史研究所，1989，第 560 页；美国学者韦慕庭（C. Martin Wilbur）称之为"国民党的再生"（Rejunvenating the Kuomintang），见 C. Martin Wilbur, *The Nationalist Revolution in China，1923-1928*（Cambridge：Cambridge University Press，1984），p. 8.

③ 见胡颂平编《胡适之先生年谱长篇初稿》第 3 册，联经出版公司，1984，第 803—804 页。

④ 吕芳上：《革命之再起——中国国民党改组前对新思潮的响应（1914—1924）》，第 549—560 页。

⑤ 见胡颂平编《胡适之先生年谱长编初稿》第 3 册，第 795 页。

⑥ 陈进金：《抗战前教育政策之研究（民国 17 年至 26 年）》，第 136—137 页。

《结束训政的时间问题》，申明其反对提前结束训政的理由。他认为，"民国十二年以前中国宪政的失败，根本原因就是民众缺乏训练"，如果希望宪政早日实现，"也应该容许政府有一些训练民众的时间"。[1]

因九一八事变的发生与对国民党训政理论的争议，乃有 20 世纪 30 年代民主与独裁的论战。民主论者认为国难时期应行也能行民主宪政，主张开放党禁、政治统一与结束训政；独裁论者则认为为统一、建国应行专制独裁，主张武力统一、维持党禁与个人专制。[2] 随着民主与独裁的论战，党化教育的施行亦遭波及，引起各界的批评与质疑。

北伐期间国民党实施的党化教育，曾遭到余家菊、陈启天和陶行知等人的反对与批评。1928 年，大学院召开第一次全国教育会议时，议决通过废除党化教育代以三民主义教育的议案，其实党化教育政策并未改变。在大学院召开全国教育会议时，天津《大公报》的社评针对几年来的党化教育提出抨击道："南方近年标榜党化教育，略师苏俄之宣传训练，而轻视学术，并有束缚思想自由之憾。"文中提及学生运动说：

> 承多年党化教育政策之后，欲纵之欤，则流弊已多；欲抑之欤，又自相矛盾。且即撇开过去关系与中国特殊情形，而从纯理论上解决此事，亦实不易。换言之，"学生与政治"，其关系应如何安排，方为恰当，实一难问题也。吾人之见，至少愿有消极的两前提：其一，学生运动，应在不荒废学科范围之内；其二，学生思想自由，不宜束缚之。故断不应以狭义的党义笼盖全体学生。易言之，应放弃过去之党化政策。[3]

周谷城在《教育界之党派观》一文中更直谓："民族生命在过去数年并未受教育之赐，甚且反遭其恶劣影响，其最大原因乃教育界之党派是也。"[4] 虽有上述反对声浪，国民政府仍于 1929 年 3 月通过《确定教育宗旨及其实

---

① 经农：《结束训政的时间问题》，《独立评论》第 7 号，1932 年，第 18 页。

② 20 世纪 30 年代民主与独裁论战，以《独立评论》为主要战场。参阅陈仪深《〈独立评论〉的民主思想》，联经出版公司，1989，第 3 章。

③ 《南京教育会议》，天津《大公报》1928 年 5 月 22 日。

④ 《教育杂志》第 20 卷第 7 期，1928 年，总第 31475—31479 页。

施方针案》。① 国民党要员甚至认为学潮纷扰，是因为缺乏统一思想，故要继续加强党义的灌输，所谓"舍三民主义无可统一"；而反对者则认为学潮频仍，实因党化教育政策之故。针对国民政府行政院的《整顿学风》，《大公报》于 1930 年 12 月 8 日发表社评云：

> "政治之派别分歧，引诱之法术无穷，学校在学之学生，变为政争之货品，由互争而互斗而互杀"……今既整顿学风，自宜将学生运动引入正轨，速令各校学生会依据新章，如法自治，尤要者在学青年参与党务，宜有限制……今欲整顿学风，并宜将青年党员在学校之地位与参与党务之程度规定明白。

　　而国民政府积极实施党义教育的结果，非但不能消弭学潮，反而使学潮愈演愈烈。马超俊乃重申：要避免青年学生受反动派或共产党"蛊惑"，只有再积极实施党义教育，并对 12—18 岁的青少年施以党义教育的训练，然后党的力量才能雄厚，基础才能巩固。② 但其解决学潮的成效并不显著。

　　九一八事变后，国民政府教育政策有所转向，开始强调民族主义精神教育与生产教育，希望用教育来救国等。但其一贯的党化教育政策亦因民主与独裁论战而遭到批评，任鸿隽在《党化教育是可能的吗?》一文中认为，宣传党义的最好方法，是把党义放在一个自生自活的地位，而不要把党义放在特殊位置上，使其丧失自由竞争机会，进而渐渐失去向上改进的本能。所以国民政府应该对全国教育负责，它的义务应该先发展教育，再谈党义。③

　　任鸿隽在训政时期党治原则下，直接论述党义教育政策的错误与完全失败，真可谓"大胆"。在《再论党义教育》一文中，任鸿隽借答复范云龙疑问重申：根据党义教育的事实，党义教育已完全失败。④ 而曾任北平师范大学校长的徐炳昶更在《独立评论》连续发表六篇《教育罪言》，从学生受

① 《革命文献》第 76 辑，中国国民党党史会编印，1978，第 110 页。
② 马超俊：《实施党义教育之重要》，《中央党务月刊》第 32 期，1931 年，第 683—685 页。
③ 叔永：《党化教育是可能的吗?》，《独立评论》第 3 号，1932 年，第 10—15 页。
④ 叔永：《再论党化教育》，《独立评论》第 8 号，1932 年，第 10—12 页。

课情形及成绩、学校管理、功课的编制、学校经费的支配等方面论述，除了对 1928 年以来国民政府的教育政策提出检讨外，也反映出当时教育界的种种病态。[①]

不过，全面抗战前的教育也有较为长足的进步，其具体的建设约有下列几方面。

一是国民自治能力的培养。训政时期，首先必须训练民众运用政权，厉行地方自治，也就是要培养国民的自治能力，这是全面抗战前三民主义教育所达成的第一个目标。要培养国民自治能力，必先扫除全国近 3.2 亿人口的文盲，为此，国民政府分别从民众教育和普及义务教育着手。在民众教育方面，其积极方法在广设民众学校以及推行识字运动。1936 年，国民政府颁布《失学民众补习教育办法大纲》，规定全国超过义务教育年龄之失学民众，在 6 年期限内应一律入民众学校。[②] 其实施的结果，据教育部统计，1936—1937 年扫除文盲总数，当在 2000 万人以上。[③] 又根据傅葆琛的估计，当时办理民众教育一年，约可减少文盲 13.5%。[④] 因此，国联教育考察团在其报告书中称对中国教育感到最满意的便是"成人教育"。[⑤] 而实施民众失学补习教育，不但能扫除文盲，也能劝诱成人使其子女接受较良好的教育，并感化成人使之赞助教育运动的推广，对于国民自治能力的培养，确有莫大帮助。在普及义务教育方面，鉴于国家财政无法负荷过巨的经费，国民政府采用二部制，使一校可抵两校使用，在学校数增加率只有 50.71% 的情况下，学生增长率达到 106.76%。若以学童占全国学龄儿童百分比而论，则从 1929 年的 17.10% 增加至 1936 年的 37.17%。[⑥] 这都是 1937 年以前 10 年间国民政府在国事蜩螗之际仍致力于培养国民自治能力的明证。

① 徐炳昶的《教育罪言》，分别载于《独立评论》第 25、27、30、33、34、37、38 号，1932 年、1933 年。

② 〔日〕多贺秋五郎编《近代中国教育史资料·民国编》（下），第 285—287 页。各省市实施失学民众补习教育情形，可参阅《各省市实施失学民众补习教育计划汇编》，教育部社会教育司编印，1937。

③ 《中国社会教育概况》，教育部社会教育司编印，1939，第 2—3 页。

④ 傅葆琛：《文盲与非文盲的研究》，《教育与民众》第 1 卷第 10 期，转引自黄裳《文盲研究》，广东省立民众教育馆，1935，第 34 页。

⑤ 《中国教育之改进——国联教育考察团报告书》，宗青图书出版公司影印版，1990，第 248 页。

⑥ 陈进金：《抗战前教育政策之研究（民国 17 年至 26 年）》，第 191 页。

二是国民生产技能的训练。传统中国教育过度侧重文字教育而轻视实用教育，使文法科学生过剩。如前所述，民国成立后，教育界为厚植国家的物质基础，虽不再使用实业教育之名，却转而提倡职业教育，以唤起政府更自觉地发展与国家物质建设息息相关的课程及学校类型。

全面抗战前中国正面临生产落后、经济枯竭的危机，急需实科人才以从事国家建设和改善民生。国民政府为致力于国民生产能力的训练，曾下令各小学多注意生产教育；各中等学校多提倡职业训练，并广设职业学校；高等教育则着重于实用课程，并限制招收文科新生人数。例如"高级中学分设普通、师范、农业、工业、商业、家事各科"。此外，高等教育必须注重与国家物质建设相关的实用科学，大学教育也注重实用科学之原则，包含理学院或农、工、商医各学院之一。① 其目的在纠正以往过分偏重文法政科之弊。经过 10 年的努力，中等职业学校由 1928 年的 149 所，至 1936 年已达 494 所，学生人数亦达 5.6 万余人。高等教育自 1935 年度起，实类新生已超越文类新生。而出国留学生人数中，实科人数比例亦从 1929 年的 36.08%，至 1937 年增至 62.30%。② 可知全面抗战前国民政府坚持推展生产教育，积极训练国民生产技能，提供了全面抗战期间从事各项建设所需的人才。

三是国家民族意识的恢复。中国自鸦片战争以降，帝国主义侵略加剧，使中国濒临灭亡的边缘，由此新产生的种种教育思想，无不直接或间接以复兴民族为目的。北伐完成后，国民政府为恢复民族自信心，达到完全的民族独立，特别提倡民族精神教育。尤其自九一八事变后，为挽救国难，国民政府分别从军事教育、体育训练、国语文教育以及国民道德教育等方向努力，一方面加强推行军事教育配合体育训练，以培养学生的民族精神和爱国情操；另一方面积极推展国语文教育并佐以国民道德教育，以促进民族同化与恢复民族地位。国民政府经过 10 年的努力，不但培育了国民精神战力，而且奠定了对日长期抗战的基础。

四是教育均衡发展的努力。国民政府除积极推广普及教育，以增进教育机会均等外，又特别重视女子教育与边疆教育，尤其是职业学校的推广。

---

① 〔日〕多贺秋五郎编《近代中国教育史资料·民国编》（中），第 483—484、586 页。
② 陈进金：《抗战前教育政策之研究（民国 17 年至 26 年）》，第 201—202、197—199 页。

1922 年女学生占全部学生人数的 7.13%，1929 年增至 26.27%，人数由 1452 人增为 7003 人。而全国大学女生占全部学生人数的比例，由 1928 年的 8.59% 发展到 1936 年的 15.21%，人数由 1485 人激增至 6375 人。此外，为了发展边疆教育，国民政府教育部于 1930 年筹备成立蒙藏教育司，专辖蒙藏教育事宜，并颁行《待遇蒙藏学生章程》，优惠蒙藏学生受学。尔后《修正待遇蒙藏学生章程》使新疆、西康、宁夏、青海、甘肃等边地亦适用该优惠待遇。在国民政府发展边地教育方针下，至全面抗战初期边疆小学计有 3374 所，对边地儿童基础教育的养成发挥了一定的作用。

五是教育权的统一与划分。全面抗战前国民政府的教育政策，力求实践三民主义教育宗旨。鉴于清末以后国家教育行政因学制的屡次变动、教育法令的颁而不行、教育事权的不统一等因素，呈现颇为紊乱的现象，为使三民主义教育政策具体可行，国民政府整顿相关的教育行政问题。在教育权的统一与划分方面，国民政府为了强化国家教育权的统一，首先便赓续了民国初年教育界的收回教育权运动，相继制定了《私立学校立案规程》《私立大学及专门学校立案条例》《私立中等学校及小学立案条例》《私立学校规程》《取缔宗教团体私立各学校办法》等法令，以规范教会学校，使其纳入中国教育体制。在国民政府或令停止招生，或令饬停办，或令封闭学校等措施下，国家教育权逐渐统一。其次，有关教育行政事权的划分，鉴于北京政府放任主义的流弊，国民政府拟采用集权中央的原则，以配合训政时期党治的遂行。但因中国幅员辽阔，教育行政事权采用集权制度，每因中央与地方隔阂而发生扦格不入情事，为谋因地制宜，以促进教育的进行，乃改采中央与地方合作的"均权制度"，使教育能适应各地方需要，又不失整齐划一的要求。[1]

六是教育经费与人事安定。全面抗战前国民政府实施三民主义教育政策能有一定成效，除了缘于对相关教育行政问题的整顿与改革外，还有两项因素：一是人事的安定；二是经费问题的解决。就人事安定而言，民国建立至北伐统一前（1928 年），中央教育长官共经历 44 人次，平均每年要更换 2.75 位教育总长。而 1927—1937 年，中央教育长官共经历 10 人次，

---

[1]　以上几段，分见陈进金《抗战前教育政策之研究（民国 17 年至 26 年）》，第 205—219、223—224、226—232、258—275 页。

平均每年只要更换 1 位，尤其后 5 年教育部部长为王世杰，连政务次长（段锡朋）、常务次长（钱昌照）也没有更换。人事的稳定对于教育事业的发展有决定性影响。再就教育经费而言，1927—1937 年，岁出教育文化费虽只占中央岁出总额的 5% 左右，但其经费额由 1931 年的 18658536 元至 1936 年增至 44339962 元，增长率高达 238%。且因中央与地方教育经费的筹措与分配得宜，几乎从未发生拖欠教费情事。基于上述，教育行政稳定，教育经费不拖欠，教授生活安定，为民国成立以来 20 余年所仅见。因此，1927—1937 年的 10 年，虽然有党化教育引发各界争议，但仍然被誉为"民国以来教育学术的黄金时代"。[1]

五　坚持与对抗：战时教育及其争论

1935 年底，华北局势危急，国势日蹙。翌年 1 月，国民政府宣布《国难时期教育宗旨》，强调拥护国家领土主权之完整，并尽力实施切合国难时期需要之教育，即着重于抗战与"建国"并行的教育方针。[2] 1937 年 7 月 7 日，卢沟桥事变爆发。8 月 27 日，教育部颁布《总动员时督导教育工作办法纲领》，再度申明维持正规教育的意旨。[3]

1938 年 4 月，国民党于武昌召集临时全国代表大会，讨论《抗战建国纲领》时，有关教育方面提出 4 项纲领，分别是：（1）改订教育制度及教材，推行战时教程；（2）训练各种专门技术人员，以适当之分配，应抗战之需要；（3）注重国民道德之修养，提高科学之研究与扩充其设备；（4）训练青年，俾能服务于社会事业，以增加抗战力量。基于此，国民党乃提出战时各级教育方案纲要，规定九大教育方针 17 项实施要点。其中九大教育实施方针分别为：（1）三育并重；（2）文武合一；（3）农村需要与工业需要并重；（4）教育目的与政治目的一贯；（5）家庭教育与学校教育密切联系；（6）对于吾国固有文化精粹所寄之文、史、哲、艺，以科学方法加以整理发扬，以立民族之自信；（7）对于自然科学，依据需要，迎头

---

①　郭廷以：《近代中国史纲》，南天书局，1980，第 670 页。

②　《申报》1936 年 1 月 30 日。

③　申晓云主编《动荡转型中的民国教育》，河南人民出版社，1994，第 236—237 页。

赶上，以应国防与生产之急需；（8）对于社会科学，取人之长，补己之短，对其原则加以整理，对于制度应谋创造，以求一切适合国情；（9）对于各级学校教育，力求目标之明显，并谋各地平均之发展，对于义务教育，依照原定期限，以达普及，对于社会教育与家庭教育，力求有计划之实施。①全面抗战时期的教育政策与方针，主要就是根据上述方案实施，亦即抗战与"建国"并行的教育政策。

全面抗战期间，教育该如何因应，舆论主张着重在培养民族的力量，适应战时环境的需要，纠正现存的缺点，负起抗战的责任。因此，全面抗战爆发后，教育该如何应变成为当务之急，尤其位处前线地区（如平津）的学校，更是当时教育行政机关亟待解决的问题。1937 年 8 月 11—14 日，《中央日报》连载《抗战期中教育之应变措施》一文，提出了 10 种应变办法，分别是：（1）依人口、交通、经济、物产及文化情形，划分全国为 7 个学术中心区，即陕甘区、湘鄂区、四川区、滇黔区、粤桂区、京沪区和平津区等；（2）平津各大学学生，应准其免试转入其他各大学院系相同之原年级上课；（3）平津各国立大学，如因事实之需要，得行合并，托一二私立大学代办；（4）平津各国立大学，本学期停止上课，统迁至内地合并设立；（5）大学教授可自动成立研究团体，分组商讨金融、外交、交通、工业、粮食、治安及文艺等与作战有关之各种问题，以贡献结论于政府，或实际参加工作，或自行发展，以期集思广益，充实抗战之力量；（6）平津区域及其他作战区域之中小学，暂维现状，其学生欲转学，与教职员之欲辞职者，悉听自由；（7）全国各地中小学，其因学生人数骤增者，采用半日制以资补救，其余学校之教材分量与教学时期，概缩减 1/5—1/3；（8）中小学教员与高年级学生，均于课暇受短期训练以便参加后方工作，且宜为有组织有团体的活动；（9）大学学生成立后方团体，或参加当地其他民众团体，担任救护、慰劳、运输、维持秩序、调查户口、清除汉奸等工作，其四五年级学生，奉调时应至军政机关服役；（10）社会教育为比较接近民众之教育机关，今后应求确实利用，发挥教育之更大权益。

观察这 10 项应变措施的内容，可知平津地区大学的内迁与学生的安置，成为战时教育政策的重点，而负责其事者即为教育部部长陈立夫。1938 年 1

---

① "教育部"编《教育方针与政策资料》，中央文物供应社，1951，第 125 页。

月，陈立夫接任教育部部长，直到 1944 年 12 月去职，主持战时教育行政计 7 年，其任期几乎与全面抗战相终始。陈立夫晚年回忆战时主持教育行政工作时提到："在此 7 年之中，抚辑流亡学生，重振后方弦歌，扩展各级教育，改革并建立制度，发扬民族文化，训练并征调学生直接参加抗战工作，实在做了不少事。"① 其中，有两项具体内容值得记述。

其一，大学的内迁与发展。全面抗战期间，中国的高等教育饱受日军摧残，但诚如学者所云："各高等院校的广大师生，并没有屈从于日寇的铁蹄。他们纷纷内迁大后方，团结奋进，与神圣的反侵略战争相始终。在敌人炮火的威胁下，中国的大学教育不但没有被摧毁，反而得到了恢复和进一步的发展。"此时期中国大学的内迁可分为三个阶段。第一阶段，从 1937 年 8 月至 1939 年初，此为日军"战略进攻"阶段，东南沿海各大学中，除部分教会大学在英美等国保护之下，及少数大学就近迁入租界外，其余绝大多数高校迁往西南、西北，或迁往附近山区，战时维持弦歌不辍。第二阶段，自 1940 年下半年至 1943 年春，此时期英美与日本关系日趋紧张，致使上海租界与香港等地沦为日军统治，华南地区岌岌可危，许多教会大学和原迁入租界或暂时避居华东、华南山区的高等院校，乃向西南大后方迁移。第三阶段，自 1944 年至 1945 年，此一时期日军为打通"大陆交通线"，发动豫湘桂战役和黔南战役，又使原本迁移至广西、云南和贵州等地的高校被迫再度迁往四川境内。②

全面抗战时期，中国高等院校内迁最具代表性的应为北京大学、清华大学、南开大学三校联合的西南联合大学。平津沦陷后，教育部命平津两地 6 所大学分别内迁到长沙、西安，组成长沙临时大学和西安临时大学。长沙临时大学即由北京大学、清华大学、南开大学三校组成，1937 年 8 月成立筹备委员会，由北大校长蒋梦麟、清华校长梅贻琦、南开校长张伯苓为筹备委员，10 月 25 日，长沙临时大学正式开学。12 月，南京沦陷，华北及长江一带遭到日军步步进逼，情势异常危急，1938 年 1 月，教育部下令长沙临大迁往昆明。2 月 19 日，长沙临大师生开始西迁，历经 68 天，长途跋

---

① 《成败之鉴——陈立夫回忆录》，正中书局，1994，第 235 页。
② 金以林：《近代中国大学研究（1895—1949）》，中央文献出版社，2000，第 226、232—233 页。

涉 1600 余公里，于 4 月底抵达云南昆明，这段历程被称为联大的"长征"。学者认为，从长沙到昆明的长征，影响最大的并不是"旅行团"团员的工作，而是这所大学的学风；这次长征之旅，成为苦难中国知识分子群体才能的表征，更是中国高等教育与文化持续不辍的象征。[1]

西南联大到昆明之后，拥有 5 个学院 26 个系，2 个专修科和 1 个先修班，约有 170 位教师、3000 名学生，是战时中国最大最全面的综合性大学。易社强在撰写《战争与革命中的西南联大》一书时，以 100 多页的篇幅描述西南联大各学院的发展情形，对联大教授坚持学术的毅力予以高度评价，认为西南联大创造了"区域性的文艺复兴"。而西南联大对云南地区的文化教育更是产生了重大影响，从最初的文化冲突，到促进云南全省中小学教育的发展，联大确实对云南贡献巨大。[2]

其二，青年的贷金制救济。国民政府在全面抗战爆发后，努力维持学校系统，不仅迁移学校，还根据需要增设了学校，故学校数量不减反增，因此须以庞大的教育经费来维持，且为了救济学生使之安心在校求学，国库得支出大笔贷金。全面抗战时期，教育经费的支出仅次于军费。[3] 战时庞大的教育经费支出中，有一项对青年学生影响最巨，即青年的贷金制救济。1938 年 2 月，教育部颁布《公立专科以上学校战区学生贷金暂行办法》11 条，规定专科以上学校学生家在战区，费用来源断绝，经确切证明必须救济者，可向政府申请贷金。1940 年 5 月，教育部以学生营养不足，影响健康甚巨，乃通过《战时救济大中学生膳食暂行办法》，提高了学生膳食贷金，以保障各地学生获得营养必需条件为限。[4] 1943 年，教育部取消贷金制度，改为公费制。

全面抗战时期，大多数公立高校的青年学子，是依靠贷金和公费制度完成学业的；此外，因政府的补助，私立大学的学生也可以享受贷金或免收学费的优惠。战时的贷金制度，不仅保证了来自沦陷区的学生继续求学，还扭转了近代中国高等教育贵族化的倾向。一些家境清寒的学生也可

---

① 〔美〕易社强：《战争与革命中的西南联大》，饶佳荣译，传记文学出版社，2010，第 33—64 页。

② 参见〔美〕易社强《战争与革命中的西南联大》，第 104、161—277 页。

③ 《成败之鉴——陈立夫回忆录》，第 242 页；吴家莹：《中华民国教育政策发展史》，第 393 页。

④ 《教育通讯》第 3 期，1938 年，第 6—7 页；第 21 期，1940 年 6 月，第 7 页。

以透过自身的努力，依靠政府的贷金救济享受高等教育。根据统计，战时专科以上学校学生获得贷金或公费者，每年有 5 万—7 万人，约占在校生的 80%。[①] 时任教育部部长陈立夫回忆战时从事教育行政时，特别提到：

> 据统计，战时由中学以致大专学校毕业，全赖国家贷金或公费以完成学业者，共达十二万八千余人之多。此等皆是国家不可少之人才。凡是现在国内五十岁以上之社会中坚分子，几无人未受贷金或公费之惠。如无贷金及公费制度，不知道有多少人失学，将为国家一大损失。[②]

全面抗战时期，因为教育部坚持实施大专院校内迁与青年贷金救济政策，中国高等教育得以继续维持、恢复与发展。不过，全面抗战时期的中国教育界也出现了两场较大规模的争论与对抗，对战时教育发展产生了影响。兹分述如后。

一是关于平时教育与战时教育的争论。全面抗战爆发前后，中国教育界有一场"平时教育与战时教育异同"的论辩。随着日本侵华日亟，教育界对于现行教育系统的救国价值产生怀疑，学者甚至主张废除学校教育制度。[③] 当时教育界有关这方面所发表的言论，或被归类为彻底改造派、维持原状派和调和折中派等三派，或被分为战时教育无用论、战时教育应维持原状论及战时教育应摒弃原有之正规教育而专办应付战时需要之短期训练论等。[④]

根据学者观察，可将当时教育界讨论因应战争时期的教育改革言论划分为两种：一是主张发展学校制度以外的教育形态作为推行战时教育的主体；二是主张将学校的教育内容及方式做适度调整，仍以学校制度作为战时教育的主体。[⑤] 前者认为："凡是中华民国国民，不分种族、不分职业、不分贫富、不分阶层、不分男女老幼，都要有受战时教育的机会。""我们

---

① 金以林：《近代中国大学研究（1895—1949）》，第 261—264 页。
② 《成败之鉴——陈立夫回忆录》，第 288—289 页。
③ 《教育杂志》第 25 卷第 1 号，1935 年，总第 38592 页。
④ 吴景宏：《战时高等教育问题论战的总检讨》，《教育杂志》第 30 卷第 1 号，1940 年，第 1—12 页；陈礼江：《论战时教育》，《教育通讯周刊》第 7 期，1938 年，第 1 页。
⑤ 吴家莹：《中华民国教育政策发展史》，第 348—349 页。

过去的教育是贵族化、特殊化……大多数贫苦的子弟，都没有受教育的机会，普及教育、教育平等这句话，完全成了空头支票。"① 现行教育系统在平时已无法完成普及教育功能，在战时校舍又遭日本摧毁情况下，更难利用学校来普及迫切需要的战时教育。因此，他们主张以"集体主义的自我教育"（或工农商学兵团制度）以及"函授自修"（或自学制度）等方式，作为战时教育的方法。②

后者则主张维持学校制度作为推行战时教育的主体，他们认为：

> 全面抗战，不只是就地区而言，乃是就发动全部的国力而言。作战的时候，不是教在做各项事业的人，一齐停顿下来，都去当兵。……全国总动员的意义，是国家作战的时候，前方的人打仗，后方的人也打仗……若是一开仗了，国内的百项事业，都告停顿，这个不叫"总动员"，这叫"总休息"。若是一开仗了，大家把本分的事都不问，勇敢地以乌合之众涌上前线，狂热地叫号奔走，反而妨害他人的职务，这个也不叫"总动员"，这叫"乱动员"。"总休息"固然是待亡之道，"乱动员"也是必败之道。③

有鉴于此，此派学者主张现行的学校教育制度及措施仍须加以维持，且应就现行学校系统的组织、课程及运作方式做调整，以应当时国家之急需。其重点有：（1）学校组织的调整，着重在增设临时机构及调整修业年限；（2）相关课程科目及教材的调整，着重在删减不合时宜课程及补充战时的教材，如军训及护理等；（3）师生活动方式的调整，着重在由校内走向校外与切实把学生组织成集体的力量等。④

两派的争论于高等教育更为分歧，张治中与陈诚即持不同观点。张治中在一场演讲中对大专青年说道：际此国难当头，你们这批青年不上前线作战服务，躲在这里干嘛？陈诚则把大学生喻为国宝，指出国家虽在危难

① 李公朴：《抗战教育的理论与实践》，读书生活出版社，1938，第16页。
② 吴家莹：《中华民国教育政策发展史》，第349—360页。
③ 《抗战的国力与文化的整个性》，该书编辑委员会编《罗家伦先生文存》第1册，中国国民党党史会等，1976，第586—587页。
④ 吴家莹：《中华民国教育政策发展史》，第360—377页。

之中，但青年完成学业仍然极为重要。[1]蒋介石也认为，战时教育，不仅是民族存亡的需要，也是战后建国的需要。因此，国民政府确立了"维持学校系统正常运作，并对其平时教育措施作最大弹性调整的政策"，即实施"平时教育与战时教育"二元并重的政策。如陈立夫所云："一方面固在力维教育之系统于不坠，其他方面亦在将过去之弊端，切实纠正，双方同其重要，不容偏废者也。"[2]

二是昆明与重庆的对抗。全面抗战时期另一场对抗是指昆明西南联大与重庆中央政府的对抗，易社强认为："外在的威胁迫使联大同仁团结一致，重庆中央政府的控制是这种胁迫势力之一。"自国民革命军完成北伐后，国民政府对于各级教育，即试图实行政治控制，曾引发党化教育的论争。1935年以后，大学成为学潮的策源地，学生反对南京政府对日本侵略者屈膝妥协的政策，黄埔系和CC系成为追求自由的大学的死对头，并强力反对陈果夫于全面抗战前停办10年文法科的提议。[3]延续此一历史脉络，全面抗战时期的重庆政府及其教育部（部长即CC系的陈立夫），仍试图透过课程标准化，尤其是训育、军训等课程的实施，再由学校三大行政机构之一的训导处（另两个为教务处和总务处），达到控制的目的。

在课程标准方面，1938年2月，教育部对大学课程加以整理，整理原则如下。（1）统一标准，不许各校自行规定，先从规定必修科目入手，选科暂不完全确定，以期与国家文化及建设之政策相吻合。（2）注重基本训练，分系不得过早，对于一般学术的基本训练，必须深厚以便深造；将文、理、化各最基本学科，如国文、外国语、自然科学、社会科学等定为共同必修科。（3）注重精要科目，力避过去庞杂烦琐的弊病，使青年得到一门专长。[4]9月，大学课程会议中通过了统一的院校课程表，教育部随即颁布，规定所有大学照此执行。1939年6月，教育部就文、理、法、商四个学院再度召开课程会议，删减了大批课程。教育部的这些措施使大学课程的职

---

[1]　金以林：《近代中国大学研究（1895—1949）》，第250—252页。

[2]　陈立夫：《抗战一年来之教育》，《教育杂志》第29卷第9号，1938年，总第46431页。

[3]　〔美〕易社强：《战争与革命中的西南联大》，第105—106页。有关陈果夫《改革教育初步方案》及其争论情形，可参阅陈进金《抗战前教育政策之研究（民国17年至26年）》，第363—371页。

[4]　朱子爽：《中国国民党教育政策》，国民图书出版社，1941，第205—206页。

业化倾向更为明显，引发了学界的质疑，梅贻琦就曾直言，大学教育"重心所寄应在通而不在专"，并敬告蒋介石、陈立夫，教育部为了实用而牺牲人文学科的做法是错误的，要求政府允许学校执行这些规章时有"回旋之自由"。[①]

除了课程表标准化的对抗，西南联大学生对于毕业统一会考制度亦持反对态度，1939 年、1940 年这两年的毕业统一会考中，联大是唯一一所学生拒绝参加考试的学校；教育部乃以拒发毕业证书相要挟，但联大依然不为所动，最后教育部让步，只要求联大学生参加毕业会考，可自动全部及格且联大不用上报成绩。但自 1941 年度起，联大依然不理会教育部的毕业会考制度。再者，联大学生对训育、军训等课程也持反对态度。教育部规定必修的训育课，其实是延续全面抗战前的党化教育，这一官方宣传灌输的教育观，恰好与联大重视学术自由的理念相悖。西南联大虽然被迫开设三民主义课程，但是选读同学不多，其实际效果有限。军训课程亦然，联大师范学院院长黄子坚对联大军训课的评语为："一个笑柄"。

联大对于教育部的最大对抗是"训导与控制"。大学训导处的主要职责在于控制学生思想和行动，同时配合党和政府开展工作，即训导处的任务是"学生思想之训导""社会服务之策划""学生团体登记与指导"，以及"军事管理之监督"，尤其在发放贷金与奖学金方面，训导处握有重大权限，同时还负责登记、审核学生社团及活动。不过，联大的训导处虽然对学生社团活动的管理毫不放松，在实际操作过程中还是很有分寸的，而且几乎找不到用经济权惩罚持不同政见者的事例。[②] 揆其原因，联大训导长查良钊完全不是儒家式的家长权威拥护者，更重要的则为联大的自由学风足以对抗来自重庆教育部的层层压力。基于上述，在昆明与重庆的对抗中，昆明较处于上风，重庆教育部的管辖权似乎不及昆明的联大。

吾人观察近代中国教育的发展，从清末新式教育的实施、民初新思潮的引进、全面抗战前国民党的党化教育，到全面抗战时期的教育方案等，

---

① 〔美〕易社强：《战争与革命中的西南联大》，第 108—109 页。

② 本段及以上段，分见〔美〕易社强《战争与革命中的西南联大》，第 113—115、117—118 页。

每一个阶段都环绕着一个主轴，就是如何透过教育来达到民富国强的目的。也就是说，近代中国的教育，成为执政者迈向富强的锁钥。但是，近百年中国教育的改革，似乎都只是为了达到政治上的某种目的。清末为了因应外力，盲目仿效西方设立的新式学堂，北伐前后为了扫除革命障碍，积极灌输的党义，全面抗战前所实施的三民主义教育，在在只是与政治结合，专为政治服务。近百年中国的教育迷思于追求国家富强，却欠缺以教育为主体的思考，教育自主地位被抹杀，沦为政治的工具。其因应内外情势演变，而决定教育改革，容易形成"头痛医头，脚痛医脚"的窘境。

观察近百年中国教育发展，可以说，惟有教育的独立自主地位获得保障，教育事业才有前途可言。

第二十五章

由"学战"到"思想战"：民国
时期的思想与学术

　　审视民国时期的思想与学术，首先面临"写法"的难题。如何确立相
应的时段，以及所书写的具体内容，这些看似清晰的问题，皆有必要细加
推敲。对此略加说明，显然是必要的。将近代中国历史区分为晚清、民国
两个时段，是习见的做法，然而检讨民国时期的思想与学术，却有必要说
明，打通"晚清"与"民国"这两个被"政治史"所分割的时段早已是学
界努力的方向，"没有晚清，何来五四"的见解，也产生了广泛影响。①　基
于此，多少可以从更为"长程的时段"来认识近代中国思想与学术的演进。
梁启超与胡适针对近代中国思想演化进行分期工作，亦是结合这两个时段
展开。1923 年梁撰写的《五十年中国进化概论》，即是将"从甲午战役到民
国六七年间止"这段时间界定为近代以来中国思想演化之"第二期"。②　10
年以后，胡适以 1923 年为界将现代思想分为前后两期，前期所指即为"从
梁任公到《新青年》"这一时期。③　在"没有晚清，何来五四"渐成共识

　＊　本章由章清撰写。
　①　参见王德威《被压抑的现代性：没有晚清，何来五四？》，《学人》第 10 辑，江苏文艺出版
　　　社，1996，第 219—337 页。后来又将"没有晚清，何来五四"作为其所撰《被压抑的现
　　　代性：晚清小说新论》（宋伟杰译，北京大学出版社，2005）一书导言。实际上，还在 20
　　　世纪 70 年代撰写的论著中，张灏已表达了这样的看法，认为 19 世纪 90 年代中叶至 20 世
　　　纪最初 10 年里发生的思想变化，应被看成一个比五四时代更为重要的分水岭。见氏著
　　　《梁启超与中国思想的过渡（1890—1907）》，崔志海、葛夫平译，江苏人民出版社，
　　　1997，第 218 页。
　②　梁启超：《饮冰室合集·文集之十四》，中华书局，1989。
　③　《胡适的日记》（手稿本）第 11 册，1933 年 12 月 22 日，远流出版公司，1990。

的同时，选择怎样的视野把握近代中国思想学术的演进，也在形成较为一致的看法。"转型年代"成为热门话题，即展现出对此的把握，渐渐摆脱以人物与著作为重心的论述，聚焦新型传播媒介所催生的变革。① 张灏曾揭示1895 年至 1920 年前后大约 25 年时间，是中国思想文化由传统过渡到现代的关键年代，主要变化有二：一是报纸杂志、新式学校及学会等制度性传播媒介的大量涌现；一是新的社群媒体——知识阶层的出现。② 杨国强也强调晚清造出了一个前所未有的"言论界"，由此"思想、学理、意见、愿望都能借助于文字而化作横议"。③ 李孝悌在研究中则贯穿了"向下视野"，展现出伴随白话报刊的成长而兴起的"阅报社"及"宣讲、讲报与演说"等活动。④

从更为"长程的时段"，并且基于新型传播媒介把握晚清以降思想学术的演进，是难以回避的选择。聚焦于此，或许也才能在有限的篇幅中，对民国时期的思想与学术略加梳理。为此，本章所选择的角度，也配合着此展开。依拙见，由"学战"到"思想战"，或可作为审视民国时期思想学术发展的切入点。研究者已揭示：逐渐认识到中西竞争最终是一场"学战"，是晚清自觉重视这场文化竞争的体现。⑤ 不过，明显由"商战"发展而来的"学战"，传递的是对技艺背后之"学"的重视；"思想战"主张的浮现则上升为对社会变动的思考，其中的差异也至为明显。值得重点关注的是，"思想界"构成此一时期思想学术演进的"舞台"，具体表现在报纸杂志、新式学校及学会等制度性传播媒介的大量涌现构成推动晚清社会转型的重要象征；民国时期逐步发展起来的"大学"（包括研究机构），也显示此一时期思想学术发展新的气象；而伴随报章、书局、大学等思想学术园地的成长，读书人的基本生活形态发生重大变化，写作方式乃至谋生手段，也烙上新时代的特质。本章围绕上述问题略做申论，既试

---

① 对"新型媒介"的称呼用到"新闻纸""报章""杂志""报刊""期刊"等不同的提法，系因为在不同时期对此的认知即是如此，并未严格加以区分。

② 张灏：《中国近代思想史的转型时代》，《二十一世纪》总第 52 期，1999 年。

③ 杨国强：《晚清的清流与名士》，《晚清的士人与世相》，三联书店，2008，第 207 页。

④ 李孝悌：《清末的下层社会启蒙运动：1901—1911》，河北教育出版社，2001，第 240—241 页。

⑤ 王尔敏：《商战观念与重商思想》，《中国近代思想史论》，社会科学文献出版社，2003，第198—322 页；罗志田：《新的崇拜：西潮冲击下近代中国思想权势的转移》，《权势转移：近代中国的思想、社会与学术》，湖北人民出版社，1998，第 18—81 页。

图从新的视野发掘问题，也期望从新的角度认识民国时期的思想与学术。

一　由"学战"到"思想战"："思想界"具有的象征意义

聚焦于新型传播媒介以审视近代中国思想学术的演进，旨在说明思想学术成长的环境，已迥异于往昔。实际上，新型传播媒介对推进人类社会演进所发挥的重要作用，早为学界所重视，哈贝马斯（Jürgen Habermas）与安德森（Benedict Anderson）也成为常被引用的范例。哈贝马斯揭示了在近世西欧社会，资产阶级的报刊、俱乐部、咖啡馆等场所催生出"公共领域"（public sphere），供人们讨论和争论公众事务，报刊乃"公共领域最典型的机制"。① 安德森则致力于探讨"印刷资本主义"（print-capitalism）如何影响民族概念的散布与流传，阐明没有什么东西比印刷资本主义更能加快这个追寻的脚步。② 而如何开展印刷书籍、报刊等新型传播媒介的研究，不乏研究者进行了有益尝试，构成"新文化史"重点关注的领域。受此影响，探究传播媒介与思想、政治、社会之间的互动，构成了中国研究的热门话题。作为新型传播媒介的报章，滥觞于晚清，到民国时期则有了新的景象。因此，首先有必要结合新型传播媒介所营造的思想环境，略加辨析。当然，其中包含的内容甚为广泛，不是这里所能周全的，所能关注的主要是与读书人密切相关的那部分。一方面试图说明新式媒介经历晚清的发展到民国有什么新的变化，以检讨民国时期由新型传播媒介所营造的思想环境有怎样的特征。另一方面则试图结合读书人与此的互动，尤其是身处大学校园的读书人与之的关联，审视读书人的生活形态呈现哪些新的特性。无论什么时候，读书人总有展现其身份意义的象征，民国时期的读书人也不例外，透过报章、书局、大学等新型传播媒介与读书人的互动，可以更好说明思想环境如何影响到对读书人的塑造。

---

① 〔德〕哈贝马斯：《公共领域的结构转型》，曹卫东等译，上海学林出版社，1999，第218页。
② 〔美〕本尼迪克特·安德森：《想象的共同体：民族主义的起源与散布》，吴叡人译，上海人民出版社，2005，第32—33页。

新型传播媒介所营造的"思想界"

作为新型传播媒介主要代表的"新闻纸"，是传教士带入中国的新的出版形式，由于改变了帝制时代信息传播的机制，引起种种纷争自是可以想见的。不单是形式问题，是否接受报章，往往还纠缠着所谓"天下有道，庶人不议"的古训。说起来，在皇权架构下并非没有信息发布方式，只是"邸报""京报"等形式，作为联系上下的沟通管道，成为帝制时代权力的体现。近代报章改变这样的信息传播方式，也意味着动摇自上而下的统治方式。1927 年出版的《中国新闻发达史》一书，即以这样的方式加以总结："近代报纸的时质，代表舆论，古代报纸的时质，是代表统治阶级的意旨的，是专为官场说话的。"① 姚公鹤更是强调："报纸滥觞于邸抄，邸抄原始于时政记及起居注，为专门政治上传达消息之用，与书籍自印板而后，公诸社会，其效用尤各别也。"② 这些都揭示新型出版物对于推进社会变革具有重要影响。

中国士人介入新式书局及报章之创办，肇端于晚清，新型出版物也成为"合群"的最大助力，并与学校、学会等相配合共同构成推进社会转型的重要方面。其中值得重视的是，新书出版实际与杂志发行紧密结合在一起，不仅出版机构广泛发行杂志，杂志社也印行图书。此外，构成西方近代印刷业三大要素的石印法、铅印法、蒸汽机印刷等新式印刷技术在晚清传入中国，也构成对新式出版业的推动与促进。经历这样的洗礼，当时的读书人对于新型出版物所具有的作用，已形成较为一致的看法。对于民国史来说，1911 年是具有特定意义的年份，《时报》刊发的几篇文字对出版业就表达了不少期许。一篇文章提出："今夫文野之程度，全视印刷物之多寡以为衡。欧美各国近数十年内所以进步如此之速者，皆由印刷物导之先河。""未有印刷物不发达，而文明程度可以增进者。"③ 另一篇文字则从"出版自由"立论："文明国三大自由，出版居其一，是出版而得自由，固文明国之所应有也。"其真谛即体现在"有以表著其高尚优美之学说，发挥

---

① 蒋国珍：《中国新闻发达史》，世界书局，1927，第 12—13 页。
② 姚公鹤：《上海报纸小史》，《东方杂志》第 14 卷第 6 号，1917 年，第 196 页。
③ 孤愤：《论印刷物可觇文明程度之高下》，《时报》1911 年 3 月 9 日。

道德思想，阐扬政治精神，使一国士民之德行才艺，俱跃然于印刷品之行间"。① 还有一篇文字集中说明："书业之盛，如此足以谂教育之普及与学术之振兴"，"俾其文物声名为大地所仰企也"。② 在将出版业与"文野程度"相联系的同时，这些文字对中国不能令人满意的地方也多有检讨，反复追问"吾国每岁出版之物有几何？"

通过《时报》登载的上述文字不难看出，经历晚清的发展，关于新型传播媒介所具有的指标意义，已成为社会的共识。以辛亥年发表的言论作为开篇，正可以映射出到民国时期的发展情况。这其中隐然已在的"思想界"将这一特质清晰地呈现出来。

"思想界"在今日实在是再平常不过的字眼，针对古代中国，就不乏"某朝（代）思想界"的提法。很显然，以往对历朝历代"思想界"的表述，皆来自后世的总结，作为汉语新词在中文世界的表述，是在晚清完成的。就其意义来说，并非无关宏旨，既和近代中国形成国家与社会新的对应关系密切关联，也体现了走出科举时代的读书人对新的角色与身份的探求。换言之，"思想界"除与读书人的角色联系在一起，还与报章杂志、新式出版业及大学等"载体"密不可分。正是在由这些媒介所营造的"舞台"上，读书人基本的生活形态得以展现。③

透过广义的"××界"，或能更好把握"思想界"形成具有的特殊意义。所谓"××界"，表达的是"社会"的含义，并构成中国社会转型的写照，其中最显著的变化之一即是表达社会身份的新方式随之出现。论者注意到，通常被翻译成集团或团体的汉语新词"界"，如"政界""商界"等，在清末民初的报刊和其他事务性报道中不断出现，表明一个易于识别但外表相当松散的多中心的亚文化圈世界（界）的形成。④ 不过，这里也提示我们关注一个基本问题，那就是"××界"的内涵，未必都很清楚。大致说来，基

---

① 指严：《论吾国之出版自由》，《时报》1911 年 3 月 16 日。

② 惜诵：《论上海书业之变迁》，《时报》1911 年 7 月 31 日。

③ 这里无法展开讨论，参见笔者围绕"思想界"讨论的两篇文章：《晚清中国"思想界"的形成与知识分子新的角色探求》，《知识分子论丛》第 6 辑，江苏人民出版社，2007，第203—234 页；《民初"思想界"解析——报刊媒介与读书人的生活形态》，《近代史研究》2007 年第 3 期，第 1—25 页。

④ 〔美〕萧邦奇：《血路——革命中国中的沈定一（玄庐）传奇》，周武彪译，江苏人民出版社，1999，第 14 页。

于社会活动领域或职业命名的"界别"，多少让人清楚其所指；关乎研究领域或体裁的"界别"，也还算比较明确。而所谓"思想界"（包括"学界"）其内涵却并不那么清晰，无论是以职业来指称，还是用研究领域涵盖，都显得不是那么回事；诸如"舆论界""学术界""教育界""报界""出版界"等的表述，也难以与"思想界"截然分开。不能简单说"思想界"即是"思想人物"活动的舞台，活跃于此的实际包括各个业别的人士（当然主要是读书人）。

重要的是表达的载体与人，"思想界"除与读书人的角色联系在一起，还与表达的"载体"密不可分，离开"出版物"，所谓"思想界"是难于把握的。高长虹在一篇文字中讨论到"出版界"，就颇有意思地谈道，我们常挂在嘴边的"文坛""思想界"，仔细一考校，即可发现都是"妄言妄听"，所谓"文坛"，实则说的只是这本诗集、那本小说之类；所谓"思想界"，其实也只是几本书或几种定期刊物，"此外便什么也没有"。① 这倒是值得重视的提示，可以换一个角度关注"思想界"如何由隐避走向前台。事实上，浮现于晚清的"思想界"，到民国以后才呈现较为清晰的图景，"思想界"作用于社会与个人的方式，有了全新面貌。

经历晚清的发展，至民初对报刊的定位已不可同日而语。梁启超 1912 年归国后在一次演讲中，联系自己 18 年前之投身报业，不免感触良多："今国中报馆之发达，一日千里，即以京师论，已逾百家，回想十八年前中外公报沿门丐阅时代，殆如隔世；崇论闳议，家喻户晓，岂复鄙人所能望其肩背。"② 事实亦然，就在该年 12 月梁创办的《庸言》杂志，即有不俗的成绩，在一通家信中梁就报告说："第一号印一万份，顷已罄，而续定者尚数千，大约明年二三月间，可望至二万份，果尔则家计粗足自给矣。"③ 由此亦可推断进入民国以后的舆论环境及出版市场的情形。被尊为中国新闻界"开山祖"的徐宝璜甚至表达了这样的看法："在民智开通之国如英美，有不看书者，无不看报者。新闻纸之有用于人，几若菽粟水火之不可一日

---

① 长虹：《1926 年，北京出版界形势指掌图》，《走到出版界》，泰东图书局，1929，第 84 页。
② 梁启超：《鄙人对于言论界之过去及将来》，《庸言》第 1 卷第 1 号，1912 年。
③ 梁启超：《与娴儿书》（民国元年十二月十八日），丁文江、赵丰田编《梁启超年谱长编》，上海人民出版社，1983，第 661 页。

无。其势力实驾乎学校教员、教堂牧师而上之。"[①] 同时，在当时的言说中更加明确将报刊与"思想界"结合起来。郑振铎便表示："我对于一九一九年的中国出版界的成绩，有乐观的，也有悲观的。乐观的是定期出版物的发达，悲观的是大多数的文人，还是如此没有觉悟；中国的思想界，还是如此不长进。"[②] 既如此，也有必要勾画从晚清到民国由报章所营造的"思想版图"呈现怎样的格局，以此审视报章作用于社会及个人的方式。

报刊所呈现的"思想版图"

所谓"思想版图"，指的是报章的出版与发行所呈现的空间格局。揭示这样的"思想版图"可以基于近代中国的背景了解报章出版的情况，也便于评估报章作用于社会及个人的方式。不可否认，通过报刊的发展以呈现民国时期的"思想版图"，是颇为困难的一项工作。1919 年罗家伦欲批评当时中国之"杂志界"，即生发这样的感叹："（一）中国近年来杂志太多，不能全看；（二）这班杂志，忽生忽灭，不知上年出版的今年是否继续出版。"[③] 这里所道出的亦属实情，一个时期的"杂志界"已难以把握，范围扩大为民国时期，则更遭遇诸多困难。

民国肇建后中国报刊发展的情况，目前可依据的是俄国人波列伏依1913 年发表在海参崴《东方学院丛刊》第 47 辑上的中文报刊目录。该目录以 1911—1912 年为断，记录了中国本土和境外重要城市出版的 487 种中文报刊名录，其中不足 200 种是民国以前所出，约 300 种是民国初年创办。遗憾的是，这一目录长期未能被利用，对民初报刊发行情况的判断，多援据戈公振的《中国报学史》和赖光临的《七十年中国报业史》，然此二书所记录的报刊情况，远少于俄国人的记录。[④] 戈公振研究中国报学的开山之作《中国报学史》，自是值得重视的资料。该书援引了当时的两份资料大致给出了"报界之现状"：一是"第二届全国报界大会纪事录"载明 1921 年全国共有报纸 1134 种；一是"中外报章类纂社"调查出最近两年华文报纸之

---

① 徐宝璜：《发刊词》，《北京大学日刊》1919 年 4 月 21 日。

② 郑振铎：《一九一九年中国的出版界》，《新社会》第 71 期，1920 年。

③ 罗家伦：《今日中国之杂志界》，《新潮》第 1 卷第 4 号，1919 年。

④ 周振鹤：《一九一三年俄人波列伏依的中文报刊目录》，《出版史料》1993 年第 2 期。

每日发行者共 628 种。① 中文出版的"年鉴"，也能说明一些问题。1924 年阮湘等编《第一回中国年鉴》，算得上中国人自编的第一部中文版"中国年鉴"，在"报纸"一栏，列出有"中国各地著名报纸表"。② 这份资料也是极不完整的，有的按"省份"，有的按"城市"，这样的统计更不足取。不过，因为涉及不少小城市的资料，倒是揭示出报章在中国的流行情况。

民国时期报章的情况之所以难以把握，原因必多。不难理解的是，政治上的混乱带来的是治理上的无能力。南京国民政府成立以后，加强了对报章的管理，报章发行往往需要登记备案，《申报年鉴》主要依据这些统计资料，也大体能反映 20 世纪 30 年代以后报章发行的情况。第一次出版之《申报年鉴》便列有"出版"一节，统计出 17 省 7 市大报 261 种，三日刊 32 种，五日刊 4 种，周报 14 种，小报 32 种，通讯社 163 家。这同样是不足说明问题的数字。《年鉴》说明"本表所列各省市新闻纸、杂志种数系就业经依法核准登记者查明填制"，因此，该数字只能说明向"宣传部"登记的报章实在微不足道，官方也并未能实施有效管理。且不说那些完全没有提供资料的省市，即便提供的数字，也未必说明问题。③ 此外，尚可根据西文、日文的资料了解报章发行的情况。1923 年出版的《中华年鉴》（China Year Book）根据邮政总局截至 1921 年 12 月 31 日的资料，得出出版报刊总计 951 种，另有英文杂志 54 种。④ 日文方面的资料，据《支那新闻一览表——附北京上海通讯社》说明，1926 年有 69 个市县（云南省作为一个单位进行统计）创立了新闻业（包括开设报馆、通讯社或设立通讯员），计有汉文报章 296 种，日文 36 种，英文 27 种，俄文 11 种，法文 3 种，其他文字 3 种，合计报刊 376 种，通讯社 111 家。⑤

毋庸讳言，上述数字并不足以完整呈现民国时期由报刊所呈现的"思想版图"。值得深思的是，报章杂志能否涵盖中国社会的"中心"与"边

---

① 戈公振：《中国报学史》，三联书店，1955，第 358—359 页。

② 阮湘等编《第一回中国年鉴》，商务印书馆，1924，第 1966—1970 页。

③ 《一年来之上海出版界》，《申报年鉴》，申报年鉴社，1933，第 R4、R8 页。

④ H. G. W. Woodhead ed., *The China Year Book*, *1923* (The Tientsin Press, Ltd., 1923), pp. 152-199.

⑤ 《支那新闻一览表——附北京上海通讯社》，该书由南满铁道株式会社北京公所研究室 1926 年出版，此据王润泽《北洋政府时期的新闻业及其现代化（1916—1928）》，中国人民大学出版社，2010，第 30—33 页。

缘"，固然是社会发展程度的指标，能否将相关数据完整呈现，也是政府"社会控制力"的具体体现。南京国民政府成立后加强了对社会的控制力，然而从《申报年鉴》等资料展现的情况看，对报章之管理是难以令人满意的。而且，关心报章所营造的"思想版图"，各地出版的报章自是重要的一方面，同样重要的还包括发行的情况，边陲之地是否能够接收到中心城市出版的报章，也是重要的信息。这在官方提供的统计数字中，完全没有反映，有赖通过各书局、报馆所提供的资料去复原。

总结说来，由于统计时段选择不同，对象各异，上述数字只具参考意义。这里也无意从量上全面审视民国时期报章的发展；即便数字可靠，每个报刊还存在发行时间、地点及量的区别，也难以获取对等的信息。譬如，《申报》《东方杂志》等报刊与那些发行量有限或仅出一二期的报刊相比，无论从哪方面说都不能相提并论，在统计时却只能以一个计量单位计算。可以说，依据量化资料勾画民国时期报刊之"思想版图"，几乎做不到。而且，所谓"思想版图"，并不仅仅是量的概念，还包含报纸杂志所营造的空间结构，即在各地出版、发行的情况，以及从业者的情况，由这些要素勾画刊物的发展，或许才具备"思想版图"的意义。

尽管在数量上难以判明民国时期报章发展的具体情形，但勾画报刊的结构性转变，还是可能的。值得重视的正是报刊在格局上呈现的新气象。其一是新建政权的各级机关报取代清代官报大量出版（名称多由清末之"官报"而改称"公报"）。1899—1919年出版的各种"公报"113种，其中辛亥以前出版的49种，辛亥以后出版的64种。其二是承袭晚清以来的兴学潮，涌现许多教育类报刊。辛亥前后各地发行的教育期刊达到118种，其中1911年以前出版的有27种，1912—1919年创刊97种。[①]其三则是服务于政党的报刊大量出现。据调查，民初有312个政治性的党会，刊布报纸杂志也成为各政党最普遍的宣传方法。[②]上述报刊的出现，皆是因应于民国创建后的政治形势，有助于了解民国时期由报刊所营造的"思想版图"。

不仅如此，伴随中国社会的重新组织，刊物作为主要的动员方式也颇

① 陈新段、史复洋：《近代公报类期刊简介》，张小平、陈新段、史复洋：《辛亥革命时期的教育期刊简介》，丁守和主编《辛亥革命时期期刊介绍》第5集，人民出版社，1987，第579—602、547—578页。
② 张玉法：《民国初年的政党》，岳麓书社，2004，第35、178、203页。

为引人瞩目。最突出的是刊物的栏目多按"界别"来组织文章，直接以"界"作为杂志名称的，亦复不少。这是基于传达某一社会阶层的诉求，或针对特定的"阅读公众"。商务印书馆自 1897 年创办以后，陆续出版了不少刊物，所针对的受众涵盖不同的社会阶层，包括性别、年龄及职业的区分，明显是针对不同的"界别"争取受众。① 民初中华书局编辑出版的八大杂志《大中华》《中华教育界》《中华实业界》《中华学生界》《中华妇女界》《中华童子界》《中华小说界》《中华儿童画报》，也醒目突出了"界"的色彩。总体来看，这其中既有针对诸如女性、学生等特定社会群体的报刊，也涵盖了社会的方方面面，佛教方面的报刊大量涌现，即为明证。至于伴随报刊的流行产生的诸多白话报刊，更体现出报刊深入"下层社会"的努力。凡此种种，皆说明报刊构成近代中国社会的主要标识，吕思勉在检讨"三十年来之出版界（1894—1923）"的一篇文字中即言及"三十年来撼动社会之力，必推杂志为最巨"。②

由于报刊受创刊年限与发行范围及数量的影响甚巨，因而要通过某种方式呈现其图景，无疑是困难的。不过，通过以上的梳理，对于民国时期由报刊营造的"思想版图"，还是可以获得基本的认知，这一"思想版图"若置于地理版图，或还不足以展示报刊的"星罗棋布"，然经历晚清以后的发展，报刊已不再局限于少数大城市或沿海城市，也并非由少数社会阶层所操控。当然，若要审视民国时期由报刊所勾画的"思想版图"，当重视什么因素主导了报刊之兴起，报刊的发展又呈现了"思想界"怎样的趋向。这是接下来所要重点探讨的。

由"学战"到"思想战"

杜亚泉在 1915 年的一篇文字中集中表达了这样的意思："今之时代，为思想战之时代。"并指明 18 世纪民权思想之普及，19 世纪民族思想之发达，"波及吾国，而有辛亥之役"，因此，"吾国之思想战，盖以此为著矣"。③

---

① 关于商务印书馆的定期刊物，其内部资料有大致说明，见《商务印书馆志略》，商务印书馆，1929，第 32 页。
② 《三十年来之出版界（1894—1923）》，《吕思勉论学丛稿》，上海古籍出版社，2006，第 287 页。
③ 伧父（杜亚泉）：《论思想战》，《东方杂志》第 12 卷第 3 号，1915 年。

这里所说的"思想战"，很容易让人联想到所谓的"学战"，然而其语境与晚清不能相提并论；"思想战"在新文化运动时期被提出，无疑揭示出此一时期"思想界"颇耐人寻味的一幕，突出"思想"在社会变迁中的作用，构成论述的中心。

被誉为"中国第一个真正现代意义上的记者"的黄远生，在其撰写的一系列文字中，就将问题的症结引向对"思想界"的思考。还在 1916 年初，黄在《东方杂志》发表的《国人之公毒》一文，就明确表示"搜求公毒为救国之第一义"，而所谓"公毒"，"一言蔽之曰，思想界之笼统而已"。"中国今日之输入外国制度与学术也，一切皆以笼统主义笼统之。"在下一期《东方杂志》，黄又发表《新旧思想之冲突》一文，强调"新旧异同，其要点本不在枪炮工艺以及政法制度等等"，"本源所在，在其思想。夫思想者，乃凡百事物所从出之原也"。① 这里对"思想"的重要性，也表达了特别的看法。按照汪敬熙稍后的总结，自《国人之公毒》发表后，"有许多人都同声说，我们中国各种坏处的根原就是思想界，并且又说，如想改革中国，第一步就须改革思想"。② 罗家伦在《新潮》即撰文指明政治运动当与思想运动互相促进，"我们这次运动的失败，也是由于文化运动基础太薄弱的缘故。因为思想的来源，是一切运动的原动力；没有思想未曾改变而行动可以改变的"。故此未来的文化运动当"以思想革命，为一切改造的基础"。③《时事新报》刊登的一篇讨论思想界两大潮流的文字更是强调："诸君大概都知道改革社会，是要改造思想的。"不仅把"思想"之优先性作为讨论问题的前提，还进一步说明，思想是一切社会、政治、学术的源头，"思想变了，那学术社会政治一定跟着变"。④

作为革命者的孙中山，也在转变论述的重心，他为《建设》杂志撰写的发刊词，就将中国社会出现之乱象归于"革命破坏之后，而不能建设"，"所以不能者，以不知其道也"。⑤ 五四运动发生，孙更是深切感受到由热心

① 远生：《国人之公毒》《新旧思想之冲突》，《东方杂志》第 13 卷第 1、2 号，1916 年。
② 汪敬熙：《什么是思想？》，《新潮》第 1 卷第 4 号，1919 年。
③ 罗家伦：《一年来我们学生运动底成功失败和将来应取的方针》，《新潮》第 2 卷第 4 号，1920 年。
④ 陈问涛：《中国最近思想界两大潮流》，《时事新报》副刊《学灯》1923 年 4 月 29 日。
⑤ 孙中山：《〈建设〉发刊辞》，《建设》第 1 卷第 1 号，1919 年。

青年所办之各种出版物，使社会蒙绝大之影响，"虽以顽劣之伪政府，犹且不敢撄其锋"。受此感召，孙也相信"吾党欲收革命之成功，必有赖于思想之变化"，并肯定国民党创办《建设》《星期评论》颇有功于"树立新事业之基础，描绘新计划之雏形"。① 可以说，"思想"之优先性，也得到行动者积极回应。廖仲恺甚至致信胡适表示："我辈对于先生鼓吹白话文学，于文章界兴一革命，使思想借文字之媒介，传于各级社会，以为所造福德，较孔孟大且十倍。"②

强调"思想"的"优先性"，或可看作强调"学高于政"的传统思想模式的影响，可谓渊源有自。然而勾画报刊媒介与读书人的互动，让我们看到问题的另一面。其关键便在于报刊媒介展示了独特的作用。报刊之所以吸引各方人士投身其中，是看重这一传媒样式的作用；而既投身于报刊，则不免为其正当性加以辩护，"思想革命"话语由此流行开来，自也是题中应有之义。可以说，要解释五四时期"话语"的流行，或不能忽视报刊媒介构成读书人主要的发言平台。而且，"思想革命"的观念不仅流行于五四时期，后五四时期仍延续着同样的思路。论者提出"五四记忆"问题，内中即揭示出"思想革命"的观念如何延续下去。③

二　书局·报章与大学：思想学术的载体

报章媒介所营造的"思想版图"，显示出报章作为制度性传播媒介重新定位了民国时期的思想学术环境，思想学术展现的舞台也因此而改变。尚需注意的是，报章作为"合群"的助力，还推动着其他媒介的整合，晚清时主要透过报章、学校、学会的整合，民国时期则更突出展现在报章与书局、大学的结合，因此，还有必要结合作为思想学术基本载体的书局、报章与大学做进一步的申论。而这一切又构成晚清以降读书人基本的生活形

---

①　《致海外国民党同志函》，《孙中山全集》第 5 卷，中华书局，1985，第 210 页。

②　《廖仲恺致胡适》（1919 年 7 月 19 日），中国社会科学院近代史研究所中华民国史组编《胡适来往书信选》上册，中华书局，1979，第 64 页。

③　〔美〕薇娜·舒衡哲：《五四：民族记忆之鉴》，中国社会科学院科研局等编《五四运动与中国文化建设——五四运动七十周年学术讨论会论文选》上册，社会科学文献出版社，1989，第 151 页。

态,不可不察。乍看起来,报章、书局、大学自然与"学"及"学人"有密切的关联,然而,问题的关键在于,这样的结合往往还透过大学这一渠道。相应的,大学与书局、报章之结合,以及读书人游走于这些场所,也成为把握民国时期思想学术发展不可忽视的环节。

《新青年》与北京大学

大学作为思想学术的载体,在民国时期所发挥的重要影响,也许再怎么估计都不为过。以分科为标识的现代学术,原本依赖于这样的制度性建制。华勒斯坦(Immanuel Wallerstein)即揭示了 19 世纪后半叶主要有三种方法促成了学科的制度化:大学以学科名称设立学系(或至少设立教授职位),成立国家学者机构(后来更成立国际学者机构),图书馆亦开始以学科作为图书分类系统。[①] 这里所要检讨的是,大学与书局、报章的结合,使民国思想界呈现出有别于晚清的图景,尤其还决定着读书人学术成果的发表机制。《新青年》的走向,即展现了一本杂志如何与北京大学结合在一起,又产生了怎样的影响。

创办于 1898 年的北京大学,与 1915 年创办的《青年杂志》结缘,是由蔡元培一手促成的。最高学府与一本杂志走到一起,本身即是耐人寻味的。在就任北京大学校长的演说中,蔡是这样表示的:"大学者,研究高深学问者也。"他并反复告诫学生,大学不同于专门学校,学生须抱定宗旨,为求学而来。入法科者,非为做官;入商科者,非为致富。如果欲达做官发财之目的,则另有不少专门学校,又何必来此大学。[②] 既将大学定位于"囊括大典网罗众家之学府",相应的,也采取"思想自由""兼容并包"的办学方针,为北大网罗不少专心向学且学有所长之士,使其很快成为中国学术之重镇。正是在这样的背景下,陈独秀与《新青年》一起被带到北大,并产生了特别的回响。

1915 年陈独秀创办的《青年杂志》,最初汇聚的主要是皖籍读书人,影响也有限。据张国焘说,《新青年》最初发行时,"北大同学知道这刊物的

---

① 〔美〕华勒斯坦等:《学科·知识·权力》,刘健芝等译,三联书店,1999,第 213—226 页。
② 《就任北京大学校长之演说》,高平叔编《蔡元培全集》第 3 卷,中华书局,1984,第 5—7 页。

非常少"，直到 1917 年春陈独秀任北大文科学长，才能在学校和书摊上买到。① 周作人也提及，初来北京，鲁迅曾以《新青年》数册见示，并且引述他人的意见表示"这里边颇有些谬论，可以一驳"。他却"觉得没有什么谬，虽然也并不怎么对"，也就是一个普通刊物，"看不出什么特色来"。《新青年》在 1917 年后有了新的气象，关键即在陈独秀当上了北大文科学长，胡适、刘半农等人进了北大，"这与北大也就发生不可分的关系了"。② 从出版的角度看，也是如此。据汪原放所忆，陈独秀 1913 年到上海，向汪孟邹表达了出一本杂志的想法，表示"只要十年八年的功夫，一定会发生很大的影响"。但当时亚东正在印行《甲寅》杂志，没有力量做，于是将其介绍给群益书社。《新青年》最初每期印 1000 本，只发行了 6 号，就停刊了半年。③ 对此，陈颇为沮丧，"本志出版半载，持论多与时俗相左，然亦罕受驳论，此本志之不幸，亦社会之不幸"。④

蔡元培任命陈独秀为文科学长，《新青年》也成为"敲门砖"。蔡后来回顾了这一过程。1916 年冬天，还在法国的蔡元培接到教育部电，促其回国出长北大。到北京后，他先访医专校长汤尔和。汤表示："文科学长如未定，可请陈仲甫君；陈君现改名独秀，主编《新青年》杂志，确可为青年的指导者。"蔡也有这样的看法，"我对于陈君，本来有一种不忘的印象"，"听汤君话，又翻阅了《新青年》，决意聘他"。有意思的是，对于蔡的相邀，陈独秀起初断然回绝，"因为正在办杂志"。蔡则表示："那没关系，把杂志带到学校里来办好了。"⑤ 这样《新青年》也伴随陈独秀走进北大。获悉陈被任命为北大文科学长，汪原放诸人不禁议论道："陈仲翁任国立北京大学文科学长好得多了，比搞一个大书店，实在好得多。""学堂、报馆、书店都要紧，我看，学堂更要紧。"⑥ 这是在议论大学、报馆、书店哪个更重要，殊未料彼此之间还有关系。陈主持北大文科后发行的《新青年》第 3

---

① 张国焘：《我的回忆》上册，东方出版社，2004，第 37 页。

② 周作人：《知堂回想录》，三育图书公司，1980，第 333—334、355 页。

③ 汪原放：《亚东图书馆与陈独秀》，学林出版社，2006，第 37、33 页。

④ 陈独秀：《答陈恨我》，《新青年》第 2 卷第 1 号，1916 年。

⑤ 蔡元培：《我在北京大学的经历》，《东方杂志》第 31 卷第 1 号，1934 年；唐宝林、林茂生编《陈独秀年谱》，上海人民出版社，1988，第 75 页。

⑥ 汪原放：《亚东图书馆与陈独秀》，第 37 页。

卷，其撰稿人则几尽是北大教员和学生，《新青年》迅即成为北大革新力量的言论阵地。陈独秀也不再独自控制这一刊物，胡适、钱玄同、高一涵、李大钊、刘半农、沈尹默、陶孟和以及周氏兄弟，成为刊物之要角。

较之晚清，民国时期最引人注目的变化主要是刊物创办者往往兼有大学教授的身份，不单教授们在办刊物，许多学生也投身刊物的创办。《新潮》杂志发刊时，傅斯年就不无意味地表示："北京大学之生命，已历二十一年；而学生之自动刊物，不幸迟至今日然后出版。"以其所见，"学生应该办几种杂志"，"我们将来的生活，总离不了教育界和出版界，那么，我们曷不在当学生的时候，练习一回呢"。① 张国焘也描绘了那个年代读书人之选择办刊物，差不多成为"行动的第一步"："要救国，就要组织团体，发行一种刊物，作为行动的第一步。当时这种组织小团体的想法颇为流行，不少有抱负的青年都想借以一试身手，登高一鸣。"②

要完整梳理身处大学校园的读书人介入创办刊物的情况，无疑是困难的，这里可根据北大的情况略加说明。据《北京大学日刊》1920 年提供的资料，北大之"定期出版品"（除纯属本校出版者外，与本校关系较深者亦陈列）包括《北京大学月刊》《北京大学日刊》《北京大学学生周刊》《新潮》《数理杂志》《音乐杂志》《绘学杂志》《批评半月刊》《评论之评论》，"其现在暂行停刊者为《国故》月刊、《奋斗》周刊，曾经拟议尚未实现者，有史学系之《史学杂志》与地质研究会之《地质杂志》"。通过这些资料，我们对北大师生介入创办杂志的情况可以有大致了解。由此亦不难看出，这一时期读书人的学术成绩主要体现在创办的杂志上，其他出版物实在有限，只列出"北京大学丛书""新潮丛书""世界丛书"。尽管编者解释北大师生"在外间出版者无从调查"，但并不能改变这一基本格局。③

对此状况北大教员也是颇有看法的。1920 年北大开学典礼上胡适就表示，北大这些年总算挂着"新思潮的先驱""新文化中心"的招牌，但面对学术界大破产的现象，面对自己在智识学问上的贫乏，应该感到惭愧；以目前整个学校两年间只能出版 5 期月刊、5 种著作、1 种译著所体现的学术

① 傅斯年：《〈新潮〉发刊旨趣书》《〈新潮〉之回顾与前瞻》，《新潮》第 1 卷第 1 号、第 2 卷第 1 号，1919 年。

② 张国焘：《我的回忆》上册，第 43 页。

③ 《出版品》，《北京大学日刊》1920 年 12 月 17 日。

水准，远没有资格谈"普及"。① 到 1922 年北大 25 周年校庆，胡适也再三痛陈北大"开风气则有余，创造学术则不足"，认为号称最高学府就应该有与其名声相当的具有世界性贡献的学术，但实际依旧是百分之九十九的稗贩。② 这也构成评价北大的主要基调，王世杰就表示："用普通教育的眼光，去评量当时的北大，北大的成就，诚然不算特别优异。从思想的革命方面去评量北大，北大的成就，不是当时任何学校所能比拟的，也不是中国历史上任何学府能比拟的。"③ 鲁迅则有言："第一，北大是常为新的、改进的运动的先锋；……第二，北大是常与黑暗势力抗战的。"④ 皆肯定北大在思想革命方面的作用，而不及于学术。

这一状况的造成，自有其原因。除了报刊自身属性催生"急就章"，最基本的是读书人所依托的"学术期刊"此时尚处萌芽中，要到 20 世纪二三十年代才逐渐成形；当时的大学对于教员的成果发表也没有明确要求。不管怎样，民国时期读书人表达的载体主要还是各种期刊。1918 年张申府在一篇短文中，甚至指出"中国旧无杂志，与之不相习，故罕能利用之"。在他看来，"西土学者著作之方今古已有不同。古之学者毕一生之力，汇其所学，成一大典，以为不朽之业。今之学者学有所得，常即发为讲演，布诸杂志，以相讨论，以求增益。一二年所得，罕有刊成书册者。治一学，而欲知新，而欲与时偕进，乃非读其学之杂志不可"。⑤ 后来，张在一篇文字中列出了其撰写的主要文章，从这个清单便不难看出，民国时期的读书人和期刊的关系是何等密切，投稿报刊构成了基本的生活形态。⑥ 即便是"单行本书及小册子"，也主要汇集发表于期刊的文字，我们所熟悉的《独秀文存》《胡适文存》，便是如此。

大学教员卷入报章之创办，只是问题的一面，影响所及，社会层面所出版的诸多杂志，也同样具有鲜明的"学"的色彩，基于"分科"组织杂志的

① 胡适：《提高和普及》，《北京大学日刊》1920 年 9 月 18 日。
② 胡适：《回顾与反省》，《北京大学日刊》1922 年 12 月 17 日。
③ 王世杰：《追忆蔡元培》，陈平原、郑勇编《追忆蔡元培》，中国广播电视出版社，1997，第 80 页。
④ 《我观北大》，《鲁迅全集》第 3 卷，人民文学出版社，1989，第 157—158 页。
⑤ 张嵩年（申府）：《劝读杂志》，《新青年》第 5 卷第 4 号，1918 年。
⑥ 《所忆》，《张申府文集》第 3 卷，河北人民出版社，2005，第 565—607 页。

文章，也构成新文化运动时期所创办刊物的普遍情形。《解放与改造》在一则《本刊启事》中，就说明"凡关于哲学、心理、社会、伦理、政治、经济、教育、法律、生物、文学等著述"，"皆所欢迎"。①《申报年鉴》曾列出全国杂志分类统计表，由此亦可看出当时出版的杂志，较为重视"学"。② 上海市年鉴编纂委员会编纂的《上海市年鉴（1935年）》，也这样总结"一年来出版界之趋势"："杂志方面，可谓极其发达，除《东方杂志》《新中华》《申报月刊》《人文》《现代》《文学》等著名之杂志，于编制印刷方面均有所改进外，其它各学术团体所刊行之杂志，及一般文艺刊物，纷纷出版，数量颇多。"③

推而论之，整个新文化运动即是以出版事业为基础的。蒋梦麟1932年为其所著《过渡时代之思想与教育》一书撰写的引言，即表达了这样的意思："回溯民七至民十一之间，从文字上而使吾国思想界生转变者，有《新青年》，其文学革命、思想革命之鼓动，影响青年最大。其后北京之《每周评论》，上海之《星期评论》，和其他的刊物，亦不无相当之势力。"④ 时人对出版界的分析，也指出了这一点："中国新文化的勃兴，可说是以出版事业为基础的。举凡革命主张的鼓吹，世界思潮的介绍，现代文学的提倡，新兴艺术的引进，科学精神的展开，哲学理论的探讨……其所持的工具，莫非为报章、杂志、书籍，凡此无一不属于出版事业。"而且，"不但在中国是如此，在世界其他各国也莫不如此。盖因近代印刷术的发达，差不多成了压倒其他一切的文化流传的工具，所以出版事业也成了促进文化的主要动力"。⑤

商务印书馆与读书人

作为新型传播媒介的报章走向与大学的合作，只是问题的一方面，同

---

① 《本刊启事一》，《解放与改造》第1卷第3号，1919年。
② 《申报年鉴》，上海申报馆，1933，第R1—R2页。
③ 上海市年鉴编纂委员会编纂《上海市年鉴（1935年）》，上海市通志馆，1935，第T12—T17页。
④ 蒋梦麟：《过渡时代之思想与教育》，商务印书馆，1932，"引言"，第3页。
⑤ 杨寿清：《中国出版界简史》，永祥印书馆，1946，"附：对于中国出版界之批判与希望"，第75页。

样值得重视的是，新式书局也走向与学界的合作，我们所熟悉的商务印书馆、中华书局等出版机构，正崛起于这样的背景。值得稍加补充的是，晚清以降"采西学"的诉求，新式学堂的开办，都意味着对新式出版物的需要颇为急迫，只是，尽管对新书的需求甚大，但就整个书业来说，远谈不上发达。《东方杂志》刊登的《论中国书报不能发达之故》一文，对于中国书报发行的情况就有所检讨："新书报纸，不能大行于中国者，其原因至为繁赜，而民智不开铁轨未通之说无当焉。抉其病根，半在社会，半在主持书报者。"[①]这一情况一直延续到新文化运动时期，一篇《敬告新书业家》的文章，就指明面对"读者的信用益失，新书的销路呆滞"，中国新书业家当"蠲除相互的意见，大家联合起来，以文化事业为前提，为中国的读书界谋一点幸福！"[②]书局与"学界"的合作，正推动这一局面的改观，商务印书馆即是值得重点解读的例证。

茅盾曾在一篇回忆文章中颇为感慨地表示："在中国新式出版事业中，张菊生确实是开辟草莱的人。"[③]张元济之所以能带领商务印书馆有更好发展，突出的一环正体现在努力开掘学界资源。张之所以重视与学界的合作，也是时势使然。新文化运动蓬勃开展后，商务印书馆也受到很大冲击。1918年张在日记中就有如下记载："拟将《东方杂志》大减。一面抵制《青年》《进步》及其他同等之杂志，一面推广印，借以招徕广告。今日见北京大学又办有《新潮》一种。梦又言减价事，又应斟酌。"[④]可见伴随《新青年》《新潮》等杂志影响力的拓展，原来的杂志格局也被打破。除商务印书馆受到冲击，中华书局原来所办杂志，这个时期停刊的也不少。传言中华书局将杂志"停去六种"，张于是要求"通告分馆，尽力推销，勿失机会"。[⑤]商务印书馆所出杂志受到的冲击，直接反映在杂志的销售额从 1917 年的14.6 万元减少到 1918 年 11.1 万元；到 1919 年时，积压的杂志竟有 11 万余

① 鹤谷：《论中国书报不能发达之故》，《东方杂志》第 2 卷第 1 号，1905 年。
② 羚郎：《敬告新书业家》，《中国新书月报》第 1 卷第 3 期，1931 年。
③ 茅盾：《商务印书馆编译所和革新〈小说月报〉的前后》，《商务印书馆九十年》，商务印书馆，1987，第 147—48 页。
④ 张人凤整理《张元济日记》上册，1918 年 12 月 25 日，河北教育出版社，2001，第 670 页。
⑤ 张人凤整理《张元济日记》上册，1917 年 1 月 12 日，第 204 页。

册。① 《东方杂志》受到质疑最多，"只能维持现状"的主编杜亚泉，也只有让位于陶保霖（陶死后由钱智修接任主编）。其他杂志的编辑人员也纷纷做了调整：《教育杂志》改由李石岑编辑（实际由周予同负责），《小说月报》改由沈雁冰、郑振铎主持，《学生杂志》《妇女杂志》也分别改为杨贤江、章锡琛编辑。

商务印书馆与读书人的沟通，很快推进到与大学的合作上。1918 年 7 月张元济在北京期间，就不乏这方面的沟通。蔡元培来谈，传递出这样的信息，大学教员拟就现有教科书先行改良，问商务能否接受照改，张元济当即表示："极所欣盼，即酬报一层，将来亦应致送，虽不能丰，亦应尽所当为。"② 第二天，张即赴北京大学会晤蔡元培、陈独秀等人，谈及不少图书出版的事，后又参加"北京大学丛书"的编译茶话会，商议已成稿之三种书的出版。蔡元培还表示，大学须办月刊，将来拟归商务印刷，张也答应了。③

在此过程中，张元济与学界代表性人物的联系，颇值得一说。希望胡适加入商务印书馆一事，即反映出这一点。1921 年 4 月，高梦旦受张元济委托赴北京，力劝胡适辞去北大教职，来沪任商务印书馆编译所所长，为此，胡适也明确表示："此事的重要，我是承认的：得着一个商务印书馆，比得着什么学校更重要。"④ 但胡适最终婉谢了这一邀请，力荐王云五来主持。王进入商务以后，首先改组了编译所，"就编译所原设各部酌予调整，俾更合于学术分科性质。同时极力罗致国内专家学者，分别主持新设各部，或任所内外编辑"。⑤ 张元济不单对胡适等人礼遇有加，与梁启超一方的合作，也颇为密切。1920 年张在日记中写道："任公言，拟集同志编辑新书及中学教科书。约梦旦、叔通细谈，拟拨二万元预垫版税，先行试办一年。胡适之一面，亦如此数，嘱任公不必约彼。"⑥ 出版之外，共学社延聘欧美

---

① 张人凤整理《张元济日记》上册，1918 年 12 月 26 日，第 671 页。
② 张人凤整理《张元济日记》上册，1918 年 7 月 8 日，第 556 页。
③ 张人凤整理《张元济日记》上册，1918 年 7 月 9 日，第 556—558 页。所议论的书稿即是后来由商务出版的"北京大学丛书"，月刊则为《北京大学月刊》。
④ 《胡适的日记》（手稿本）第 1 册，1921 年 4 月 27 日。
⑤ 王云五：《岫庐八十自述》，台湾商务印书馆，1967，第 79、119 页。
⑥ 张人凤整理《张元济日记》下册，1920 年 3 月 13 日，第 961 页。

学者来华讲学事，也得到商务印书馆不少支持："所有演讲稿由敝馆出版各节，已与同人商定，均遵照尊意办理。自十年分起，每年岁助讲学社（即共学社——引者注）五千元，专为聘员来华讲演之用，三年为限，以后再另作计议。"①

研究者注意到，"1919 年五四运动期间，期刊丛生，出版者与大学教师之间的联系趋向紧密：此时商务印书馆开始发行由高等教育机构或学术团体所编辑的杂志，从而扩展并补足了它的业务范围"。② 确实，商务印书馆构成的"文化帝国"，最值得注意的即是其开展的出版活动，均经由与学界的合作而实现，并获得了巨大的商业利益。不单商务印书馆如此，中华书局崛起后，也致力于与学界的合作，1915 年所发行之《大中华》杂志，就与梁启超订立三年契约，请其担任总撰述，中华书局此时还有发起时局小丛书的计划，也请梁主编。③ 可以说，读书人与书局的合作逐渐形成了差不多固定的模式，这既是书局的"生意"，也未尝不是读书人的"生意"。

三　游走于新式传播媒介：读书人的"生意经"

报章、书局与大学的整合，构成民国时期思想与学术成长的基本载体，并且，这些载体也成为晚清以降读书人新的安身立命之场所。1905 年废除科举，是一段历史的终结，读书人因此受到的冲击不可谓不大。余英时提出中国知识分子的"边缘化"，部分即是基于此的考虑。④ 然而，冲击并非单向度发生，在"旧社会"瓦解之际，"新社会"也在成长中，报章媒介、新型书局以及大学的兴起，就成为读书人联系社会新的渠道，其身份的意义也可能得以重新确立。这样的角色身份，也使读书人获得新的"晋升的阶梯"；同时，"以文字谋生"，成为读书人可能的抉择。1923 年《晨报副镌》刊载的一篇文字，就颇有意味地讲到了古今读书人写作之区别，作者

① 张元济：《致任公吾兄书》（1920 年 12 月 9 日），丁文江、赵丰田编《梁启超年谱长编》，第 926 页。

② 〔法〕戴仁：《上海商务印书馆（1897—1949）》，李桐实译，商务印书馆，2000，第 109—110、112 页。

③ 《中华书局启事》，《大中华》第 1 卷第 1 期，1915 年。

④ 余英时：《中国知识分子的边缘化》，《二十一世纪》总第 6 期，1991 年。

甚至愤愤表示："我国古哲著书，专讲究藏之名山，以待来者。窥其书之内容，不是对于学术有特别发挥，就是对于世道有针砭功用。今日则不然。社会喜讲恋爱，就千篇一律皆作恋爱小说，并不注意人心世道的转移。社会喜谈社会主义，就报纸杂志皆言社会主义，毫不计较国家社会的经济状况。所以然者，古人著书为传世，今人著书为卖钱。"[①] 对此略加分析，或有裨更好认知新型媒介的影响，也有助于检讨 20 世纪的读书人。

报章作为晋升的阶梯

报章所展现的民国时期的"思想版图"，已经说明报刊的影响无处不在，读报章也成为日常生活的重要部分。至于读书人在学业养成阶段受到所读报章的影响，更有诸多例证。李欧梵尝试为五四一代做一个"集体素描"，即突出了读报章这一环节。[②] 不宁唯是，在读书人的自觉中，还把创办刊物明确定位于与"国家""社会"发生关系之始。梁启超在一次演说中就明确表示："鄙人最初与国家发生关系，即自经营报事始。"[③] 瞿秋白也将参与组织《新社会》旬刊，视作其思想"第一次与社会生活接触"。[④] 这里也略可说明报章如何影响读书人的生活，尤其是如何构成读书人"晋升的阶梯"。

用不着特别指明，隋唐以后绵延一千多年的科举制度，构成中国社会流动的主要管道。流动包括空间上的，也包括身份上的。民国时期读书人的成长轨迹，也显示了新式传播媒介如何使个人与社会建立关联，并仰赖此提升自己的社会地位。换言之，新式传播媒介构成了读书人晋升的阶梯（当然只是阶梯之一）。只是游走的方式各不相同，有的是借助于报章敲开大学之门，有的则是身处大学通过创办报章与社会发生联系。

吴虞通过报章走向大学即是一典型事例。其民初那段时间的日记，对此一过程有形象的展现，昭示出那个年代的读书人，阅读报章已构成基本的生活形态。当吴虞尝试办杂志的时候，其所读杂志便起到示范作用。1914年吴与几位同道商定拟办报刊的内容，要模仿的对象是《新民丛报》，"拟

---

① 臧启芳：《出版与文化》，《晨报副镌》1923 年 8 月 9 日。
② 李欧梵：《五四文人的浪漫精神》，《五四与中国》，时报出版公司，1980，第 296—297 页。
③ 《梁任公对报界之演说》，《东方杂志》第 14 卷第 3 号，1917 年。
④ 《饿乡纪程》，《瞿秋白文集·文学编》第 1 卷，人民文学出版社，1985，第 26 页。

仿之分政治时评、教育时评、社会时评三门也"；稍后又提出："文学之书当以《国粹学报》学篇文篇为依据，择善而从，庶无泛滥之敝。"[①] 1915 年吴为自己发表的文字做了一份清单，涉及杂志有 25 种之多，除省内的成都、重庆等地，还远涉上海、东京。1920 年的一则日记则说明其定购的杂志达 12 种之多。[②] 这些都显示一位读书人如何通过报章与外部世界联系起来。

阅读报刊的过程也是选择同道的过程。凡觉得思想相近者，吴虞便致函相关编辑人员，并奉上自己的文稿，其与《甲寅》《新青年》的关系，即由此肇端。他也希图自己的思想得播于天下，知悉其文稿将刊于《新青年》，他在日记中便写道："余之非儒及攻家族制两种学说，今得播于天下，私愿甚慰矣。"[③] 与《甲寅》《新青年》的关系也成为吴虞晋升之路的重要一环。先是吴虞在给陈独秀的信中，将其文字依次录上，"以求印证"。陈的回信则表示："尊著倘全数寄赐，分载《青年》《甲寅》，嘉惠后学，诚盛事也。"[④] 日记中这方面的例证颇多，显示出读书人与刊物之间的互动是如何发生的。1919 年吴虞在《时事新报》读到朱谦之的《新旧之相反相成》，内中提到"蜀中有吴虞先生者，好为排孔之论，实于新旧递嬗中为尤有功"。为此，吴马上将《进步》杂志所登其关于李卓吾的文字检出寄给朱。两个月后，朱谦之也自北京来函，"请作《李卓吾学记》"。[⑤]

通过报刊发表的文字，吴虞的影响力逐渐扩大。1917 年，主持南社的柳亚子致函吴虞："前从《民国日报》传读大著，知为今世之能倡唐风者，无任佩服"，"窃幸吾道不孤，私以入社为请，甚以先生不弃鄙陋，惠然肯来，则拔帜树帜，可以助我张目"。吴也欣然接受，"将社书填就，即以柳亚子、谢无量为绍介人"。不惟如此，因为在报刊上读其文字而致函吴虞表示敬佩之意的，既有"僻处鄂西"的陈彦徵，复有来自日本的青木正儿。其影响并不限于舆论界，北京大学的大门也为之打开。1917 年其堂弟吴君毅来信言及"日前章行严、胡适之过谈，盛称兄学术思想不似多读旧书者，弟拟荐兄主讲中国文学于北京大学"。1921 年夏天吴正式受聘于北大，因获

①　中国革命博物馆整理《吴虞日记》上册，四川人民出版社，1984，第 121、122 页。
②　《吴虞日记》上册，第 230—231、561 页。
③　《吴虞日记》上册，第 295 页。
④　陈独秀：《答吴又陵》，《新青年》第 2 卷第 5 号，1917 年。
⑤　《吴虞日记》上册，第 462、473 页。

得胡适等人佳评，他也不无骄傲地表示："予之著作，在四川前数年，真有'蜀犬吠日'的景象。近来同调虽多，而'诧异惊奇'的人，委实还是不少。可是一到了人文荟萃的北京，简直欢迎到这种地步，足见社会文化程度上的差异了。"①

无论什么时候，读书人皆有展现其身份意义的象征（其他社会阶层也是如此），变化的主要是表达身份的载体。报章之于民国时期的读书人，正构成其联结社会的"中间环节"。这里并无意说明读书人依托报章形成了单一的角色身份，事实上，民国区别于晚清的主要所在，正在于投身报界的读书人有着多重身份。重要的还在于，新式传播媒介作为"晋升的阶梯"还只是问题的一方面，与此相应的，"以文字谋生"也成为读书人可能的选择。

"以文字谋生"

读书人阅读报章以及为报章撰文，还只是问题的一面，内中涉及"生意"层面的关系不可忽略。报章之经营，本有其"生意经"，促成部分读书人"卖文为生"，也是值得重视的一环。按照陆费逵的揭示，从清末到民国，上海图书市场已逐渐形成一个通用的稿费标准，为每千字2—4元，5—6元的很少，小书坊甚至收每千字5角至1元的书稿。② 很显然，这是伴随报业及新书出版业竞争的加剧发展而来。当文字可以卖钱渐渐成为风气，则不乏读书人将此作为一种职业，一种谋生的手段。包天笑、张静庐等人的回忆中，都涉及这方面的内容，对此略加分析，可窥见其中所发生的转变。

包天笑最初创办杂志时，还谈不到稿费一层。其最初的卖文生涯，是将翻译的两部小说售给了上海文明书局，获得100元稿费。这可不是小数字，除了到上海的旅费，还"可以供几个月的家用"，真是"何乐而不为"。当包天笑略有薄名，别的报章招其加入，就涉及薪资待遇问题。《时报》招其加入，给出的条件是，"每月要我写论说六篇，其余还是写小说，每月送我薪水八十元"。这还不算，后来包又接受了《小说林》的聘任，每月有40

① 《吴虞日记》上册，第361、621页。
② 陆费逵：《六十年来中国之出版业与印刷业》，张静庐辑注《中国出版史料补编》，中华书局，1957，第281页。

元的收入，"每月有一百二十元的固定收入，而我的家庭开支与个人零用，至多不过五六十元而已，不是很有余裕吗？""况且我还有写小说的额外收入呢。"①

张静庐的自传中有一节专门描绘"从酒保到编辑"的经历。他最初充当一家小店的"外账房"，每月薪水4块钱，约在16岁那年开始接触报刊，并进入写作的尝试阶段，刊登最多的是上海《中外日报》的副刊，却未料在天津出版的《公民日报》，居然不打招呼就刊载了其小说，当他去信质询，该报回信表示，"本报即将扩充篇幅，如先生不惮跋涉，愿聘先生为副刊编辑"，还特别说明："因社中经费支绌，请半尽义务，月致车费四十金。"张这样描绘当时的心境："天呀！这是做梦么？'四十元'，这在我是做梦也想不到的。"②

这样的故事，实际上成为民国时期读书人的常态。恽代英的日记就显示一个在校学生与报刊有着非常紧密的联系，成为谋生的重要手段。养家负担甚重的恽代英，向报刊投稿换取现金与赠书券，是支撑家庭生活和学习生活主要的方式。日记中记录了其投稿各杂志的情况，具体收益也详细登录，整个1917年，共得现洋109元、书券35元2角。③茅盾在回忆文章中也谈及其收入情况，从1918年末始，《时事新报》副刊《学灯》以及《解放与改造》半月刊，都陆续约其写稿，这样收入自然增加不少，而在商务的月薪已增至50元，在《学生杂志》上所写稿件还不算在内，"向各处投稿的收入，平均每月也有四十元左右"。④

要说读书人的"生意"，最突出的还是依托于大的书局、报馆。商务印书馆在这方面可谓做得非常到位，也可谓给足了读书人体面。张元济日记中记录了不少与读书人的交往，梁启超与商务印书馆的合作，就构成改善生计的重大转机。1922年张元济在致梁启超的一封信函中写道："前订撰文之约，即自本月为始。弟等之意，仍以按月致送为宜。文兴浓时，可以多做，反是则减少。"他还特别强调"千字二十元乞勿为人道及，播扬于外，

①　包天笑：《钏影楼回忆录》，大华出版社，1971，第173—174、317、324页。
②　《出版界二十年——张静庐自传》，上海杂志公司，1938，第49—50、54—55页。
③　中央档案馆、中国革命博物馆、中共中央党校出版社编《恽代英日记》，中共中央党校出版社，1981，第211、219—221页。
④　茅盾：《商务印书馆编译所和革新〈小说月报〉的前后》，《商务印书馆九十年》，第177页。

人人援例要求，甚难应付"。① 1925 年 8 月 3 日，梁启超在家信中提到该年收入，就说明"商务印书馆售书费两节共收到将五千元"。② 这样的收入，自然不是小数字。梁启超未必具有代表性，但读书人依托于书局与报章却是颇为普遍情形，所谓"以文字谋生"，自也构成民国时期读书人基本的生活形态。

四 政治·思想·学术

报刊所营造的"思想界"展现了民国时期读书人生活形态的一些面相，重要的还不仅是读书人建立起与报刊、新式书局密切的关联，新型传播媒介的流行另有枢机所在，深刻影响读书人的"话语"（discourse）。既如此，也有必要进一步讨论新型传播媒介如何影响民国时期思想与学术的发展。勾画民国时期报刊媒介与读书人的互动，也可以让我们注意到政治因素对思想学术发展的影响，成为不可忽略的问题。这里的关键便在于报刊媒介展示了独特的作用，报刊之所以吸引各方人士投身其中，是看重传媒的作用；既投身于报刊，则不免为其正当性加以辩护，"思想革命"话语由此流行开来，自也是题中应有之义。可以说，要解释五四时期"话语"的流行，不可忽略的还在于报章成为表达政治的重要工具。

"不谈政治"的选择

这里不能不提到王朝崩溃所产生的冲击，它所造成的整体性危机，民国成立后很快就反映出来。还没有从旧王朝覆灭的"震惊"中走出，热闹非凡的民主宪政很快如昙花一现。鲁迅就深有感触地说："见过辛亥革命，见过二次革命，见过袁世凯称帝、张勋复辟，看来看去，就看得怀疑起来，于是失望、颓唐得很了。"③ 鲁迅上述常被人征引的话，道出了民国成立后的景象距离人们的期望甚远。论者以"共和幻象"（phantom republic）描绘革命光

---

① 张元济：《致梁启超书》（1922 年 10 月 12 日），张人凤、柳和城编著《张元济年谱长编》上卷，上海交通大学出版社，2011，第 662 页。

② 梁启超：《给孩子们书》（民国十四年八月三日），丁文江、赵丰田编《梁启超年谱长编》，第 1049—1050 页。

③ 《〈自选集〉自序》，《鲁迅全集》第 4 卷，第 455 页。

辉的式微，正揭示出甫经成立的民国并未能重建社会秩序。[①] 这也难怪，一个古老帝国以往行之有效的统治方式失去效应后，要在较短的时间里重建社会秩序，既不可能，也不现实。

在这种背景下发生的新文化运动，即可视作读书人对政治秩序极度失望的结果。当时组织的很多团体，往往竞相标榜"不党"、不涉及"政界"，只是这样的选择无补于政治秩序的改善，也显而易见。然而，这样的政治走向于报刊的影响颇大，最初是政治热情左右报刊之沉浮；紧接着展开的，既以新文化运动为标识，则杂志的走向也受思想文化因素的主导。

就新文化一代来说，他们之登上思想文化的舞台，祭起的便是"不谈政治"的戒约。1915年陈独秀办《青年杂志》，就明确告白"批评时政，非其旨也"。陈1916年的一篇文字，还将明中叶以来所发生的变化区分为七期，第七期乃是指"民国宪政实行时代"，强调"此等政治根本解决问题，不得不待诸第七期吾人最后之觉悟"。原因在于，"伦理思想，影响于政治，各国皆然，吾华尤甚"，并断言"伦理的觉悟，为吾人最后觉悟之最后觉悟"。[②] 胡适归国后的选择，也颇有代表性。在留学时期撰写的文章中，他就严厉批评中国留学政策偏重实业而轻视文科是"忘本而逐末"。他反诘道："晚近革命之功，成于言论家理想家乎？抑成于工程之师机械之匠乎？"[③]这也规划了其自我角色的方向，归国以后做出相应选择，也便顺理成章："打定二十年不谈政治的决心，要想在思想文艺上替中国政治建筑一个革新的基础。"[④]

对于"不谈政治"的标榜，需要加以辨析，这些言辞并非意味着新文化一代对政治冷漠，而是在政治与思想之间确立了新的路径。《新青年》致力于思想文化，也只是为澄清政治的迷雾，况且该杂志未必就真的"不谈政治"。于新文化一代来说，创办刊物并非意味着远离政治，而是确立了思想具有超越政治的优先性。不单是胡适标榜"二十年不谈政治"，这也代表民初各方人士共同的见解，1913年吴稚晖、蔡元培、李石曾、汪精卫等聚

①　Lucian W. Pye, *The Spirit of Chinese Politics: A Psychocultural Study of the Authority Crisis in Political Development* (Cambridge, Mass.: M. I. T. Press, 1968).

②　陈独秀：《吾人最后之觉悟》，《青年杂志》第1卷第6号，1916年。

③　《非留学篇》，周质平主编《胡适早年文存》，远流出版公司，1995，第361、368页。

④　胡适：《我的歧路》，《努力》第7号，1922年。

谈时就有相同的感受："惟一之救国方法，止当致意青年有志力者，从事于最高深之学问，历二三十年沉浸于一学，专门名家之学者出，其一言一动，皆足以起社会之尊信，而后学风始以丕变。"①

可以说，"思想界"之浮出水面，由于与报章媒介密切相关，从一开始就充满"政治"的考量，与政治有不可分割的关系。以学术相标榜的读书人，尽管常常祭起"不谈政治"的戒约，还是难免卷入"思想冲突"；更何况"思想界"也有"主义"，试图主导现实政治的发展，规划未来的方向；与之相应的，政治势力也会借重于"思想界"。凡此种种，皆说明了"思想界"与政治的关联，也意味着民国时期思想学术的发展与政治的密切关联。

五四时期"思想界"的"分化"以及所发生的"思想冲突"，当时即已成为问题。1920 年瞿秋白注意到"中国社会思想到如今，已是一大变动的时候"，原因在于，"反动初起的时候，群流并进，集中于'旧'思想学术制度，作勇猛的攻击。等到代表'旧'的势力宣告无战争力的时期，'新'派思想之中，因潜伏的矛盾点……渐渐发现出来，于是思潮的趋向就不像当初那样简单了"。②《每周评论》附录的"新旧思想冲突平议"，更展示其中发生的激烈交锋。一篇文章就注意到"近数日来，京城思想界陡起冲突，谣诼丛生，不可捉摸"，还特别说明"新派之主张，多散见于新闻杂志之间；旧派之主张，亦但见诸书函之内"。③ 这里也揭示出在"思想冲突"中，报章杂志作为媒介实际发挥着越来越重要的作用。也正因如此，展示于外界的即是"思想界"的派别之争亦愈演愈烈。

"我们"与"他们"：思想界的联合战线

1922 年周作人在《晨报》发表的《思想界的倾向》，流露出这样的看法："现在思想界的情形……是一个国粹主义勃兴的局面；他的必然的两种倾向是复古与排外。"④ 胡适却以为"这种悲观的猜测，似乎错了"，尤其是"把'不思想界'的情形看作了'思想界'的情形"。在他看来，"现在那些'参禅炼丹，或习技击，或治乩卜'的人，难道真是'思想界'中人

---

① 《吴敬恒选集·序跋游记杂文》，文星书店，1967，第 221 页。
② 《饿乡纪程》，《瞿秋白文集·文学编》第 1 卷，人民文学出版社，1985，第 29 页。
③ 隐尘：《新旧思想冲突平议（一）》，《每周评论》第 17 号，1919 年。
④ 仲密（周作人）：《思想界的倾向》，《晨报》1922 年 4 月 23 日。

吗？……这样的笨伯也当得起'思想界'的雅号吗？"① 这倒是一个有意思的提法。胡适指出"思想界"并非谁都当得起，实际涉及划分"思想界"的标准问题。"思想界"既有不同思想派别的对垒，也会有思想派别之间的联合。五四时期激烈的思想交锋，就明显区分出"我们"与"他们"。

约在 1921 年初，也正是《新青年》杂志闹分裂的时候，胡适写了封措辞严厉的信给陈独秀。信中即将"我们"与"他们"的畛域悉数道出："你难道不知我们在北京也时时刻刻在敌人包围之中？你难道不知他们办共学社是在《世界丛书》之后，他们改造《改造》是有意的？他们拉出他们的领袖来'讲学'——讲中国哲学史——是专对我们的？"② 胡适颇有些责怪陈不能区分"我们"与"他们"，足证他牢固树立了这种意识。后来鲁迅、周作人与陈源之间发生笔战，胡适也致函称："'他们'的石子和秽水，尚且可以容忍，何况'我们'自家人的一点子误解，一点子小猜嫌呢？"言下之意，也努力强调"我们""横竖是水，可以相通"。③

同样的，作为"他们"的一方，也透过所形成的发言台阐明共同的主张。梁启超欧游归来后，颇有在学术上再出发之势头。《改造》出刊时，即标榜"嘤其鸣矣，求其友声"，并明确主张："本刊所鼓吹在使新文化运动向实际的方面进行。"④ 这里的要害是所谓"实际的方面"，试图划出彼此的界限。因此，尽管"东方文化派"来自对手的涂抹，但作为同一营垒，其同道与对手，在他们的言论中还是略有交代。梁漱溟就批评"所谓《新青年》一派的人生观都不能让我们满意"。⑤《东西文化及其哲学》出版后，蒋百里致梁启超信中，不仅称道该书乃"迩来震古烁今之著作"，还说明其"结末之告白"，"大与吾辈自由讲座之宗旨相合"。⑥

无论称为什么派，展现于"思想界"的，则是"联合战线"问题很快就提了出来。尤其是《新青年》同人分化后所产生的联合主张，具有明显

① 胡适：《读仲密君〈思想界的倾向〉》，《晨报》1922 年 4 月 27 日。
② 《胡适致陈独秀（稿）》（1920 年），《胡适来往书信选》上册，第 119—120 页。
③ 《胡适致鲁迅、周作人、陈源（稿）》（1926 年 5 月 24 日），《胡适来往书信选》上册，第 380 页。
④ 《改造发刊词》，《改造》第 3 卷第 1 期，1920 年。
⑤ 梁漱溟：《合理的人生态度》，《漱溟卅前文录》，商务印书馆，1926，第 193—199 页。
⑥ 蒋方震：《与任师书》（1921 年 11 月 26 日），丁文江、赵丰田编《梁启超年谱长编》，第 941 页。

的排他性质，是基于文化立场思考"思想界的联合战线"。1923 年陈独秀就提出了思想界联合战线问题，认为"在扫荡封建宗法思想的革命战线上"，相信"唯物史观"和相信"实验主义"的，应结成"思想革命上的联合战线"。[1] 他还将高唱"精神生活""东方文化"之论调，归为吴稚晖所谓"祸国殃民亡国灭种之谈"。他点到了张君劢、梁启超、章士钊、梁漱溟等人，以深文周纳的方式指出："看他们比曹锟、吴佩孚更为可恶，因为他们的害处大过曹、吴。"[2]

思想界联合战线之议，显示共产党人也有"我们"与"他们"的区分，更说明当时思想界营垒的划分，主要依据文化立场而非政治立场。1923 年邓中夏对思想界进行划分，明确分出"新兴反动派"（即"东方文化派"），又将分了家的新文化运动者区分为"科学方法派"和"唯物史观派"，认为后两派应该"一致向前一派进攻、痛击"。[3] 陈独秀提出思想界的联合战线问题后，邓也接过话题，同样强调"我们应该结成联合战线，向反动的思想势力分头迎击，一致进攻"。[4] 萧楚女也曾撰文指出，在革命的呼声下，尚有几派，还"没有肯把人类和时代合起来去着想"。这里所指的也是"无政府派"、"东方文化派"（含"精神文明派""农村立国派"）和"国家主义派"。[5]

上述种种，大概可以留给我们这样的印象，所谓"思想界的联合战线"在组织上未必有什么具体形式，但各自所表达的主张，似乎又隐约存在这样的"联合战线"。最突出的是，双方均将敌对的一方纳入相应的谱系。这表明 20 世纪 20 年代上半期的中国思想界，识别思想派别的主要因素仍保持鲜明的"文化色彩"，文化的理由，构成思想界识别的重要基础。当然，这只是问题的一面，很快的，"我们"与"他们"的区分，就有了不同的意味；很快的，崛起的"创造社"一群，又在他们与五四一代之间竖起一道屏障，同样将五四一代归入落伍者的行列。而且，进一步的"清算"，还提升到政治层面，将胡适等人归到反动的营垒。

[1]　独秀：《思想革命上的联合战线》，《前锋》第 1 期，1923 年。
[2]　独秀：《精神生活，东方文化》，《前锋》第 3 期，1924 年。
[3]　中夏：《中国现在的思想界》，《中国青年》第 6 期，1923 年。
[4]　中夏：《思想界的联合战线问题》，《中国青年》第 15 期，1924 年。
[5]　萧初遇（萧楚女）：《国民党与最近中国思想界》，《新建设》第 2 卷第 2 期，1924 年。

　　略为勾画五四及后五四时期思想冲突的加剧，大致可以看出"思想界"是以何种方式呈现的。这样的景观，也为当时的研究者所注意到。陆懋德1925年就指出中国今日之思想界，大致可区分这样一些派别：一为民主派与非民主派；二为功利派与非功利派；三为宗教派与非宗教派；四为新文化派与非新文化派；五为社会派与非社会派。① 陶希圣也指出"今日中国的思想界，依然可大别之为三大阵营"："其一为封建社会的回想的阵营，其二为资本主义的模仿的壁垒，其三为社会主义的悬想的阵线。"② 曹亮所著《晚近中国思想界的剖视》，也基于所谓的"新兴的思想"，以及反对这种"新兴思想"的两派加以区分。③ 可以看出，民国时期的"思想界"逐渐成为"思潮"展演的舞台，同时"思想界"所存在的"两派"之争，无论称之为"新"与"旧"，还是自我区分为"我们"与"他们"，皆说明了斗争的复杂性。

"思想界"的"主义"

　　"思想界"成为此起彼伏的"思潮"表演的舞台，只是问题的一面，还有必要进一步追问，"思潮"的纷争因何而起？与各种"思潮"息息相关，甚至可视作更极端化的表现，即是这里要进一步检讨的"主义"。原因在于，无论何种"思潮"，问题的症结往往还落在"学术"与"社会"层面，而"主义"却烙上政治的印痕。研究者已指明20世纪20年代新主义崛起之后，堪称形成了一个"主义时代"，"希望以某种主义去指导、规范政治、思想、文化、教育的活动"。④ 对"思想界"的审察，也难以回避"主义"。不可否认的是，在"思想纷争"的背后，往往都牵涉对"主义"的不同选择，甚而不乏刊物自主选择成为某种"主义"的传声筒，思想与政治，由此也更紧密地结合在一起。在五四这个"趋新"的大舞台，各种"主义"也呈现"你方唱罢我登场"的景象，而且更加明确地与政治立场及政治选择结合在一起。

---

① 陆懋德：《中国今日之思想界》，《清华周刊》第24卷第2号，1925年。

② 陶希圣：《中国最近之思想界》，《四十年代》第6卷第3期，1935年。

③ 曹亮：《晚近中国思想界的剖视》，青年协会书局，1934，第1—2页。

④ 王汎森：《"主义"与"学问"——1920年代中国思想界的分裂》，刘翠溶主编《四分溪论学集：庆祝李远哲先生七十寿辰》上册，允晨文化公司，2006，第123—170页。

施存统 1920 年的一篇短文即表达了这样的意思："我们不要存一个'以一个主义支配世界底野心'。"① 显然，施所批评的，是实存的"有"，对应着五四时代的不少思想与不少的人。马君武也曾痛批流行的"主义癖"："无论何种主张，皆安上主义二字。其中每每有不通可笑的，又有自相冲突的"；如"nationalism"，孙中山称为民族主义，"醒狮"同人则叫作国家主义，却未料以民族主义相号召的国民党，认尊奉国家主义的青年党为仇敌。② 沈定一则将这样的行径形容为"传播主义，维持生活"，并愤愤写道："只是借传播主义来维持生活，就活现一个择肥而噬的拆白党。"③ 这些都点出"主义"在五四时期的具体表现。

五四时期"主义"的流行，确有上述所指陈的问题，不过，"主义"成为政治选择的象征，却也不能回避。透过李大钊、陈独秀的论述，可大体了解"主义"是如何被界定的，成为推动"多数人的共同运动"的重要环节。李大钊就直截了当地说明"问题"与"主义"有不可分离的关系，原因在于，"要想使一个社会问题，成了社会上多数人共同的问题，应该使这社会上可以共同解决这个那个社会问题的多数人，先有一个共同趋向的理想、主义，作他们实验自己生活上满意不满意的尺度"。④ 陈独秀则把"主义"比作行船："我们行船时，一须定方向，二须努力。""我敢说，改造社会和行船一样，定方向与努力二者缺一不可。"⑤ 李、陈的见解，多少说明成长中的中国共产党人如何以"主义"作为政治努力的方向。

胡适"多谈些问题，少谈些'主义'"的议论，显然是有感而发。就是"主义"的积极鼓吹者，也不免对"主义"可能产生的"误导"有所提醒。陈独秀就感叹于"教学者如扶醉人，扶得东来西又倒"，"你说要鼓吹主义，他就迷信了主义底名词万能。你说要注重问题，他就想出许多不成问题的问题来讨论"。⑥ 李大钊则担心"主义"是否有大家都明白的蕴涵，

---

① 施存统：《我们底大敌，究竟是谁呢？》，《民国日报》副刊《觉悟》1920 年 9 月 28 日。

② 马君武：《读书与救国——在上海大厦大学师生恳亲会演说》，《晨报副刊》1926 年 11 月 20 日。

③ 沈定一：《告青年》，《劳动与妇女》第 2 期，1921 年，此据陶水木编《沈定一集》下册，国家图书馆出版社，2010，第 445 页。

④ 李大钊：《问题与主义：再论问题与主义》，《太平洋》第 2 卷第 1 号，1919 年。

⑤ 独秀：《主义与努力》，《新青年》第 8 卷第 4 号，1920 年。

⑥ 独秀：《青年底误会》，《新青年》第 9 卷第 2 号，1921 年。

"世间有一种人物、主义或是货品流行，就有混充他的牌号的纷纷四起"。
"'社会主义'流行，就有'皇室中心的社会主义''基督教的社会主义'
出现"，"这都是'混充牌号'"。①

因此，"主义"的流行，昭示的是政治的选择，是报章媒介作用于政治
的具体体现。胡适与李大钊围绕"问题与主义"的论辩，以及《新青年》
群体的分裂即可说明，其背后的作用力主要还是政治。其中的区别主要在
于，陈独秀毫不讳言要"谈政治"，是因为有了明确的"理想"与"主
义"。胡适也未必忌讳"谈政治"，《星期评论》出版后，他就表示："如果
要使思想革新的运动能收实地的功效，非有一贯的团体主张不可。"只是胡
尚未形成具体的"理想"与"主义"，故仍守护于"谈政治"要基于"研
究的结果"。②

"主义"代表的是思想的立场，也是政治选择的标识，"思想界"成为
"主义"竞逐的战场，也映射出近代中国思想与学术的发展同样受到的"主
义"的束缚，不单政治势力会贴上"主义"的标签，一份刊物尤其是政论
性的刊物，也难免会烙上这一"印痕"。由此也不难理解，报章之于近代中
国有其"政治性"的一面，则思想与学术的成长同样难以避免。

五　民国思想与学术流变之余论

本章基于由"学战"到"思想战"的转变，对于民国时期思想与学术的
成长，只能做片段的呈现。在有限的篇幅下，这样的"书写"，实属不得已
而为之。必须说明的是，民国时期思想与学术的发展，自也展现出多姿多
彩性。如钱穆指明的，"30年代的中国学术界已酝酿出一种客观的标准"。③
所谓客观标准，指的即是相关的学术机构与学科共同体建立起来，学术有
了新的评价体系，大学的逐步成熟、中央研究院等研究机构的成立，皆是
重要的标志。尤有甚者，学术的发展是以知识分科表现的，其中既有我们
所熟悉的历史学、地理学等学科成长为现代学科的一面，也有政治学、社

---

① 常（李大钊）：《混充牌号》，《每周评论》第16号，1919年。
② 适：《欢迎我们的兄弟——〈星期评论〉》，《每周评论》第28号，1919年。
③ 余英时：《犹记风吹水上鳞》，《钱穆与中国文化》，上海远东出版社，1994，第15页。

会学等新兴学科的"援西入中"。前面讨论的不少读书人，往往也都在各学科领域有卓越的表现，成为其身份的重要标识。要具体讨论各学科的成长，显然不可能，只能选择以"外史"的方式展现思想与学术的某些面相。民国时期"思想界"所展示的上述特质，自是思想与学术发展的写照，其留下的诸多问题，也映射出思想与学术发展所经历的诸多曲折。在本章的最后，不妨也对此略加说明。

还在民初时，黄远生即在感叹报馆数量之多"足令人惊骇"，"观此不能不为人物经济及社会经济惜也"。[①] 到 1920 年，陈独秀也阐明："出版物是文化运动底一端，不是文化运动底全体；出版物以外，我们急于要做的实在的事业很多，为什么大家都只走这一条路？"[②] 类似的批评声音所在多有。恽代英更是将"杂志狂"与"新文化潮流"联系在一起，令人叹息的是，在这"学术荒废"的时代，读一两本欧美书报，引用上几句，"亦便足令这些少见多怪的国民，诧为博学多闻"。[③] 罗家伦还具体指出中国学问之零落，思想界的破产，部分即在于大家都热衷读杂志的文章，不去系统阅读专门的著述，"西洋大部有系统的著述，应当从速翻译介绍了！……中国人看西洋的学说，实在可怜得很，可以说是除了杂志而外，其余简直没有几个看过成部的著作，那［哪］能有成熟的学说发现呢？"[④] 这样的观察，颇耐人寻味，可以说对于以这样的方式展现出的思想与学术，读书人也不无反省。

上述批评，都揭示出报刊流行后暴露的种种弊端。事实上，自报刊流行，其特有的表达方式，即招来种种质疑的声音。严复 1902 年的一篇文字就表示："今世学者，为西人政论易，为西人科学难。政论有骄嚣之风（如自由、平等、民权、压力、革命皆是），科学多朴茂之意。且其人既不通科学，则其政论必多不根，而于天演消息之微，不能喻也。"[⑤] 王国维 1905 年发表的《论近年之学术界》，更明确指出晚清报刊文字"但有政治上之目

① 黄远庸：《北京之党会与报馆》，林志钧编《远生遗著》上册，商务印书馆，1984，第163页。
② 独秀：《新出版物》，《新青年》第 7 卷第 2 号，1920 年。
③ 《怎样创造少年中国?》，《恽代英文集》上卷，人民出版社，1984，第 205 页。
④ 罗家伦：《一年来我们学生运动底成功失败和将来应取的方针》，《新潮》第 2 卷第 4 号，1920 年。
⑤ 《与〈外交报〉主人书》，王栻主编《严复集》第 3 册，中华书局，1986，第 564—565 页。

的”，而不知学问为何物：“庚辛以还，各种杂志接踵而起，其执笔者，非喜事之学生，则亡命之逋臣也。此等杂志，本不知学问为何物，而但有政治上之目的，虽有学术上之议论，不过剽窃灭裂而已。”① 张奚若在美国读到《新青年》《新潮》《每周评论》等刊物，更是感触良多：“盖自国中顽固不进步的一方想起来便觉可喜，便觉应该赞成；然转念想到真正建设的手续上，又觉这些一知半解、半生不熟的议论，不但讨厌，简直危险。”②读书人也在进行自我反省。傅斯年在俗世声名如日中天之际选择出国，多少即是身陷于报刊营造的热闹声，越发感到知识的匮乏。他把学术作为支撑大学理想的重要环节，还冀望其同道“切实的求学”，“毕业后再到外国去”，“非到三十岁不在社会服务”。③ 傅斯年的选择，也成为新潮社成员的缩影。

这里的意味是，经历短暂的热闹之后，曾经介入报刊媒介之读书人对于报刊的负面效果，也逐渐有所体认。重拾学术理想，即可视作读书人为此所做的调整。正因如此，也奠定了民国时期思想与学术发展的基调。其中既有热衷为报刊撰文的读书人，也不乏读书人依托于大学校园，“躲进小楼成一统”，守望于“知识的庄严”。不必轻率评价不同选择的得与失，而民国时期思想与学术的发展，由此呈现多元的色彩，却是书写这段历史尤其值得重视的。

---

① 《论近年之学术界》，《王国维文集》第 3 卷，中国文史出版社，1997，第 36—37 页。
② 《张奚若致胡适》（1919 年 3 月 13 日），《胡适来往书信选》上册，第 30—31 页。
③ 傅斯年：《〈新潮〉发刊旨趣书》，《新潮》第 1 卷第 1 号，1919 年。

第二十六章

信仰与社会：民国时期的
宗教变动

民国时期社会变动的影响也体现在宗教自身的变化及其与社会的关系方面。中国的一些知识精英看到不同宗教与国家现代化之间的联系，他们对宗教的质疑最后都转化到国家、政党与宗教关系上。公众话语和对宗教的政治管理确实有了深刻的变化。宗教自身出于现代性的需要也在变。不过，在各种社会力量博弈的形势下，尤其是不同宗教自身条件的差异使改革的热情和能力也各不相同，最后形成了民国宗教多元化、影响差序化的局面。

一 民国初期的宗教格局

民国初年，就制度化的宗教而言，中国已经形成被官方认可的传统宗教和外来新宗教并存的格局。除了伊斯兰教、藏传佛教仍是一些少数民族的民族宗教外，有悠久历史的儒释道继续影响着民众的精神生活。清末时据估计获得秀才以上功名的儒家知识分子约有500万人，他们中的大部分当老师，有一些人提供准宗教的服务，诸如主持家族的婚礼丧仪、祭祖及向神献祭牲畜的礼仪。尽管儒学是否为严格意义上的宗教一直有争议，但其在国家政治生活中准宗教的色彩显然是非常浓重的，[①] 以至于民初立孔教为

＊ 本章由陶飞亚、杨卫华撰写。

① 任继愈主编《儒教问题争论集》，宗教文化出版社，2000。

国教的呼声几度甚嚣尘上。

佛道两大宗教依然是有合法地位的宗教，但自清代以后，佛道二教在历史上的黄金岁月一去不再，在国家政治文化生活中日渐边缘化。在 20 世纪初，佛教僧尼约有 100 万人，绝大多数人是独身的吃素的和尚和尼姑，少部分人住在著名寺庙里，大部分受雇于地方的庙宇。道教的神职人员中正一派道士可以娶妻生子不必出家，全真派道士实行出家制度不可婚娶。他们的人数要比僧人少一些。佛道神职人员通过自己的神学技能为民众服务。因此在与上层社会距离拉大的同时，佛道宗教更深入民间，在普通人民生活中产生持续的影响。从清末直到 20 世纪，除了神职人员和非常虔诚的人，只有很少的平信徒会把自己归入佛教徒、道教徒或儒教徒，但大多数人至少会偶尔涉足各种宗教仪式。例如，多数人尽管不认为自己是道教徒或佛教徒，但会很自然地去邀请和尚或道士主持丧仪，地方社会的精英还会请他们来负责社团生活中如庙宇维修一类的大事，应对自然灾害如瘟疫或蝗灾造成危机形势，或者是不明原因疾病需要神灵的帮助等大事。[①]

事实上，唐宋以来儒释道已经完成了理论上的互相吸收，甚至某些仪式上的通借，这种趋势一直延续到民国。在民间社会常常可以看到既念阿弥陀佛，也请张天师捉鬼，急起来什么神都拜的宗教行为。因此，儒释道在普通中国人的思想中确实早已到了"三教合一"的境界。三教被看成不是互相排斥而是互相补充的。[②] 例如，这样的事情是不足为奇的：有钱人家会同时邀请和尚、道士和儒生来做法事，各自按自己的规矩做事而并行不悖。但在功能上的不同仍是存在的，儒家在祭祖和婚礼方面有特别的作用，道教仪式在村庙举行的共享仪式上起主要作用，佛教则是丧仪的首选。[③]

与此同时，儒释道支配中国人宗教世界的局面，在 19 世纪中叶的两次鸦片战争后被彻底打破。[④] 来自欧美的天主教和基督新教"骑着炮弹"进入

---

①　Vincent Goossaert, "The Social Organization of Religious Communities in the Twentieth Century," in David A. Palmer, Glenn Shive, and Philip L. Wickeri eds., *Chinese Religious Life* (Oxford University Press, 2011), pp. 173–174.

②　刘鹗：《老残游记》，陈翔鹤校，戴鸿森注，人民文学出版社，1979，第 82 页。

③　Vincent Goossaert, "The Social Organization of Religious Communities in the Twentieth Century," in David A. Palmer, Glenn Shive, and Philip L. Wickeri eds., *Chinese Religious Life*, p. 174.

④　王铁崖编《中外旧约章汇编》第 1 册，三联书店，1982，第 54、62、88、95、107 页。

中国，在不平等条约的支持下广泛传播。虽然这一新来却颇为强悍的宗教，在政治与宗教文化的层面遭到中国人的反抗，也激起无数的教案，但作为一种被政府承认的制度化宗教，最终还是在中国社会牢牢扎下根来，给中国的宗教文化带来前所未有的新东西。

例如宗教体制就大不相同。天主教有统一的组织，梵蒂冈的罗马教廷通过教廷传信部监督和协调全世界各修会和教派的活动。在中国，传信部通过称为教皇代牧区的行政区进行活动，每个行政区由教皇代牧领导，代牧在教阶体制中属主教一级。一般说来，教皇代牧区以省为单位，每区委托给一个修会负责。在 19 世纪中叶，中国各省区大致由西班牙的多明我会、耶稣会、遣使会、方济各会、巴黎外方传教会负责，19 世纪 70 年代以后又增加了德国圣言会。所有天主教传教士信仰和宣讲同样的教义，承认和实行同样的圣礼，遵守同样的戒律，服从同一个权威。整个天主教无形中有某种一体化的特点。在经济上天主教依靠罗马和欧洲的财政支持，并在一定程度上依靠在中国经营土地的收入支持传教事业。[①] 在传教方式上，天主教倾向于使整个村子皈依教会，在一些被称为天主教村的村子里形成关系密切的社团，渡过了清代不时发生的冲突危机。

新教不像天主教那样有严密的系统，各国各派的新教团体各自为政，每个差会都有自己的组织、财源和关于基督教真义的信念。[②] 但在基本信仰一致的基础上，它们也组成了以宗派或以地域划分的各类委员会，经常召开大会小会，以协调和推动在华传教。新教传教士的财源主要来自本国社会各界信众的捐款，迅速发展的资本主义工商业保证了在华传教士的财政需求，他们通常不靠中国信徒钱袋来生活，反而为了传教的目的大规模地兴办学校和医院，有时还资助信徒就学求医、建立教堂、开办教会。相比天主教的传教方式，新教传教士的皈依对象是个人，并在文化教育和医疗事业的投入上远远胜过前者。

除了传教体制的不同，基督宗教与信徒的关系也与佛道宗教明显不同。基督教是有强烈排他性的宗教，体现中国中庸文化特征的"三教合一"式的宗教融合，不太可能在基督教与三教之间发生。它要求基督教必须是信

---

① 参见顾卫民《中国与罗马教廷关系史略》，东方出版社，2000，第 121—188 页。

② 参见段琦、陈东风、文庸《基督教学》，当代世界出版社，2000，第 55—64 页。

徒信仰的唯一宗教，而不能同时接受其他"异教"。基督教的传教方法也与佛道教不同，《新约》中耶稣要求门徒走遍天涯海角"作我的见证"，这使虔诚的信徒不仅自己要信奉，还有向别人传播这种宗教的义务与使命。传统宗教在文化心理上对民众的影响方面有自己的历史优势，但守在寺庙道观中坐待信徒上门，和基督教积极发展信徒大不相同。基督教还是一种社区宗教，教会组织延伸到社会基层，耸立在通都大邑到穷乡僻壤的各色教堂按时举行集体宗教活动，教会与信徒始终保持紧密的联系。[1] 基督教还被称为"说的最多""唱的最多"的宗教，布道读经唱诗等活动反复强化信徒的宗教意识，从而也对信徒的社会生活产生经常性的影响。如果说除了佛道神职人员外，很难在世俗社会的基层发现明确的佛道教徒团体，那么那里的天主教和新教的社团则是一目了然的。总之，基督宗教带来的信徒的群体性、凝聚性和社会性在中国宗教史上是全新的现象，在没有这种传统文化的中国社会，有西方背景的基督教团体与中国社会的磨合和为社会接受就会有更多的坎坷。

另外，基督教来自欧美资本主义国家，它宣扬的价值观念在一定意义上是资产阶级意识形态的组成部分。英国新教传教士一般出身于中等阶级，少数进过大学。美国传教士大体来自小城市和穷乡僻壤，男传教士通常是教派大学的毕业生。因其文化教育背景中的现代性因素，在近代中国向现代社会转型的早期过程中，基督宗教特别是新教参与了这种近代化的进程。他们中有许多人是"作为传布福音的人来到中国的，但却因偶然机会"，后来变成传教士医生和教育家。在晚清社会改革运动中，传教士介绍的西学曾经发生重要影响，但随着民国年间留学运动的发展，传教士作为西学传人的重要性日益下降。[2]

因此，尽管到 1949 年中国基督徒的绝对数量有限——天主教徒大约 300 万人，新教徒不到 80 万人，但因其相对集中在城市，在政治和文化上的影响，仍非其他宗教可比。[3] 在一个宗教向来被局限于寺庙宫观的社会，

---

[1]　参见〔英〕约翰·麦克曼勒斯主编《牛津基督教史》（插图本），张景龙等译，贵州人民出版社，1995，第467—490页。

[2]　参见王立新《美国传教士与晚清中国现代化》，天津人民出版社，2008，第285—320页。

[3]　晏可佳：《中国天主教简史》，宗教文化出版社，2001，第194—195页；赵天恩、庄婉芳：《当代中国基督教发展史》，中福出版公司，1997，第60页。

基督教在世俗社会中影响的上升，总是被看成对正统中华文化的一种威胁或者竞争。特别是基督教的传播是和不平等条约纠缠在一起的，伴随基督教事业兴起的是中国国际地位的沉沦，基督教一直被看成帝国主义侵华势力的一部分，出于各种原因的反基督教冲突从 19 世纪中叶以来不绝如缕。[①] 19、20 世纪之交的义和团运动标志着旧式反教斗争最后悲壮的失败，但这并不意味着这种冲突的终结，将要兴起的则是新形势下更猛烈的冲击。

二　从神道设教到信仰自由

与清朝相比，民国是一个政教关系发生重大变化的时代。中国历史上的政教关系中，"宗教一直支持政府，给统治集团以神圣的合法性，并且是加强传统价值的工具，以维持伦理道德秩序。而中国政府为保证从宗教那里得到需要的支持，同时也想减低宗教机构对政治权力的竞争，则对宗教信仰和机构加以严格的控制"。[②] 清王朝在处理宗教问题方面延续了历代封建王朝的老办法，在"神道设教"思想的指导下，尊"圣教"、崇"正学"，继续奉行敬天法祖祀孔的古代准宗教传统，限制和利用佛教道教这样的"异端"，严厉禁止和打击以民间宗教形式出现的"邪教"。[③] 但对待背后有列强支持的基督宗教，清政府在不平等条约的束缚下步步退却，从最初的"阳遵条约，阴拒教士"，到最后不得不放任传教士按西方宗教传统在中国自由活动。显然，清王朝的宗教政策还是前现代国家的宗教政策。它继承中国历朝历代的经验与传统，没有国家定于一尊的宗教，允许多元宗教信仰存在，形成有条件的"宗教宽容"。国家并未陷入由宗教引起的社会动荡，这是其政策有成效的一面。但信仰宗教对国家来说，从未被看成人民的一种感情和精神的需要，更不用说是一种"天赋"的权利，而只是因

---

①　参见赵树好《教案与晚清社会》，中国文联出版社，2001。

②　C. K. Young, *Religion in Chinese Society* (Los Angeles, Berkeley：University of California Press, 1961)，p. 105. 何光沪：《论中国历史上的政教合一》，任继愈主编《儒教问题争论集》，第 176—202 页；黄心川：《论中国历史上的宗教与国家的关系》，《世界宗教研究》1998 年第 1 期，第 1—9 页；戴康生、彭耀主编《宗教社会学》，社会科学文献出版社，2000，第 232—255 页。

③　周振鹤撰集，顾美华点校《圣谕广训》，上海书店出版社，2006，第 62—72 页。

为"神鬼之说"有补充"王道"不足的"功能"。在宗教管理体制方面，清朝中枢一向高度警觉，地方政府则负有重责。晚清最后十年，经义和团一役创巨痛深，官方和各派宗教都有深刻教训。因此民国建立之前的几年，宗教问题包括基督教引起的教案和本土民间宗教引发的冲突都处于低谷时期。

中国新知识分子追求现代国家的努力中，也接触到宗教自由的思想。梁启超戊戌后流亡日本，接受日本关于国家和宗教问题的新理论，认识并宣传政教分离、信教自由这一基本原则。① 梁启超的论述对于扩大信教自由在公共思想界的影响及其作为公民权利的政治含义具有重要意义。1910 年冬，清政府准备实行宪政，许子玉、诚静怡、俞国桢、刘芳等人在北京发起宗教自由请愿会。② 这一请愿活动虽因清廷垮台未见成果，却影响了民国立法。辛亥革命之后，民国政府第一次以立法形式，引入现代国家在宗教上关于信仰自由和政教分离的两大基本原则。③ 1912 年 3 月 10 日《中华民国临时约法》第五条规定："中华民国人民，一律平等，无种族、阶级、宗教之区别。"第六条规定："人民有信教之自由。"④ 其后孙中山对政教分离也做过阐述，他说："查近世各国政教之分甚严，在教徒苦心修持，绝不干与政治，而在国家尽力保护，不稍吝惜。此种美风，最可效法。"中国历来有宗教多元化的传统，但承认信仰宗教是人民的一种自由在历史上是第一次，这表现了资产阶级共和国在宗教问题上的巨大历史进步。同时基于对世界历史经验的认识，孙中山对宗教干预政治的弊端也明确要在法制上严加防范。不仅如此，中国是个多民族多宗教国家，孙中山针对清代的民族歧视和宗教歧视，宣布"今日之中华民国，乃五族同胞合力造成。国家政体既经改良，不惟五族平等，即宗教亦均平等"。这种对各宗教一律平等的宣布，对于在清代屡受镇压的中国伊斯兰教具有特别意义。孙中山对基督教的地位也发表看法，认为清末基督教的传播是清政府在条约束缚下不得

---

① 〔法〕巴斯蒂：《梁启超与宗教问题》，〔日〕狭间直树编《梁启超·明治日本·西方——日本京都大学人文科学研究所共同研究报告》，社会科学文献出版社，2001，第 438 页。

② 《发起宗教自由请愿会缘起》，《圣教会报》第 4 册第 4 号，1911 年，第 38 页。

③ 张训谋：《欧美政教关系研究》，宗教文化出版社，2002。

④ 《中华民国临时约法》（1912 年 3 月 10 日），中国第二历史档案馆编《中华民国史档案资料汇编　第二辑　南京临时政府》，江苏古籍出版社，1981，第 106—107 页。

已的选择，但在民国基督教则享有"完全独立、自由信仰"。①

孙中山虽然强调宗教不得干预政治，但他认为宗教可在国家社会生活中发挥积极作用，"宗教与政治，有连带之关系。国家政治之进行，全赖宗教以补助其所不及，盖宗教富于道德故也。兄弟希望大众以宗教上之道德，补政治之所不及，则中华民国万年巩固"。他在对基督徒的演说中称："为基督徒者，正宜发扬基督之教理，同负国家之责任，使政治、宗教，同达完美之目的。"孙中山还强调宗教徒要发扬爱国思想。他在对伊斯兰教徒演讲时说道："现宜以宗教感情，联络全国回教中人，发其爱国思想，扩充回教势力，恢复回教状态。"在对基督徒的演说中称："更愿诸君同发爱国心，对于民国各尽其应负之责任，有厚望焉云。"②

孙中山在宗教问题上也受到个人经验的局限，认为中国"偶像遍地，异端尚盛，未能一律崇奉一尊之宗教。今幸有西方教士为先觉，以（基督教——引者注）开导吾国"。③作为政治家的孙中山虽然对基督教有特殊感情，但在宗教政策上则真正信奉宗教信仰自由的原则。他将这一思想载入约法，为此后历届政府关于宗教的大纲大法奠定了基础。从此，宗教信仰自由的思想深入国人之心，袁世凯时代虽有立孔教为国教的喧嚣，但终究无法公然否定这一思想和政策。从近代西方信教自由从思想舆论进入国家宪法经历了数百年腥风血雨的洗涤来看，信教自由进入民国宪法似乎来得太容易了。因此，这种所谓的宗教自由有两个先天不足，一是没有近代自由主义政治思想的理论基础，二是缺乏官民公认的现代政治和法律意义上的权利依托和保护。后来的历史将证明在中国实现真正信教自由仍是来日方长。④

不过，民国约法还是开启了宗教活动的新阶段。1920 年的一个全国性的调查表明各省纷纷建立宗教组织开展活动，除了制度化的儒释道外，民

①　《孙中山全集》第 2 卷，中华书局，1982，第 277、477、361 页。

②　《孙中山全集》第 2 卷，第 447、361、477、569 页。

③　《孙中山全集》第 2 卷，第 568—569 页。

④　刘义：《基督徒与民初宪法上的信教自由——以定孔教为国教之争为中心（1912—1917）》，上海大学硕士学位论文，2005 年，第 22 页。

间信仰也相当活跃。[1] 自然，从民初的信仰自由中得益最多的还是基督教。但是，宗教特别是基督教在受益于中国现代化运动的同时，很快受到来自西方新思想激发起来的民族主义的挑战。

三　新思潮与宗教：非宗教运动与非基督教运动

新文化运动转向对宗教的批评，最初起源于反对康有为等倡导的立孔教为国教的运动。辛亥革命后不久，严复、陈焕章及其他一些知识界名流，纷纷鼓吹建立孔教会，把儒学作为国家学说。[2] 康有为联合梁启超和其他进步党成员要求在宪法中承认儒学为国教，在呈送国会的请愿书中说："国家之基在于道德、道德之基在于宗教。"康有为和陈焕章认为，正像基督教赋予西方国家鲜明特征一样，儒学是集中体现中国特点的国粹。不过，尽管康有为主张立孔教为国教，他的目的还是落在政治和伦理方面，并不关心超自然的神学。在他的解释中，儒学与中国人渴望的科学和工业化是并行不悖的。陈焕章还参考比利时、意大利、丹麦、土耳其等国宪法，以证明国教与信仰自由并不冲突。[3] 掌权的袁世凯出于政治目的，也认为立孔教为国并不侵犯宗教自由。[4] 但他在表示支持孔教会的同时，也做出支持基督教的姿态，1914 年特许美国奋兴运动布道家艾迪（G. S. Eddy）在紫禁城开布道大会。但建立孔教的提议还是遭到社会各界的强烈反对，以基督教会和国会中的国民党成员最积极。基督教在北京发起成立反孔教会，天主教、道教、伊斯兰教和佛教都参与其中。为抵消孔教会的请愿信的影响，他们在宗教和世俗报刊中连篇累牍地表达反对的意愿。[5] 在袁世凯否定修宪提议

① 中华续行委办会调查特委会编《1901—1920 年中国基督教调查资料》上卷，蔡咏春等译，中国社会科学出版社，1987，第 107—118 页。

② 韩达编《评孔纪年（1911—1949）》，山东教育出版社，1985，第 5 页。

③ 《孔教会请愿书》，沈云龙主编《近代中国史料丛刊》第 50 辑，文海出版社，1970，第 5120—5127 页。

④ 《大总统发布尊崇孔圣命令》（1913 年 6 月 22 日），中国第二历史档案馆编《中华民国史档案资料汇编　第三辑　文化》，江苏古籍出版社，1991，第 1—2 页。

⑤ Cheng Ching Yi, "Translation of Protest against the Movement in Favor of Making Confucianism a State Religion," *The Chinese Recorder*, vol. XLIV, no. 11（November 1913），pp. 687-688. 参见《中华民国定国教意见书》，《大公报》1913 年 11 月 7—9 日。

后，立孔教为国教的希望成空，这次运动才告平息。但以后袁世凯称帝过程中又意欲立孔教为国教，再次遭到反对。[①] 袁死后修宪之议再起，立孔教之议也重新被提出并得到 19 位北洋将军的支持。天主教与基督教只得再次联手向国会请愿反对设立国教。各界成立宗教自由大会，以徐谦为主席，马相伯、诚静怡分别代表天主教和基督教，佛教、伊斯兰教及其他宗教代表纷纷参与。[②] 国会收到数以万计的通电和联名信，在强大的社会压力下，在宪法修订时宗教自由条款得以通过。[③]

尽管国教之争以孔教的失败告终，但对儒学的批评方兴未艾。《新青年》认为辛亥革命失败了，因为它只改变了政治形式，而没有抛弃作为这种政治形式的社会和哲学基础的儒学。陈独秀、吴虞、鲁迅等以各种形式继续对儒教的批评。这股理性主义与科学主义的浪潮，很快也把基督教纳入批判视野。《新青年》编辑钱玄同最早提出为什么只批评孔教而放过了西方宗教。另一位编辑刘复则提出，任何宗教的价值，都要在对社会有用还是有害的前提下进行重估。中国新知识界的讨论终于指向对所有宗教的批判。恽代英在《新青年》上撰文指出"信仰与知识"是冲突的，以信仰而不是知识来决定接受某种理念是愚蠢的。蔡元培则主张"以美育代宗教"。知识分子中广泛流传的是对超自然神的怀疑思想和对宗教评判必须以社会价值为标准。基督教在反对立孔教为国教运动中奋起抗议引人注目，这反过来使人们质疑有外国背景的基督教是否有资格代表中国人说话。

少年中国学会在这场批判宗教运动中起了带头作用。尽管这个团体在 20 世纪 20 年代初尚不具有特殊的意识形态特征，但它的成员大都具有强烈的民族主义色彩，确信科学是救国的必要工具。其中一些学会领导人熟悉西方无政府主义的作品，并有在法国留学的背景，深受法国战斗的无神论思想的影响。讨论宗教的直接起因是少年中国学会法国支部提议有宗教信仰者不得入会，学会执委会通过这一提议，引起一些人的抗议。在日本留学的田汉提出异议，要求学会重新考虑这一决定，他认为宗教自由是宪法权利，即使不接受耶稣是上帝之子的观念，耶稣和《圣经》的教诲仍有价

---

① 《教团之置疑》，《中华圣公会报》第 7 册第 3 号，1914 年，第 42—43 页。

② 《信教自由会宣言书·约言》，《圣教杂志》第 2 期，1917 年，第 80—81 页。

③ 《近事·本国之部》，《圣教杂志》第 6 期，1917 年，第 266—269 页。

值。① 少年中国学会随即组织"宗教问题"的演讲，翻译西方的《圣经》批判论著。1921 年以后《少年中国》杂志接连出"宗教问题专号"专门讨论宗教问题。② 在中国文化教育界最具影响的基督教成了这次宗教讨论的重点。罗素 1920—1921 年正访问中国，作为一个西方名人，他对宗教的批评更鼓舞了中国的非宗教运动。③ 由于基督教在近代社会中的强势地位及其西方背景，非宗教运动的矛头逻辑地指向了基督宗教，几乎所有文章都旨在揭示基督教的负面形象，进而在国内外形势的变化下从思想批判演变为政治的非基督教运动。

非基督教运动是年轻的中国共产党最早发动的政治运动之一，共产国际派驻中国的代表在运动中起了重要作用。俄共代表在中国传播俄国革命经验之初，主要是在知识分子和青年学生中开展工作，正是在这个阶层中，他们注意到美国基督教青年会在中国青年学生中的广泛影响，并且有一部分"民主派"学生企图利用美国"非侵略性资本"来发展中国的民族资本主义。这显然是要使中国走上美国式的道路，而不是俄国革命的道路。因此，俄共代表认为这种思想具有"空想性质"，要发动"激进"的学生和这种思想展开斗争。④ 处于发展全盛期的在华基督教，张扬地在清华学校召开世界基督教青年学生同盟大会，正好成为一个适当的斗争靶子。对宗教的思想批判运动一变成为反基督教反帝国主义的政治运动。

广义上的非基督教运动从 1922 年 3 月爆发，其间经五卅运动和收回教育权运动的激荡形成几次高潮，一直延续到国民革命军北伐时期。虽然运动最迫切的目标是通过非基督教运动来揭露英美帝国主义对中国的侵略，削弱这些西方国家在中国社会的影响，动员青年投身革命，但对中国社会影响至深的对基督教乃至宗教的一些重要看法都是在这一时期形成的。1922 年 3 月 9 日标志非基督教运动开端的《非基督教学生同盟宣言》，把矛头对准基督教与资本主义经济侵略的联系，它指出基督教不仅是维护资本主义

---

① 田汉：《少年中国与宗教问题》，《少年中国》第 2 卷第 8 期，1921 年，第 57—61 页。

② 见《少年中国》第 2 卷第 8 期、11 期及第 3 卷第 1 期，1921 年"宗教问题专号"。

③ 《少年中国》第 2 卷第 8 期，1921 年。

④ 《关于俄共（布）中央西伯利亚局东方民族处的机构和工作问题给共产国际执委会的报告》（1920 年 12 月 21 日于伊尔库茨克），《联共（布）、共产国际与中国国民革命运动（1920—1925）》，中共中央党史研究室第一部译，北京图书馆出版社，1997，第 54 页。

制度的意识形态，还是外国侵略的一种势力。1923 年 5 月，瞿秋白在《帝国主义侵略中国之各种方式》中提出著名的"文化侵略"说，认为文化侵略就是通过兴办各种留学及教会教育事业来"驯养"和"改制"中国人的"心肺"，造成"亲美派"势力。美国则是最有"能力"搞文化侵略的帝国主义。① 1926 年 6 月恽代英在《反对帝国主义的文化侵略》中则把文化侵略的指控集中到基督教会及其教育活动上，指出其宣传天堂地狱的迷信，使弱小民族不注意眼前所受的切身痛苦；宣传片面的博爱平等，软化弱小民族的反抗。实际上，非基督教运动中流行起来的基督教是帝国主义对中国实行文化侵略的工具、宗教是麻醉人民的鸦片这些论断，形成了当时革命者思想中的集体记忆，成为他们认识宗教的思想基础。② 值得一提的是，恽代英在大声疾呼反对文化侵略的同时，仍保持一种对欧美文化和宗教的客观态度。他认为反对文化侵略"并不是说反对欧美的文化"，反对宗教"并不要将基督教的地位一概抹煞"，并且提倡赞助教会的自立运动。他对基督教及其教育活动的积极意义也有所肯定。③ 不过，这种对基督教及其事业辩证的认识在反帝斗争压倒一切的岁月逐渐被人淡忘，中国革命民族主义者与包括基督教在内的西方侵华势力的冲突才刚拉开序幕。

从基督教一方来讲，非基督教运动激活了中国信徒的民族主义思想。教会中人罗运炎曾说："从此国人对于国家之观念大非昔比。"④ 另一教会人士翟从圣认为英美人士中也有"文化侵略"者，因此就"文化侵略"言，不能不收回教育权。⑤ 不仅如此，非基督教运动对西方在华教会事业形成了民族主义的压力，成为迫使这些事业中的中西人士发动内部改革的动力，以求得教会事业在中国的生存和发展。司徒雷登（J. L. Stuart）在推动燕京大学中国化的改革时指出了中国"日益高涨的民族主义浪潮"对他的影响，

---

① 《帝国主义侵略中国之各种方式》（1923 年 5 月 26 日），《瞿秋白文集》，人民出版社，1988，第 70—80 页。

② 《反对帝国主义的文化侵略》（1926 年 6 月 30 日），《恽代英文集》下卷，人民出版社，1984，第 823—826 页。

③ 《耶稣、孔子与革命青年：在岭南大学演说辞》（1926 年 5 月 22 日），《恽代英文集》下卷，第 815 页。

④ 《罗运炎论道文选》，上海广学会，1931，第 24—25 页。

⑤ 翟从圣：《收回教育权的我见和今后外国信徒办学应取的态度》，《真光》第 25 卷第 2 号，1926 年，第 36 页。

他说："我们认为这些（教会）大学以这样的方式加强中国学的研究，是和中国的民族主义者取得更好的一致立场的最佳途径。"① 运动还推动在华基督教会的改革趋势。中华基督教会发表废除不平等条约大运动宣言，声明中华基督教会与列强不平等条约脱离关系，并联合各界进行废除不平等条约运动。② 这些要求虽然不能完全实现，但基督教的中国化问题终于被提上日程，也取得些许进展。

当然，宗教与中国社会关系的复杂性依然存在。在非基督教运动平息不久，就有宗教界人士担心"宗教在将来的中国，要占什么地位？基督教在中国能不能存在？这完全要看我们信仰宗教的人们，以后怎样去努力了"。③ 显然，宗教的前景在迅速变化的中国社会仍然是不确定的。

四　政党与宗教

国民党的宗教政策

南京国民政府建立后，其宗教政策有两个基本内容：一是在大原则上是奉行民初以后信仰自由和政教分离的基本政策；二是一部分国民党人如戴季陶等认为传统宗教过于迷信，西方宗教则是文化侵略的产物，不利于党化教育，作为新执政者迫切希望在一切可能影响大众思想的领域占有绝对的支配地位。因此在国民党执政之初，一度希望通过行政手段抑制宗教，以三民主义来取代宗教，但在实际中其对佛道教的做法遭到宗教界的抵制，对基督教的政策则受到国民政府与英美等西方国家关系的制约。因此，这两方面都逐步从一厢情愿的政策演变为妥协的做法。

基督教问题是国民党宗教政策的重点。大革命时期在反帝旗帜下，北伐军所到之处教会备受冲击，以震惊世界的南京事件达到顶点。南京国民政府建立之后，中国基督教会中的头面人物——中国耶稣教自立会领袖俞

① 《司徒雷登致燕京大学托事部信》，亚洲基督教高等教育联合董事会档案缩微胶卷第334卷5116部分，第112页。
② 《中华基督教会废除不平等条约大运动宣言》，《真光》第25卷第456号，1926年，第179页。
③ 张钦士选辑《国内近十年来之宗教思潮——燕京华文学校研究参考资料》，京华印书局，1927，第4页。

国桢、余日章等向国民政府呈请通饬各省保护宗教团体，国民政府颁布告示称反帝并非反教和排外，下令保护教会。① 不过，当时国民党内反对英美的民族主义情绪依然高涨，一部分国民党人仍坚持打击教会、反对教会在华兴办和控制文化教育的立场。国民党推行"党化教育"也要对教会教育机构实施控制。② 所有这些都使国民党一面力图压制体制外的学生反基督教运动，一面则由通过政府法令来实施反对"文化侵略"运动中提出的要求。③

所以国民党对基督教政策主要在政治主权方面。国民政府曾发布一系列关于基督教会的政府法令，其中有"严令教会学校应服从中国法令""教会医院医师应服从中国法令"，1929 年 4 月教育部颁布"宗教团体兴办教育事业办法"，1930 年禁止金陵大学开设宗教系，1930 年 6 月严令燕京大学撤销宗教科目。④ 1931 年 2 月，为指导基督教团体，国民党中央民众训练部拟定《指导基督教团体办法》，6 月，经国民党中央常委会审议，改名为《指导外人传教团办法》。按规定，各地外国传教团体应受党部指导、政府监督，各团体如违反该法规定，由政府依法取缔。

不过，在国民党从在野到在朝的地位转化过程中，随着与英美关系日益密切，形势向有利基督教的一方倾斜。1930 年 10 月，蒋介石在上海受洗入教。蒋作为国民党最高领袖而加入教会，其影响显然不能低估。⑤ 其他党国高层信仰基督教者不胜枚举，如四大家族中的三家（蒋、宋、孔）及冯玉祥、张群、何应钦等。此后，国民党高层中基督教徒积极推进"党教合作"。值得注意的是，正如先前基于政治原因的反对，现在则是基于政治原因对基督教的延纳。不仅基督教方面，天主教方面也与国民政府互相联络。⑥ 大致可以说自 20 世纪 30 年代初，反对文化侵略和反对基督教逐渐淡出国民党的舆论宣传。九一八事变后，这种针对英美在华教会事业的民族

① 中国第二历史档案馆编《中华民国史档案资料汇编　第五辑第一编　文化》（2），江苏古籍出版社，1994，第 1096、1097 页。

② 张振振：《我的宗教观》，《民国日报》副刊《觉悟》1928 年 2 月 12 日。

③ 《三十五年来中国之大学教育》，刘寅生等编校《何炳松论文集》，商务印书馆，1990，第434 页。

④ 《三十五年来中国之大学教育》，刘寅生等编校《何炳松论文集》，第 435 页。

⑤ 杨卫华：《蒋介石基督徒身份的建构与民国基督徒的政治认同》，《四川大学学报》2015 年第 3 期，第 27—37 页。

⑥ 《中华民国史档案资料汇编　第五辑第一编　文化》（2），第 1117、1141 页。

主义运动被日益高涨的抗日情绪取代。国民党与基督教的关系日趋融洽，基督教在乡村建设运动及新生活运动中积极与国民党合作，部分实现了所谓的"党教合作"。

但这不等于说国民党对基督教及其在华事业完全放任。作为执政党，它力图把基督教纳入国民政府行政管理的范围，一方面用"宗教信仰自由""反帝不等于反教"来限制民众运动；另一方面，也严厉推行教会学校注册的规定，使在北京政府时期提出的这项政策，在20世纪30年代大致得以实行。对地方上基督教与天主教的一些违法行为，国民政府也予以关注和限制。除了在行政上对教会实施管理外，国民政府对教会的一些要求审慎应对。1935年6月，罗马天主教廷驻华宗主教蔡宁，在给中国官方备忘录中提出三项要求。一是请求在中国宪法中有信仰宗教绝对自由之规定。蔡请求将中国民国宪法草案第十五条"人民有信仰宗教之自由，非依法律不得限制之"中"非依法律不得限制之"删除，因与信仰自由似有矛盾。二是请求教育自由权。蔡认为公教学校固当遵照教育部章程办理，然公教学校对公教学生当有教授教理之自由权，至于教外学生自愿研究教理者，亦当悉听其便。三是请求公教有置产权。所有这些要求均被驳回。① 民国政府未能完全废除在宗教方面的不平等条约，但它对基督教及其事业的管治较之清朝和北京政府时期是大大加强了。

在对待传统宗教方面，国民政府并无多少新的举措。但在教育界主张庙产兴学与宗教界力争保护庙产的冲突中，国民政府显然忽视佛道宗教的权利。1929年1月国民政府颁布的《寺庙管理条例》规定寺庙财产要由地方公共团体与寺庙僧道共同管理，并硬性规定寺庙办理地方公益事业。② 这引起佛道界的不满及许多庙产纠纷。国民政府不得不在11月30日废止前条，重新颁布《监督寺庙条例》。这一条例与此后国民政府内政部和司法院的解释成为国民党对汉传佛教及道教的基本政策。这一政策中，国民政府承认除已被荒废的寺庙，寺庙道观财产属宗教团体所有，地方政府无权处置。但为防止庙产被盗和流失，地方政府有全面监督寺庙财产的权力。国民政府同时规定兴办慈善事业为寺庙的义务，这不仅成为寺庙的沉重负担，

---

① 《中华民国史档案资料汇编 第五辑第一编 文化》（2），第1121—1123、1133、1144页。
② 《中华民国史档案资料汇编 第五辑第一编 文化》（2），第1017—1019页。

而且便利了政府干预。另外政府还规定，佛道教不得兴办与"公益无关"的"佛道教之学校"，这显然不利于汉传佛教、道教培养有文化的神职人员，不利于这些宗教的近代化进程。不过，国民政府虽然保留了相当大的监督权力，但并不主张介入寺庙内部事务，它比较重视佛教、道教界的自我管理，规定"凡和尚之寺庙，均应属于佛教会，道士观宇均应属于道教会"，从而将佛道两教的众多寺庙纳入教会系统，便于统一管理。1931年8月，国民政府颁布不准侵占庙产的法令。

藏传佛教有关方面的事务，由国民政府行政院蒙藏委员会负责。蒙藏委员会为调查各地喇嘛状况以便于管理，特制定《喇嘛登记办法》。该办法要求，除达赖、班禅、哲布尊丹巴外，各地喇嘛均须向蒙藏委员会声明登记。职衔喇嘛未经合法登记，不得享受职衔喇嘛权利；非职衔喇嘛未经合法登记，查出后勒令还俗。这一办法试图建立一个完善的登记管理制度，但在当时动荡的政局下事实上难以实行。1934年1月，国民政府制定《边疆宗教领袖来京展觐办法》，仿照清朝举措，规定"凡蒙藏及其它各地之呼图克图、诺们汗、绰尔济、班第达呼毕勒罕"等藏传佛教领袖，"分为六班，每年召集一班来京展觐"，以"报告边地宗教情形"。1935年12月，国民政府制定《管理喇嘛寺庙条例》，次年1月，又公布《喇嘛奖惩办法》，这两条法规，借鉴清代管理经验，规定颇为详细，但由于藏传佛教主体不在国民政府有效控制范围之内，显然作用有限。

国民政府在举步维艰的环境中，迫令基督教会学校向政府立案，维护了国家主权。它努力将宗教管理纳入法制化轨道，以宗教法规的行政手段促进宗教改良，佛道教近代化有一定进展。但就佛道而言，这一政策的性质是相当复杂的。国民政府以是否有利于自己的统治、是否有益于社会为标准，衡量宗教的进步程度，从理论上说，这有悖信仰自由的原则，从宗教政策的继承性上来看，反映了其与中国传统的"神道设教"的联系。

中国共产党宗教政策的形成

从土地革命时期起，中共走上武装夺取政权的道路，以前对宗教只是居于言者的地位，有了政权之后就面临如何在实际社会生活层面与宗教打交道的问题。其较早的政策性文献是20世纪30年代初红军在江西建立巩固的根据地之后形成的。1931 年 11 月 5 日中共中央给中央苏区指示的"宪法原则要点"中第十三条规定："保证工农劳苦民众有真正信教自由的实际和反宗教宣传自由。"随后通过的《中华苏维埃共和国宪法大纲》进一步对上述原则做了阐述：一是中国苏维埃政权保障工农劳苦民众有真正的信教自由；二是绝对实行政教分离的原则；三是一切宗教不能得到苏维埃政权国家的任何保护和费用；四是一切苏维埃公民有反宗教宣传的自由；五是帝国主义的教会只有服从苏维埃法律时才允许其存在。[①] 这个宪法大纲肯定了信仰自由和政教分离的现代政教关系基本原则，但它将信教自由的权利只限于工农劳苦群众，所谓信仰自由就有了阶级身份的限制。明确声明政府不保护宗教的条文也与保障信教自由自相矛盾。另外，强调反宗教宣传的自由多少会被理解为政府对宗教的倾向性。显然，这一政策表现了年轻的革命政权在激烈的阶级斗争年代处理宗教问题方面的激进性和某种不成熟性。除了共产主义意识形态中的无神论思想与宗教的有神论思想的冲突成为这种政策的思想根源外，这里可能也有自 20 世纪 20 年代以后苏联大规模的反宗教运动对中国革命的某种影响。这一政策在政治上显然有利也有弊，它在打击国民党利用宗教反对共产党的同时，也在社会上不利于驳斥反共势力张扬的所谓共产党"消灭宗教"，不利于消除宗教对中共作为无神论者在处理宗教问题上的猜疑和不信任。

红军长征到陕北之后，中共的宗教政策开始转变。促成变化的原因既有实际斗争的推动也有理论上的思考。首先，是建立国际国内抗日统一战线的需要。在日军侵华大敌当前的局势下，必须团结和动员一切力量进行民族战争，与西方社会和中国社会各个阶层有广泛联系的各教各派宗教团体应当是统一战线中的重要力量。其次，一些红军将领在实际斗争中与宗教界有所接触，对宗教问题有了新的实际经验，例如萧克在与传教士薄复礼的接触中，逐渐认识到寻找"各国各阶级各社会集团共同点"的重要性。[②] 最后，这一时期中共在理论上对宗教的认识有了进一步的发展。1937年李达发表《社会学大纲》，对原始宗教的世界观、观念论与宗教的关系、

① 中央档案馆编《中共中央文件选集》第 7 册（1931），中共中央党校出版社，1991，第 493、775 页。

② 〔瑞士〕薄复礼：《一个被扣留的传教士自述》，张国琦译，昆仑出版社，1989，第 8、6 页。

宗教的起源及其形态、古代宗教的特征及基督教的起源、宗教在现代社会的作用、社会主义建设与宗教的斗争等问题做了系统的论述。1938年毛泽东在读李著中关于宗教问题的论述时，对宗教产生的根源及宗教在阶级社会存在的必然性做了深刻的论述。①

另外，在抗击日本侵略及与国民党的政治较量中，中共更加意识到宗教的重要性。日本在扩大对华战争时，除使用军事、政治、经济等手段外，还千方百计地利用中国和其他亚洲国家的宗教力量，破坏中国的国际和国内抗日统一战线。比如，在佛教广泛流传的东南亚各国，日本大肆宣扬"中国赤祸蔓延，共产党毁灭宗教"，把自己的侵略战争美化为"弘扬佛教的圣战"，甚至欺骗东亚的佛教界，鼓吹通过战争在中国建立佛教的"新摩揭陀帝国"，以此破坏东亚人民对中国抗战的同情和支持。国民党也利用宗教反共。如1943年山东国民党省党部制定的"反共计划书"就指出："运用基督教民，向在当地之外国教师宣传中共之一切暴行，取得国际间之明了与同情。"② 因此，提出一种符合实际的对宗教的方针就成为事关统一战线的重要问题，这就在理论和实际上要求中共在宗教问题上提出新的政策。

最早表现出这种政策灵活性的是1936年中共中央创立全国各党各派抗日人民阵线宣言，宣言表示"不管我们相互间有怎样不相同的主张与信仰……共赴国难"。③ 这就把宗教界纳入了人民阵线的范畴。中共更明确的转变体现在对基督教的政策上。1936年7月，斯诺（Edgar Snow）在延安采访毛泽东时问道："苏维埃对外国传教士的新政策是否意味着将承认他们的财产权？他们是否将继续享有传教、教书、拥有土地、办学校和其他事业的权利？"毛泽东除了将日本传教士排除在外，都做了肯定的回答。④ 此后，陕甘宁边区施政纲领明确允许外国人在尊重中国主权与遵守边区政府法令的前提下到边区进行"宗教的活动"。⑤ 此后，中共从维护抗日民族统一战线

---

① 加润国：《马克思主义宗教观中国化的历史、成就和经验》，《宗教与世界》2012年4月号，http://www.fjnet.com/fjlw/201204/t20120413_192410.htm。

② 《中共党史参考资料》第9册，中国人民解放军政治学院党史教研室编印，1979，第303页。

③ 《中共中央文件选集》第11册（1936—1938），中共中央党校出版社，1991，第18页。

④ 《毛泽东文集》第1卷，人民出版社，1993，第394页。

⑤ 《中共中央文件选集》第13册（1941—1942），中共中央党校出版社，1991，第94页。

的大局出发，相当重视发挥基督教在抗战中的作用。在基督教受到质疑时，《新华日报》以《抗战与基督教徒》为题发表文章，认为"中国的基督教徒……都是很好的爱国主义者"，还特别提出"基督教青年会团结了许多青年，成为中国青年中一种很重要的组织"。① 1942 年 2 月 2 日，在太平洋战争爆发不久，《解放日报》发表社论《在信教自由的旗帜下》，对抗战以来各宗教团体在战争中的贡献，特别是基督教会的活动予以充分肯定。社论还认为不仅在抗战中，而且在建设新民主主义社会中，基督教会也将发挥作用。显然，在中共的宗教政策中，基督教因其特有的组织性和对外联系一直占有重要的地位。

全面抗战时期的宗教政策当然不仅涉及基督教，也是对过去宗教政策的全面修订。1938 年 1 月，《晋察冀边区军政民代表大会决议案》就指出："边区政府应扶植民众团体之组织，予人民以集会、结社、言论、出版及宗教、信仰等自由。"② 1939 年通过的《陕甘宁边区抗战时期施政纲领》进一步规定："在不损害边区主权和原则下，保护一切同情中国抗战国家的人民、工商业者、教民，在边区生产、经营与文化事业方面的活动。"③ 1941年 5 月毛泽东亲自起草的《陕甘宁边区施政纲领》强调：保证一切抗日人民（地主、资本家、农民、工人等）的信仰自由权，尊重蒙、回民族的宗教信仰与风俗习惯。④ 边区政府在对这一条例进行解释时还说明，这里的宗教是指"回教、喇嘛教、天主教等"。"弱小民族、信宗教的，都一样有权利，谁也不能限制谁。"⑤ 1942 年 1 月通过的《中共中央关于抗日根据地土地政策决定的附件》就规定："宗教土地（基督教、佛教、回教、道教及其他教派的土地），均不变动。"⑥ 从没收宗教土地到暂不"变动"宗教土地，这一调整从一个侧面反映了处理宗教问题的娴熟。比较江西时期的宗教政策，这些规定包含新的内容。第一，对宗教信仰自由做了充分的肯定，取

① 《新华日报》1938 年 7 月 12 日。
② 河北省社会科学院历史研究所等编《晋察冀抗日根据地史料选编》上册，河北人民出版社，1983，第 296 页。
③ 《新中华报》1939 年 2 月 20 日。
④ 《毛泽东文集》第 2 卷，第 335、337 页。
⑤ 韩延龙、常兆儒编《中国新民主主义革命时期根据地法制文献选编》第 1 卷，中国社会科学出版社，1981，第 219、225 页。
⑥ 《中共中央文件选集》第 13 册（1941—1942），第 289 页。

消了对宗教自由的阶级限制；第二，政府保护宗教信仰自由，尊重少数民族的宗教权利；第三，取消了对反宗教自由的强调。这一政策具有更广泛的意义，体现了对宗教信仰作为公民权利的尊重。在宗教问题上意识形态的革命性更多地要服从作为国家政权的政治需要。

不仅如此，中共还在理论上向社会各界阐明对宗教的态度。1942 年 2 月 15 日，《新华日报》发表社论《共产党对宗教的态度》，驳斥日本人和社会上有些人认为共产党是宗教的敌人和共产党反对宗教自由的说法。社论承认共产党是信仰唯物主义和共产主义的，但是共产党"主张教会和国家分离"，"国家不偏袒任何宗教"，但不强迫别人遵从共产主义的信仰，"各人有各人的宗教信仰自由"。社论指出："共产党这种对宗教信仰自由的正确立场，现在是如此，将来也还是如此。"这就意味着这种政策并不是抗战的权宜之计，而是一种根本方针。1943 年 7 月 1 日，《解放日报》为纪念中共成立 22 周年发表的社论指出："国家给予人民以言论、出版、集会、结社、信仰、居住、迁徙之自由，并在政治上物质上保证之。"① 1945 年毛泽东在七大政治报告中指出："人民的言论、出版、集会、结社、思想、信仰和身体这几项自由，是最重要的自由。""根据信教自由的原则，中国解放区容许各派宗教存在。不论是基督教、天主教、回教、佛教及其他宗教，只要教徒们遵守人民政府法律，人民政府就给以保护。"②

新政策在很大程度上改善了中共与宗教界的关系。中共与西方传教士也有接触和交往。周恩来在全面抗战初期到武汉开展工作，汉口公会大主教美国人吴德施（L. H. Roots）积极参与八路军驻武汉办事处的活动，周恩来通过他向国际社会介绍中共领导的抗日战争。③ 全面抗战期间到过延安的西方传教士为数不少。1941 年到延安的加拿大传教士罗天乐（Stanton Laut-enschlager）后来写了《与中国共产党人在一起》，向世界介绍中共领导对宗教问题的新看法。1938 年曾由平凉到庆阳视察教务的西班牙天主教主教高金监（Bishop Ignacio Gregorio Larrañaga Lasa）1944 年 11 月再到边区庆阳时，对中共掌管下边区"人民信仰自由、政治民主"颇为赞叹。④ 外国传教人员

① 《中国共产党与中华民族——为中共二十二周年纪念而作》，《解放日报》1943 年 7 月 1 日。
② 《毛泽东在七大的报告和讲话集》，中央文献出版社，1995，第 66、90 页。
③ 《人民日报》1993 年 9 月 12 日。
④ 《解放日报》1944 年 11 月 1 日。

在边区的亲身经历有利于打破国民党对解放区的封锁，使当时盛传的"共产党消灭宗教"的谣言不攻自破，大大提高了中国共产党的国际声誉。

中共还同一些宗教界知名人士建立联系。1939年5月，周恩来在汉口专程拜访基督教人士吴耀宗，向他表示："马列主义者是无神论者，但是尊重宗教信仰自由，并愿和宗教界人士合作，共同抗日。"① 1941年12月和1943年5月，周恩来又两次会见吴耀宗，详细阐述共产党的宗教政策，并对宗教界人士为抗战所做的工作给予高度评价。1939年4月6日，天主教爱国老人马相伯百岁诞辰时，中共中央致电祝贺，称他为"国家之光，人类之瑞"。1940年9月，彭德怀在中共北方局党的高级干部会议上的报告中指出与教会"建立了一些友谊关系"。②

除了基督教，中共领导与传统佛道教上层人士也多有往来。1939年4月，周恩来和叶剑英在南岳会见祝圣寺法师暮笳、演文、巨赞等人，和他们一起讨论抗日救亡工作。周恩来在巨赞的纪念册上亲笔题词"上马杀贼，下马学佛"，在佛教界产生很大的影响。后来，巨赞法师同暮笳法师率南岳僧侣200多人，发起组织"南岳佛教救国协会"。叶剑英知道后建议改称"南岳佛道教救难协会"，以体现"佛教救苦救难"的宗旨，团结更多的和尚、尼姑和道教徒一起从事抗日救亡运动。对少数民族宗教，中共也高度重视。1940年11月，延安召开了中国回教救国协会陕甘宁边区第一次代表大会及回教文化促进会成立大会。为争取广大伊斯兰教徒抗日，中国共产党的许多领导人赴会并发表讲话。共产党对宗教界上层人士的争取工作，调动了宗教界抗敌的积极性，也消除了宗教界对共产党的不少顾虑。

不过，正如中共文件中所指出的，各级干部中还存在"轻视教徒的偏向和反迷信的急躁简单心理"。③ 即使在陕甘宁边区，由于历史原因和认识原因，执行政策中往往还有"左"的做法，占用宗教场所和财产的事情在

---

① 《立场坚定，旗帜鲜明，艰苦朴素，平易近人——纪念周恩来同志诞辰八十一周年》，《文汇报》1979年3月5日。

② 《晋察冀抗日根据地史料选编》下册，第410页。

③ 山东革命历史档案馆等编《山东革命历史档案资料选编》第17册，山东人民出版社，1984，第114—116页。

边区和根据地多有发生。① 这表明制定和执行成熟的宗教政策，对正在探索革命道路的中国共产党来说，仍然是一个有待解决的问题。

五　宗教自身的变革

20世纪上半叶对宗教来说也是不平常的年月，剧变的形势向宗教提出挑战，各宗教都实行过一些改革计划和措施，但各教改革力度不同，结果也有参差。

佛教的改革

这一时期佛教发生了一系列变化。佛教弘法的手段得到更新和扩展，各种新技术和新媒体的引入使讲经弘法更具现代色彩，其中最引人注目的是大量佛教报刊的创办。最早的是1912年狄楚卿在上海创办的《佛学丛报》和1913年太虚在上海发行的《佛教月报》，而历史悠久、影响最大的是太虚1920年创刊的《海潮音》，学术价值最高的则是欧阳渐1923年开始在南京刊行的《内学》。其他或长或短、宗旨不一、遍布全国的佛教佛学报刊不胜枚举。② 佛教弘传的中心逐渐从山林转向城市，社会基础从地主、农民渐渐向工商业者、知识分子倾斜，教团结构从寺僧中心、僧主俗从转向僧俗结合。居士在佛教中的地位日趋重要。佛教宗旨从厌弃人生的彼岸走向利乐人生、庄严国土。佛教的社会功能也从荐亡超度、满足部分厌世阶层的宗教需要转向服务社会甚至救国救世等世俗层面。③

佛教传统僧团由于制度的腐化以及囿于寺院与社会的隔离，不能适应新的社会形势。晚清时受庙产兴学风潮刺激的各地寺庙住持就纷纷组织僧教育会，成为近代佛教组织化的雏形。入民国后各类佛教组织层出不穷，各省及地区性的寺院有联络协调的组织、讲经会和佛学研究团体、居士修

---

① 《晋察冀抗日根据地史料选编》上册，第18页；齐心等编《陕甘宁边区政府成立50周年论文选编》，三秦出版社，1988，第242—243页。

② 温金玉：《中国社会的巨变与近现代佛教的转型》，觉醒主编《佛教与现代化》（上），宗教文化出版社，2008，第74页。

③ 陈兵、邓子美：《二十世纪中国佛教》，民族出版社，2000，第26页。

行和弘法团体、救济和慈善组织等，①甚至有模仿基督教青年会的佛化新青年会之组织。

各类性质不一的地区性组织还谋求建立全国性的佛教团体以维护佛教界的利益。在民初乱局中佛教界备受压力，教产屡被侵夺，激发各地名僧创立全国性组织。如 1912 年立孔教为国教的争议推动欧阳渐等在南京发起成立中国佛教会。1912 年 4 月敬安以原有各省僧教育会为支部，以统一佛教、弘扬佛法为宗旨，在上海创建全国性佛教团体中华佛教总会。尽管对外宣称是推动教育发展，但其初衷是保护庙产。总会存在的短短几年间主要精力都耗费在与袁世凯政府打压佛教的政策博弈上。敬安 1912 年北上谋求总会登记备案和合法化，在与北京政府的交涉中受辱悲愤而逝，全国震惊。后经熊希龄斡旋，袁世凯为免众怒而对之予以核准。总会 1913 年在上海静安寺重开成立大会，但因内部新旧两派意见不合只能勉强维持。随着政府颁布寺庙管理条例对寺院加强控制，总会的抗争失败，终在 1918 年遭段祺瑞政府取缔。总会结束之后，佛教界谋设全国性组织的尝试并未停歇，但多以失败告终。直到 1929 年随着第二波庙产兴学风潮的兴起，创建全国性组织以团结抗争更形迫切，终于在上海召开 17 省佛教徒代表会议，成立中国佛教会，选举圆瑛为主席，并获蒋介石核准备案，成为合法性团体，促使国民政府对寺庙管理变得温和起来。但外在压力减轻后，中国佛教会内部企图依靠这个全国性组织保护教产的保守派和想借此改革全国佛教的革新派斗争趋于白热化，导致领导层分裂。特别是圆瑛和太虚的矛盾加剧，太虚辞职，圆瑛继续领导中佛会。后由国民政府介入调停及在团结抗战的大局下纷争暂时停歇。南京陷落后，以圆瑛为代表驻留上海和以太虚为核心西迁重庆的两派再起纷争。因战争阻隔，两派实际上只能在影响所及范围内各行其是。太虚领导下的重庆中佛会临时办事处在战时伤病救护及灾区救济方面贡献卓著，发挥了团结佛教界抗日的作用。1940 年圆瑛辞职后，太虚派得以执掌中佛会，继续为佛教的权益与政府抗争，战后则负责接收日伪佛教的事宜，直到 1949 年解散。②这个佛教的全国性组织实际上是松散的，要将派别分殊的寺庙结合到一起并非易事。

---

①　邓子美：《传统佛教与中国近代化》，华东师范大学出版社，1994，第 198—199 页。

②　陈兵、邓子美：《二十世纪中国佛教》，第 35—55 页。

　　佛教教育在民国时期继续发展。清末大规模庙产兴学使佛教界认识到与其让佛教产业遭遇没收，还不如自己起来开办教育事业，新式的学校化僧教育随之出现。1906 年经敬安抗争获得清政府自办学校的许可后，寺院开办的新式佛学堂在各地涌现，多为兼顾僧俗的中小学校。影响最大、真正成为近代佛学教育开端的是 1908 年居士杨文会汲取基督教和日本佛教的经验创办的祇洹精舍。该校兼重僧俗，设内外班，内班为僧教育以提高僧尼素质，外班为社会教育以扩大佛教影响。精舍开办不到两年因经费不继停办，但从中走出大批佛教人才，成为民国佛教革新的前驱和中坚，其中最著名的是太虚和欧阳渐。① 在此基础上，民初佛教新式学校比比皆是。其中最著名的是月霞 1913 年在上海由哈同夫人支持创办的华严大学。受基督教兼重神学教育和世俗教育的影响，佛教也力图将僧尼教育和社会教育并举。但实际上，在社会教育上佛教大都停留在兴办小学等基础教育上，部分甚至带有一定的慈善救济性质，与体系化的基督教教育不能相提并论。②

　　但在僧尼宗教人才的培养方面，民国佛教界取得了一定成绩。其中 1922 年欧阳渐在南京建立的支那内学院和同年太虚所设的武昌佛学院成为佛教教育的标杆。两院都借鉴普通教育制度设立了从初级到研究的正规学制，学科设中学、大学（又分补习科、预科、特科、本科，本科又分设法相、法性、真言三门）、研究（又设正班和试学班）、游学。这是一套完整的学制设置，是近代佛教教育在学制上的一大改变。这套制度都呈报内务部、教育部备案。③ 两院兼授佛教和其他人文自然科学知识，但由于师资限制，实际上只能保证佛学的正常或系统教授。欧阳渐的支那内学院重在设置居士道场以培养佛学研究专门人才，它改变传统的注入式方法，"教授以诱进阅藏、开启心思为鹄的"，求学者数以千计，培养出吕澂、汤用彤、熊十力等一代学术大师，成为民国佛学研究的主要基地，后因抗战迁蜀通称蜀院，1943 年欧阳渐逝世后由吕澂继任，直至 1952 年停办，成为延续时间最长的佛院之一。但这种囿于居士佛学的办学模式及其对僧界的挑战遭到批评。太虚曾撰文指出其狭隘，与造就新式僧才的愿望大相径庭。太虚在

　　①　邓子美：《传统佛教与中国近代化》，第 108—110 页。
　　②　陈兵、邓子美：《二十世纪中国佛教》，第 99—100 页。
　　③　耿敬：《中国近代佛教教育的兴起和发展》，http://read. goodweb. cn/news/news_view. asp?
　　　　newsid=47728。

武昌因著名居士李隐尘、陈元白等人的支持而创办武院。武院的办学模式凝聚了太虚的僧教育思想，积极汲取传统和现代教育的精华，吸收杨文会和日本佛教的教育理念，僧俗并重，取得了一定效果。但因为太虚集中于培养一代僧才的坚持与支持其办学的居士希望学僧和居士并重的愿望相左，武院的实践并未达到预期的目标，太虚本人最终挂职而去。其后太虚及弟子兴办的佛学院达四五十所，但直到 1946 年去世，太虚将传统丛林教育和近代新式教育相结合，培养德才兼备的新式僧才以承担现代佛教改革的目标还远未实现。一些接受新式僧教育的学僧不甘贫苦淡泊的持戒生活，以致丧失对佛教的信仰而还俗，凭借所学而另谋他途。除欧阳渐和太虚外，圆瑛、虚云等高僧也创办了一些高质量的佛院。

　　太虚的"人间佛教"是民国佛教改革的一个高峰。太虚早年出家，在遍访佛教名山名师的同时受到维新派革命党及西方社会主义的影响。在佛教革命的旗帜下，他致力于创设全国性佛教组织，推动面向整个佛教的改革。1912 年他与仁山拟建佛教协进会，试图以镇江金山寺为基地推动佛教改革，但其激进的变革遭遇保守派反抗而失败。1913 年在上海佛教界举行的敬安追悼大会上，他在演讲中再次提出佛教革命的口号，倡导三大革命：教制革命，以僧伽制度改革为先导，废除传统剃度制和子孙住持制，创办佛教大学，从学僧中选拔住持；教产革命，化寺院财产住持私有为佛教公有，转换庙产功能，兴办佛教教育和社会慈善事业；教理革命，祛除佛教曾被帝王以鬼神祸福作愚民工具的迷信，从重死后转向厚现实，以佛教研究人生真相以指导世界与人类。[①] 但这种激进主义并没有得到佛教界的广泛认同，太虚从教界宠儿逐渐成为避之不及的弃儿。失败后太虚在普陀山闭关三载，总结改革教训，1917 年出关，随同出关的还有他著名的《整理僧伽制度论》，以提高僧伽的学养和能力为出发点，提出改革僧伽的构想，此书后来一再完善，成为其改教思想的精华。但其中浓厚的乌托邦色彩使其就像康有为的《大同书》一样没有完整实践的机会。

　　不过，太虚受基督教在中国社会影响广泛的刺激和启发，较早认识到佛教必须走进人间发挥社会功能。1928 年太虚首次演讲人生佛教，1934 年发表《怎样来建设人间佛教》，其"人间佛教"思想逐步走向成熟和系统

①　邓子美：《传统佛教与中国近代化》，第 148—149 页。

化。"人间佛教"以净化社会、建设人间净土为宗旨，强调佛教必须适应现代社会，关怀社会，进而提升社会。[①] 太虚的"人间佛教"思想在 20 世纪 30 年代一度勃兴，推动佛教转向世俗化、人间化和生活化。当然太虚也明了世俗化的限度，世俗化不能以神圣性的丧失为代价，关键在把握好神圣与世俗的界限。但人间佛教的进程被随后的战争打断，在太虚生前实践的成效不大，最终在其身后于大陆和台湾分别开花结果，成为现代佛教的潮流。他现在被世界所有大的佛教组织领袖称为改革之祖。

道教：本土宗教的衰微

民国道教仍延续正一派和全真派并立的格局。正一派以江西龙虎山上清宫为中心，奉天师为教主，以"祈祷"（求福消灾）为宗旨。全真派以北京白云观为中心，奉丘处机为教主，以"修养"（长生不老）为宗旨。但实际上全真派也多兼行斋醮祈禳，与正一派的差别日益缩小。与佛教、伊斯兰教的宗教复兴相反，作为中国本土宗教的道教在民国时期继续走向衰微。中国思想界对道教的批评一直非常猛烈。五四新文化运动中，陈独秀、钱玄同、鲁迅等对旧宗教、偶像崇拜，以及对关帝、吕祖、九天玄女等道教神仙进行了抨击。

中国政治变动屡屡波及道教，南方正一派中心龙虎山首当其冲。1912年，江西都督李烈钧借破除迷信取消张天师的封号及封地，六十二代天师张元旭仓皇逃往上海。后经张勋斡旋，在袁世凯治下得以重获封号并发还田产。[②] 1927 年北伐军到江西后，国民党内的共产党员方志敏、邵式平等发起农民运动打砸天师府，活捉张恩溥，收缴天师玉印宝剑，破毁天师关押妖魔之处。尽管在国共分裂后天师被释，但经此变故威信扫地。1928 年国民政府颁布神祠废存标准，在被废止的神祠中，如供奉岳飞、关帝、土地神、灶神、太上老君、三官、天师、龙王、城隍、文昌、送子娘娘等的庙观皆属道教。尽管这一决定未能彻底实行，许多寺庙观庵还是被废除。中共革命根据地的反迷信斗争也波及道教及其宫观。1935 年，天师张恩溥要求国民政府请赐封印遭到拒绝。张本人缺乏修行的精神造诣，在道教的革

---

① 陈兵、邓子美：《二十世纪中国佛教》，第 205、218 页。

② 牟钟鉴、张践：《中国宗教通史》（下），社会科学文献出版社，2003，第 1068—1069 页。

新上并无多少建树，不能承担起道教现代转型的历史使命。尽管天师称号仍按教内传统传承，但在教内也遭遇冷落。他数次企图以组建道教全国性组织的方式重建权威，但成效甚微，1949 年他悄然离开大陆迁往台湾。

在南方正一派中心龙虎山权威失落时，北方的全真派祖庭北京白云观尚能正常运转。白云观在陈明霈（1911—1936 年任住持）时代确有振兴的迹象，1912 年他发起成立中央道教总会，在宣言书中声称道教为中国国教，古今中外文明之精华，为救国救世之不二法门，但成效不大。[①] 此后他多次开坛传戒，举办祈祷法会，修缮白云观，重印道藏，著书立说，交好北洋政要，成为一代名道。但在南京国民政府成立后，1930 年白云观因没有遵守北平社会局的登记令而发生第一次住持危机，陈明霈被革职，后在被迫认捐后复职。但 1936 年陈病卒后，白云观围绕安世霖的住持资格陷入第二次住持危机，社会局在调查后发现安的继任违背道教诸山推举的惯例，且在呈报中有蒙蔽之嫌，遂反对安继任，但因寺庙登记任务的迫切，或有权势人物的插手，社会局转变态度，同意安以监院身份暂代住持，但其权威和合法性的不足成为后来的悲剧根源。[②] 1946 年，安世霖等人被反对派依据太上清规以火刑处死。惨案发生后，反对派遭遇法律的惩处，白云观也被当局查封，后北平道教整理委员会成立白云观临时保管委员会代管，并于1947 年邀请沈阳太清宫赵诚藩为监院，住持一职则一直阙如。[③]

民国道教也有组织化的努力。1912 年，以北京白云观为中心的 18 所全真派道观代表在北京联合成立中央道教总会，并向袁政府登记获准，道教第一次有了合法的全国性组织，但局限在全真派范围。其分会中影响较大的是 1913 年成立的四川道教总分会。正一派在 1912 年成立中华民国道教总会，以上海为总机关部，以龙虎山为本部，以北京为总部，但除其上海总机关部稍有活动外，并未在全国层面开展事务。这两个名为全国性的道教组织充斥宗派之见，不能算真正意义上的领导全国道教的团体，并且因为领导、组织及经济支持的匮乏，也缺乏应有的力量与权威，因此超越宗派

---

① 唐大潮编著《中国道教简史》，宗教文化出版社，2001，第 353—354、382 页。

② 付海晏：《1930 年代北平白云观的住持危机》，《近代史研究》2010 年第 2 期，第 93—108 页。

③ 付海晏：《安世霖的悲剧：1946 年北平白云观火烧住持案研究》，《中央研究院近代史研究所集刊》第 62 期，2008 年，第 43—86 页。

的联合是大势所趋。1936 年两派合作，在上海成立中华道教会，惜尔后因时局巨变而终止。直到 1947 年两派才重新联合，创设上海市道教会，并拟以此为基础谋设全国性组织中国道教会，但因正一派代表张恩溥和全真派代表李理山意见不合，结果不了了之。① 民国道教组织化程度较其他宗教相形见绌。

　　道教的振兴虽然举步维艰，但在理论上也有革新的努力。其代表是居士出身的陈撄宁。陈氏有感于基督教的冲击和道教的颓势，强调道教是中国文化的根基，呼吁把道教从出世的狭隘中解放出来，承担起救国救世的责任。他提倡道教生活化、普及化，将以往秘而不传的道教炼养学转化为普适性很强的修炼养生学。陈对道教与时俱进的重要贡献是将历来主要被包容在道教思想中的修炼养生内容，明确地概括到“仙学”的旗帜之下，并主张仙学脱离儒释道三教而独立，只讲道教的炼养学说而反对符箓派的低俗迷信，以提高道教的文明程度，避免遭遇科学的诘难而被淘汰。他积极进行仙学和科学的现代调适，将仙学和人体探秘及中医结合起来，在将仙学纳入科学轨道的同时强调仙学优于科学。陈撄宁还开展重振道教的实践活动，他收授门徒，烧炼外丹 10 年。失败后转向内修，并借助办刊、办学等现代手段弘扬仙道。他也积极参与道教全国性组织的创建，为道教的统一而努力。尽管陈没能进入中华道教会及上海市道教会的领导层，但是两会最重要的文献《中华全国道教会缘起》《复兴道教计划书》都出自陈之手。后者提出“讲经、道学研究、报刊、图书、道书、救济、修养、农林、科仪”九方面的道教复兴计划，是道教走向现代化的一份纲领性文件，陈事实上成为两会的精神领袖和文化旗手。② 陈氏对道教的创造性转化有重要贡献，被誉为与佛教太虚、儒家冯友兰齐名的一代道教大师。③

　　另外，道教在政界和知识分子中遭遇冷落，却在民间获得了发展。各种通俗形式的道教活动在民间越发活跃。关帝、文昌等道教神祇仍为广大民众所敬拜，并对各种民间秘密宗教产生极大的影响。④ 正因下层百姓的需

① 唐大潮编著《中国道教简史》，第 381—388 页。
② 参见刘延刚《陈撄宁与道教文化的现代转型》，巴蜀书社，2006。
③ 刘延刚：《太虚、陈撄宁与佛道两家的现代化》，《中州学刊》2004 年第 5 期，第 158—160 页；《陈撄宁仙学思想的现代性特点》，《社会科学研究》2004 年第 3 期，第 70—72 页。
④ 卿希泰：《中国道教史》（4），四川人民出版社，1996，第 225 页。

求，民国年间仅上海新建、重修或改建的全真派道观达 10 所，而正一派道观则多达 17 所。1912—1937 年仅本、苏、锡、宁四大帮道院、道房就达 74处，其他客帮尚未统计在内，以至"路路见道堂，处处有道房"。①

内地伊斯兰教的文化复兴

晚清时期伊斯兰教因受政治"叛乱"的牵连而命运多舛。民国年间伊斯兰教终于迎来了新的发展机遇，改变了清代那种自我封闭的状态，最终实现了内地伊斯兰在思想和文化上的复兴，② 被顾颉刚称为"近代中国回教徒第一次自觉发动的文化运动"。内地穆斯林的教派观念相对淡漠，这使他们能免除教派纷争而相对团结地迈向现代。

教育成为伊斯兰文化复兴的重要内容。一是在延续明清以来以培养阿訇为目的的纯宗教的经堂教育同时，兴办中小学和师范学校。③ 在北京、济南、上海、杭州、昆明等地都有一批比较成功的中小学和师范学校。二是赴海外留学。不同于基督教的走向欧美，阿拉伯国家成为他们留学的圣地。早期多为个体行为。20 世纪 30 年代后，随着一些伊斯兰教新式学校的建立，开始有计划、有组织、成批量地派遣学生赴外深造。先后有 6 批 30 多名留学生赴埃及深造，埃及著名的宗教学府爱兹哈尔大学成为接纳他们的摇篮。④ 这些留学生通过深造不仅开阔了眼界，把阿拉伯国家优秀的文化带回中国，其本身也成为中阿文化交流的重要桥梁。许多人回国后，成长为中国著名的伊斯兰领袖、学者，像马坚、庞士谦、纳训、纳忠等是其中的杰出代表。三是创办刊物。1908 年留日伊斯兰教徒创办的刊物《醒回篇》以强烈的民族、国家、社会和宗教的关怀为民国伊斯兰教的发展定下了基调。入民国以后，各种伊斯兰教报刊先后诞生。这些宗旨不一的刊物在教育、学术、宗教、救国方面充当广大伊斯兰教徒的喉舌，引导他们走向现代和强化他们的国家意识。其中影响最大的是 1929 年马福祥、唐柯三、马松亭等在北平创办的发行长达 20 年、内容丰富的《月华》，刊物远销国外

---

① 《陈莲笙文集》（下），上海辞书出版社，2009，第 265—277 页。
② 傅统先：《中国回教史》，宁夏人民出版社，2000，第 149 页。
③ 马景：《民国穆斯林精英与经堂教育改良思想》，丁士任主编《伊斯兰文化》，甘肃人民出版社，2010，第 212—224 页。
④ 秦惠彬：《伊斯兰教志》，上海人民出版社，1998，第 168—172 页。

10 多个国家。伊斯兰教徒还兴办出版机构，影响较大的有 1930 年买俊三创办的上海中国回教经书局等，推动了伊斯兰文化的繁荣。①

伊斯兰教文化复兴推动组织化程度的提高。近代以来以清真寺为中心带有区域性和独立性的教坊制组织显现出分散性的特点。晚清时期伊斯兰教已有因教育或政治等目的而组成的特定社团。② 1912 年王宽在北京发起中国回教促进会，以"联合国内回民，发扬回教教义，提高回民知识，增进回民福利"为宗旨，延请王静斋等阿訇翻译《古兰经》，设立清真中小学及阿拉伯文专科学校，普及回民教育，设立讲演社，刊行《穆光》，倡设男女工艺厂并力谋改进回民生计，发展慈善事业，调解回民内部意见冲突及教条之争议，维护回民信教自由等。之后又有学术社团出现，1913 年和 1917 年先后在北京成立清真学会和清真学社，但影响最大的是 1925 年哈德成等在上海成立的全国性的中国回教学会。

伊斯兰教还成立了一些救国团体。影响最大的是 1937 年王静斋、时子周在河南发起成立的中国回民抗日救国协会，1938 年迁武汉后改名中国回民救国协会。唐柯三、孙绳武等政府官员加入后，其性质由民办变为官办。1939 年更名中国回教救国协会，随后迁重庆。1946 年改名中国回教协会，迁往南京，白崇禧出任理事长。1949 年随国民党迁台。该会以"兴教建国"为宗旨，以提高穆斯林知识水准、增强经济能力为己任，出版刊物，宣传抗日，组织对外访问和朝觐团向阿拉伯国家揭露日本罪行，在伊斯兰教界曾产生一定影响。③

西北伊斯兰教的新教派运动

中国伊斯兰教从宗派上来讲除极少数什叶派外多属于逊尼派，在明清之际，形成门宦教派。门宦教派是苏菲派神秘主义在中国特定社会历史条件下的产物。其与非门宦教派间的根本区别在修道与否，门宦并神化崇拜教主，信仰拱北（教主先贤的陵墓等建筑），掌教多采世袭制。在这一教派中，逐渐形成虎非耶、哲赫忍耶、嘎迪忍耶和库布忍耶四大门宦及几十个

① 马明良：《简明伊斯兰史》，经济日报出版社，2001，第 619—625 页。
② 周燮藩、沙秋真：《伊斯兰教在中国》，华文出版社，2002，第 157—163 页。
③ 马明良：《简明伊斯兰史》，第 598—602 页。

门宦支派。民国时期，从清末开始的门宦分化继续发展。

伊赫瓦尼派的兴起　伊赫瓦尼意为"同教兄弟"，是清末民初由甘肃河州马万福（1853—1934）创建的一个新兴伊斯兰教派。马万福本是北庄门宦下的阿訇，1888年赴麦加朝觐后，认为中国伊斯兰教受汉文化太多影响而有正本清源的必要，他还受到阿拉伯瓦哈比耶学说的影响，因而成为近代中国伊斯兰教维新运动的倡导者之一。他退出北庄门宦，并联合十大阿訇宣传伊赫瓦尼的主张，以"凭经行教""遵经革俗"为号召，颁布十大纲领。这些主张主要是反对门宦及伊斯兰的汉化，意在清理中国伊斯兰教中流行已久的不符合经训原则的习俗，还伊斯兰教以本来面目，带有原教旨主义的倾向。经过马万福等人的传播，伊赫瓦尼逐渐获得广大穆斯林的拥护和支持，但因其明确反对门宦，公开批判教主和老派，遭到许多门宦及格底目抵制，后被迫离甘赴陕。辛亥革命后马万福重回甘肃临夏，继续宣扬伊赫瓦尼教义并得到进一步发展，在教派冲突中获西宁提督马麒支持，遂以西宁为根据地，推行伊赫瓦尼教义。① 1922年，马麒兄弟以行政手段强制推行伊赫瓦尼教义，引发多起教派间的流血性事件，但其以武力推行伊赫瓦尼的计划未能成功。在宁夏，伊赫瓦尼因受到省主席马鸿逵的支持，逐渐成为一个在政治上占优势的教派，后者也仿效青马，打出伊赫瓦尼旗号，借以维护其割据统治。② 到40年代中后期，伊赫瓦尼不仅在青海、甘肃两省的伊斯兰教中占主导地位，也在马鸿逵的支持下在宁夏渐趋优势，并在全国其他地区的回族伊斯兰教徒中有广泛的影响。③

西道堂　西道堂是清末民初伊斯兰内部兴起的一个特殊的新式宗教社团，由马启西（1857—1914）1903年正式建立于甘肃临潭。马启西奉明清著名伊斯兰学者刘智著作等为经典，注重伊斯兰教和中国传统文化的结合，借重汉文伊斯兰经典宣传伊斯兰教义，因此被称为汉学派。顾颉刚曾高度评价马启西为"利教化民为天下法，以身殉道做百世师"。④ 他顺应时代发展，赞成男子剪辫，反对女子裹足；教义上以"五件天命"课为全功，注重品德信义，不送钱财于阿訇教长；教育上注重新式教育，不强制孩童念

---

① 马通：《中国伊斯兰教派与门宦溯源》，宁夏人民出版社，2000，第133、97—100页。

② 秦惠彬：《伊斯兰教志》，第245—250页。

③ 余振贵：《中国历代政权与伊斯兰教》，宁夏人民出版社，1996，第338页。

④ 《三元集——冯今源宗教学术论著文选》（上），宗教文化出版社，2002，第242页。

经；经济上重视经商务农，以道堂为家，过集体生活。他主张实行教主终身制及集权制，其中能清晰看到门宦的影子，但非世袭，以社团制为管理方式。西道堂成立后，很快遭到其他门宦教派的反对，成为宗教派别、军事纷争的牺牲品，最终导致马启西于1914年被害。随后第二任教主丁全功也遇难。在1917年第三任教主马明仁继任后，吸取教训，在发展教务的同时从事商业活动，积聚经济力量，并结交白崇禧和西北诸马等权贵作为教务的保护伞。马明仁等甚至受到蒋介石接见，被授参议院参议，促使西道堂在马明仁时代达到鼎盛，到1949年已兴建7座宏伟的清真寺，以集体分工合作的方式从事商农林牧各业，开办商号10个，兴建农场13个、林场13处、牧场3个，在经济上积累了大量财富。随着经济势力的增强，西道堂逐渐由原先地方官吏随意打压变为争取合作的对象，宗教上也由原先的不被承认变为得到认可。

西道堂另一个特色是注重教育，并凭借优厚的经济实力兴办了几所小学和一所中学。但1946年马明仁去世后，西道堂因缺乏强有力的领导及受部分中上层累积私财的冲击开始衰落，但直到今天，它仍是一个非常重要的教派。[①] 它是近代伊斯兰在中国化道路上走得较远的一个，也可视为伊斯兰走向现代的一种努力，但其中各种传统与现代因素的矛盾结合又使其现代之路充满曲折。

基督教：中国化的趋势

从民初到1922年非基督教运动之前，基督教在中国有过一段"黄金时期"。具有讽刺意味的是，义和团运动中传教士的死亡并未阻吓西方人的传教热情，例如保定传教士耶鲁大学毕业生毕德金（H. F. Pitkin）被杀，居然刺激了美国东海岸一些大学生报名来华传教，而专门以中国为目的地的耶鲁中国差会也因此而建立。1905年来华传教士3500人，1915年为5500人，到20世纪20年代最高潮时超过8000人。中国新教徒也从1900年的10万人，到1922年增长到50万人。最初的信徒大多是乡村的穷苦农民，但教会学校为一部分信徒家庭的年轻人提供了在社会中上升的通道，在几个沿海

---

① 　马通：《中国伊斯兰教派与门宦溯源》，第113—151页。

城市形成了一些富裕信徒的群体。[1] 传教士对自己事业的信心满满反映在 1922 年出版的大型在华传教事业统计书中，该书居然以"中华归主"为名，激起很多中国人的反感，随之而来的反教事件最终成为传教运动由盛而衰的转折点。

晚清时中国教徒被称为"教民"以区别于一般平民，他们也没有合法权利以自己的名义去建设和拥有教会。但到民国，中国信徒同样被称为"国民"，可以注册和拥有自己的教产和教会。上海的俞国桢成立了中国耶稣教自立会，天津和北京的基督徒组建了中国基督教会。山东济南也建立了山东基督教自立会。早期的自立教会并不是特别反对传教士的。它们的牧师多数受过差会神学院教育，少数在西方受过训练。来自长老会、公理会或者浸礼会的自立教会的中国信徒，在组织上与老差会还有某种联系，在神学上基本也无区别，因此并没有对传教士领导的在华新教运动形成威胁。但当时传教士对此要么漠不关心，要么心存疑虑。[2]

基督教在世俗事业领域的活动也同样引人注目。中国严重的社会问题和民族危机促使一些中西教会人士关注现实生活。在风行于西方的社会福音理论影响下，一部分传教士主张福音不仅要救个人，还要救国救社会，教会要承担起社会改造的责任。这促使基督教劳工事业、乡村建设、青年事业次第兴起。晚清以来的医疗、教育、社会救济、慈善事业在民国时期都获得进一步发展，其中教育事业的进展最为突出。

基督教创办的西式教育无疑是中国新教育的先驱，但进入 20 世纪后，随着壬寅学制与癸卯学制的颁布、科举制的废除，中国自身的新式教育迅速拓展，教会教育不可避免地失去了以往的垄断地位。基督教教会企图主导中国教育航向的雄心壮志慢慢消退。[3] 他们开始强调提高教会学校办学质量和寻求中国政府对教会学校毕业生的承认。[4] 值得一提的是，这一时期各

---

[1]　Daniel H. Bays, *A New History of Christianity in China* (Wiley-Blackwell, 2011), p. 94.

[2]　Daniel H. Bays, *A New History of Christianity in China*, p. 97.

[3]　王立新：《美国传教士与晚清中国现代化》，第 248 页。

[4]　在这种努力下，教育传教士的人数稳步增加，到 1914 年，教会学校达 4100 余所，学生 1906 年为 57683 人，1912 年 138937 人，到 1916 年达 184646 人。参见中国社会科学院世界宗教研究所编《中华归主：中国基督教事业统计（1901—1920）》（下），中国社会科学出版社，1987，第 1205 页。

国在华基督教团体联合办学成为一股潮流，逐渐形成了小学、中学、大学三级普通教育体制，外加幼稚园、神学教育、职业教育、盲童聋哑教育等特殊教育在内的完备的教育系统。这个系统的顶尖是东吴、齐鲁、沪江、华西协和、金陵、之江、金陵女子、福建协和、燕京、华中、岭南、圣约翰、华南女子文理学院等一系列教会大学，其中燕京大学等享有很高的社会声誉。① 这个在基督教差会管控之下的教育体系，从 20 世纪二三十年代起，除了上海圣约翰大学外，都按照要求在国民政府教育部门注册登记，至少在名义上接受国民政府的监管，成为中国国家教育资源的组成部分。这些学校不仅培养教会人才和吸纳基督徒，也面向非基督徒，培养世俗人才。其培养的新式人才在中国产生重要的影响。特别是以教会或教会学校为桥梁得以留学欧美的众多的留学生，他们归国后往往成为中国各界的精英，一批受过良好教育、在社会上有声望的中国基督徒在社会和政治改革活动中相当活跃。②

随着接受高等教育尤其有留学经历的中国知识分子基督徒的增加，在华基督新教运动的权力结构也开始发生变化。诚静怡 1910 年在爱丁堡国际基督教大会上要求西方人从中国人立场看中国教会的发言引起关注，中国基督徒精英被吸收进在华的传教运动，逐渐形成由有影响力传教士主导的中外合作的新教领导机制，其中有诚静怡、余日章、王正廷、刘廷芳、赵紫宸、洪业、吴雷川等。这些人除了是基督教青年会的领袖，基本上是燕京大学的教师。这个机制的意见和计划对倾向于社会福音派的新教运动走向发挥了重要影响。③

基督教在民国的政治遭遇是不停变幻的悲喜交集。基督教界曾因身为基督徒的孙中山出任中华民国临时大总统而对在中国的前途充满憧憬。但在中国仍戴着不平等条约枷锁的情况下，起源于西方差会传教的在华基督教会在政治上一直处于易受攻击的地位，20 世纪 20 年代以后就不断遭到反帝运动和革命运动的打击。1927 年的南京事件中金陵大学副校长文怀恩

---

① Jessie G. Lutz, *China and the Christian Colleges*, *1850-1950*（Cornell University Press, 1966），pp. 531-533.

② 赵晓阳：《基督教青年会在中国：本土和现代的探索》，社会科学文献出版社，2008，第106—123 页。

③ Daniel H. Bays, *A New History of Christianity in China*, pp. 101-103.

（J. E. Williams）等传教士被杀后，约 7500 名传教士返回西方，从此在华传教士人数再也没有达到此前的峰值。随着蒋宋联姻和蒋介石在 1930 年受洗入教，国民政府与基督教关系大为改善。基督教会开展的乡村建设运动，有的是教会自发进行的，如晏阳初在河北定县的实验、山东齐鲁大学在龙山的实验以及金陵神学院毕范宇（F. W. Price）在江宁淳化镇的实验；有的则是应政府要求开展的，如牧恩波（G. W. Shepherd）江西黎川实验区的工作以及参与新生活运动。但是由于这些基督教改革者无意也没有力量触动乡村中的地主势力和城市工商资本家的利益，其改革中国农村经济制度的成效几乎为零。①

　　民国时期的基督教还有一个深刻的变化，即外国传教运动在中国进入了"走向成熟、蓬勃发展，接着是衰老和死亡"的阶段。传教运动在 1877年、1890 年及 1907 年在来华新教传教士全国大会上尽管有宗派差异，但还能保持"意见一致"的时代已经过去。在第一次世界大战之后，保守的基要派传教士和主张适应时代的自由派或现代派传教士的关系日趋紧张。1932年刚刚获得普利策奖的赛珍珠（P. S. Buck），因为在纽约的演讲中批评了传教士的无知与傲慢而被保守派要求辞去在美国南浸信会董事会的职务。差不多同时由哈佛大学教授霍金（W. E. Hocking）主持对传教运动的评估报告，以自由主义神学思想表达了对基督教的排他性和传教运动的合法性的质疑，也引起以中国圣经公会成员为主的保守派与中外新教合作机制聚拢的自由派之间的分歧和对立。

　　20 世纪 30 年代中期，整个中国的新教教会大致分为三种情况。第一类是中华基督教会、基督教协进会相关的教会组织。中外合作新教建制中人在其中依然活跃，他们支配着主流教会的议程和做出相关的决定，其社会特点是比较明显的民族主义色彩和积极参与社会改良运动。第二类是一些比较保守的差会群体和教会，它们脱离或者从来就没有参加过中华基督教会，不赞成后者的自由主义神学和追求社会改革。它们可能是中国圣经公会的成员，其中最重要的是中国内地会，但也包括基督徒和传教士联盟，如美国南长老会和圣公会、路德会、美国自由卫理公会、拿撒勒会、神召

　　①　陶飞亚、刘天路：《基督教会与近代山东社会》，山东大学出版社，1994，第 263—264 页；Daniel H. Bays, *A New History of Christianity in China*, pp. 125-127。

会及几个较小的五旬节会，还有就是 10 多个很小的差会，有的是只有一个人的信心差会。这些派别更强调个人而不是社会的皈依和重生，大多数这样做的人某种程度上是坚信前千禧年观念，相信基督不久会再临人间。随之而来的是像《新约·启示录》中所说的那样末日审判，因此时间紧迫，要向那些没有得救的人传播福音。他们并非没有爱国心，但他们没有把国家建设和改造社会放在传福音、救灵魂那样优先的地位。第三类是民国以后出现的新教会，尽管这些运动的领导人在其个人成长的早期都受到过外国基督徒的影响，但他们组织教会则完全独立于外国差会。其中比较著名的有真耶稣教会、耶稣家庭以及在福州、上海围绕倪柝声的教会组织，它被称为聚会处、小群，或者干脆叫地方教会。

　　1937 年全面抗战爆发，基督教会有了展现爱国主义精神的机会，因为这次反对的是与基督教没有任何瓜葛的日本帝国主义。大部分基督教大学也像国立大学一样西迁，在困难的局面下继续发挥培养知识精英的作用。中华基督教会和基督教协进会随国民党政府迁到大后方，以重庆和成都为中心继续活动。整个全面抗战期间教会领导架构在人员和财力都大受影响的情况下继续发挥有限的作用，加入中华基督教会和协进会的教会组织也没有增加，其信徒总数一直没有达到整个中国新教徒数量的一半。它们发起的西藏、云南、贵州等边疆地区的传教运动到抗战结束时并没有多大的进展。而那些鼓吹末世论和前千禧年的教派如真耶稣教会、耶稣家庭和小群却在战争灾难的局面下有了很大的发展。

　　太平洋战争爆发后，英美等西方国家成为日本的交战国。相当数量来不及撤离中国的传教士被日本人关进了在山东潍坊和上海近郊的集中营而受尽磨难。1941 年日本军方为了控制华北地区的基督教会，成立所谓的华北基督教团。除了王明道的北京基督徒会堂外，所有华北的基督教团体都被迫参与其中。但对耶稣家庭以及在乡间活动的基督教组织，日本人的控制仍是鞭长莫及。

　　抗战胜利后，中华基督教会和基督教协进会迁回上海，大批传教士也返回中国。由于离开传教现场八年之久，一些差会的传教士小心翼翼地与中国同事重新相处，而另一些特别是新近来华的传教士则忘了过去模式的不平等，认为由自己负责这里的教会理所应当，因此重新引起差会与教会关系的紧张。特别是当以美国为基础的教会大学董事会要合并或者缩小教会大学规模时，遭到这些大学中方领导的顽强抵制。①

内战爆发以后，新教教会又面临一次历史选择。尽管蒋介石本人是基督徒，但还是有一批教会人士极其厌恶国民党政府的贪腐与无能。中华基督教会的《协进》和独立的《天风》杂志表达了基督教中自由主义甚至是激进主义的观点。《天风》后来成为 20 世纪 50 年代基督教三自运动的官方刊物。经常在上面发表文章的吴耀宗和青年会的江文汉不仅同情共产党而且表现出盼望共产党的胜利。在第一届中国人民政治协商会议上，宗教界代表 7 人，其中基督新教代表占 5 人，成为最为靠近中共的宗教。1949 年初共产党在内战中胜出的大局已定，传教士和中国教会领袖面临离开还是留在大陆的选择，尽管许多新教徒、传教士和中国信徒对教会的未来感到忧虑，但还是有许多人对中外合作的新教事业能够在共产党政权下存在下去，并为新中国做出基督教的贡献抱有希望。

天主教的本土化运动

义和团运动中，在华天主教受到重创，运动之后它改变过去咄咄逼人的政策，换来与中国官民关系的缓和；同时一战后罗马教廷为弱化在华法国天主教势力在保教权问题上的坚持，派遣美国天主教传教士来华传教。美国天主教支持在华传教给天主教带来新的动力，使天主教在华事业获得较大进展。② 与新教主要在城市发展和致力高等教育事业相比，天主教主要在农村活动，对高等教育等世俗事业关注较少。但天主教和新教同样面临如何改变洋教形象的问题。由于天主教教阶制度更多体现为自上而下的体制变动，加上天主教传统势力的保守性，改革的过程漫长而且成效甚微。

天主教制度变动最初集中在废除法国对在华天主教的保教权上。法国在 19 世纪中期通过不平等条约攫取了天主教在华的保教权，即由法国承担保护各国在华传教士和中国天主教教徒权益之责，实际上是其通过保教谋

① Liu Jiafeng, "Same Bed, Different Dreams: The American Postwar Plan for China's Christian Colleges, 1943-1946," in Daniel H. Bays and Ellen Widmer eds., *China's Christian Colleges: Cross-Cultural Connections, 1900-1950* (Stanford, CA: Stanford University Press, 2009), pp. 281-240.

② 刘国鹏：《刚恒毅与中国天主教的本地化》，社会科学文献出版社，2011，第 14—20 页。

求自身在华的政治和经济利益，这给中国政府带来无穷的麻烦，中国自晚清以来一直谋求与梵蒂冈建立直接联系，取消法国保教权，都因法国从中作梗和教廷的顾虑瞻盼而未果。民国宗教信仰自由政策的确立，使保教权更多成为传教的障碍，与教廷着眼宗教利益的目标冲突加剧，在部分非法籍传教士和中国天主教徒中取消保教权的呼声日高。①

1912年天津代牧区成立后，法国遣使会传教士杜保禄（Dumond）成为首任代牧，比利时传教士雷鸣远被杜提升为天津教区副主教。雷在1901年18岁时开始来华传教，他在天津传教一段时间，与天主教平信徒《大公报》创始人英敛之和上海天主教震旦大学创始人马相伯等成为朋友，对中国天主教徒的想法有更多的了解。其后雷一力提倡本土化策略，主张要和中国神父分享教会管理权，注重中国神职人员的培养，鼓励教徒爱国，并力倡废除保教权，让中国信徒与非信徒平民一样完全在中国的法律管辖之下，并且要有中国人担任主教。保教权因此开始与本土化问题联系在一起。1916年杜保禄在天津法租界兴建主教座堂的尝试遭到雷鸣远等人的反对后，决心在邻近法租界的老西开建堂。教堂竣工后，法国借口保教权试图强占老西开地区，遭到中国民众及雷鸣远的强烈反对，并促使传教士内部的争论公开化。这就是著名的老西开事件。

老西开事件后，教廷1918年与中国建交的尝试因法国的干预而再次失败。1919年11月教宗本笃十五世发布《夫至大》牧函，以传扬福音为要旨，要求各传教区的修会摒弃门户之见，并尽力陶成本土神职人员。牧函并非仅针对中国传教区，而是整个天主教世界，但无疑吸收了雷鸣远等在华宗教代牧的报告或备忘录，并对天主教在华发展有着非常特别的意义。它明确提出以建立本地传教区为目标，传教士必须掌握本地语言，将本籍神职的培养和祝圣提上日程，强调教会要严防帝国主义的玷污和物质主义的侵蚀，而以教廷的福音目标为中心。1922年11月教廷第一任宗座代表刚恒毅秘密抵达香港，并巡视中国各地教区，最后为摆脱京沪法国传教士干扰驻节汉口，1923年在助手中国神父赵怀义的建议下移座北京。②

---

① 陈聪铭：《1920年代末梵、法在华保教权之争——以教宗驻华代表刚恒毅为中心的讨论》，《中央研究院近代史研究所集刊》第65期，2009年，第54—57页。

② 刘国鹏：《刚恒毅与中国天主教的本地化》，第246—279页。

与此同时，中国非基督教运动的巨大压力，迫使刚恒毅为应对中国民族主义挑战，推行以本土神职人员为基础成立本地教会，重视适应化策略和学术文化传教，并借平信徒协助传教，共同促进教会的复兴和天主教在中国本土化的传道模式。1926年，教廷特意针对非基督教运动发布《自吾登基以来》牧函，重申以本土神职代替传教士的宗旨，并嘱传教士应专注传道而不得涉足政治。这双重因素使本土化再次向前迈进，刚恒毅又先后成立4个本籍代牧区。同年10月，罗马教皇亲自为随同刚恒毅而来的6位中国主教祝圣，这是自清初罗文藻担任主教200多年以后再次由中国信徒担任主教，在教内外产生巨大影响。① 在刚恒毅积极本土化策略下，到1935年中国本籍主教区从无到有共达23个，占全国总数的1/5弱。经有意识的培训和提拔，中国籍神父到1933年达1600人，而修女则增加到3600人，本土神职人员的培养向前迈进了一大步。② 在其主持下，许多培养平信徒的组织如全国公教进行会、公教教育联合会、中国公教青年总会等先后成立，为发挥平信徒的潜力和提高天主教在公众层面的影响提供了组织路径，天主教教育机构的进一步拓展如辅仁大学的创设等也是其注重学术文化传教的体现。1933年刚恒毅离华后，积极本土化进程放缓。全面抗战的爆发对本土化形成新的障碍，而陷入日本侵华和伪满问题的纠葛中。

抗战胜利后，庇护十二世给中国天主教的指示是"更加中国化"，开始酝酿祝圣中国枢机主教，1945年青岛教区主教田耕莘被教宗任命为远东第一位枢机主教，并赴梵蒂冈行加冠礼，向教宗建言早日在华设置圣统制。1946年4月11日，庇护十二世发布谕旨，在中国建立圣统制，将全国分为20个省省（每省设立一个总主教座）、79个主教区和38个教区，共137教区。③ 中国圣统制的建立使教内统序由代牧制转化为通常的主教制，中国天主教的本土化向前迈进了一大步。但这并不足以完全改变天主教受传教士主导的附属地位，在20名总主教中华人只有3位，其中田耕莘枢机出任北京总主教，于斌出任南京总主教，周济世出任南昌总主教，而在全国137名主教中，传教士占了110名。④ 中国天主教的本土化之路仍然有待来日。

---

① 刘国鹏：《刚恒毅与中国天主教的本地化》，第292—309页。
② 顾卫民：《中国与罗马教廷关系史略》，第150—152页。
③ 顾卫民：《中国天主教编年史》，上海书店出版社，2003，第512—513页。
④ 顾卫民：《中国与罗马教廷关系史略》，第180页。

民间宗教的裂变

民间宗教称谓不一，归纳起来主要有以下几种：民间秘密宗教、秘密宗教结社、秘密教派、秘密教门、新兴民间宗教、下层宗教等。入民国以后，中央权威的不足减轻了对民间宗教的政治压力，而社会的动荡与民生的凋敝又为其赢得广泛的社会基础。其思想资源除援引儒释道三教与现代科学之外，又从基督教和伊斯兰教中汲取新的营养，在延续传统组织形态的同时借用近代社团的机构形式，在新时代呈现一些新的特点：在政治上，维护封建专制体制，个别甚至梦想登基称帝，反对民主共和；在思想上，维护旧的伦理道德，反对新思想、新道德；在教义上，更多增添了巫术、气功等内容；在活动状态上，渐渐由秘密转为半公开、公开。这四个特征，标志着秘密宗教完成了向会道门的转变。① 但部分民间宗教团体能顺应历史的发展，在慈善救济和抗战中发挥了一定的积极作用。

民国因法律上规定了宗教自由，诸多以会、道、门命名的民间秘密教派一变而为合法组织，获得更大的发展空间。北洋时期是会道门蓬勃发展的高潮期，众多军阀官僚成为其背后的支撑，大致分三部分：一是明清秘密教门的延续，可称旧式会道门，影响较大的有一贯道、先天道、九宫道、圣贤道、黄天道、大乘教、无为教等，多未向政府登记，在民间悄然流行；二是在民国创立或变更名色的新式会道门，多向政府注册，被定为宗教、慈善或公益团体，如同善社、道院、万国道德会、道德学社、中华理教会等；三是武装型的会道门，比如红枪会、大刀会等。南京国民政府成立后，加强了对秘密宗教结社的控制，规定各类社团组织按规定注册，成为合法团体。会道门多向政府注册，登记为宗教、慈善或公益团体，如一贯道、万国道德会等为宗教团体，世界红万字会为慈善团体，理教会、联庄会、民团等为公益团体，而分子复杂、良莠不齐的被强令解散或改编。②

民间信仰的衰微

存在于民众中最普遍的民间信仰是祭祖的思想与行为。③ 民国时期祭祖

---

① 刘平：《中国秘密宗教史研究》，北京大学出版社，2010，第 128 页。
② 刘平：《中国秘密宗教史研究》，第 128—131 页。
③ 〔美〕J. L. 斯图尔特：《中国的文化与宗教》，闵甲等译，吉林文史出版社，1991，第129 页。

仍然是中国人最基本的有准宗教色彩的仪式。人们相信祭祖是因为他们认为死者需要活人的供品，先人的在天之灵如果没有后人的祭祀是很不快慰的，甚至会备受折磨。他们还相信先人能够保佑或惩罚其后人。祭祖后面有深厚的社会感情，这种感情把祭祖与现实的道德和社会生活联系在一起。人们乐意保留这种特殊形式的家庭和社会生活，普遍遵行各种祭祖的礼节来表达这种感情。

万物有灵论（亦称泛灵论）在民众中也有广泛的影响。一方面是人们认为自然现象都像人一样具有生命，并且能够帮助他满足要求或者反对他的要求。人们设想自己是周围自然力量的一种，可以借助魔法得到"善"的福佑并战胜"恶"。另一方面，人们认为世界充满了包括死人灵魂以及由各种原因产生的神灵。这些神灵在人类生活和社会生活各方面各司其事，财产、子嗣、寿命、消灾祛病、现实社会秩序和生活等，全取决于这些神灵。人们一般是在庙里供奉神灵，向他们祈求个人、家庭或社会集团的各种需要。对神灵的崇拜具有地方性，各地有各地的神灵，但也有全国公认的神灵。地方神灵因与地方关系密切而更为当地人所崇拜。祈求神灵多半是为了求雨、防洪、驱魔祛病，因为人们面临灾害和死亡，找不到解脱办法，只能这样来缓解受灾害恐吓的情绪，用集体祈求的方式来坚定人们的希望，使人们冷静地面对现实。[①]

1922年《教务杂志》在中国的9个省份做了一个问卷调查，内容是关于个人的信仰及其崇拜的形式，关于原罪、得救、神、邪灵、灵魂的本质和死后的生活。调查对象包括商人、职员、农民、裁缝、苦力、无职业者、教师、学生、做鞋的、医生、铁匠、木匠、小官吏、厨师以及看庙的人。结果表明中国民间被无数的信仰行为束缚，这些行为影响一个人从生到死的每一个阶段。在出生、结婚和死亡时都有宗教仪式。人们用数以百计的纸符，以此祈求带来富裕、驱赶恶鬼、治愈疾病和获得向往的幸福。实际上，每家都有贴在墙上的灶王爷，许多人家还有贴在大门上的门神。每一座坟墓、每一条道路、每一栋房子的位置都要按风水师的指点来安排，这样就不会因为位置不对而使神灵给人们带来灾难。一年中的宴会也有宗教的意味。数以百万计的中国人乐于朝圣，或者到附近的庙宇，或者到远处

---

① 《1901—1920年中国基督教调查资料》上卷，第107—108页。

的庙宇和圣山。[1]

这种民间信仰的风习一直维持下来。1939 年的社会调查中指出，"祖先的崇拜，是我国很普遍的一种现象，特别是在华南一带，此种风习尤为普遍"。[2] 华北农村的情况也如此，大量材料显示人们的宗教信仰及行为是极其广泛的。对大多数农村家庭来说，执着而强烈的宗教信仰依然在整个家庭生活中具有不可替代的普遍意义。[3] 一般民众，尤其是老年人和妇女差不多都崇拜偶像，他们以为一生祸福都寄在鬼神身上，一切疑难只靠诚意祈求而已，就是一般受过教育的知识分子，遇有疾病或困难时，亦照例烧香拜神，迷信之深，可以想见。[4]

朝圣的传统也是如此。德国同善会传教士卫礼贤（Richard Wilhem）在游览泰山时看到的是，"在特殊的进香季节，每条道路上都活跃着无数香客。泰山上的神多极了。人们往往从远处前来，或是为了还愿，或是为了表达自己内心的崇敬"。[5] 1947 年 9 月 5 日的《申报》报道说："阴历七月是一个人为鬼忙的季节，杭城西北的东岳庙，这半月来已成了神秘的鬼世界，上千上万的善男信女，都远道到这里来烧香。"

不过，民国时期破除迷信、改造乡村的呼声不断，国民政府严格禁止"淫祠杂祀"，新思想和科学知识的传播也在削弱这种思想的影响。[6] 这些民间信仰传统受到各种力量的挑战。个性解放的急剧发展冲击着传统的五伦（君臣、父子、夫妇、兄弟、朋友）。个人在五伦中有了更高的地位，家庭的权力减弱。农村中的氏族制度和大家庭体制甚至在崩溃，变化更为迅速。随着家庭结构的变化和个人自由的增加，祭祖活动的性质从祖先与后代之间的神秘关系转变成一种道德关系。"传统的祭祖仪式还可能存在若干年，

---

[1] Albert George Parker, "A Study of the Religious Beliefs and Practices of the Common Chinese People," *The Chinese Recorder*, Aug. 1922, p. 504.

[2] 湖南省衡山乡村师范学校第一二五班编《新宁白杨乡社会概况调查》（1939 年），李文海主编《民国时期社会调查丛编二编·乡村社会卷》，福建教育出版社，2009，第 982 页。

[3] 傅建成：《论民国时期华北农村农家的宗教信仰》，《历史教学》1995 年第 2 期，第 7 页。

[4] 湖南省衡山乡村师范学校第一二五班编《新宁白杨乡社会概况调查》（1939 年），李文海主编《民国时期社会调查丛编二编·乡村社会卷》，第 982 页。

[5] 〔德〕卫礼贤：《中国心灵》，王宇洁等译，国际文化出版公司，1998，第 91 页。

[6] 马莉：《现代性视阈下民国政府的宗教政策研究》，中央民族大学博士学位论文，2007，第 113 页；《申报》1941 年 5 月 11 日。

但那种愚蠢的迷信形式将被摒弃而代之以含有道德目的的仪式。"万物有灵论的影响也在削弱之中。"近年来很多神像被抛弃了，被遗忘了。文人们的神很快就消失了。祭祀神农氏的先农坛已改为农业实验站。皇帝祈求丰收的祈年殿也成了公园的一部分。文昌帝君和魁星原是科举之神，现在也消失了。一些其他的神在新时代也失去了意义。由于种了牛痘，痘神娘娘庙也被废弃了。甚至迎神赛会也变成了宣传卫生的游行队伍。铁路、学校、新文化运动和教会的宣传工作破坏了人们对偶像的信仰。各种消息都告诉我们万物有灵论在人们心目的地位大大降低了。"①

六　宗教的社会影响

民国时期的宗教自身变动归根结底为的是在一个社会转型的时代维护其自身的存在和发展，所有制度化宗教都曾有过努力，但到新中国成立前各宗教的局面各不相同。

民初尽管有孔教会、佛教会及道教会等组织希望振兴这些宗教，但结果并未如愿。传统活动方式的局限性、组织的涣散，加上国民政府对传统宗教不时的限制政策，使它们始终没有真正振兴起来。卫礼贤在山东传教时多次到过泰山，他在最后一次的观感中说："寺院庙宇的墙壁和所有的历史古迹都更加残破，还有个别的庙宇烧毁了，只剩下铜塑的神像立在庭院的大树下。"② 与宗教建筑的颓败互为表里的是宗教精神的失落。1913 年3—4 月，北洋大学地质考察队游岱庙时见到："善男信女，随地祷拜，有道士持木椎，见人拜，即击磬，复击地，令拜者施香火钱。每人约掷一、二文于席上。道士即指手划脚，向壁上所绘之仙女乱猩。"③ 全面抗战前冯玉祥寓居泰山赋诗描绘和尚诵经时说："破佛堂，一炉香，五个和尚背金刚，锣鼓家伙响叮当。圆领大袖落拓相，愁眉苦脸喊高腔。"④ 山东不完全的统

---

① 《1901—1920 年中国基督教调查资料》上卷，第 107—109 页。

② 〔德〕卫礼贤：《中国心灵》，第 97 页。

③ 梁宗鼎：《山东地质实习记》，《东方杂志》第 10 卷第 8 号，1914 年；参见张玉法《中国现代化区域研究：山东省，1860—1916》，"中央研究院"近代史研究所，1982，第 127 页。

④ 山东省地方史志编纂委员会编《山东省志·少数民族志·宗教志》，山东人民出版社，1998，第 351 页。

计资料也反映出在宗教舞台上各派力量的消长。20 世纪 40 年代在八路军控制的 66 县的宗教调查中，和所有的本土宗教相比，基督教是唯一处于上升趋势中的宗教。[①] 类似的情况在其他地区也有发生。李世瑜 1947 年去察南万全县调查，该县"92 个村中有佛道庙宇 570 个，但只有四五个庙中有一个和尚或道士，而这些人常常是白痴，甚至不知道他所看守的庙中的神名"。[②]

基督宗教同样经历革命运动的震荡和日本侵华战争的打击，但由于有西方差会基础及支持，以及蒋介石夫妇与基督教的密切关系，基督宗教在中国社会的现代性事业是其他任何宗教望尘莫及的。以 1950 年基督新教的全国性统计资料来看，新教在全国各地有大学 13 所，中学 240 所，医院诊所 312 所。各种刊物 89 种，8 个全国性社会福利救济机构，连中国国际工业合作协会、中国红十字会、世界卫生组织、国际难民组织、国际儿童紧急基金等组织都是基督教的附属机构。基督宗教团体的社会化程度也是最高的，除了全国性的基督教协会外，还有各种地区性的协会。[③]

在有基督教社团的乡村地区，基督教也成为传统宗教一个有力的竞争者，民国时期有一些传统宗教的精英流向了基督教会，一些民间宗教社团信徒如金丹道、离卦教的信徒转变为基督教徒，庙宇被改建为教堂。[④]

其实，处于同样的社会环境中，基督宗教也面临种种挑战。教会领袖曾经综合各方面的批评，其中包括："1. 对于现实社会罪恶太屈服，不能左右人心，不能左右政局，不能挽回社会风气。2. 不能领导国家民族的前途和命运，不能帮助国家建立新道德文化基础。3. 多数教友'洁身自好'，'独善其身'，不问国事，不知民间疾苦，不能实行耶稣基督的教训，'能说不能行'。4. 教会中人或信仰不坚，常有投机、变节、腐化事实，致有人乘隙利用基督教，出卖基督教。5. 对于青年失去号召作用，对于时代失去挑战作用，尤其对于热心国事的青年不能发挥积极有力的指导。6. 多数教友宗教生活松懈，灵性生活空虚，甚或不礼拜，不读经，不祈祷，不灵修等。7. 大部分牧师（尤以乡间为然）墨守成规，不读书，不进步，无胆识，无灵力。8. 有一部分教友只知个人得救，不管民生疾苦，不顾社会沦亡。总

---

①　《山东老区宗教变化情况》，山东省档案馆藏宗教档案：A-04，第 4、5 页。
②　李世瑜：《现代华北秘密宗教》，上海文艺出版社影印版，1990，第 7 页。
③　刘家峰：《中国基督教调查资料两种》，未刊稿，第 252—362 页。
④　陶飞亚、刘天路：《基督教会与近代山东社会》，第 129—133 页。

之，今日中国教会是患了‘贫血症’，往者已矣，目前又无杰出的人才和领袖，又乏新进的有学识的热心青年教友，无怪基督教阵容散漫，难有活泼魄力和生气。”①

此外，传教士的调查报告认为，中国人关于宗教生活最主要的思想可以归结如下：中国人从来就不是宗教性的，至少他们对任何宗教都不是非常认真看待的；他们经常把宗教混同于伦理；他们相信与人相处要远比与那些看不见的力量相处来得重要。② 传教士还强调，中国有很大一批人的宗教生活几乎是零。从5%到25%的人或者说2000万到1亿的人，他们没有宗教，从不到庙里崇拜，到庙里的唯一目的是看集市或看戏，从不使用神职人员，从不在庙里或家里祈祷，甚至不对祖先祈祷；从不出钱修造庙宇，从不花钱在宗教上，不在家里也不到祖先的坟前祈祷，不知道有宗教书的存在，说行善和作恶都没有后果，说人没有灵魂。③

由于缺乏系统的统计，很难对民国宗教的各个方面在量化基础上进行精确的描述，并指出发展趋势。传教士上面的统计虽然涉及多个省份，但样板太少，数字的误差肯定会比较大。传教士的看法，由于来自很不相同的宗教背景，也存在简单化和绝对化的弊病，大致可以说，尽管制度化宗教都有程度不同的改革举措，但都远离各自设定的目标。同时，民国时期信仰制度化宗教的民众仍然是少数群体，弥散性宗教的影响要广泛得多，但总的来说，宗教在中国的社会生活中仍然是非常边缘性的。

---

① 方贶予：《基督教的复习和前进运动》，《恩友》复刊第2期，1947年，转引自段琦《奋进的历程——中国基督教的本色化》，商务印书馆，2004，第501—502页。

② What "Religion" Means in China, *CR*, Nov. 1927, p. 704.

③ Albert George Parker, "A Study of the Religious Beliefs and Practices of the Common Chinese People," *The Chinese Recorder*, Aug. 1922, p. 584.

第二十七章

现代性与民国城市日常生活

一　城市日常生活的现代意义

城市生活是区别于乡村生活的一种生活方式。对于民国时期的城里人和乡下人来说，城市究竟意味着什么？民国城市是一种怎样的生活方式，多大程度上、怎样与过去相区别以及与乡村相区别？民国城市是否让生活更美好？

近代以来，受到工业革命的驱动，西方国家掀起了一场城市化运动。城市化运动首先意味着农村人口向城市的流动，以至于农村和城市的人口比例呈现明显的消长关系，其结果首先是城市在地理空间上的膨胀；其次也意味着以生产和生活方式的转变为基础的从乡民到市民的身份转变，伴随这种转变的是城市设施和管理方式的近代化，其结果就是城市更像是"城市"。

逐渐被卷入世界资本主义体系的中国，也发生了类似西方的城市化运动。但受制于战乱及工业发展水平低下等诸多因素，近代中国的城市化进程相对缓慢。根据美国学者施坚雅的定量分析，1843 年中国超过 2000 人的城镇有 1653 个，城镇人口为 2072 万，占总人口的 5.1%。到 1894 年，中国城镇人口增至 2351 万，在总人口中的比重增至 6%。至 1949 年，城镇人口增至 5765 万，所占比重增至 10.6%。也就是说，在一百余年的近代史进程

---

　　*　本章由忻平撰写。

中，中国的城市化率只增长了 5.5 个百分点。① 从世界范围来看，1875 年印度的城市化率，仅比中国高出约 3 个百分点，但 1951 年达到 17.6%，比中国 1949 年的水平高出 7 个百分点。1850 年发展中国家的城市化率为 4.4%，低于中国水平，但到 1950 年发展中国家的平均水平达到 16.7%，高出中国约 6 个百分点。1850 年中国的城市化率落后西方工业发达国家 5 个百分点，1950 年，差距扩大到约 42 个百分点。可见，单从人口比例的角度看，近代中国城市化呈现一种缓慢发展的态势。②

在近代中国缓慢的城市化进程中，还存在较为明显的发展不平衡现象。城市学家顾朝林从近代中国城市中抽取了 61 个具有一定代表性的大陆城市进行量化分析，发现在这 61 个城市中，属增长型的有 30 个，停滞型 24 个，衰落型 7 个。③ 宝鸡原为陕西西部的一个小县城，陇海铁路的开通使宝鸡在抗战后成为大西北的交通枢纽，人口由六七千一度膨胀式发展到 10 万以上。而西安在近代则经历了一场典型的大衰退，只是在抗日战争之后，面临新的机遇。曹聚仁《闲话扬州》中有一段文字谈到了扬州的衰落：

> 友人霮君家雇用一扬州女佣，她和乡伴闲谈，指我们这些湘赣浙闽的人，说是南蛮子怎样怎样，我不禁为之讶然。在另一场合，我在讲授《中国文化史》，问在座的同学："百五十年以前，黄浦江两岸蒲苇遍地，田野间偶见村落，很少的人知道有所谓上海。诸位试想想那时中国最繁华的城市是什么地方？"同学们有的说是北京，有的说是洛阳，有的说是南京，没有人说到扬州。自吴晋以来，占据中国经济中心，为诗人骚客所讴歌的扬州，在这短短百年间，已踢出于一般人记忆之外，让上海代替了她的地位；这在有过光荣历史养成那么自尊心的扬州人看来，那是多么悲凉的事！我曾笑语霮君："现在扬州人到上海来，上海人会把他们当作阿木林，从前我们南蛮子到扬州去，扬州

---

① 参见〔美〕施坚雅《十九世纪中国的地区城市化》，〔美〕施坚雅主编《中华帝国晚期的城市》，叶光庭等译，中华书局，2000。
② 参见黄仕诚编著《城市建设经济学》，中国建筑工业出版社，1987。
③ 参见顾朝林《中国城镇体系——历史·现状·展望》，商务印书馆，1992。

人也会把我们当作阿木林。'十年一觉扬州梦，赢得青楼薄幸名。'便是天字第一号的瘟生。"麻君亦以为然。①

一个城市的衰落，使生活在这个城市的人也被人轻视和嘲笑。那个扬州女仆，因为称湘赣浙闽的人为南蛮子，而遭到了曹聚仁的奚落。

改变近代中国城市发展格局的一个最重要因素是中国经济的半殖民地化。以对外贸易为支撑的沿江沿海尤其是条约开放口岸城市出现了畸形的繁荣。上海、天津、青岛等沿海城市都呈现典型的半殖民地特征，武汉、九江、重庆等沿江城市也无不受资本主义世界体系的影响。

尽管中国城市化进程缓慢且发展不平衡，但这终归是一个不断进步的近代化过程。我们从城市日常生活的角度也可以看出，民国城市在一步步地与传统背向而去。城市设施和管理的近代化呈现为一个逐渐被市民接受为常识和习惯的过程。电灯的普及，让许多人无法再忍受油灯的昏暗。一旦自来水的饮用成为习惯，饮用河水就变成了肮脏的、不卫生的、令人难以接受的行为。由于社会精英的不断启蒙，"现代性"越来越多地影响、改变甚至重新规范了城市居民的日常生活。

就民国城市日常生活而言，不仅城市内部存在多元与分层，不同城市之间地域差异和类型差异也极大。但是，随着现代性的持续渗透，民国城市也具有明显区别于传统的现代性。进而借助现代性这个概念来看，民国城市具有明显区别于乡村的城市性。因此，尽管其自身存在巨大的时空差异和功能区别，仍然可以进行整体观照。

事实上，城市史的研究者已注意到现代性在塑造近代中国城市过程中所扮演的关键性角色。他们追问的核心问题之一是，现代性在塑造民族国家的同时，是如何以及在多大程度上影响、改变和重建城市居民的日常生活的？

日常生活尽管更经验、更表象，但因为琐碎和司空见惯，反倒不容易进入历史。相对于现代性的光彩夺目，日常生活往往显得暗淡无光；相对于现代性连贯的逻辑叙事，日常生活叙事显得支离破碎。那么，日常生活

---

① 曹聚仁：《闲话扬州》，《中国新文学大系（1927—1937）》第 11 集散文集（2），上海文艺出版社，1987，第 230 页。

中的碎片又是如何与现代性相关联的呢？历史学界通常认为，日常生活如果不与重大历史问题和历史事件相关联，就无非鸡毛蒜皮。如何避免这些历史碎片成为鸡毛蒜皮，王笛的《茶馆》（中译本见社会科学文献出版社，2010）便是一个成功的尝试。作者从一个小小场所里的日常生活揭示了成都民间的微观政治，换句话说，也即反映了国家权力和话语对下层市民日常生活的渗透。但茶馆某种意义上是一种公共领域，容易展现人们的交往与关系。如果把场景切换到石库门，情况又会怎样？上海的石库门被隔成"鸽子笼"后，能容纳多家住户，沪剧《七十二家房客》讲述的就是这样一种情况。即使小到石库门里共用的厨房，也能反映邻里之间微妙的日常关系和城市社会生活的众生相，进而反映一个城市的市民文化和城市精神。卢汉超和李欧梵对石库门的描述和阐释，都是非常成功的案例。[1]

现代性作为一种精英话语，往往在报刊上表现得轰轰烈烈，但它对日常生活究竟有多大程度的渗透，则又是另一回事。举例说，学界通常认为，在清末民初的制度转型过程中，西压倒了中，新压倒了旧。梁启超在1904年更是指出："近数年来中国之言论，复杂不可殚数。若论革命者，可谓其最有力之一种也已矣。"[2] 但1913年江苏第一师范学校的一份招生试卷展现的是另一幅图景。校长杨月如令考生举出各自崇拜的人物，以表示其景仰之诚。结果应考的300余名中小学生中，崇拜孔子的有157人，孟子61人，孙文17人，颜渊11人，诸葛亮、范文正8人，岳飞7人，王守仁、黎元洪6人，大禹、陶侃、朱熹、华盛顿各4人，程德全3人，苏轼、康有为、袁世凯、屠元博各2人，其余学生各自崇拜的对象也大都是中国古代的杰出人物。[3] 这表明，在清末民初看似新学兴盛、革命最有力，但真正深入人心的还是既不新更谈不上革命的孔孟二圣。

再举一个婚姻的例子。五四运动倡导的恋爱自由和婚姻自由观念在思想史上得到过大量表述，但事实又是怎样的呢？以五四后10年为例，当时有不少针对学生的婚姻调查报告。在这些报告中，一方面无论是已婚、订

---

① 〔美〕卢汉超：《霓虹灯外：20世纪初日常生活中的上海》，段炼等译，上海古籍出版社，2004；〔美〕李欧梵：《上海摩登——一种新都市文化在中国（1930—1945）》，毛尖译，北京大学出版社，2001。

② 中国之新民（梁启超）：《中国历史上革命之研究》，《新民丛报》第46—48合号，1904年。

③ 《考师范之笑话》，《时报》1913年7月1日。

婚还是未婚的在校学生，对婚姻自由的支持度都取得了压倒性优势；但另一方面，整个 20 世纪 20 年代，多数学生中已婚和订婚者的婚约是由父母指定的。如 1921 年陈鹤琴对全国 631 位大学生所做的婚姻调查问卷显示，在被调查的 184 位已婚者中，自订婚姻的只有 6 人。而与此同时，在对代订婚姻做出表态的 145 人中，愿代订的为 56 人，不愿代订的则为 89 人。[①] 1921 年距离五四太近，不排除大量被调查者在五四前便已结婚的可能，因此观念与事实的落差在数字中遭到夸大。但此后 10 余年一系列的调查问卷都反映了婚姻自主意愿与婚姻自主权之间的落差。

上述两个案例说明，由现代性主导的历史叙事与日常生活的历史事实之间往往存在一种紧张关系。

在民国的现代性启蒙话语中，人力车夫作为被压迫阶级的代表受到知识分子的同情，甚至有人将人力车业视为一种有悖道德伦理的行业而呼吁取缔。那么，人力车夫自身的社会态度又是怎样的呢？1930 年《社会学界》发表了黄公度《对于无产阶级社会态度的一个小小测验》。这个测验如今看起来非常有趣。它是针对北平市的 100 个人力车夫进行的。据黄公度自称：

> 我们的社会思想只是智识阶级的社会思想。我们平日从书本中得来的一些社会思想材料，也只是智识阶级或中产阶级的社会思想。可是我们智识阶级或中产阶级在社会中只占一小部分，换言之，我们现时所有的、所知道的社会思想，只是社会中一小部分人的社会思想。我们对于社会中大多数的人们的社会思想或社会观念毫不知道。[②]

黄公度从社会、家庭、娱乐、政治和教育 5 个方面提问。其中政治方面包括什么是革命的问题。那么，这 100 位人力车夫给出的答案包括男女平权、谁也不准做皇帝、打倒土豪劣绅、东征西讨、打倒共产党、谋幸福、民生主义、一统江山、入党做官、打倒一切、设立工会、打倒外国人、造反、打倒反动派、打倒帝国主义、捣乱、孙中山打张作霖、乱世、打倒贪

---

① 李文海主编《民国时期社会调查丛编·婚姻家庭卷》，福建教育出版社，2005，第 15—17 页。
② 李文海主编《民国时期社会调查丛编·城市（劳工）生活卷》（下），福建教育出版社，2005，第 1283 页。

官污吏、天下不太平、打倒军阀、打倒资本家、打仗、打倒日本等。从"东征西讨"和"一统江山"可知这是听说书得来的印象。打倒外国人、帝国主义、日本、军阀和共产党等答案，正是当时国民党官方意识形态的反映。而像"乱世""入党做官"等回答，显然是一种朴素的认识了。

从这些答案我们不难看出，一方面民国以民族国家建构为核心的现代性，作为一种观念形态已经渗透到人力车夫这个底层群体当中，他们对社会的看法，一定程度上已经与智识阶级形成同构的关系；另一方面，底层群体的知识来源和结构呈现多元化倾向，其中传统与现代的并存尤其明显，这正是近代社会转型时期中国城市居民精神世界的普遍状态。

二　民国市政的近代化

在传统中国，城市和乡村的差别不大，人们对城市没有什么向往之情。但晚清以来启动的城市近代化进程，让一些人感受到了城市生活的便利，他们开始相信城市能够让生活更美好。到了民国，城市建设成为许多人的一种自觉。正如有作者声称的："城市为文化之母，文化为城市之花，凡一国无建设城市之能力者，其文化必难十分发达，无文化之国家不能生存于今日竞争时代也，欧美各国十九世纪以还，即重视市政，缘文化之表现，在城市也。"[①] 令人遗憾的是，由于政治的不稳和投资的不足，近代中国的城市化步伐相当缓慢。

城市化作为一种持续不断的历史进程，主要包含三个方面的内容：城市地理空间的拓展；城市设施的近代化；城市管理的近代化。本章只谈论与城市生活直接相关的城市设施和管理的近代化。

城市近代化最明显的外在特征，是其近代城市设施从无到有、从租界到华界、从小众到大众的发展。这些设施包括水、电、煤气、通信、马路、广场、电车、公园、菜市场、医院、百货商场、电影院、跑马场、图书馆、博物馆等。1996 年著名美籍华裔学者周锡瑞在加州大学主持召开了题为"上海之外：勾画民国时期的中国城市"的学术会议，会上提交的论文对民国时期城市市政问题如此设问："全中国城市的市政改革家如何试图按照民

---

① 　王晋伯：《举办市政之根本策略》，《市政评论》第 2 卷第 11 期，1934 年。

国时期被承认为'近代'的方式整顿城市空间，驯化百姓？如果说，为中华帝国城市提供了直线方城型规划模式（比较而言）的传统智能创建了城市空间的话，那么我们如何理解 20 世纪的城市精英显然关注于重整被他们认为是极为混乱之地？各个城市的领导者和居民如何将他们城市的经历与上海的榜样联系在一起？"① 事实上，近代中国的市政建设具有强烈的目的性，一些看似无关紧要的休闲场所其实也参与划定和规范了人们的日常生活。《生活》周刊的一篇文章便指出：

> 普通的社会，每多茶肆酒店，烟馆赌场，多数的平民，没有不借此以解闷。何以故？因为现在的平民，智识既薄，也无正当的消遣；其以为消遣者，不是集人作赌，便在酒馆狂饮，不是荡马路，逛游戏场，便入花丛间解闷。至若远足、音乐、打球……等等，在他们固视为常事，也不屑借为消遣。因此当消遣者不以为消遣，不当消遣者以为消遣，也何怪趋入歧途呢？②

作者当然希望人们获得有益的消遣。在民国，一大批留学归国的市政专家走上了市政建设的领导岗位，将其市政理念付诸实践，塑造了近代中国的城市公共空间。实际上，城市公共空间与民国历史变迁有重大关联。特别是南京国民政府成立后，国家力量向社会的渗透日益强化，政府在市政规划与建设中重新安排城市空间布局。其空间策略成为国家进行社会控制的重要技术手段。近年来，国内学界也越来越提倡从空间角度来观察城市生活。如陈蕴茜对近代中国城市空间转型中的国家和社会关系做了精辟的论述，指出"从晚清到民国，城市中出现了大量公共空间，博物馆、图书馆、公共体育场、公园、新式剧院等，生活于城市中的人，无处不在地被空间规训着，公共空间成为国家和精英规训、引导大众文化的场域"。③ 反过来，空间也有一个被塑造的过程。许纪霖便从都市史的角度探究知识

---

①　参见美国城市史学会会刊《城墙与市场：中国城市史研究通讯》第 1 卷第 2 期，1996 年秋，转引自涂文学《"市政改革"与中国城市早期现代化——以 20 世纪二三十年代汉口为中心》，华中师范大学博士学位论文，2006。

②　杨流云：《日常所忽略的几件事》，《生活》第 1 卷第 23 期，1926 年 3 月，第 141 页。

③　陈蕴茜：《空间维度下的中国城市史研究》，《学术月刊》2009 年第 10 期。

分子在特定的社会语境和关系网络中，如何构建知识分子共同体和社会公共空间。

在晚清和民国，公园作为一种重要的城市公共设施，被赋予了更多的教化功能，成为城市公共空间的重要组成部分。相对于私家花园，其性质尤其是背后的意蕴之别在于现代性和公共性的塑造。民国时期，中国各地的许多城市建立了公园，如新乡这个因铁路而新兴的内陆城市即有修建。1927 年 7 月，冯玉祥所属的吉鸿昌部驻扎新乡，成立了禁烟局，用禁毒罚款在火车站建成了道清花园。后来当地的报刊夸耀其清凉袭人胜过北平的中山公园，并提到其间的花圃设计为一个党徽图案。此处的"中山公园"在南京国民政府时期是公园应用最多的命名，政府意在以此加强意识形态的渗透，花圃中的党徽图案也是这样一种功能。

公园只是城市设施近代化的一个缩影。民国时期，不仅上海、广州、大连、福州、厦门等沿海口岸城市建立了一系列近代化的城市设施，即如沿海的小城镇，也不无创设。如江苏省如皋便在 1918 年由沙元炳、沙元榘等人创设了皋明电灯公司，购买了两台柴油发电机，向城区供电照明，后又扩股 10 万元将公司改名为耀如电气公司，在如皋城东门外再购地 7 亩，修建厂房，增加设备，业务逐步发展，公司一直经营到新中国成立以后。[①]如皋的现代化并非个例，像实业家张謇的故乡南通起步就更早了。

北京在近代拥有特殊地位，但进入 20 世纪后，城市设施非常落后。"当时大多数北京居民饮用的是味道刺鼻的苦水，点煤油灯照明，几乎没有什么可供娱乐的公共空间，有事外出主要是步行或坐畜力车。只有权贵之家才能用煤气灯，饮用清洁的泉水，出门乘坐轿子，在自己家的花园里尽情享乐。"而在进入 20 世纪后的二三十年里，北京得到了比较好的改造，包括道路的铺设、沟渠的重建、电力的使用、自来水的引进、铁路和电车交通网的修建等，使古老的北京开始走向近代化的大都市。这种变化之大，以至于若干年后重访北京的游客感到自己到了一个完全不同的城市，"简直无法把北京与昔日的那个老城市联系在一起"。[②]

---

① 参见孙红兵、黄翠红《从如皋看江苏沿海城镇的近代化历程》，《经济与社会发展》2011年第 3 期。

② 史明正：《走向近代化的北京城——城市建设与社会变革》，北京大学出版社，1995，第15 页。

西安是内陆大城市的代表。它在近代本已趋向衰落，但全面抗战期间，国民政府将西安改名为西京，定为陪都，刺激了它的发展。陈赓雅在《西北视察记》中叙述了西京新市商业的繁荣景象："年来机关增多，交通发达，日呈繁荣之象。如中山大街（东大街）、竹笆市、民众大街（南院门）一带，均为百货、绸缎、皮货、纸庄等商店，装潢尚不少新式者。旅馆饭店，如中山大街之西京饭店及西北饭店，建筑设备，在西北尚属难得。街道亦甚宽阔，人车分行，可免杂沓。两旁新植槐、柳，市容突增美观。"①

内陆中小城市的基础设施也取得进步。以湖南常德为例，1917 年 9 月，胡鼎珊和罗北鼎等人创办朗朗电灯公司。电话在常德出现始于 1925 年。商民王新民、曾显庭等发起创办的常敏电话公司是全省第一家市话股份有限公司。1928 年，常德第一家专业电影院光华电影院落成，有座位 1000 个。至全面抗战爆发前，常德地区先后有私营电影院 5 家，兼放电影的戏院 3 家。②

民国城市设施的建设并非一帆风顺。不妨以北京的电车为例。上海在晚清已经通行电车，而北京直到 1921 年夏天，才成立了北京电车公司。该公司在筹建过程中，遭到各界的强烈反对，从购置设备材料到路轨的铺建以及电厂的筹建屡屡受阻。据 1923 年 6 月《电车公司第二届董事会报告书》记载："京城初次设立电车，谣疑迭起，困难滋多。本公司以事属公众交通，一切建设力求美备，与各方往返商榷，不厌精详。从电杆电线的安装，路轨的铺设，到挪移水管等诸多事项无不受阻，乃至'文书盈篋'，颇费时日。"③ 京师总商会便是电车的阻力之一，它认为"京师并非通商口岸，而民房、商店又栉比繁多……若势必兴办，定需拆毁民房。一则多数商家因被拆歇业直接蒙害者既巨；二则影响所及，致起营业之纠葛，发生诉讼，间接损失者更在在皆是。是交通事业未蒙有发达之利益，而京师社会先受经济上重大之损失，利不敌害，益少损多，名为便民，实则害民"。④

当然，真正阻碍民国城市设施近代化的，不是观念和利害冲突，而是投资和生产力的严重不足。上海作为民国时期最繁华的大都市，其雄心勃

---

① 陈赓雅：《西北视察记》，甘肃人民出版社，2002，第 293 页。

② 管宏平：《常德城市现代化进程研究（1840—1949 年）》，湘潭大学硕士学位论文，2010。

③ 北京市档案馆等编《北京电车公司档案史料（1921 年—1949 年）》，北京燕山出版社，1988，第 44 页。

④ 《北京电车公司档案史料（1921 年—1949 年）》，第 104 页。

勃的"大上海计划"也主要因资金问题而未能按计划完成。实际上，民国城市的基础设施严重不足，无法保障大多数市民享用其成果和便利。那些生活在上海、南京等大城市简易棚户区的住户，连自来水饮用都成问题。

再来看民国的城市管理。城市管理的近代化，是城市化的一个重要组成部分。城市社会结构复杂，人口基数大，密度大，专业分工复杂。如果没有一系列的管理措施，城市便无法运行。近代的城市管理逐渐扩散到城市生活的方方面面，大到工厂公司，小到小商小贩，都有相应的管理办法。举例而言，在传统社会，小贩沿街卖菜是司空见惯的事情，但在上海，租界率先建立了专门的菜市场，著名的三角地菜场一度是远东最大的菜场。菜贩在缴纳费用后到菜市场营业，这对于市容市貌的整饬无疑具有重要意义。①

市政管理在民国得到了不少国人的重视，诚如一篇文章中写道：

> 目前国内各市区，尤有严密管理的必要。尤其是日趋繁盛的大商埠大城市，倘管理不严，则百废莫举，百弊丛生，不但阻碍市政的发展，亦且关系国家的文明。所以李谟先生曾经说过："都市愈热闹，都市行政益发达，而管理方法，益应缜密也。"实是至理名言，否则市政的物质虽然达于至善至美的地步，而管理的方法不完密，精神建设失了凭依，仍算不得良好的市政，只有日趋于腐恶凋散的地位。若管理得法，精神和物质两方面同时并进，这是很容易达于优良地步的，文化自然发扬，实业自易振兴，文明的程度，亦易增高，国家的富强，亦指日可待。②

公共卫生是城市市政管理中的重要部分。上海医界名士陈邦贤在谈到

---

①　当然，城市管理的引进也影响到市民的固有生活方式，形成"改革的阵痛"。晚清的一份画报曾绘制一幅《沿街小贩被巡捕驱逐之慌张》的图画。其解说文字称："租界定章，凡肩挑步担之小贩人等，只准在小菜场贸易，不准沿街设摊歇担。如违拘罚不贷。禁令綦严，盖为清除街道起见，固应尔也。乃各小贩只图觅利，每多阳奉阴违。于是倘为巡捕所见，必加驱逐。若辈很命奔逃，迟恐被拘。且虑摊担等为捕掀翻转致费事，其情可恶，其状亦复可怜。因作是图。"见《沿街小贩被巡捕驱逐之慌张》，《图画日报》第162号，1909年，第7页。

②　刘郁樱：《谈市政管理》，《道路月刊》第32卷第1号，1932年。

公共卫生的重要性时说道："没有电灯、没有电话、没有交通，甚至于没有警察，都可以支持两三天，可是一天不排除污秽，马上便发生很大的危险了。"① 正如何小莲指出的，"公共卫生问题与人口集聚数量、人口密度、互动频率成正比关系。公共卫生作为世界性问题，主要是城市问题，是近代化的重要组成部分"。② 20世纪20年代，出现了很多呼吁成立公共卫生机关的言论，胡宣明就曾大声呼吁进行卫生建设，称：

> 我国之公共卫生缺点极多，待决问题复杂异常。当局无卫生行政之经验，人民无卫生之常识。以视中古之欧人，相去不远也。正宜急起直追，竭力求学，搜罗世界数百年来所积之学术，调查国内公共卫生之实况，研究合乎国情之办法。③

何小莲说："除了上海先行以外，到民国年间，大多数城市都设立了专门管理公共卫生的卫生局或卫生处，市政设施都有一定程度的改善，公共卫生事业都有所发展。"④ 南京国民政府成立后，设立卫生部，全国范围内的卫生系统逐渐完善。卫生部门将其职能渗透到社会的许多角落，制定了大量的条文，用以加强公共卫生的管理。下面是1929年营口市政筹备处根据民政厅制定的卫生规则所颁发的布告：（1）保持身体健康；（2）注重清洁；（3）扑灭蚊蝇；（4）厕所应撒石灰或石碳酸；（5）不可随地吐痰；（6）勿饮凉水冰糕，禁用瓜果；（7）衣服宜常洗濯；（8）须隔离时令病；（9）病人用物应随时消毒；（10）扫除秽物。⑤

我们分别从北平的理发馆和奉天的公共浴池两个例子来看一看民国时期的公共卫生管理。20世纪30年代的《北平市取缔理发馆规则》对理发馆房屋、器械以及服务匠役的卫生状况做了明确规定。关于理发馆房屋设施方面，要求室内必须"保持适当温度"；室内必须安设"通气管或通气天窗"；理发馆的盥洗处必须设有排泄秽水的暗沟。关于理发所用的器械等也

---

① 陈邦贤：《日常清洁扫除与新生活运动》，《国民导报》1936年4月9日。
② 何小莲：《论中国公共卫生事业近代化之滥觞》，《学术月刊》2003年第2期。
③ 胡宣明：《中国公共卫生之建设》，亚东图书馆，1928，第2页。
④ 何小莲：《论中国公共卫生事业近代化之滥觞》，《学术月刊》2003年第2期。
⑤ 《市政处标语卫生》，《盛京时报》1929年7月24日。

明确规定：刀剪、梳篦、毛刷等，每次用后必须进行消毒，才可以再次使用；洗面盆每次用后，必须用沸水和碱皂洗刷一次；面巾每次用完，必须消毒，才可以再次使用；围布每日至少须洗涤一次；理发室内必须设置痰盂，随时洒扫清洁，剪下的碎发必须随时装贮，逐日清除。对理发馆所用的匠役要求身体健康，禁止雇用"患有秃疮、砂眼、肺痨及花柳病者"，患有急性感冒者也必须临时停止工作。规则还要求匠役在工作时注意清洁卫生，必须戴口罩，穿着白布衣衫或白布围裙，口罩、白布衣衫和白布围裙必须时常洗涤，保持清洁，理发前，必须用热水、碱皂洗手一次。[1]

再来看 20 世纪 20 年代初奉天对公共浴池的规定。据《盛京时报》报道，警察厅厅长陶菊溪认为澡塘为公共浴场，其卫生清洁关系重要。但"近查城关各澡塘讲求卫生，注意清洁，固不乏人，而污秽不堪者亦所在皆是，如不严加取缔，殊非慎重公共卫生之道"。因此制定了取缔办法 13 条，大致内容包括"须修暗沟以放秽水，不得泛滥，街巷窗户启闭规定时间，以通空气，每日池塘务要刷洗，以资清洁，多设痰筒，不时倾倒，俾重卫生，塘布手巾按日洗濯，免带秽气，官盆按次刷洗，不得疏漏，使用人役务要清洁，不得雇用有病之人，院内厕所按时清除，散布石灰，以上各种澡塘如有违背者，即严加惩罚"。另外还有限制浴客入浴者 5 条：一是身带疮疾易于传染者不得入浴；二是病体较重不能支持者不得入浴；三是饮酒过量者不得入浴；四是素有癫痫症者不得入浴；五是年纪过老身体衰弱者不得入浴。[2]

对娱乐业的管理也是城市管理的一项重要内容。民国时期，娱乐与风化及政治息息相关。南京作为首善之地，其娱乐管理自然引人注目。据南京特别市政府管理公共娱乐场所规则介绍：

> 本市旧日娱乐场所，以秦淮河畔为最繁华，夏秋良辰，河面画舫如织，旅客游人，多于此时，征歌选色，而淮清桥、钓鱼巷一带，娼寮林立，尤为浪荡者纵乐之场，自国民政府奠都后刷新庶政，与民更

---

[1]　参见杜丽红《20 世纪 30 年代的北平城市管理》，中国社会科学院研究生院博士学位论文，2002，第 64 页。

[2]　《取缔澡塘》，《盛京时报》1923 年 5 月 29 日。

始，废娼文告，三令五申，秦淮风月，顿改旧观，虽艺员登记，仍照常进行，而已登记之艺员，往往托名业艺，私行卖淫。[①]

因此市政府重新颁布规则，规定了娱乐场所和艺员的登记办法，并规定违背"本党主义"者、宣传反动思想者、有伤风化者、有危险性者以及有悖人道者等项目，均不准表演。

舞厅是在20世纪20年代后期兴盛起来的。因其涉嫌伤害风化，常引起政府的关注。以北平为例，《北平市警察局管理舞厅规则》对舞厅的经营时间和项目都有规定。对于屡犯规定、利用舞女以色相招引顾客的舞厅，市府即予以停业惩罚。但多数舞厅对管理规则置若罔闻，致使北平所有的舞厅一度都被勒令停办。政府对戏院也规定了具体管理办法。一般剧本及演出内容是重点审查对象，但有时演员的服装也在检查之列。著名演员白玉霜因涉嫌在一出戏中穿着不当，遭到社会局的通报：

> 后半部剧情，系三个女性苍蝇精，迷惑两男性青年，由白伶及两女伶分饰苍蝇精，着白色卫生衣裤、长筒丝袜、红色兜肚，裤长不及膝，紧裹其身，外披翼形氅衣，由苍蝇成精起至被天兵捉拿止，除生子一幕着衣裙外，其余各场，均着上述衣饰。且全场电灯熄灭，用五色电光，照耀台上，该伶等且歌且舞，宛如裸体，剧情及唱词，亦均极猥亵，实有审查章程第五条乙项第二款情事。[②]

接到社会局通告，警察局遂对白玉霜戏班进行了处罚，要求白玉霜今后在任何戏园都不得演唱此剧。

对娼妓的管理在民国是个引人注目的话题，同时也是关于民国现代性研究的重要案例。民国对娼妓的管理和言说，体现了近代中国民族国家建构的努力。雷莎蓓将民国时期地方政权的治娼模式主要分为四种类型：（1）政府向公娼颁发营业执照，象征性地征收捐税而较少介入娼业的具体

---

① 《南京社会特刊》第3册，张研、孙燕京主编《民国史料丛刊》（700），大象出版社，2009，第220页。
② 北京市档案馆藏档案：J2-3-102，转引自李少兵《1927—1937年的北京娱乐文化——官方、民间因素与新时尚的形成》，《历史档案》2005年第1期。

经营；（2）政府实行全面禁娼或分期抽废的治娼模式，与之相应，为废娼谋求其他出路或将她们逐出当地；（3）政府对娼业实行重税政策，所征妓捐不但用于发展济良所、公娼检验所等与治娼相联系的机构，而且用于学校、道路、医院等其他项目的建设发展；（4）政府垄断娼业运营，将娼妓分类集中在与外界隔离的区域营业，对妓院院主和妓女统一监管并从中抽取一定税收。①

电影业在民国时期迅速发展，全国许多城市相继建立了电影院。上海的电影院尤其发达，可与传统的戏院并驾齐驱。民国政府对电影实行了严格的审查制度。据汪朝光的研究，民国时期国民党当局对于具有广泛大众影响力的电影一直颇为重视，通过制定规章和建立机构来加强管理。国民政府电影检查制度的脉络从上海市电影检查委员会到教育部、内政部电影检查委员会，再到中央电影检查委员会，逐步得以完善。如汪朝光所论，电影检查制度本就具有一定的保守特质，加以"中央电检会的成立，是国民党电影检查制度建立之后，其电影政策在左翼电影勃兴的现实威胁下，由于代表其党内右翼之党务、宣传系统推动压迫的产物，故就其组成人员的思想意识和政治态度、组织构成和检查方式的改变、对相关检查法规条文解释尺度的收紧等方面而论，自较其前任教育、内政部电影检查委员会更趋保守"。② 电影在民国具有广泛社会影响力，国民党对它的集中管理与控制，对意识形态的宣传和控制起到了重要作用。

民国时期，由于城市交通压力的增大，交通管理也成为城市管理的一项内容。在上海，20世纪20年代末开始利用红绿交通灯指挥交通。有研究者根据档案材料，详细介绍了北平的交通管理。1933年北平市公安局认为"本市近来交通日繁，车辆尤夥，所有前订指挥交通规则，时殊势异，亟应详加改订"。据此于1934年6月2日颁布《北平市政府公安局管理交通规则》，对市内各种车辆的行驶和行人应遵守的规范以及交通指挥的基本手势等进行了详细的规定。

---

① 转引自罗衍军《民国时期的娼妓书写与治理——以杭州（1927—1937）为中心》，《浙江社会科学》2008年第5期。

② 汪朝光：《影艺的政治：一九三〇年代中期中央电影检查委员会研究》，《历史研究》2006年第2期。

三　民国城市日常消费

　　民国城市的日常生活是怎么样的呢？民国大小城市数以千百计，分布在近1000万平方公里的土地上，沿海与内地、江南与华北，生活方式迥然不同。此外，民国自1912年始，至1949年中华人民共和国成立，经历了将近40年的历史，随着城市化的进展，以及各种社会变革和政治动荡带来的兴衰，城市生活必定经历一个变迁的过程。在此，我们仅以几个城市为个案，分别从经验感知和田野调查两个角度来管窥。日常生活包罗万象，在此我们淡化市民的生产经营活动，将目光聚焦在衣食住行用等最具日常性的消费方面。

　　消费作为一种社会和文化行为，往往是决定个人身份的关键所在。有学者以《申报》广告为例，揭示时人对"上等社会"的建构："翻开《申报》，我们注意到，在香烟、饮料、服饰、汽车、住宅等广告中，到处充斥着'上等人'、'上等社会'、'上等人士'、'上等士女'、'上流社会'、'高雅人士'等词语。那些含有此类词语的广告，成功地为人们虚拟了一个'上等社会'，并描绘了'上等社会'的生活模式……倘若你自认是'上等社会'的一员，你就必须按照广告开出的清单去消费，离开了这些具有标签作用的商品，你就无法证明你属于'上等社会'。"[①] 无疑，这个经由大量商品广告的引导所建构起来的"上等社会"，对非"上等人士"的诱惑力可能更大。它不仅促成了近代上海"消费革命"的产生，而且为人们的生活树立了价值和目标。1912年，《申报》"自由谈"栏目刊发了一篇名为《做上海人安得不穷》的随笔。该文列举了10余个例子，来说明上海人生活费用的高涨。其中一条称："从前家中陈设，不过榆树器具，及瓷瓶铜盆，已觉十分体面。今上海人红木房间觉得寻常之极。一定要铁床皮椅电灯风扇才觉得适意，做上海人安得不穷。"[②] 显然，作者不是在讲物价上涨导致上海人变穷，而是在说消费规格的提升，导致上海人必须支付更多的货币。

---

①　许纪霖、王儒年：《近代上海消费主义意识形态之建构——20世纪20—30年代〈申报〉广告研究》，《学术月刊》2005年第4期。

②　《做上海人安得不穷》，《申报》1912年8月9日。

作者所谓的"做上海人"提示我们，一个"上海人"的身份认同，从某种意义上讲是通过特定的消费行为来实现的。

毫无疑问，城市化给那些有足够消费能力的富人的日常生活带来了舒适和便利。老舍的短篇小说《且说屋里》开头写道：

> 一个二十世纪的中国人所能享受与占有的，包善卿已经都享受和占有过，现在还享受与占有着。他有钱，有洋楼，有汽车，有儿女，有姨太太，有古玩，有可作摆设用的书籍，有名望，有身分，有一串可以印在名片上与讣闻上的官衔，有各色的朋友，有电灯、电话、电铃、电扇，有寿数，有胖胖的身体和各种补药。①

老舍描写的是一个中国富人典型的日常生活。洋楼、汽车、电灯、电话等现代城市设施让他的衣食住行显得既舒适又便利，但这是普通市民无法企及的。在民国，汽车不仅是一种交通工具，更是一种身份的象征。普通市民根本无法将乘汽车作为日常消费，也正因此，偶一为之就成了一种隆重而体面的行为。

大体可以说，民国城市的整体生活水平比老舍小说里的包善卿要糟得多。20世纪20年代中期，社会学家李景汉在一篇文章中描述了北京大多数家庭的生存状态："总体来说，北京大多数的家庭是住在一两间屋子里的。平均每家四五口人。平均计算每人每月的饮食费不到二元半，每年全家衣服费不到二十元，每月房费不到三元，燃料费不到一元半。衣食住外他项杂费不到总支出的百分之五。彼等都在最低健康的生活标准以下活着。"②曹聚仁在《上海春秋》一书中引用《申报》编辑部主要人物雷缙的记述，称：

> 吾辈起居办事之室，方广不逾寻丈，光线甚暗。而寝处饮食便溺，悉在其中。冬则寒风砭骨，夏则炽热如炉。最难堪者，臭虫生殖之繁，到处蠕蠕，大堪惊异，往往终夜被扰，不能睡眠。薪水按西历发给，

---

① 老舍：《且说屋里》，《月牙集》，河北人民出版社，1981，第170页。
② 李景汉：《北京的穷相》，《现代评论第二周年纪念增刊》，1926年，第76页。

至半月不过银币四十元，余则以次递降，最低之数，只有十余元。而饭食、茗点、茶水、洗衣、剃发与夫笔墨等等，无不取给于中，生涯之落寞，盖无有甚于此者。①

实际上，半个月 40 元的收入对当时大部分上海人来说已经相当可观，雷缙却仍感觉到生活质量的低下和人生的落寞。那么，普通市民的日常生活和生活水平就可想而知了。

以住房为例，有人这样评论上海的居住问题："上海一隅为濒海之处，素来荒芜不治，城外皆系田亩，绝少居人。自通商开埠以来，城外为租界，经西人整理修葺，然后成为一大都会而居亦众，地亦因之益贵，是亦必然之势也。"② 为了减少住房开支，石库门的房间被隔成鸽子笼，五六家共用一个厨房成为常态。马桶无处摆放，也只好放在厨房里。卧室被床占去大部分空间，家里来了客人几乎无处立脚。③ 上海居住困难，当然有人口密集的原因，但居住条件恶劣是整个民国城市都存在的问题，说到底还是民国生产力和消费能力不足的问题。

中国的现代化某种程度上就是一种西化。民初《申报》曾以讽刺的口吻描绘机关工作人员的西化程度，说他们"头戴外国帽，眼架金丝镜，口吸纸卷烟，身着哔叽服，脚踏软皮鞋，吃西菜，住洋房，点电灯，卧铜床，以至台凳、毡毯、面盆、手巾、痰盂、便桶无一非外国货，算来衣食住处处仿效外国人"。④ 这种生活方式跟富人的一样，并非中国人普遍的生活方式。在日常生活层面，虽有城市居民吃西餐、喝咖啡、穿西装，但人们的衣与食中，传统还是占据着优势，即使上海这样的现代都市，穿西装的中国人也属于百不有一。当然，对于服装一项要具体分析，严昌洪谈到北京20 世纪二三十年代的着装时说，经过对中国传统服装和西式服装都进行改良和选择以后，男子的大襟长衫、对襟唐装、折腰长裤和女子的斧口衫、大襟短衫都成了常服式样；在满装的基础上加以改造后的长袍马褂和旗袍又流行起来；虽然作为外套的西服没有得到普及，但洋式衬衣、绒衣、针

① 曹聚仁：《上海春秋》，上海人民出版社，1996，第 116 页。
② 〔美〕霍塞：《出卖上海滩》，越裔译，上海书店出版社，2000，第 40 页。
③ 《鸽子笼中的游记》，《申报》1923 年 11 月 4 日。
④ 《中华民国国务员之衣食住》，《申报》1912 年 5 月 7 日。

织衫、西裤、纱袜、胶鞋、皮鞋等渐渐得到推广。① 也就是说，北京人在民国时期的着装实际上是中西合璧的。这大体上能够反映整个中国城市的情况。至于食物，其惰性和惯性要明显强过衣服。总体上说，中国城市市民的饮食结构大体上是传统的延续。虽然啤酒、汽水和面包早已传入中国，但它们很难进入普通市民家庭。

20 世纪 20 年代后期，中国的社会调查开始兴起，其中有不少是针对城市居民生活程度（即生活水平）的调查。这些调查显然比人们的经验感知多了一些实证性。下文根据这些调查，选取北京、天津、上海、成都、昆明等几个城市，借以了解当时中国一些重要城市的生活状况。

20 世纪 20 年代的北京。1926—1927 年，北京社会调查部对该市的 48 户家庭进行了为期 6 个月的调查。根据 1926 年底警察厅的调查，北京的住户按贫富分为 5 类，分别为极贫户、次贫户、下户、中户、上户。由于分类标准不明确，只能大体确定这 48 户家庭中约半数属于下户，其余则属于次贫户。我们抽取他们的饮食和家庭用具两项来管窥其日常生活情况。

在所调查的 48 户家庭中，小米、玉米面、小米面、白面、白菜、腌萝卜、菠菜、豆腐、葱、香油、黄酱、盐、醋及羊肉等物，为全体家庭所购食，故也可认为是他们的"标准食品"。"大米非北方人常用食品，且售价较昂，故仅偶尔用以煮粥。"在北京吃羊肉的人比吃猪肉的人多。各家饮食费，用于米面的占 80%。"各家庭既少食肉及其他精美品，只可以咸辣及富于刺激性者为佐食之资。"②

这个调查报告还展示了两个家庭衣服用具的清单。调查表首先以公用物品和个人用品分类，公用物品分家具什物、杂物、厨房用具、梳妆用具和杂类几项，个人物品主要指衣饰和被褥。如其中一户家庭的家具什物为：抽屉桌 1 张、长凳 1 条、纸箱 2 个、茶壶 1 盏、茶碗 2 盏、伞 1 把、灯 1 盏、剪刀 1 把、针线簸箩 1 个、尺 1 把、铜顶针 2 个、扫帚 2 把、簸箕 1 个、布门帘 1 个、铁锹 1 把、炕席 1 张、草荐 1 张、花盆 4 个、画 2 幅。以上用品购买时的价格计 14.94 元。那么这户家庭的全部家当值多少呢？用品

---

① 严昌洪：《西俗东渐记——中国近代社会风俗的演变》，湖南出版社，1991，第 160 页。
② 本段及以下几段，分见李文海主编《民国时期社会调查丛编·城市（劳工）生活卷》（上），第 481、297、296、298、3388、108、129、132、157 页。

购买时的价格为 104.28 元，调查时折价 51.32 元。由此可见这户家庭之贫穷。而这户家庭在所调查的 48 户家庭中已经算是中等之家了。

20 世纪 20 年代的天津。南开大学社会经济委员会在 1927—1928 年对天津 132 家手艺工人的家庭生活进行了调查分析。我们不妨截取两个片段。一是照明情况，"点灯以煤油为主，冬日夜长，夏日夜短，所费自有伸缩。至贫之家，每值夏夜即不举火，晚餐以后，即在室外纳凉，倦而后息，无用灯为。更有在冬夜亦不点灯，即于黑暗中度过漫漫之长夜者"。二是对天津、北京和上海三地的杂用费比较：杂用费占全部生活费用的支出比例，天津为 5.33%，北京 3.12%，上海 20.60%，上海杨树浦 25.36%，上海商务印书馆工人 21.29%，上海邮工 23.73%。杂用项目包括宗教、教育、嗜好、娱乐、卫生、交通、家具、装饰、交际、婚事、丧事、利息、税捐、家用、其他。杂用费的分配，北京与天津相近，与上海的工人在嗜好、卫生和交际三方面差距很大，也体现出生活现代化程度的差距。

20 世纪 20 年代的上海。20 世纪 20 年代末，北平调查所以上海最重要的棉纺工业为调查范围，以纱厂工人居住最多的西区曹家渡为调查区域，以 230 个工人家庭为调查对象，通过记账本的方式，对上述工人家庭的收入支出进行统计分析，截取时间为 1927 年 11 月至 1928 年 10 月。这 230 户家庭的基本情况是："共有人口 1097 人，其中男子 587 人，女子 510 人。男子做工者 319 人中有 267 人做纱厂工作，其余 52 人做其他工作。女子做工者 219 人中有 203 人做纱厂工，其余 16 人做其他工作。"这些纱厂工人的平均日工作时间为 10.40 小时，平均每日工资，普通工人男 0.51 元，女 0.47 元。平均每家每月的总收入为 32.89 元，工资收入占全部收入的 95.5%。平均每月生活费约为 32.5 元，其中食品为 18.21 元，衣服 3.06 元，房租 2.09 元，燃料 2.45 元，杂类 6.70 元。食品占据了总消费的 56%。

调查报告称：棉纺业男工的工资在上海各工业中算是极低的，棉纺业女工的平均月入比较上海全体工厂女工的平均月入却所差甚微，棉纺业童工的平均月入亦略低于各业全体童工的平均月入。棉纺业的工资在上海各业中既偏于低的一面，这次调查所得的生活程度也许是上海全体工厂工人的生活程度中偏于低的一面。不过此次调查显示"上海工人的生活费与北平、天津、塘沽各地有技能工人的生活费比较，在实数上上海工人高于其余各地的工人，在食品费的百分数上则四处都逼近于一个数字，就是 56%"。上海工人的膳食也"比北平工人稍好一点，因为食物的内容较为复杂，肉和鱼也多吃一点，米面类费用占全食品费的百分比（53.2%）也比北平工人低得多（80%）"。因此总的来看，上海棉纺工人家庭的生活水平虽然在上海工人中是比较低的，但在国内来说还是稍微好一些。由此反映出上海市民的总体生活在国内属于高水平，这也是上海能持续吸引大量移民的原因。当然，从绝对生活水平而言，上海工人生活也是比较艰难的。在另一份针对上海工人生活状况的调查报告中，蔡正雅在序中称：

> 工人家庭，平均说来，年年亏损，故不惜重利举债，备受剥削压制之苦。近年以还，工商凋敝，百业衰微，工人生活的艰难，自必更深一层。入不敷出，陷于不拔之境，此不可不为深思者一。工人住屋，湫隘拥挤，有碍卫生，而屋租却又甚高。近虽物价低落，而房租迄未下降，将使工人阶级无以负此重任，而愈趋于拥挤湫隘之境，此不可不为深思者又一。

战时的成都。成都是中国西南的一个重要城市，尤其随着全面抗战爆发后国民政府迁都重庆，西南地区的地位一时攀升，成都也受到关注。我们从战时一份关于成都生活指数的调查中抽取了两个片段。一是成都的娱乐。"成都公共游戏场所，颇感缺乏。所谓娱乐，不过电影、京戏、川戏、说书、坐茶馆而已。电影、京戏、川戏，收费昂贵，大半是有资阶级出入的地方，不能供一般平民普遍欣赏。一般贫乏阶级，多以坐茶馆摆'龙门阵'（闲话之俗语）为其最经济最普遍之娱乐。但在平日，也只限于家庭中的生产者，家庭中其他分子很少有享受的机会。"

二是成都的疾病。报告称，虽然"因病而求医服药，不论贫富，是不可免的"，但"以收入之大小而观医药费多寡，知收入小，医药费亦少；收入增，医药费亦有增加之势"。"大富之家偶尔染病，一切医药设备，皆取上等，每日数元数十元不等；小康之家入院就医，挂普通号，住普通病房所费也有限；穷乏之家，或就中医，服中药，可省住院之费，或用土方，抓草药，所费更微；赤贫之家不幸患病，往往依仗平日抗病的能力，略事休养或竟力疾而作，希望自然复元，也有往慈善机关施诊施药之处，就诊乞药可免费用。"考虑到贫困问题的普遍性，可推知广大民众在疾病治疗上面临的窘况。

最后重点介绍一下战后的昆明。国立西南联合大学孙蕙君的一篇毕业论文调查了战后昆明市家庭生活情形。调查分为贫户5家，大致入不敷出衣食住等情形均感不足者；普通户12家，出入大致相抵饱粗食暖粗衣者；小康户5家，稍有盈余衣食住情形较普通户为优者；富户5家，颇有储蓄丰衣足食有能力享用奢侈品者。

5家贫户全赖工作为生，若一日不做工则一日不能维持生活。平均收入为708元。食品占全年总支出的80.69%。食品中以米面类用钱最多，调味品次之，蔬菜类又次之，豆及豆制品更次之，其余如肉、鱼、蛋类、果实类、糖类及其他食品，在5家贫户中根本无此支出。食品中调味品的消费额比蔬菜还要高，是因为蔬菜消费少，而油盐则是必需品，且价格比蔬菜贵。化妆、医药、茶叶、应酬、教育、交通、捐税都是零消费。每日两餐，上午9点左右吃早餐，下午5点左右吃晚饭。菜蔬多半是咸菜，如腌菜、酱豆腐、咸辣椒。衣服都是布衣，身上所穿的衣服大都是补过的，甚至补了又补，不常洗换，每件衣服都穿好几年，不破的衣服平日舍不得穿。大都不穿袜子。衣服的样式大都为短衣，便于做工，很少有穿长衣者，能保持温暖已非易事，更谈不到美观、卫生、实用。被褥是十几年前的，破破烂烂补了又补，勉强可以掩体。房屋多为租赁，无一家自备房屋者。各家所住房屋地方狭小，光线幽暗，一家大小集居一室，亦有将一室用破席子隔开的。住房开支仅占总数的0.75%。厕所是公用的，一个露天的坑，用一堵矮墙或破篱笆挡着，"臭气逼人，肮脏异常"。在一年的调查时间中，只有一家买了两个碗，其他家具都无添置。5家都无牙刷牙膏。男性往澡堂洗澡，平均一年洗6次，每次2角，女性在家洗，次数更少。无医药开支，并非不生病，因无钱就医，所以遇到疾病，只好听天由命。男子的消闲方式是去茶馆喝茶，女子是和家长或去邻居家聊天，小孩儿跳房子、打地螺、踢毽子、跳绳、拍皮球、滚铁环、捉迷藏。

普通人家的情况是，"男女老幼全体动员，为衣为食，终日辛劳，每年收入除开支外，尚余微数"。被调查者包括兵工厂工人、洗衣工、警卫、校役、造香工、制鞋工、店伙计、缝衣工、修笔工、机车匠工、篾匠、轿夫、佣工、科员等。全年平均收入 1500 元以上，食品开支占总支出的 72.69%。每日两餐，分别为上午 10 点左右和下午 5 点左右。在典型的早饭或晚饭中有饭、烧白菜或炒白菜、炒菠菜、炒豆芽、烧萝卜、炒茴香菜、炒韭菜，青菜里有时加少许肉丝或辣椒、葱蒜，另有汤一碗，如豆腐肉丝汤、白菜豆腐汤或菠菜豆腐汤等，间或有一次烧肉或肉汤。

小康家庭平均年收入 5468 元，支出 4711 元，食品开支占 44.30%，被褥四五年换一次棉花，平均每人两条被子一条褥子。房屋为自建。室内的陈设概为大床一张，或再设小床一张及衣箱、衣柜、方桌、木桌、方凳、茶几、梳妆台等。家具的质料尚好。墙壁上悬挂着对联、图画、相片，桌子上陈列着时钟、花瓶、文具、茶壶、茶杯、食物罐等。梳妆台上放着化妆品、洗脸盆、漱口杯、肥皂盒等。

富户平均年收入 212880 元，其中以田产为主，薪金次之，红利次之，房金又次之。从消费的角度讲，富户大致可分为三类，前两类代表了两种极端。"有些人家虽富而不奢，甚至有钱不用，克苦度日，在表面上看来与普通户或小康户差不多，但在实际上腰缠十万贯，这类的富户一般人呼之为土财主。又有些人家富而奢……他们吸鸦片、喝咖啡、看电影、坐汽车，享尽人间幸福，用尽各种方法消费。"作者推崇的是第三类富户，即所谓"标准的富户"，他们"是富贵全收，同时家庭教育非常注重，子女媳孙各有正业，粗茶淡饭，布衣裳，整洁大方，有礼貌，有品德，当用的钱一定用，不当用的就绝对不用，素富贵行乎富贵，素贫贱行乎贫贱，安分守己，可敬可钦"。

四　民国的城市社会问题

城市化为人们提供大量就业机会，其先进的城市设施也让市民的生活更舒适便利，但是伴随城市化而来的，也有各种各样的社会问题，如失业、贫穷、犯罪、自杀和娼妓等。民国的城市化过程中，也出现了大量的社会问题。以民国时期城市化程度最高的上海为例。上海的城市化为其注入了源源不断的新鲜血液，吸引了大量的移民，使上海从开埠之初的 20 余万人，发展到 1949 年的 500 余万人。但上海在城市化的过程中，也伴随各种各样的社会问题，所谓的"城市病"在上海也有清晰的体现。笔者曾对 20 世纪二三十年代上海转型时期的社会问题进行研究，认为："20—30 年代的上海是一个转型社会，在这个旧社会逐渐解体、新社会萌生发展的过渡时期，社会分化为不同的阶层、群体和不同的利益集团，上海发展带来的利益与痛苦分别由这些人们所享用和分担，由此产生出一系列以社会抗拒为主题的社会问题……新一代上海人在享受所创造的新的社会生活和现代化成果赋予的恩惠的同时，也不得不咀嚼现代化代价所带来的苦果。"应该看到，社会问题的存在"表明了社会未能有效地带领全体成员有序地步入现代化轨道之中。从更广阔的背景来看，这种不安定因素已经成为上海社会发展的巨大阻力。这从一个侧面体现了上海社会现代化进程中的发展与缓滞、前进与代价、正面效应与负面效应交织的两元结构的巨大势差"。① 诚然，社会问题是近代上海城市化过程中需要面对的重重障碍。

在大量城市社会问题中，失业是一个核心问题。一个理想的社会自然要以各安其业为前提，失业率是衡量一个社会健康状况的重要指标，当失业率达到一定高度，就会成为严重的社会问题，又引发贫穷、自杀、犯罪等一系列社会问题。失业是民国城市中普遍存在的一个较为严重的社会问题。1936 年，上海、苏州、无锡、南京、武昌、汉口、汉阳、重庆、北平、天津、青岛、杭州、长沙及广州等 14 座工商大埠失业人数达 2655818 人。单以上海为例，在 20 世纪 20 年代末 30 年代初，受到世界性经济危机的影响，上海的失业问题日益突出。1929 年，上海特别市社会局对全市职工失业情况进行了一次调查统计，仅各行业工会会员失业者就达 10009 人，占全市工会会员总数的 6.45%。② 考虑到大量的人并未加入工会，可以说当时上海失业人口要远远多于此数。据 1929 年 6 月上海市公安局的户口统计，在华界的 150 万市民当中，无职业者竟有 25.7 万多人。据上海市社会局局长潘公展估计，如果再将租界算在其中，全市总人口约有 270 万人，无职业者大概在 45 万人。③ 虽然无职业者不一定就是失业者，但失业者无疑占其中的绝大多数。1934 年和 1935 年的失业情况更是持续恶化。

① 忻平：《无奈与抗拒：20—30 年代上海转型时期的社会问题》，《学术月刊》1998 年第 12 期。
② 上海特别市社会局：《上海特别市职工失业统计之试编》，《社会月刊》第 1 卷第 8 号，1929 年。
③ 参见徐直《上海市失业问题及其救济办法》，《社会月刊》第 2 卷第 2 号，1936 年。

贫穷与失业无疑是息息相关的。民国城市工人靠微薄的工资养家糊口已属不易，一旦失业，收入来源顿失，其生活状况自然雪上加霜。贫穷问题在民国城市是相当突出的。1929年，有人惊叹天津的贫民人数多至近36万人，而根据1928年的统计，天津市城乡（包括5个区、3个特别区、五国租界及郊区）人口总数为154万人，而贫民人数已经超过总人口的20%。如果只计算市区，贫民人口所占比例也高达10%，1930年更上升到16%。与天津相邻的北平情况也大体相近。据1926年警察厅的调查，北平城内外的254382户家庭中，次贫户达到23620户，极贫户达到42982户。两者分别占总户数的9.29%和16.9%，两者相加则占了总户数的1/4强，可见北平贫穷问题之严重。在上海和南京等地，均有大量贫困人口长期生活在生存条件恶劣的棚户区中。

乞丐也因贫穷而生，是民国城市一个常见的社会群体。有人专门对上海的700户乞丐进行了调查，将其分为25种，包括告地状、跟车、拉车、顶狗或钉把、走街丐、玩青龙、三脚蛤蟆、开天窗、水碗流星、不开口、顶香炉、念三官经、三老江湖、凤阳婆、僧侣、残疾丐、拍胸、送财神、念春歌、赶节日、倒冷饭、拾荒、拾烟头、开汽车门、码头丐等。[①] 上海乞丐种类的多样化，倒不失为其社会分工发达的一个侧面写照。

自杀的大量存在，既是社会问题的反映，本身也是一种社会问题。据统计，1929—1934年，上海自杀事件高达10103起，平均每年超过2000起。自杀人数逐年上升，1929年为1989人；1934年2325人，其中男1122人、女1203人。1935年仅头四个月就多达901人，比上年同期增长了37%。自杀事件的频频发生从一个侧面反映了当时上海所遭遇的社会危机，引起社会各界的关注。

20世纪二三十年代，失业者自杀成为一种不良的社会风气，报纸对此常有记载。此外，自晚清以来吸毒问题也常导致自杀事件的发生。以1942年在天安门自杀的林李氏一案为例。林李氏获救后写了如下供词：

> 我系山东人，年三十三岁，无住址。情因我由前年染有白面嗜好，

---

① 吴元淑、蒋思壹：《上海七百个乞丐的社会调查》（未刊稿），1933；陈冷僧：《上海乞丐问题的探讨》，《社会半月刊》第1卷第6期，1926年。

我夫在今年二月间死了，我也无法生活，并无住址，家中衣服等典卖一空，我就在各白面房住宿。现在生活实无着落，又兼染有不良嗜好，被逼无法，是以今日在天安门前投河自杀。[①]

面对贫穷的困境，一部分人固然以自杀解脱，一部分人则通过犯罪手段获得财富。下面两则例子，都是因贫穷而犯罪的案件。无锡人陈大郎因失业负债，难以维持生计，1936年5月19日午时，书写恐吓信，向摆设牛肉摊的浦东妇人徐陈氏借款200元，要求"将法币用纸包就藏于里中门首一垃圾桶中，墙上贴一红纸为标记"。陈被捕后供称"实因经济困难，出此下策"。杭州人孙子嘉"从前经营商业。后来失业赋闲，困于生活，流入匪类"，先后做劫案3起。[②]

上海可作为城市犯罪问题的典型地域，它的"三国四方"行政划分和人口流动性极强的"五方杂处"等特点，导致社会治安问题严峻，各种犯罪行为层出不穷，以致许多人将上海看作罪恶的渊薮。据1930年上海公共租界犯罪案件分类表，共开列5大类61种罪名。第一类是侵害人身之重大罪案，包括谋杀、强奸、堕胎、投药、武装绑票、拐诱、贩卖妇女和恐吓信等13种，当年犯罪443起。第二类是侵害人身及财产或只侵害财产之重大罪案，包括武装抢劫、武装拦路抢劫、徒手抢劫、暴动、放火、伪造和棍骗或欺诈等15种，当年犯罪2626起。第三类是侵害人身之轻微罪，包括非法拘留、勒案、虐待幼童、诬告、恐吓贿赂、奸淫等10种，当年发案742起。第四类是侵害财产之轻微罪案，包括攫抢、窃盗和徘徊欲图行窃等7种，当年案发9039起。第五类是杂项罪案，包括私铸伪币、煽惑文字、赌博、私运食盐等16种，当年案发1725起。[③]

在社会转型急剧的20世纪30年代，上海犯罪案发率呈持续增多的势态：1932年月均52.5件；1933年月均110.3件；1934年月均112.8件。据上海市公安局1936年1月统计，该月仅大案、命案、盗案共发生134件。而租界的案发率更高，1930—1936年工部局司法机关仅因民、刑事案而定

---

① 《北平市警察局·内六区警察署关于林李氏自杀未遂请安置的呈》，北京市档案馆藏档案：J181-31-4572。

② 《申报》1936年5月26日、1933年2月21日。

③ 罗志如：《统计表中之上海》，上海，1932，第123页。

罪者共计 49719 人，平均每年达 8286.5 人，占 1933 年公共租界人口的 5%。[1] 这样一个高犯罪比例，与近代上海独特的城市社会结构是密切相关的。从魏斐德的《上海歹土——战时恐怖活动与城市犯罪，1937—1941》可知，全面抗战时期的上海犯罪具有独特的时代特征，其猖獗程度更加令人触目惊心。

最后重点提及一个人力车的案例。在民国，人力车也被视为一种社会问题。正如一份社会调查所说："人力车之问题不仅为个人或国民经济之问题，实为极重要之社会问题。此种职业乃剥削国民之精力，防害人民之健康，甚且遗害及于后代。此恶不除，全社会之生活被其影响，至于无穷，非过言也。"[2] 有人还从道德伦理的角度指出人力车问题："夫洋车之使用，富者坐之，贫者拉之，同为人类，同为同胞，只因贫富之相差，遂即判若人畜。"[3]

人力车在晚清从日本传到上海，随后又传到中国各地。因来自日本，又名东洋车，又因一些人力车公司将注册的人力车涂成黄色，所以在一些地区又称黄包车。人力车是清末和民国城市最重要的交通工具。在成都，人力车甚至几乎是唯一的公共交通工具。我们且以上海外白渡桥的晚清和民国交通工具变化为例来看一下人力车的地位。从表 27-1 可知，人力车在上海是唯一从晚清沿用到民国的交通工具，其生存能力之强可见一斑。

表 27-1　上海外白渡桥通行交通工具变化情况

单位：人

年份	步行	人力车	马车	轿子	马	脚踏车	机器脚踏车	汽车	公共汽车	有轨电车
1889	11770	6984	544	9	11	0	0	0	0	0
1926	50823	14600	0	0	0	3459	194	3764	172	922

注：1889 年数字系三天平均，1926 年数字系两天平均。货车未计入。

资料来源：《上海研究资料》，上海书店出版社，1984，第 360—361 页；罗志如《统计表中之上海》，第 60 页。

---

[1]　忻平：《无奈与抗拒：20—30 年代上海转型时期的社会问题》，《学术月刊》1998 年第 12 期。
[2]　李文海主编《民国时期社会调查丛编·城市（劳工）生活卷》（下），第 1146 页。
[3]　冯秉坤：《废除平市独轮手车之我见》，《市政评论》第 3 卷第 17 期，1935 年，第 3 页。

人力车夫的来源多半是乡村的破产农民和城市落魄的市民。"穷苦百姓到了山尽水穷的时候，没有事干，大半去做车夫。"① 大量的民国文献将人力车夫作为一个底层劳动群体加以渲染。民国一本《天津指南》这样评论人力车夫："凡人力车夫为劳动界最苦者，且毫无知识又无团体，偶有小失，常为警察所毒打，见者无不伤心。"② 老舍在其名作《骆驼祥子》中不无夸张地描述道："他们设尽了方法，用尽了力气，死曳活曳得把车拉到了地方，为几个铜子得破出一条命……冬天，他们整个的是在地狱里，比鬼多一口活气，而没有鬼那样清闲自在，鬼没有他们这么多的吃累！像条狗似的死在街头，是他们最大的平安自在；冻死鬼，据说，脸上有些笑容。"③

以天津的人力车夫为例，其工作时间每日两班，第一班从凌晨5点至下午3点，第二班从下午3点至第二天凌晨2点，各工作10小时和11小时，④不但工作时间长，劳动强度也大。

人力车夫的居住状况也异常窘迫。有作者这样描述一个人力车夫家庭："他们所住的，不过是几间拿苇草做成的泥房，土台子当做桌子，炕沿算是椅子，飞边炸翅的炕席中间，又加八个大窟窿；父母儿女妻子六口，通腿睡觉，中间搭着一个上下够不着的破被，或者连破被都没有。在天津卫有着这么一句俗语谓，'一间屋子半拉炕'就是这个情形。"⑤

在上海，收入微薄、劳动条件艰苦的人力车夫是棚户区最常见的住户。20世纪30年代的一份调查显示，在上海租界的10万名人力车夫中，大约有4万人是有家眷的，其中"约有2万以上是过着草棚生活的，他们在沪西越界筑路一带空地上花费一二十元，有的每月还要付几角钱的地租（有的没有地租），搭一间简陋的棚舍，勉强作为栖身之所"。⑥

陶孟和在对北京人力车夫的调查报告中指出，人力车夫的工作也不合

① 《长沙社会面面观（社会调查）》，《新青年》第7卷第1号，1919年。

② 孙学谦：《天津指南》，中华书局，1924，第64页。

③ 老舍：《骆驼祥子·离婚》，人民文学出版社，1994，第73—74页。

④ 房福安：《中国的人力车业》，莫若强译，《社会月刊》第2卷第7期，1931年，第4—5页。人力车夫的工作时长：上海为14小时和10小时，杭州为12小时，北平为9小时，其他城市如南京、武昌、汉口、汉阳、成都、广州、福州都在8小时以内。

⑤ 吴平：《农工衰败与人力车夫》，《劳工月刊》第5卷第2、3期合刊，1936年，第127—128页。

⑥ 朱邦兴等编《上海产业与上海职工》（上海史资料丛刊），第676页。

卫生："盖其伛偻驰驱之态防阻胸部之发展。其急迫之呼吸，所吸又为通衢上污浊之尘芥，实有害于肺部之健康。而其身体终日着汗垢所渍之衣服，尤易染受各种疾病。"陶孟和在调查中发现，人力车夫并没有注意到自身的卫生问题，所以他断定"车夫眼光中之所谓洁净、卫生、安静等语，未必与吾人所有之观念确相合"。接着他给出证据："关于人力车夫曾有疾病否，知有医院或施医处否诸问题填入答语者甚少，而其填入答词者则又皆言无病，或不往医院诊治。因此使人疑及人力车夫虽罹疾病，未必果确知其有疾病或已有疾病之危险。愚者或且惯居于产生疾病状况之下，或抱病经年，而仍生存滋息，亦非不可能之情形。必待医生诊察，告以有病，人力车夫始知其有病也。""人力车夫所常患之疾病，余闻医者言，为腿痛，冬日之冻手、冻脚，喉疾，盲肠炎，及花柳病等。"[1]

人力车夫不但工作、生存条件恶劣，其社会地位也非常低下，尤其是经常受到警察的"关照"。"一般以拉车过活的人……没有一个不遭遇着很悲惨很残酷的命运，他们的冻毙、热毙，他们的被警棍痛打、撬照会、拿坐垫、拳打、足踢，已成为普遍的现象。"[2]

正因看到如此种种惨象，陶孟和对人力车夫这个行业提出质疑：

> 吾人若以马车或公用电车代人力车，则价廉而速度高，自社会之方面观之亦更为经济。吾人有轻便良善之运输法，如马车电车之类，而不能用，乃必使一般人终日绞血汗以从事不卫生不经济之人力车业，实社会之一大消耗也。设人力车业果能尽行废止，人力车夫皆能改操新式之运输业，则其工作较为简易，更可以其余之精力，从事于劳动以上简单物质生活以上之事业（如消遣、娱乐、文化之教育等），岂不善哉？[3]

毫无疑问，在民国那样一个大环境下，陶孟和的建议不过是纸上谈兵。拉人力车毕竟是一个养家糊口的职业，人力车夫的生活虽苦，但不少人还

---

[1]　李文海主编《民国时期社会调查丛编·城市（劳工）生活卷》（下），第 1145—1147 页。
[2]　《读者来信》，《华年周刊》第 4 卷第 2 期，1934 年。
[3]　李文海主编《民国时期社会调查丛编·城市（劳工）生活卷》（下），第 1146 页。

是欲拉人力车而不可得。进入公司拉车是一个需要争取的就业机会，如果
拥有一辆自己的人力车那更是件令人欣喜的事情了。

五　民国城市的精神世界

民国时期市民的精神世界受到现代性话语不同程度的浸染，已经距离
传统愈行愈远。1913 年的时候，孔子和孟子在一般读书人的心目中还占有
至高无上的地位，但是仅仅 10 年之后，在 1923 年底北京大学 25 周年校庆
时的一次民意测验中，当问及"你心目中国内或世界大人物，是哪位"时，
得到的答案已经完全不同。在国内人物中，10 年前排名第一的孔子此时仅
有 1 票，其他如庄周、王阳明等也各只有 1 票。孙文是当时国民党的领袖，
得票多很正常，连陈独秀、蔡元培、胡适、李大钊等人的得票，都远远超
过孔孟等硕儒。国外偶像中列宁 227 票高居榜首，美国总统威尔逊 51 票，
罗素 24 票，泰戈尔 17 票，马克思 6 票。[1] 这个结果表明，新文化运动对传
统社会价值观念产生了巨大冲击力，儒学独尊的地位在青年知识分子的意
识中被严重动摇。而列宁高居国外偶像的榜首，则说明社会主义成为一种
新的时尚。[2]

当然，现代性的势力范围总有其边界。黄公度对北平人力车夫的调查
显示，在以革命为时尚的 20 世纪 20 年代末 30 年代初，这些生活在底层的
无产者居然有半数不赞成革命。而他们正是革命要解放的对象。

另一个例子是 1932 年有人撰文指出的："如果我们不从统计上去考察，
而仅就报纸新闻栏中的地位分配看去，那便会觉得婚姻与恋爱纠纷的数量，
是占到所有社会纠纷的半部以上。"[3] 由此固然可以推测出，在二三十年代，
婚姻和恋爱纠纷已成为相当突出的社会问题，但如果从统计上去考察，情
况就又不一样了。报纸为了吸引读者，当然要挖掘一些社会事件作为新闻，

[1]　朱务善：《本校二十五周年纪念日之"民意测量"》，《北京大学日刊》1924 年 3 月 5 日。
[2]　1923 年 4 月，北京中国大学 10 周年纪念日进行的公民常识测验中，曾就中国的社会走向
测问"你欢迎社会主义吗"和"你欢迎资本主义吗"？答案显示：欢迎社会主义者为 2096
票，不欢迎者为 654 票；欢迎资本主义者为 736 票，不欢迎者为 1991 票。参见江沛《二十
世纪一二十年代沿海城市社会文化观念变动评析》，《史学月刊》2001 年第 4 期。
[3]　孟如：《目前中国之婚姻纠纷》，《东方杂志》第 29 卷第 4 号，1932 年。

以显得问题很严重。

再举一个例子，现代性崇尚科学，与科学格格不入的一些民间信仰自然也就被打入迷信一类。民国政府多次禁止包括迎神赛会在内的迷信活动。叶圣陶在小说《倪焕之》中描述过江南地区一次寻常规模的迎神赛会，表达了知识分子对劳动者的了解之同情：

> 一般人为了生活，皱着眉头，耐着性儿，使着力气，流着血汗，偶尔能得笑一笑、乐一乐，正是精神上的一服补剂。因为有这服补剂，才觉得继续努力下去还有意思，还有兴致。否则只作肚子的奴隶，即使不至于悲观厌世，也必感到人生的空虚。有些人说，乡村间的迎神演戏是迷信又糜费的事情，应该取缔。这是单看了一面的说法，照这个说法，似乎农民只该劳苦又劳苦，一刻不息，直到埋入坟墓为止。要知道迎一回神，演一场戏，可以唤回农民不知多少新鲜的精神，因而使他们再高兴地举起锄头。迷信，果然；但不迷信而有同等功效的可以作为代替的娱乐又在哪里？[1]

实际上，迎神赛会不仅"可以唤回农民不知多少新鲜的精神"，对城市市民亦然。从社会调查可知，城市市民用于迷信的消费占其杂费不小的比重，说明传统民间信仰与风俗仍然根深蒂固地存在于普通市民的头脑和日常生活中，因此即使在上海这样的现代都市，迎神赛会仍然屡禁不止。[2]

风俗作为一种地方性的知识、文化和价值观，"处在人类一般精神生活的基础层"，[3] 往往是经过长期的历史沉淀才形成的。其形成不易，变迁也难。但是在近代中国，随着城市化的进程和社会的转型，以及政府和知识界对移风易俗的鼓吹和倡导，民国城市居民的风俗也在变革。变政与变俗之间发生了明显的关联。[4] 一些旧的习俗淡出，一些新的习俗形成。而在新旧交替和冲突中，更产生了许多变体。由于国家政权和知识精英主要集中

① 叶圣陶：《倪焕之》，人民文学出版社，1982，第96页。
② 艾萍：《变俗与变政：上海市政府民俗变革研究（1927—1937）》，华东师范大学博士学位论文，2007。
③ 陈勤建：《民俗——日常情景中的中国人的精神生活》，《民俗研究》2007年第3期。
④ 参见艾萍《变俗与变政：上海市政府民俗变革研究（1927—1937）》。

在城市，民国城市的民风民俗变迁速度大大超过了乡村，从而加剧了城乡之间知识、文化和价值观诸多方面的断裂，结果"城里人"和"乡下人"两种认同逐渐得到确立。

撇开城乡差异不谈，城市市民的精神世界是一个传统与现代既冲突又并存的世界。下面我们通过性、爱情与婚姻这一串主题来展现近代城市中传统与现代的纠葛。

在近代中国，关于性的话题大都与女性直接关联。这些话题包括她们的衣着、身体、职业和社交活动。在这里，不妨从摩登女郎来谈起。20世纪30年代的《玲珑》杂志刊登过一篇文章，题为《真正摩登女子》，向人们描述摩登女郎常用的标准：一是有相当的学问；二是在交际中能酬对，大方而不讨人厌；三是稍懂一点舞蹈；四是能管理家务。实际上这并不是当时主流视野中的摩登女郎，而更像是对女性的一种规范。就像电影《三个摩登女子》一样，导演意在重新为"摩登"定义，将爱国主义塞入其中，但这些努力并不成功。在二三十年代主流观念中的摩登女郎，一个重要表征就是衣着的裸露。1936年，一幅名为《未来的上海风光的狂测》的漫画以戏剧化手法描画、想象了未来女性成为上海统治力量的状况，她们将"从裸腿露肩的装扮进化到全体公开"，只是在"重要部分"系了一丝细带，而男性却仍然穿着传统的裤子，被解放了的她们称作"封建余孽"。[①] 难怪30年代的新生活运动特地对摩登女郎的穿着做了规定。

实际上，摩登并非阔太太和富家千金的专利，就连都市中的年轻女工也开始崇尚这种摩登生活："一般年轻的女工，天刚亮就坐了车子去做工，一直到日落回来，生活尽管劳苦，可是姑娘们是喜欢效尤新装，夸奇斗胜，总不惜汗血去换一个表面。"城市女性的摩登化从学校女学生的变化也可见一斑，"与20世纪初期女校朴素踏实的校风不尽相同，二三十年代的女学生开始崇尚趋势和奢华了"。那么，这种时尚是如何形成的呢？广告的引导作用显而易见。重庆的《商务日报》就用广告文字描述了当时流行的女性装扮，如商业场华盛百货公司一份题为《妇女剪发之后》的广告称：

---

① 张文元：《未来的上海风光的狂测》，《时代漫画》第30期，1936年。

妇女剪发之后，须用头油头水疏［梳］光，再加压发圈压平然后美观，装束上也要考究才能配合。这会天气，正穿花样雅致、材料轻软、式样适体的短旗袍，至于跳舞长袜、高跟皮鞋也是不可少的。商业场华盛百货公司近到的各种化妆品、时新衣料及鞋袜等极合现时需要，欢迎赐顾参观。①

实际上"女性符合美的每一个身体部位以及体现肉体美的装束，无一不靠消费来实现"。理想的女性是工商资产阶级"情欲的对象和商业利润实现的工具"。②

再来看一看跳舞和舞厅问题。跳舞在 20 世纪 20 年代末兴起，像穆时英这样的民国上海文人就经常流连于舞厅，并进行相关主题的文学创作。1928年，某报如此评述上海跳舞热潮："今年上海人的跳舞热，已达沸点，跳舞场之设立，亦如雨后之春笋，滋苗不已。少年淑女竞相学习，颇有不能跳舞，即不能承认为上海人之势。"③ 但跳舞也是一种涉性的东西，早在清末西舞输入中国时，孙宝瑄就曾从性的角度来观察它：

> 西国有跳舞之俗，类皆一男一女相抱而舞，我国人鄙之，以为蛮野，不知彼盖有深意存焉。男女相悦，乃发乎自然之感情，不可制也。而既非夫妇，则不能各遂其欲，必有郁结不能发纾者焉。惟听其行跳舞之仪，使凡爱慕于中者，皆得身相接，形相依，于以畅其情，达其欲，而不及于乱，岂非至道之极则乎？奈何薄之？④

但孙宝瑄的想法未免过于理想化。实际情况是，那些舞厅的经营者往往要强化跳舞的色情一面。从下面这则上海歌舞厅广告即可知："浓歌腻舞，现代的，艺术的，空前的，诱人的，自有真价，毋待吹嘘。群雌颜如玉，裸而歌，裸而舞，裸而撩拨人们的青春，妙乐似仙音，荡人魂，销人

---

① 《妇女剪发之后》，《商务日报》1929 年 6 月 17 日。

② 许纪霖、王儒年：《近代上海消费主义意识形态之建构——20 世纪 20—30 年代〈申报〉广告研究》，《学术月刊》2005 年第 4 期。

③ 《小日报》1928 年 5 月 3 日。

④ 孙宝瑄：《忘山庐日记》（下），上海古籍出版社，1983，第 964 页。

魄，感人的心，醉人的意。"① 措辞极尽诱惑之所能。这正是舞厅吸引人的一个重要原因。

跳舞和舞厅之所以引起社会舆论的广泛关注，不仅是因为其专业舞女的色情行为，也是因为跳舞中的男女接触引发了对"有伤风化"的担忧。1927年在天津曾发生一起社会名流反对跳舞的事件。先是12位社会名流联名致函福禄林饭店股东，将跳舞与自由结婚、自由离婚、女子再嫁、社交公开等新潮联系起来，指责跳舞是新思潮之体现，是"毁坏名节，伤风败俗"之举，故坚决主张禁止。他们责骂跳舞是"于大庭广场中，男女偎抱，旋转蹲踢，两体只隔一丝，而汗液浸淫，热度之射激，其视野合之翻云覆雨，相去几何"；又说它"始犹借资游观，继则引诱中国青年女子，随波逐澜，是干柴烈火，大启自由之渐，遂开诲淫之门"。② 但报界很快就响起反对禁舞的声音。有人撰文将这些人讥讽为"遗老"。《大公报》发表题为《跳舞与礼教》的社评，对天津流行跳舞之风给予肯定，并指出跳舞与禁舞是一个社会问题。社评说："天津今年忽流行跳舞，因而惹起反对，遂有福禄林饭店废止跳舞之事。然废者自废，兴者自兴，究竟跳舞应否禁废，礼教观念，如何维持，乃一种有兴味之社会问题，不仅天津所关已也。"③

所谓的"礼教观念"，在这里实际上就是一种性观念，也正因舞厅与色情的过分结合，在民国的确成为一个社会问题，时常成为被官方取缔的对象。官方的管理和禁止固然没有收到规范和禁绝的效果，但从郭卫东对瞽姬的研究案例可知政府的干预如何影响人们的性观念和性行为选择。瞽姬多指旧时从事演艺特别是在风月场中卖唱卖笑乃至卖身的青年盲女。此行当在旧时的广州等地兴盛一时，但也逐渐遭到各界抵制，在20世纪30年代终至出现世风转移，部分盲女从此类行当中退出，"瞽姬"之名也成为历史。但由于社会措施未能普适，部分盲女非但没有改变命运，反而因为中上阶层"公众兴趣"的转移而更加堕入"今不如昔"的境地。④

性与恋爱在民国是一对纠缠不清的问题。五四后，自由恋爱观开始风

---

① 廖沫沙：《广告摘要》，《申报》1933年4月20日。

② 我迁：《从跳舞扯到"名流"笔下的"干柴烈火"》，《大公报》1927年5月21日。

③ 《大公报》1927年5月23日。

④ 郭卫东：《瞽姬的命运：民国年间广州世风丕变的一个缩影》，《广东社会科学》2011年第1期。

行，而受西方影响，青年在处理恋爱与性的关系时，信奉灵与肉的结合。据苏雪林叙述：

> 五四后，男学生都想交结一个女朋友，那怕那个男生家中已有妻儿，也非交一个女朋友不可。初说彼此通信，用以切磋学问，调剂感情，乃是极纯洁的友谊，不过久而久之，友谊便不免变为恋爱了……贞操既属封建，应该打倒，男女同学随意乱来，班上女同学，多大肚罗汉现身，也无人以为耻。①

据卢剑波说，吴稚晖讲过一个更极端的故事："武汉某大集会上，男女杂众，突有一青年男子向一女郎的肩上一拍，说，'我们交媾去'，迩时彼女郎面赧欲怒。青年男子便说，'你思想落后了。'女郎闻之回嗔作喜，与青年男子携手而去。"在卢剑波本人看来，"假如当时男子确有性的切实要求而扳出道德面孔，加以抑遏，真是思想落后；受拍女郎尔时果自己有性的切实要求，或被引起了切实的性的要求，反而扳出贞洁面孔，加以抑遏，也是思想落后"。卢氏虽在文末声称"不主张过度性质的纵欲"，但其基本倾向已显而易见。②

1928 年，上海发生了轰动一时的"马振华和汪世昌事件"。汪世昌是名军人，因对素不相识的马振华一见倾心，便写情书给她。马也对汪大为欣赏，称之"才貌兼全之奇男子"。两人诗文往来，大有古代才子佳人的意味，并在认识三个多月后发生了肉体关系。后来汪世昌怀疑马振华已非处女，竟退还情书，表示决裂。马振华认为苦守的节操已被破坏，爱人又不再爱她，于是投水自杀。

事件引起舆论的广泛关注，马振华的婚前性行为是舆论界讨论的话题之一。有作者如此评价："她的道德并没有坏，倘若社会不过因为她的被骗失身，就把失了贞操的罪名加上去，这就是错误的贞操观念；马女士受了骗，觉得无颜生存而自杀，也受了这种错误观念的影响。"③ 作者从反对贞

---

① 苏雪林：《浮生九四：雪林回忆录》，三民书局，1991，第 45 页。
② 卢剑波编《恋爱破灭论》，上海泰东图书局，1928，第 56—57 页。
③ 落霞：《打破错误的贞操观念》，《生活》第 3 卷第 21 期，1928 年。

操观的角度出发间接支持了马振华的婚前性行为。但邹韬奋则表达了审慎的态度，说："在女子方面，只要看所交的男友有不合理的生理上的要求，就是他百般言爱，但未有澈底了解而且正式结婚之前，遽有此要求，便是很危险的途径，应拿定主意，毅然拒绝。这一点如拿得定，就是发现对方靠不住，顾而之他，也不至于有何凄惨的结果……马振华女士之死于汪某，也是这一点没有拿得定所致。"① 邹韬奋的这一观念在当时拥有广泛的支持者。1930 年的"叶冀熊劫杀孤媚案"进一步说明，传统伦理道德依然具有广泛的社会基础，以"非婚"为归宿的自由恋爱和性行为并不能得到社会认可。②

针对五四后流行的自由恋爱中的性行为问题，蔡元培曾经撰文指出：

　　尽世界人类而爱之，此普通之爱，纯然为伦理学性质者也，而又有特别之爱专行于男女间者，谓之爱情，则以伦理之爱而兼生理之爱者也；生理之爱，常因人而有专泛久暂之殊，自有夫妇之制，而爱情乃贞固：此以伦理之爱，范围生理之爱，而始有纯洁之爱情也。

　　纯洁之爱情何必限于夫妇？曰既有所爱，则必为所爱者保其康健，宁其心情，完其品格，芳其闻誉，而准备其未来之幸福。凡此诸端，准今日社会之制度，惟夫妇足以当之。若于夫妇关系以外，纵生理之爱，而于所爱者之运命，忍然不顾，是不得谓之爱情，而谓之淫欲。③

蔡元培对"爱情"与"淫欲"的区分，符合当时社会的一般尺度。1932 年发生的哲学家李石岑与其学生童蕴珍的情变事件便是一个例证。李石岑在苏州有妻室，此前已三番五次与其女弟子上演始乱终弃的闹剧。此次童某与其撕破面皮，对簿公堂，要求法庭对李定引诱少女之罪。此事引起了《生活》读者的热议和批评。不少读者斥责李某"纵欲""私利""残忍"，为人虚伪。"有蹂躏女子之实，却冒名为'求人格之充实'，'新浪漫主义'以及'伟大'的美名。"

---

① 编者：《新女子最易上当的一件事》，《生活》第 4 卷第 10 期，1929 年。
② 赵秀丽：《试论近代社会对自由恋爱的接受——以"叶冀熊劫杀孤媚案"为例》，《三峡大学学报》2010 年第 4 期。
③ 高平叔编《蔡元培教育论集》，湖南教育出版社，1987，第 122 页。

作为自由恋爱的一事之两面，五四之后，婚姻自由观念也在青年中流行。20世纪二三十年代，时常有人以学生为对象，调查他们对婚姻问题的看法。1929年《广州民国日报》的一篇研究报告表明，在被调查的181名已婚学生中，自己做主订婚的比父母代订的要多。被调查者中，凡自己做主或自己同意的婚事，婚后都比较满意；由父母或他人代定的婚事，大半不令人满意。对于婚事不满意而想离婚的，占44.3%。① 总之五四以后，婚姻自由观念已深入青年一代之心，青年在婚姻问题上的自主权也越来越大。

不应忽视的是，婚姻自由观念存在明显的代沟，其结果是大批的男性知识青年无法接受已成事实的包办婚姻，转而渴望通过自由恋爱获得理想伴侣。诸如鲁迅、胡适、蒋介石、毛泽东等人都遭遇类似的问题。1923年在上海夏令讲学会上，著名社会活动家陈望道述说了自己的婚姻历程：

> 我是一个曾经过旧式婚姻痛苦的人。当十五岁时便被强迫结婚，因此，我十六岁入学校读书——以前是请人在家教读——常住校中，不愿回家，校中教员、同学都以为我是一个极端用功的学生，其实不然。后来我觉得这样还不是根本的解决，非再走远一点，直到外国去不可。就一直在外国住了十年，除了父母生病及别的紧急不曾回家一次。他们以为我也是用心求学，其实一半便是逃婚罢了。②

婚姻自由的一项重要内容是离婚自由。1921年在湖南任教的谢觉哉在日记中这样写道："自男女解放之声浪盛，少年婚姻间所生的苦痛益多，因知识之差异而害及感情，又因感情之无以维系而变生俄顷。此虽过渡时不免之现象，要亦当思救济之方，或顿变其主观而欢戚自异，或改良其客观而慰借［藉］自来也。"③ 实际上民国时期的离婚问题得到不少的关注，其中离婚的原因受到了重点关注。上海的离婚率居民国各大城市之冠。上海市社会局发表的离婚统计材料表明，该市仅1928年8月至1930年12月两年半中，共有近2000件离婚案件，离婚原因首先以意见不合占大多数，行

---

① 确士：《学生婚姻问题之研究》，《广州民国日报》1929年11月11日。
② 陈望道讲，唐公宪笔记《妇女问题》，《妇女周报》第48期，1924年。
③ 《谢觉哉日记》上卷，人民出版社，1984，第26页。

为不端为其次，在这些离婚案中，双方同意者占大多数，女方主动者有一部分，男方主动者不过百分之一二。

据天津《大公报》统计分析："本埠最近三年来离婚之案件，原因不一，而大多数不外两种：一为逼娼，一为虐待。从此可推知社会经济之影响，不仅波及于物质界，并精神界而占有矣。不仅男子之劳力等于商品之供给，即女性亦成为商品化矣。夫女子每为男子所支配，女子既失其支配自身之能力，社会又不能充分收容女子为相当之服务，其结果遂流于卖性。而其最大原因，实由于女子教育之不普及，知识能力之薄弱，依赖性之养成。"①

1939年萧鼎瑛发表的《成都离婚案之分析》一文，对成都市1937—1938年计70件离婚案进行了系统研究。根据法院判决书中所载，其中80%为妻子主动提出离婚的。

民国时期的许多社会调查表明，从观念层面言之，离婚已经被普遍接受。1928年《大公报》曾刊登关锡斌关于《婚姻问题调查的答案》，32位受访青年男女中仅有2人明确表示无法接受离婚，其他人则表示认同。如天津一名19岁的男性在调查问卷上写道："我的婚姻是旧式婚姻，感情不和，毫无爱情，是不满意的，仇人似的，一点快乐也没有！婚姻是我们一生最有关系的，不应当拿金钱结合，不应当拿欺诈手段来结合！更不应当拿父母之命媒妁之言来结合！我们应当拿纯粹的爱情来结合！因为我们各自的终身快乐起见，一定要离婚。"一位22岁的男子说："我对离婚很赞成，夫妻情投意合当然没有离婚的观念，若是不和睦，整天里不是相骂就是相打，你视我为眼中钉，我看你不顺眼，夫妻变成仇敌，不如各寻山头的好。"②

随着离婚案例的增多，有些人将其视为一种社会问题，但另外一些人则认为它是社会进步的象征，予以肯定。如《盛京时报》刊发的一篇文章称，离婚是"国人思想发展之结果……婚姻关系人们一生之苦乐，形式上虽注重在伦理上之结合，而实际上则尤须赖理性之调适，使徒有伦理上死板生涯……武断拉拢者，未有不发生问题也……今则科学昌明，神权日衰，思想解放之花……炫耀之果累累皆是。离婚事件之增加……除非我们认为人类思想发展是不好事，是不应该，否则……非但不容反对，并且还当原

①　《离婚案件之统计》，《大公报》1929年2月10日。

②　《大公报》1928年3月29日。

谅，还当援助"。① 陈剑华在《大公报》"妇女与家庭"专栏发表《婚姻问题》一文指出："你若不满意对手方，实在没有再商量的余地，不如索兴抱着'合则留，不合则去'的宗旨离婚，这如快刀斩乱麻一般，是最痛快的法子。"②

如上所论，城市生活史实际就是发生在城市这一特定空间里的社会生活史。就如社会生活史是社会史的延伸一样，城市生活史也是城市史的延伸。相比社会史，社会生活史眼光更加下移，更具有微观史和新文化史的倾向，更关注社会的日常生活层面。城市生活史也是如此。相比城市史研究，城市生活史更关注城市居民的日常生活，并从日常生活层面出发探讨城市与居民、国家与社会的关系。近年来，得益于社会史的兴盛和城市史的发展，城市生活史研究正呈现方兴未艾之势。

即如本章所论之民国城市日常生活而言，可以使我们看到民国社会的多重面相，由此亦可认知民国时代社会发展的各种可能性。这方面的研究仍有着巨大的拓展空间。

---

① 《离婚之刍议》，《盛京时报》1923 年 11 月 14 日。
② 《大公报》1928 年 9 月 13 日。

第二十八章

民国时期的边海疆交涉

一 辛亥革命与多民族国民国家的认同

1911 年爆发的辛亥革命，开启了中国由传统封建社会向现代化国民国家转型的历程。过去，学者关注于辛亥革命的性质，从辛亥革命是资产阶级革命的定位，到辛亥革命是全民革命的主张，再到辛亥革命是国民革命的探讨，充分体现了老一辈学者的政治关怀。但在分析辛亥革命性质时，我们应该更加关注辛亥革命的双重性和复杂性，在这场革命中，汉人"反满"民族革命（即同盟会所标榜的"驱除鞑虏，恢复中华"政治目标）和各族先进分子反封建民主革命（推翻封建专制、建立共和制度）这两个目标共存。在历经维新运动和预备立宪运动失败后，以商会、商团和新式知识阶层为基础的立宪派势力逐渐发展，与此同时，经过湘、淮、北洋各系传承，以袁世凯为核心的汉族官僚力量也在发展。当同盟会于 1911 年 10 月 10 日在武昌发动起义后，革命的烈火迅速燃遍全国。所以说，辛亥革命是由革命派、立宪派和汉族官僚合力发动并完成的，目标是建立一个采行主权在民、三权分立共和政体的现代国家。

康有为、梁启超为首的立宪派在革命党人之前就意识到"满人不是中国人，只有汉人才是中国人"的想法太过激进与不当。[①] 1902 年，康有为在《南海先生辨革命书》中就指出满族或蒙古族，"皆吾同种"，满洲人也是中

---

* 本章由陈谦平撰写。

① 葛志毅：《小议戊戌前后康、梁的民族观》，《黑龙江社会科学》2006 年第 2 期。

国人，盲目地"排满""反满"，使中国有分裂的危险。梁启超明确提出了"大、小民族主义观"，亦即"小民族主义者何？汉族对于国内他族是也。大民族主义者何？合国内本部属部之诸族以对于国外之诸族是也"。他提倡要摈弃"狭隘的民族复仇主义"，[①]并首创"中华民族"一词。可见，梁启超的"大民族主义"中包括了满、蒙古、回、藏、苗等诸多少数民族。

孙中山在革命的实践中发现革命队伍中的"排满""反满"宣传过于偏激，认为需要向全国人民表明革命的目的乃是推翻专制，而不是"种族复仇"，因为"就算汉人为君主，也不能不革命"，"假如我们实行革命的时候，那满洲人不来阻害我们，决无寻仇之理"。[②]而章太炎等革命党人亦重新承认中国境内的满、蒙古、回、藏等多民族同为中华民族，使"合汉满蒙回藏，为一大共和国"的口号广泛传播。[③]

因此，中华民国成立之初，南京临时政府即提出"五族共和"的政治主张。[④]1912年1月1日，南京临时政府参议院决议以红、黄、蓝、白、黑五色旗为国旗。红、黄、蓝、白、黑五色分别代表汉、满、蒙古、回、藏五个民族，即所谓"五族共和"。孙中山在《临时大总统宣言书》中指出："国家之本，在于人民，合汉、满、蒙、回、藏诸地为一国，即合汉、满、蒙、回、藏诸族为一人，是曰民族之统一。武汉首义，十数行省先后独立。所谓独立，对于清廷为脱离，对于各省为联合，蒙古、西藏，意亦同此，行动既一，决无歧趋，枢机成于中央，斯经纬周于四至，是曰领土之统一。"[⑤]

提出建立以"五族共和"为主体的多民族现代民族国家，体现了孙中山、宋教仁等人的国家观。这是辛亥革命最重要的成果之一。

1912年2月12日，清皇室在颁布"退位诏书"时，就提出"由袁世凯以全权组织临时共和政府，与民军协商统一办法。总期人民安堵，海宇乂安，仍合满、汉、蒙、回、藏五族完全领土为一大中华民国"。同时在"关

---

① 梁启超：《饮冰室合集·文集之十三》，中华书局，1989，第74—76页。
② 《孙中山全集》第1卷，中华书局，1981，第325页。
③ 《章太炎政论选集》，中华书局，1977，第520页。
④ 南京临时政府内最早提出这一主张的是宋教仁和陈其美。
⑤ 《临时大总统宣言书》（1912年1月1日），中国第二历史档案馆编《南京临时政府遗存珍档》（一），凤凰出版传媒集团、凤凰出版社，2011，第85—86页。

于满、蒙、回藏各族待遇之条件"内明确提出"与汉人平等"。① 这表明"五族共和"也得到了清皇室的认同。

1912年3月11日颁布的《中华民国临时约法》，第一次将"五族共和"的思想法律化，其第一章"总纲"第三条规定："中华民国领土，为二十二行省，内、外蒙古，西藏，青海。"第二章"人民"第五条规定："中华民国人民，一律平等，无种族、阶级、宗教之区别。"第三章"参议院"第十八条规定："参议员，每行省、内蒙古、外蒙古、西藏各选派五人……参议院会议时，每参议员有一表决权。"②

至此，民国政府在新政权成立之初，即确立了"五族共和"的国策，更在法律范围内肯定了蒙藏都是中国领土的一部分，蒙藏人民对国家事务拥有平等的参政、议政权利。

1912年3月15日，袁世凯就任临时大总统，在蒙藏地位问题上，沿袭孙中山提出的"五族共和"政策和《临时约法》的民族政策。3月25日，袁世凯发布《劝谕蒙藏令》，分别致电达赖喇嘛、班禅额尔德尼、哲布尊丹巴呼图克图，称："凡我蒙藏人民，率循旧俗，作西北屏藩，安心内向……现在政体改革，连共和五大民族，均归平等。本大总统坚心毅力，誓将一切旧日专制弊政悉行禁革。蒙藏地方，尤应体察舆情，保守治安。"为实现蒙藏地区的稳定，袁劝谕蒙藏上层僧俗"于中央大政及各该地方应兴应革事宜，各抒所见，随时报告，用备采择。务使蒙藏人民一切公权私权，均与内地平等，以期大同而享幸福"。③

4月13日袁世凯发布《废除汉、满、蒙、回、藏通婚禁令》。

4月22日，袁世凯重申：

> 现在五族共和，凡蒙、藏、回疆各地方，同为我中华民国领土，则蒙、藏、回疆各民族，即同为我中华民国国民，自不能如帝政时代再有藩属名称。此后，蒙、藏、回疆等处，自应通筹规画，以谋内政

① 中国第二历史档案馆编《中华民国史档案资料汇编 第二辑 南京临时政府》，江苏人民出版社，1981，第72、74—75页。

② 陈荷夫编《中国宪法类编》下册，中国社会科学出版社，1980，第336—367页。

③ 《东方杂志》第8卷第11号，1912年。

之统一，而冀民族之大同。[1]

　　1914 年 5 月 1 日，北京政府公布《中华民国约法》，其第一章"国家"第三条规定"中华民国之领土，依从前帝国所有之疆域"；第二章"人民"第四条规定"中华民国人民，无种族、阶级、宗教之区别，法律上均为平等"；第十章"附则"第六十五条规定"中华民国元年二月十二日所宣布之……满、蒙、回、藏各族待遇条件，永不变更其效力"。[2]

　　中华民国实行"五族共和"主张，既是对中国多民族国体的确认和声张，也表现出对清代疆域等遗产的继承和接受，显然有别于欧洲单一民族国家（nation state）的概念。当然，对地域广袤却国力羸弱的中国来说，要想建立一个包括蒙古、藏、回、满等在内的"五族共和"的现代国家，路程注定是不平坦的。

二　北京政府维系疆域的艰难努力

　　中华民国建立后面临的国际环境对民国政府十分不利，英、俄、日等国在承认北京政府问题上所提出的严苛条件以及向袁世凯施加的外交压力，几乎使新政权处于崩溃的边缘。尽管美国和德国相继承认民国政府打破了列强间的一致，但民国政府在外蒙古和西藏问题上向俄英的妥协，导致边疆不断出现少数民族的分离、暴乱和界务危机，并始终为其所困扰。

外蒙古的失而复得与得而复失

　　沙俄对外蒙古的领土野心由来已久。从 1910 年开始，俄国政府便怂恿外蒙古王公密议独立之事。1911 年 7 月，杭达多尔济、车林齐密特等密赴彼得堡，乞求俄国派军队支援外蒙古独立。武昌起义爆发后，俄国于 11 月底派军队护送杭达多尔济等人返回库伦。11 月 30 日晚，杭达亲王以库伦活佛哲布尊丹巴名义向库伦办事大臣三多递交最后通牒，宣称外蒙古"独立"，推哲布尊丹巴为"大蒙古独立国大皇帝"，并将中央政府官员全数驱

---

[1]　《东方杂志》第 8 卷第 12 号，1912 年。
[2]　陈荷夫编《中国宪法类编》下册，第 381 页。

逐出境。三多及部属均避居俄国领事馆，并于 12 月 5 日由俄国军队"护送"到恰克图，取道西伯利亚回到天津。12 月 16 日，"大蒙古国"正式成立，以哲布尊丹巴为"皇帝"。[①] 外蒙古"独立"完全是由沙俄一手操纵的，正如三多所指出的，"在外蒙古一带，俄国势力业已根深蒂固，牢不可拔，事实上只能承认该地区已为俄国所有"。[②]

对于外蒙古的所谓"独立"，北京临时政府不予承认，并于 1912 年 6 月 30 日任命那彦图为乌里雅苏台将军，兼理土谢图和车臣两汗部事务。临时大总统袁世凯还于 8 月接连致电哲布尊丹巴，晓之以理，劝其"熟观时局，刻日取消独立，仍与内地联为一体"，并拟派专员前往库伦"面商一切"，但哲布尊丹巴复电称"与其派员来库，徒事跋涉，莫若介绍邻使，商榷一切之为愈也"，公然拒绝同中央政府直接商谈。[③] 由于民国政府尚需得到列强的承认，国内政局亦没有安定下来，无法以武力收复外蒙古，只好一面派员劝说外蒙古取消"独立"，一面同沙俄政府进行交涉。

俄政府内部对外蒙古"独立"也存有不同的观点，除了害怕强行并吞外蒙古会引起其他帝国主义列强的反弹外，经济上的因素也不可忽略。沙俄外交大臣就认为外蒙古如"独立"，将加重俄国的财政负担，于是决定先使外蒙古自治，让中国保证对外蒙古不移民、不驻军、不干涉其政治。这种政策将使俄国在政治和经济上均处于有利的地位。

基于这种政策，俄国政府拒绝了库伦当局要俄国承认外蒙古"独立"，并以兵力援助其"收复"内蒙古的要求，而于 1912 年 11 月 3 日同外蒙古当局签订了《俄蒙协约》及《俄蒙商务专约》，条约的签订实际上确立了俄国对外蒙古的统治。

北京政府外交总长梁如浩向沙俄驻华公使提出照会，声明外蒙古为中国领土，中国政府"概不承认"俄国同外蒙古所订立的任何条约。但俄国公使态度强硬，以不承认北京政府相要挟。中国当时既无外援，又无反抗能力，"惟有哀恳俄使，求其由俄提议，另订《中俄协约》，以谋代《俄蒙

---

①　张忠绂编著《中华民国外交史》，正中书局，1943，第 78—79 页。

②　邹念之编译《日本外交文书选译——关于辛亥革命》，中国社会科学出版社，1980，第 136—139 页。

③　程道德等编《中华民国外交史资料选编（1911—1919）》，北京大学出版社，1988，第 86—88 页。

协约》而已"。[①]

1915年6月7日，《中俄蒙协约》在恰克图签订。该约主要内容可归纳为以下几点。第一，中国在名义上获得在外蒙古的宗主权。协约承认中国在外蒙古的宗主权；中俄承认外蒙古"自治"，为中国领土之一部分；外蒙古无权与各外国订立政治及土地关系之国际条约；哲布尊丹巴呼图克图汗名号受中华民国大总统册封，外蒙古公事文件使用民国年历，兼用蒙古干支纪年。第二，中国丧失了对外蒙古的实际控制，而俄国则确认了其在外蒙古的各项侵略权益。协约规定中俄承认外蒙古有办理一切内政及与各外国订立关于工商事宜的国际条约的专权；中俄不干涉外蒙古现有内政制度；《俄蒙商务专条》继续有效；中俄在外蒙古派驻基本同等数量之卫队，中国驻库伦大员和俄国驻库伦代表同样享有独见哲布尊丹巴之权；中国与外蒙古的正式划界应由中俄两国和外蒙古代表会同办理。[②]

1917年沙俄政府倒台后，俄国陷入内战。红白两党战事的骚扰和日本对外蒙古的垂涎，使外蒙古的王公贵族人人自危，遂于1919年11月向北京中央政府提出撤销外蒙古"自治"的请求。北京政府接到请愿书后，于11月22日以大总统令的形式，正式颁布外蒙古撤销"自治"的命令，声明"所有外蒙博克多哲布尊丹巴呼图克图汗应受之尊崇与四盟沙毕等应享之利益，一如旧制"，[③] 同时，徐树铮率领边防军开入外蒙古各地。这样，中国中央政府正式收回了外蒙古主权。

1920年7月直皖战争爆发前，边防军主力调回北京，库伦守军只有2000余人，且久欠军饷，已是军心涣散。原俄国白党将军恩琴（Роман Фёдорович Унгерн фон Штернберг）在日本援助下，于1921年2月初率领俄蒙军队近5000人攻占库伦。在白俄军队的控制下，哲布尊丹巴于2月9日再度宣布外蒙古"独立"，并封恩琴为双亲王，组织政府。恩琴部队随后占领科布多、乌里雅苏台等地，外蒙古全境落入恩琴控制下。

---

①　蒋恭晟：《国耻史》，中华书局，1929，第129页。

②　参见程道德等编《中华民国外交史资料选编（1911—1919）》，第123—126、119—122页；吕秋文《中俄外蒙交涉始末》，成文出版社，1976，第114、117页；复旦大学历史系中国近代史教研组编《中国近代对外关系史资料选辑（1840—1949）》上卷第2分册，上海人民出版社，1977，第347—349页。

③　《大总统令》（1919年11月22日），《政府公报》第1363号，1919年11月23日。

苏俄对外蒙古也有所图。早在 1919 年 8 月 3 日，苏俄政府在致蒙古人民与蒙古"自治"政府的宣言中就声称"蒙古现已成为一个独立的国家"。恩琴率部攻占库伦后，苏俄远东共和国政府立即于 3 月 13 日在恰克图成立临时蒙古革命政府，准备派军协助蒙古人民革命党夺取外蒙古政权。同年 5 月，恩琴率部由外蒙古进攻苏俄远东共和国。苏俄政府外交人民委员契切林（G. Chicherin）于 6 月 15 日照会北京政府，称苏俄决定出兵外蒙古，消灭白卫军恩琴部，"一俟大功告成，俄军即退出蒙境"。[①] 尽管北京政府严词拒绝，但苏俄军队仍于 7 月 6 日进占库伦，恩琴被俘。7 月 12 日，苏俄帮助蒙古人民革命党在库伦成立蒙古国民政府。同年 11 月 5 日，苏俄政府同蒙古人民革命政府在莫斯科订立《俄蒙修好条约》，苏俄承认外蒙古为完全独立国。此后，苏俄军队驻扎在外蒙古各地，一直到第二次世界大战结束后。

西藏同中央政府的疏离

中华民国成立以后，西藏遂成为英国在华侵略利益的核心地区。

早在 1912 年 3 月，印度总督哈定（Lord Charles Hardinge）就向英国政府提出："英国对中华民国的承认应以中国同意解决西藏问题为前提。"[②] 这就表明，承认英国在西藏拥有"特殊利益"成为英国承认中国民国政府的先决条件。

同年 8 月 17 日，朱尔典（J. N. Jordan）向中国外交部递交节略，正式声明英国的西藏政策，可归纳为以下 5 点。（1）"英政府虽正式承认中国对西藏确有上邦之权，然不能承认中国有干涉西藏内政之权。"（2）"英政府对于中国官员近两年在藏占夺行政权限之事，概不承认。即袁大总统 4 月 21 日所发命令，谓西藏与内地各省平等，又谓西藏地方一切政治俱属内务行政范围各语，均不能承认。"（3）英政府不能承认中国在拉萨或西藏无限制驻兵权。（4）"英政府力请将上言各节，订成条约。此条约成立之后，方能承认中华民国。"（5）在此项条约订立之前，英国将"现时印藏之交通，对于华人应做切实断绝"。[③]

① 李嘉谷：《中苏关系（1917—1926）》，社会科学文献出版社，1996，第 138、140 页。

② 吕昭义：《英帝国与中国西南边疆（1911—1947）》，中国藏学出版社，2001，第 128 页。

③ 中国藏学研究中心等编《元以来西藏地方与中央政府关系档案史料汇编》（本章以下简称《汇编》）第 6 册，中国藏学出版社，1994，第 2385—2386 页。朱尔典节略英文件参见《中印国界研究》，国界问题研究丛书，"光复大陆设计研究委员会"，1977，附件 5，第 125 页。

英国的真正目的是压迫中华民国政府在上述照会的基础上，就西藏问题同英国签订新的条约，"使西藏处于绝对依赖印度政府的地位……将中国和俄国都排挤出去"。①

1912年康藏战事爆发，民国政府电令四川总督尹昌衡、云南都督蔡锷率军西征，"迅拨得力军队，联合进藏，竭力镇抚"。② 由于川滇军西征势如破竹，战事对中央政府极为有利，十三世达赖喇嘛和西藏地方政府极为震惊。英国见势遂出面干涉，袁世凯迫于压力，下令川滇军停止入藏，希望通过和平协商的方式解决西藏问题。

是年10月中旬，十三世达赖喇嘛通过新疆都督袁大化，向北京民国政府提出西藏与中央政府恢复关系的条件五款："（1）西藏人保有与华（汉）人同一之权利。（2）中央政府每年补助西藏500万元。（3）西藏有权许可他国之民采掘矿山，但西藏与英国所结条约当遵守之。（4）西藏有自由训练军队之权，中央政府驻藏军队，其数不得超过1500名以上。（5）西藏官制，由中央政府制定之，但西藏政府之官吏，应以西藏人任之。"③ 这表明十三世达赖喇嘛已萌发与中央政府和谈的愿望，双方有实现和谈的可能性。

自英国向北京政府递交照会后，立即禁止汉人通过印度进入西藏。10月28日，民国政府明令恢复达赖喇嘛被清政府革去的"诚顺赞化西天大善自在佛"名号，并派马吉符、姚宝来为册封使，拟取道印度大吉岭，前往拉萨举行册封典礼，但遭到英国政府的拒绝。

1月上旬，"俄煽惑哲布宗丹巴，英怂恿达赖……于库伦秘密议定蒙藏协约"，其主要内容有："（1）达赖喇嘛承认蒙古之实权，并承认辛亥十一月九日宣言，为黄教主活佛之独立国。（2）蒙古政府承认西藏为自治国，达赖喇嘛为宗教主。（3）两国为互图黄教昌明起见，当执行一切之处治。（4）两国政府危急存亡之秋，宜永久互相援助。"④ 所谓"蒙藏协约"的签署虽是事实，但是，这个协约是没有法律效力的。因为事后没有一方正式发表过这个协约，就连达赖喇嘛和西藏的官员也否认曾经授权其代表与外蒙古缔结这样的条约，西藏地方政府更是没有批准过这样的协约。所以这

---

①　Woodman, *Himalayan Frontiers* (New York, 1969) p. 46.

②　忧患余生等：《民元藏事电稿・藏乱始末见闻记四种》，西藏人民出版社，1983，第11页。

③　朱绣：《西藏六十年大事记》，西藏藏文古籍出版社，2010，第39—40页。

④　朱绣：《西藏六十年大事记》，第43—44页。

个协约得不到国际上的承认，它的披露遭到北京政府的严重谴责和抗议。

在英国政府的威逼下，民国政府终于派陈贻范等前往西姆拉参加中央与西藏及英国三方会议，由于中国中央代表绕道印度，耽误了行程，原定10月6日开议的会议延期至13日才开会。

会议当天，西藏地方代表伦钦夏扎就在英国顾问柏尔（C. A. Bell）的指使下，提出《1913年西藏要求书》，提出西藏"独立"、划定"中国与西藏国界"、1893年与1908年的通商章程"由英藏政府双方磋商允洽酌改"、不准驻藏大臣等入藏等6项苛刻要求。① 陈贻范则提出《中国对西藏要求书之驳复书》，指出于13世纪中叶西藏正式归入元朝中央政府的管治和控制之下，明清两朝亦如此，同时提出7条主张作为会议商议"藏案"的基础。中央政府与西藏地方双方提出的条款存在本质上的区别，争论的焦点集中在西藏"独立"问题和西藏地区范围的划分。中国政府代表要求将西藏地位问题作为会议主题，而英国代表麦克马洪（Henry McMahon，中文名马麦含）却建议会议先讨论解决"西藏划界"问题。

麦克马洪在会上提出《英国关于西藏界务声明》，并以一份地图来说明。英国声明包括以下几点。（1）西藏之历史界线即为其"简明地图中所划之红线"。（2）将"自昔至今"中国在西藏的权力划分为"中国权力有时偶及之范围"和"中国仅能颁布命令空文之范围"。"此二范围之区划，即为图上所画之蓝线。本专员今拟将该两范围名曰内西藏与外西藏"，即红蓝线之间为内西藏，蓝线之西为外西藏。② 这就是麦克马洪于会上正式提出将西藏划分为内藏和外藏的计划。在英国的计划中，内藏线自昆仑山脉起，东北行，至阿尔丁山（Altyn Tagh），绕西宁、青海，折而南，经金川地、打箭炉、雅砻江至梯拉拉止；外藏线也从昆仑山脉起，东经亚克岭至白康普陀岭，折而南，经德格、甘孜、瞻对，复折而西，至察雅，又南经江卡、德亚寺、门工，再至梯拉拉止。③ 他还提出了一条划分藏区与内地的红线，这条红线从念青唐古拉山起，包括青海、甘肃南部到四川西部，最后又从

① 《中印国界研究》，附件6，第127—128页。

② 《中印国界研究》，附件10，第149页。英文本参见 Proceedings of the 4th Meeting of the Tibet Conference Held at Delhi on the 17th February 1914，西姆拉会议（1913年10月4日—1914年3月17日），"国史馆"藏《外交部西藏档案》：144/730。

③ 《中印国界研究》，第90页。

云南与缅甸交界的尖高山折向不丹与西藏交界处，而从滇缅边境到不丹西藏交界这一段实际上就是后来麦克马洪与伦钦夏扎背着中国中央政府秘密交易的"麦克马洪线"。

中国政府最终决定拒签《西姆拉条约》。1914 年 7 月 3 日上午，第八次正式会议在西姆拉举行。陈贻范"接到政府训令，明确指示他拒签三方条约"。当伦钦夏扎表示要签字时，陈贻范当即声明："前奉本国政府训令，凡英藏本日或他日所签之条约或类似文件，中国政府一概不能承认。"陈贻范旋即退出会场。[1] 7 月 6 日，中国政府正式声明："英藏签押，我自不能补签……中国政府不能擅让领土，致不能同意签押，并不能承认中国未经承诺之英藏所签之约或类似之文牍。"[2] 由于中国政府声明否认，那个未经中国代表正式签字的《西姆拉条约》并不具有法律效力。

西姆拉会议后，英国仍然试图继续压迫中国政府承认《西姆拉条约》，但因第一次世界大战很快爆发，英国无力顾及其东方利益，不得不将此议题暂时搁置。而 1914 年在印度西姆拉召开的"中藏印会议"，中英代表对于两国在藏地位虽经商议达成一致，但在西藏"自治"、"汉藏划界"这两个主要问题上，中国政府未能同意，陈贻范擅自画稿，中国政府声明予以否认，并撤回专员。因此，会议所商定之《西姆拉条约》，既未成立，亦不生效。

英国分离西藏图谋的破产

在中国政府拒绝让步的情况下，英国采取了唆使西藏地方政府进攻川康地区的手法。1917 年 9 月，驻扎藏东类乌齐河的藏军士兵 2 人越界割草，为边军拿获，解送昌都，藏人乞请昌都统领彭日升将藏兵交还，彭日升反将 2 人斩首，送还首级，引起藏人愤怒，举兵攻打恩达、类乌齐等地。藏军此次发动战争，系有备而来。英印政府此前接济藏军步枪 5000 支、子弹500 万发，藏军实力增强，而内地军阀混战，无论是北京政府还是川滇军阀均无力援助彭部，加以大小军阀统治引起藏人不满，"一时各县番民背汉投

[1]　Proceedings of the 8th Meeting of the Tibet Conference Held at Simla on the 3rd July 1914，《中印国界研究》，附件 21，第 94、191—192 页；《汇编》第 6 册，第 2422 页。
[2]　参见《汇编》第 6 册，第 2420—2422 页；《中印国界研究》，第 94 页。

藏者数不下十万，势甚猖獗"；而"边军久戍，饷械匮乏，军无斗志，又因分防多处，兵力益单，衅端一开，遂难据守"。至 1918 年 2 月，藏军先后攻占类乌齐、恩达等地，并包围了昌都和察雅。4 月，彭日升及其部下缴械投降，昌都和察雅失陷。藏军势如破竹，又接连攻克宁静（今属芒康）、贡觉、同普、德格、白玉、邓柯、石渠、瞻化、武城等 9 县，"亡边军八营、兵二千，知事、营长、员弁被俘者都数十员"，甘孜、巴塘等地危在旦夕。①

由于川藏战事重开，朱尔典遂多次往晤北京政府外交总长陆征祥，请求解决藏案，并不顾中国外交部的反对，于 7 月 5 日强行要求谒见国务总理段祺瑞，申明续议藏约之意。从 1918 年 2 月至 1919 年 5 月，英方到中国外交部催促共有 11 次之多，均被婉拒。1919 年 5 月 30 日，朱尔典再晤代理外交总长陈箓，催请中国政府解决"汉藏界务"问题。7 月 5 日，英国副领事台克满（Eric Teichman）莅外交部，要求中国速将"中英关于西藏事件之实情宣布"，称"西藏案件速了为善"。外交部佥事史悠明则表示："最好从缓。因国民对于山东问题之风潮，尚未尽息，况某国借报纸宣传谣言，蛊惑人心，深恐人民不明真相，反对贵国，徒伤感情也。"② 明确表达了缓议西藏问题的立场。

8 月 13 日，朱尔典又面见陈箓，称"内外藏名称系在印度会议时所定，且为权宜之计，既无根据，又无界限，将来必多障碍"，建议将内外藏名称取消，仍用"中国西藏旧名"。而"原议内藏之地，一半划归中国，一半划归西藏"。③

9 月 4 日，朱尔典谒见大总统徐世昌，坚请继续开议，但刚经历过五四风潮的徐世昌自然不敢答应。他对朱尔典说道："现在事势与四年前大不相同，倘贵国政府于四年前允照该项办法解决此事，当无困难之处。但现在情形已变。盖因欧战之结果造成社会上一种新思想，此种思想最易激动而

---

① 参见《汇编》第 6 册，第 2440—2441 页；牙含章编著《达赖喇嘛传》，人民出版社，1984，第 262—264 页。

② 《英馆台副领事来部会晤史金事问答》（1919 年 7 月 5 日），"中央研究院"近代史研究所档案馆藏《外交部西藏档案·会晤问答（3）》：03-28/24-（4），第 18—19 页。以下所引西藏档案馆藏同，略。

③ 《收陈部长十三日会晤英朱使问答》（1919 年 8 月 15 日），《外交部西藏档案·会晤问答（3）》：03-28/24-（4），第 20—24 页。

发生风潮。故本国政府对于此种交涉事件务须戒慎将事，且必筹画妥善之方法，以预防此种风潮发生。"徐世昌指出，中英商谈西藏问题必须做到三点："须电四川川边派员来京接洽，以免外省反对"；"前后情形应由政府陆续详细公布，以免人民误会"；"条文须经国会通过，方能签字。"①

对于中国政府拒绝续议藏事的态度，英国政府十分恼火，英国外交部于同年11月约见中国驻英公使施肇基，表示了强烈的不满，威胁中国政府若继续拖延不解决藏事，英国今后将拒绝在中日事件上为中国出力。②

外交部则致电施肇基，请其转告英国政府目前不宜续议藏事理由：

> 藏事不愿即行解决，正为顾全中英邦交起见。盖全国人民视藏案较山东问题尤重，现因山东问题已激起排斥日货风潮，若同时提议藏事，必又激起反对。前此与朱使不正式接洽，各方面已纷电诘责，可见一斑……况西藏情形与外蒙古相类，现外蒙古已自请取消自治。对于藏事，政府方在与英议订条约，尤难邀国民谅解。③

12月3日，朱尔典再次同陈箓会晤，陈箓明确指出："现本国人民视西藏问题较青岛尤为重大，且目前民众易趋激昂，对于此事之反对，必甚剧烈，不易应付……若本部径于开议，恐情势愈趋愈坏，或致惹起本国人民对于贵国之恶感而影响中英邦交与商务。"④

是日，为了消除北京政府的顾虑，朱尔典就西藏问题公开发表5点声明："（一）（英国）无侵略西藏野心；（二）英国绝无供给西藏军火之事；（三）尊重中国为五族共建之国家；（四）藏界问题以维持印度之完全为目的，其他并无奢望；（五）将来双方商议此事，英政府必可酌量让步。"⑤ 英国政府以为发表了上述声明，中国政府和民众就会同意续议藏事。

---

① 《大总统接见英朱使问答》（1919年9月4日），《外交部西藏档案·会晤问答（3）》：03-28/24-（4），第35—37页。

② 《施肇基致外交部电》（1919年11月26日），《汇编》第6册，第2452页。

③ 《外交部复施肇基电》（1919年12月3日），《汇编》第6册，第2453页。

④ 《收陈部长三日会晤英朱使问答》（1919年12月3日），《外交部西藏档案·会晤问答（3）》：03-28/24-（4），第47—50页。

⑤ 《东方杂志》第17卷第1号，1920年，第143页。

1920 年 1 月 20 日，朱尔典面晤陈篆，称其接到外交大臣训令，"中国方面提议在拉萨开议，可以照办"，并称自己因办事不力，将调离回国。但陈篆以"现在决非商议藏案之时，时机未成熟，徒劳唇舌"再次予以拒绝。[①]

1921 年 8 月 26 日和 31 日，英国外交大臣寇松（G. N. Curzon）和驻华公使艾斯敦爵士（B. F. Alston）分别在伦敦和北京向中国新任驻英公使顾维钧及中国政府外交总长颜惠庆递交了英国政府的节略。艾斯敦并向颜惠庆声明：

（1）若贵国政府不能于一个月内开始续议此案，以期三方了结，则英国政府不得不承认西藏为自治之邦，以后即与自治之西藏直接商定协约，增进英藏关系，委派印度官员前往拉萨，并为西藏谋普通之发展与疆域之保卫。

（2）如中国政府允于期内开议，则事后英国政府对于中国政府所请在印度设领一节愿意从优考量。

颜惠庆答以"华盛顿会议开始在即，无暇顾及，俟该会议结束后再进行"。[②]

9 月 10 日，中国外交部向英国公使馆递交节略，正式答复英国政府，藏案"俟太平洋会议后必设法及早开议"。[③]

英国政府之所以如此急于要求中国续议西藏问题，其主要原因在于英国迫切希望尽快通过三方会谈，以法律形式将西藏的地位确定下来。西姆拉会议由于中国撤出议约专员、拒签条约而流产，一战的爆发也令英国不得不暂时放弃对中国施加压力。一战结束后，英国之所以在山东问题上支持日本，隐藏在后面的险恶用心，就是试图援例压迫中国政府让出在西藏的主权和权益。但中国因巴黎和会而爆发五四反帝爱国运动，使北京政府不敢再在西藏问题上向英国让步。

---

① 《收陈部长会晤英使问答》（1920 年 1 月 20 日），《外交部西藏档案·会晤问答（4）》：03-28/24-（5），第 3—4 页。

② 《颜总长八月三十一日会晤英使问答》（1921 年 9 月 5 日），《外交部西藏档案·会晤问答（4）》：03-28/24-（5），第 22—23 页；《顾维钧致外交部电》（1921 年 8 月 26 日），《汇编》第 6 册，第 2460 页。

③ 《外交部为答复英使缓议节略内容致英使馆电》（1921 年 9 月 10 日），《汇编》第 6 册，第 2464 页。

一战后国际局势的发展趋势，对于英国图谋控制西藏的野心不利。俄国十月革命推翻了沙皇政权，布尔什维克主义席卷中亚，苏俄支持阿富汗反抗英印入侵的战争，同时苏俄军队以追剿恩琴白匪军为名进入外蒙古，19世纪末英俄争夺中亚的局面似乎又形成，引起英国的不安。作为英国防止苏俄向印度扩张缓冲地的西藏，再次引起英国的重视。

华盛顿会议召开在即，美国向来标榜"门户开放，利益均沾"的机会均等主义，美国国会否决《凡尔赛和约》以及华盛顿会议将解决日本在东北、蒙古、山东特殊地位问题列入议题，预示着英国要在华盛顿会议以后依照《西姆拉条约》范式同中国就西藏问题达成协议几无可能。

中国政府当然不会顺应英国的政策贸然行事，故希望利用华盛顿会议解决青岛问题，以图将来时机成熟时再行谈判解决藏事。因此，自华盛顿会议结束，英国政府也不再与中国政府重提藏事谈判。英国方面基本放弃了《西姆拉条约》，从此采取控制西藏、武装西藏同中国中央政府抗衡的战略。

三　国民政府时期的边疆动荡与危机

以 1925 年五卅运动为契机，中国的民族主义运动蓬勃兴起。在苏联的支持和援助下，北伐战争于次年开始。国民革命是在一个非常复杂的国际背景下发生的，由于日本自华盛顿会议后对中国采取币原喜重郎外相的不干涉政策，英国成为主要打击对象。随着北伐军攻城略地，最终攻下杭州、南京和上海，推进到最富裕的长江三角洲流域，革命阵营内部的分裂愈加明显。

南京事件的发生使西方列强干预国民革命的可能性倍增，同时加剧了国民政府的分裂。随着四一二"清党"和南京国民政府的成立、武汉国民政府七一五"分共"，苏联在中国的影响开始衰退。

日本成为国民革命运动的最大赢家。南京事件发生后，尽管日本官民在南京遭受了巨大的生命财产损失，但日本拒绝参与英美军舰炮击南京城的联合军事行动。同时，日本努力说服英美不要向蒋介石施加压力，坚持认为南京事件是武汉政府内的过激派策动的，其目的是"使蒋陷入困境，促使蒋下台"。币原向英美保证蒋介石会采取行动来维护"自己的颜面"。①

日本的支持使蒋介石一度对其抱有高度信任感，为此，他于 1927 年 11 月 5 日在东京拜会田中义一，希望日本对国民革命军的继续北伐给予支持。但田中义一明确告诉蒋介石"应该专心致志于南方一带的统一"，"日本的希望只在于满洲的治安得到维持"。② 1928 年发生的济南惨案彻底击碎了蒋介石对日本的幻想。二次北伐期间，由于国民革命军仍然存在危害欧美侨民生命和财产的"暴行"，欧美列强不仅在济南惨案事件的态度上倾向日本，最终还与日本取得协调：张作霖军队撤回关外，阎锡山率部进驻京津地区，而将蒋介石和冯玉祥的军队拒之门外。

1928 年 6 月 20 日，杨增新宣布新疆易帜，服从国民政府。12 月 29 日，张学良亦宣布东北易帜，就任东北边防军司令长官。国民政府取得了形式上的统一。同年 12 月，十三世达赖喇嘛也主动派遣雍和宫堪布贡觉仲尼到南京谒见蒋介石，对新建立的国民政府表示祝贺，同时也试探政府对西藏问题的态度。然而，日本发动的九一八事变使中国建立多民族国民国家的努力再次遭遇挫折。

日本侵华与中华民族的亡国危机

日本一直将南满视为其势力范围，不容他国染指。十月革命以后，随着沙俄影响力在北满的消亡，日本侵占东北三省的野心充分显露。济南惨案发生后，田中义一通过殷汝耕向蒋介石明确转达了日本不允许国民政府控制东北的信息："张作霖不久必处决，请注意勿使满洲化为战区，否则日方舆论颇难抑制。"③ 在蒋介石通过鼓励张学良易帜而间接取得对东北的控制权后，日本政府遂利用中东路冲突事件和中原大战爆发的机会发动了九一八事变，将东北三省全部鲸吞，接着又侵占热河，发动对长城各口隘的进攻，策动华北"自治运动"，使中国面临空前的亡国危机。

---

① 外务省编『日本外交文书（昭和期 I）』第 1 部第 1 卷（昭和 2 年）、外务省、1989、529—530 页。

② 《田中义一与蒋介石会谈记录》，李华译，《近代史资料》总第 45 号，中国社会科学出版社，1981，第 218—224 页。

③ 《殷汝耕致蒋介石电》（1928 年 5 月 14 日），斯坦福大学胡佛研究所档案馆藏黄郛档案，第 2 盒。

九一八事变后，国民政府采取了以"国际协调"为核心的外交政策与外交实践，这在华北事变和全面抗战前夕尤显突出。国民政府一方面积极参与国际联盟的活动，力图通过国际联盟的压力来制止日本的侵略；另一方面，亦在进行抗日战争的经济和军事准备，整军备战。

全面抗战爆发后，日本军方断定可以在三个月内摧毁中国政府、军队和民众的抗战意志与能力，但由于中国人民坚毅的抗日决心，加之德国军事顾问团在华多年卓有成效的工作以及德国和苏联的军事援助，中国军民独自抗击日本达三年零五个月之久，并赢得西方的尊重。

坚持中国对西藏之主权

同北京政府一样，国民政府坚持中国对西藏的固有主权。蒋介石于1929 年 1 月复函十三世达赖喇嘛，指出"西藏为我中华民族之一，政府现正督饬蒙藏委员会调查实际，用资建设……借悉法座高瞻远瞩，倾诚党国之决心，遥望西陲，至为佩慰"，并表示"此后愈当并力一心，修内政而御外侮，自不难相与造成民有、民治、民享之中国屹立于世界"。① 这是西藏地方与国民政府的第一次正式联络。国民政府向达赖喇嘛发出了和平信号。

达赖喇嘛委派的贡觉仲尼等三位代表于同年 8 月从北京出发，在太原拜见蒙藏委员会委员长阎锡山，代表达赖喇嘛声明三点：

（1）达赖并无联英之事，其与英国发生关系，不过系因英藏壤地毗连，不能不与之略事敷衍；

（2）达赖仇华亦属误解，民六、民九、民十三达赖均有派员来华，并发有护照，内中言明中藏亲睦，现有护照可证；

（3）达赖与班禅感情素惬，其始之发生误会系因班禅部下行为不法，达赖逮捕数人，班禅遂惧而出走，非达赖所逼。②

随后，贡觉仲尼等人到达南京，9 月 10 日谒见蒋介石，"贡等声明达赖不亲英、不背中央，愿迎班禅回藏"。蒋介石则表示"中央应本总理宽大之

---

① 《汇编》第 6 册，第 2487—2488 页。该信系 1929 年 1 月托大堪布罗桑巴桑携往拉萨。
② 参见中国第二历史档案馆藏国民政府蒙藏委员会档案：2336-141。

主义，许藏人完成自治"。①

　　1931 年初由大金白利纠纷造成的第三次康藏军事冲突使中央政府与达赖的联系中断，尤其是 1933 年 12 月十三世达赖喇嘛的圆寂，丧失了进一步沟通的良机。1934 年 2 月，年仅 24 岁的热振活佛被推为西藏摄政。自此，中央政府同西藏的关系出现了转机。

　　首先，西藏司伦致电驻京办事处将由热振出任摄政一事呈报中央。国民政府行政院于 1 月 31 日致电噶厦等，核准热振活佛出任摄政。② 而热振担任摄政期间，致力于西藏地方同中央政府间的密切联系。尽管 1934 年下半年在拉萨致祭十三世达赖喇嘛期间未能同噶厦就解决汉藏关系，尤其是界务问题达成一致，但西藏地方当局明确承认西藏为中华民国领土的一部分，说明西藏地方并没有决定彻底背离中央。③ 同时，蒙藏委员会委员长黄慕松离藏前，将中央政府官员留驻拉萨，对抵制英国势力入侵西藏和对中央政府与西藏地方关系的破坏均具有积极意义。

　　最重要的是，中央政府自始至终主持了十三世达赖喇嘛转世灵童的寻访、确立和十四世达赖喇嘛坐床等事宜，并向西藏噶厦拨款 40 万元。蒙藏委员会委员长吴忠信 1940 年 1—4 月在拉萨的一系列活动，不仅充分宣示了中央政府对西藏的主权，亦对英印政府控制西藏并策动其"独立"的阴谋予以有力反击。

　　然而，英国在此一时期亦利用其在西藏的影响力，百般阻挠国民政府切实行使在西藏的主权。

　　其一，阻挠中央政府派军队护送九世班禅返回西藏。十三世达赖喇嘛圆寂后，九世班禅强烈要求中央政府派卫队护送其返回扎什伦布寺。由于担心中央政府的威信随着九世班禅的返藏而树立，使英印当局控制西藏地方政府、侵蚀西藏领土的活动暴露，英国唆使噶厦内亲英派出面反对之，

---

①　祝启源、喜饶尼玛：《中华民国时期中央政府与西藏地方的关系》，中国藏学出版社，1991，第 78 页。

②　《噶厦为热振出任摄政暨司伦等照旧奉职事循例呈报中央政府致西藏办事处电》、《行政院为核准热振代摄达赖喇嘛职权复西藏驻京办事处转司伦噶厦等电》（1934 年 1 月 31 日），《汇编》第 6 册，第 2695、2696 页。

③　中国第二历史档案馆、中国藏学研究中心合编《黄慕松吴忠信赵守钰戴传贤奉使办理藏事报告书》，中国藏学出版社，1993，第 43—44 页。

同时由英国外交部和驻华使节出面交涉。后由于中日战争全面爆发，蒋介石不得不下令九世班禅暂缓返藏。

其二，利用日本对华侵略之机，落井下石，挑起中印边界争端，将所谓的麦克马洪线公之于世，向西藏地方当局索要属于西藏管辖的门隅、珞隅和察隅大片领土，并从1938年起不断派部队侵入该地区，先后占领了达旺、瓦弄等，这种蚕食一直持续到战后。

其三，扶持西藏亲英集团。在十四世达赖喇嘛坐床后，英印政府鼓动西藏亲英集团对热振横加指摘，甚至以生活作风问题为突破口，迫使热振辞职。继任摄政达扎上任后，很快成为亲英集团的领袖，有意疏远同中央政府的关系，如阻挠国民政府修筑通过西藏的中印公路，擅自成立"外交局"，甚至利用外国干涉向国民政府施加压力。

其四，战后继续支持达扎集团，唆使其以"独立国"的身份参加亚洲会议，怂恿西藏商务代表团赴美英访问，其中最阴狠的一招，是向达扎密告热振活佛"勾结"中央政府，试图夺取摄政职位，最终导致热振被捕，被毒死在监狱里。

不过，由于美国坚持承认中国对西藏拥有主权，英国分裂西藏的图谋最终未能得逞。

苏联与新疆乱局

中苏关系的恶化对于国民政府来讲影响巨大。1927年蒋介石奉行的反苏反共政策导致中东路事件发生，但国民政府的反苏政策并没有得到西方阵营的支持和回报，相反造成严重的边疆民族危机。在东北，中苏的军事冲突使日本人渔利，日本关东军乘机侵占了东三省，并将苏联利益排挤出去。

在外蒙古，苏联军事支持下的蒙古人民革命党政权取得了事实上的"独立"。

在新疆，复杂的民族关系和国际政治背景，使国民政府无力真正控制那里的局面，苏联、英国、日本的插手导致新疆在政治上陷入混乱。

杨增新统治时期的新疆，由于一战的爆发以及十月革命后苏俄要应对西方的干预和平息国内白党的反叛，加上杨增新本人注重同苏俄当局的关

系，不允许白俄分子以新疆作为颠覆苏联的基地，总体上局势稳定。但从
1928 年 6 月新疆易帜以后就陷入持续的动乱：1928 年 7 月 7 日，樊耀南刺
杀杨增新，金树仁旋即平叛就任新疆省主席；1930 年 11 月，哈密发生暴
动，甘肃军阀马仲英率部入疆向金树仁开战；1933 年 4 月 12 日，青年军官
陈中等发动政变推翻金树仁，而推金的参谋长盛世才为新疆临时边防督办。

新疆从此陷入混战，东有马仲英，北有张培元。过去的说法是日本支
持马仲英，英国支持沙比提大毛拉，国民政府支持张培元，但由于苏联最
终支持盛世才，派苏联红军入疆作战，先后打败了张培元（1934 年 1 月）、
马仲英（1934 年 2 月）。

苏联选择支持盛世才的原因十分明显：（1）遏制日本侵略势力由东北
延伸到新疆；（2）阻止英国侵略势力对中亚地区的影响；（3）防止国民政
府强化在新疆的统治；（4）建立一个亲苏的地方政权，有利于苏联同中共
的联系，有利于中国革命的发展，可使陕甘宁边区与新疆打成一片。

但太平洋战争爆发以后，盛世才致函蒋介石，"决心放弃马克思主义，
信仰三民主义，誓愿竭诚拥护中央，忠实钧座"。[1] 1942 年 9 月，盛世才
在新疆全面"清共"，并下令驱逐在新疆的所有苏联顾问、专家及在星星
峡的驻军。这为国民党政府收复新疆打下基础。1943 年 9 月，第十八混
成旅进驻哈密；1944 年 5 月，第二十九集团军分别进驻伊犁、迪化一线。

蒋介石认识到："十五年以来，新疆几乎已等于第二之东三省，完全成
为俄国囊中之物……然而该省政权虽已统一于中央，而伊犁、伊宁则已为
俄匪占领，今后新疆之动乱必多。应对俄速定具体之方针也。"[2]

四　雅尔塔密约与战后中国版图的确定

早在 1941 年 8 月 2 日，蒋介石就致函国防最高委员会秘书长王宠惠，
令国际问题讨论会"秘密研究"战后"收回外蒙、新疆、西藏之计划"。[3]

---

① 陈慧生、陈超：《民国新疆史》，新疆人民出版社，1999，第 361 页。
② 《事略稿本》，民国 34 年 1 月 7 日，"国史馆"藏《蒋中正档案》：002000000647A。以下
所引该档案馆藏同，略。
③ 《蒋中正令饬国际问题讨论会研究收回外蒙新疆西藏之计划》（1941 年 8 月 2 日），《蒋中
正档案·革命文献——交拟稿件》：002-020300-00048-048。

　　抗战胜利之初，国民党政府依然想利用国际力量来制衡苏联、制约中国共产党的发展。此时的中国虽然是四强之一，但这并非真正的国际地位。《雅尔塔协定》则体现出中国国家利益再次被出卖的窘境。

　　按照斯大林和罗斯福的约定，"何时通知中国知晓《雅尔塔密约》内容，由苏联决定"。因此，罗斯福回到美国后将该密约一直锁在白宫的保险柜里，连副总统杜鲁门也不知道。① 但中国政府也耳闻三国瞒着中国达成了某种协议，蒋介石估计协议内容涉及东三省，因此非常担心。白宫行政助理居里（Lauchlin Currie）1942年8月在重庆告知蒋介石："华盛顿一部分人之感想，以为中国东北应作为战后日俄两国间之缓冲国，盖华盛顿之印象，已有不将中国东北认为中国一部分者。"② 1945年4月15日，宋子文在华盛顿同白宫特别助理霍普金斯（H. L. Hopkins）谈话后，报告蒋介石："关于苏联问题，霍谓在雅尔塔会议，史达林从未对东三省有何要求，仅对旅顺及中东路恢复苏联权益二点，盼与我方商定办法。外传苏联欲得东三省，实无其事。"③

　　最先将《雅尔塔协定》内容透露给中国政府的是美国驻华大使赫尔利（Patrick Hurley）。赫尔利于4月29日和5月21日两次以私人谈话的形式向蒋介石详述了密约内容。6月9日，杜鲁门总统在华盛顿接见宋子文时，向其宣读了《雅尔塔协定》，并告诉宋子文，已电令赫尔利大使将协定文本面陈蒋介石。杜鲁门同时要求宋子文"在七月一日以前"必须到达苏联。④

　　在美国政府的坚持下，蒋介石和国民政府最终同意《雅尔塔协定》中有关外蒙古、旅顺、大连和中东铁路的安排，立即同苏联就签订友好同盟条约进行谈判。6月30日，国民政府行政院院长宋子文和外交部部长王世杰一行飞抵莫斯科，旋即就订立《中苏友好同盟条约》及其相关事宜同斯大林、莫洛托夫（V. M. Molotov）等举行会谈。

① 王永祥：《雅尔塔密约与中苏日苏关系》，东大图书公司，2003，第74页。
② 《事略稿本》，民国31年8月3日，《蒋中正档案》：002-060100-00167-003。
③ 《宋子文呈蒋委员长删电》（1945年4月15日），《蒋中正档案·革命文献——雅尔塔密约有关交涉及中苏协定》：002-020300-00048-008。
④ 王永祥：《雅尔塔密约与中苏日苏关系》，第81、83、86页。

《中苏友好同盟条约》的签订与苏联对华政策的转变

苏联在雅尔塔会议上提出加入对日作战的条件之一是维持中国外蒙古"独立"现状，这是其核心利益。而国民政府最关心的是东三省与新疆问题。7月6日，蒋介石电示在苏联谈判的宋子文："东北与新疆之领土主权与行政完整之方针必须抓紧，且须有确实保障。"①

关于东北问题，蒋介石原本不打算在向苏联开放旅顺军港、大连商港等问题上让步，并期待美国向苏联施加压力。但美国大使赫尔利在莫斯科告诉宋子文："美国对旅顺问题态度有特殊困难，因美既拟永久占领日本附近海岛，无法拒绝苏联使用旅顺，故罗总统有如此让步。如中国坚持旅顺管理权属中国，则苏联无从建筑炮台及其他军事设备，不能保障旅顺防卫之安全，彼认为中国提议后必须让步。"美方还警告说："如中国此次不能与苏联洽成协定，则结果对中国必更不利。因如此苏联进兵东三省，将无所约束。"②

7月9日下午，斯大林与宋子文在莫斯科举行第四次会谈，宋子文宣读了蒋介石致苏方的电文，蒋介石表示："于此有三项问题切盼苏联政府予以充分之同情与援助，并给予具体而有决心之答复。"（1）"满洲领土主权及行政之完整。关系此点，史太林统帅业已表示尊重此项原则，吾人甚表感谢。"（2）"新疆在最近一年间发生叛乱，以致中苏交通隔断，商业贸易无法维持，吾人切盼苏联能依照以前约定，协同消灭此种叛乱，俾贸易交通可以恢复。至阿尔泰山脉原属新疆，应仍为新疆之一部。"（3）中共问题。"深盼苏联只对中央政府予以所有精神上与物质上之援助……对中国之一切援助应以中央政府为限。"蒋介石表示"愿于击败日本及上述三项由苏联政府接受之后，准许外蒙之独立"。斯大林当即答以"承认中国在满洲之完全主权"；对中共则表示"并不予以支持，亦并无支持彼等之意向"；关于新疆问题，斯大林闪烁其词，不正面回答，最后希望中国政府"能觅得一政

---

① 《蒋中正电宋子文东北与新疆领土主权与行政完整方针须抓紧》（1945 年 7 月 6 日），《蒋中正档案·革命文献——雅尔塔密约有关交涉及中苏协定》：002-020300-00048-048。

② 《宋子文电蒋中正与美赫尔利就东北问题谈话时彼所表示之意见》（1945 年 7 月 9 日），《蒋中正档案·革命文献——雅尔塔密约有关交涉及中苏协定》：002-020300-00048-063。

治解决，必将不恶"。①

《中苏友好同盟条约》终于 8 月 14 日在莫斯科签订，24 日由国民党中央常务委员会和最高国防会议批准通过。

此时，三区革命的地位已降至苏联要挟国民党政府允许外蒙古"独立"的一个交换筹码。条约换文中有"关于最近新疆事变，苏联政府重申，如友好同盟条约第五条所云，无意干涉中国内政"字样。9 月 15 日，在伦敦出席五国外长会议的苏联外交部部长莫洛托夫与中国外交部部长王世杰就"新疆伊宁事件"进行磋商，莫洛托夫表示，此事件为"过渡现象"，请中国政府"放心勿重视"。②

同日，苏联驻华大使彼得罗夫（A. A. Petrov）拜会中国外交部次长甘乃光，谓："苏联驻伊宁领事报告苏联政府，称有回民数人自称新疆暴动之人民代表，向该领事声请并暗示，希望俄人出面为中间人，担任调解彼等与中国当局间所发生之冲突。该代表等并声明，暴动之人民并无主张脱离中国之意。其宗旨：凡回民在新疆显占多数之各地，如伊宁、塔尔巴喀台、阿尔泰、卡什喀尔，各区均求达到自治之目的。"彼得罗夫指出："苏联政府因关心安定在其与新疆接连边界上之安宁与秩序，若中国政府愿意，则准备委派驻伊宁领事试对中国政府提供可能之协助，以便调整新疆已造成之局势。"外交部不久答复：苏联政府愿意协助我政府，甚为感谢，请苏联驻伊宁领事通知"事变分子"派代表到迪化晋谒张治中部长，商洽和平解决之办法。③

得到苏联的保证后，蒋介石在 10 月 10 日的广播讲话中表示"愿意和平解决新疆问题"。于是，苏联对待三区革命的政策为维护国民政府对新疆领土和主权完整，促成其与中央政府的谈判。

10 月 14 日，张治中赴迪化，随行人员有梁寒操、屈武等，代表南京政府同三区政府谈判。三区代表为阿合买提江·哈斯木、赖希木江·沙比里、阿布都哈依尔·吐烈。经过三个月谈判，1946 年 1 月 2 日，双方签订《和

---

① 《宋子文电蒋中正见史达林谈新疆等》（1945 年 7 月），《蒋中正档案·革命文献——雅尔塔密约有关交涉及中苏协定》：002-020300-00048-064。

② 林美莉编辑校订《王世杰日记》上册，"中央研究院"近代史研究所，2012，第 733 页。

③ 《甘乃光呈蒋中正苏联拟令驻伊宁领事调停新疆变乱应如何答复》（1945 年 9 月 16 日），《蒋中正档案·革命文献——政治：边务（一）》：002000000443A。

平条款》（11 项）和附文一（省组织和部队改编）。4—6 月，张治中又与三区代表举行第二轮谈判，主要是关于部队改编问题，6 月 6 日达成附文二。和平谈判终于有了结果。

在苏联直接干预下，三区临时政府高层中部分封建势力、宗教人士和泛突厥人士被清除出领导层，原临时政府主席艾力汗·吐烈于 6 月 6 日晚莅苏联驻伊犁领事馆参加联谊会时被扣押，并被秘密送到阿拉木图。三区政府首脑由拥护统一和民族团结的阿合买提江·哈斯木担任。三区政府改称为新疆伊犁专区政府。

国民政府承认外蒙古独立

《中苏友好同盟条约》订立后，蒋介石于同年 9 月约见苏联驻华大使彼得罗夫，指出外蒙古政府应在最短期内举行公民投票，并由中国政府派代表观察。9 月 19 日，苏联外交部向中国驻苏联大使傅秉常转交了外蒙古政府总理兼外交部部长乔巴山（K. Choibarson）就独立举行公民投票致苏联的信函副本。乔巴山在信函中请苏联政府将下列几点通知中国政府：

（1）蒙古人民多年来为本身的独立奋斗，1921 年就根据民主基础组成独立国家；蒙古人民为保卫其革命成就，对日本帝国主义一再予以武力抵抗。在这种情况下，向蒙古人民询问其愿意独立否，系属多余。

（2）惟顾及 1945 年 8 月 14 日蒙古政府致苏联政府照会中所表示之愿望，蒙古人民共和国政府同意举行公民投票，俾重向全世界表示蒙古人民独立之意志与愿望。公民投票将于 1945 年 10 月 10 日至 20 日间举行。

（3）蒙古人民共和国政府同意中国政府派代表参观公民投票，但不得干涉公民投票实施程序。惟此项手续太繁，无法派出政府代表团于 1945 年 10 月 10 日赴重庆向中国政府说明公民投票之结果。

（4）如中国政府愿直接自蒙古人民共和国代表得知公民投票结果，蒙古人民共和国政府当于本年 11 月初派代表赴重庆说明投票之结果。①

---

① 《驻苏大使电部关于蒙古公民投票事》（1945 年 9 月 19 日），《外交部档案丛书——界务类　第 2 册　中苏关系卷》，"外交部"编印，台北，2001，第 157—158 页。

　　10月9日，国民党中央执行委员会常务委员会第十一次会议和国防最高委员会常务会议第一七二次会议联席会议决定派遣代表团参观[1]外蒙古公民投票，并决定：（1）外蒙古边界问题不必在外蒙古交涉，亦不必先提备忘录，如其投票区域超出现在之边界地区之外时，则我国可在当地发表声明并向苏联、外蒙古对边界问题提出保留备忘录，但亦可携带我国标准外蒙古疆界图，以备随时参考；（2）派内政部常务次长雷法章为代表亦可；（3）承认外蒙古独立之时间必须待外蒙古代表团到渝订约等交涉完妥后，不可太早。[2]

　　国民政府认为此次外蒙古公民投票仅仅是一种形式而已。10月20日是外蒙古独立投票日，代表团人员分成两组观察公民投票情形，其中雷法章、楚明善、马瑞图、简朴、许正直、刘剑等6人观察库伦市区。

　　依据蒙古政府的统计，登记的投票人数为494960人，因故未能投票者7551人，实际参加投票者487409人，占登记投票总人数的98.5%。投票赞成外蒙古独立者为487409人，赞成率为100%，无人投反对票。[3]

　　1945年12月13日，国民党中央执行委员会第十六次常务会议就外蒙古独立一案通过决议：（1）1946年1月15日以前完成承认手续；（2）1946年1月15日前后承认外蒙古独立，并希望现在内蒙境内的外蒙古军队于承认前完全撤回外蒙古境内。[4]

　　国民政府承认外蒙古独立的公告于1946年1月4日由外交部部长王世杰面交国民政府文官处，"并嘱务于一月五日正午十二时送中央社发表"。原文如下：

[1]　"参观"两字系根据中国驻苏大使傅秉常电报的汉译而定。根据外交部西亚司司长卜道明的说法，"参观"俄文为"出席"之意。

[2]　《中国国民党中央执行委员会常务委员会第十一次、国防最高委员会常务会议第一七二次会议联席会议决议》（1945年10月9日），"国史馆"藏《国民政府档案·外蒙公民投票与外蒙独立》：0500.02/2344.01-01。

[3]　参见蒙古人民共和国人民代表会议主席团主席《布麻庆岱致中华民国国民政府外交部电》（1945年11月13日），《蒋中正档案·革命文献——政治：边务（二）》：002-020400-00040-126。

[4]　《国防最高委员会秘书厅致国民政府文官处密函》（1945年12月19日），"国史馆"藏《国民政府档案·外蒙公民投票与外蒙独立》：0500.02/2344.01-01。

外蒙古人民于民国三十四年十月二十日举行公民投票，中央曾派内政部次长雷法章前往观察。近据外蒙古主持投票事务人员之报告，公民投票结果，已证实外蒙古人民赞成独立。兹照国防最高委员会之审议决定，承认外蒙古之独立。除由行政院转饬内政部将此项决议正式通知外蒙古政府外，特此公告。①

1月6日，全国各大报纸均在头版刊登了国民政府承认外蒙古独立的公告，外蒙古的独立遂正式完成了国际法上所需的手续。

五　中缅边境交涉

1886年1月1日，英国政府宣布合并上缅甸（Upper Burma），缅甸灭亡。清出使英法俄钦差大臣曾纪泽于1月2日向英国外交部提出抗议，并为存祀及朝贡事宜进行交涉，三个月内先后折冲10次，英国外交大臣索尔兹伯理（Marquess of Salisbury）"允许另立新王管教，照旧贡献中国，政务由英统摄；但求商务对英尺度放宽"。后因英国内阁改组，"英复咨不肯践言"，但"仍议每十年由缅督备前缅王应贡之物，派员进贡。八幕亦不允归我；但允于大盈江北让一股归我，使我得到伊江，且得通于海"。② 2月22日，英军进驻新街、蛮春，土司稔祚、钟文源先后向清政府乞援。4月初，曾纪泽回京供职，行前与英国外交部官员克蕾（E. Crey）"商定有关缅甸协议，互书节略存卷"。根据该节略，英方同意：（1）普洱西南边外之掸人、南掌各地，均归中国；（2）大金沙江上立一中国码头；（3）大金沙江为两国公用之江；（4）野人山地在二十四度以北者，昔时本非缅地，应俟滇缅划界之后，另由中英国会勘划分。③

自此，中缅边界问题凸显。

---

① 《国民政府公告》（1946年1月5日），"国史馆"藏《国民政府档案·外蒙公民投票与外蒙独立》：0500.02/2344.01-01。

② 柳长勋编著《中缅疆界研究》，"光复大陆设计研究委员会"，1977，第128页。

③ 薛福成：《出使公牍·滇缅界务书》卷34，转引自柳长勋编著《中缅疆界研究》，第152页。

片马事件

1911 年 1 月 19 日，"英军二千，马二千五百匹，由密支那开抵片马。宣言'高黎贡山以西为英国固有领土'"。22 日，云贵总督李经羲致电清政府外务部，请再向英使交涉退兵勘界，倘英使拒绝，不惜兵戎相见。清廷于 27 日电令李经羲"不可轻易言战"，"以免牵动全局，无以收拾"；同时电令驻英公使刘玉麟向英国政府交涉。①

1 月 30 日，刘玉麟前往英国外交部诘问英兵强占片马，并请其撤兵勘界。英国外交大臣却指责"中国官吏于光绪三十二年以来，侵犯英国所指之边界，不止一次"，并称"英政府即实行萨使 1906 年预告，已遣兵至片马"。同日，英国驻北京公使朱尔典照会清廷外务部，谓"此时所有分水岭以西之地，业由英官和平治理"。2 月 28 日，朱尔典莅外务部面称："请确定以高黎贡山为界，再行撤兵会勘。"外务部于 3 月 11 日复照英使，同意以高黎贡山为分水岭，但坚持要求英国先撤兵。4 月 2 日，英国外交部突然告知刘玉麟：英军将于 4 月 10 日以后陆续自片马撤退。但 4 月 10 日，朱尔典到外务部谈片马事宜，谓"本国所注重者，并不在于土地。实因查得高黎贡山为天然界线，应以此作为滇缅界线"，并照会中国外务部，强调英国绝不承认中国政府"除片马、康方、古浪三处各寨外"，要道是"中国属地"的说法。英军不仅没有撤退，反而在茨竹垭口等地私立界桩，强收户税，"既霸占小江以南十八寨，又侵入小江西浪速地"。②

辛亥革命爆发后，中英关于片马的交涉遂行停顿。英国利用中国政局未稳，不仅占据片马地区不退，反而加紧在滇缅边境的侵略与扩张。据云南迤西道尹多次呈报：1912 年 8 月，"英人在搬弄垭口、明光外大垭口私立界桩，由明光河头沿高黎贡山顶，直至上帕为止；又在他戛建造营房，购粮运械，以备久戍；由片马经俅夷通西藏道路，也正加工兴修"。民国政府外交部抗议，英国政府置之不理。

1913 年 2 月，"英军挟喇嘛、汉奸及阿普头目，分路侵入云南境内的纳

---

① 柳长勋编著《中缅疆界研究》，第 137 页。

② 本段及下段，分见柳长勋编著《中缅疆界研究》，第 138、139 页。萨使，即萨道义（Sir Ernest Mason Satow），1900—1906 年任驻华公使。

采、茶谷河等处，筑舍扼险把守。又有两股溯狄满江行进，似入西藏"。11
月，据菖蒲行政委员报告："英人侵犯驼洛主权"，发给驼洛江狄头英文执
照，"该处贡项，恐难收获"。12月，云南都督唐继尧报告："片马英兵分
路出发，一由帕跌河、卯照、老窝（老挝）之称戛；一由上片马过古炭河、
鲁掌、登梗入六库；一由明光出腾越，窥察我边疆。"①

1914年3月，"英人三名带土人六十名，侵入拉打阁，掳走狄头松袜，
勒令交出中国发给的凭照，才给放回"。唐继尧以英兵屡侵华界，据情电告
外交部。7月2日，中国外交部向英使朱尔典提出抗议。

7月8日朱尔典复照称："滇缅边界，北纬二十五度三十五分之北一段，
应循厄勒瓦谛江（即伊洛瓦底江——引者注）及龙江分水岭脊，至过龙江
上游各溪，再循潞江及厄勒瓦谛江之分水岭脊，顺至西藏边界之处。"他声
称："达拉阁地方在厄勒瓦谛江、潞江分水岭脊之西……不特未表明本国侵
犯交界之情，反似系贵国私越疆界之证。"英方指责中国政府的行为"恐启
边界之衅"，警告中国"若不愿按照所拟各节允诺，则本国仍令缅甸政府驻
守该处，治理一切，无须再行议商"。②

中国外交部于7月14日照复朱尔典，指出"滇缅边界，北纬二十五度
三十五分以北界线，至今并未经双方同意划定"，指斥"英人于未经划界之
地，擒去向归中国管辖之狄头，索获华官颁给之执照，殊非敦睦之道"；同
时郑重声明"此次界务，非照中英滇缅条约第四条办理，永无解决之日"。③

8月，由于一战爆发，英国撤走片马驻军。据维西县知事后来调查，英
国在俅江方面修筑了5条道路，可以通达怒江和俅江之间山顶。④

一战结束后，英缅当局继续加强对片马地区的侵犯。1922年夏，"英人
再占片马九角塘河与小江会口以西地方"，又在"距片马三十英里向归我明
光土司所辖拖角地方，设立厅治，征收户税，建造衙署，私立界桩。复于
扒拉大山东麓，修坚固营垒二，跟厅署对立。更在小江流域东南端上片马

① 柳长勋编著《中缅疆界研究》，第139页。
② 达拉阁文件，参见柳长勋编著《中缅疆界研究》，第368—369页。达拉阁亦称拉打阁。
③ 达拉阁文件，参见柳长勋编著《中缅疆界研究》，第369页。查《中英续议滇缅界、商务
条款》第四条："今议定北纬二十五度三十五分之北一段边界：俟将来查明该处情形稍详，
两国再定界线。"参见柳长勋编著《中缅疆界研究》，第310页。
④ 柳长勋编著《中缅疆界研究》，第140页。

地方，安置营盘。自密支那向东，马路修拓经搬瓦北达拖角政厅，复由板厂山西浪速管区北上。兰州土司所属俅夷和浪速以北的乐裕，都成为它羁捞的对象"。①

中国驻仰光领事张国威得悉此事，立即报告中央政府，并经腾越道尹查证确实。同年12月，唐继尧质问英国驻昆明领事，要求其撤销拖角厅治。英国领事后来复照唐继尧，称英缅政府"并无片马设县之意"。

江心坡事件

江心坡，土名卡苦戛，又名麻里，一名江土地，汉人称为江心坡。江心坡面积约27000平方公里，即"纵行约三十余日，横阔约十二三日。以此计之，则其地长度当在二千里左右，而阔亦不下四五百里"。江心坡地区居民以濮曼、浪速族为主，间有傈僳族。"濮曼是汉朝种，随诸葛孔明征蛮而来，故大家都是汉姓。"坡内"村落总计有数千之多，每村落或数户、或数十户、或百余户不等……每村落间隔约有一天行程、或三四十里、或一二十里者亦有之"。坡内山官首领凡十九寨，各据一方，权力优越。每寨分辖村落数十百计不等。十九寨首领"以格兰多及安那拉为最著"。②

1920年，英国政府派缅甸籍测绘人员孟沛"携带枪支礼品，入江心坡结纳土人，沿途调查实测"，迄1922年告一段落。"土人不识其阴谋，故未加以制止。"③

1926年，英缅当局"多方设法诱致山官头目，游历仰光，赐衣赐食，劝他们降附"。④ 同年夏，英官又在英属密支那"戛摆"，⑤ 以重金贿买十九寨山官，并让他们释放"拌当"，⑥ 遭到拒绝。同年秋，"英人遣派军队约三百名，侵入坡内。各山官愤之，伏人于途间，窃杀英兵官一人。于是激怒英人，大肆横暴。任意焚毁坡内大小寨棚十余所，土民先后伤亡一百余人，

---

① 本段及下段，均见柳长勋编著《中缅疆界研究》，第140页。乐裕，即藏东南的珞隅地区。
② 《滇缅界务研究会为英人进兵江心坡事上外交部呈文》（1929年3月17日），转引自柳长勋编著《中缅疆界研究》，第369—371页。濮曼族即布朗族，浪速族即景颇族。
③ 柳长勋编著《中缅疆界研究》，第140页。
④ 柳长勋编著《中缅疆界研究》，第140页。
⑤ 戛摆，缅语，意为欢宴作乐，杂以歌舞戏乐。
⑥ 拌当为各山官的家奴，多系土人，亦有少数缅、汉人，平时操农事家务，战时为兵役。

并被捕去山官五人、要员六人"。次年秋冬之际，英再次派兵千余人，分三路进占江心坡，以后往往是"至翌年雨水将落之际，英人因各种不便，则又行退出，及秋复至，迄今未绝"。①

1928年9月8日，江心坡山官推全权代表董卡诺、张藻札二人到腾越，奉石旦睹②所进信物龙头宝，以示人民誓属中国，要求政府向英交涉索回被掳山官要员。

1929年1月，云南交涉署照会驻滇英国总领事，抗议英军强占江心坡，指出："查尖高山以北，为片马、拖角、江心坡，以迄于怒夷、俅夷各地，均为滇缅未定国界。必须将来经中英两国派出大员会勘定后，树立界桩，始足以昭信守……在未勘定界址以前，双方均不能私立界桩，肆意经营。"③照会要求英国撤兵放人，并将尖高山以北各地私立界桩撤去，静候两国派员会勘。但英国领事借口高黎贡山分水岭为中缅分界线，说江心坡在边界以西，"显系英属领土，毫无疑义"。同年夏，国民政府外交部成立滇缅界务研究委员会，10月12日由内政、外交两部会派尹明德为滇缅界务调查专员，负责主持有关调查工作。④

至1929年底，英国总督巴那（J. H. Barnard）"由密支那派遣哥尔卡兵三百名，运输辎重牲口一千五百头，分三路进兵：一由石灰卡经恩买卡，一由归叨经大金沙江，一由林麻进大金沙江。此外在拖角、片马、昔董、拱路、瓦坎底分驻防军百人，林麻、归叨、崩弄蚌、木疏足等地，分驻援军各五十人"。为了断绝当地居民同云南省政府的联系，英缅当局在江心坡"实施封锁政策，禁止坡内外人往来。设县治于格仔，置行政委员二人主之，扎营盘一，屯兵二百。另在木勺戛设县佐，置行政委员二人佐之，立营盘，置兵百名。复以兵舰巡弋于归叨、崩弄蚌两江，借资示威"。⑤

1930年5月起，尹明德组织了6个调查组，化装成小商贩，分途进入北段未定界的茶山、里麻、孟养等中国旧属的土司地及浪速、俅夷各地，

---

① 柳长勋编著《中缅疆界研究》，第373页。
② 为十九寨山官之一。
③ 《云南交涉署与驻昆明英国总领事往复抗辩照会》（1929年1月），转引自柳长勋编著《中缅疆界研究》，第374页。
④ 柳长勋编著《中缅疆界研究》，第141页。
⑤ 《云南外交问题》（第104、105回），转引自柳长勋编著《中缅疆界研究》，第161—162页。

进行侦察，到1931年春侦察完毕，遂提议"今后交涉北段界务，应整个的根据条约，另拟界线"，即"由北纬二十五度三十五分之尖高山起，循石峨河（深沟卡）西去，沿恩梅开江顺流而下，至与迈立开江交会处，再向西。经盘栾循户拱南界，至拿戛（Naga Tribe）及曼尼坡（Manipur）与阿萨密（Assam）交界处，然后沿户拱、坎底与阿萨密交界之巴开山、龙岗多山，直上西康，与阿萨密交界处止。包括户拱、坎底、野人山、江心坡、俅夷、浪速、茶山各部在内，以遏阻英人由缅北入康藏之企图"。[①]

班洪事件

获悉云南省政府有意在葫芦王地开采银矿后，印度总督于1933年10月让曾于1908年进入卡瓦山区布道的基督教传教士永伟里（W. M. Young）携带矿物标本前往印度，咨询占据班洪的方略。12月14日，英缅政府在班弄秘密开会部署，英军于19日率先侵入班洪。1934年1月，"英国开矿队2000余名，进抵炉房驻扎。并在滚弄、户板、个怕谷至炉房沿途驻屯英兵；又督工在滇人吴尚贤所开茂隆银厂旧址，开采矿砂，运英国人在腊戍西北邦海所组邦海银矿公司班弄波龙老厂熔炼"。[②]滇缅南段未定界纠纷就此触发。

澜沧县民众救国分会致电云南省政府："本县边境班洪地方上年十二月十四日突有英人七八名，到达该地，召集土人开秘密会议。继于十九日发现英军约二千余人，各持器械工具，开筑汽车路，现在修筑班洪铁路。"请省政府"严重交涉"。[③]

班洪土司胡玉山以英军迫采，"调卡瓦兵千余抗拒"。2月10日，英人联络班弄、户板、永班各地土民，加上英兵约计2000余人，"以机枪大炮，直向班洪进攻"。胡玉山等退守班老义口寨。3月11日，"英军复进攻班老，犇［奔］夺下城。十二日毁下城，十三、四日，并班老、上城均焚却。复向猛角、猛董土司进攻"。3月18日，班洪、猛角、猛董各土司代表齐集昆

① 尹明德：《滇缅界务北段报告善后意见书（要旨）》（1931年4月），转引自柳长勋编著《中缅疆界研究》，第377页。
② 根据张诚孙《中英滇缅疆界问题》第十八章"班洪事件"记载，英国人于1890年到邦海组织邦海银公司，开采班弄的波龙老厂银矿。参见柳长勋编著《中缅疆界研究》，第225页。
③ 《云南民国日报》1934年1月27日。

明，拜谒云南省主席龙云。云南省政府派外交部云南特派员王占祺向英国驻滇领事哈定（Harding）质问，"并将冲突情形，电告中央"。①

哈定承认"冲突实有其事，烧毁约四、五村寨"，但辩称"探矿队决不至逾过去中国所指黄线"，"护送队不到百人左右，不至有二千之多"。英方称"炉房在刘镇、陈道所拟黄线西南一公里半，并未越过此线"；3月13日英军"与土人小有冲突，但系在英界以内"。而根据李曰垓2月17日和3月5日的电报，可以断定英国军人到达班洪确是事实，"携有机枪大炮"，且"唔助永班、班弄土民，强压人民投降"。3月24日，国民政府外交部向英国驻华公使提出抗议，并照会英国政府在"问题未切实解决以前，不再有任何行动，以免益滋误会"，但英国公使竟以"滇缅土人相争，无关大局"作答。

中英会同勘界

1935年4月9日，国民政府行政院院长兼外交部部长汪精卫同英国驻华公使贾德干（A. C. M. Cadogan）互换照会，成立中英会勘滇缅南段界务委员会。委员会"以委员五人组成之：由每方各派二人，并由国际联合会行政院主席选派中立委员一人。该中立委员即为该委员会之委员长，如遇其他委员意见歧异其数相等时，该中立委员有最后之票决权"。②

界务委员会于同年7月成立。中国委员为梁宇皋、尹明德（辞职后由张祖荫代），英方委员为柯雷阁（J. Clague）、葛若思（F. S. Grose）。柯雷阁辞职后由英国驻腾越领事陶乐尔（W. S. Toller）代理。中立委员由国联行政院指派瑞士人伊士林（F. Iselin）上校担任，伊士林曾任国联派驻伊拉克与叙利亚调查及划界委员会主席。委员会于12月1日始在户算上界勘察，随后又陆续在金厂坝（炉房）、刚猛（班洪附近）、猛角、猛董、拉坝等地进行实地勘察，1936年4月5日，至老厂，前后开会67次，因清明后雨季来临勘察工作停止。③

11月30日，中英勘界委员离开昆明前往边界续勘。12月2日，中英会

---

① 本段及下段，分见柳长勋编著《中缅疆界研究》，第141、142页。

② 《英公使贾德干致汪兼署部长照会》（1935年4月9日），柳长勋编著《中缅疆界研究》，第383页。

③ 参见柳长勋编著《中缅疆界研究》，第142页。

勘滇缅南段界务委员会在中国营地举行第一次会议，次年 1 月 19 日在英方营地开会。4 月调查结束，17 日委员会在缅甸境内的爽廊举行会议，24 日双方签署调查报告书。根据建议线，争议地区约 3/5 归属中国，包括班洪和猛梭。①

1938 年 6 月 18 日，滇缅南段国界线正式换文确定，但"划界手续，迄未完成"。因为国民政府当时拟将滇缅北段未定界也予以勘定，但照会英国政府，未获答复。

战后中英关于滇缅北段未定界区的交涉

1942 年 1 月 19 日，日军进攻缅甸，至 5 月底，日军先后攻占仰光、曼德勒、八莫、密支那。盘踞江心坡的英军退守缅甸北部的孙布拉蚌。1943 年 10 月下旬，中国驻印军会同美军由雷多向富康河谷发动攻势，至 1944 年 5 月中旬围攻密支那，6 月下旬攻克孟拱，8 月 5 日收复密支那，12 月 18 日克复八莫。东线方面，中国远征军于 1944 年 5 月 11 日强渡怒江，21 日进抵高黎贡山的顶南、北斋公房附近。

当中国远征军在滇西缅北同日军激战之时，龟缩于滇缅未定界区的英方军政人员却率部队对进出片马、拖角的滇康缅特别游击区总指挥部郑坡部多次发动袭击。6 月 23 日，郑部行李队在浪漾附近遇袭，"死我官一兵二"。6 月 28 日，郑部挺进支队第一大队 11 人"于片马押饷款十五万元及夏服食盐等赴拖角"，途中遇英缅军六七十人突袭，除参谋长张英杰负伤归队外，大队长吴若龙以下 10 人全部被害。9 月 7 日，英军上尉沃伦（E. Warren）鼓动"夷民约千余人，在五宗河、古浪、渔洞、三克河"发动大规模袭击，滇康缅特别游击区部队"官兵死亡四十有九、伤五员名……为避免影响盟军感情，奉命南撤"。②

1944 年冬，英国驻华军事代表魏亚特（A. C. Wiart）致函蒋介石，称"奉到东南亚盟军总司令 11 月 11 日电一通"，电报通知中国战区最高统帅：缅北战境"现已稍有变动"，"在伊洛瓦底江东向沿恩梅开闸兰至扫我班一线以北地区，划定为'交通线地区'"，"此为北战场之北界限，业已获得

---

① 本段及下段，均见柳长勋编著《中缅疆界研究》，第 142 页。

② 本段及以下几段，分见柳长勋编著《中缅疆界研究》，第 143、144 页。

索尔登（Daniel Sultan）之同意"。东南亚盟军总司令兼缅甸行政长官"拟将此区，及以东至缅甸未定界一区域中之行政权，交付该军区司令赫尔兹（Hirtz）指挥"。电报称："据报该区有若干非正式之中国队伍，请转询该队是否听委座管辖？若然应向委座请求将该部队撤回，因其无裨作战，且易生纠纷也！"

1945 年 7 月 1 日，中国政府以军令部第二厅厅长郑介民名义复函魏亚特，称："根据目前缅境盟敌之态势，阁下所建议设立缅北交通线区一节，事实上已无必要。该区因属中缅未定界区域，其行政主权自应俟中英双方以外交方式解决。故目前中英双方，皆不得在该区驻留军队，该区内民政官员，亦应由中英双方共同派遣。"

英国方面对此未予答复。中国政府当即派尹明德任中缅未定界区行政官，准备进入。中国政府再次致送备忘录给魏亚特，除了重申 7 月 1 日复函内容外，还敦请英国方面立即停止"情报人员"在片马地区"积极组训当地居民"的活动。

对于中国政府的备忘录，英国方面仍然不予回复。抗战结束后，中印公路沿线的中国军队撤离，中英共同管理滇缅北段未定界区的要求等于放弃。

至 1947 年，英人在滇缅北段未定界区活动频繁。在孙布拉蚌和瓦榜间驻扎的特务头子为爱迪·文森（Eddy Vinson），他在此活动已有 40 余年，1926 年将英军引入江心坡的就是此人，诨名"老将军"。在拖角、片马附近指挥的是沃伦，他住在孔东北 12 里的峨泽，有电台 1 座，3 名印度人专门负责通信联络。英人在拖角、王克河、片马、于坤、葡萄、弄海、孙布拉蚌等地都设有小学校，教材多有排华亲英思想。英国人还在尖高山以北擅自设立水泥制作的第 40—46 号界桩，其中第 43 号界桩被中国滇康缅特别游击区部队摧毁。

六　南海诸岛主权之回归

东沙群岛之交涉

东沙群岛原名大东沙，因"在万山东，故呼东沙"。[①] 1907 年，广东水

① 谢清高口述，杨炳南笔记，冯承钧校注《海录注》中卷，台湾商务印书馆，1970，第 59 页。

师提督萨镇冰派飞鹰舰管带黄钟英率舰两艘前往东沙群岛实地勘察，证实"该岛上昔有我国渔民所居住，并建有天后庙、大王庙；常年住岛者，有新泗和渔船船主梁应元，率有我国渔户、渔船捕鱼为业"。同年8月8日，日本商人西泽吉次乘"四国丸"驶向东沙群岛，8月11日登岛，"树立日旗，建筑宿舍，开采鸟粪"，更将该岛命名为"西泽岛"。时任两江总督端方闻讯后即致电外务部，并同时电告两广总督张人骏，指出"东沙确属我国"。①

1909年3月20日，张人骏照会日本驻广州领事，"请致西泽撤退"。日本领事来到两广总督署，承认"该岛原不属日，彼政府亦无占领之意，惟当认为无主荒岛；倘中国认该岛为辖境，须有地方志书及该岛应归何官何营管辖确据……至西泽经营该岛，本系商人合例营业，已费甚巨；政府亦曾预闻，应有保护之责"。张人骏当即指出："东沙系粤辖境，闽粤渔船前往捕鱼停泊历有年所，岛内建有海神庙一座，为渔户屯粮聚集之处；西泽到后将庙拆毁，基石虽被挪移，而挪去石块及庙宇原地尚可指出该岛应属粤辖，此为最确证据，岂能谓为无主荒境？"同时，清外务部亦电令驻日公使胡惟德向日本政府据理交涉，"以收回该岛为宗旨"。② 最终日本政府指令日本公使同"粤督和平商结"，并请胡惟德留意："西泽到该岛创始营业，全系善意，此事结局纵定为中国领地，而对于该商平善事业应加相当之保护。"③ 同年5月，粤督同日领事会商东沙岛事宜。日本提出"西泽经营该岛费资甚巨，欲求收回本息"，企图为其长期占据东沙岛制造借口。中方则提出先由西泽将东沙交换。岛上西泽"安设各物业，应由两国派员公平估值，由我国收买"。至于"岛上庙宇被毁及沿海渔民被逐，历年损失利益，亦由两国派员公平估值，由西泽赔偿"。西泽在岛上"所采岛产、海产应补纳我国正半各税"。但日方随即提出，"非中国收买该岛物业之价额确定"，不能办理"交还该岛"，而对西泽"赔偿损失、补纳税项各节多不认允"。④

据张人骏1909年3月11日的调查报告："岛南有木码头，岛上设小铁轨、德律风、吸水管等物……经已安有制淡水机厂……日本式房屋约二三

---

① 张大军编著《中越国界研究》，"光复大陆设计研究委员会"，1977，第158、159页。
② 王彦威辑《清宣统朝外交史料》卷2，沈云龙主编《近代中国史料丛刊三编》第2辑《清季外交史料》，文海出版社，1985，第39、48页。
③ 王彦威辑《清宣统朝外交史料》卷3，第4—5页。
④ 王彦威辑《清宣统朝外交史料》卷4，第10页。

十座，皆草率成工者。日人竖旗，并立木桩一柱，书明治四十年八月，背面书西泽岛字样。办公所一区，事务人名浅沼彦之亟暨两医生员弁等。与之问答，据称：系受台湾西泽吉治委任在此经商，并非公司，系个人生理，亦未知日政府曾否与闻。惟去年夏台督曾派官吏六人至此。现在计有日本男女大小一百零一人，又由台招来工人三十三名住此。"①

6月11日，日领事致函粤督，拟订妥结办法：（1）两国列算估值西泽事业以估收买之价；（2）查核庙宇存在之时；（3）渔民被西泽驱逐之事，实有其事，则须调查西泽赔偿额。所余出口税一事，并允存其名义，由政府收买价额内割一小额支出。谈判结果，除派舰前往做实地勘估外，延至10月9日才由双方签订合约。②

10月11日，收回东沙条款最终确定并画押："一中国收买在东沙岛西泽物业之价定为广东毫银十六万元；二所有西泽交还渔船庙宇税额等款定为广东毫银三万元；三中国收买物业定价，西泽将该物业及现存挖出鸟粪照从前勘验清单逐一点交中国委员之后，于半月内在广东交付日本领事。"③此为日本人西泽侵占东沙岛及中国政府同日本政府交涉并收回经过。1926年，广东省政府又投资20万元，在岛上建立无线电台、气象情报台、灯塔等设施，还设置了可与近海船舶以及越南、吕宋、香港、广州、海南岛联络的小型电台。全面抗战爆发后该岛为日军占领，1946年底东沙群岛为中国政府接收。1947年末，国民政府内政部正式核定南海中属于中国领土之东沙、西沙、中沙、南沙等各岛屿和岛礁名称，并宣告中外。④

西沙群岛之交涉

中国人对西沙群岛的称呼多种多样，唐贞元五年（789）曾以琼为督府，"下有千里长沙"，"万里石床"；宋代称之为"长沙石塘"；元明时多称之为"万里石塘"、"七洋洲"或"七洲万里石塘"；清代多以"千里石塘"称之，

---

①　王彦威辑《清宣统朝外交史料》卷2，第6—7页。
②　张大军编著《中越国界研究》，第161页。
③　王彦威辑《清宣统朝外交史料》卷9，第39—40页。
④　张大军编著《中越国界研究》，第162页。

亦有西人采用这一名称，即称为"Chienli Rocks"。[①]

西沙群岛很早就划入中国版图之内，但是由于在中法、中日战争中的失败，中国面临各帝国主义的瓜分割地狂潮，南海诸岛也成为其掠夺的对象。

1907年8月日人西泽私登东沙岛后，两广总督张人骏即派副将吴敬荣前往西沙群岛查勘，并于1909年5月"设局筹办经营"；5月19日，派水师提督李准为总指挥，率海军士兵170余人乘"伏波""琛航""广金"三舰艇，前往西沙群岛查勘，并在伏波岛插黄龙旗，立碑志记。[②]

日人开采鸟粪　民国时期，中国商人开发西沙群岛的计划，如1917年何承恩、1919年邓士瀛、1921年港商梁国之等的计划，均未得到广东省政府的批准。唯有西沙群岛实业有限公司于1921年12月、1923年4月先后两次申请筹办获准，该公司名义上的老板为何瑞年，但实际权力操控于日本人手中。1921年，该公司在永兴岛又组建南兴实业公司。以往海南的渔民"一年两次往返"该岛，主要是捕鱼，南兴公司则在岛上兴建码头、铁路、仓库和工厂，并从台湾、琉球来大批工人开采鸟粪，运往大阪制造肥料。广东沿海渔民和绅商不断向中国政府告状，称他们传统的捕鱼及海产品采集地为日人侵占。1926年6月沙基惨案发生后，该岛日本人出于恐惧，7月间大部分乘"恭阳丸"离岛返日，但仍有少数工人继续开采。1927年，广东省政府实业厅吊销西沙群岛实业公司执照，并于1928年5月22日派"海瑞"号军舰前往西沙的永兴等岛查勘。自此，日人停止了开采作业。[③]

当时广东省各机关亦派员随"海瑞"号前往西沙群岛，中山大学还组织调查团，对日人经营情况、西沙地理等进行调查，并开展西沙群岛的测量与制图工作。当时永兴岛上日人经营的码头、仓库等完好如初。此次查勘工作还确定，永兴岛上的孤魂庙"亦屹然留存"，西沙的其他岛屿没有日本人的建筑。该调查团回到广州后，于1928年6月出版了由沈鹏飞编写的《调查西沙群岛报告书》。广东省政府当即"特准西沙群岛磷矿归中山大学，为实验制造肥料之用"。

---

① 参见《诸蕃志》卷下，嘉靖十四年重校万卷楼本，第15—16页；周去非《岭外代答》卷1，三合流条；张大军编著《中越国界研究》，第165—167页。

② 参见张大军编著《中越国界研究》，第170页；《中华民国南海四大群岛节略》（油印本），"内政部地政司"，1974。

③ 本段及下段，分见张大军编著《中越国界研究》，第170、171页。

华商在西沙群岛的开发活动　自 1929 年起，广东省政府先后批准三家华资公司参与西沙群岛的开发。1929 年 7 月 13 日，协济公司宋锡权的申请获批，赴西沙群岛承办开采；1931 年 4 月 3 日，商人严景枝获准成立西沙群岛鸟粪磷矿国产田料公司，从事鸟粪开采；1932 年 3 月 1 日，苏子江的中华国产田料公司获准在岛上从事鸟粪开采。①

法国强占西沙群岛　1931 年九一八事变爆发，日本侵占东北三省，法国安南殖民当局乘机先行占领南沙群岛的六座岛礁。12 月 4 日，法国政府外交部向中国驻法使馆递交节略，提出法国对西沙群岛有先占权。节略称：七洲岛（Iles Paracels）"及附近礁石等距安南海岸一百五十英里，间有捕鳖渔人居住，向属安南王国"。"但近来中国方面对于安南在该岛之主权有所怀疑，并以该岛为中国所辖领，因此本部应请贵国使馆注意安南对七洲岛之先有权，并查照一八一六年嘉隆（Gia Long）王正式占据该岛之事实，甚望贵国政府以最友谊之精神与法政府共同解决此项法律问题。"②

中国外交部接法方节略后，立即分别咨请内政部、海军部、参谋本部，以及广东、广西两省政府和琼崖特别区长官公署，请其证明七洲岛是否即系西沙群岛，并请将有关史乘暨图籍抄示，以凭交涉。外交部嗣后接获各方报告，"且得若干有力证据，足以证明该七洲岛即西沙群岛，确属我国管辖"。③

次年 9 月 29 日，中国驻法使馆遵令照会法国外交部，提出严重驳复："查七洲岛，洋名 Iles Paracels，华名西沙群岛，亦称七洲洋，其东北有东沙群岛遥相对峙，为我国广东省领海 South China Sea 二大群岛之一。按诸十七年西沙群岛调查委员会主席、番禺沈鹏飞所编《调查西沙群岛报告书》及广东实业厅编印之《西沙岛成案汇编》二书所载，该岛当东经一百一十度十三分至一百十二度四十七分，包括大小岛屿共二十多座，大部为平沙不毛之地，计为滩为礁者约十余处，其为岛者计八处，分东西两群。"照会指

①　《西沙群岛交涉及法占南洋九岛事》，《外交部公报》第 6 卷第 3 号，1933 年 7—9 月，第 209—210 页。
②　"中央研究院"近代史研究所档案馆藏《外交部档案·南沙群岛（中越部分）》（1956 年 6 月 9—1959 年 11 月 12 日）：11-EPA-04141（本章以下简称《外交部档案·南沙群岛》），第 200019 页。
③　张大军编著《中越国界研究》，第 172 页。

出："查一八八七年中法越南续议界务专条第三款所载：'广东界务，现经两国勘界大臣勘定，边界之外，芒街以东，及东北一带，所有商论未定之处，均归中国管辖。至于海中各岛，照两国勘界大臣所画红线，向南接画，此线正过茶古社东边山头，即以该线为界；该线以东海中各岛归中国，该线以西海中九头山及各小岛归越南。'查安南与广东交界之处，系以竹山地方为起点，约在北纬二十一度三十分，东经一百零八度二分，安南海岸且在竹山迤西。按照上述专条所载，由此遵海而南，无论如何接画，西沙远在该线之东，中间尚隔琼崖大岛，应归何国，一览便知。"

对于法国节略中所称"1835年明命王复遣人至该岛建塔及石碑"一节，照会驳斥道："历来仅有琼崖人在此采矿捕鱼为业，从未闻有安南人来此居留。安南各王凭何特殊关系来此树碑建塔？法方撷拾安南一二遗史牵强附会，据为口实，殊不知百年前安南系我藩属，于宗主国之领土境内私谋独立占据之行为，当为事理所必无。法方所称树碑建塔，究在何岛？"照会指出："我民国十年以来，商人承垦该岛而经广东省当局批准者先后已达五次（第一次十年十二月六日，第二次十二年四月七日，均由省署批准，何瑞年承办；第三次十八年七月十三日协济公司宋锡权承办；第四次二十年四月三日西沙群岛鸟粪磷矿国产田料公司严景枝承办；第五次二十一年三月一日中华国产田料公司苏子江承办），案牍俱在，历历可考。法方不于十余年前提出异议，忽于此时表示怀疑，殊深讶异。"

照会明确向法方表示："远距大陆之岛屿，按照国际公法及惯例，以切实先占为取得领土主权之先决条件。换言之，何国人民首先占领与继续不断的居住其地，即为何国之领土。琼人散居西沙，筑庐而居，置舟而渔，有悠久之历史。前清政府因东沙岛案，曾于宣统二年，即西历一九〇九年派广东水师提督李准率舰勘量，以图开发，曾耗国币四十余万，并在东岛、林岛竖旗鸣炮，公告中外，从未闻法方有何异议。又宣统元年关于西沙建设灯塔，以保航行安全一案，成为国际问题。嗣经海关转据航业关系者之请求，呈请我政府建设灯塔，此乃追证较远之事实。前年四月间，香港召集远东观象会议，安南观象台台长法人勃鲁逊（E. Bruzon）及上海徐家汇法国观象台主任劳积逊（L. Froc）亦皆与会，曾共同建议我国代表在西沙建设观象台，是不特国际间早认西沙属我领土，即法人自身亦有同样之表示。"

照会指出："遍查条约卷籍，西沙既经划定为我国领土之一部，事实上复为华人久居之地，除条约明文具在，未由置辩外；揆诸国际公法先占与时效之原则，其为我国领土，他国不得主张权利。"①

1933 年 9 月 27 日，法国复照，一方面称中国"出席一九三〇年海牙国际公法编纂会议代表既同意采纳'三海里原则'以划领海，则该岛不能认为贵国领土"；另一方面又称"一八一六年，安南嘉隆王正式管领该岛"。② 1934 年 3 月 20 日，国民政府外交部再次驳复法国政府：（1）"此案与'三海里原则'毫无关系，盖本国代表在一九三零年编纂国际法典会议同意采纳'三海里原则'固属实在，但其采纳此项原则之意在承认国家领海范围以三海里为限，而不在限制本国之海疆。准是以观，上述三海里范围适用于我国时，自应以我国近海各处领土之边疆为起点，而不限于琼崖。法方以我国承认'三海里原则'而即断定我国南部海疆应以琼崖为限，不知有何所依据？果如法外部所言，则法国在海外二殖民地，其距离法国本部有远过一百四十五海里者，若均视为非法国领土，法国政府可以予以承认乎？法方提出三海里问题，似系对于我方去文第一节为故意之误解。"（2）"查一八八七年中法越南续议界务专条第三款除划清芒街（Moncoy）区域之中越界线外，对于海中岛屿之领土主权尚有明确之规定。该款中段所指'两国勘界大臣所划之红线'，原为规定海中岛屿之领土主权而设。该款明白规定'红线以东海中各岛归中国'。"（3）"一八一六年安南尚隶属中国，在势在理，均无侵占中国领土之可能。且中国历史及书籍中，亦均无该岛为属国安南占领之记载。……至一九〇九年李准之竖旗鸣炮，当系重定岛名之一种纪念仪式。若夫该岛之为中国所占有，已远在汉代马伏波（马援）将军征南之前，此证诸中国历史，班班可考者。即以最近事实而论，凡商人之欲承垦该岛者，均须经过广东省当局之批准，此民国十年以来之一贯办法，至今行之无间。益证该岛之为中国领土。中国政府始终握有管理实权。"③

---

① 《外交部长罗文幹致驻法使馆训令》（1932 年 7 月 26 日），《外交部档案·南沙群岛》，第 200022 页。
② 《顾维钧呈外交部公函》（1933 年 10 月 27 日），《外交部档案·南沙群岛》，第 200025 页。
③ 《兼署外交部长汪精卫致驻法使馆指令》（1934 年 3 月 20 日），《外交部档案·南沙群岛》，第 200028 页。

1936 年 11 月 23 日，法国外交部照会中国驻法使馆，表示对于西沙群岛问题，"切愿中法两国政府能于最短期间获得友好之解决"。1937 年初，法国政府获悉广东省琼州当局"拟派员赴西沙岛调查，以备进行开发"，于 2 月 18 日复照中国驻法使馆，称："此项办理如果证实，似出武断，对于现时双方进行法律讨论之结果，殊非所宜。"照会同时表示，法国政府"希望即在巴黎或南京开直接谈判，俾以悬案于原则上得一解决"，"法国政府对于此案双方友好之妥协极为重视，倘所勉力未能成功，则不得不提议付之仲裁之途径"。① 同年 6 月，国民政府同意广东省政府派"海周"舰前往西沙群岛巡视。

全面抗战爆发后，法国趁火打劫，于 1938 年 7 月初派兵占领西沙群岛。国民政府外交部指令驻法大使顾维钧向法国政府提出严重抗议。顾于 7 月 6 日拜访法国外交部部长，"询以报载越兵占据西沙群岛事，并谓我于决定态度以前，愿知法方在该岛处置实情"。法国外长声称"并非占据，该岛主权素属安南"，并称"最近为防海盗侵犯渔民，越政府复派少数警察驻该岛，以维持治安，实非占领之举"。顾维钧明确表示，"该岛主权问题系属多年悬案，我国一再提出证据，证明主权实属中国"，并指出前年（1936 年）法政府还表明"双方不宜有何积极动作，请我暂将在该岛建设观象台之原议搁置，并静候交涉"之立场，"此次派警驻岛，究系如何用意？是否于双方法律上之立场并无丝毫变更？"法方声称："此案将来仍须交涉解决，此时中国政府可再声明立场，保留一切权利。"② 7 月 18 日，顾维钧具节略交法外部，"声明该岛主权属我，并保留一切权利"。据法亚洲司口头答称：彼此主权问题可请放心，将来自应友谊解决。日兵舰仍常巡行群岛，渔人日渐增加，颇有觊觎之意，法不派警将为日占。③ 1939 年 2 月，日军占领海南岛，旋即占据西沙和南沙群岛，将岛上法国人及其雇用人员全部驱离，并将西沙和南沙合并为新南群岛，隶属高雄州高雄市管辖。④

西沙群岛主权之回归　抗战胜利后，日军退出西沙和南沙群岛。国民

① 《中国驻法使馆致外交部呈》（1937 年 3 月 17 日），《外交部档案·南沙群岛》，第 200043 页。
② 《顾维钧致汉口外交部呈》（1937 年 7 月 6 日），《外交部档案·南沙群岛》，第 200050—200051 页。
③ 《顾维钧致汉口外交部呈》（1937 年 7 月 19 日），《外交部档案·南沙群岛》，第 200056 页。
④ 张大军编著《中越国界研究》，第 174 页。

政府行政院立即命令内政、军政等部和海军总司令部派员，会同广东省政府前往接收。广东省政府派萧次尹为接收西沙群岛专员，于 1946 年 11 月 5 日晚 10 时乘"太平""永兴""中建""中业"等四艘军舰前往，11 月 28 日接收西沙，并在西沙之永兴岛立碑及派兵驻守，西沙仍由广东省政府管辖。1947 年 3 月 15 日，国民政府准许内政部的请求，由海军代管西沙群岛。1949 年 4 月 1 日海南特别行政区成立，西沙和南沙群岛同时隶属海南行政区。①

与此同时，法国又占据了西沙群岛中的甘泉岛（Robert Island），并在岛上设置电台。中国政府多次向法国政府提出抗议，但其置之不理。

南沙群岛交涉

南沙群岛位于南海最南端，中国海南渔民在此居住了数百年。1933 年 9 月，法国出版的《世界著名之殖民小岛——中国海的小岛屿》（*Le Monde Coloniale Illusta Vivielle*：*Lee Ilote Des Mers de Chine*）一书中写道：

> 九岛之中，惟有华人（海南人）居住，华人以外，并无其他国人。当时西南岛（今北子岛——引者注，下同）上计有居民七人，中有孩童二人。帝都岛（今中业岛）上计有居民五人。斯拍拉岛（今南威岛）计有居民四人，较一九三〇年且增一人。罗湾岛（今南钥岛）上有华人所留之神座、茅屋、水井。伊都阿巴岛（今太平岛，又称长岛、大岛）虽不见人迹，而发现有中国字碑，大意谓运粮至此，觅不见人因留藏于铁皮之下。②

这是外国人所记述的中国人在南沙群岛世代居住的铁证。实际上，南沙的中业岛、太平岛上"均有一座土地庙……用几块宽大石板所架成，三尺来高，二尺多宽，中供奉石质之土地神像……南威、南钥、西月各岛均有类似小庙。尤其每年十一月至次年四月鱼汛期，海南岛渔民结队至太平

---

① 参见张大军编著《中越国界研究》，第 174 页。

② 《中华民国南海四大群岛节略》，南沙群岛节，转引自张大军编著《中越国界研究》，第 187 页。

岛，补给淡水，修理船只"。这足以证明"此块土地系彼等传统之渔区与休息地"。①

日本染指南沙群岛　1917年，在日本政府"水产南进"政策的引导下，日本歌山县宫崎乘船南下，占据南沙群岛中的若干岛屿，回到日本后大肆宣传，引得日本人纷纷组团南下，侵占中国南海各岛。同年，平田末治组团前往南沙的太平岛、双子礁等处调查矿产。1918年，日本海军退役中佐小仓何之助应日本拉萨磷矿有限公司之邀请，率12人至南沙群岛，先后登上北子岛、南子岛、西月岛、三角岛、太平岛等5个主要岛屿。他们当时在南子岛上就碰上了3位携带罗盘、地图进行捕鱼作业的中国渔民。小仓何之助后来写道："中国渔民每年十一月至翌年一月前往捕鱼，并将所捕之海产运回中国；三月至四月间复来一次，载人前来接替。"② 这再次证明南沙群岛是中国海南渔民的传统渔场。

1919年，日本人开始在太平岛修建码头、轻轨铁路、房屋等，准备大规模开采磷矿。1921年，拉萨磷矿公司在太平岛正式出矿，产品运回日本销售。至1929年，拉萨公司在该岛连续生产了8年，最繁忙时工作人员达300余人，将太平岛的磷矿几乎开采殆尽，再加上世界经济危机的影响，该公司于同年停止生产，人员撤回日本，只有开洋株式会社的部分员工在岛上继续进行小规模经营。在此期间，中国渔民仍然经常来太平岛捕鱼。对于日本商人在太平岛上的采矿作业，北京政府曾有过交涉。③

法国占领南沙九岛　法国殖民当局对南沙群岛主要岛屿垂涎已久，早在1867年，法国水路调查船"芙蓉尔满"号就曾到群岛北区测量制图。法国殖民当局占领南沙群岛分为两个阶段。第一阶段，法国炮舰"玛利休兹"号于1930年占领了丹伯特岛（即南威岛）。第二阶段，法国政府从1933年开始大规模侵占南沙群岛。同年4月，法国军舰"阿斯托洛拉巴"号、"亚列尔特"号与"调达勒逊"号停泊丹伯特岛（南威岛），并在岛上升起法国国旗。当时南威岛上"住有华人三名"。4月7日，"阿斯托洛拉巴"号占领安布哇岛（即安波沙洲）；4月10日占据地萨尔（即郑和群礁）与依秋

---

①　张振国：《南沙行》，转引自张大军编著《中越国界研究》，第187页。

②　〔日〕小仓何之助：《暴风之岛》，转引自张大军编著《中越国界研究》，第188页。

③　参见张大军编著《中越国界研究》，第187—188页。

伯（即太平岛）；4月10日占据洛依塔（即南钥岛，又称罗湾礁）；4月12日占据西杜（即中业岛）与多几尔（即双子礁，包含北子礁和南子礁）两岛。1933年7月25日，法国政府公报上登载一则通告，"谓法属印度支那与菲律滨西北方中国海内之九小岛，现属于法国主权之下。各该小岛系于本年四月上半月，先后由法国军舰竖立法国之旗，作为占领"。[①]

这就是震惊中外的法国占领中国南海九岛事件。后来，法国公使韦礼德（H. A. Wilden）给中国政府的照会中只有七个岛名，即安波沙洲、南威岛、太平岛、郑和群礁、罗湾礁、中业岛和双子礁。这是由于罗湾礁由南钥岛和兰家岛（即扬信沙洲）两小岛组成，双子礁由北子礁和南子礁组成，故有九座小岛。

法国占领南海九岛的消息于1933年7月14日被法国媒体披露后，国民政府外交部即电令驻法公使馆、驻马尼拉总领事馆和海军部调查核实。此后，中国政府亦屡次向法国政府提出交涉，强调这些群岛"为华人居住和历代属我"的史实。但由于法方的拖延和后来全面抗战的爆发，交涉停顿。1939年3月1日，日军侵占南沙群岛，驱离法国人，4月9日宣布占领，更名为新南群岛。日占时期，南沙群岛成为日军向东南亚侵犯的前进基地，日军在岛上修建了潜艇基地、飞机场、电台、气象台、灯塔、浮标、修理厂等军事设施。太平洋战争后期，盟军空军数度对南沙群岛实施空袭，岛上所有建筑和设施都被摧毁。

南沙群岛主权之回归　抗战胜利后，日军于1945年8月接受中国政府命令，撤至榆林港集中，候命遣返回日。8月26日，日人完全退出南沙群岛。但法属安南当局乘机派少数法军与越南人员占领南沙一些岛屿，西沙和南沙群岛外围海面上常有法国军舰巡逻。国民政府遂于1946年命令内政部会同海军、联勤各总部以及广东省政府派员前往三沙群岛接收，行使主权。同年10月2日，接收官员乘海军舰船从南京出发，12月12日接收完毕，国民政府派海军驻守西沙之永兴岛、南沙之太平岛；内政部分别在西沙、南沙群岛的各重要岛屿重建国碑，测绘详图，其行政仍归属广东省政府管辖。1947年12月1日，内政部正式公布各该岛所属岛屿滩礁全部名称，并刊载于当时的国内外报刊，昭告世人。从此，南海诸岛之主权正式

---

① 徐公肃：《法国占领九小岛事件》，《外交评论》第2卷第9期，1933年，第13页。

回归中国政府。

在得知中国政府派海军前往南沙群岛接收的情报后，法国安南殖民当局抢先派军舰"西福维"号（F. S. Chevreud）于10月4日和5日先后侵入南威岛和太平岛，舰上人员5日登上太平岛，并在日军竖立的石碑上写下一行法文："法属伊都阿巴岛。法舰阿斯托洛拉巴号于1933年4月10日、西福维号于1946年10月5日抵此。"〔France，Francaise Ile Itu Aba. Astrolabe（4-10-33），Chevreud（5-10-1946）〕①

为维护中国在南海主权，国民政府先后于1946年10月、1947年1—4月同法国政府数度谈判。接触与谈判相持一年之久，法国因提不出主权证据，更由于越南战争局势紧张，最终自动放弃对南沙群岛的主权要求。

① 以上两段，分见张大军编著《中越国界研究》，第194—195页。

第二十九章

中央与地方关系的双重奏

——以云南为例

一 云南与中央关系的演进

长期以来，中国由于幅员广大，中央与地方的关系不易调适得宜。一般而言，自秦统一天下以来，中国历代王朝多采集权中央政策，并压抑地方势力，以免尾大不掉；然而，一旦中央权力衰微，地方势力即趁势而起，进而割据一方，如东汉末年的州牧及唐中叶后的藩镇。此种政治向心力与离心力相互拉锯，往往造成中国政局的动荡不安。因此，如何妥善处理中央与地方的关系，一直考验着历代主政者的政治智慧。自清中叶太平军兴后，中央权威开始衰弱，随着地方督抚陆续取得政治、军事、财政等项资源，权力大张，地区性军政权力中心开始出现，地方主义抬头，形成"外重内轻"现象。[①] 及至 1911 年辛亥革命爆发，独立各省多由本省军人出任都督，更加速政权的地方化及地方政权的军事化，这是民初军阀政治出现的重要因素。[②] 民国肇建后，基本上延续清季以来的政治结构，甚至演成中

---

* 本章由杨维真撰写。

① 罗尔纲首先以"督抚专政"说明此种现象。见罗尔纲《湘军新志》，"国防研究院"，1951，第 328—372 页。刘广京虽认为此情形主要是勇营及厘金的出现造成的，但并不否认清末地方势力的成长。见刘广京《晚清督抚权力问题商榷》，《清华学报》新 10 卷第 2 期，1974 年，第 193 页。

② 张玉法：《中国现代政治史论》，东华书局，1988，第 143 页。

央与地方的权力冲突。袁世凯曾力谋扩大中央权力，扭转"外重内轻"局面，并得到短暂的统一，最后却因称帝引发护国战争而告失败。在当日体制崩解、政象混乱之际，军人凭借其手上军力快速崛起。自 1916 年护国之役结束，至 1928 年北伐军统一全国止，这段时间中国无论南北均笼罩在军人统治的阴影下，形成史家所谓"军阀统治时期"。

在当日混沌的政局中，虽有部分人士鉴于统一暂时无望，主张联省自治甚力，但以孙中山为首的国民党人仍不放弃国家统一的希望，积极推动护法及北伐。1925 年 7 月，国民政府（以下简称"国府"）在广州成立，承继孙中山统一遗志，掀起打倒军阀的狂潮。1928 年北伐完成后，虽然国府在形式上统一全国，结束军阀统治，但仍有许多地方势力残存，依旧拥兵自重，割据称雄。[1] 1928—1937 年南京国民政府从事国家再统一运动时，即不时遭遇来自地方势力的抗拒，1930 年中原大战以后，国内的兵连祸结，实不脱中央与地方权力争斗的轨迹。经多年努力，国府在全面抗战爆发前夕已能有效管辖中国内地的多数省份，并控制 2/3 的人口，中央权威日趋巩固。[2] 然而，随着 1937 年中日战争全面爆发，中国东半部人口稠密、经济发达的省市相继沦陷，国府失去战前最重要的立足之地，被迫退入控制力薄弱的西南、西北，必须寻求地方实力派的支持，中央领导地位及权威遭受地方势力的牵制。与此同时，鉴于战事不断扩大，在"军事第一，胜利第一"的诉求下，国府中央必须有效统整地方，并掌握更多的政治、军事、经济资源，以因应战争所需。如此一来，不论是考虑中央政权的稳定，抑或是因应战事之需求，国府既须倚重地方，又要裁抑地方势力，而在抗战民族大义下，地方当局既要支持中央，又需防范中央兼并，中央与地方关系遂发生急剧的变化。此种"既联合，又冲突"的现象，就成为中央与地方关系的主旋律。正因如此，中央与地方共信不立，互信不生，以至地方派系在面对国共内战最后关头时，多选择倒向共方，从而结束与中央长年

---

[1]　美国学者薛立敦（James E. Sheridan）乃以"残余的军阀主义"（residual warlordism）指称这些地方势力。见 James E. Sheridan, *Chinese Warlord: The Career of Feng Yu-hsiang* (Stanford, California: Stanford University Press, 1973), pp. 14-16.

[2]　Lloyd E. Eastman, "Regional Politics and the Central Government: Yunnan and Chungking," in Paul K. T. Sih ed., *Nationalist China During the Sino-Japanese War, 1937-1945* (Hicksville, New York: Exposition Press, 1977), p. 329.

的恩怨情仇。

　　在民国时期（1912—1949）的地方势力中，云南是一个很值得研究的地区。由于滇省僻处西南，地势阻隔，其历史发展一直异于内地各省。最显著的就是在政治发展上，云南经常处于一种半独立状态，中央政府的力量很难渗入，塑造了云南较独立自主的政治格局。这种特殊的政治现象，从云南先后几位主政者如唐继尧、龙云、卢汉等人的作为中即可看出。此种中央与地方关系"既联合，又冲突"的双重奏，不仅见于民国时期的云南，更是中国当时政局的主流现象。有鉴于此，本章拟就民国时期云南与中央关系进行个案研究，并聚焦于政治分合及财政梳理等状况，以探讨当日地方与中央既联合又冲突的关系演变。由于民国时期云南省政主要历经蔡锷、唐继尧、龙云、卢汉四人治理，因此，本章将下分四节，以究明各个阶段云南与中央关系的转变。

二　翊赞中央：蔡锷时期（1911—1913）

政治拥护中央

　　1911 年 10 月辛亥革命爆发后，风声所播，全国震动，以蔡锷为首的云南新军军官也亟谋响应，并于 10 月 30 日晚发动"重九起义"，经一昼夜激战，终于推翻云南清政权，宣告独立，成立"大中华国云南军都督府"（又称"大汉云南军政府"），公推蔡锷为云南军都督。① 云南军都督府成立后，制定政纲七条，规定：

　　　　一、定国名曰：中华国。二、定国体为民主共和国体。三、定本军都督府印曰：大中华国云南军都督府之印。四、军都督府内设参议院、参谋部、军务部、军政部……五、定国旗为赤旗，心用白色中字（后奉中央政府命令改为五色）。六、建设主义以联合中国各民族构造统一之国家，改良政治，发达民权，汉、回、蒙、满、藏、夷、苗各

---

　　①　详见杨维真《唐继尧与西南政局》，台湾学生书局，1994，第 32—42 页。此次举事适逢农历九月初九，又名重九，故称"重九起义"。

族视同一体。七、建设次第，由军政时代进于约法时代，递进而为民
主宪政时代。以上七条，系本军都督府规定大纲，将来全国统一政府
成立，须照政府统一之命令办理。①

在政纲中，云南军都督府标举要建设一个多民族的、统一的民主共和
国体，并将循军政、约法而递进至宪政（与孙中山强调的"军法之治、约
法之治、宪法之治"建国程序相同，显然受孙的影响），开启云南历史的
新页。

在民初政局中，蔡锷向来主张强化国权。他认为中国国势太弱，国家
因此衰微，所以，"苟国家能跻于强盛之林，得与各大国齐驱并驾，虽牺牲
一部之利益，忍受暂时之苦痛，亦非所恤。国权大张，何患人权不
伸！……故欲谋人民自由，须先谋国家之自由；欲谋个人之平等，须先谋
国家之平等。国权为维护人权之保障"。② 甚至为了维护国权，不惜主张削
弱省权。1911 年 11 月 18 日，就在辛亥革命后不久，蔡锷即致电起义各省
都督，倡议组织中央政府，并提出三点意见："（一）定名为中华（国），定
国体政体为民主立宪；（二）建设一强有力之统一政府，俟军政撤消，方为
完全立宪；（三）扩张国防辖境，缩小行政区域，以期消融疆界。"③ 次年 2
月 9 日，蔡锷致电南京临时大总统孙中山，建议亟图统一之方，先将用人、
财政、军事等重要权力收归中央，以免纷歧。④ 及至袁世凯继任临时大总统
后，蔡锷又于同年 5 月 30 日上书主张破除行省制度，缩小行政区划。⑤ 蔡

① 云南省历史学会、云南省中国近代史研究会编《云南辛亥革命史》，云南大学出版社，
1991，第 130—131 页。

② 蔡锷：《在统一共和党云南支部成立会上的演说词》，《华南新报》1912 年 5 月 6 日，转引
自《云南辛亥革命史》，第 159—160 页。蔡锷强化国权的主张，应受乃师梁启超影响；此
外，蔡锷是日本陆军士官学校毕业生，在日本接受完整的军事教育，日本军事教育素重
"忠君爱国"，并有浓厚的军国主义思想，中国留日士官生受此思想熏陶，国家主义观念特
重，蔡锷亦不例外，这也是他后来推动辛亥革命和护国之役的思想根源所在。

③ 蔡锷：《致各省都督电》（1911 年 11 月 18 日），曾业英编《蔡松坡集》，上海人民出版社，
1984，第 83 页。

④ 蔡锷：《致孙大总统及各省电》（1912 年 2 月 9 日），谢本书等编《云南辛亥革命资料》，
云南人民出版社，1981，第 106 页。

⑤ 蔡锷：《为军民分权事再通电》（1912 年 5 月 30 日），谢本书等编《云南辛亥革命资料》，
第 195 页。

锷反复强调："吾国势分力薄，积弱已久，全国士夫咸思建造一强固有力之
国家，以骤跻诸强之列。然政权不能统一，则国家永无巩固之期。在大总
统维持全局，或不欲骤与纷更，然大权所在，不能不收集中央，以图指臂
相联之效。"[1] 蔡锷对于国家事务，极力主张维护国权，强化中央权力，并
在几次全国性政治争议中采取支持中央的立场。

　　这些争议，首先是爆发于 1912 年的建都问题。当孙中山宣布辞去临时
大总统，并推荐袁世凯替代时，曾力主建都南京，但袁坚持建都北京，遂
引起两派之争。蔡锷从国防形势着眼，于 3 月 6 日通电各省，赞同国都设于
北京。他认为，若"建都南京后，北边形势当为之一变迁，恐遗孽有乘虚
窃踞之虞，而强邻启蹈隙侵陵之渐，黄河以北，沦入毡裘，甚非国民之利。
尚望早定大计，建都燕京，可以控御中外，统一南北，大局幸甚"。9 天后，
蔡锷再电各省，以"共和成立，南北一致。惟建都之议未定，内则人心摇
惑，外则强邻窥视，岌岌可危"，再次呼吁各方速定大计，建都北京。[2] 最
后因北京发生兵变，北方情势不稳，需袁世凯坐镇，南京临时参议院乃允
许袁在北京组织政府，结束了这场建都之争。

　　建都问题之后，接着是借款问题。袁世凯当选临时大总统后，为筹措
军费，曾与英美法德四国银行团磋商，四国银行团允于南北统一后提供，
并应袁的要求，先行垫付若干，附带条件为此后垫款及善后大借款，须由
四国银行团优先承担。[3] 及至唐绍仪内阁成立后，再请垫款，四国银行团又
要求借款开支须经其批准，遣散军队须由外国武官监督，唐绍仪不接受。
袁世凯对唐绍仪早已不满，改命与唐不睦的财政总长熊希龄与银行团交涉，
借款虽仍未商定，垫款则已成交。当《暂时垫款合同》公布后，南京留守
黄兴连电责熊，要求废约，以提倡国民捐等办法代替借款。[4] 共和党及统一
党则支持借款，并以此为借口倒唐，欲拥立张謇（身兼共和、统一两党理
事）组阁。蔡锷对此则采调和折中的态度，于 1913 年 5 月拍发多封通电，
认为中国因赔款、外债积欠甚巨，"舍借债还债外，别无急则治标之方。政

---

① 蔡锷：《致袁世凯及各省都督电》（1912 年 4 月 26 日），曾业英编《蔡松坡集》，第 436 页。
② 蔡锷：《致各省电》（1912 年 3 月 6 日）、《通电各省》（1912 年 3 月 15 日），谢本书等编
　　《云南辛亥革命资料》，第 136、146 页。
③ 郭廷以：《近代中国史纲》，香港中文大学出版社，1980，第 429 页。
④ 参见杨维真《唐继尧与西南政局》，第 78 页。

府此举，凡在内外，当与宽谅"；"借款系政府目前万不得已之举，且条件已经前参议院通过，并非政府违法，无反对理由"。① 显见蔡锷对北京中央的支持。

借款问题之后，乃有二次革命。1913 年 7 月，江西、南京等地宣布独立，起兵讨袁，是为二次革命。8 月，川军第五师师长兼重庆镇守使熊克武在重庆起兵响应。袁世凯命滇黔两省合组滇黔联军，并以贵州都督唐继尧为联军总司令，入川讨熊。② 蔡锷奉命后，立即编组一混成旅，准备入川，并于 8 月 17 日电告袁世凯："查滇军会剿戡乱，已遵奉大总统命令，当饬军队进发。"26 日，蔡锷再电北京报告滇军行止："查滇军混成旅前队已过宣威，当饬冒雨兼程前进，并拨江防两营星夜入叙，以为泸防声援。俟滇师抵泸，即会同周军由泸袭渝，与顺庆之军南北夹击，渝乱当可速平。"③ 此时独立各省已纷告失败，熊克武孤掌难鸣，滇黔联军入川后径赴重庆，熊氏败走，川中讨袁之役遂告结束。

经过这几次事件的表现，蔡锷在某些程度上获得北京中央的信任，并于 1913 年 9 月内调中央，结束两年的主滇岁月。

财政仰赖中央

蔡锷主政期间，云南除政治上支持中央外，财政方面也是高度仰赖中央。滇省远居边徼，山多地少，加以开发较晚，人口较少，农业产值不高；虽有丰富矿产，但因交通不便，出口不易，故向为财政贫瘠之区。又因其与英属缅甸、法属越南为邻，国防形势突出，自清季以来，边、巡各防至关紧要，并筹议编练两镇新军。由于云南地瘠民贫，所需款项多不能自筹，除由户部部库拨款外，其常年饷项向来由中央指拨四川、湖北、湖南等省筹解，称为"协饷"。滇省每年由中央及各省协济的款项颇可观，为数约银160 万两。此外，清季云南因编练新军，协饷又有增加。据《新纂云南通志》记载，滇省新军开办经费除自筹外，由中央指拨各省筹解银 250 万两；

① 蔡锷：《致参议院众议院等电》（1913 年 5 月 6 日）、《致参众两院及各都督各党会电》（1913 年 5 月 17 日），曾业英编《蔡松坡集》，第 684、696 页。
② 参见杨维真《唐继尧与西南政局》，第 79—80 页。
③ 蔡锷：《致袁世凯暨参谋部陆军部电》（1913 年 8 月 17 日）、《致袁世凯暨参谋部陆军部电》（1913 年 8 月 26 日），曾业英编《蔡松坡集》，第 738、740 页。

至于云南新军常年经费除自筹外，每年指拨协款 96.7 万两。① 由于历年经费多须仰赖中央及他省协济，滇省财政对中央有很高的依赖性。

辛亥革命后，各省协饷骤停，云南财政立即陷入困境。蔡锷为解决滇省财政问题，除厘剔冗费、极力撙节外，并多方筹措财源，甚至利用滇盐侵销黔岸，以扩大滇盐销路。贵州历来均系川盐主要销岸，民初因滇军将领唐继尧率云南北伐军入主贵阳，担任贵州都督，滇黔形成一体。② 缘此，滇盐遂能打开贵州市场，云南并对贵州烟土抽收过境税，对其财政帮助甚大。③ 惟滇省财政实难以自足，只有依赖中央协济。为此，蔡锷乃迭电中央，说明滇省财政困难："民国二年云南预算案，经常、临时两项岁出至不敷七百余万，节〔迭〕经痛加核减，于应行政务之中，亦力求节裁之法，尚不敷三百余万元。凡此皆属行政、司法、军事、教育必需之费，实已减无可减"，④ 吁请国务院拨济协款。然此际北京政府亦自顾不暇，乃复电云南，以中央财政艰窘，在对外借款成立前，实难拨济。蔡锷本不赞同举借外债，曾建议募集国民捐、爱国公债、华侨公债以替代外债。但因国民捐、爱国公债等金额既少，且缓不济急，其对举借外债态度开始有了转变。

1913 年 1 月，北京工商部召集各省代表开工商会议，云南特派实业司参事华封祝与会，并"提议请由六国借款（即后来的善后大借款——引者注）项内拨济滇省开矿经费若干万元，分期归款"。⑤ 蔡锷在致财政部的电文中复补充说明：

> 该代表所请拨济一千万元，系恐此项借款不敷分配，第就最少者言之。然得此一千万元，以为张本，逐渐扩充后当较易。敬祈贵部俯念国计维艰，滇省生计维艰，核准照数拨济。⑥

---

① 云南省通志馆编《新纂云南通志》卷 153《财政考四·岁入四》，云南省地方志编纂委员会办公室，1988—1989，第 22、25—26 页。

② 杨维真：《唐继尧与西南政局》，第 68—72 页。

③ 《政务会议纪录》（1912 年 5 月 11 日记事），谢本书编《云南辛亥革命资料》，第 44 页。

④ 蔡锷：《呈袁世凯文》（1912 年 12 月），曾业英编《蔡松坡集》，第 634 页。

⑤ 蔡锷：《致财政部电》（1913 年 1 月 11 日），曾业英编《蔡松坡集》，第 642 页。

⑥ 蔡锷：《致财政部电》（1913 年 1 月 11 日），曾业英编《蔡松坡集》，第 642 页。

正因云南财政须仰赖中央，蔡锷不但不再反对中央举借外债，甚至在 1913 年 5 月善后大借款争议爆发时，采取支持北京中央的立场。而清朝时同为受协省份的贵州，也与云南采同一政策。盖因贵州都督唐继尧曾以黔省财政困难，然议举各种内外债皆无所成，只有依靠中央拨济，除支持中央大借款外，并致电北京袁大总统"于借款成立，迅赐拨银三百万两，以济黔急"。① 足见袁世凯北京政府善后大借款告成，对地方当局政治动向的影响。

在民初政局中，蔡锷主政下的云南大体上采拥护中央立场，其原因虽多，但财政因素当是一重要考虑。由于滇省与中央关系良好，后来北京政府乃应允将滇省应行解部的盐税，拨为滇军协饷。当时云南全省陆军经常费月支 18.5 万元，即由此盐税项下提拨支付，总计一年共 222 万元。后来此项费用逐年增加，1914 年追加至月支 25 万元，嗣后增支至 30 万元，岁计共 360 万元。② 军务费用向来是云南财政支出的最大宗，此时得到北京中央协济，裨益滇省财政匪浅，其与中央关系日趋紧密。

三 独立竞逐：唐继尧时期（1914—1927）

支持中央：政治关系的延续

1913 年 9 月 28 日，北京政府发布命令："云南都督蔡锷，因病请假，酌给假三个月，来京调养。"③ 10 月，蔡锷解职入京，并推荐贵州都督唐继尧继任。自 1912 年 3 月唐率云南北伐军入主黔政以后，在政事上即唯蔡锷马首是瞻，双方密切合作，滇黔形同一体。由于受蔡锷影响，唐继尧主黔期间，也多采支持中央立场；袁世凯对唐氏早有印象，故对滇督继任人选立即批可，云南遂进入唐继尧主政阶段。④

自从蔡锷以湘人督滇，虽悉心图治，但难免引起云南地方主义者的排斥，尤其是滇军第一师师长李鸿祥（驻昆明）及第二师师长谢汝翼（驻蒙

① 唐继尧：《呈复大总统请拨款偿还商款并准备银行各款电》，《会泽督黔文牍·电报》，云南督军署秘书厅编印，1920，第 13 页。
② 云南通志馆编《续云南通志长编》卷 44《财政二·地方岁出三·军务费》，云南省志编纂委员会办公室，1985，第 636 页。
③ 《政府公报》第 504 期，1913 年。
④ 参见杨维真《唐继尧与西南政局》，第 72—80 页。

自），均有取蔡而代之的企图。当李鸿祥获悉蔡锷打算推荐唐继尧回任滇督时，即往见蔡锷，反对唐继尧回滇，认为滇省贫瘠，滇军只有向外发展；唐在贵州很有前途，若带兵回来则会增加云南困难。话虽婉转，意思却很清楚，即是对唐继尧挡驾，以便自取滇督。蔡锷知道李的用意，遂严词批评，两人几至发生冲突。①

1913 年 10 月，蔡锷离滇，临行前将都督事交谢汝翼代理，民政长由李鸿祥代理，拒唐与迎唐之争开始明显化。拒唐派是由三迤总会会长、司法司司长黄玉田领导，其中包括王秉钧、李修家等中级军官；迎唐派没有公开的组织，主要由张子贞、刘祖武、孙永安等中级军官组成。拒唐派每晚都在黄玉田家里开会商讨对策，并打电报、写信给唐继尧，劝他向外发展，勿庸回来；而迎唐派则暗中与唐通风报信，极力主张唐氏回滇。② 唐继尧接奉中央督滇命令后，因得知李鸿祥、谢汝翼有反对之意，最初还有些踌躇，经云南将校张子贞、孙永安等人连电表示欢迎，遂于 11 月初动身返滇。③ 返滇途中，唐继尧戒备森严，除带回滇籍军政人员外，并率兵一旅回滇。12 月初，唐氏安抵昆明，正式就任云南都督。④

此次唐继尧能够排除拒唐派的威胁，顺利就职，除了迎唐派拥立之功外，最重要的是唐乃北京中央明令发布的云南都督，李鸿祥、谢汝翼等人若真敢抗拒，实际上就是抗拒袁世凯的权威。在二次革命后袁势力如日中天之时，抗拒袁氏权威，似乎是件不可思议之事，这或许是李、谢二人真正计虑所在。此时，北京中央仍是全国合法违法、有道无道的最高裁判所，这种情形一直要到袁世凯帝制自为后才有所改变。⑤ 因此，唐继尧返滇之初，勉力配合中央政策，除奉令将都督改称将军、另立巡按使以分其民政外，并遵奉中央号令裁撤军队、缩减军费。滇军几经裁编，仅有陆军两师

① 赵钟奇口述，张公达笔记《云南护国前后回忆》，《云南文史资料选辑》第 10 辑，政协云南省委员会文史资料委员会编印，1979，第 107 页。
② 詹秉忠：《护国战役前后回忆》，《云南文史资料选辑》第 10 辑，第 161 页。
③ 孙永安口述，张公达笔记《云南护国起义的回忆》，《云南文史资料选辑》第 10 辑，第 55 页。
④ 参见杨维真《唐继尧与西南政局》，第 89 页。
⑤ "合法有道"是陈志让检视民初军阀政治的一个重要观念，这个观念和中国传统政治中的"正统论"有相似处，而中央政府往往是"合法有道"的最高裁判所。详见〔加〕陈志让《军绅政权——近代中国的军阀时期》，三联书店香港分店，1983。

一混成旅，且因其编制较小，每师 2 旅，每旅 2 团，每团仅辖 2 营，每营 4 连，每连百人，一师仅 3200 人，尚不及北洋军的 1/3。故滇军正规兵力虽号称两师一混成旅，但实际仅万人左右。[①] 在军费方面，1914 年度滇省预算每月为 32 万余元，1915 年度却锐减为 24 万余元，削减幅度高达 1/4，[②] 足见此时中央权威犹在，控制堪称严密。

护国讨袁：政治关系的转变

1915 年 12 月爆发的护国战争，是中央与地方关系剧变的转折点。民初云南虽由蔡锷及唐继尧相继主政，但支持中央的态度始终不变，除因蔡、唐均抱持国权主义及云南财政须仰赖中央外，北京政府的法统地位尤为关键。在护国战争之前，北京政府是唯一的正统所在。所以当二次革命爆发，北京中央正统地位并未动摇，滇黔联军奉中央号令入川"平乱"，是为"合法"行为。直到袁世凯私心自为，背叛民国，妄图称帝，其本身就已背离合法性与道德性，不再具有"合法有道"最高裁判所的地位，而云南标举护国旗帜起兵讨袁，遂得以师出有名。

洪宪帝制是民国成立后一大政治危机，其原因不外乎时代背景、袁世凯个人意图、野心政客推波助澜，以及国际情势的变化等。1915 年帝制运动达到高潮，12 月 12 日袁世凯接受所谓"推戴书"，承认帝位，并预备于 1916 年元旦登基践祚。就在洪宪帝制进入紧锣密鼓时，各方反袁势力已逐渐成形，其中最重要的就是云南护国军。

自二次革命后，袁世凯的势力深入南方，虽然一时无法囊括整个西南，却借种种手段削弱西南各省势力，以利其武力统一之意图。1915 年 4 月，陈宧率北洋军三旅入川，象征北京中央势力伸入四川，陈并于 6 月出任四川将军，成为袁武力统一西南的执行者。袁世凯后来告知亲信曹汝霖，派陈宧入川是因"川滇等省，向无中央军，故派曹锟、张敬尧率师驻川边，以备不虞。今又派陈二庵（宧）率三旅入川，西南军力薄弱，有此劲旅，不足为虑"。[③] 可见袁处心积虑图谋西南。而"自陈宧率军入川后，云南全省

① 李毓澍访问，陈存恭纪录《戢翼翘先生访问纪录》，"中央研究院"近代史研究所，1985，第 26 页。
② 庾恩旸：《云南首义拥护共和始末记》上册，云南图书馆，1917，第 133 页。
③ 《曹汝霖一生之回忆》，传记文学出版社，1980，第 120 页。

大为震动，人们知道云南已成为袁氏的眼中钉、俎上肉，危险万状，因此群情鼎沸，军队反袁的情绪更高"。① 当时滇军上级军官多为留日士官生，中下级军官则以云南讲武堂毕业生为主，他们大多原隶属同盟会、国民党，颇有革命倾向，加以滇军经历辛亥革命洗礼，有浓厚的爱国热忱，不容艰苦缔造的民国断送在袁手中。② 当筹安会成立的消息传到云南，滇军军官对袁帝制自为群情激愤，自行组成若干小组，无日不在秘密筹议之中，并推派代表伺机向唐建言。③ 蔡锷致书其师梁启超也说："滇中级军官健者，如邓泰中、杨蓁、董鸿勋、黄永社等，自筹安会发生后愤慨异常，屡进言于蕙督（唐继尧——引者注），并探询主张，以定进止。"④ 因此，唐继尧的态度，即为云南讨袁成败之关键。

唐继尧早年留日时，曾参加同盟会，受革命熏陶，返国后又参与云南起事，推翻清廷，创建共和，其立身出处，当然自有打算。当时袁世凯对云南采取两面手法，一方面对唐继尧大力拉拢，唐氏生辰时送了大礼，又特给云南一部分款项，以表示对唐继尧的关注，⑤ 随后更派其侍从何国华来滇，特授唐继尧开武将军证书，并封一等开武侯，每月津贴3万元，其余各将领均分封爵位。何氏并携袁致唐亲笔信，文长千余字，极尽笼络敷衍之能事。⑥ 但另一方面，袁世凯也严密注意唐的动向，除在川湘部署重兵外，还委派密探入滇，充作中央耳目，暗中监视唐的一举一动。唐继尧对袁早有戒心，在回滇主政之初就曾表示："如果袁世凯做皇帝，那是重害吾民，我们只有坚决反对。"⑦ 1915年初，日本提出"二十一条"要求时，各省将

① 程潜：《护国之役前后》，《云南文史资料选辑》第46辑，云南人民出版社，1995，第224—225页。
② 谢本书等：《护国运动史》，贵州人民出版社，1984，第116页。
③ 李曰垓：《客问》，云南省社会科学院历史研究所等编《护国文献》下册，贵州人民出版社，1985，第677页。
④ 蔡锷：《致梁启超函》，《松坡军中遗墨》，《近代史资料》第20册，知识产权出版社，第23页。
⑤ 孙永安口述，张公达笔记《云南护国起义的回忆》，《云南文史资料选辑》第10辑，第56页。
⑥ 董雨苍：《云南护国历史资料》，詹秉忠、孙天霖：《护国之役中的唐继尧及其与蔡锷的关系》，《云南文史资料选辑》第10辑，第258、339页。
⑦ 孙永安口述，张公达笔记《云南护国起义的回忆》，《云南文史资料选辑》第10辑，第56、55页。

军几乎一致遵从袁世凯命令"严防乱党借端破坏"，"静候中央解决"，而唐
继尧却在 2 月 25 日致电粤桂等六省，建议互相提挈，整理军备，一旦中日
交涉破裂，则秣马厉兵，以抗日本侵略，只字不提袁所谓"严防乱党破坏"
一事，说明唐并非全然同意袁的作为。①

　　及至 1915 年 8 月筹安会成立后，唐继尧反袁之心更为坚定。曾任护国
一军梯团长的刘云峰回忆，自筹安会成立，滇军将领莫不义愤填膺，时常
集议，咸欲举兵讨此叛逆。"会议后，即数陈于唐公，唐公也甚赞成，惟顾
及云南以一省之力，贫瘠之区，且止一师一旅兵力，而抗袁氏全国之师，
众寡悬殊，实有以卵击石之虑。"② 但因军中反袁思潮波涛汹涌，官兵反袁
情绪激昂，唐若再不表明反袁心意，滇军很可能生变，于是决定将长久郁
积心中的意念表明出来。据前同盟会云南支部长吕志伊回忆说："唐一日嘱
赵直斋约余前往磋商，谓反对帝制，早具决心，以云南仅有两师兵力，尚
不及北洋军十分之一，宜联络各省，多有响应者，始不至失败。"③ 唐氏甚
至向驻省城连长以上军官表示，对于国家大事，时机成熟自有决定；一旦
国家有事，使用军队，"最低限度如投石入水，要激起一个波浪"，并要他
们"好好练兵，好好掌握部队"。④ 此后，军中情绪逐渐稳定，讨袁事宜则
紧锣密鼓地进行。

　　1915 年 12 月 19 日，蔡锷自北京辗转抵达昆明，滇省士气大振。22 日
夜，唐继尧、蔡锷召集外来同志、滇军上校以上军官及云南各机关长官，
举行宣誓。23 日，唐继尧与巡按使任可澄联衔致电袁世凯，请其取消帝制，
惩办元凶，并限 25 日上午 10 时以前答复，否则武力解决。电去后，袁氏期
满无复，唐、蔡诸人乃于 12 月 25 日通电全国，反对帝制，宣布云南独
立。⑤ 27 日，唐继尧亲到云南省议会召开国民大会，宣布独立，同时通告外

---

① 唐继尧致西南各省密电，见《云南档案史料》第 1 期，云南省档案馆编印，1983，第 1 页。
② 刘云峰：《护国军记要》，《云南文史资料选辑》第 10 辑，第 87—88 页。
③ 何慧青：《云南起义与国民党之关系》，《南强月刊》第 1 卷第 3 期（云南起义纪念专号），
　　1936 年，第 22 页。
④ 杨如轩口述，胡彦笔记《我知道的云南护国起义经过》，《云南文史资料选辑》第 10 辑，
　　第 50 页。
⑤ 《唐继尧、任可澄、刘显世、蔡锷、戴戡通告全国宣布独立请同申义举电》，《云南档案史
　　料》第 1 期，第 18—19 页。

交团，声明维护共和宗旨，于是各国取善意中立，护国之役遂以展开。[①]

护国起义后，蔡锷、李烈钧率护国军分入川桂，与北洋军鏖战，战事胶着，及至贵州、广西相继宣告独立，护国讨袁声势日大。1916 年 3 月 22 日，袁世凯在内外情势交迫下，正式宣布撤销帝制，复称总统，想谋妥协。但唐继尧认为："今日正当办法，惟有三事：（一）袁氏即日退位，听候组织特别法庭裁判。（二）援照约法，要请副总统黎公继承大总统。（三）从速召集袁氏非法解散之国会议员，重谋建设。"[②] 非要袁退位不可。随后，广东、浙江也宣告独立，反袁情势愈演愈烈。5 月 8 日，滇、黔、桂、粤独立省份在广东肇庆成立军务院，推唐继尧为抚军长。军务院成立后，以袁世凯背叛民国，宣布否认袁的总统地位，要求依临时约法由副总统继任。但此时副总统黎元洪身陷北京，无法行使总统职权，乃暂设军务院统筹全局，并规定军务院至国务院依法成立时撤销。其实，这就是根本否认袁政府正统性，为护国军争取了"合法有道"地位，使其师出有名。军务院成立后，中国实际上分裂成两个政府，这也是民国成立后第一次的南北分裂。因此，尽管军务院在护国之役未起积极作用，但对国际视听及国内反袁情势仍有影响。此后，陕、川、湘相继宣布独立，袁世凯在众叛亲离下，于 6 月 6 日一病不起。次日，黎元洪继任大总统，战事停止。7 月 14 日，唐继尧以军务院抚军长的名义，通电宣布撤销军务院，护国战事告一段落，中国再度恢复统一。

南北对立下的自主地位

1916 年护国运动虽告结束，但不到一年，北方各种政潮潜生暗滋，终因对德宣战案引发大总统黎元洪与国务总理段祺瑞的"府院之争"，段氏虽被免职，但亲段军人组织"督军团"抵制中央，最后酿成 1917 年 7 月复辟事件。当督军团叛变时，唐继尧即迭电各方，呼吁维持共和，谓："如有甘心破坏，危及元首国家者，义不共戴，惟有整率三军，厉秣敬待。"[③] 及至

①　白之瀚：《云南护国简史》，新云南丛书社，1946，第 6 页。

②　唐继尧：《为袁逆取消帝制致各省通电》，《会泽首义文牍·电报》，前云南都督府秘书厅编印，1917，第 40—41 页。

③　唐继尧：《呈北京大总统并分劝皖鲁各省筹议解决电》，《会泽靖国文牍》第 1 卷，前靖国联军总司令部秘书厅编印，1923，第 9 页。

复辟事起，唐继尧闻讯后，随即集中所部，宣布讨伐复辟叛逆。复辟很快就被段祺瑞敉平，段重任总理，却借口民国已被推翻，坚持不恢复旧国会，决意召集临时参议院以代行国会立法权。此举遭到孙中山强烈反对，指责段破坏约法，乃以护法为号召，率海军及国会议员南下，在广州另立军政府，政局再次分裂。唐继尧与孙中山取同一步骤，于 8 月 11 日通电拥护约法，开西南护法之先声。不仅如此，唐更反对段祺瑞内阁，宣称"自复辟事起以后，合法内阁未成立以前，所有非法内阁一切命令，概视为无效"，[①]否认北京中央权威。此后，唐继尧结好贵州、进图四川，川省遂成为西南护法的主战场。

关于四川战场，当护国之役结束后，入川北洋军陆续撤离，可是滇军不但未撤，反而有长驻打算。唐继尧做此决定最主要因素，可能是财政问题。护国一役滇军扩军太速，一度扩编至 8 个军。战事结束后，云南筹办善后共需银 841 万余元，而北京政府仅给予 40 万元，加上滇省自 1915 年 12 月至 1916 年 6 月共支出军费七八百万元，云南财政困难已达极点。[②] 滇军只好向外发展，以邻为壑，就食外省。当然，这也符合唐继尧及一般滇军将领向外扩张的心理。唐继尧向怀大志，自号"东大陆主人"，讨袁成功更使其自我膨胀，从此屡次争衡天下，滇军扩张也达到顶点。不过，由于滇军以邻为壑，长期霸占四川地盘，激起川军仇恨。滇军虽称精练，但因师出无名，在与川军长年鏖战中渐居下风。入川滇军久戍思乡，军心分裂，士气低落，将领则对唐继尧怨恨日深，遂有 1921 年顾品珍回师倒唐之举。唐氏被迫出走香江，踏上流亡之途。

1922 年 3 月，唐继尧纠合旧部，击败顾品珍，重掌滇政，是为唐的"二次回滇"。唐氏返滇之初，一方面由于滇军经历多次分裂，实力耗损太多，亟须休养生息；另一方面此时贵州由立场亲北的袁祖铭主政，而四川各军则借自治之名分占防区，很难再插手其中。唐乃采收缩政策，通电响应当时盛行的联省自治运动，借推动省自治巩固在滇地位。及至唐自觉实力已丰，又开始对黔川扩张，并于 1924 年借响应孙中山讨伐曹锟贿选，大兴北伐之师。无如四川战事并不顺利，而第二次直奉战争直系战败，曹锟

---

①　唐继尧：《再以反对非法内阁通告京内外电》，《会泽靖国文牍》第 1 卷，第 39 页。

②　由云龙：《护国史稿》，存萃学社编《护国运动》，香港崇文书店，1973，第 111—112 页。

下台，也使唐继尧失去北伐借口。唐于是命滇军转向广西，并趁 1925 年 3 月孙中山病逝北京，通电就广州政府副元帅职，企图递补孙大元帅的缺位。但广州政府不但谴责唐的行径，并通电讨伐。唐继尧合法入主粤省的企图失败，入桂滇军又屡遭败绩，最后败退回滇，造成滇军将领的离心，引发唐的统治危机。1927 年 2 月，龙云、胡若愚等四镇守使发动倒唐政变，唐继尧被迫下台，结束其对云南 14 年的统治。

财政独立地位的建立

1913 年唐继尧接掌滇政后，不改蔡锷成规，撙节开支，复整顿矿业，开拓财源，故执政初期财政收支大致尚能平衡。[①] 此时滇锡出口极为重要，锡始终居云南出口货品第一位，年均输出约占出口总额的 80%；在全国出口锡中，滇锡更占 93% 以上。1910 年滇越铁路通车后，滇锡出口由原先 7 万余担（每担为 100 斤）增至 102446 担，此后以迄全面抗战爆发，除 1911 年外，滇锡出口量一直保持在年 10 万担以上。[②] 由于滇锡出口增加，先前云南每年都是入超，但 1910 年以后转为出超，迄至 1918 年，除 1914 年外，均为贸易出超省。[③] 如此一来，不仅云南财政收入增加，金融亦甚稳定。清季云南流通货币为银锭及银元，辛亥革命后云南都督府一切收支改两为元，市面流通的银锭由税收机关收集，转交省造币厂鼓铸银元，省内银元颇为充裕。当时云南当局以协饷停止，省库支绌，乃筹资 500 万元，于 1912 年创设富滇银行，并发行纸币 100 万元。由于富滇银行基金充裕，采十足兑现，且纸币便于携带，商人颇为乐用，信用很快就建立巩固。加以 1919 年以前，云南对外贸易尚属以货易货性质，滇锡运香港销售后，多购银锭或银币回省，省内白银量足，金融更为稳定。[④] 至护国之役前夕，云南在唐继尧力加整顿下，财政日趋自足，金融根基稳固，对于日后掀起护国运动狂潮，无疑起了相当的作用。

1915 年护国军兴后，饷糈浩繁，能否筹措充足军饷以支应战事所需，

---

① 万湘澄：《云南对外贸易概观》，新云南丛书社，1946，第 183 页。

② 《续云南通志长编》卷 75《商业二·主要出口货锡》下册，第 600—605 页。

③ 《续云南通志长编》卷 74《商业一·市场及贸易》下册，第 574 页。

④ 方际熙：《解放前云南金融变迁概况》，政协云南省委员会文史资料委员会编《云南文史资料选辑》第 29 辑，云南人民出版社，1986，第 1 页。

成为决定胜负的关键。滇省于举事之初，除裁并闲冗机关、提取各机关存款外，并与云南盐务稽核分所协商，获准截留应解中央盐款，另将云南中国银行银币200万元提作各军军费，护国军初期饷糈多赖于此。① 随后唐继尧特别成立筹饷局，以劝募、彩票及抽收烟厘三途筹集军费，其中尤以收取烟土厘金为大宗。② 透过上述方法，且护国军入川后多就地筹饷，负担不大，云南财政尚称稳定，使其得以在较长时间与北京中央对抗。

护法战争爆发后，唐继尧多次向外用兵，以致军用浩繁，支出骤增。然因战争主要在省外进行，出征滇军又就食邻省，云南财政负担不算太大。加以唐继尧与贵州刘显世关系良好，乃扩大滇盐在黔销路，对云南财政及省民生计颇有帮助，而且此际正值一战爆发，国际市场对锡矿需求甚殷，滇锡出口大增。如此一来，云南不但财源扩大，税收增长，锡商在香港贩锡后又多购银锭、银条回滇，省内白银充斥，财政金融堪称稳定。缘此，唐继尧才能施展其大云南主义，向外扩张，争衡天下。

但自1922年3月唐继尧二次回滇后，云南财政状况变化甚大。首先是四川地盘的丢失，使滇军无法再像先前那样就食邻省，庞大的军费全需自筹，成为云南财政沉重负担。其次是向来支持唐的贵州督军刘显世，也因1920年黔军政变被迫出亡，袁祖铭出长黔政，结束"滇黔一体"的密切关系，滇盐销黔数量锐减。③ 加以此时一战告终，锡价惨跌，出口滞销，不但使云南财政更为恶化，其对外贸易也从出超转为入超，且每年逆差平均达银500万两以上。④ 云南财政既已入不敷出，而唐继尧此际又多次对外用兵，为筹措庞大军费，除大开烟禁外，并滥发富滇银行钞票。截至1927年2月唐继尧倒台为止，据统计唐滥发不兑现的滇币5000万余元，滇币币值

---

① 庾恩旸：《云南首义拥护共和始末记》上册，第139—142页。

② 李子辉：《云南禁烟概况》，政协云南省委员会文史资料委员会编《云南文史资料选辑》第3辑，云南人民出版社，1963，第74页。民初云南曾厉行禁烟，但重点在禁止农民种烟及无业游民开设烟馆两项，对于运售等项则未注意，是以此际方能抽取烟土厘金。然厘金票面上仍不写烟土名称，而以三七、虫草、黄连等药材名目代填。

③ 林建曾：《试论盐务与川、滇、黔军阀形成发展的关系》，《西南军阀史研究丛刊》第2辑，贵州人民出版社，1983，第66页。滇盐在贵州的销量至1929年仅为49万担，较最盛时期锐减35万担。1931年，黔西停止配属滇盐，及至1936年，滇盐在贵州完全绝迹。

④ 《续云南通志长编》卷74《商业一·市场及贸易》下册，第575页。

由原先与国币对等，跌落至每 10 元只抵国币 1 元。[①] 由于唐继尧始终无法解决云南财政危机，不仅使后期对外争战屡遭挫败，甚至埋下败亡之机，其影响深远。

四　羁縻控制：龙云时期（1928—1945）

羁縻关系的建立

1928 年春，龙云在云南内战中取得胜利，国民政府正式委任其为云南省政府主席兼国民革命军第十三路军总指挥，中央与云南关系进入新阶段。由于滇省自护国运动以后连年征战，再加上云南内战影响，财政贫乏、民生凋敝，龙云乃于年 8 月派滇省耆老周锺岳赴京通款，请求国府协助解决云南财政金融等问题。9 月 23 日，周锺岳进谒蒋介石，告以滇省军事收束、整理内政及龙云始终拥护之意，蒋态度甚殷勤，谓所提诸事皆可商办，双方关系有了好的开始。28 日，周致函龙云建议滇省今后方向：

> 中央局势似已团结，而内面裂痕甚多……现桂方内则拉元老派、太子派、西山会议派以扶植政治势力，外则统辖粤桂湘鄂，并以白崇禧军进踞平津，以扶植军事势力，其用意殊未可测。而蒋则因北伐勋望，总揽中枢，颇得一般人心，又为各国重视。且其人力才力之精干，思想之周密，亦足以防制反动之力而有余。故现在双方布置，旗鼓相当，针锋相对，毫不回护也。吾滇处此，以国家大计论，则当拥蒋；以地方利害论，则当联桂。故弟意仍宜双方兼顾，不宜忽略。[②]

龙云对于周所提意见甚为重视，乃派其内弟李培天为云南驻京办事处处长，经多方活动，得任国民政府蒙藏委员会委员，专门负责与中央联

---

① 龚自知：《抗日战争前龙云在云南的统治概述》，《云南文史资料选辑》第 3 辑，第 42 页。
② 《周锺岳陈述会见蒋介石经过及奉商云南军事财政等情况函》（1928 年 9 月 8 日），《云南档案史料》1988 年第 4 期，第 48—49 页。

系。① 此外，为兼顾地方利益，龙云曾先后派人至广西联络，表示西南邻省唇齿相依，约定滇桂互相支持，以稳定西南局势。② 然而，此一兼顾之策却因桂系与中央反目决裂而告结束，龙云经与部属详商，并多方考虑，最后为顾全大局及本身利益，决定全力拥蒋。所以全面抗战前，龙云在国内政治纷争中，始终秉持拥护中央的立场。而此时南京国府困于内忧外患交相逼迫，自顾不暇，只要滇省服从中央，即对其不加过问，基本上双方维持一种羁縻关系。但因龙云始终拥护中央，蒋也对其寄予相当信任，除云南省主席本职外，复加委滇黔绥靖公署主任等要职以笼络之。是以在全面抗战爆发前，龙云与中央关系堪称密切。

1935 年蒋介石来滇

云南自 1928 年龙云主政以后，即与中央维持良好关系，并屡次奉命兴讨桂之师，故蒋介石也刻意结好笼络龙云。如 1935 年 1 月 31 日，蒋介石在中央军进入贵州"追剿"红军之初，即嘱令"追剿"军总指挥薛岳速与龙云切实联系，事事表示敬意，受其指导为要。2 月 9 日，蒋介石派黄实赴云南联络龙云。4 月 5 日，为贵州军政改组蒋致电黄实，要其转达龙云"如有得力人员，请其先行密示，以便保任省府委员，以资滇黔联络，俾得切实合作"，③ 显见其对龙云笼络之用心。不久蒋介石就有云南之行。

1935 年 5 月 10 日，蒋介石偕宋美龄由黔飞滇，龙云与其妻顾映秋亲赴巫家坝机场候迎，到场欢迎者尚有云南省政府各省委厅长、各指委及各机关首长，以及驻滇各国领事等。这是蒋介石第一次来滇，也是中央领袖首度莅临云南，故云南省府举行盛大的欢迎仪式。据《大公报》记者报道：

> 学生民众往欢迎者，由三元街到巫家坝列队约十里之长，市内欢
> 迎民众塞满街巷，家家张灯结彩，国旗飘扬，彩亭牌坊，奂美异常，
> 欢声雷动，为滇中从来所未有……由机场至城中沿途有军警、童子军

① 《周锺岳已由京赴沪电》（1928 年 12 月 26 日），《云南档案史料》1988 年第 4 期，第 52 页。
② 赵振銮：《龙云与蒋介石的合与分之我见》，《云南省历史研究所研究集刊》1983 年第 2 期，第 38 页。
③ 高素兰编注《事略稿本》第 30 册，"国史馆"，2008，第 343—344 页。

及男女学生列队欢迎。城中悬旗结彩，并张挂大红灯多盏，街市上扎有五色牌楼多座，人民均欲一瞻蒋氏丰采，城中几万人空巷，为昆明空前盛况。①

此情此景，给蒋留下深刻印象。翌日，《大公报》以《蒋委员长抵昆明》为题发表社评，称"政府领袖入滇，此为第一次，象征统一之完成，鼓舞边省之进步，甚盛事也"。当晚，云南省府举行盛大欢宴，蒋介石致答词时特别强调："云南是一个最重要的革命根据地，在革命历史上是至有光彩的，中正久想来观光，未能如愿，今能与各同志见面，快乐心情当不可以言语形容。中央和云南，可以说是相依为命，中正个人和龙主席，亦是共甘苦同患难。自从中正在中央负责以来，龙主席亦在云南主持省政，中正与龙主席可说是同一个时代，共同担负总理所遗交下来的革命责任。"②蒋此席话极尽揄扬之能事，对龙云颇收笼络之效。

蒋介石来滇后，曾与龙云多次晤谈，深入了解云南省政及工业推动成效。经多日相处，蒋对龙云印象甚佳，谓"志舟明达精干，深沈识时之人，而非骄矜放肆之流"。蒋介石于 5 月 21 日离滇飞黔，对此行甚为满意："滇行完成，实关乎国家之统一，剿匪之前途与个人之历史，皆有莫大之益也。"③6 月 1 日，龙云在致李宗仁电文中称："介公在滇时，对于时局有所垂询。盱衡大势，国家地位危险如此，再不亟谋统一，结果国即灭亡；若不互见以诚，统一亦终难实现。沥陈之余，介公颇为动容，有极诚恳之表示。"④ 显见蒋介石人身领导有其一定功效。由于蒋刻意结好龙云、争取云南支持，中央得以在西南建立较稳定的基础及支持力量，这是蒋此行最大的收获之一。

云南出兵抗战

1937 年 7 月卢沟桥事变爆发后，在举国一致的抗日声中，蒋介石决定

---

① 《大公报》1935 年 5 月 11 日。

② 《大公报》1935 年 5 月 14 日。

③ 高素兰编注《事略稿本》第 31 册，"国史馆"，2008，第 63、180 页。

④ 《龙云为蒋介石在滇有极谋统一的表示征询意见电》（1935 年 6 月 1 日），云南省档案馆编《国民党军追堵红军长征档案史料选编（云南部分）》，档案出版社，1987，第 588—589 页。

召开国防会议，商讨抗战大计，龙云亦奉召前往。① 8月9日，龙云抵达南京，在机场受到军政部部长何应钦等的迎接，随即下榻北极阁前财政部部长宋子文寓。② 龙云出掌滇政将近十年，从未到过南京。此时，毅然赴京共赴国难，实为其对抗战决策热诚拥护的表现。③ 由于此次系龙云初次入京，故中央要人颇为重视。当时蒋介石因公外出，龙乃于10日先晋谒国民党中央政治会议主席汪精卫，双方畅谈甚欢。由于龙、汪系属初见，二人叙谈达一小时之久。汪精卫对于龙云治滇政绩极表钦佩，亦曾论及滇缅勘界等事。11日晨，龙云列席中央政治会议，受到汪精卫及与会诸人热烈欢迎。会后返邸，汪复回拜访谈半小时。④ 适蒋介石于11日返抵南京，当此军情紧张之际，蒋为欢迎龙云到来，即于当晚邀宴龙氏，并由汪精卫、冯玉祥等要员作陪，足见其对龙之礼遇。及至淞沪战役爆发，日机开始空袭南京，蒋介石以北极阁目标太大，恐遭敌机轰炸，乃要龙云迁往城外汤山暂住。待龙云复返南京，蒋亲往探望，与其交谈甚久，并希望云南出兵两军抗日。龙云允诺云南可先出一军，若战事需要可再出一军，蒋甚表满意，双方关系颇为融洽。⑤ 及至龙云结束在京公干，束装返滇时，蒋介石复亲至机场送行，其礼遇不可谓不重。

8月22日返抵昆明后，龙云随即召集军政人员会议，传达中央号令，并迅速编组军队，准备出师抗战。滇军经历年整编，迄全面抗战爆发前夕，共编成6个步兵旅、2个直属大队、6个直属团、4个独立营及1个航空处，总兵力3.6万余人，⑥ 加上各县常备队统编的21个保安营，合计约4万人，兵员不虞匮乏。⑦ 同时龙云在全面抗战前曾拨款国币5000万元，向法国、比利时、捷克等国购买大批军火，主要多为步兵用轻武器，计有七九步枪、各式轻重机枪，八二迫击炮、六〇小炮及高射机枪等，数量足够装备40个

---

① 蒋介石于1937年8月7日邀集军事各部会首长及奉召来京将领开国防会议，决定全面抗日方针，此即著名的"八七会议"。龙云抵京时已是8月9日，未及参加8月7日当天会议。
② 龙云：《抗战前后我的几点回忆》，政协全国委员会文史资料委员会编《文史资料选辑》第17辑，中华书局，1961，第53页。
③ 谢本书：《龙云传》，四川民族出版社，1988，第144—145页。
④ 《申报》1937年8月11、12日。
⑤ 龙云：《抗战前后我的几点回忆》，《文史资料选辑》第17辑，第54、55页。
⑥ 胡俊：《近二十年来云南地方军队概述》，《云南文史资料选辑》第6辑，第11页。
⑦ 龚自知：《抗日战争前龙云在云南的统治概述》，《云南文史资料选辑》第3辑，第40页。

步兵团。① 滇军每个步兵团编制 9 个步兵连、3 个重机枪连、1 个迫击炮连及 1 个高射机枪连。而每个步兵连配备七九步枪 60 支、轻机枪 6 挺，重机枪连配备重机枪 4 挺，迫击炮连配备八二、六〇炮各 2 门，高射机枪连则有双管高射机枪 2 挺，武器装备堪称精良。②

龙云先前在京时，已与中央商定，将云南现有军队编为一个军，出滇参加抗战。惟龙云同时也要求出征部队的指挥、人事、经理等权仍要由其掌握，且部队出去后，仍准云南继续编练新军。蒋介石为嘉勉云南出兵，对此一概应允，并下令滇军出征部队自 1937 年 8 月起，其经费改归军政部发给。龙云返滇后，命卢汉从速筹备出征军部，并按照中央军编制，就云南原有 6 个步兵旅着手整编。③ 整编就绪后，国府发布番号，编为陆军第六十军，军长卢汉，下辖第一八二、第一八三、第一八四师 3 个师。9 月 9 日，第六十军在昆明巫家坝举行抗日誓师大会，各界人民献旗欢送，场面热烈异常。9 月底，第六十军全部整编完成，待命出动。10 月 5 日，第六十军举行大校阅，军长卢汉代表官兵宣誓杀敌；各界盛会欢送六十军出征，并纷纷献旗赠刀、赠送药品等，以壮军威。④ 10 月 8 日起，部队开始出发，揭开滇军出师抗日之序幕。

第六十军出征后，于 1938 年 4 月下旬参加徐州会战第二阶段战事，以惨重牺牲坚守运河线，并掩护大军撤离徐州。7 月，六十军奉命参加武汉保卫战。随后，云南又新编成第五十八军及新三军，同时开赴前线。滇军随即改编为第三十军团，卢汉升任军团长，下辖第六十军、五十八军及新三军。12 月，第三十军团奉令扩编为第一集团军，总司令原由龙云兼，后由卢汉升任，仍下辖第六十军、五十八军、新三军，总兵力近 10 万人。此外，云南还征送其他中央杂项部队兵员约 5 万人。全面抗战初期，云南出兵 10 余万人开赴前线，而且装备、给养大半由地方自筹，这是滇省对抗战的重大贡献，龙云也因此仍与中央维持密切关系。

————————————

① 该书编写组编《云南近代史》，云南人民出版社，1993，第 429 页。
② 胡俊：《近二十年来云南地方军队概述》，《云南文史资料选辑》第 6 辑，第 11 页。
③ 白肇学：《六十军的编成和参加鲁南抗日战役述略》，《云南文史资料选辑》第 2 辑，政协云南省委员会文史资料委员会编印，1963，第 161、162 页；胡俊：《近二十年来云南地方军队概述》，《云南文史资料选辑》第 6 辑，第 12 页。
④ 《抗日战争时期昆明大事记》，《昆明文史资料选辑》第 6 辑，政协昆明市委员会文史资料委员会编印，1985，第 179、180 页。

冲突加剧

自 1937 年底国民政府内迁重庆后，云南成为抗战大后方，其重要性与日俱增，但为争取龙云支持，中央一直未派军入驻。云南先后派出三个军开赴前线，蒋介石则允诺滇省可编练新军，故龙云仍维持相当的军事实力。1939 年，日军开始加紧在华南的行动，屡有进犯云南的企图。有鉴于此，蒋乃向龙云表示希望抽调中央军入滇，为减低龙的不安，特成立昆明行营，委龙云为行营主任，统辖所有在滇部队。① 及至 1940 年 9 月日军进占越北，西南震动，龙云始同意中央军入滇。不过，随着中央力量进入云南，威胁龙云独占地位，其与中央关系开始疏远，最后甚至冲突迭生。

蒋介石对龙云的疑虑　1938 年 12 月 18 日，汪精卫自重庆出走，道经昆明，停留一夜，转赴越南，次年更转往上海、南京，与日人接触，建立傀儡政权，是为汪精卫出走事件。由于汪出走时途经云南，外界皆不得其详，中央遂对龙云的态度有些疑虑。12 月 22 日，龙云致电蒋介石，报告汪来滇及出走经过，多少消除一些蒋的疑虑。蒋介石认为，龙云态度"关系重大，今日抗战，成败存亡，全系于云南惟一之后方，不可不察也!"② 可见当时蒋介石对云南和龙云的看重。因龙云态度攸关抗战大局，蒋介石特派与滇省素有渊源的李烈钧、唐生智等到云南，借此笼络龙云。③ 1939 年 4 月 13 日，龙云主动致函蒋介石，明确表示"与汪氏素无往还，此次短期接触，已稔知其为人，既不磊落光明，又不忠厚安分……滇省与我公同一命运，在此敌人力图分化，汪氏被敌利用之时，吾辈军人，不论何种职责，惟有立定脚跟，不为利害所动，恪遵既定国策"。④ 龙云既表明自己的抗战立场及对蒋的尊重，蒋对龙云似也释怀，予以关心。及至 1940 年，大量中央军进入云南布防，滇局稳定，蒋介石也比较放心。但因为种种主客观的原因，蒋介石在实际上对龙云仍然很不满意，这是他日后决定以武力解决

---

① 《抗日战争时期昆明大事记》，《昆明文史资料选辑》第 6 辑，第 201 页。
② 黄自进、潘光哲编《困勉记》下册，"国史馆"，2011，第 649 页。
③ 杨维真：《从合作到决裂——论龙云与中央的关系（1927—1949）》，"国史馆"，2000，第 185—188 页。
④ 秦孝仪主编《中华民国重要史料初编——对日抗战时期　第六编　傀儡组织》(3)，中国国民党党史会，1981，第 115—116 页。

龙云的重要出发点。

　　龙云结交中共与民盟　全面抗战前龙云与中共毫无关系，甚至为巩固其统治基础，曾大力"肃清"云南境内的中共地下党员。及至 1937 年 8 月入京期间，龙云始透过云南讲武堂同学朱德与中共取得联系，朱德并交予密码本一本，龙云返滇后即与延安开始联络。[①] 随后中共开始注意云南情势的发展，除重建地下党组织，成立云南省工作委员会（简称"滇工委"）外，并力图争取龙云的支持。[②] 龙云此时因与中央产生矛盾，亦有意利用中共对抗中央，乃于 1943 年透过西南联大教授罗隆基向中共提议，希望周恩来能赴昆晤面。后来双方在重庆见面，周更派代表华岗赴滇，专门做云南高层的工作。抵滇后，华岗以云南大学教授身份作掩护，透过罗隆基拜会龙云，龙云建议重庆八路军办事处在云南设立电台，以便华岗及龙云与延安中共中央保持联系。随后此电台就设在滇黔绥靖公署，使昆明与延安、重庆中共南方局皆能直接联系，此无异公开掩护中共在滇活动。[③]

　　与此同时，龙云为巩固其权位，也利用昆明西南联大等大学教授及左倾知识分子的力量牵制中央。1943 年 5 月，中国民主同盟（简称"民盟"）昆明支部成立，由罗隆基担任主任委员，创办机关刊物《民主周刊》，积极发展民盟组织，费孝通、吴晗、闻一多、李公朴等知名教授陆续加入，声势渐大。罗隆基并以昆明民盟负责人身份，与龙云及滇省上层人士时相往来。由于云南与中央发生摩擦，龙云对民盟批评国府腐败、蒋介石独裁等言论持同情态度，不仅出钱出力支持民盟发展，甚至在民盟主席张澜的介绍下，于 1944 年底秘密加入民盟，成为民盟秘密盟员，龙云长子龙绳武及亲信缪嘉铭亦秘密入盟。[④] 龙云虽不参加民盟公开活动，也不出席会议，但在经济上予民盟很大的支持，人事上也给民盟相当的便利，并明令保障云南人民

---

① 龙云：《抗战前后我的几点回忆》，《文史资料选辑》第 17 辑，第 54—55 页。
② 李群杰：《关于抗战时期对云南地方实力派部分统战工作的回忆》，《南方局党史资料》1987 年第 3 期，第 49 页。
③ 孙代兴、吴宝璋主编《云南抗日战争史（1937—1945）》，云南大学出版社，1995，第 32 页。
④ 楚图南：《抗战期间云南的民盟工作和民主活动》，政协西南地区文史资料协作会议编《抗日民族统一战线在西南》，四川人民出版社，1990，第 89 页。

的民主自由权利，允许学生游行示威。① 同时，龙云还凭借其昆明行营主任身份，不准中央特工在昆明活动，昆明因政治空气较自由，批评政府之风较盛，遂有后方"民主堡垒"之称。② 龙云与中共、民盟的往来，以及其种种作为，当然引发蒋的关注与不满，双方关系持续恶化。

陆军总司令部成立争议　1944年底，为配合盟军反攻作战，中国陆军总司令部在昆明成立，由何应钦任总司令，并将卢汉所部滇军纳入，扩编为第一方面军，不料却引起龙云不满。蒋介石认为："龙云对敬之在昆明组织总司令部不予助理，反动分子公开诋毁中央不予制止，龙之叛迹益显矣。"③ 龙与何原属旧识，一直维持不错的交情，此际却因龙云怀疑何意图并编滇军，且担心其驻滇对己不利，对何异常冷淡。何应钦在昆明就职时，龙云甚至禁止云南军政人员往贺，龙、何之间产生矛盾。④ 龙云甚至公开说："究竟是陆军总司令大，还是我这位行营主任大；行营主任可以代表委员长，中国陆军总司令部受委员长指挥，因此也要受我指挥。"云南当地报纸也针对陆军总司令和行营主任问题发表评论，何应钦乃将此一问题向中央反映。此时云南适发生陆总部卫生组上校组长着军服在昆明被害事，系龙云特务所为，尸体并弃置在陆总部前的水沟里，目的是给中央一个下马威，显见问题严重性。⑤ 因此，蒋介石乃请托考试院副院长周锺岳返滇调解。周锺岳系滇省宿儒，曾任蔡锷及唐继尧秘书长，在云南政界辈分极高，其后被中央延揽入京，历任内政部部长、考试院副院长等职，实为调解龙、何矛盾的最佳人选。行前周氏向蒋建议任龙云为陆军副总司令，并携蒋致龙亲笔函返滇。⑥

周锺岳此次返滇调解堪称顺利，最后龙云接受陆军副总司令一职，满

① 《黎明前后——冯素陶回忆录》（《云南文史资料选辑》第31辑），云南人民出版社，1988，第45—46页。
② 孙季康：《蒋介石解决龙云的经过》，政协云南省委员会文史资料委员会编《云南文史资料选辑》第1辑，云南人民出版社，1962，第26页。
③ 叶蕙芬编注《事略稿本》第59册，"国史馆"，2011，第352页。
④ 范承枢：《卢汉任云南省主席经过》，政协云南省委员会文史资料委员会编《云南文史资料选辑》第8辑，云南人民出版社，1989，第29页。
⑤ 刘凤翰、何智霖、陈亦荣访问，何智霖、陈亦荣纪录整理《汪敬煦先生访谈录》，"国史馆"，1993，第14页。汪敬煦时任何应钦侍从参谋。
⑥ 周锺岳：《惺庵回顾录四编》，《云南文史资料选辑》第8辑，第163—165页。

天阴霾，一时化去。然好景不长，不久龙云又因昆明、滇西设立防守及警备司令部与中央爆发冲突。当时云南大军云集，加上中印公路通车，中央乃于昆明、滇西分设防守及警备司令部，由中央军将领出任司令，龙云认为侵犯其职权。尤其昆明既有行营、滇黔绥靖公署、省政府及陆军总司令部，尽可维持治安，今又命杜聿明出任昆明防守司令，所部第五军分驻昆明附近，意将何为？且滇西警备司令部名为防护新修筑之中印公路，但其管辖区域竟至昆明城郊西南 30 公里的安宁，龙云怀疑中央对其不信任，乃要周锺岳面陈蒋介石。[①] 5 月初，当周锺岳由滇飞渝复命，并于 6 月 12 日向蒋介石报告返滇调解龙云与何应钦之间摩擦经过时，发现蒋对龙云已失去耐心，并厉词指斥龙之种种行径。周虽于其间力事弥缝，但双方积疑越隔越深，"倒龙"行动势不可免。

　　云南财政自主争议　龙云自 1927 年主政后，有鉴于唐继尧统治时期的弊端，在省内进行一系列的整顿、改革，其中以经济改革最具成效。由于先前唐继尧屡次向外争战，军费浩繁，加以滥发纸钞，云南财政已濒临破产边缘。龙云上台后，花费极大心力加以改革，使滇省财政逐渐得以自足。不论是滇锡精炼技术的提升、鸦片贸易收归省府掌控、征收特种消费税以扩大财源、创办富滇新银行发行新滇币，抑或是推动云南工业建设，俱可见其财经改革之苦心，也有效地巩固了其统治基础。[②] 据统计，1937 年云南地方企业收入已占全省总预算的 35%，工业收入逐渐取代鸦片收入，健全云南财经发展，这是滇省能在较长时间保持相对独立的重要因素之一。[③] 及至全面抗战爆发，中央力量进入西南，云南财政半独立地位开始受到冲击，尤其是货币发行权。

　　1935 年 11 月，国府施行法币政策，采"集中发行"方式，规定法币为通行全国唯一合法货币，取消地方发行特权，此不啻截断地方经济命脉。过去地方势力得以维持半独立地位，其原因之一即在于拥有发行货币的特权，故各省都有自己的货币，如云南即通行新滇币。今法币"集中发行"之原则，适足以致地方势力于死地。故法币政策催生者、财政部政务次长

①　周锺岳：《惺庵回顾录四编》，《云南文史资料选辑》第 8 辑，第 166 页。
②　参见杨维真《从合作到决裂——论龙云与中央的关系（1927—1949）》，第 76—90 页。
③　参见谢本书《龙云传》，第 108 页。

徐堪称："法币实施后，其显著之效果为达成国内政治上之真正统一与确定财政、经济上之基础。"[1] 云南虽在 1937 年 5 月开始使用法币，但一方面滇省法币流通系以一元以下小票为限，故发行总额不大；另一方面，新滇币以法币辅币身份继续流通，故其在滇仍拥有绝对地位。及至抗战军兴，中央银行于 1937 年 12 月在昆明设立分行，并于次年开始在滇发行法币，这就严重威胁云南财政的独立地位。本来在举国对日抗战情势下，云南经济并入战时国家经济体系是顺理成章之事，但龙云深恐此举将影响其独占地位，乃多方设法制止法币流通。富滇新银行设法操纵对法币的兑换率，甚至一度完全拒绝接受法币。不过这项企图最后还是失败，随着中央机构、军队、人员大量进入云南，加以中国、交通、中国农民三家国家银行于 1938 年在昆明成立分行，发行法币，代表国家财政力量的法币，至 1939 年底已在云南取得绝对优势。富滇新银行乃持续暗中大量增发新滇币，以与中央争夺通货膨胀的利益。由于中央与地方竞相增发货币，通货恶性膨胀，货币贬值，物价飞涨，造成云南严重的经济问题。1942 年 7 月，财政部更废除云南富滇新银行发行货币的权力，颁布《接收省钞办法》，要求滇省于两年内将新滇币收回，并将发行保证金交中央银行保管。此举对云南财政独立地位打击甚大，龙云不甘坐以待毙，于是一方面筹组云南企业局，将历年积存之现款、金银、外汇等拨入企业局，以逃避中央监督；另一方面则迟迟不进行新滇币收兑，一直到 1945 年龙云下台后，收兑工作才真正展开。[2] 此外，在银行设立及外贸管制上，云南与中央也发生摩擦，虽然最后大多是在国府以巨额津贴补偿云南财政损失下而平息，但云南已逐步纳入战时国家财经系统，丧失其经济独立自主的基础。当然，在这个过程中，地方与中央都不可能有太好的感受。

改组滇府

1945 年 3 月 4 日，蒋介石认为云南省政应设法解决，并研究解决之道："甲、人选，乙、时期，丙、部署，丁、宣传，戊、心理与社会关系，不能不密切注意。"显见其已决心改组云南省政。20 日，为一探滇省虚实，蒋与

---

① 徐堪：《徐可亭先生文存》，四川文献社，1970，第 7 页。
② 参见杨维真《从合作到决裂——论龙云与中央的关系（1927—1949）》，第 199—201 页。

吴稚晖飞云南巡视，留滇 5 日。蒋此行对龙云印象颇恶，明言"龙云之骄横不道，殊非想象所能及，猡猡之终为猡猡，夜郎自大，乃意中事，无足为奇。彼行态实已自知其末日将至，横竖终为时代所淘汰，故毫不有所顾忌，时时与中央以难堪，无论整编军队，或中央政策，彼必持反对态势，特使外国军官知中央不能统御地方，以丧失国家威信为得计，盖彼于此时只要中央动摇，抗战失败，使内外交迫，无法维持革命政权时，彼乃可以自保也"。① 4 月初，蒋召见昆明防守司令杜聿明，告以决定"解决"龙云，令其回昆妥善布置。

龙云问题令蒋介石烦忧不止，6 月 30 日，蒋曰："今晨醒后，思及云南龙云跋扈不法夜郎之徒恐无法使之就范矣。"7 月以后，随着日军败局已定，战局日趋明朗，为稳定战后局势，蒋"解决"龙云的念头越发急切。7 月 19 日，蒋认为"滇龙之处置不可再缓，应速决定步骤"。21 日，蒋约见滇籍国民党中央委员李宗黄谈滇龙事，责以桑梓为念，准备回滇整理滇政。② 27 日晚，蒋再与杜聿明谈滇事。8 月 2 日，蒋称："滇龙处置腹案，所部不慎，犹豫不决，又恐夜长梦多。"11 日，蒋与杜聿明商讨昆明防范计划，因抗战胜利，蒋认为"解决"龙云"又恐延迟时间"。15 日，第一集团军副总司令高荫槐函呈蒋介石，谓："龙云八年以来，国难愈严，则彼愈为欣喜。局势每有好转，则彼反多愤怒，无时无处莫不表现其叛党误国之态度。其与朱德早有往还，曾由罗炳辉、李日基二人代通消息，绥署取消，彼实不甘心，为以后军队不易借名保存其地方系统也。近由卢玉书（视察室主任）持函促职返滇，饵以保安等职，语次得知其扩张势力，事属必然。"③此函使已严峻的中央与云南关系雪上加霜，蒋决定趁抗战胜利之机解决龙云，免贻后患。

1945 年 9 月，杜聿明部署妥当，而卢汉所部滇军又奉调入越受降，内方空虚，蒋介石决定实施"解决"龙云计划。当时重庆正举行国共会谈，各方人士齐集，蒋为避免政务缠身，乃决定以位处成都、重庆、昆明之间的寂静山城西昌为指挥部，并以短期休养为由，嘱西昌行辕主任张笃伦预

① 王正华编注《事略稿本》第 60 册，"国史馆"，2011，第 18、157—158 页。
② 王正华编注《事略稿本》第 61 册，"国史馆"，2011，第 239、580、585 页。
③ 王正华编注《事略稿本》第 62 册，"国史馆"，2011，第 19、79、196—197 页。

做准备。25 日，张笃伦协同侍从室先遣人员由重庆飞抵西昌，并载来载波机一架，督令电报局漏夜安装，以便蒋至西昌后与各地长途通话之用。[①] 27 日，蒋介石夫妇飞抵西昌，"解决"龙云进入倒计时阶段。同日，蒋命空军第五路指挥部副司令王叔铭飞昆明，携蒋亲笔函密交杜聿明，说明日内即将内调龙云任军事参议院院长，要杜以长官之礼相待，照命令限期送龙云到重庆。蒋强调最好一枪不发，并绝对保证龙云生命安全，但若龙不接受命令，即以武力解决。[②]

9 月 30 日，蒋手书致陈诚、杜聿明、宋子文、蒋经国各函，指示准备处理要领。[③] 蒋致陈诚手谕称："川军整编既毕，云南问题应做第一步改造计划，请参照致子文院长之函并与其面商一切，如期下令实施勿误。至于云南当地布置与准备，克己完成，大体无容系虑，并望于二日上午仍派王叔铭同志飞来详报为盼。但此时应极端机密。子文院长之函，最好于一日戌刻面交协商后，从速办理一切手续为要！"至于蒋致宋子文函则云：

> 子文吾兄勋鉴：近日休养西昌，静念国事，不胜忧虑，今后统一中国，必先以统一西南为本，而且非先巩固云南不可，否则建设将无从着手也。龙云八年以来，违抗法令，破坏抗战之事，实中外皆知，毋庸赘述。若长令其再驻滇中任职，不唯统一无望，而且胜利难保。其将何以对抗战阵亡军民之英灵！但吾人不能不本待人以宽厚之旨，自不愿追咎既往。而且其在抗战以前，对于拥护中央反对西南之非法组织，不无微勋，故仍令其供职中央，使之仍有保持晚节，予以自处之道。兹将处置如后：
>
> 一、云南省政府委员兼主席、保安司令、军管区司令、中国陆军副总司令、军事委员会委员长行营主任龙云另有任用，着即免除本兼各职；
>
> 二、特派龙云为军事委员会委员兼军事参议院院长；
>
> 三、军事参议院院长李济琛，准免院长兼职，专任军事委员会委员；

① 参见谢本书《龙云传》，第 196 页。
② 杜聿明：《蒋介石解决龙云的经过》，《文史资料选辑》第 5 辑，中华书局，1960，第 41 页。
③ 王正华编注《事略稿本》第 62 册，第 732 页。

四、云南省政府委员兼民政厅厅长陆崇仁，准免本兼各职；

五、委员李宗黄为云南省政府委员兼民政厅厅长；

六、云南省政府委员卢汉，着兼省政府主席；

七、云南省政府主席卢汉未到任以前，着派民政厅厅长李宗黄兼代主席。

以上为云南省政府人员之调动令稿，惟龙云兼职或不止此，尚希详查补叙，凡其所兼职务，一律明令免除。又云南保安司令与军管区司令是否为龙云所兼任？亦请查明，如其未兼，则令稿内不必叙入为要。下令时期拟定十月三日晨见报，但事前应极端秘密，亦不必提出行政会议也。发表之时，兄如可以私人名义专函龙云，令其立即遵令交代，并述明中拟派专机接其来渝，就军事参议院院长新职，则不仅可保其生命与过去之功业，而且可保全其一切财产无恙。但必须限其于十月五日以前到渝就职也。此事若非从速解决，不唯不能保证抗战之胜利，而且统一建国亦无从开始也。请兄同下决心，如期办理勿延，为盼。①

此函中所示各点，即为日后处理云南政局的原则。至于蒋要宋子文"同下决心，如期办理"，系因宋与龙云向来交好，蒋恐其以私谊延误大局。

10月1日，蒋介石手书致龙云函。2日，宋子文由重庆飞来，拟对撤换龙云做最后努力，希望能有所转圜，并主张暂缓发布命令，恐美国借款因之不成。但蒋称："余决心已定，若不于此时撤龙，则今后共毛如回延安叛变，或东北问题接收不顺时，则更难撤换矣。要在乘此内政渐安时，先将西南基础奠定，而后建国平乱、对内对外，皆有运用余地。至于美国借款之事，与此相较，实不值一计，舍本图末，非谋国之道。此事纵有危机，亦不能不冒险也。"② 下午，蒋派遣王叔铭、李宗黄、关麟征等人飞昆明，面授军政处置机宜。是日，国民政府明令，任命卢汉为云南省政府主席。与此同时，蒋以军事委员会委员长名义发表命令，撤销昆明行营，调行营主任龙云为军事参议院上将院长，"解决"龙云进入紧锣密鼓阶段。

① 《陈诚先生回忆录——抗日战争》（上），"国史馆"，2004，第208—210页。

② 蔡盛琦编注《事略稿本》第63册，"国史馆"，2012，第13页。

　　10 月 3 日凌晨，杜聿明所部第五军开始行动，一时枪炮声大作。当时滇军几乎全数随卢汉赴越受降，仅龙云次子龙绳祖暂编第二十四师留守昆明，其中一团放假离营，另一团驻北校场，装备虽好，但缺乏战斗经验。另有警卫营三个连，一连放假，仅有两连驻守五华山省政府。其他还有云南宪兵一团、警察数百人，均无战斗经验。故中央军与其稍一接火，迅即取得优势。① 稍后，除五华山仍有战事外，第五军已控制整个昆明，并宣布戒严。蒋对滇事极为关注，命杜"不可使龙离开昆明城"，同时，特电河内卢汉："本日政府已明令改组云南省政府，调志舟兄为军事参议院院长，以兄为省政府主席，李宗黄为民政厅长，其余各厅委照旧。在兄未到任以前，派李宗黄代理主席，余属王叔铭副主任明日持函飞河内面达一切。"② 以安卢汉及滇军军心。

　　就在杜聿明发动军事行动之际，龙云惊觉大事不妙，乃由一名副官扈从，由住宅后门出走。龙云身着普通长衫，头戴呢帽，利用熟悉地形的优势，穿过复杂巷弄，突破第五军封锁线，脱身上了五华山省政府。③ 随后龙云亲信张冲及次子龙绳祖也突围来到五华山，指挥警卫部队坚决抵抗，并发出"戡乱"电报，以杜聿明"称兵叛乱"，命卢汉率部回攻。④ 由于龙云负隅顽抗，滇事无法顺利解决，如何收拾残局顿成问题。

　　10 月 3 日，宋子文电呈蒋介石："职今晨抵渝，即邀周惺甫于本日午后详谈。据云，龙去无问题，惟李宗黄代理似未妥，暂不允行，嗣派昆明中国银行经理于四时持函前往，但中航公司得讯昆明地方军与中央军发生冲突，客机停驶，故尚未成行。"4 日，宋再电蒋曰："滇局已定，应否再派人持函前往，催龙来渝就职，乞电示遵。"宋子文来电为滇局和平解决绽放一道曙光，蒋批示："复请兄派员持函或由兄亲飞滇接其来渝就职，保证其安全，使其安心也，中约下午回渝。"宋子文得蒋电令，以义不容辞，乃于 5 日携周锺岳函飞滇，只身驱车上五华山，敦促龙云赴渝就职。为打开僵局，蒋亦电何应钦："到昆时，希即约志舟兄同机来渝，以正视听，免除中央同志误会，为志舟计，万不可稍事迁徙，其行营职务，应即遵命移交杜总司

① 孙季康：《蒋介石解决龙云的经过》，《云南文史资料选辑》第 1 辑，第 27 页。
② 蔡盛琦编注《事略稿本》第 63 册，第 17 页。
③ 孙季康：《蒋介石解决龙云的经过》，《云南文史资料选辑》第 1 辑，第 30 页。
④ 胡俊：《近二十年来云南地方军队概述》，《云南文史资料选辑》第 6 辑，第 29 页。

令接管，是为至要。"① 在宋子文、何应钦等人努力下，龙云最终接受中央命令，并在宋、何等人陪同下赴渝。至此，昆明事件终告和平收场，而龙云在云南的 18 年统治亦风流云散。

五　决裂终结：卢汉时期（1945—1949）

当"十月三日事件"爆发之初，龙云本要卢汉回师"勤王"，但中央早有防范，驻越中央军对入越滇军形成监视防堵的态势，并在数量上占优势，卢汉归路已断。而且，1945 年 10 月 1—5 日，何应钦以视察受降为名亲抵河内，卢汉随侍左右，未得动弹。加以中央对卢汉也刻意笼络，10 月 3 日事变当天，蒋介石派王叔铭持其亲笔函飞河内，委卢汉为云南省主席，"盼晓谕所属，以安众心。并望在越受降事竣，来渝一叙"。因此，卢汉遂按兵不动，中央军乃得顺利"解决"龙云。此后，卢汉对入越滇军加以整顿，撤换亲龙将领，巩固对滇军的掌控。同年 11 月，卢汉赴重庆出席复员整军会议，向中央深明一己之忠悃，允诺将滇军调防北方；而中央为嘉勉卢汉，亦畀其主滇实权，卢汉仍享有对滇军的人事权，并设立云南省保安司令部归其指挥。12 月 1 日，卢汉返滇就省主席职，并提出"保境安民"施政方针，宣称目前最重要的工作，"首在如何维持地方治安，力求社会安定，使人民得以安居乐业"，揭开治滇序幕。② 至于所部滇军则于 1946 年春开赴东北，参加国共内战。

抗战后各地方势力均大为削弱，云南因滇军外调、龙云被"解决"，情况尤为严重。卢汉虽出任民国时期滇省最后一任省主席，但手上无兵无财，且其主政仅短短 4 年，颇难有所兴替。加以国共内战瞬即爆发，胜负难定，政治情势混沌不明，在在影响卢汉的政治判断与作为。卢汉出任云南省主席后，颇受中央在滇人员掣肘。先是抗战中期以后，中央军云集滇省，蒋介石特别成立云南警备总司令部，由中央军将领担任总司令，以钳制地方势力。虽然卢汉于 1946 年 6 月成立云南省保安司令部，以省主席身份兼任

① 蔡盛琦编注《事略稿本》第 63 册，第 21—22、35、41 页。
② 范承枢：《卢汉任云南省主席经过》，《云南文史资料选辑》第 8 辑，第 28、32 页；谢本书、牛鸿宾：《卢汉传》，四川民族出版社，1990，第 123 页。

保安司令，但中央仍保留警备总司令部（当时全国仅云南及新疆设此机构），处处侵夺卢汉权力。① 同年 7 月，云南警备司令部又制造"李闻惨案"（暗杀李公朴、闻一多事件），激发昆明学潮，带给卢汉极大困扰。而东北滇军第六十军所辖第一八四师，于当年 5 月底在辽宁海城投降中共，此为东北战场国民党军降共首例，予卢汉刺激颇深。1947 年 10 月，卢汉奉命至东北抚慰滇军，见军心涣散，东北局势已难维持，更觉前途险恶。1948 年 12 月，遭中央软禁 3 年的龙云由南京出走香港，寓居香江期间屡派旧属返滇联系，要卢汉反蒋投共，也给卢造成很大的困扰。② 此时国民党军在辽沈、平津、淮海三大战役皆告惨败，蒋介石于 1949 年初自总统职引退，由与卢汉宿怨颇深的代总统李宗仁继任，卢汉益觉无可作为，乃萌携贰之心，开始与中共接触。同年 4 月 20 日，国共谈判破裂，中共军队渡江，南京于 3 天后政权易平，大局似已无可逆转。7 月，卢汉派代表赴北平，谋与中共中央取得直接联系。12 月 9 日，卢汉扣押在昆明的西南军政长官张群、第二十六军军长余程万、第八军军长李弥等军政要员，宣布云南起义，从而结束民国时期云南地方势力的统治阶段，中央与地方关系将进入另一新局。③

六　云南所见之央地关系的意义

民国时期云南先后由蔡锷、唐继尧、龙云、卢汉四人治理，就中央与地方关系而言，也经历几个不同阶段的发展。在蔡锷及唐继尧主政初期，一方面北京中央拥有正统性，也是全国"合法有道"的最高裁判所，云南作为其辖下一省，自然服膺中央号令；另一方面，由于辛亥以后协饷停止，滇省财政困窘，亟须中央掖助，这也是其拥护北京的重要因素。及至帝制事起，袁世凯自毁法统，云南护国军兴，否认北京中央正统地位，中央地方关系发生急剧变化。此后孙中山发动护法运动，南北正式分裂，唐继尧

① 参见谢本书、牛鸿宾《卢汉传》，第 124 页。
② 参见杨维真《从合作到决裂——论龙云与中央的关系（1927—1949）》，第 286—290 页。
③ 卢汉于 1929 年与张群结识后，向来视其为在中央的靠山，而张群也尽力维护卢汉，两人维持相当好的交情。此际张群虽被扣留，但最后卢汉还是因彼此私交，释其离去。见林毓棠《云南起义经过纪实》，政协全国委员会文史资料委员会编《文史资料精选》第 16 册，中国文史出版社，1990，第 95 页。

遂得以居间用权，以南制北，向外扩张；而此际云南因锡矿出口旺盛，财政状况良好，遂得以独立自主发展。但至唐氏统治后期，情势有了很大的改变。由于唐继尧始终反对北洋政府，对南方广州政府却又若即若离，一心想维持其独立自主地位，结果反自外于南北政府，莫所依归，造成其统治危机；加以滇锡出口锐减，省外地盘尽失，云南财政艰窘，乃伏下唐氏败亡之机。

事实上，地方势力若欲长期存续、壮大发展，必须植基于军队、财政及人才三项基石之上；而三者之中，尤以财政为枢纽，因其为养军之资源，亦为招揽人才的凭借。所以龙云接掌滇政后，耗费极大心力整理财政，并获得丰硕成果，从而巩固统治基础，维持其独立自主地位。另外，此际国民政府因内忧外患纷至沓来，自顾尚且不暇，实无心于云南，故对其采羁縻政策，全面抗战前龙云亦秉持拥护中央之立场，双方得以维持不错的关系。但全面抗战爆发后，因国府内迁重庆，云南成为后方要地，中央力量开始进入，影响龙云独占地位，双方关系生变。此后冲突愈演愈烈，终至中央以武力结束龙云政权。最后卢汉主政期间，情势最为恶劣，无兵无权，很难有所作为。而国共内战的发展，亦使卢汉必须在两个政权之中做一抉择。1949年底卢汉投向中共，彻底断绝与国民党中央关系，而其对云南地方统治亦已近尾声。综言之，民国时期云南地方势力与中央始终处于既合作又对抗的局面，这种中央地方关系的双重奏不仅见诸云南，亦为当日中国政局普遍之现象。

究其实，中央与地方是国家政治组成的两大部分，其关系乃"合则两利，分则两害"，或谓"和则两利，争则两害"。然而不幸的是，自民国肇建，除了袁世凯主政的短暂时间，中国政局始终是分裂多、统一少，地方与中央关系亦为对抗多而合作少。至于中央政府始终无法调和地方的因素，其根源在于权力结构。所谓权力结构，系指中央与地方无法在彼此权力冲突时，寻求一个适当的平衡点。政治的本质不外乎对权力、资源的分配，而权力的争夺是排他性的，中央多一分，则地方少一点，反之亦然。欲求中央与地方权限之合理，唯有诉诸国民公意，并以宪法来规范。辛亥革命后，中国至少有三次机会可以经由宪法的制定与运作，将中央与地方关系纳入正轨：一为袁世凯当政时期，惜因国会议员囿于党派私见，加以袁对共和制度大肆摧残而未果；二为北伐完成之际，然因国民党人坚持以党治国，施行训政，遂坐失良机；三为抗战胜利之后，国人既望治心切，各党派复有实施宪政的共识，然而国共内战瞬即爆发，一切均成幻影。由于国家根本大法未立，国人共识难存，加以内忧外患纷至沓来，中央与地方亦只有交相侵逼了。

　　实则宪法的制定不仅可彻底解决中央与地方权限问题，更能达到军队国家化之目的，减少政治的纷争。近代中国的动荡不安，大半因素与晚清太平军兴以后军队的地方化、私人化有密切关系。统一观念之所以成为主导中国历史发展的主流思想，除了传统大一统思想的影响外，更与"统一带来安定，分裂衍生战乱"的历史现象有关。两千年前孟子呼吁"定于一"的思想背景亦在于此，且其更强调的是"不嗜杀人者能一之"的和平统一。民国时期军阀混战，带给黎民极大的痛苦，这是息兵、统一呼声不断的主要因素。国民政府承继此种思潮，厉行武力统一政策，不料却激起地方反抗，双方兵戎相见，这是民国时期兵连祸结的主要原因。是以宪法若能顺利实施，军队真能国家化，中央与地方纵有权力冲突，亦能经由释宪等和平途径解决，或不致战乱连年。

第三十章

祖国去来：日本统治与光复初期
台湾人的两岸往来

一　台湾人往来两岸的历史背景

台湾在 1895 年依《马关条约》割让给日本，此后半世纪的殖民统治（1895—1945）造成台湾与大陆在政经环境、文化思想与社会生活等方面的分隔。依殖民当局规定两年的国籍选择期限，至 1897 年 5 月 8 日止，台湾地区居民必须决定国籍。有些人在 1895 年乙未之役时到大陆避难，待时局稳定后回台；亦有最终选择回归清国者。从统计数据来看，当时台湾人口约 280 万人，迁移的仅有 5460 人，实为九牛之一毛。[①]虽然如此，游移于两岸间的台湾人并没有完全断绝，甚至某些有着祖国经验人物的故事，为两岸关系谱出复杂的历史乐章。

20 世纪上半叶在大陆各地的台湾人数字统计并不全面，但提供了台湾

---

* 本章由谢国兴、林欣宜撰写。

① 中村孝志分析，决定迁回中国大陆的台湾人不多，也几乎没有因政治因素而选择回归者。然而，因为离去者多为在中国大陆置产的富裕台湾人，影响不可谓不大，后来台湾总督府奖励住居中国大陆且有财势的台湾人为日本效力，导致在大陆的"台湾籍民"的活动变成复杂的政治与社会问题。见〔日〕中村孝志《"台湾籍民"诸问题》，《中村孝志教授论文集——日本南进政策与台湾》，卞凤奎译，稻乡出版社，2002，第 79 页。另外，有些 1897年 5 月未回台湾的原籍台湾人民，在日据时期申请恢复台籍；也有些人则以"华侨"身份在台湾从事营商等活动。回大陆的台湾人不多是事实，但中村孝志分析说"也几乎没有因政治因素而选择回归者"，虽有其理，但回归者也有一些是求取科举功名者，或已有功名者（如进士），这正是清廷使台湾"内地化"的两样法宝之一的科举制度所造成的。

人分布的地区与时段的梗概，有助我们察知台湾人在大陆活动的轮廓。日本殖民统治时期住居在台湾以外，特别是在福建、广东、上海、北京、东北以及东南亚等地，拥有日本国籍的台湾人，泛称"台湾籍民"。[①] 据日本官方统计，仅 1910 年于日本各地领事馆登记的台湾籍民，华南一带就有 2000 多人；未登记者，连同其家族在内，推测不少于 6000 人。这些人中有不少趁日本接管台湾户籍未完备之际，陆续取得了日本籍。据报道，厦门的台湾籍民仅 1905—1910 年便激增两倍。[②] 这主要是因为厦门和台湾的关系亲近，除了地缘关系外，台湾人祖先大多来自漳州、泉州；而贸易关系亦密切，台湾向华南输出总额中，有一半经过厦门港。1929 年便有观察者提到两者关系密切，当时在厦门的台湾籍民已近万人，其中有不少因躲避战乱至此而拥有双重国籍的富裕人士，但一般说来住在厦门的部分台湾人因其劣迹斑斑而"人缘很差"。[③]

　　日本殖民统治时期台湾人到大陆的人数，约略来说，至 1935 年为止，登记有案者总数已经突破万人。虽然各时期统计有着标准不统一、未登记及冒籍者多等诸多问题，仍可概略归纳出前往福建者占台湾人出境总数的七成。[④]

---

① 关于日本殖民统治时期台湾人国籍问题的讨论与政策的制定，可参考〔日〕栗原纯《台湾籍民与国籍问题》，钟淑敏译，《台湾文献史料整理研究学术研讨会论文集》，台湾省文献委员会，2000，同时收录中文版（第 423—450 页）与日文版（第 451—476 页）。作者指出，是否给予殖民统治地区住民日本国籍，为其殖民统治的一大问题。台湾住民之所以适用日本国籍法，是日本政府为了区别日本籍及"清国人"的考虑所致，并非完全依《马关条约》进行国籍选择的自然结果，因为日本的国籍法为 1899 年才制定，亦即至 1897 年台湾人国籍选择期限后，才正式宣布台湾也施行国籍法；而清政府直到 1909 年才开始实施父系血统主义的国籍法，其施行细则第四条规定：实施国籍法以前未经许可而取得外国籍，但在清朝内地享有居住、营业或继承拥有不动产等清国民特有之权利者，视同有清国籍。因此居住在大陆、土生土长而又保有土地屋舍的台湾人中，有不少得以便宜获取日本国籍，最后演变成令清政府头痛的台湾籍民问题。
② 取得台湾籍民身份者有部分是为了免税、免厘金（只纳子口税）、出租身份及身家财产受领事裁判权保护等好处，他们通过贿赂取得台湾人在大陆活动时的身份证明"旅券"，或以非法手段渡台取得日本国籍后再回大陆，又或者利用各种关系补办入籍台湾手续等。因为有种种好处，1909 年起假冒的台湾籍民开始急速增加。见〔日〕中村孝志《"台湾籍民"诸问题》，《中村孝志教授论文集——日本南进政策与台湾》，第 75、79—87 页。
③ 谢南光著，郭平坦校订《第二编　新兴中国见闻记》（1929 年发表于《民报》），《谢南光著作选》（上），海峡学术出版社，1999，第 255 页。
④ 钟淑敏：《日治时期台湾人在厦门的活动及其相关问题》，走向近代编辑小组《走向近代：国史发展与区域动向》，东华书局，2004，第 410 页。

到了 20 世纪 30 年代中期至 40 年代中期的战争时期，在大陆各地的台湾人数量都有大幅增加。这是因为战争需要，日本从台湾征调了大批军属、工员、志愿兵及医疗护理人员前往大陆战场，亦即战争期间增加的台湾人绝大多数并非一般百姓。[①] 为了战事需要，被日本政府动员征调到大陆的台湾人之具体例证，在各式历史记录及口述访问中被普遍地提及。[②] 而日本的另一个占领地中国东北，则同样是许多台湾人前往的地点，这里吸引台湾人之处在于工作机会多，薪水又比在台湾高得多。[③] 去东北做生意、前往培育伪满洲国官员的"建国大学"及医学校就读的台湾人也有不少。[④] 归结来说，20 世纪上半叶在大陆的台湾人有持续增加的趋势，但进入日本殖民统治中期及接下来的战争期，台湾人在大陆活动的性质及目的与前期完全不同。

20 世纪上半叶前期在大陆的台湾人的故事，主要与日本殖民统治开始之后持日本国籍的台湾籍民在对岸造成治安的问题有所纠葛；而后半期则是浸淫于各种新思想的台湾知识分子在海外留学、工作，回台后影响了岛上的政治生态与社会风气，其中又有某些人随着国民政府的脚步，在战争结束后接收台湾，进一步对台湾既有的权力结构与社会秩序产生冲击。台湾与大陆之间错综复杂的关系，是这百年来牵动两岸人民纠结情绪的关键。

以往对于日本殖民统治下的台湾历史的研究，强调在政治上殖民者与殖民统治地区百姓之间颉颃的关系，强调民族性或阶级性的视角，以及支配与被支配的权力架构。但随着历史观察的角度日趋多元，官方文献以外的文学作品、日记、报刊、回忆录与口述访问等民间各式文书不断面世，这些更为庶民化的材料不但提供了不少台面下的重要信息，更是近年来众多具有相当学术贡献的新颖研究的主题。对于本章而言，这些材料显现了

---

① 据林德政对 1928—1937 年广州、汕头台湾籍民统计的整理，全面抗战爆发的 1937 年，两地各居 147 人、605 人。然而，到了 1942 年，两地人数分别暴增至 4149 人、1749 人；到 1945 年则再略增为 4510 人、1282 人。见林德政《光复前台籍抗日志士在闽粤的活动》，复文图书出版社，1995，第 223—226 页。

② 许雪姬访问，蔡说丽纪录《李太平先生访问纪录》，《口述历史 （5） 日据时期台湾人赴大陆经验》，"中央研究院"近代史研究所编印，1994，第 87—94 页。

③ 许雪姬访问，吴美慧、曾金兰纪录《杨兰洲先生访问纪录》，《口述历史 （5） 日据时期台湾人赴大陆经验》，第 146 页。

④ 许雪姬访问，曾金兰纪录《吴左金先生访问纪录》，《口述历史 （5） 日据时期台湾人赴大陆经验》，第 95—120 页。

殖民的历史不是只有压制与反抗，台湾的历史也不仅仅是关系到台湾人自己的历史。

随着两岸分隔日久，对祖国的想象与知识的传播，变成了当时台湾年轻人心中一个既亲近却又遥远的存在，这样的距离感甚至可以成为抵御殖民压迫的精神寄托，此一现象在越来越多的非官方材料中越来越明显。固然，殖民统治时期的近代化建设、新观念的繁衍及海外留学与全球体验的增加，使台湾人的集体经验和记忆，与大陆同胞之间在不同的社会发展脉络下愈显分歧，埋下了认同殊异的种子，然而，新时代的到来与新思潮的影响，并不限于台湾，而是举世皆然。有不少台湾精英乃透过其在大陆的活动，启迪了发动政治抵抗与自决行动的动机。

本章讨论殖民体验与祖国想象如何刺激不少台湾青年到大陆去，他们在大陆的体验与领悟，克服了想象与实际的差距，进一步将思想化为行动，刺激某些人参与革命、抗战，甚至促使某些人趋近无产阶级专政的共产主义理念并为之而奋斗；也有一部分文化人在接受了祖国文化、生活方式、他乡体验之后，回到台湾来发挥文化上的影响力。待战争结束，部分来大陆的台湾知识分子，随着中华民国政府接收台湾而返台，被称为"半山"，在政治舞台上成为当局倚赖的重要角色，却与当时台湾的领导阶层与社会产生矛盾。在战后初期的复员与接收过程，及稍后的"二二八事件"，甚至到20世纪五六十年代的白色恐怖中，政治变成了少数人的舞台。台湾虽然重回祖国的怀抱，但付出了昂贵的代价。本章尝试描绘这些日本殖民统治时期往来两岸台湾人的故事，透过对他们生命历程之探索，了解其祖国经验如何影响台湾的历史发展。

二　殖民体验与祖国想象

日本殖民统治台湾初期，当乙未武装抗日的余绪渐告平息后，统治架构与近代化建设逐步确立，地方社会与新统治者之间的磨合也渐趋稳定。20世纪20年代中期岛上开始出现要求政治权利的呼声，以及要求自治、农民权益等改革运动，考其背景，乃肇基于1910年代末起以启蒙思想和争取近代政治权利的政治运动的风潮；日本本土的大正民主运动与第一次世界大战后欧洲民主主义的昂扬，以及美国总统威尔逊大力提倡的民族自决主张在全世界的风行，推动了台湾近代民族主义的兴起。[①] 殖民统治造成的政治生态变化，是许多青年选择走向岛外，尤其是到大陆去的重要原因之一。

另一个同样重要的原因，自然是台湾人与中国情感上的联系。1910年代的断发风潮或许可以帮助我们想象台湾人心目中的中国如何在他们的情感中生根。抗战时期成为台湾人参与抗战要角的张深切在其自传《里程碑》中提到幼年（1913）和兄弟一起断发时的生动情状：

> 在要剃发当儿，我们一家人都哭了。跪在祖先神位前，痛哭流涕，忏悔子孙不肖，未能尽节，今且剃头受日本教育，权做日本国民，但愿将来逐出了日本鬼子，再留发以报祖宗之灵。
>
> 跪拜后，仍跪着候剪，母亲不忍下手，还是父亲比较勇敢，横着心肠，咬牙切齿，抓起我的辫子，使劲地付之并州一剪，我感觉脑袋一轻，知道发已离头，哇地一声哭了，如丧考妣地哭得很惨。
>
> 父亲好像杀了人，茫然自失，挥泪走出外面，母亲代为料理"后事"……[②]

张深切家庭的例子显示出一般台湾人认为改变长久以来习惯的外表服制，象征着失节与不孝，是对数百年来惯习价值观之违背，有如犯下大逆不道的罪行般感到怅然失落。他们心中的懊悔，必须以跪对祖先牌位告罪的方式，才能稍加缓解，而这一现象并非张深切家庭所独有。[③] 这些反应究竟是基于身份认同抑或是对文明、进步、卫生的呼应，或许并不容易区辨，而台湾人在经历二百余年的清代统治之后，还经历了最终目标朝向"同化"成日本人的殖民统治，殖民的本质足以让台湾人意识到日本人实"非我族

① 周婉窈：《日据时代的台湾议会设置请愿运动》，自立报系文化出版社，1989，第10—11页。
② 陈芳明等编《张深切全集》第1卷《里程碑》（上），文经出版社，1998，第84页。
③ 类似的例子还可见台中潭子栋社委员傅锡祺的记载，当他的儿子们要断发时，傅妻"终夜涕泣"；而其弟之断发，甚至引起"弟媳愤谋饮毒"之举。见廖振富《〈傅锡祺日记〉的发现及其研究价值：以文学与文化议题为讨论范围》，《台湾史研究》第18卷第4期，2011年，第222—223页。另外，吴文星的《日治时期台湾的社会领导阶层》（五南图书出版公司，2008）第五章"社会领导阶层与社会文化变迁——以放足断发运动为例"，将蓄发与缠足这两项台湾社会根深蒂固的风俗习惯自1910年代中期起的改变做了宏观的梳理。

类"，相较之下，毋宁保有与大陆相近的汉民族文化认同。在统治体制分隔的状态下，不少台湾人对祖国固然怀抱着浪漫、纯真、孺慕的亲近情感，但与其说是对中国的国家认同，不如说是基于原乡文化认同而产生的民族热情。[①] 这样的情感牵系使大陆成为许多台湾人往外一展抱负的首选之地。

殖民统治下的生活

世界局势的变化使台湾人的思想为之激荡，特别是在殖民统治下受教育成长的新一代知识分子，比起他们的祖父辈，有更多机会出外生活、留学、工作、旅游，返回后也往往是地方社会的领袖人物，20世纪20年代台湾知识分子集结的政治行动以外出学生为主力，先是在东京的留学生，继之为前往大陆读书或就业的台湾人，即可见其一端。

据《台湾总督府警察沿革志》记载，台湾人到日本留学的风气可以追溯至1901年，1908年东京的台湾留学生有60名，到1915年已达300多名，1922年再激增到2400余名。[②] 台湾留学生数量的增加与他们在台湾争取政治权利的运动强度成正比。1918年起东京的台湾留学生首先发起推动废除台湾总督府据之以差别（歧视）原则统治台湾的"六三法"[③] 之运动。1920年在日本的台湾人成立"新民会"，由具有全台声望的雾峰林家家长林献堂担任会长，后来演变成1921—1934年推动建立属于台湾人议会的台湾议会设置请愿运动。[④]

除了海外东京的运动外，在岛内以1921年10月在台北成立的文化协会

①　谢国兴：《府城绅士：辛文炳和他的志业（1912—1999）》，南天书局，2000，第239页。

②　台湾总督府警务局编《台湾总督府警察沿革志》第二篇中卷，南天书局，1995，第23—24页。

③　系指1896年3月底经帝国议会通过之法律第63号《有关应施行于台湾之法令之件》，简称"六三法"，为日本统治时期台湾总督所制定的施行于台湾的法律。该法最主要特色为委任立法，由帝国议会将其对台湾的立法权力委托给台湾总督得以制定具有与帝国议会之"法律"同等效力的"命令"，称为"律令"。因此台湾成为日本帝国领域的一个特别法域。而此一法律一直施行至1921年，接续的是1922年施行以内地延长主义为原则的"法三号"。见王泰升《台湾日治时期的法律改革》，联经出版公司，1999，第68—69、85—86页。

④　周婉窈：《日据时代的台湾议会设置请愿运动》，第27—68页。周婉窈认为该运动的重要性在于：（1）台湾武力抗日运动转变为近代政治运动的首次运动；（2）台湾民众突破殖民地统治困局的一项自发性尝试；（3）典型的以启蒙思想与争取政治权利为宗旨的近代政治运动；（4）日本统治期间规模最大、历史最久的政治运动（同书，第9页）。

最为重要，参加者以知识阶层为主，也有一些当时被称为御用绅士者加入。由于主要倡导者蒋渭水等人的努力，林献堂担任文化协会的总理至 1927 年为止。同年文化协会分裂，旧干部几乎全部脱离，文化协会被无产阶级青年派占据，而脱离的旧干部则另组台湾民众党。然而，一直到 1927 年，台湾所有运动的源头，几乎都可追溯到文化协会。[①]

相对于此股岛内政治理念趋向右翼的地方精英推动的体制内政治改革，左翼的社会主义思想，以无产、集体、支持弱小和工农、全面改革的诉求席卷了全世界，也影响了台湾的知识分子，促使反殖民运动蜂起。但台湾知识分子对种种运动的目标也在"同化"（变成日本人，享受与日本国民相同的待遇）与"特殊性"（强调台湾的旧惯、习俗）两端游移，除此之外，当然也有完全不在这两端脉络之内的社会主义运动。[②]

总的来说，虽然台湾岛上的政治运动风潮始于东京的留学生，但他们的思绪往往与祖国联系在一起。据叶荣钟所述，在日本统治时期的台湾，包括在东京的台湾留学生以及岛内的知识分子中，都有一群被泛称为"祖国派"的人，他们受到辛亥革命的激励，把个人的出路和同胞的解放寄托在祖国的未来之上，他们的共同想法是，如果中国强盛起来，就能解决殖民地台湾的问题，因此主张毕业后投向祖国怀抱，为祖国的建设出力。[③]

叶荣钟的说法，言简意赅地指出一部分台湾知识分子的理想与作为如何与中国连在一起，他也特别举了雾峰林家的林季商（林朝栋子、林文察孙）与清水人蔡惠如为例，说明祖国之所以能够吸引当时的台湾知识分子，是因为第一次世界大战结束后，由美国流行起来的新自由主义与民族自决精神，尤其受到热烈欢迎。也就是说，祖国派的兴起与 1910 年代末至 1920 年代台湾的民族解放运动脱不了关系。此时亦可见台湾到大陆求学的人数快速增加，由 1920 年全岛 19 名增加到 1923 年的 273 名，以台湾总督府警务局的看法做归结，此一现象最大的原因乃"文化协会活动的结果，影响

① 谢南光著，郭平坦校订《台湾人的要求》（1930 年），《谢南光著作选》（下），第 291—292、306 页。

② 见〔日〕若林正丈《台湾抗日运动史研究》，台湾史日文史料典籍研读会译，播种者，2007，第 15—167 页。

③ 叶荣钟：《台湾民族运动的铺路人——蔡惠如》（原刊于 1975 年），李南衡编《台湾人物群像》，帕米尔出版社，1985，第 81—82 页。

了民族的觉醒，使他们（指台湾人——引者注）思慕中国，将之化为民族的祖国，以中国四千年之文化传统为傲，且对之憧憬，期待文化协会、台湾议会设置请愿运动之发展与成功，并且普遍弥漫着台湾脱离日本统治之日将为期不远的见解。此一情势征诸彼等之言动甚为明显，而此风气之抬头为其最有力之原因"。①

岛内知识分子到大陆的游历报道在报刊等新兴大众媒体上传播后，也增强了台湾人对祖国的想象与期待，不但鼓舞了越来越多岛上青年到大陆去，并让台湾读者有机会反观自身的被殖民处境。谢春木于1929年到大陆一行的记录，指出了殖民统治下台湾青年的困境：

> 在没有这些发展机会的台湾，过着是死是活弄不清楚的台湾青年，真是可怜！盼望工作、渴望工作的台湾青年，在台湾却得不到工作。其悲哀和痛苦，不是台湾青年是难以体会的。有志气的台湾青年纷纷跑到大陆。中国人或者台湾鲈鳗（流氓——引者注）即使排斥他们，但有抱负的青年仍然活跃在各个方面。不用说，他们在多数场合下，不能告诉他人自己是台湾人。如果自报家门，就很可能被日本政府拘捕，或被中国人排挤出来……由于中国人对台匪的憎恶，自然会转嫁为对台湾人的憎恶，这种憎恨之情又是相当根深柢固的。②

另外，谢春木在1930年讨论殖民政治时，提到1921年向帝国议会提出设立台湾议会的诉求，开始了持续十余年的台籍人士要求和平政治改革的运动，这种争取权益运动，反映了台湾大部分知识分子的共识，它不但是台湾人要求改变殖民统治下不平等待遇的一个出口，也代表了一个新时代的开始。谢春木指出，台湾议会的请求让台湾官方吃惊，"因为总督府一直是以怀柔土著资产阶级作为其对土著人民政策的基础；而土著资产阶级却改变态度，和新兴知识阶级联合了起来。这时的无产阶级还没有进入运动圈子。无产阶级的崛起使台湾议会运动发生了重大变化"。谢春木指出，先是新兴知识阶级居然联合官方以往成功怀柔的"土著资产阶级"，接着是无

① 《台湾统督府警察沿革志》第二编中卷，第174页。
② 谢南光著，郭平坦校订《第二编　新兴中国见闻记》，《谢南光著作选》（上），第262页。

产阶级的势力崛起，使官方不得不正视统治基础被挑战一事，进而造成 20 世纪 20 年代中期以后台湾总督府对台湾岛内左右翼的政治社会运动强力收编与镇压的情势。在这种状况下，台湾的抗日运动必须走向实际行动。① 他的说法标示出台湾抗日运动由合法运动走向地下活动，或转移为由岛外"间接射击"的转折点，足以让我们明了为何台湾的抗日运动会转向大陆，甚至吸引许多左翼台湾人在"二二八事件"后投入中共政权。②

台湾的经济不景气，投射到对大陆充满机会的憧憬，加上年轻人开始思考殖民统治下的被压抑处境，是年轻人走出台湾的重要导因。台湾政治运动分子和大陆的接触日益密切，不论想要在岛外发展运动实力，还是想借助大陆反帝国主义运动之力，大抵是基于一种想要突破重围的心态。

新思想的刺激

20 世纪 20 年代台湾风起云涌的政治运动风潮对年轻人的冲击有多大？被誉为台湾人喉舌的《台湾民报》于 1925 年 3 月 21 日社论中指出：

> 原来时代的潮流是一种很普遍很伟大的东西，无论什么山间僻处海外孤岛，时潮的势力都普及得到……台湾虽是孤悬海外的小岛，难道解放的钟声就唤不醒岛人的迷梦吗？所以这几年来，受潮流的激动，文化运动、政治运动等也渐渐发生起来了。③

作家吴浊流在自传体的《台湾连翘》一书中便提到他开始到新竹乡下的学校教书时，正值"第一次世界大战后，民族自决、自由主义、民主主义的思潮澎湃，也涌到这个孤岛，使本岛的知识分子的血液沸腾起来。在东京，有了《台湾青年》杂志的发刊，也寄到我所在的分校来。我读了之后，有不少的内容，颇引起我的共鸣，意识到所谓六三问题的无理，对差

---

① 谢南光著，郭平坦校订《台湾人的要求》，《谢南光著作选》（上），第 289、296—298 页。
② 何义麟：《被遗忘的半山——谢南光（上）》，《台湾史料研究》第 3 期，1994 年，第 154—158 页。
③ 《不但共鸣更要合作才是》（社论），《台湾民报》第 3 卷第 9 号，1925 年，吴密察、吴瑞云编译《台湾民报社论》，稻乡出版社，1992，第 197—198 页。

别待遇、不平等的意识尤其强烈"。①

新思潮无远弗届地流布到台湾各个角落，使即使不是种种政治运动中心人物的一般知识分子，即便在台湾的穷乡僻壤，也可以感受到新思潮风靡的魅力。领导台湾共产党的谢雪红的境遇，可以更清楚地说明如她一般贫困出身、饱受命运捉弄的文盲，如何被这样的旋风改变了一生。

谢雪红在自述中描述，在接受新思想洗礼之前，她自幼辛苦劳动，贫穷困苦，又是身份卑微的童养媳，虽然后来离开养父母，却再度落入为人做妾的境地。奴隶般的工作及永不见天日的绝望，曾让她两度自杀未遂。她长期受限于"没有文化"，特别是不识字，即使有学习动机，也往往因为没有闲钱与余力而不得不放弃。这一直要到她学习裁缝，成为新时代职业妇女，并能稍有积蓄后，才开始有了改变。她在悲怜自己身世与殖民统治下所受不平等待遇的同时，有机会到日本及大陆游历，开了眼界，激发了革命思想，此后改变了一生。谢雪红初次到大陆，乃出于偶然，却在异乡吸收到新的思想，使自己乖舛的命运得以扭转，终于燃起了一线希望。她想尽办法在1924年和后来同为台湾共产党重要干部的林木顺等人再度一起到了上海，随后转往莫斯科，开始了她与同伴组织台湾共产党的路途，也彻底地改变了她的人生。②

想象中的祖国

殖民统治下的台湾青年与对岸的大陆虽然有着空间与统治体制的隔阂，但对于其实况并非毫无所悉。孺慕之情的浪漫情怀与其他已经前去的亲朋好友的网络是许多青年前往寻梦的动因。

吴浊流的自述足资说明一位台湾知识分子如何想象祖国。吴浊流为新竹县新埔的客家人，毕业于台北的台湾总督府国语学校师范部，随后在家乡附近的公学校分校场（即小学分校）担任主任。他说："眼不能见的祖国爱，固然只是观念，但是却非常微妙，经常像引力一样吸引着我的心。正

① 吴浊流：《台湾连翘》（1974完稿），钟肇政译，台湾文艺，1987，第58—59页。
② 谢雪红生平见谢雪红口述（约成于1970年），杨克煌笔录，杨翠华《我的半生记》，杨翠华出版，1997，第13—230页。杨克煌与谢雪红在1947年"二二八事件"后一同远走大陆。编者为杨克煌之女，于1992年获得其父为谢雪红整理之口述遗稿后编辑付梓。

如离开了父母的孤儿思慕并不认识的父母一样，那父母是怎样的父母，是不去计较的。只是以怀恋的心情爱慕着，而自以为只要在父母的肢下便能过温暖的生活。以一种近似本能的感情，爱恋着祖国，思慕着祖国。这种感情，是只有知道的人才知道，恐怕除非受过外族的统治的殖民地人民，是无法了解的。"① 随着战事进行，台湾各地食米配给的供米运动使老百姓敢怒不敢言，在不满情绪的发酵下，吴浊流在1941年某次体育活动中与日籍督学发生冲突后愤辞教职，下定决心前往大陆。②

吴浊流并未漠视大陆与台湾社会间的巨大差别，却因为对祖国的情感，而对其保持同情之理解。其记述中所见证的大陆，往往在与台湾相互比较时，在理智上认同日本代表的文明进步，在情感上却向血缘文化接近的祖国靠拢。在这种看似矛盾的心态下，吴浊流等人对大陆的记述与其说呈现当时中国的实况，还不如说是被殖民的台湾人投射出来的中国民族主义情结之发酵。③

因此，叶荣钟在光复后才会说："我们对于祖国只有观念而没有实感……我们观念上的祖国，到底是怎样的国家，我们对祖国的观念，由历史文字而构成的，当然占有相当的分量，但还不及由日本人的言动逼迫出来的切实。当我们抵抗日人的压迫时，日人一句共通的恫喝就是'你们若不愿意做日本国民，返回支那去好了。'缘此日人的压迫力愈大，台人孺慕祖国的感情也就愈深切。"④ 他的感叹是一种失落感的表现，是一种认知与经验落差的哀悼。台湾岛上知识分子向往祖国生活，期待于异地大展宏图的台湾青年仍不绝如缕地往大陆前进。

三　来去祖国：知识分子的经历与体悟

1910年代至1920年代中期，正值日本大正民主时期，对台湾来说，也

---

① 吴浊流：《无花果》，前卫出版社，1988，第40页。
② 吴浊流：《台湾连翘》，第39—40页。
③ 见陈翠莲利用谢春木、黄旺成、吴浊流与钟理和四人的游记及文学作品所做之分析。陈翠莲：《台湾人的抵抗与认同（1920—1950）》，远流出版公司、曹永和文教基金会，2008，第220—221页。
④ 引自叶荣钟《台湾省光复前后的回忆》（原刊于1967年），《台湾人物群像》，第290—291页。

是社会风气相对活泼、自由的年代。年轻人不畏风险，加上学识游历与经验的增长，有不少人萌生往外发展的想法。到了 20 世纪 30 年代初，经济的变化、不景气的冲击，加上几十年和平的日子、突然爆发的雾社事件，① 再度提醒了异民族统治的桎梏，也连带影响到殖民统治开始后成长的一代的想法。往大陆发展依然成为他们的选择之一。吴浊流的回忆中提到了这个现象：

> 1931 年 9 月 18 日，满洲事件爆发了。之后满洲国成立了，新竹人谢介石做了外务大臣。这对台湾人的海外发展投下了一块石头。当时非常不景气，失业的人到处都是，台湾青年只求出国，不论好坏，总想从台湾跳出去。②

伪满洲国成立后，日本军阀的气焰直线上升，自由的气氛受到打击，而日本一跃而成世界上的强大国家之一，日本人更加自负，开始做起征服世界的美梦。③ 20 世纪 20 年代末，由于第一次世界大战后的经济不景气，海外发展成为许多台湾人的选择之一，前往大陆的人数也大增。④ 对台湾青年来说，东北虽然相距更远，但也成为梦想之土。⑤

---

① 雾社事件为 1930 年 10 月赛德克人马赫坡社首领莫那·鲁道趁举行联合运动会时，号召发起反抗台湾中部雾社地区的日本人之役，计有 6 个部落参与，攻击日警驻在所、邮便局、日人宿舍等，并夺取雾社分社弹药库的弹药。事件爆发后台湾总督府下令调派各地警察队及台湾军司令部所属军队前往集结，最后以离间方式"以夷制夷"，导致"蕃社"间自相残杀。长久以来和平、顺从的少数民族的反抗震撼了全台及日本，使台湾总督府的统治机制遭到挑战，"蕃"务行政改革成为当务之急，开始实施"蕃社"集团移住及"教化"种种措施，彻底改变了他们原有的生产模式与社会结构等，警察机关得以更有效率地控制山地，而少数民族变成了劳动力的来源，战争时期则成为志愿兵的主要来源。见邓相扬《雾社事件》，玉山社出版公司，1998，第 68—87 页；〔日〕近藤正己《雾社事件后的"理番"政策》，《当代》第 30 期，1988 年，第 40—55 页。

② 吴浊流：《台湾连翘》，第 99 页。

③ 吴浊流：《台湾连翘》，第 107 页。

④ 据钟淑敏的统计，1930 年至 1937 年卢沟桥事变后日本撤侨为止，前往上海的台湾人突破万人。见钟淑敏《日治时期台湾人在厦门的活动及其相关问题》，第 416 页。

⑤ 许雪姬认为，台湾人为了求职、求学等，随日本人的脚步前往东北发展，新竹人谢介石以伪满洲国第一任"外交部"总长的身份活跃于东北，"起了指标性作用，使台湾青年兴起'有为者亦若是'之慨，陆续前往满洲"。见许雪姬《日治时期在"满洲"的台湾人》，"中央研究院"近代史研究所，2002，"序"，第 i 页。

想象与实际的差距

到大陆发展的台湾知识分子很快便发现，想象中的新天地与他们的期待或多或少出现了落差，不仅在生活方式、社会文化，也同时表现在当时政治环境下如何以台湾人身份在大陆生活的矛盾处境上。

担任台湾第一个政党台湾民众党第一任秘书长的谢春木，于1929年代表该党参加孙中山改葬南京中山陵的奉安大典，在旅途中对大陆现况留下深刻的印象，也对其后来改名"谢南光"，远走大陆发展，成为战时在大陆的台湾抗日团体台湾革命同盟会主要领导人物的人生转变，产生深远的影响。[①] 谢春木1929年大陆一行的所见所闻，记载于《新兴中国见闻记》一文，该文向台湾同胞讲述了北伐后统一的新中国的状况，据说在当时广为流传。[②] 文中提到，虽然前往大陆之前便经常听闻绑票、拐骗等令人不寒而栗的传闻，这些并非完全子虚乌有，大陆在各方面也都有未尽如人意之处，然而，他经常透过个人经验及与人交往谈话的小故事，平实地进行台湾、大陆以及日本三地的比较，既能贴近人心，又能从旅游生活的日常中论及对民族、殖民及资本主义等问题的看法。他举出不少例子，说明不心存偏见的话，在大陆通行的方式，未尝不是反能为人接受的结果。[③]

谢春木在大连行旅途中的记录，对仍处于日本殖民统治下在大陆艰难谋生的台湾同胞的观察十分敏锐，尤其可以反映前往大陆的台湾人对祖国的想象与其实际落地生活后的落差所在。他说：

---

① 谢春木为彰化人，1925年毕业于东京高等师范学校，进入高等科后，未毕业即回台参加文化协会，并担任《台湾民报》编辑。他曾辅佐蒋渭水创立台湾民众党，并著有《台湾人如是观》（1930）、《台湾人之要求》（1931），争取台湾民众权益。据谢的女儿说，1931年后由于日方对参与民族解放运动者拘捕日严，身为倡导者，又在报上揭露总督贪污丑闻的谢春木只好远走大陆。1932—1936年，他在上海组织华联通讯社，以抗日信息之发布为宗旨。由于派系斗争，战后谢南光未回台湾，而被派至东京担任盟军对日委员会中国代表团专门委员。因他1952年后选择前往北京，于1969年病逝，他的事迹在台湾几乎被抹消。见王晓波《出版前言》，《谢南光著作选》（上），第1—2页；谢秋涵《我的父亲谢南光》，中华全国台湾同胞联谊会《不能遗忘的名单——台湾抗日英雄榜》，海峡学术出版社，2001，第85—87页；何义麟《被遗忘的半山——谢南光（上）》，《台湾史料研究》第3期，1994年，第152—156页。

② 谢秋涵：《我的父亲谢南光》，《不能遗忘的名单——台湾抗日英雄榜》，第85页。

③ 谢南光著，郭平坦校订《第二编　新兴中国见闻记》，《谢南光著作选》（上），第163—164页。

在中国谋生的台湾同胞，事实上陷入悲惨的境地。华人骂他们是日本人的走狗，即使没被骂，但一旦当利害关系发生冲突时，昨天还是亲友，今天便成了日本的走狗，因此加以排挤。多年的辛劳被一榔子推翻的情况也并不少见。在中国的台湾同胞今天面临着十字路口的抉择，改变日本国籍成为中国人？那妻子儿女及祖先的坟墓均在台湾又如何是好？或作为日本臣民要求彻底的保护？事实上那也是非常困难的。对居住在海外的台湾同胞，日本政府是或利用或监视。在外台侨对此均深有体会。①

比起谢春木同情在大陆生活的台湾人处境，吴浊流除了描述他对神州风土人情的憧憬外，更进一步提到，他未曾想到在大陆也会像在台湾一样，"也闻不到些微的自由气息"，而他造访的上海、南京等地，充满了战争破坏的阴影。前往大陆发展的吴浊流，在落地一开始便为想象与实际的落差及身份认同上的矛盾所苦，他以文学家的生花妙笔写下深刻的感受：

> 我以为只要能够走出台湾，就和飞出笼中的鸟一样自由，可是现在的大陆，竟和台湾一样，背后有日本宪兵的眼睛在闪烁。同时，在中国人这一边，又把台湾人视为日本间谍而不予信赖，处在这种境遇之下的台湾人，决不愿把自己的身份表露出来，往往说自己是福建人或广东人，而在台湾人同志之间却用"蕃薯仔"这隐语。

他进一步说明：

> 现在的台湾人，和失去父母的孤儿一样，在重庆这一边也好，汪氏政权这一边也好，都同样被视为"异己分子"，不仅不信赖台湾人，甚至视为间谍。这可以说是日本离间政策的结果。也就是说，在台湾总督府的高等政策上，把台湾的"鲈鳗"放在后门，仗恃着治外法权，

---

① 谢南光著，郭平坦校订《第二编　新兴中国见闻记》，《谢南光著作选》（上），第235—236页。

保护那些无赖流氓，干些走私、经营鸦片馆、赌场等勾当。于是日本军阀就把他们当做有利用价值的间谍而驱使他们在大肆活跃。

　　由于这批人存在的缘故，祖国的人们对一般台湾人也就有了成见，成为憎恶的对象。在这种情况之下，台湾人就不能不把自己的身份隐藏起来。

　　吴浊流以自身的经验，把台湾比成孤儿，用以形容台湾人面临犹如失去父母依靠的困境。他在南京度过一年又三个月，在1941年底美国参战、第二次世界大战席卷全球之际，眼看局势越来越复杂，决定于1942年3月回台。① 吴浊流在战事逼近的当下，或许能果断抽身，然而，有越来越多的台湾人在战争动员及视危机为机会等种种因素驱使之下，卷入了更加复杂的两岸情势。

参与革命、抗战

　　1937年抗日战争全面爆发后，一些台籍人士跟随国民政府迁到重庆，陆续成立抗日团体。如前文述及的诸多统计观察都指出，有越来越多的台湾人加入了战事，既有翼赞日本阵营者，也有参与抗日一方者。台湾此伏彼起的各式政治运动，与在大陆的台湾人参与的对日抗战，看似没有交集，然而时间愈往后，两者的关系愈形密切。对国民党的抗日活动而言，台湾人的组织或许并非攸关大局的关键角色，但观察上述各组织的运作、人事与活动，都不难发现中国国民党在其中扮演的重要角色，以及在中国整体抗日运动中台湾的策略性抗日运动的地位，也对此后全国政治局势的演变与台湾的未来有着历史性意义。②

　　台湾人的抗日组织中，最为人所知的莫过于李友邦带领的台湾义勇队。它是在大陆的台湾人抗战四大组织——中国国民党直属台湾党部、三民主义青年团中央直属台湾义勇队分团部、台湾革命同盟会及国民政府军事委员会政治部台湾义勇队之一，具有单独建制、军事化管理的性质，不但在

---

① 　以上分见吴浊流《台湾连翘》，第120—121、123、133—134页。

② 　林德政：《战时中国大陆台湾人的认同与纷争：以亲重庆国民政府的台湾人为例》，台湾人的海外活动学术研讨会论文，"中央研究院"台湾史研究所，2011年8月，第25页。

四者中成立时间最早，参与的人数也是最多的，有400多人。相较于更为人知的武装游击斗争，台湾义勇队其实是以政治工作、对敌宣传及医务诊疗为更重要的内容，其成立的目的在于"保卫祖国，收复台湾"。[①]

台湾义勇队的成立与队长李友邦的坚持有密切关系。李友邦为台北芦洲人，1918年进入台北师范学校就读，后来参与台湾文化协会，结识林木顺、谢雪红等人后，1924年一起由高雄偷偷前往上海，各自展开在大陆的精彩人生。李友邦进入广州黄埔军校第二期，林木顺和谢雪红则转往苏联求学。[②] 1927年，李友邦参与创立广东台湾革命青年团，创办《台湾先锋》杂志，并与他人联名要求筹组国民党台湾总支部。[③] 台湾义勇队筹备委员会在1939年初成立于浙江省金华县，然而到1940年，国民党中央党部军事委员会政治部才正式批准其成立，据说是因为国民政府怀疑李友邦的台湾义勇队为共产党所渗透。李友邦在战后曾出任三民主义青年团台湾支团部干事长、国民党台湾省党部副主任委员。然而，正是因为与共产党之间模糊的关系，1951年其妻严秀峰以"匪谍罪"嫌被捕，判刑15年，李友邦也随后被捕，并于次年遭枪杀，得年46岁。[④]

台湾作为受日本殖民统治的地区，在这场抗日持久战中，被许多台籍抗日知识分子类同于大陆，即是受到日本帝国主义与殖民统治压迫的一方，因而把中国的前途视为台湾命运羁系所在。1941年2月成立的台湾革命同盟会前身之一的台湾革命团体联合会（1940年3月），其成立宣言中即明白宣示：中国抗战与台湾革命乃一体两面。[⑤] 台湾革命同盟会领袖张深切是将台湾的命运寄托于中国抗日成败的一个例子。他在少年时代便受到林献堂赏识，在其协助之下至日本留学，1923年转往上海求学，1924年起在大陆

① 楼子芳：《抗日烽火中的台湾义勇队》，世界综合出版社，2003，第5—7页。
② 李友邦生平可参考严秀峰《台湾义勇队与抗战》，严秀峰编《纪念李友邦先生论文集》，世界综合出版社，2003，第165—176页；王政文《台湾义勇队：台湾抗日团体在大陆的活动（1937—1945）》，台湾古籍出版社，2007，第30—35页。
③ 楼子芳：《抗日烽火中的台湾义勇队》，第25页。
④ 王政文：《台湾义勇队：台湾抗日团体在大陆的活动（1937—1945）》，第45—51、67、70页；李筱峰：《半山中的孤臣孽子——李友邦》，张炎宪、李筱峰、庄永明编《台湾近代名人志》第5册，自立晚报社，1990，第288—292页。
⑤ 林德政：《战时中国大陆台湾人的认同与纷争：以亲重庆国民政府的台湾人为例》，第1—2页。

各地参与抗日运动，组织广东台湾革命青年团，并曾因此入狱服刑。1930年起张深切转向文化运动，组织台湾演剧研究会，1934年担任台湾文艺联盟委员长，发行《台湾文艺》。1945年返台后张就任台中师范学校教务主任，两年后"二二八事件"发生时，因为被视为共产党首脑而于山中避难，后虽证实无辜，然已无意仕宦，此后遂致力于著述。①

20世纪20年代初，张深切在日本留学时，便主张"台湾是台湾人的台湾"及"台湾人应该争取独立自由"。② 他倡导台湾摆脱日本殖民统治而独立的政治主张，与他在大陆各地参与抗日的行动，并不矛盾，他在《在广东发动的台湾革命运动史略》中回忆道：

> 因为当时的革命同志，目睹祖国的革命尚未成功，做梦也想不到中国会战胜日本而收复台湾。所以一般的革命同志提出这句口号（指《台湾先锋》第一期提出"台湾是台湾人的台湾"等口号——引者注）的目的，第一是要顺应民族自决的时潮，希求全世界的同情；第二是表示台湾人绝对不服从日本的统治，无论如何绝对要争取到台湾复归于台湾人的台湾而后已。③

在大陆参与抗战的台湾人士中，林祖密、翁俊明、柯台山、宋斐如、谢南光（即谢春木）、李友邦、张深切、张邦杰等人为主要的领导者。他们大部分在战后回台参与接收、复员，并被泛称为"半山"，然而其内部的不和成为战后在台"半山"集团之间派系斗争的重要导因。④ 他们之间除了在人事任命、资金分配、组织统属上有纷争外，在思想上也有对立。近似上述谢南光的主张，同为台湾革命同盟会成员的李友邦与宋斐如，便带有较强的社会主义思想，强调被殖民地区解放及自治的主张；而任职于国民党

① 见陈芳明等编《张深切全集》第1卷《里程碑》（上），巫永福、张孙煜及黄英哲序，第15—46页。
② 萧开元：《张深切在中国》，林庆彰主编《日治时期台湾知识分子在中国》，台北市文献委员会，2004，第158页。
③ 《张深切全集》第4卷《在广东发动的台湾革命运动史略》，第95页。
④ 林德政举出不少关于翁俊明和柯台山、李友邦之间纷争的事例，见氏著《战时中国大陆台湾人的认同与纷争：以亲重庆国民政府的台湾人为例》，第14—22页。

台湾党部的刘启光、林忠、谢东闵等人，则支持以党领政的中央集权政体，反对前者几近"台人治台"的自治想法。由于后来国民党到台以后采用后者主张，抱持解放理念的谢南光不见容于当局，宋斐如与李友邦更各丧命于"二二八事件"与"匪谍罪"嫌。①

战争时期除上述直接参加抗战、与主政的国民政府及国民党人士亲近的一批台湾人外，也有另外一群身处日方阵营的台湾人士，到了战后，其命运迥然不同。1921年出生于屏东的蓝敏，为清初名士蓝鼎元之后，其父蓝高川为屏东大地主，与板桥林家的林熊征以及鹿港出身的辜显荣曾同时受明治天皇赠勋，之后曾任台湾总督府评议会评议员。蓝敏的二哥蓝家精毕业于日本京都帝国大学，后于上海的日军华中派遣军总司令部任职，官拜中将，地位很高，成为当时在上海的台湾人必访之人物。然而，1940年蓝敏在上海时，接触了来自重庆的国民政府人士，与其兄蓝家精为日本工作的立场对立，导致兄妹间发生诸多冲突。蓝敏仍旧一心向往她心中的圣地重庆，甚至逃婚。在江西泰和国民党中央党部台湾特别党部筹备处，蓝敏终于见到了主任翁俊明，透过他和重庆方面联络，联系上戴笠，经过年余，1944年再度回上海，随后搭乘其二兄专机回台。② 由于中日双方敌对的立场，与大陆有血缘文化关系却是日本国籍的台湾人，在中日交战的中国战场上成为特殊的存在，也时时遭受其可能是日本间谍的身份及其忠诚对象究竟为谁的质疑。蓝敏的口述记录透露出在战时中国敌友难辨的状况。随着战争结束，蓝敏及其家族陷入多次政治生态不变带来的危难。

台湾共产运动

自1910年代起，随着国际政治权益思潮的风起云涌，海外台湾人组织起种种争取政治权益的运动，并对岛内政治生态产生冲击。对心生不满的年轻人及社会中较为下层的百姓而言，其中尤为深入人心的是左翼政治运

① 何义麟：《被遗忘的半山——谢南光（上）》，《台湾史料研究》第3期，1994年，第164—165页。
② 蓝敏在台北第一高等女学校毕业后，1939年前往日本升学，1940年转赴上海，在圣约翰大学就读，与戴笠关系良好，后嫁给徐永昌将军次子，战后回台从商，成绩傲人。见许雪姬访问，曾金兰纪录《蓝敏女士访问纪录》，《口述历史 （5） 日据时期台湾人赴大陆经验》，第13—44页。

动。1917 年的十月革命与 1919 年共产国际的成立，伴随第一次世界大战后的世界民族自决风潮、日本的大正民主与中国的国共合作及国民革命，加上共产主义在中国大陆及日本的发展（1921 年中国共产党成立，1922 年日本共产党成立），社会主义思潮与组织化的共产势力的冲击，成为台湾的社会主义思想兴起的背景。[①]

在台湾的左翼政治运动中，台湾共产党（1928—1931）最为引人瞩目，影响台湾共产党的关键人物是出生于彰化的谢雪红。她与林木顺 1924 年在上海期间，受到列宁影响，萌发在莫斯科第三国际指导下进行反殖民革命与摆脱殖民统治的主张，以在台湾建立一个共产党组织为目标。[②] 谢雪红和林木顺于上海大学短暂就读后，前往莫斯科，进入东方共产主义劳动大学就读两年。1927 年毕业后，共产国际决定让两人筹办台湾共产党，受日共指导，为此，他们回到上海短暂停留后前往东京，研拟台湾共产党成立的总纲领及各种运动的提纲。1928 年 4 月，他们回到上海法租界，成立了日本共产党台湾支部，然而，不过 10 天，便被日本警察查获，被捕者出狱后皆陆续回台。随后他们转入地下工作，并以在台北开设书店、经售进步书刊作掩护。[③]

因为台共并非合法组织，此后以依附于其他政治团体的方式活动。[④] 如前所述，左翼分子的渗入加深了台湾原有最大政治、文化运动组织——文化协会的分裂，而诸多政治运动组织的人事关系也变得越来越复杂。依路线、主张与激进程度的不同，在日本统治时期的反殖民政治意识形态的光谱中，右翼路线与左翼阵营不断分裂，由主张立即革命的最左的激进派，到走议会路线的极右派，苏新、谢雪红、连温卿、蒋渭水、蔡培火等，各占有代表性地位。

台共与第三国际、日共、中共之间纠结的指导关系，亦使其发展变得复杂。初期依据国别发展共产党组织的原则，第三国际透过日共来指导台共，但因日共在其国内遭到肃清，后来变成中共透过第三国际指挥台共，

---

① 邱士杰：《一九二四年以前台湾社会主义运动的萌芽》，海峡学术出版社，2009，第 312 页。
② 陈芳明：《殖民地台湾：左翼政治运动史论》，麦田出版社，2006，第 54 页。
③ 谢雪红口述，杨克煌笔录，杨翠华编《我的半生记》，第 221—230、236、249—267、277 页。
④ 卢修一：《日据时代台湾共产党史（1928—1932）》，前卫出版社，1990，陈芳明序，第 10—11 页。

进而造成台共内部的分裂。1930 年谢雪红面临党内加剧的派系斗争，具有中国共产党与台湾共产党双重党籍的翁泽生和第三国际积极联系，将谢雪红孤立起来。[①] 到了 1930—1931 年，共产国际确认共产党组织的建立是最重要的任务后，对亚洲的各殖民地采取了更激进的态度与策略。台共虽于 1931 年重组，但党内反谢雪红的势力已经团结壮大，显然也未能成功带领台共抵御外来的压力，就在台共临时代表大会召开后，随即为日本当局侦知并被完全摧毁。[②] 台湾共产党的历史虽然短暂，但主要参与者都是在台湾历史中占有一席之地、持续发挥影响几十年的重要人物。

台共的理念受第三国际的影响甚深，他们将帝国主义对亚洲的控制和摆脱殖民统治可以解放亚洲两件事，反映在自己的政治纲领中，并强调台湾人民的自主以及建立"台湾共和国"。[③]

文化人的活动

自 20 世纪 20 年代始，越来越多的台湾人前往日本东京、京都留学，到上海、北京各大都市落脚的台湾人也络绎不绝，其中包括不少受过近代新式教育的艺术家、文化人与学者等。到了战争期间，除了与军队及殖民当局有关的台湾人外，华北地区是从事文化、新闻、教育事业及音乐、文学等创作的台湾人的主要聚集地，[④] 包括吴三连、杨肇嘉、张深切、张我军、洪炎秋、苏芗雨、江文也等人都活跃于此时，其日记、信函中也常提及他们的活动。当时台湾人的交往图谱，到了战后仍然在台湾的文化及学术界产生重要影响。但是，他们中的大多数并非受到日本政府的战争征调而去

①　郭杰、白安娜：《台湾共产主义运动与共产国际（1924—1932）研究档案》，李随安、陈进盛译，"中央研究院"台湾史研究所，2010，第 141—203 页。

②　卢修一：《日据时代台湾共产党史（1928—1932）》，第 150—151 页。中共的重要成员中，林木顺后来成为红军政委，在瑞金保卫战中牺牲，而谢雪红、王万得、苏新等人在"二二八事件"失败后远走大陆，重新加入中国共产党。见林江《怀念父亲翁泽生》，载《不能遗忘的名单——台湾抗日英雄榜》，第 99 页。"二二八事件"后，谢雪红和苏新、杨克煌在香港组织台湾民主自治同盟，谢任主席，同盟于 1948 年正式成立。1949 年谢参与中共主导的政治协商会议。谢雪红与台共在战后的变化见陈芳明《谢雪红评传》，前卫出版社，1996，第 279—445 页。

③　卢修一：《日据时代台湾共产党史（1928—1932）》，第 145—199 页。

④　参见许雪姬《1937 年至 1947 年在北京的台湾人》，《长庚人文社会学报》第 1 卷第 1 期，2008 年，第 33—84 页。

大陆的，而是在 20 世纪 30 年代便已自行前往，同国民政府也较少有关系，与跟随国民政府抗战的台湾人，或者是为日军工作的台籍人士相比较，在战后均有明显不同的发展。

在 20 世纪 20 年代便前往大陆的台湾文化人中，在上海的陈澄波（1895—1947）堪称代表。出身嘉义的陈澄波，其父为清代秀才，他 13 岁才上学，后来考入总督府国语学校师范科，在那里萌生了对现代美术的兴趣，毕业后回乡教了几年小学，便毅然前往东京学习美术，主攻油画。他是台湾现代画家中第一位以西洋（油）画入选日本帝国美术展览会（通称"帝展"）的画家（1926 年第七回），当时他尚在东京美术学校就读，年龄也已届 32 岁。1927 年他的作品第二度入选"帝展"，1929 年毕业后，应上海著名画家王济远之邀，前往上海新华艺专担任西画科主任。陈澄波在上海生活与工作期间，其名片上特别印有"福建漳州"的籍贯，实际上却是日本的台湾籍民。1929 年在上海期间描绘西湖景致的《早春》画作，让他第三度入选日本"帝展"。1931 年上海市以纪念"训政"为名举办全国美展，陈澄波担任审查委员，同时获选为当时中国十二位代表画家之一，其描绘西湖断桥的作品《清流》代表中国参加了芝加哥博览会。1932 年上海爆发"一·二八"事变，在民族主义情绪高涨的氛围下，陈澄波的台湾籍民身份给他带来不少困扰，他只好先将妻儿送回台湾，1933 年 6 月他本人也返台定居。① 陈澄波的创作灵感与得奖经历，与他在台湾、大陆及日本的生活体验密切相关，但艺术与政治之间的纠结也影响了他后来从政的选择及身份认同。

和陈澄波的经历类似，但稍晚几年到大陆发展的著名作曲家与声乐家江文也的生命历程，因为更接近战时，更与台湾、大陆及日本的历史纠缠在一起，展现了一名台湾出身的文化人处在复杂的局势中遭遇的困境。他生于台北州淡水郡三芝庄，据说其家族从事航运与对外贸易，家境优渥，1916 年即随父母举家移居厦门，就读台湾总督府在厦门创办的旭瀛书院，13 岁赴日求学。江文也虽然在音乐领域大放光彩，但他并非音乐科班出身，在学校专攻的是电机，而音乐是经由自学及拜师训练而成。他参与各式声乐与作曲比赛，1932 年开始获奖，在日本崭露头角，1936 年便以管弦乐曲

① 林育淳：《油彩·热情·陈澄波》，雄狮图书公司，1998，第 1—82 页；谢里法：《学院中的素人画家·陈澄波》，《雄狮美术》第 106 期，1979 年，第 16—33 页。

《台湾舞曲》成名，被誉为"用奖杯打下江山"。但在日本声誉扶摇直上之际，他却毅然离开熟悉的环境、家人，于1938年前往北平，在日本人控制下的北京师范学院音乐系教授作曲与声乐，开始了另一段人生历程。到北平以后的江文也，创作力十分旺盛，视北平为创作的源泉。然而，在其生产最丰盛的年代，也同样是战争发展到最高潮的时点，江文也的北平教职突然不获续聘，加上他在战时的举动，被卷入政治旋涡，导致了后半生的不幸。① 虽然战后他在北平艺专获聘教职，1949年以后又在中央音乐学院任教，但在1957年整风运动开始后，被打成右派，"文化大革命"时下放劳改，饱受折磨与屈辱。②

研究者对江文也离开日本到中国大陆定居的动机与选择有种种臆测，至今尚无定见，有人认为江文也决定回归祖国怀抱的浪漫决定，导致他晚年饱受折磨的命运。③ 无可讳言，江文也的创作能量与种种才能令人印象深刻。与一般作曲家"由简而繁、由本土而国际"的转变背道而驰，江文也的音乐创作生命可以1938年作为分界，他放弃了国际性的作曲风格，转向中国音乐传统曲风，有人认为这是为了迎合中国人的口味，而将自己改造为较通俗温和的作曲家，但反之亦能说明江文也个人对文化认同的探索。④ 在音乐之外，江文也出色的文采及诗人的心灵，也同样展现了在复杂局势中摸索自我认同的心路历程。⑤ 然而，更不应该忽视的是战争时局的波澜，可能反而是刺激作曲家表现及促使作品走向圆熟的一个转折点，若硬要辨明其政治立场，可能会以后见之明误解了创作者的初衷。⑥

---

① 张己任：《江文也——荆棘中的孤挺花》，传艺中心，2002，第14—60页。
② 张稳苹：《江文也在中国》，林庆彰主编《日治时期台湾知识分子在中国》，第73—78页。
③ 张己任在《江文也——荆棘中的孤挺花》一书的前言"这只能算是略传"中，详细地说明了江文也的地位与评价之所以受争议的原因。
④ 张己任：《江文也音乐创作的历程——一个文化认同的探索》，江文也先生逝世二十周年纪念学术研讨会论文，"中央研究院"台湾史研究所筹备处，2003年10月，第1—14页。
⑤ 周婉窈：《想象的民族风——试论江文也文字作品中的台湾与中国》，《台大历史学报》第35期，2005年，第127—180页；王德威：《史诗时代的抒情声音：江文也的音乐与诗歌》，《台湾文学研究集刊》第3期，2007年，第1—50页。
⑥ 刘麟玉：《日本战时体制下的江文也之初探——以1937—45年间江文也音乐作品与时局关系为中心》，江文也先生逝世二十周年纪念学术研讨会论文，第9—11页。

四 重回祖国怀抱：期待、实践与挫折

1945 年 8 月 15 日战争结束，日本天皇宣布无条件投降，10 月 5 日，台湾行政长官公署秘书长兼台湾省警备总司令部前进指挥所主任葛敬恩中将率领幕僚一行 80 余人飞抵台北，在整整 50 天里台湾出现了政治上的真空。由于盟军采用跳板战略，从菲律宾直跳冲绳登陆，台湾岛上准备应战的日军，武力丝毫未损。战后失去集中统制又心理失衡的日本军人，对于台湾人此际是否对以往欺侮他们的日本人进行报复而产生的种种不安，使岛上治安有可能一发不可收拾。但这些令人惶惶不安的结果终究并未发生。一方面，台湾的日本殖民当局准备在维持治安的前提下移交；另一方面，叶荣钟也提到，林献堂等人领导的民间欢迎国民政府筹备会及三民主义青年团，或发挥一些作用，使治安仍得以维持。9 月初确定由林献堂、罗万俥、林呈禄、陈炘、蔡培火、苏维梁等 6 人到南京参加受降典礼的消息，让一般人理解为祖国已经在欢迎台湾，正因为这些组织是由过去民族解放运动领导人组成，"使台湾民众得到一种欣慰，而提高其返本归宗的情绪"。[1] 除此之外，1946 年 3 月由中国国民党台湾省党部执委及监察委员丘念台组成台湾光复致敬团，邀集林献堂等台湾重要士绅参与，一方面意在向中央表达将台湾光复的谢意，另一方面也为了消弭台湾与中央两方日益加深的隔阂。参与者有林献堂、李建兴、叶荣钟、陈逸松、陈炘等 10 人，并筹集了 5000 万元汇票，9 月 30 日林献堂与丘念台面见蒋介石，简短地表达了台湾同胞光复以来的状况。[2] 虽然对林献堂等人而言，可能并未达到原本的目的，但作为台籍本岛士绅与国民政府中央在光复初期少有的几次正式接触，仍然具有表达台湾人想法的象征性意义。

对于大多数台湾人而言，台湾重新回到祖国怀抱，心中虽然有着未知茫然，但应该还是欣喜的。他们把矫正半个世纪以来殖民统治的不公作为的种种期待，寄托在国民政府身上。著名律师陈逸松回想起 1945 年 10 月

① 叶荣钟：《台湾省光复前后的回忆》，第 281—282 页。亦可参见陈逸松口述，吴君莹记录，林忠胜撰述《陈逸松回忆录》，第 300、304 页；吴浊流《台湾连翘》，第 169 页。
② 许雪姬：《"台湾光复致敬团"的任务及其影响》，《台湾史研究》第 18 卷第 2 期，2011 年，第 97—145 页。

17 日首批国民党军队乘坐美国运输舰队由基隆登陆时，他们一群人为迎王师，聚在台北朋友餐厅的三楼俯看行进队伍时的情景，众人因光复的喜悦而无视穿着简陋的军队，心中满怀希望。陈逸松说："以后每当我想起这一幕，我就觉得羞愧。我们台湾人实在是太天真、太无知了，我们当时都不知道我们所期待的那个'祖国'根本还没有诞生，也不知道与事实上存在的这个'祖国'有那样大的差距，才会产生这样荒腔走板的想法，抚今思昔泪自横流。"①

陈逸松的感叹是基于台湾重回祖国怀抱时的雀跃之情，却在战后几年国民政府接收、复员及 1949 年国民党战败撤退来台后，发生的种种令人惆怅之事之间的巨大落差。这样的结果的产生，与战后政府如何进行接收与复员有直接关系，而其中最重要的是被泛称为"半山"的一群人，他们被认为是战争的受益者，而其素质参差不齐，如吴浊流评论说，在日本时代失踪，跑到大陆去的人，在战后都接踵回台，但"这些人是否参加过抗日战线，无从知道，不过一律当做民族英雄来欢迎"。②

上述战后初期在台湾统治当局中担当要角的台湾人，多为在抗战时期参加重庆政府各项工作，而于 1945 年随国民政府回台，进入各公务部门者，被泛称为"半山"，这是因为他们的祖国经验对一般台湾人而言有如"半个唐山（指中国）人"。由于许多"半山"负有接收的任务，加上其中很多人在 1949 年国民党败退来台时，直接接收了战前日本人的公私财产与职位，让一般希望殖民统治时期不正当压迫得以纾解的台湾人心愿转眼落空，因此对"半山"之称呼，多半有负面的意涵。③ 对于接下来的苦难，历史评判也普遍把"半山"视为矛头之一。

戴国辉将"半山"分成三种类型：一是重庆方面回来的，他们或与国民党 CC 系有关，或与情治系统的军统有关，或有国民政府背景；二是从沦陷区回来的，如吴三连在天津，杨肇嘉在上海，张我军及洪炎秋在北平，他们虽非真正和日本人合作，但为了生存，多多少少还是与日本侵华势力

①　陈逸松口述，吴君莹记录，林忠胜撰述《陈逸松回忆录》，第 306—309 页。

②　吴浊流：《台湾连翘》，第 173 页。

③　关于"半山"一词的解释、源流及转变，请参考 J. Bruce Jacobs, "Taiwanese and the Chinese Nationalists, 1937–1945: The Origins of Taiwan's 'Half-Mountain People' (Banshan ren)," *Modern China*, vol. 16, no. 1, 1994, pp. 84–118。

有过瓜葛；三是在日本占领区特别是闽粤两地假借日本淫威，作恶多端的"台湾歹狗"。① 戴国辉的分类广义地把具有战时大陆经验的台湾人都视为"半山"。而吴浊流也认为"半山"各有系统，非常复杂。他将"二二八事件"前包含"半山"在内的台湾民间政治团体更进一步地就其政治归属分为三类，并将"半山"局限为第一类：宪政协进会是所谓"半山"的集团，在日据时代参加祖国的抗日战争，拥护陈仪；政治建设协会是民众党和地方自治联盟联合而成，对长官公署极为反感；政治研究会则是资本家和地主的集团，以林献堂、罗万伟、杜聪明、陈逸松等人为首。②

在上述人等之中，可以看出依其在大陆经验的脉络，有的成为接收大员，分享战争胜利的成果，后来和外省官僚合作统治台湾，如谢东闵、黄朝琴及连震东等人；有些人回台后在地方行政系统工作，推动台湾的地方自治，如杨肇嘉、吴三连、李万居等。还有一群台湾人，同样具有大陆经验，却是抗战期间在日本的种种军事、占领、统治机构中任职的，在战争结束后，这些人中的一部分曾被视为"汉奸"，成为"战犯"。

复员与接收

国民政府对于战争结束后如何处置台湾并非毫无构想。早在 1940 年 10 月，国民党国防最高委员会设立中央设计局，专门负责战后各项制度与计划的设计。然而，一直到 1943 年 12 月中美英开罗会议宣布台湾、澎湖群岛战后应归还中国后，有关收复台澎的调查与研究工作才开始被认真对待。1944 年 4 月，中央设计局正式成立台湾调查委员会，负责准备接收台湾的全盘工作，并选派对台湾事务有了解、曾任福建省主席的陈仪担任台湾调查委员会主任委员。该会成立后陆续罗致多名台籍人士，李友邦、李万居、谢南光、刘启光、宋斐如、丘念台、黄朝琴、柯台山、游弥坚、连震东等人被聘为调查委员会的委员或专、兼任专员。③ 由于抗战时期"收复台湾"舆论的形成，从酝酿、鼓吹到高潮，大致是由居留大陆的台籍人士及上述

① 戴国辉、叶芸芸：《爱憎二·二八——神话与史实：解开历史之谜》，远流出版公司，1998，第 23 页。
② 吴浊流：《台湾连翘》，第 205—206 页。
③ 《中央设计局台湾调查委员会一年来工作大事记》，张瑞成编《光复台湾之筹划与受降接收》，中国国民党党史会，1990，第 44—47 页。

各种抗日团体所发动，到了真正实践"光复台湾"之时，这群人便成为国民政府倚重的要角。[1] 然而，台湾调查委员会由陈仪及政学系主掌，到此时在国民政府中负责台湾工作的机关便不再是抗战时期台湾人主要活动的台湾党部或台湾革命同盟会了。[2]

因此，不在台湾调查委员会内的台籍人士所提出的台湾善后对策，往往无法被采纳。即使在台湾调查委员会内，其人事派系亦可以明显分为陈仪集团与台籍人士，而台籍人士的要求与陈仪集团拟定的治台政策有所差距，最大的不同在于前者只有统治政策如何制定的问题，而不考虑后者最为关心的台湾光复的问题。[3] 陈仪带领的行政长官公署，在接收之后，对各级的人事任用及对台籍人士政治上的歧视十分明显。到了 1946 年，台湾社会随着统治的危机开始有越来越多不满，台湾也有人提出各种调整的方案。然而，战后初期这一段的"祖国体验"却让台湾人再度忆起被日本殖民与差别待遇的感受。[4] 台湾行政长官公署采用军政一元化的统治体制，进行全面性经济统制，歧视台湾省籍的用人做法，造成台湾人认为国民党治台简直和台湾总督府无异，形同另一个外来政权和殖民统治。[5] 更严重的是，抱持这种想法者并不在少数。[6]

战后接收台湾的设计与复杂的人事派系纠结，造成了接收台湾时的混乱状况。另一个具有迫切处理需求的则是台湾人定位问题。战争结束后，滞留在大陆各地的台湾人马上面临处境上的困难，亦不局限于名望人士而已。在大陆的台湾人被政府及百姓视为汉奸者为数众多，他们或被逮捕，或遭抢劫殴辱，一时之间亲仇莫辨。[7] 甚至，也有岛内政治斗争使在大陆的

---

[1]　见郑梓《战后台湾的接收与重建：台湾现代史研究论集》，新化图书公司，1994，第 28 页。

[2]　王政文：《台湾义勇队：台湾抗日团体在大陆的活动（1937—1945）》，第 149 页。

[3]　何义麟：《被遗忘的半山——谢南光（下）》，《台湾史料研究》第 4 期，2004 年，第 120—123 页。

[4]　参见陈翠莲《台湾人的抵抗与认同（1920—1950）》，第 333—386 页。

[5]　郑梓：《战后台湾的接收与重建：台湾现代史研究论集》，第 225 页。

[6]　见谢国兴《府城绅士：辛文炳和他的志业（1912—1999）》，第 245—246、251—252 页。

[7]　柯台山提到他在上海便听到了这样的例子，他尤其对台湾自治运动要角杨肇嘉在上海于1946 年 9 月以战犯罪名被逮捕感到震惊。见许雪姬访问，曾金兰纪录《柯台山先生访问纪录》，"中央研究院"近代史研究所，1997，第 63 页。

台湾人要角蒙受汉奸罪名而被捕的例子。① 随国民政府军入广州接收、负责处置广州一带居留台胞的台湾党部粤东工作团广州办事处的团长丘念台便明白地指出，一般人咸认为被日本人征用的"台侨"皆为汉奸，这使他们的处境十分困难，而政府一时之间亦无适当处置办法。② 日本战败后，依1943年12月3日公布的《开罗宣言》，东北与台湾、澎湖归还中国，日本无统治管辖台湾及台湾人的权利，数千滞留的台湾人则形同被遗弃，一时间不知如何处理，他们的心情也必定茫然而不知所措。

　　1945年战争结束至8月底，国民政府方面也陆续收到谢东闵、丘念台等在大陆发展的台籍人士在国民党全国代表大会等场合提出的治台建议，并要求尽速确定台湾法律地位与正视台湾人权益的提案。他们主张对于在沦陷区25万以上的台湾人，应妥善处理，应谅解之，并勿视为日俘及应多聘用台人等。③ 自1945年9月28日参政会对有关处置傀儡政权相关人员草拟13点原则以作论罪标准起，国民政府方面持续地修订关于汉奸如何界定及惩治的标准，对台湾人是否适用则一直有争议，亦有认为应另行集中管理者。次年1月25日，司法院做出解释，台湾人民终于不适用于惩治汉奸条例。④ 几乎同时，日据时期台湾人的国籍的法律根据于1946年1月12日经行政院训令明定："查台湾人民原系我国国民，以受敌人侵略，致丧失国籍，兹国土重光，其原有我国国籍之人民，自三十四年十月二十五日起，应即一律恢复我国国籍。"此距离日本投降，已经有整整5个月。而到1946年11月国民政府正式通令对于战时被日人征用的台胞，不能治以汉奸之罪，距离战争结束，已经15个月了。⑤

　　此期间在柯台山建议下，在上海的杨肇嘉、吴三连成立台湾重建协会上海分会，处理有关台湾人财产的问题及等待返台人士的集中、救济等事项，以便妥善处置善后事宜。1946年3月底，柯台山筹组重建协会台湾分

① 如杨肇嘉之被捕乃由台湾省行政长官公署主使。见许雪姬《"台湾光复致敬团"的任务及其影响》，《台湾史研究》第18卷第2期，2011年，第121、133页。
② 丘念台：《岭海微飙》，中华日报社，1962，第242页。
③ 张瑞成编《台籍志士在祖国的复台努力》，中国国民党党史会，1990，第401—405页。
④ 许雪姬：《"台湾光复致敬团"的任务及其影响》，《台湾史研究》第18卷第2期，2011年，第121—122页。
⑤ 林德政：《光复前台籍抗日志士在闽粤的活动》，第230—234页。

会。在民间团体的主动斡旋下，在华北的台湾人最早回台，接着是广东、海南岛等地的台湾人。而当时台湾的最高行政机构行政长官公署对其行政建置、各项接收事宜，并未介入太多，却对柯台山、丘念台等人协助台胞回台一事，要求他们不要插手，并称长官公署会注意。①

可以想见的是，行政长官公署对处置台胞回台一事十分消极，致使在大陆的台湾人在这期间所受的痛苦难以言喻。在伪满洲国任职的吴左金便被国民政府以汉奸的名义扣留，在济南的监狱待了近10个月后，1946年底才以不起诉处分无罪开释。② 蓝敏的哥哥蓝家精亦是如此，在危机四伏的处境中，只能四处躲藏，甚而远赴南京，终于在"二二八事件"后，在与省主席魏道明交好的陆军大学校长，亦即蓝敏公公徐永昌的排解下，解除战犯通缉令。即使如此，在台湾越来越险峻的情势下，1950年蓝家精再次选择由屏东里港偷渡日本，到1960年才回台，最后在1980年赴日期间病逝。③

相较于身为战犯的蓝家精，对一般在大陆日资企业、日本占领区伪政权机关及各式军事设施工作的台湾人来说，"光复"并没有让他们好过一点。在东北、华北一带工作的台中清水人杨基振，自早稻田大学毕业后，先在满铁，后战争期间于华北交通株式会社任职，战后返台，1947年起任职于台湾省政府，直到退休。据其日记所载，杨基振战后滞留华北一年，陷入家财尽失、被指为汉奸、原配病逝的困境，因而决定举家返台。④ 在日记中，杨基振写道："啊！当中国人竟是如此悲惨。想到光复时还欢天喜地成为中国人，更毋宁令人觉得可笑又疯狂。成为中国人所带来的现实苦恼，

---

① 许雪姬访问，曾金兰纪录《柯台山先生访问纪录》，第60、67、68页；杨肇嘉在回忆录中也提及战争结束，他在上海及其他朋友组织同乡会及三民主义青年团等协助台胞回台，并提出治台建议的情形。见《杨肇嘉回忆录》（1968年），三民书局，2004，第339—349页；还可参见吴三连口述，吴丰山撰记《吴三连回忆录》，自立晚报社，1991，第102—108页。

② 许雪姬访问，曾金兰纪录《吴左金先生访问纪录》，《口述历史（5）日据时期台湾人赴大陆经验》，第116—117页。

③ 许雪姬访问，曾金兰纪录《蓝敏先生访问纪录》，《口述历史（5）日据期间台湾人赴大陆经验》，第85—106页。

④ 杨基振履历整理自黄英哲《杨基振日记的史料价值》，许雪姬总编辑《日记与台湾史研究：林献堂先生逝世50周年纪念论文集》，"中央研究院"台湾史研究所，2008，第89—122页。

竟是如此深痛。"①

　　杨基振发出如此悲鸣，自然与战后台湾由被日本殖民统治转变为中华民国政府治理的变化有关，台湾人的国籍，从与中国交战的日本人变成中华民国国民，然而战前中日敌对的状态在某种程度上延续到战后，并深刻地影响了台湾人的生活。如杨基振的例子所示，"成为中国人所带来的现实苦恼"指的是因为他在日资企业工作而被视为汉奸，企业资产在战后充公，个人私产也以敌伪产业办法被接收保管，使其遭受莫大损失。

　　此期间复员与接收的诸多不公义作为，使复员复的是战后大陆来台人士，而接收则为政府及外省籍官员接收了日产。台湾百姓期待的落空，新政治局势下权力、利益分赃的戏码，以及越来越紧张的经济局势，造成新移民与台湾人之间无法弥平的隔阂。梅贻琦在 1957 年 10 月 12 日的日记中记载了当日和友人与许振干、黄旺成等新竹要人聚餐，饭后"请黄旺成君讲述光复前后之经历。黄君语多含蓄，然亦可见战后来台接收人员之轻浮躁进，偾事甚多矣"。② 蓝敏的指责与梅贻琦的感叹相呼应，她直指某些"半山"在此时期分赃的作为，使来台的外省人有样学样，进而导致"二二八事件"的发生。③

无可奈何花落去

　　战后台湾人对于接收以来积累的不满情绪在 1947 年 2 月 27—28 日的"二二八事件"爆发，从查缉私烟的警民冲突血案开始引爆，蔓延成全台的大型动乱，经历 3 月 8 日国民党军队增援，到 5 月 15 日清乡工作结束，是台湾战后史上冲突最严重、影响最深远的一次事件。台湾人原来期待接替日本殖民统治的国民政府，会以同文同种之亲及反抗日本的立场，趁机为台湾同胞拨乱反正，国民政府期待的却是让台湾扮演支持国共斗争的角色，加上对被日本统治 50 年的台湾人（被"奴化"）的不完全信任，两方面期

①　见杨基振回顾 1946 年的日记内文，黄英哲、许时嘉编译《杨基振日记：附书简·诗文》（上），"国史馆"，2007，第 241—246 页。

②　杨儒宾、陈华主编《梅贻琦文集 2·日记（1958—1960）》，新竹清华大学，2007，第253 页。

③　许雪姬访问，曾金兰纪录《蓝敏先生访问纪录》，《口述历史（5）日据时期台湾人赴大陆经验》，第 117 页。

待的落差，使台湾人对于祖国的态度，开始由欢迎转向不满甚至敌视。① 一谈到"二二八"为何爆发，一般都认为是战后接收以来政府不公造成的，许多人甚至归咎于行政长官公署及其长官陈仪的处置不当。② "二二八"前夕，柯台山在上海所写的《重建之路》（1947 年 3 月）便已经就自己的经验说明他在台湾一年间（1946 年 3 月至 1947 年 3 月）遇到各式各样不合理的状况，并提到台湾百姓很明显地从积极提供治台建议，转变为怀疑、消沉，再到绝望。③

陈澄波的例子说明了一个具有祖国经验的优秀文化人在战后台湾与大陆的摩擦中无奈牺牲的悲剧。陈澄波于 1933 年返台后，除了继续绘画创作外，基于对艺术、乡土与家国的热情关爱，致力于与画友筹组美术绘画团体，最著名的是 1934 年成立的台阳美术协会。光复初期，陈澄波以画家身份参与社会各界组织的欢迎国民政府筹备委员会，由于他能讲"国语"（普通话）而被推举为副委员长；不久，加入三民主义青年团，当选为嘉义市第一届参议会议员，并向中国国民党台湾省党部申请入党，其心向祖国的热切心情可见一斑。他在 1946 年撰写的一份建言书中，回顾日据时期台湾美术发展的概况，希望政府尽快设立美术团体与美术学校，其中写道："我不幸生于前清，而今能死于汉室，实是我平生最感欣慰的事啊！"④ 然而 1947 年"二二八事件"发生，3 月初嘉义地区军民之间冲突剧烈，3 月 12 日陈澄波被嘉义市参议会委派为民间八位和平代表之一，前往水上机场与军方沟通，希望和平解决，减少伤亡，却反遭军方扣押，3 月 25 日被绑至

---

① 关于"二二八事件"的发生经过及原因分析，可参见陈翠莲《派系斗争与权谋政治：二二八悲剧的另一面相》，时报文化出版公司，1995，第 133—207 页；赖泽涵总主笔，黄富三等执笔《"二二八事件"研究报告》，时报出版社，1994。赖泽涵、马若孟、魏萼《悲剧性的开端——台湾二二八事变》（罗珞珈译，时报出版社，1993）则深入讨论普遍被视为此事件导因的七种解释及其重要性。见该书第 16—36 页。

② "二二八事件"后，柯台山与杨肇嘉在南京会见国民党吴铁城秘书长时，便提到陈仪一定要撤换，因为他被认为是使国民政府在光复台湾后无法收复民心的重要因素。见许雪姬访问，曾金兰纪录《柯台山先生访问纪录》，第 73—74 页。

③ 许雪姬访问，曾金兰纪录《柯台山先生访问纪录》，附录柯台山《重建之路》（1947 年 3 月），第 209 页。

④ 陈澄波：《日据时代台湾艺术之回顾》，《雄狮美术》第 106 期，1979 年，第 69—72 页。

嘉义市区游街后当众枪杀。[1] 类似陈澄波的台湾精英在"二二八事件"期间死于非命者为数不少，对台湾社会心理造成重大而长久的冲击与伤害，对比日本统治时期及战后初期台湾人对祖国寄予"解放"角色的期待，反差太大。自此之后，台湾人心目中的祖国印象再一次翻转。[2]

省籍间的不平等一般咸被认为是"二二八事件"导因之一。在战后凋敝的台湾，原来日本对台湾歧视与压榨的不平没有得到平反，新统治政权反而加重了不公平的状况，造成了人心的浮动与怨怼的情绪。曾目睹当时查缉私烟专员与中年妇女争执，引发本省与外省人此后严重冲突的蓝敏，便在回忆中将愈演愈烈的、蔓延日广的抗争事件的原因归结为："1945 年 8 月 15 日后，大批自大陆来台的外省人与台湾人，把台湾人辛辛苦苦经营的成果当成敌产强制接收、强行霸占，民怨郁积至今已十六个月，台湾人再也无法忍耐，遂因此事件而爆发出来。所以这次事件，是台湾人和外省人冲突后必然的结果，只是不知道在哪一天发生而已；同时，这次事件完全不是计划性或是有什么阴谋，也不是躲在阿里山上日本军人的煽动，这些理由都是后来的人为了掩饰自己的罪过而编出来的故事。"[3]

台湾民众情绪的不满，导致了"二二八事件"，成为此后台湾人思想与社会转向的一个分界点。"二二八事件"后，为处置各地动乱而由民意代表组织的"二二八事件"处理委员会，初以善后协调的角色存在，后来则逐渐发展成要求政治改革的团体，终于引起长官公署及国民政府的反感而要求解散，3 月中旬国民党军队已经驻防全台各县市，至 5 月 15 日国民政府撤销台湾省行政长官公署，成立台湾省政府，由魏道明接替陈仪成为省主席，一直到 1949 年 1 月 5 日再由陈诚继任，其间军队的镇压已经造成许多伤亡。[4] 为了处置"二二八"之后台湾民心及政局不稳的情势，长官公署被撤废，台湾省政府设立，并开始让部分具有声望的台湾人任职省政府机

---

① 许雪姬、江淑玲访问《陈重光先生访问纪录》，《口述历史 （4） 二二八事件专号》，"中央研究院"近代史研究所编印，1993，第 317—319 页。

② 关于双方期待的落差之分析，见赖泽涵、马若孟、魏萼《悲剧性的开端——台湾二二八事变》，第 281—320 页。

③ 许雪姬访问，曾金兰纪录《蓝敏先生访问纪录》，《口述历史 （5） 日据时期台湾人赴大陆经验》，第 114—115 页。

④ 李筱峰：《台湾战后初期的民意代表》，自立晚报社，1986，第 181—238、278—279 页。

关。① 即便如此，"二二八"的伤害已经造成，种种弥补措施的修复效果有限。

对于台湾人心向背而言，"二二八事件"是一个重要的转折点。在1951年台湾开始实施地方自治之前新体制与旧环境交替过渡的时期，"二二八"之前台湾领袖参与选举及自治活动十分踊跃，这是因为对祖国政治抱持着期待；而民意代表剧烈的流动性显示了初期政治体制仍在缓步调适；另外，"半山"与本地民间领袖之间则出现对峙的端倪，无疑为大陆政治体系的政治文化与台湾本地的地方政治文化两者之间的调和过程。② 然而，等到"二二八事件"处置时，据说有台籍特权人士为求保全权位，与外省官僚设计构陷民众暴动，并将"二二八事件"后被逮捕的数百名台湾人黑名单拟具之责归咎于某些"半山"。虽然事实的真假仍然莫衷一是，台湾人在遭遇此事后，开始对国民党政府持排拒态度，对"半山"亦无法谅解。对比日本统治中期至战争结束初期对祖国的期待，这种情感上的伤害使台湾人对政治抱持退缩，对祖国的期待也不复先前。③ 最具体的转变是在战后短短四年时间，台湾与大陆的国民党统治体制磨合关键时期所发生的种种令人不尽满意的现象，在形塑台湾人的祖国意识与民族文化认同上起了重要的负面影响。④ 对台湾而言，"二二八事件"更加深刻的负面影响是一个世代重要精英的消逝。在"二二八事件"中消失的台湾社会精英，暗示了"二二八事件"如何使台湾社会领导阶层出现断层。⑤

日本殖民统治台湾的50年间，也正好是清末转向民国建立的主轴时期，台湾人在大陆的发展，有同文同种之亲，也有语言文化相近的便利，但是，在政治与认同上难以逃脱国籍他属与身份认同的隔阂，对于有心为祖国尽心力或者在大陆开创事业、大展宏图的有志之士来说，不啻一大挑战。即使如此，我们仍看到为数不少的台湾青年知识分子前仆后继，有的为了就学，有的为了工作，也有为了实现理想而去。从这些在大陆奋斗的台湾人

① 许雪姬访问，曾金兰纪录《柯台山先生访问纪录》，第76—77页。
② 李筱峰：《台湾战后初期的民意代表》，第271—280页。
③ 陈翠莲：《派系斗争与权谋政治：二二八悲剧的另一面相》，第282—283页。
④ 谢国兴：《府城绅士：辛文炳和他的志业（1912—1999）》，第251页。
⑤ 参考李筱峰《二二八消失的台湾精英》，自立晚报社，1990。

的经验，可以约略看出台湾人对祖国的情感与认知，从 1895 年被割让给日本，到为求反抗殖民统治而产生反日与抗日的共同目标，一度提升台湾人对祖国大陆的孺慕之情，光复初期对重回祖国的高度兴奋与期待，乃至"二二八事件"造成的省籍情结与祖国认同的中挫，这期间的台湾人随着其政治主张的不同、归属团体的你消我长，在回台后有不同的命运，也影响了一般台湾人对祖国的重新认知与想象。

或可稍微粗略地总结，在日本统治台湾的早期，在福州、厦门一带，不少台湾人因利用台湾籍民的身份为恶，导致在这些地方台湾人的名声相当不好。而随着民智渐开、西方思潮涌现，岛上青年受到启发，前往东京、上海、北京等地求学、就业的人数渐渐增加。20 世纪 20 年代之后中国的政治局势随着共产势力崛起，以及 20 世纪 30 年代之后与日本之间的战事纠结，除了大量台湾人被日本政府"动员"到中国战场，为了逃避本岛的经济萧条及实践梦想，前往大陆谋求生路及就学者，人数直线上升。在同为殖民统治地区的东北，有许多台湾人在该地营生，事业相当成功，其中多为医生，也有商人或记者。① 在北平、天津一带，台湾的文化人与知识分子众多，也大致是 20 世纪 20 年代以后之事。在上海，则特别多从事政治运动的台湾人，尤其是具有左翼倾向的活动组织在此陆续建立。②

从日本统治时代起被泛称为"祖国派"——既熟悉也乐意为祖国建设出力，并将台湾的前途寄托在祖国强大之上——的人士，台湾人将其中曾在大陆参与抗战、战后随国民政府回台接收的台籍人士泛称为"半山"，台湾社会对于他们的批判与历史评价多半并不宽容，这是因为其中有些人被认为以不公义的做法介入了战后复员与接收的过程，造成台湾人对祖国期待的落空。在种种不尽如人意的结果之冲击下，一方面，自大陆归来的台籍人士即使原本不在战后台湾政治权力核心中的人，在"二二八事件"爆发、"半山"变成蔑称之词时，也遭受池鱼之殃；另一方面，在战后大陆的国民党统治架构与台湾社会磨合过程中，更加深刻的影响是造成了此后台湾人对于祖国观感的转变，这个结果可谓始料未及，也埋下了台湾社会中

---

① 谢南光著，郭平坦校订《第二编　新兴中国见闻记》，《谢南光著作选》（上），第 236 页。

② 亦可参考杨肇嘉回忆台湾青年在祖国大陆的活动情形，他描述了在上海、北平及广东等地活动的台湾人及其组织。见《杨肇嘉回忆录》，第 188—190 页。

反抗威权压制及要求民主化的种子。

厘清"祖国"与台湾在 20 世纪前半期历史互动的历程，并进而理解台湾人的祖国想象与歧异认同的根源及其转折，将是两岸人民彼此进一步相处的重要课题。

参考文献

一 档案

北平市警察局档案，北京市档案馆，北京

财政部档案、输出入委员会档案、监察院档案、交通银行档案、经济部档案、中国
  建设银公司档案、国民政府蒙藏委员会档案，中国第二历史档案馆，南京

陈光甫私人文书，哥伦比亚大学珍本与手稿图书馆，纽约

傅斯年档案，"中央研究院"历史语言研究所，台北

国防最高会议档案、吴稚晖档案、中日调整邦交会议记录、五部档，中国国民党党
  史会，台北

蒋介石日记、黄郛档案，斯坦福大学胡佛研究所档案馆，加利福尼亚

蒋中正档案、蒋中正文物、陈诚档案、国民政府档案、革命文献、阎锡山档案，"国
  史馆"，台北

上海档案，苏州市档案馆，苏州

四明商业储蓄银行档案、中国通商银行档案、商民协会档案，上海市档案馆，上海

外务部西藏档、外交部档案、全国经济委员会档案、行政院水利委员会档案、朱家
  骅档案，"中央研究院"近代史研究所档案馆，台北

亚洲基督教高等教育联合董事会档案，缩微胶卷

张之洞档，中国社会科学院近代史研究所，北京

宗教档案，山东省档案馆，济南

東方会議関係、機密送，日本外务省外交史料馆，东京

China：miscellanea，Embassy and Consular Archives，London

Public Record Office，British Foreign Office Records，London

二 报纸

《长江日报》，武汉

《晨报》，北京

《大刚报》，郑州、衡阳、汉口、南京

《大公报》，天津、汉口、重庆、上海

《大晚报》，上海

《民国日报》，上海、广州、长沙、汉口、南昌、昆明

《华商报》，香港

《江西日报》，南昌

《解放日报》，上海

《民立报》，上海

《人民日报》，北京

《申报》，上海

《盛京时报》，奉天（沈阳）

《时报》，上海

《时事新报》，上海、重庆

《世界日报》，洛杉矶

《顺天时报》，北京

《文汇报》，上海、香港

《新华日报》，汉口、重庆

《新中华报》，延安

《益世报》，天津

《中华读书报》，北京

《中外日报》，上海

《中央日报》，南京、汉口、重庆、上海、台北

三　期刊

《安徽师范大学学报》，芜湖

《北京大学学报》，北京

《北京大学日刊》，北京

《北洋学报》，天津

《财经研究》，上海

《长庚人文社会学报》，新北

《晨报副镌》，北京

《出版史料》，北京

《传记文学》，台北

《春秋》，香港

《大陆杂志》，台北

《大学院公报》，南京

《大中华》，上海

《当代》，台北

《档案与历史》，上海

《道路月刊》，上海

《东方杂志》，上海、重庆

《斗争》，瑞金、上海、延安

《独立评论》，北平

《二十一世纪》，香港

《福建论坛》，福州

《复旦学报》，上海

《工商半月刊》，南京

《广益丛报》，重庆

《国风报》，上海

《国立中央大学半月刊》，南京

《福建县政》，福州

《妇女周报》，上海

《改造》，上海

《赣县县政府公报》，赣州

《革命文献丛刊》，重庆、南京

《工商半月刊》，南京

《观察》，上海

《广东社会科学》，广州

《广州大学学报》，广州

《国父纪念馆馆刊》，台北

《国民报》，东京

《国民政府公报》，南京、汉口、重庆

《国史馆馆刊》，台北

《国史馆学术集刊》，台北

《国闻周报》，上海

《汗血月刊》，上海

《航业月刊》，上海

《海事》，台北

《河北学刊》，石家庄

《河北月刊》，保定

《河南师范大学学报》，新乡

《河南统计月报》，开封

《黑龙江社会科学》，哈尔滨

《红色中华》，瑞金、延安

《湖北学生界》，东京

《华东师范大学学报》，上海

《华南新报》，昆明

《华年周刊》，上海

《华商联合报》，上海

《济南报》，济南

《甲寅》，东京

《建设》，上海

《江汉论坛》，武汉

《江苏党务周刊》，镇江

《江苏省政府公报》，镇江

《江西广播电视大学学报》，南昌

《江西教育》，南昌

《江西教育旬刊》，南昌

《江西社会科学》，南昌

《交通建设》，重庆

《教学与研究》，北京

《教育部公报》，南京、汉口、重庆

《教育通讯》，上海

《教育通讯周刊》，上海

《教育与民众》，苏州、无锡

《教育杂志》，上海

《解放与改造》，上海

《金融科学：中国金融学院学报》，北京

《近代史研究》，北京

《近代史资料》，北京

《近代中国》，台北

《近代中国史研究通讯》，台北

《经济汇报》，上海、重庆

《经济研究》，北京

《军事历史研究》，南京

《军事杂志》，南京

《军需学校第七期学生班通讯》，南京

《军政旬刊》，南昌

《抗日战争研究》，北京

《劳工月刊》，南京

《历史档案》，北京

《历史教学》，天津

《历史研究》，北京

《立法院公报》，南京、汉口、重庆

《临时政府公报》，南京

《每周评论》，北京

《美国研究》，北京

《民报》，东京

《民国档案》，南京

《民国研究》，北京

《民间》，北京

《民俗研究》，北京

《南方局党史资料》，重庆

《南京社会科学》，南京

《南开经济研究》，天津

《南强月刊》，南京

《南洋季刊》，上海

《南洋问题研究》，厦门

《内政调查统计表》，南京

《农情报告》，南京

《努力周报》，北京

《女子世界》，上海

《前锋》，上海

《钱业月报》，上海

《清华学报》，新竹

《清华周刊》，北京

《清史研究》，北京

《清史研究通讯》，北京

《清议报》，横滨

《人间世》，上海

《人口学刊》，长春

《三民主义月刊》，广州

《三峡大学学报》，宜昌

《山西省新生活运动促进会会刊》，太原

《山西师大学报》，临汾

《商务日报》，重庆

《上海党史资料通讯》，上海

《上海交通大学学报》，上海

《上海新报》，上海

《少年中国》，北京

《社会半月刊》，上海

《社会科学》，上海

《社会科学研究》，成都

《社会科学杂志》，上海

《社会新闻》，上海

《社会月刊》，上海

《申报月刊》，上海

《生活周刊》，上海

《圣教会报》，上海

《圣教杂志》，上海

《时代漫画》，上海

《史料旬刊》，北平

《史林》，上海

《史学理论研究》，北京

《史学月刊》，开封

《史学杂志》，南京、重庆

《世纪评论》，南京

《世界博览》，北京

《世界宗教研究》，北京

《市政评论》，上海

《书摘》，北京

《思想理论教育导刊》，北京

《思想战线》，昆明

《思与言》，台北

《四川大学学报》，成都

《四十年代》，上海

《苏州明报》，苏州

《台大历史学报》，台北

《台湾风物》，台北

《台湾师大历史学报》，台北

《台湾史料研究》，出版地不明

《台湾史研究》，台北

《台湾文学研究集刊》，台北

《谈盐丛报》，上海

《统计月刊》，出版地不明

《图画日报》，上海

《湘报》，长沙

《新青年》，北京、上海

《新史学》，台北

《新亚学报》，香港

《学术研究》，广州

《土改通讯》，出版地不明

《外交报》，上海

《外交部公报》，南京、汉口、重庆

《外交评论》，南京

《文献》，北京

《现代评论》，北京

《乡村建设》，济南

《乡村院刊》，出版地不明

《乡教丛讯》，南京

《向导》，上海

《小日报》，上海

《辛亥革命史研究会通讯》，武汉

《新潮》，北京

《新建设》，北京

《新民丛报》，横滨

《新青年》，北京、上海

《新社会》，出版地不明

《新史学》，台北

《新文化史料》，北京

《新中华杂志》，上海

《行政院公报》，南京、汉口、重庆

《雄狮美术》，台北

《学人》，南京

《学术月刊》，上海

《银行生活》，上海

《银行杂志》，上海

《银行周报》，上海

《庸言》，天津

《粤西杂志》，东京

《云南档案史料》，昆明

《云南省历史研究所研究集刊》，昆明

《战略与管理》，北京

《浙江潮》，东京

《浙江党务》，杭州

《浙江学刊》，杭州

《真光》，上海

《震旦》，上海

《政府公报》，北京、南京、汉口、重庆

《政友》，出版地不明

《政艺通报》，上海

《政治大学历史学报》，台北

《政治生活》，北京

《知识分子论丛》，南京

《中共党史研究》，北京

《中共中央党校学报》，北京

《中国边疆史地研究》，北京

《中国经济》，出版地不明

《中国经济史研究》，北京

《中国农村》，上海

《中国农民》，广州

《中国青年》，上海

《中国日报》，香港

《中国社会科学》，北京

《中国新报》，东京

《中国新书月报》，上海

《中国学术》，北京

《中行月刊》，上海

《中华教育界》，上海

《中华军史学会会刊》，台北

《中华圣公会报》，武昌

《中南土改简报》，武汉

《中山大学学报》，广州

《中山文化教育馆季刊》，上海

《中央半月刊》，上海

《中央党务月刊》，南京

《中央研究院近代史研究所集刊》，台北

《中央银行月报》，上海

《中央周报》，南京

《中州学刊》，郑州

《总统府公报》，南京

『東アジア研究』、大阪

『法政大学沖縄文化研究紀要』、東京

『国際中国学研究』、ソウル

『経済』、千葉

『斯文』、東京

『ニューズレター』、京都

American Historical Review, Bloomington

Asia Quarterly, Cambridge, Boston

Bulletin of the School of Oriental and African Studies, Cambridge, England

China Quarterly, London

Economic History Review, New Jersey

Harvard Journal of Asiatic Studies, Cambridge

Modern China, California

Republican China, Columbus, Ohio

The Canton Press, Canton

The Canton Register, Canton

The Chinese Courier and Canton Gazette, Canton

The Chinese Recorder, Shanghai

The Chinese Repository, Canton

The Far Eastern Quarterly, New York

The Journal of Asian Studies, Cambridge, England

四　资料、论著

《150 年中美关系史著作目录（1923—1990）》，汪熙主编，复旦大学出版社，2005

《1901—1920 年中国基督教调查资料》，中华续行委办会调查特委会编，蔡咏春等
　　译，中国社会科学出版社，1987

《1901 年美国对华外交档案——有关义和团暨辛丑条约谈判的文件》，天津社会科学

院历史研究所编,刘心显等译,齐鲁书社,1984

《1905 年抵制美货运动:中国城市抗争的研究》,黄贤强著,高俊译,上海辞书出版社,2010

《1911:辛亥》,陆建国著,知识出版社,2011

《1930 年代中国的经济恐慌论:分歧与演变》,李宇平著,台湾师范大学历史研究所博士学位论文,1996

《1945—1949:国共政争与中国命运》,汪朝光著,社会科学文献出版社,2010

《20 世纪 30 年代的北平城市管理》,杜丽红著,中国社科院研究生院博士学位论文,2002

《20 世纪南汇农村社会变迁》,李学昌主编,华东师范大学出版社,2001

《爱憎二二八——神话与史实:解开历史之谜》,戴国辉、叶芸芸著,远流出版公司,1998

《安徽近代史》,翁飞等著,安徽人民出版社,1990

《安徽早期党团组织史料选》,中共安徽省党史工作委员会、安徽省档案馆编印,1987

《奥本海国际法》上卷第 2 分册,〔英〕劳特派特修订,王铁崖、陈体强译,商务印书馆,1972

《澳门编年史》,〔葡〕施白蒂著,小雨译,澳门基金会,1995

《八年抗战之经过》,何应钦编著,黎明文化有限公司,1970

《八五自述》(《上海文史资料选辑》第 72 辑),徐国懋著,上海市政协文史资料编辑部印行,1992

《巴黎和会与中国外交》,廖敏淑著,台中中兴大学历史研究所硕士学位论文,1998

《白崇禧先生访问纪录》,贾廷诗等访问纪录,"中央研究院"近代史研究所,1984

《白银资本》,〔德〕贡德·弗兰克著,刘北成译,中央编译出版社,2000

《百年老店国民党沧桑史》,蒋永敬著,传记文学出版社,1993

《版画台湾》,杨永智著,晨星出版社,2004

《鲍罗廷——斯大林派到中国的人》,〔美〕丹尼尔·雅各布斯著,殷罡译,世界知识出版社,1989

《悲剧性的开端——台湾二二八事变》,赖泽涵、马若孟、魏萼著,罗珞珈译,时报出版社,1993

《北大岁月》,罗荣渠著,商务印书馆,2006

《北伐前的黄埔军校》,王肇宏著,东大途图书公司,1987

《北伐前后的"革命外交"(1925—1931)》,李恩涵著,"中央研究院"近代史研究

所，1993

《北伐时期的政治史料》，蒋永敬编，正中书局，1981

《北京电车公司档案史料》，北京市档案馆编，北京燕山出版社，1988

《北京革命历史文件汇集》，中央档案馆、北京市档案馆编印，1991

《北京金融史料·银行篇》（3），中国人民银行北京市分行金融研究所编印，1990

《北京政府与国际联盟（1919—1928）》，唐启华著，东大图书公司，1998

《北洋军阀史话》，丁中江著，中国友谊出版社，1996

《北洋时期的中国外交》，金光耀、王建朗主编，复旦大学出版社，2006

《北洋政府时期的新闻业及其现代化（1916—1928）》，王润泽著，中国人民大学出版社，2010

《北一辉的革命情结：在中日两国从事革命的历程》，黄自进著，"中央研究院"近代史研究所，2001

《被"废除不平等条约"遮蔽的北洋修约史（1912—1928）》，唐启华著，社会科学文献出版社，2010

《比较宪法》，王世杰、钱端升著，中国政法大学出版社，2004

《变动社会的政治秩序》，〔美〕塞缪尔·P.亨廷顿著，张岱云等译，上海译文出版社，1989

《变革社会中的政治秩序》，〔美〕亨廷顿著，王冠华等译，三联书店，1988

《变俗与变政：上海市政府民俗变革研究（1927—1937）》，艾萍著，华东师范大学博士学位论文，2007

《不可忽视的战场：抗战时期的军统局》，吴淑凤等编，"国史馆"，2012

《不能遗忘的名单——台湾抗日英雄榜》，中华全国台湾同胞联谊会编，海峡学术出版社，2001

《不平等条约十讲》，周鲠生著，上海太平洋书店，1928

《财政金融资料辑要》，"财政部"编印，1952

《财政年鉴续编》，财政部年鉴编纂处编，商务印书馆，1943

《蔡成勋祸赣痛史》，旅沪赣民自治促进会编印，1924

《蔡松坡集》，曾业英编，上海人民出版社，1984

《蔡元培教育论集》，高平叔编，湖南教育出版社，1987

《蔡元培全集》，高平叔编，中华书局，1984

《曹汝霖一生之回忆》，传记文学出版社，1980年再版；中国大百科全书出版社，2009

《曹廷杰集》，丛佩远、赵鸣岐编，中华书局，1985

《茶、糖、樟脑业与台湾之社会经济变迁（1860—1895）》，林满红著，联经出版公司，1997

《常德城市现代化进程研究（1840—1949）》，管宏平著，湘潭大学硕士学位论文，2010

《潮流与点滴》，陶希圣著，传记文学出版社，1970

《陈布雷先生从政日记稿样》，东南印务出版社承印，时间不详

《陈诚先生回忆录——国共战争》，"国史馆"，2005

《陈诚先生回忆录——抗日战争》，"国史馆"，2004

《陈诚先生书信集》，"国史馆"，2006

《陈炽集》，赵树贵、曾丽雅编，中华书局，1997

《陈独秀年谱》，唐宝林、林茂生编，上海人民出版社，1988

《陈独秀著作选》，上海人民出版社，1984

《陈光甫日记》，上海市档案馆编，上海书店出版社，2002

《陈光甫先生传略》，张寿贤著，上海银行，1977

《陈光甫先生言论集》，上海商业银行编印，1970

《陈莲笙文集》，上海辞书出版社，2009

《陈逆公博罪行录》，时事新报出版部，1946

《陈寅恪集》，三联书店，2001

《陈撄宁与道教文化的现代转型》，刘延刚著，巴蜀书社，2006

《陈垣全集》，陈智超主编，安徽大学出版社，2009

《成败之鉴——陈立夫回忆录》，陈立夫著，正中书局，1994

《城市建设经济学》，黄士诚著，中国建筑工业出版社，1987

《程天固回忆录》，龙文出版社，1993

《筹办夷务始末》（道光朝），齐思和等整理，中华书局，1964

《筹办夷务始末》（同治朝），宝鋆等著，文海出版社，1966；国风出版社，1962；中华书局编辑部、李书源整理，中华书局，2008

《筹办夷务始末》（咸丰朝），贾桢等纂著，中华书局，1979

《筹办夷务始末补遗》（道光朝），蒋廷黻编，北京大学出版社，1988

《筹笔偶存》，中国社会科学院近代史研究所、中国第一历史档案馆合编，中国社会科学出版社，1983

《出版界二十年——张静庐自传》，张静庐著，上海杂志公司，1938

《出卖上海滩》，〔美〕霍塞著，越裔译，上海书店出版社，2000

《出使四国日记》，薛福成著，湖南人民出版社，1981

《传统佛教与中国近代化》，邓子美著，华东师范大学出版社，1994

《船山全书》，王夫之著，岳麓书社，1991

《钏影楼回忆录》，包天笑著，大华出版社，1971

《慈禧外记》，〔英〕濮兰德、白克好司著，张宪春整理，陈冷汰、陈诒先译，珠海
　　出版社，1995

《从城市看中国的现代性》，巫仁恕、康豹、林美莉主编，"中央研究院"近代史研
　　究所，2010

《从传统中求变——晚清思想史研究》，汪荣祖著，百花洲文艺出版社，2002

《从大历史的角度读蒋介石日记》，黄仁宇著，时报文化出版公司，1994

《从合作到决裂——论龙云与中央的关系（1927—1949）》，杨维真著，"国史
　　馆"，2000

《从军报国记》，邓文仪著，学生书局，1979

《从容共到清党》，李云汉著，东吴大学，1966；及人书局，1987

《从上海市长到"台湾省主席"（1946—1953年）——吴国桢口述回忆》，裴斐、韦
　　慕庭访问整理，吴修垣译，上海人民出版社，1999

《从通商交涉看清朝的外政决策机制》，廖敏淑著，中国社会科学院近代史研究所博
　　士后报告，2009

《从投资公司到"官办商行"：中国建设银公司的创立及其经营活动》，郑会欣著，
　　香港中文大学出版社，2001

《从万国公法到公法外交：晚清国际法的传入、诠释与应用》，林学忠著，上海古籍
　　出版社，2009

《从望厦条约到克林顿访华》，胡礼忠、金光耀、顾关林著，福建人民出版社，1996

《从自由到垄断：中国货币经济两千年》，朱嘉明著，远流出版社，2012

《大东亚战争全史》，〔日〕服部卓四郎著，张玉祥等译，商务印书馆，1984；军事译
　　粹社，1978

《大都市之一：上海》，朱璟编，新生命书局，1935

《大革命时期长沙农民运动》，中共长沙县委党史办等编，湖南人民出版社，1989

《大过渡——时代变局中的中国商人》，李培德编著，商务印书馆（香港）有限公
　　司，2013

《大陆杂志史学丛书》第1辑，大陆杂志社编印，1960

《大清法规大全》，考正出版社，1972

《大清光绪新法令》，商务印书馆编译所编，商务印书馆，1910年铅印本

《大清宣统新法令》，商务印书馆，1910

《大失败：二十世纪共产主义的兴亡》，〔美〕兹·布热津斯基著，军事科学院外国
　　军事研究部译，军事科学出版社，1989

《大学院之工作报告与决算》，中华民国大学院编印，1928

《大战与中立国》，〔英〕阿诺德·托因比等编，上海电机厂职工大学译，上海译文
　　出版社，1981

《戴季陶集》，唐文权、桑兵编，华中师范大学出版社，1990

《戴季陶先生编年传记》，陈天锡著，文海出版社，1967

《戴笠传》，良雄著，传记文学出版社，1982

《戴笠先生与抗战史料汇编·经济作战》，"国史馆"，2011

《戴笠与抗战》，张霈芝著，"国史馆"，1999

《弹火余生录》第2册，张赣萍著，香港文史出版社，1968

《当代中国基督教发展史》，赵天恩、庄婉芳著，中福出版有限公司，1997

《党化教育下各科教学法纲要》，张九如著，新时代教育社，1927

《党史概要》，张其昀著，中央文物供应社，1979

《党员、党权与党争：1924—1949年中国国民党的组织形态》，王奇生著，上海书店
　　出版社，2003；修订增补本，华文出版社，2011

《道光年间夷务和约条款奏稿》，北京大学图书馆藏手抄本

《道咸同光四朝奏议》，王云五主持，台湾商务印书馆，1970年影印本

《德国外交文件有关中国交涉史料选译》(1)、(2)，孙瑞芹编译，商务印书馆，1960

《德黑兰、雅尔塔、波茨坦会议记录摘编》，上海人民出版社编，上海人民出版
　　社，1974

《邓中夏文集》，人民出版社，1983

《帝国的回忆——〈纽约时报〉晚清观察记（1854—1911）》（修订本），郑曦原编，
　　当代中国出版社，2007

《帝国主义侵华教育史资料——教会教育》，李楚材编著，教育科学出版社，1987

《帝国主义与中国铁路》，宓汝成著，上海人民出版社，1980

《帝国主义在旧中国的投资》，吴承明著，人民出版社，1955

《第二次世界大战回忆录——胜利与悲剧》，〔英〕温斯顿·丘吉尔著，斯祝等译，
　　商务出版社，1995

《第二次中日战争史》，吴相湘著，综合月刊社，1974

《第三次全国财政会议汇编》，第三次全国财政会议秘书处编，学海出版社影印版，1971

《第三届中琉历史关系国际学术会议论文集》，中琉文化经济协会编印，1991

《第一、二次国内革命战争时期土地斗争史料选编》，中国社会科学院经济研究所中国现代经济史组编，人民出版社，1981

《第一次国内革命战争时期的农民运动》，人民出版社编印，1953

《第一次国内革命战争时期农民运动史》，曾宪林、谭克绳主编，山东人民出版社，1990

《第一回中国年鉴》，阮湘等编，商务印书馆，1924

《第一届国民大会实录》，国民大会秘书处编印，1947

《定海县志》，陈训正等纂，1924 年铅印本

《定县经济调查一部分报告书》，李景汉等编，河北省县政建设研究院，1935

《定县平民教育运动考察记》，毛应章著，南京，1932

《定县乡村工业调查》，张世文著，中华平民教育促进会，1935

《东北抗日联军史料》，东北抗日联军史料编写组编，中共党史资料出版社，1987

《东北史研究》第 1 辑，吉林省东北史研究会编印，1983

《东京审判》（张宪文主编《南京大屠杀史料集》7），杨夏鸣编，江苏人民出版社，2005

《东亚的价值》，吴志攀等编，北京大学出版社，2010

《东印度公司对华贸易编年史（1635—1834）》，〔美〕马士著，区宗华译，中山大学出版社，1991

《动荡转型中的民国教育》，申晓云著，河南人民出版社，1994

《动员农民：广东农民运动之研究（1922—1927）》，郑建生著，台湾师范大学历史研究所硕士学位学位论文，1992

《〈独立评论〉的民主思想》，陈仪深著，联经出版公司，1989

《独秀文存》，陈独秀著，安徽人民出版社，1987

《读通鉴论》，王夫之著，广文书局，1967

《杜亚泉文选》，田建业等编，华东师范大学出版社，1993

《端忠敏公奏稿》，端方著，文海出版社，1967 年影印本

《俄国人在黑龙江》，〔英〕拉文斯坦著，陈霞飞译，陈泽宪校，商务印书馆，1974

《鄂豫皖革命根据地》，《鄂豫皖革命根据地》编委会编，河南人民出版社，1989

《鄂豫皖苏区革命历史文件汇集》，中央档案馆等编印，1986

《鄂州血史》，蔡寄鸥著，龙门联合书局，1958

《"二二八事件"研究报告》，赖泽涵总主笔，黄富三等执笔，时报出版社，1994

《二二八消失的台湾精英》，李筱峰著，自立晚报社，1990

《二十世纪初中国政治改革风潮——清末立宪运动史》，侯宜杰著，人民出版社，1993

《二十世纪中国佛教》，陈兵、邓子美著，民族出版社，2000

《法币、金圆券与黄金风潮》，中国人民政治协商会议全国委员会文史资料研究委员
　　会编，文史资料出版社，1985/1991

《法国对华传教政策》上卷，〔法〕卫青心著，黄庆华译，中国社会科学出版社，1991

《翻身》，〔美〕韩丁著，北京出版社，1980

《反法西斯战争文献》，世界知识出版社编印，1955

《方家园杂咏纪事（附吟草四种）》，王照著，文海出版社，1966

《费正清对华回忆录》，陆惠勤等译，上海新华书局，1991

《费正清集》，陶文钊编选，林海等译，天津人民出版社，1992

《奋进的历史——中国基督教的本色化》，段琦著，商务印书馆，2004

《风狂霜峭录》，许涤新著，三联书店，1989

《奉直战云录》，陈冠雄著，中华书局，2007

《佛教与现代化》，觉醒主编，宗教文化出版社，2008

《浮生九四：雪林回忆录》，苏雪林著，三民书局，1991

《浮世万象》，孙曜东口述、宋路霞整理，上海教育出版社，2005

《福建革命历史文件汇集》，中央档案馆、福建档案馆编印，1986

《福建文史资料选辑》第35辑，福建人民出版社，1996

《福州方志史略》，张天禄著，海风出版社，2007

《府城绅士：辛文炳和他的志业（1912—1999）》，谢国兴著，南天书局，2000

《傅秉常先生访问纪录》，沈云龙、谢文孙访问纪录，"中央研究院"近代史研究
　　所，1993

《傅兰雅档案》，戴吉礼主编，广西师范大学出版社，2010

《傅孟真先生集》，傅孟真先生遗著编辑委员会编印，1952

《傅斯年全集》，联经出版公司，1980

《富国岛留越国军——史料汇编（3）》，"国史馆"，2007

《改革与困扰——三十年代国民政府的尝试》，郑会欣著，香港教育图书公司，1998

《改良与革命——辛亥革命在两湖》，〔美〕周锡瑞著，杨慎之译，中华书局，1982

《赣县七鲤乡社会调查》，李柳溪著，江西省地方行政干部训练团印行，1941

《刚恒毅与中国天主教的本土化》，刘国鹏著，社会科学文献出版社，2011

《高翔文存》，川康渝文物馆，1983

《高阳织布业简史》（《河北省文史资料》第19辑），河北大学地方史研究室等编印，1987

《稿本航海述奇汇编》，张德彝著，北京图书馆出版社，1997

《割台三记》，罗惇曧、俞明震、吴德功著，大通出版社，1959

《革命军》，邹容著，华夏出版社，2002

《革命文献》，中国国民党党史会，陆续出版

《革命逸史》，冯自由著，中华书局，1981

《革命与血缘、地缘：由纠葛到消解》，何朝银著，中国社会科学出版社，2009

《革命之再起——中国国民党改组前对新思潮的回应（1914—1924）》，吕芳上著，"中央研究院"近代史研究所，1989

《革命中的中国：延安道路》，〔美〕马克·赛尔登著，魏晓明等译，社会科学文献出版社，2002

《格致古微》，王仁俊著，光绪二十二年刻本

《各国教育制度》，常导之著，中华书局，1936

《各省市实施失学民众补习教育计划汇编》，教育部社会教育司编印，1937

《各苏区土地问题——1944年3月在延安杨家岭学习会上的报告》，李六如著，中共中央党校党史教研室编印，时间不详

《庚子记事》，中国科学院历史研究所第三所编，科学出版社，1959

《庚子西狩丛谈》，吴永口述，刘治襄笔记，中华书局，2009

《公共领域的结构转型》，〔德〕哈贝马斯著，曹卫东等译，上海学林出版社，1999

《公私观念与中国社会》，刘泽华主编，中国人民大学出版社，2003

《龚德柏回忆录》，龙文出版社，1989

《龚自珍全集》，王佩诤校著，上海古籍出版社，1975

《共产革命七十年：从革命夺权到告别革命》，陈永发著，联经出版公司，1988

《共产国际、联共（布）与中国革命资料档案丛书》，中共中央党史研究室第一研究部译，北京图书馆出版社，1997

《古典台湾：文学史·诗社·作家论》，黄美娥著，"国立编译馆"，2007

《古史辨运动的兴起》，王汎森著，允晨文化公司，1987

《故宫文献特刊·袁世凯奏折专辑》，台北故宫博物院故宫文献编辑委员会编辑，台北故宫博物院，1970

《顾维钧回忆录》，中华书局，1985

《关山夺路》，王鼎钧著，尔雅出版社，2005

《关于汪精卫叛国》，新新出版社，1939

《观念史研究：中国现代重要政治术语的形成》，金观涛、刘青峰著，香港中文大学
　　当代中国文化研究中心，2008

《官僚资本论》，许涤新著，海燕书店，1951

《官商之间：社会剧变中的近代绅商》，马敏著，天津人民出版社，1995

《官治与自治——20 世纪上半期的中国县制》，魏光奇著，商务印书馆，2004

《光复前台籍抗日志士在闽粤的活动》，林德政著，复文图书出版社，1995

《光复台湾之筹划与受降接收》，张瑞成编，中国国民党党史会，1990

《光绪朝东华录》，朱寿朋编，文海出版社，2006；中华书局，1958

《光绪传》，孙孝恩、丁琪著，人民出版社，1997

《光绪分水县志》，臧承宣等纂，成文出版社，1975

《光绪霍山县志》，江苏古籍出版社编印，1998

《光绪甲辰政艺丛书·政学文编卷》，邓实辑，出版社不详，1904；文海出版社，
　　1976 年影印本

《光绪三十三年份第一次教育统计图表》，学部总务司编，中国出版社

《光绪宣统两朝上谕档》，中国第一历史档案馆编，广西师范大学出版社，1996

《光绪政要》，沈桐生辑，文海出版社，1969；江苏广陵古籍刻印社，1991

《广东革命历史文件汇集》，中央档案馆、广东省档案馆编印，1982，

《广东农民运动资料选编》，广州农民运动讲习所旧址纪念馆编，人民出版社，1987

《广东区党、团研究史料（1921—1926）》，广东省档案馆等编，广东人民出版社，
　　1983

《广东十三行考》，梁嘉彬著，国立编译馆，1937

《广东书院制度》，刘伯骥著，"国立编译馆中华丛书编审委员会"，1978

《广州"番鬼"录》，〔美〕亨特著，冯树铁译，广东人民出版社，1993

《广州简史》，杨万秀等主编，广东人民出版社，1996

《广州农民运动讲习所资料选编》，广东农民运动讲习所旧址纪念馆编，人民出版
　　社，1987

《广州文史资料》第 10 辑，广州市政协文史研究委员会，1963

《贵州开发史话》，刘学洙著，贵州人民出版社，2001

《郭汝瑰回忆录》，四川人民出版社，1987

《郭嵩焘等使西记六种》，朱维铮主编，三联书店，1998

《郭嵩焘日记》，湖南人民出版社，1983

《国耻史》，蒋恭晟著，中华书局，1929

《国防部情报局史要汇编》，"国防部情报局"编印，1962

《国父全集》，秦孝仪主编，中国国民党党史会，1973

《国共内战中的东北战场》，程嘉文著，台湾大学历史研究所硕士学位论文，1997

《国会请愿代表第二次呈都察院代奏书汇录》，中国社会科学院近代史研究所藏刊本，
　　出版日期不详

《国会政体：美国政治研究》，〔美〕威尔逊著，熊希龄、吕德本译，商务印书馆，
　　1989

《国际法大纲》，杜蘅之著，台湾商务印书馆，1986

《国际法的概念和渊源》，李浩培著，贵州人民出版社，1994

《国际法史》，〔苏〕Д. 费尔德曼、Ю. 巴斯金著，黄道秀等译，法律出版社，1992

《国际法原理》上册，雷崧生著，正中书局，1953

《国际关系史》，王绳组主编，世界知识出版社，1995

《国际联合会调查团报告书》，中华民国国民政府外交部译制，1932

《国际条约集（1934—1944）》，世界知识出版社编，编者出版，1961

《国际条约集（1945—1947）》，世界知识出版社编，编者出版，1959

《国家图书馆藏近代统计资料丛刊》第 32 册，国家图书馆古籍馆编，北京燕山出版
　　社，2009

《国家图书馆藏民国税收税务档案史料汇编》，全国图书馆文献缩微复制中心，2008

《国家与社会：清末地方自治与宪政改革》，马小泉著，河南大学出版社，2001

《国家与学术：清季民初关于"国学"的思想论争》，罗志田著，三联书店，2003

《国家主义的教育》，余家菊、李璜著，冬青出版社，1974

《国军后勤史》，"国防部史政编译局"编印，1991

《国民党的"联共"与"反共"》，杨奎松著，社会科学文献出版社，2008

《国民党高层的派系政治》，金以林著，社会科学文献出版社，2009

《国民党军追堵红军长征档案史料选编（云南部分）》，云南省档案馆编，档案出版
　　社，1987

《国民党政府政治制度档案史料选编》，孔庆泰编，安徽教育出版社，1994

《国民革命军战役史第五部——戡乱》，"三军大学"编，"国防部史政编译局"，1989

《国民政府建制职名录》，许师慎编，"国史馆"，1984

《国民政府考试院研究》，肖如平著，社会科学文献出版社，2008

《国民政府外交史》，洪钧培著，华通书局，1930；文海出版社翻印，1968

《国民政府战时统制经济与贸易研究（1937—1945）》，郑会欣著，上海社会科学院
　　出版社，2009

《国民政府之建立与初期成就》，王正华著，台湾商务印书馆，1986

《国难期间应变图存问题之研究——从九一八到七七》，刘维开著，"国史馆"，1995

《国内近十年来之宗教思潮——燕京华文学校研究参考资料》，张钦士选辑，京华印
　　书局，1927

《国史大纲》，钱穆著，台湾商务印书馆，1969

《国外中国近代史研究》，中国社会科学院近代史研究所编，中国社会科学出版社，
　　1983—1994

《国闻备乘》，胡思敬著，上海书店出版社，1997

《（国闻周报）评坛、社论、时评》，文海出版社，1985

《过渡时代之思想与教育》，蒋梦麟著，商务印书馆，1932

《海防档》，"中央研究院"近代史研究所编印，1966

《海国图志》，魏源著，岳麓书社，1998

《海陆丰革命史料（1920—1927）》第1辑，中共海丰县委党史办公室、中共陆丰县
　　委党史办公室编，广东人民出版社，1986

《海录注》，谢清高口述、杨炳南笔记、冯承钧校注，台湾商务印书馆，1970

《海南文史资料》第6辑，南海出版公司，1993

《海桑集——熊式辉回忆录》，熊式辉著，明镜出版社，2008

《海外赤子——华侨》，郑民等编著，人民出版社，1985

《海峡两岸在亚洲开发银行的中国代表权之争——名分秩序论观点的分析》，张启雄
　　著，"中央研究院"东北亚区域研究所，2001

《韩国研究论丛》第6辑，复旦大学韩国研究中心编，中国社会科学出版社，1999

《韩战救台湾？解读美国对台政策》，张淑雅著，卫城出版社，2011

《寒风集》，陈公博著，地方行政社，1945

《汉口小志》，徐焕斗、王夔清著，商务印书馆，1915年铅印本

《郝柏村解读蒋公日记》，天下出版社，2011

《何炳松论文集》，刘寅生等编校，商务印书馆，1990

《何廉回忆录》，朱佑慈等译，中国文史出版社，1988

《何应钦将军九五纪事长编》，何应钦将军九五纪事长编编纂委员会编，黎明文化，

　　　　1984

《河北省省政统计概要》，河北省政府秘书处编印，1928

《河北省实业统计》，河北省实业厅视察处编，河北省实业厅第四科，1934

《河北文史资料》第11辑，河北人民出版社，1983

《河南省农村调查》，行政院农村复兴委员会编，商务印书馆，1934

《河内汪案始末》，陈恭澍著，传记文学出版社，1983

《贺昌文集》，中共党史出版社，2006

《赫德与中国海关》，〔英〕魏尔特著，陆琢成等译，戴一峰校，厦门大学出版社，
　　　　1993

《赫逊河畔谈中国历史》，黄仁宇著，时报文化出版公司，1989

《红档杂志有关中国交涉史料选译》，张蓉初编译，三联书店，1957

《洪业——清朝开国史》，〔美〕魏斐德著，陈苏镇等译，江苏人民出版社，1995

《胡适的日记》，远流出版公司，1990

《胡适来往书信选》，中国社会科学院近代史研究所中华民国史研究室编，中华书局，
　　　　1979；社会科学文献出版社，2013

《胡适秘藏书信选》，梁锡华选注，远景出版事业公司，1982

《胡适任驻美大使期间往来电稿》，中国社会科学院近代史研究所中华民国史组编，
　　　　中华书局，1978

《胡适文集》，欧阳哲生编，北京大学出版社，1998

《胡适早年文存》，周质平主编，远流出版公司，1995

《胡适之先生年谱长篇初稿》，胡颂平编，联经出版公司，1984

《湖北革命知之录》，张难先著，商务印书馆，1946

《湖北军政府文献资料汇编》，辛亥革命武昌起义纪念馆、政协湖北省委员会编，武
　　　　汉大学出版社，1986

《湖北通史·晚清卷》，章开沅等主编，华中师范大学出版社，1999

《湖南大公报十稘纪念册》，湖南大公报编辑部辑印，1925

《湖南农民运动资料汇编》，中国革命博物馆、湖南省博物馆编，人民出版社，1988

《湖南文史资料》，湖南人民出版社，1963—1983

《护国文献》，云南省社会科学院历史研究所等编，贵州人民出版社，1985

《护国运动》，存萃学社编，香港崇文书店，1973

《护国运动史》，谢本书等著，贵州人民出版社，1984

《沪上往事》，万墨林著，中外杂志社，1977

《沪游杂记》，葛元熙著，上海古籍出版社，1989

《花随人圣庵摭忆全编》，黄濬著，许晏骈、苏同炳合编，联经出版公司，1979

《华北村治——晚清和民国时期的国家与乡村》，〔美〕李怀印著，岁有生、王士皓译，中华书局，2008

《华工出国史料汇编》，陈翰笙主编，中华书局，1985

《淮海战役》，中共中央党史资料征集委员会编，党史资料出版社，1988

《淮海战役亲历记》，淮海战役亲历记编审组编，文史资料出版社，1988

《淮军志》，王尔敏著，"中央研究院"近代史研究所，1967

《皇朝经世文编》，贺长龄辑著，文海出版社，1966

《〈皇朝经世文编〉学术、治体部分思想之分析》，黄克武著，台湾师范大学历史研究所硕士学位论文，1985

《皇朝政典类纂·户役》，席裕福、沈师徐辑，文海出版社，1982

《皇权与绅权》，吴晗、费孝通等著，天津人民出版社，1988

《黄河青山》，黄仁宇著，张逸安译，三联书店，2001

《黄麻起义》，郭家齐主编，武汉大学出版社，1987

《黄慕松吴忠信赵守钰戴传贤奉使办理藏事报告书》，中国第二历史档案馆、中国藏学研究中心合编，中国藏学出版社，1993

《黄埔建校六十周年论文集》，"国防部史政编译局"编印，1984

《黄埔军校史丛书》，广州市社会科学院历史研究所主编，广东人民出版社，2006年起陆续出版

《黄埔军校之成立其初期发展》，黄振凉著，正中书局，1993

《黄兴集》，湖南省社会科学院编，中华书局，1981

《黄炎培年谱》，许汉三著，文史资料出版社，1985

《黄膺白先生年谱长编》，沈云龙编，联经出版公司，1976

《黄遵宪集》，吴振清等编，天津人民出版社，2003

《黄遵宪与近代中国》，郑海麟著，三联书店，1988

《回顾录》，邹鲁著，三民书局，1976

《回忆国民党政府资源委员会》，中国人民政治协商会议全国委员会资料研究委员会工商经济组编，中国文史出版社，1988

《回忆卫立煌先生》，赵荣声著，文史资料出版社，1985

《回忆辛亥革命》，中国人民政治协商会议全国委员会文史资料研究委员会编，文史资料出版社，1981

《回忆与研究》，李维汉著，中共党史资料出版社，1986

《会昌县志》，新华出版社，1993

《会泽督黔文牍・电报》，云南督军署秘书厅编印，1920

《会泽靖国文牍》，前靖国联军总司令部秘书厅编印，1923

《会泽首义文牍・电报》，前云南都督府秘书厅编印，1917

《基督教会与近代山东社会》，陶飞亚、刘天路著，山东大学出版社，1994

《基督教会与民初宪法上的信教自由——以定孔教为国教之争为中心（1912—1917）》，刘义著，上海大学硕士学位论文，2005

《基督教青年会在中国：本土和现代的探索》，赵晓阳著，社会科学文献出版社，2008

《基督教学》，段琦、陈东风、文庸著，当代世界出版社，2000

《基督教在华出版事业（1912—1949）》，何凯立著，陈建明等译，四川大学出版社，2004

《戢翼翘先生访问纪录》，沈云龙访问，"中央研究院"近代史研究所，1985

《纪念李友邦先生论文集》，严秀峰编，世界综合出版社，2003

《纪念七七抗战六十周年学术研讨会论文集》，"国史馆"编印，1998

《纪念辛亥革命七十周年青年学术讨论会论文选》，中南地区辛亥革命史研究会、湖南省历史学会编，中华书局，1983

《甲午战争史》，戚其章著，上海人民出版社，2005

《甲午战争外交秘录》，〔日〕陆奥宗光著，陈鹏仁译，海峡学术出版社，2005

《艰苦建国的十年》，薛光前编，正中书局，1971

《简明伊斯兰史》，马明良著，经济日报出版社，2001

《蹇蹇录》，〔日〕陆奥宗光著，龚德柏译，台湾商务印书馆，1967

《建宁县志》，新华出版社，1995

《剑桥拉丁美洲史》第1卷，〔英〕莱斯利・贝瑟尔主编，胡毓鼎等译，经济管理出版社，1995

《剑桥中国晚清史》，〔美〕费正清编，中国社会科学院历史研究所编译室译，中国社会科学出版社，1993

《涧于集》，张佩纶著，文海出版社，1968

《江村经济》，费孝通著，戴可景译，江苏人民出版社，1986

《江南土布史》，徐新吾著，上海社会科学出版社，1992

《江宁县政概况・建设》，江宁实验县县政府编印，1934

《江苏省农村调查》，行政院农村复兴委员会编，商务印书馆，1935

《江苏省青浦县志》，熊其英等纂，成文出版社，1970

《江苏学务总会文牍》初编，沈同芳编，商务印书馆，1906

《江文也——荆棘中的孤挺花》，张己任著，传艺中心，2002

《江文也先生逝世二十周年纪念学术研讨会论文集》，"中央研究院"台湾史研究所
　　筹备处，2003

《江西革命历史文件汇集》，中央档案馆、江西省档案馆编印，1987

《江西省粮食志资料长编》，江西省粮食局编印，1991

《江西省土地改革重要文献汇编》，江西省土地改革委员会编印，1954

《江西田赋问题》，熊漱冰著，新记合群印刷公司印制，1932

《江浙铁路风潮》，墨悲编，中国国民党党史史料编纂委员会，1968

《蒋"总统"传》，董显光著，"中华文化事业出版委员会"，1952

《蒋"总统"秘录》，〔日〕古屋奎二著，中央日报社译印，1978

《蒋公与我：见证中华民国关键变局》，周宏涛口述、汪士淳撰写，天下远见出版公
　　司，2003

《蒋介石大传》，刘红著，团结出版社，2001

《蒋介石的亲情、爱情与友情》，吕芳上策划，时报出版公司，2011

《蒋介石的人际网络》，汪朝光主编，社会科学文献出版社，2011

《蒋介石年谱初稿》，中国第二历史档案馆编，档案出版社，1992

《蒋介石评传》，汪荣祖、李敖著，商周文化出版社，1995

《蒋介石全传》上册，张宪文、方庆秋主编，河南人民出版社，1996

《蒋介石与我——张发奎上将回忆录》，香港文化艺术出版社，2008

《蒋介石与现代中国再评价国际学术研讨会论文集》，"中央研究院"近代史研究
　　所，2011

《蒋经国自述》，湖南人民出版社，1988

《蒋氏密档与蒋介石真相》，杨天石著，社会科学文献出版社，2002

《蒋廷黻回忆录》，岳麓书社，2003

《蒋中正"总统"档案·事略稿本》，"国史馆"，陆续出版

《蒋中正"总统"五记》，黄自进、潘光哲编辑，"国史馆"，2011

《蒋中正日记与民国史研究》上册，吕芳上主编，世界大同出版社，2011

《蒋中正先生对日言论选集》，黄自进主编，中正文教基金会，2004

《蒋中正与近代中日关系》，黄自进著，稻香出版社，2006

《交通银行史料》，交通银行总行编，中国金融出版社，1995

《胶济铁路经济调查报告》，胶济铁路管理局编印，1936

《教案与晚清社会》，赵树好著，中国文联出版社，2001

《教务教案档》第6辑，"中央研究院"近代史研究所编印，1974

《教育方针与政策资料》，"教育部"编，中央文物供应社，1951

《今井武夫回忆录》，天津市政协编译委员会译，中国文史出版社，1987

《金城银行史料》，中国人民银行上海市分行金融研究室编，上海人民出版社，1983

《金陵琐志九种》，陈作霖、陈诒绂编，南京出版社，2008

《金融法规汇编》，中央银行经济研究处编，商务印书馆，1937

《金融线上——上海金融从业员征文集》，文艺习作社编，文艺习作社，1941

《金三角血泪史》，覃怡辉著，联经出版公司，2009

《金圆券币史》，季常佑著，江苏古籍出版社，2001

《津门杂记》，张焘著，天津古籍出版社，1986

《进化论与伦理学》，〔英〕赫胥黎著，《进化论与伦理学》翻译组译，科学出版社，
　　1971

《进化论与中国激进主义》，吴丕著，北京大学出版社，2005

《进化主义在中国》，王中江著，首都师范大学出版社，2002

《近代稗海》，荣孟源等主编，四川人民出版社，1985

《近代稗海》第12辑，章伯锋、顾亚主编，四川人民出版社，1988

《近代的尺度——两次鸦片战争军事与外交》（增订本），茅海建著，三联书店，2011

《近代读书人的思想世界与治学取向》，罗志田著，北京大学出版社，2009

《近代冀鲁豫乡村》，从翰香主编，中国社会科学出版社，1995

《近代南通土布史》，林举百著，南京大学学报编辑部内部本，1984

《近代农业改良思想》，陈炯彰著，台湾师范大学历史研究所硕士学位论文，1976

《近代上海城市研究》，张仲礼主编，上海人民出版社，1990

《近代上海地区方志经济史料选辑（1840—1949）》，黄苇、夏林根编，上海人民出
　　版社，1984

《近代绅士：一个封建阶层的历史命运》，王先明著，天津人民出版社，1997

《近代史资料文库》，庄建平主编，上海书店出版社，2009

《近代中国、东亚与世界》，王建朗、栾景河主编，社会科学文献出版社，2008

《近代中国城市发展与社会变迁（1840—1949年）》，何一民主编，科学出版社，
　　2004

《近代中国大学研究（1895—1949）》，金以林著，中央文献出版社，2000

《近代中国对西方及列强认识资料汇编》第2、3辑，"中央研究院"近代史研究所编印，1986

《近代中国海防——军事与经济》，李金强、刘义章、麦劲生合编，香港中国近代史学会，1999

《近代中国海军》，海军司令部《近代中国海军》编辑部编，海潮出版社，1994

《近代中国价格结构研究》，王玉茹著，陕西人民出版社，1997

《近代中国教育史》，陈启天著，中华书局，1969

《近代中国教育史料》，舒新城编，中华书局，1933

《近代中国教育史资料·清末篇》，多贺秋五郎编，文海出版社，1976

《近代中国历史人物论文集》，"中央研究院"近代史研究所编印，1993

《近代中国立法史》，杨幼炯著，商务印书馆，1936

《近代中国民间武器》，邱捷著，社会科学文献出版社，2012

《近代中国民主观念之生成与流变——一项观念史的考察》，闾小波著，江苏人民出版社，2011

《近代中国民主政治发展史》，张玉法著，东大图书公司，1999

《近代中国社会文化变迁录》，刘志琴主编，浙江人民出版社，1998

《近代中国史纲》，郭廷以著，南天书局，1980；香港中文大学出版社，1980；晓园出版社，1994

《近代中国史事日志》，郭廷以编著，正中书局，1963

《近代中国思想人物论：民族主义》，李国祁等，时报出版公司，1980

《近代中国外交与国际法》，程道德主编，现代出版社，1993

《近代中国与新世界——康有为变法与大同思想研究》，萧公权著，江苏人民出版社，2007

《近代中国资产阶级研究》，《历史研究》编辑部等编，复旦大学出版社，1984

《近代中英西藏交涉与川藏边情——从廓尔喀之役到华盛顿会议》，冯明珠著，台北故宫博物院，1996

《晋察冀抗日根据地史料选编》上册，河北省社会科学院历史研究所等编，河北人民出版社，1983

《经济与社会》第1卷，〔德〕马克斯·韦伯著，阎克文译，上海人民出版社，2010

《经世思想与新兴企业》，刘广京著，联经出版公司，1990

《经学历史》，皮锡瑞著，中华书局，1981

《经元善集》，虞和平编，华中师范大学出版社，1988

《九一八后国难痛史》，辽宁教育出版社，1991

《九一八事变与抗日战争——第三届海峡两岸抗日战争史学术研讨会论文集》，中正文教基金会，2011

《旧京琐记》，夏仁虎著，辽宁教育出版社，1998

《旧制度与大革命》，〔法〕托克维尔著，冯棠译，商务印书馆，1992

《旧中国的买办阶级》，黄逸峰、姜铎著，上海人民出版社，1982

《旧中国的通货膨胀》，杨培新著，上海三联书店，1963

《旧中国的资源委员会——史实与评价》，郑友揆、程麟荪、张传洪著，上海社会科学院出版社，1991

《旧中国杂记》，〔美〕亨特著，沈正邦译，章文钦校，广东人民出版社，2000

《军绅政权——近代中国的军阀时期》，〔加〕陈志让著，三联书店香港分店，1983；三联书店，1980

《军事教育会议纪录》，军事委员会军训部编印，1939

《军事近代化与中国革命》，〔澳〕冯兆基著，郭太风译，上海人民出版社，1994

《军政十五年》，何应钦著，"国防部史政编译局"，1981

《喀什噶尔》，〔俄〕库罗帕特金著，中国社会科学院近代史研究所翻译室译，商务印书馆，1982

《开国第一任央行行长南汉宸》，邓加荣著，中国金融出版社，2006

《开罗会议与中国》，梁敬錞著，香港亚洲出版公司，1962

《开启心眼：〈台湾府城教会报〉与长老教会的基督徒教育》，张妙娟著，人光出版社，2005

《戡定新疆记》，魏光焘著，台湾商务印书馆，1966

《康南海自编年谱》，楼宇烈整理，中华书局，1992

《康有为全集》，姜义华、张荣华编校，中国人民大学出版社，2007

《康有为谭嗣同思想研究》，李泽厚著，上海人民出版社，1958

《康有为与保皇会》，上海市文物保管委员会编，上海人民出版社，1982

《康有为早期遗稿述评》，黄明同、吴熙钊主编，中山大学出版社，1988

《康有为政论集》，汤志钧编，中华书局，1981

《康泽自述》，团结出版社，2012

《康章合论》，汪荣祖著，联经出版公司，1988

《抗日烽火中的台湾义勇队》，楼子芳著，世界综合出版社，2003

《抗日民主统一战线在西南》，西南地区文史资料协作会议编，四川人民出版社，1990

《抗日战争》，章伯锋、庄建平主编，四川大学出版社，1997

《抗日战争的正面战场》，张宪文主编，河南人民出版社，1987

《抗日战争时期国共关系记事（1931.9—1945.9）》，黄修荣著，中共党史出版社，1995

《抗日战争时期国民政府财政经济战略措施研究》，抗战时期政府财经战略研究组编著，西南财经大学出版社，1988

《抗日战争时期重要资料统计集》，强重华编，北京出版社，1997

《抗日战争史》，军事科学院军事历史研究部著，解放军出版社，2005

《抗日战争正面战场》，中国第二历史档案馆编，江苏古籍出版社，1987

《抗战教育的理论与实践》，李公朴著，读书生活出版社，1938

《抗战前教育政策之研究》，陈进金著，近代中国出版社，1997

《抗战前十年货币史资料》，卓遵宏编，"国史馆"，1985

《抗战时期的国军人事》，张瑞德著，"中央研究院"近代史研究所，1993

《抗战时期的货币战争》，林美莉著，台湾师范大学历史研究所，1996

《抗战文选》，清岑编，拔提书局，1938

《考察江宁邹平青岛定县纪实》，李宗黄编，正中书局，1935

《柯台山先生访问纪录》，许雪姬访问，曾金兰纪录，"中央研究院"近代史研究所，1997

《科学史及其与哲学和宗教的关系》，〔英〕W. C. 丹皮尔著，李珩译，商务印书馆，1975

《孔祥熙》，瑜亮著，开源书局，1955

《孔祥熙其人其事》，寿充一编，中国文史出版社，1987

《口述历史（4）二二八事件专号》，"中央研究院"近代史研究所口述历史编辑委员会编，"中央研究院"近代史研究所，1993

《口述历史（5）日据时期台湾人赴大陆经验》，"中央研究院"近代史研究所口述历史编辑委员会编，"中央研究院"近代史研究所，1994

《苦命天子——咸丰皇帝奕詝》，茅海建著，三联书店，2006

《昆明文史资料选辑》第6辑，昆明政协文史资料研究委员会编印，1986

《蓝衣社复兴社力行社》，干国勋等著，传记文学出版社，1984

《懒寻旧梦录》，夏衍著，三联书店，1986

《老残游记》，刘锷著，陈翔鹤校、戴鸿森注，人民文学出版社，1979

《老圃遗文辑》，杨荫杭著，长江文艺出版社，1993

《乐斋漫笔》，岑春煊著，中华书局，2007

《了了人生》，廖明哲著，文史哲出版社，2002

《雷震全集・雷震日记》，傅正主编，桂冠图书公司，1989

《李鸿章全集》，顾廷龙、戴逸主编，安徽教育出版社，2008

《李鸿章与北洋舰队：近代中国创建海军的失败与教训》，王家俭著，三联书店，2008

《李品仙回忆录》，中外图书出版社，无出版时间

《李文忠公全集》，李鸿章著，文海出版社，1980 年影印本；商务印书馆，1921

《李星沅日记》，袁英光、童浩整理，中华书局，1987

《李宗仁回忆录》，李宗仁口述、唐德刚撰写，南粤出版社，1987

《李宗仁先生晚年》，程思远著，文史资料出版社，1980

《历史的观念》，〔英〕柯林武德著，何兆武译，中国社会科学出版社，1986

《历史的终结及最后之人》，〔美〕弗兰西斯・福山著，黄胜强等译，中国社会科学
　　出版社，2003

《历史三调：作为事件、经历和神话的义和团》，〔美〕柯文著，杜继东译，江苏人
　　民出版社，2000

《历史与思想》，余英时著，联经出版公司，2004

《立宪派与辛亥革命》，张朋园著，吉林出版集团，2007

《联俄容共与西山会议》，谢幼田著，集成图书有限公司，2001

《联共（布）、共产国际与中国国民革命运动（1920—1925）》，中共中央党史研究
　　室译，北京图书馆出版社，1997

《联共（布）、共产国际与中国国民革命运动（1926—1927）》，中共中央党史研究
　　室第一研究部译，北京图书馆出版社，1998

《恋爱破灭论》，卢剑波编，泰东书局，1928

《梁启超・明治日本・西方——日本京都大学人文科学研究所共同研究报告》，〔日〕
　　狭间直树编，社会科学文献出版社，2001

《梁启超年谱长编》，丁文江、赵丰田编，上海人民出版社，1983

《梁启超启蒙思想的东学背景》，郑匡民著，上海书店，2003

《梁启超与中国思想的过渡》（1890—1907），〔美〕张灝著，崔志海、葛夫平译，江
　　苏人民出版社，1997

《梁漱溟全集》，山东人民出版社，1990—1993

《梁漱溟问答录》，汪东林著，香港三联书店，1998

《梁漱溟与山东乡村建设》，山东省政协文史资料委员会编，山东人民出版社，1991

《列宁论国际政治与国际法》，世界知识出版社，1959

《列宁斯大林论中国》，人民出版社，1965

《列宁选集》，人民出版社，1976

《列强对华外交（1894—1900）——对华政治经济关系的研究》，〔英〕菲利浦·约瑟夫著，胡滨译，商务印书馆，1962

《裂变中的传承：20世纪前期的中国文化与学术》，罗志田著，中华书局，2003

《林钦差与鸦片战争》，〔美〕张馨保著，徐梅芬等译，福建人民出版社，1989

《林则徐集》，中山大学历史系编，中华书局，1985

《林则徐全集》，林则徐全集编委会编，海峡文艺出版社，2002

《凌霄一士随笔》，徐凌霄、徐一士著，山西古籍出版社，1997

《岭海微飙》，丘念台著，中华日报社，1962

《刘坤一评传》，王玉堂著，暨南大学出版社，1990

《刘少奇论工人运动》，中共中央文献研究室等编，中央文献出版社，1988

《刘文庄公奏议》，刘秉璋著，民国铅印本

《刘中丞奏议》，刘蓉著，思贤讲舍，1885

《龙岩县志》，成文出版社，1967

《龙岩之土地问题》，林诗旦、屠剑臣著，龙岩县政府编印，1943

《龙云传》，谢本书著，四川民族出版社，1988

《漏网喁鱼集》，柯悟迟著，中华书局，1959

《卢沟桥事变前后的中日外交关系》，"中华民国外交问题研究会"编，台北，1964

《卢汉传》，谢本书、牛鸿宾著，四川民族出版社，1990

《鲁迅全集》，人民文学出版社，1981

《鲁迅全集》，人民文学出版社，1989

《陆海空军校阅手簿》，军事委员会校阅委员会编，出版时地不详

《乱世潜流：民族主义与民国政治》，罗志田著，上海古籍出版社，2001

《论〈台湾省通志稿〉之纂修》，曾鼎甲著，花木兰文化出版社，2007

《论语译注》，杨伯峻著，明伦出版社，1971

《论自由》，〔美〕约翰·穆勒著，孟凡礼译，广西师范大学出版社，2011

《罗家伦先生文存》，罗家伦先生文存编辑委员会编，中国国民党党史会等，1976

《罗斯福选集》，关在汉译，商务印书馆，1982

《罗运炎论道文选》，上海广学会，1931

《骆宝善点评袁世凯函牍》，岳麓书社，2005

《骆驼祥子·离婚》，老舍著，人民文学出版社，1994

《吕思勉论学丛稿》，上海古籍出版社，2006

《履园丛话》，钱泳著，中华书局，1979

《马端敏公奏议》，马新贻著，成文出版社，1969

《马克思恩格斯关于殖民地及民族问题的论著》，民族问题译丛编译室著，中央民族
　　学院研究部，1956

《马克思恩格斯全集》，中共中央马克思恩格斯列宁斯大林著作编译局编，人民出版
　　社，1972、1974

《马克思恩格斯选集》，人民出版社，1995

《马克思恩格斯选集》，中共中央马克思恩格斯列宁斯大林著作编译局编，人民出版
　　社，1972

《马林与第一次国共合作》，李玉贞主编，光明日报出版社，1991

《马歇尔使华报告书笺注》，梁敬著，"中央研究院"近代史研究所，1994

《马寅初抨官僚资本》，周永林、张廷钰编，重庆出版社，1983

《马寅初演讲集》，北京晨报社，1926

《马占山将军抗日战》，徐葇葆编，出版者不详，1933

《漫游随录》，王韬著，岳麓书社，1985

《毛泽东军事文集》，军事科学出版社、中央文献出版社，1993

《毛泽东农村调查文集》，人民出版社，1982

《毛泽东文集》，人民出版社，1993—1996

《毛泽东选集》，人民出版社，1991

《毛泽东与莫斯科的恩恩怨怨》，杨奎松著，江西人民出版社，1999

《毛泽东在七大的报告和讲话集》，中央文献出版社，1995

《梅贻琦文集2·日记（1958—1960）》，杨儒宾、陈华主编，（新竹）清华大学，2007

《美国传教士与晚清中国现代化》，王立新著，天津人民出版社，2008

《美国大企业与近代中国的国际化》，吴翎君著，联经出版公司，2012

《美国对华政策的缘起和发展（1945—1950）》，资中筠著，重庆出版社，1987

《美国对华政策文件选编——从鸦片战争到第一次世界大战（1842—1918）》，阎广
　　耀、方生选译，人民出版社，1990

《美国教育》，吕俊甫著，商务印书馆，1967

《美国人在东亚》，〔美〕泰勒·丹涅特著，姚曾廙译，商务印书馆，1963

《美国外交文件》，中国社会科学出版社，1998

《美日"帕奈号"事件与中美关系（1937—1938）》，杨凡逸著，政治大学历史学系
　　硕士学位论文，2002

《蒙学初级修身教科书》，俞庄著，文明书局，1903

《民初列强对华贷款之联合控制——两次善后大借款之研究》，王纲领著，东吴大
　　学，1982

《民初政争与二次革命》，朱宗震、杨光辉编，上海人民出版社，1983

《民初之国会》，李守孔著，正中书局，1977

《民国百人传》，传记文学出版社，1982

《民国财政经济史》，董长芝、马东玉编，辽宁师范大学出版社，1997

《民国财政史续编》，贾士毅著，台湾商务印书馆，1962

《民国初年的政党》，张玉法著，岳麓书社，2004

《民国档案与民国史学术讨论会论文集》，张宪文、陈兴唐、郑会欣编，档案出版
　　社，1988

《民国二十年代中国大陆土地问题资料》，萧铮主编，成文出版社，1977

《民国胡展堂先生汉民年谱》，蒋永敬著，台湾商务印书馆，1981

《民国经济史》，朱斯煌编，银行周报社，1947

《民国社会经济史》，陆仰渊、方庆秋主编，中国经济出版社，1991

《民国十五年前之蒋介石先生》，毛思诚编，龙门书局，1965

《民国时期社会调查丛编》，李文海、夏明方、黄兴涛编，福建教育出版社，2009

《民国时期中央国家机关组织概述》，韩文昌、邵玲主编，中国档案出版社，1994

《民国史料丛刊》，张研、孙燕京主编，大象出版社，2009

《民国史事与人物论丛》，沈云龙著，传记文学出版社，1981

《民国四十年来之财政》，关吉玉著，经济研究社，1976

《民国新疆史》，陈慧生、陈超著，新疆人民出版社，1999

《民国续修陕西通志稿》，杨虎城、吴廷锡等修纂，凤凰出版社，2011

《民国阎伯川先生年谱长编初稿》，阎伯川先生纪念会编，台湾商务印书馆，1988

《民国政党史》，谢彬著，上海学术研究会总会，1924

《民国政府的宗教政策研究》，马莉著，中央民族大学博士学位论文，2007

《民国政史拾遗》，刘以芬，上海书店出版社，1998

《民国职官年表》，刘寿林、万仁元等编，中华书局，1995

《民呼、民吁、民立报选辑》，马鸿谟编，河南人民出版社，1982

《民元藏事电稿·藏乱始末见闻记四种》，忧患余生等著，西藏人民出版社，1983

《民众教育》，高践四著，商务印书馆，1934

《民族主义与两岸关系》，林佳龙、郑永年主编，新自然主义出版社，2001

《民族资本主义与旧中国政府（1840—1937）》，杜恂诚著，上海社会科学院出版社，1991

《闽西革命史文献资料》第 1 辑，中共龙岩地委党史资料征集领导小组编印，1981

《闽浙皖赣革命根据地》，中共福建省委党史研究等编，中共党史出版社，1991

《明代社会经济史论丛》，吴缉华著，台湾学生书局，1970

《明清北方市场研究》，姜守鹏著，东北师范大学出版社，1996

《明清史论著集刊》，孟森著，南天书局，1987

《牟墨林地主庄园》，栖霞县政协文史资料委员会等编，山东人民出版社，1990

《那桐日记》下册，北京市档案馆编，新华出版社，2006

《南北之争与晚清政局 1861—1884——以军机处汉大臣为核心的探讨》，林文仁著，中国社会科学出版社，2005

《南京大屠杀史料集》，张宪文主编，江苏人民出版社，2006

《南京临时政府财政问题之研究：中山先生辞让临时大总统的金钱因素》，朱志骞著，知音出版社，1992

《南京临时政府遗存珍档》，中国第二历史档案馆编，凤凰出版社，2011

《南京时期国民政府的中央政制（一九二七——一九三七）》，王正华著，政治大学历史系研究部博士学位论文，1997

《南康县志》，1936

《南通张季直先生传记》，张孝若著，中华书局，1930

《南阳之丝绸》，貂菱、李召南著，河南农工银行经济调查室，1939

《倪焕之》，叶圣陶著，人民文学出版社，1982

《霓虹灯外——20 世纪初日常生活中的上海》，卢汉超著，上海古籍出版社，2004

《农村调查资料之一 · 奉天屯的调查》，东北军政大学总校编印，1947

《欧美政教关系研究》，张训谋著，宗教文化出版社，2002

《派系斗争与权谋政治：二二八悲剧的另一面相》，陈翠莲著，时报文化，1995

《派系分合与晚清政治——以"帝后党争"为中心的探讨》，林文仁著，中国社会科学出版社，2005

《平凡平淡平实的蒋经国先生》，李元平著，中国出版社，1988

《评孔纪年（1911—1949）》，韩达编，山东教育出版社，1985

《蒲溪小志》，顾传金辑，上海古籍出版社，2003

《岐海商涛——中山工商经济史专辑》，政协广东省中山市委员会文史委员会编印，
　　1994

《迁台初期的蒋中正》，黄克武编，中正纪念堂，2011

《钱昌照回忆录》，中国文史出版社，1998

《钱穆与中国文化》，余英时著，上海远东出版社，1994

《钦定大清会典》，商务印书馆，1909

《亲历晚清四十五年——李提摩太在华回忆录》，李宪堂等译，天津人民出版社，2005

《清稗类钞》，徐珂编，中华书局，1986

《清朝条约全集》，田涛主编，黑龙江人民出版社，1999

《清朝文献通考》，清高宗敕修，新兴书局，1963

《清朝续文献通考》，刘锦藻撰，浙江古籍出版社，1988 年影印本；商务印书馆，1936

《清代畴人传》，周骏富辑著，明文书局，1985

《清代档案史料丛编》第 14 辑，中国第一历史档案馆编，中华书局，1990

《清代对俄外交礼义体制及藩属归属交涉（1644—1861）》，陈维新著，中国文化大
　　学政治学研究所博士学位论文，2006

《清代广州的巴斯商人》，郭德焱著，中华书局，2005

《清代后期教育论著选》，陈景磐、陈学恂主编，人民教育出版社，1997

《清代货币金融史稿》，杨端六著，三联书店，1962

《清代吉林档案史料选编·辛亥革命》，吉林省档案馆、吉林省社会科学院历史所
　　编，1981

《清代经济史论文集》，王业键著，稻乡出版社，2003

《清代科举考试述录》，商衍鎏著，三联书店，1983

《清代科举制度研究》，王德昭著，中华书局，1984

《清代六部成语词典》，李鹏年等著，天津人民出版社，1990

《清代起居注册》（光绪朝），徐致祥等撰，联合报文化基金会国学文献馆，1987

《清代山东经营地主经济研究》，罗仑、景甦著，齐鲁书社，1985

《清代士人游幕表》，尚小明著，中华书局，2005

《清代思想史》，陆宝千著，广文书局，1978

《清代台湾港口的空间结构》，林玉茹著，知书房，1999

《清代通史》，萧一山著，台湾商务印书馆，1963

《清代外交史料》，北平故宫博物院编印，1932

《清代学术概论》，梁启超著，台湾商务印书馆，1966

《清代野史》，孟森等著，中国人民大学出版社，2006

《清代中俄关系档案史料选编》，中国第一历史档案馆编，中华书局，1981

《清代州县故事》，蔡申之著，龙门书店，1968

《清德宗（光绪）皇帝实录》，华联书局，1964

《清宫洋务始末台湾史料》，洪安全等编，台北"故宫博物院"，1999

《清光绪朝中日交涉史料》，故宫博物院文献馆编印，1932

《清光绪朝中日交涉史料选辑》，大通书局，1997

《清光绪帝外传（外八种）》，恽毓鼎等著，北京古籍出版社，1999

《清韩宗藩贸易》，张存武著，"中央研究院"近代史研究所，1978

《清会典事例》，中华书局，1991年影印本

《清季的立宪团体》，张玉法著，"中央研究院"近代史研究所，1971

《清季的洋务新政》，樊百川著，上海书店出版社，2003

《清季外交史料》，王彦威等，文海出版社，1964

《清季中日韩关系史料》，"中央研究院"近代史研究所编印，1972

《清季中外使领年表》，故宫博物院明清档案部等编，中华书局，1985

《清季自强运动研讨会论文集》，"中央研究院"近代史研究所编印，1988

《清李文正公鸿藻年谱》，李宗侗、刘凤翰著，台湾商务印书馆，1981

《清末北京志资料》，〔日〕服部宇之吉等编著，张宗平、吕永和译，北京燕山出版
　　社，1994

《清末筹备立宪档案史料》，故宫博物院明清档案部编，中华书局，1979

《清末的公羊思想》，孙春在著，台湾商务印书馆，1985

《清末的下层社会启蒙运动：1901—1911》，李孝悌著，河北教育出版社，2001

《清末革命与君宪的论争》，亓冰峰著，"中央研究院"近代史研究所，1966

《清末海军史料》，张侠等编，海洋出版社，1982

《清末教育思潮》，瞿立鹤著，中国学术著作协会，1971

《清末民初政情内幕——〈泰晤士报〉驻北京记者、袁世凯政治顾问乔·厄·莫理
　　循书信集》，〔澳〕骆惠敏编，刘桂梁等译，知识出版社，1986

《清末现代企业与官商关系》，〔美〕陈锦江著，王笛、张箭译，中国社会科学出版
　　社，1997

《清末宪政史》，韦庆远、高放、刘文源著，中国人民大学出版社，1993

《清末新军编练沿革》，中国社会科学院近代史研究所中华民国史组编，中华书
　　局，1978

《清末新政史》，张连起著，黑龙江人民出版社，1994

《清末新政研究——20世纪初的中国边疆》，赵云田著，黑龙江教育出版社，2004

《清末邮传部研究》，苏全有著，中华书局，2005

《清人日记研究》，孔祥吉著，广东人民出版社，2008

《清日战争（1894—1895）》，宗泽亚著，世界图书出版公司，2012

《清实录》，中华书局，1986年影印本

《清实录·宣统政纪》，中华书局，1986

《清史稿》，赵尔巽等撰，中华书局，1977

《清史稿校注》，"国史馆"校注编印，1988

《清史列传》，王钟翰点校，中华书局，1987

《清史论丛》第5辑，中国社会科学院历史研究所清史研究室编，中华书局，1984

《清史资料》第3辑，中国社会科学院历史研究所清史研究室编，中华书局，1982

《清宣统朝外交史料》，王彦威辑，北平外交史料编纂处，1932

《清政府镇压太平天国档案史料》，中国第一历史博物馆编，光明日报出版社，1990

《清政府镇压太平天国档案史料》，中国第一历史博物馆编，社会科学文献出版社，
　　　1992—2001

《庆祝抗战胜利五十周年两岸学术研讨会论文集》，庆祝抗战胜利五十周年两岸学术
　　　研讨会筹备委员会编，中国近代史学会、联合报系文化基金会，1996

《求索真文明——晚清学术史论》，朱维铮著，上海古籍出版社，1996

《瞿秋白文集》，人民出版社，1988

《瞿秋白文集》，人民文学出版社，1985

《权势转移：近代中国的思想、社会与学术》，罗志田著，湖北人民出版社，1998

《全国经济会议专刊》，全国经济会议秘书处编，学海出版社，1972

《全国经济委员会报告汇编》，全国经济委员会编印，1937

《认同与国家》，"中央研究院"近代史研究所编印，1994

《任弼时年谱》，中共中央文献研究室编，中央文献出版社，2004

《日本帝国主义侵华档案资料选编·九一八事变》，中央档案馆等编，中华书局，1988

《日本军国主义侵华资料长编——"大本营陆军部"摘译》（中），日本防卫厅战史
　　　室编撰，天津市政协编译委员会译，四川人民出版社，1987

《日本外交文书选译——关于辛亥革命》，邹念之编译，中国社会科学出版社，1980，

《日本之动乱》，〔日〕重光葵著，徐义宗、邵友保译，南风出版社，1954

《日记与台湾史研究：林献堂先生逝世50周年纪念论文集》，许雪姬总编辑，"中央

研究院"台湾史研究所，2008

《日据时代的台湾议会设置请愿运动》，周婉窈著，自立报系文化出版社，1989

《日据时代台湾共产党史（1928—1932）》，卢修一著，前卫出版社，1990

《日治时期台湾的社会领导阶层》，吴文星著，五南图书出版公司，2008

《日治时期台湾知识分子在中国》，林庆彰主编，台北市文献委员会，2004

《日治时期在"满洲"的台湾人》，许雪姬著，"中央研究院"近代史研究所，2002

《戎马琐忆》，谭继禹著，出版时地不详

《荣禄存札》，杜春和等编，齐鲁书社，1986

《容庵弟子记》，沈祖宪、吴闿生编纂，文星书店，1962

《容闳与科教兴国》，珠海容闳与留美幼童研究会主编，珠海出版社，2006

《容闳自传》，石霓译注，百家出版社，2003

《儒教问题争论集》，任继愈主编，宗教文化出版社，2000

《瑞金县志》，中央文献出版社，1993

《三民主义教育学》，张九如著，商务印书馆，1928

《三十年来党政军关系之回顾》，张群讲著，革命实践研究院，1954

《三十年闻见录》，朱德裳著，岳麓书社，1985

《三松堂全集》，冯友兰著，河南人民出版社，1994

《三元集——冯今源宗教学术论著文选》（上），宗教文化出版社，2002

《散原精舍文集》，陈三立著，钱文忠标点，辽宁教育出版社，1998

《沙俄侵华史》，复旦大学历史系沙俄侵华史编写组编，上海人民出版社，1986

《山东革命历史档案资料选编》，山东革命历史档案馆编，山东人民出版社，1984

《山东省志·少数民族志·宗教志》，山东人民出版社，1998

《山东通志》，杨士骧等修，孙葆田等纂，商务印书馆，1934

《山东乡村建设研究院概览》，山东乡村建设研究院编印，1934

《山西矿务档案》，李庆芳编，晋新书社，1907

《陕甘宁边区成立 50 周年论文选编》，齐心等编，三秦出版社，1988

《陕西省洛川县志》，黎锦熙总纂，成文出版社，1976

《商会与中国早期现代化》，虞和平著，上海人民出版社，1993

《商务印书馆九十年》，商务印书馆，1987

《商务印书馆志略》，商务印书馆，1929

《商战观念与重商思想》，《中国近代思想史论》，王尔敏著，社会科学文献出版
　　社，2003

《上海"银联"十三年（1936—1949）》，中共上海市委党史资料征集委员会编印，1986

《上海产业与上海职工》，胡林阁、朱邦兴、徐声合编，远东出版社，1939

《上海城市娱乐研究（1930—1939）》，楼嘉军著，文汇出版社，2008

《上海春秋》，曹聚仁著，上海人民出版社，1996

《上海解放前后物价资料汇编》，中国科学院上海经济研究所等编，上海人民出版社，1958

《上海近代百货商业史》，上海百货公司等著，上海社会科学院出版社，1988

《上海近代社会经济发展概况（1882—1931）：〈海关十年报告〉译编》，徐雪筠等著，上海社会科学院出版社，1985

《上海民族机器工业》，上海市工商行政管理局、上海市第一机电工业局机器工业史料组编，中华书局，1966

《上海摩登———一种新都市文化在中国》，李欧梵著，北京大学出版社，2001

《上海七百个乞丐的社会调查》（未刊稿），吴元淑、蒋思壹著，1933

《上海商务印书馆（1897—1949）》，〔法〕戴仁著，李桐实译，商务印书馆，2000

《上海商业储蓄银行八十年》，周庆雄编，上海商业储蓄银行，1995

《上海商业储蓄银行史料》，中国人民银行上海市分行金融研究所编，上海人民出版社，1990

《上海市年鉴》（1935年），上海市年鉴编纂委员会编纂，上海市通志馆，1935

《上海四行二局职工运动史料》，中共上海市委党史资料征集委员会编印，1987

《上海文史资料》第60辑，上海人民出版社，1988

《上海文史资料存稿汇编》，上海古籍出版社，2001

《上海小志》，胡祥翰著，上海古籍出版社，1989

《上海永安公司职工运动史》，上海华联商厦党委、上海永安公司职工运动史编审组编，中共党史出版社，1991

《上杭人民革命史》，中共上杭县委党史工作委员会编，厦门大学出版社，1989

《邵元冲日记》，王仰清、许映湖标注，上海人民出版社，1990

《社会经济史的传承与创新———王树槐教授八秩荣庆祝寿论文集》，侯坤宏、林兰芳编，稻乡出版社，2009

《社会学》，〔美〕伊恩·罗伯逊著，黄育馥译，商务印书馆，1990

《社会与政治运动讲义》，赵鼎新著，社会科学文献出版社，2006

《社会原理》，张德胜著，巨流图书公司，1998

《申报年鉴》，上海申报馆，1933

《神圣罗马帝国》，〔英〕詹姆斯·布赖斯著，孙秉莹等译，商务印书馆，1998

《沈定一集》，陶水木编，国家图书馆出版社，2010

《省港大罢工、封锁及抵制英货运动之研究》，刘明宪著，中国文化大学史学研究所
　　硕士学位论文，1994

《圣朝破邪集》，夏瑰琦编，建道神学院，1996

《圣武记》，魏源著，世界书局，1962

《圣谕广训》，周振鹤撰集、顾美华点校，上海书店出版社，2006

《盛京通志》，辽宁省政府地方志办公室整理，辽宁民族出版社，2013

《十八世纪产业革命》，〔法〕保尔·芒图著，杨人梗、陈希秦、吴绪译，商务印书
　　馆，1983

《十九世纪的香港》，余绳武、刘存宽主编，中华书局，1994

《十九世纪美国侵华档案史料选辑》，朱士嘉编，中华书局，1959

《十三世达赖圆寂致祭和十四世达赖转世坐床档案选编》，中国藏学研究中心、中国
　　第二历史档案馆合编，中国藏学出版社，1991

《石渠余纪》，王庆云著，北京古籍出版社，1985

《史学：传承与变迁学术研讨会论文集》，台湾大学文学院编印，1998

《使德回忆录》，程天放著，正中书局，1979

《市场·近代化·经济史论》，吴承明著，云南大学出版社，1996

《"市政改革"与中国城市早期现代化——以20世纪二三十年代汉口为中心》，涂文
　　学著，华中师范大学博士学位论文，2006

《漱溟卅前文录》，梁漱溟著，商务印书馆，1926

《双清文集》，廖仲恺著，尚明轩、余炎光编，人民出版社，1985

《朔方备乘》，何秋涛著，文海出版社，1964

《司徒雷登回忆录》，李宜培等译，中央日报社，1955

《四川保路运动史》，隗瀛涛著，四川人民出版社，1981

《四川保路运动史料汇纂》，"中央研究院"近代史研究所编印，1994

《四川军阀与国民政府》，〔美〕罗伯特·柯白著，四川人民出版社，1985

《四川省双流县志》，殷鲁等修，成文出版社，1976

《四川辛亥革命史料》，隗瀛涛、赵清主编，四川人民出版社，1981

《四分溪论学集：庆祝李远哲先生七十寿辰》上册，刘翠溶主编，允晨文化公司，
　　2006

《四联总处史料》，重庆市档案馆、重庆市人民银行金融研究所编，档案出版社，1993

《松坡军中遗墨》，文海出版社，无出版时间

《淞南梦影录》，黄式权著，上海古籍出版社，1989

《宋教仁集》，陈旭麓主编，中华书局，1981

《苏俄在中国》，蒋中正著，中央文物供应社，1992

《苏州商会档案丛编》，章开沅等主编，华中师范大学出版社，1991

《粟裕军事文集》，粟裕军事文集编写组编，解放军出版社，1991

《孙文与陈炯明史事编年》，段云章等编，广东人民出版社，2003

《孙中山藏档选编——辛亥革命前后》，黄彦、李伯新编，中华书局，1986

《孙中山集外集》，陈旭麓主编，上海人民出版社，1990

《孙中山集外集补编》，郝盛潮编，上海人民出版社，1994

《孙中山廖仲恺与中国革命》，〔美〕陈福霖著，中山大学出版社，1990

《孙中山全集》，中国社会科学院近代史研究所、中山大学历史系孙中山研究室等编，
    中华书局，1981—1986

《孙中山生平事业追忆录》，尚明轩、王学庄、陈崧编，人民出版社，1986

《孙中山选集》，人民出版社，1962、1981

《孙中山与共产国际》，李玉贞著，"中央研究院"近代史研究所，1996

《台北县茶业发展史》，陈慈玉著，台北县立文化中心，1994

《台海思恸录》，思痛子著，台湾银行，1959

《台籍志士在祖国的复台努力》，张瑞成编，中国国民党党史会，1990

《台湾的海洋历史与文化》，戴宝村著，玉山社，2011

《台湾的人口变迁与社会变迁》，陈绍馨著，联经出版公司，1979

《台湾风俗志》，〔日〕片冈岩著，陈金田译，众文图书公司，1994

《台湾府志》，高拱干著，台湾银行经济研究室，1960年重刊本

《台湾共产主义运动与共产国际（1924—1932）研究档案》，郭杰、白安娜著，李随
    安、陈进盛译，"中央研究院"台湾史研究史所，2010

《台湾光复前后史料概述》，林忠著，皇极出版社，1983

《台湾基督长老教会百年史》，台湾基督长老教会总会历史委员会编，台湾教会公报
    社，2000

《台湾近代名人志》，张炎宪、李筱峰、庄永明编，自立晚报社，1990

《台湾近代史研究》，稻乡出版社，1990

《台湾抗日运动史研究》，〔日〕若林正丈著，台湾史日文史料典籍研读会译，播种

者，2007

《台湾历史辞典》，许雪姬总策划，"行政院文化建设委员会"，2004

《台湾连翘》，吴浊流著，钟肇政译，台湾文艺，1987

《台湾民报社论》，吴密察、吴瑞云编译，稻乡出版社，1992

《台湾人的抵抗与认同（1920—1950）》，陈翠莲著，远流出版公司、曹永和文教基
　　金会，2008

《台湾人的海外活动学术研讨会论文集》，"中央研究院"台湾史研究所，2011

《台湾人物群像》，李南衡编，帕米尔出版社，1985

《台湾日治时期的法律改革》，王泰升著，联经出版公司，1999

《台湾诗史》，廖一瑾著，文史哲出版社，1998

《台湾史》，黄秀政、张胜彦、吴文星著，五南图书出版公司，2003

《台湾史迹研习会讲义汇编》，台北市文献委员会编印，1999

《台湾通史》，连横著，商务印书馆，1947

《台湾文化志》，〔日〕伊能嘉矩著，南天书局，1994

《台湾文献史料整理研究学术研讨会论文集》，台湾省文献委员会编印，2000

《台湾义勇队：台湾抗日团体在大陆的活动（1937—1945）》，王政文著，台湾古籍
　　出版社，2007

《台湾战后初期的民意代表》，李筱峰著，自立晚报社，1986

《台湾总督府警察沿革志》，台湾总督府警务局编，南天书局，1995

《太平天国》，中国史学会主编，神州国光社，1952

《太平天国史料丛编简辑》，太平天国历史博物馆编，中华书局，1961—1963

《太平天国文书汇编》，太平天国历史博物馆编，中华书局，1979

《太平天国印书》，太平天国历史博物馆编，江苏人民出版社，1979

《太平天国资料》，中国科学院历史研究所第三所近代史资料编辑组编，科学出版
　　社，1959

《谭嗣同全集》，蔡尚思、方行编，中华书局，1981；1998

《汤恩伯先生纪念集》，汤故上将恩伯逝世十周年筹备委员会编印，1964

《唐继尧与西南政局》，杨维真著，台湾学生书局，1994

《唐廷枢研究》，汪敬虞著，中国社会科学出版社，1983

《唐纵失落在大陆的日记》，传记文学出版社，1998

《弢园尺牍》，王韬著，光绪六年（1880）重刻本

《弢园文录外编》，王韬著，辽宁人民出版社，1994

《弢园文新编》，王韬著，三联书店，1998

《滕杰先生访问记录》，近代中国出版社，1993

《天朝的崩溃》，茅海建著，三联书店，1995

《天父天兄圣旨：新发现的太平天国珍贵文献史料》，王庆成编注，辽宁人民出版
　　社，1986

《天津商会档案汇编》，天津市档案馆编，天津人民出版社，1989

《天津文史资料选辑》第5辑，天津人民出版社，1979

《天津指南》，孙学谦著，中华书局，1924

《天命的没落——中国近代唯意志论思潮研究》，高瑞泉著，上海人民出版社，2007

《〈天演论〉传播与清末民初的社会动员》，王天根著，合肥工业大学出版社，2006

《条约法概论》，李浩培著，法律出版社，1987

《条约口岸体制的酝酿——19世纪30年代中英关系研究》，吴义雄著，中华书局，
　　2009

《通货膨胀论》，王璧岑著，商务印书馆，1948

《通货外汇与物价》，赵兰坪著，作者自印，1944

《同盟会的革命理论——〈民报〉个案研究》，朱浤源著，"中央研究院"近代史研
　　究所，1985

同治《萍乡县志》，锡荣纂修，成文出版社，1975

同治《竹溪县志》，杨兆熊等修纂，江苏古籍出版社，2001

《统计表中之上海》，罗志如著，上海，1932

《突破重围——中国早期现代化研究》，郭世佑等著，河南大学出版社，2010

《退庐全集》，胡思敬著，文海出版社，1970年影印本

《退想斋日记》，刘大鹏著，乔志强标注，山西人民出版社，1990

《外国学者论鸦片战争与林则徐》，〔日〕田中正俊等著，福建人民出版社，1989

《外交部档案丛书——界务类》，"外交部"编印，2001

《外蒙主权归属交涉（1911—1916）》，张启雄著，"中央研究院"近代史研究所，
　　1995

《外人在华特权和利益》，〔美〕威罗贝著，王绍坊译，三联书店，1957

《晚近中国思想界的剖视》，曹亮著，青年协会书局，1934

《晚清财政与社会变迁》，周育民著，上海人民出版社，2000

《晚清的士人与世相》，杨国强著，三联书店，2008

《晚清的收回矿权运动》，李恩涵著，"中央研究院"近代史研究所，1978

《晚清宫廷实纪》，吴相湘编著，正中书局，1988

《晚清官僚派别派系研究》，苗长青著，辽宁大学出版社，1993

《晚清海防：思想与制度研究》，王宏斌著，商务印书馆，2005

《晚清经济政策与改革措施》，朱英著，华中师范大学出版社，1996

《晚清三十五年来（1897—1931）之中国教育》，蔡元培等著，龙门书店影印版，1969

《晚清上海社会的变迁——生活与伦理的近代化》，李长莉著，天津人民出版社，2002

《晚清上海——一个城市的历史记忆》，梁元生著，广西师范大学出版社，2010

《晚清史探微》，孔祥吉著，巴蜀书社，2001

《晚清文选》，郑振铎编，生活书店，1937

《晚清五十年来之中国（1872—1921）》，梁启超等编，龙门书店，1968

《晚清学部研究》，关晓红著，广东教育出版社，2000

《晚清学堂学生与社会变迁》，桑兵著，学林出版社，1995

《晚清政治思想研究》，〔日〕小野川秀美著，林明德、黄福庆译，时报文化出版公司，1982

《晚清中国人日本考察记集成・教育考察记》，王宝平主编，杭州大学出版社，1999

《晚清中国人走向世界的一次盛举——1887年海外游历使研究》，王晓秋等著，辽宁师范大学出版社，2004

《万安军事会议要录》，第三战区司令长官部编印，出版时间不详

《万历十五年》，黄仁宇著，中华书局，1982

《万耀煌将军日记》，湖北文献社，1978

《汪精卫国民政府成立》，黄美真、张云编，上海人民出版社，1984

《汪精卫国民政府清乡运动》，余子道、刘其奎、曹振威编，人民出版社，1985

《汪精卫汉奸政权的兴亡——汪伪政权史研究论集》，复旦大学历史系中国现代史研究室编，复旦大学出版社，1987

《汪精卫集》第3卷，光明书局，1930

《汪精卫集团投敌》，黄美真、张云编，上海人民出版社，1987

《汪精卫骂汪兆铭》，徐达人著，岭南出版社，1939

《汪精卫评传》，蔡德金著，四川人民出版社，1988

《汪精卫生平纪事》，蔡德金、王升著，中国文史出版社，1993

《汪精卫伪国民政府纪事》，蔡德金、李惠贤编，中国社会科学出版社，1982

《汪敬煦先生访谈录》，刘凤翰、何智霖、陈亦荣访问，何智霖、陈亦荣纪录整理，"国史馆"，1993

《汪穰卿笔记》，汪康年著，中华书局，2007；上海书店出版社，1997

《汪日密约》，汪大义编撰，岭南出版社，出版时间不详

《汪荣宝日记》，文海出版社，1991

《汪伪十汉奸》，黄美真主编，上海人民出版社，1986

《汪伪政权全史》，余子道等著，上海人民出版社，2006

《汪伪政权与日本关系之研究》，吴学诚著，中国文化学院硕士学位论文，1980

《汪政权的开场与收场》，朱子家著，春秋杂志社，1960

《汪主席和平建国言论选集》，中央电讯社编印，1944

《王宠惠先生文集》，中国国民党党史会，1981

《王宠惠与近代中国》，余伟雄著，台北，1987

《王国维全集》，胡逢祥主编，浙江教育出版社、广东教育出版社，2009

《王国维文集》，中国文史出版社，1997

《王世杰日记》，"中央研究院"近代史研究所，2012

《王韬评传》，忻平著，华东师范大学出版社，1990

《王韬日记》，汤志钧整理，中华书局，1987

《王子壮日记》，"中央研究院"近代史研究所，2001

《忘山庐日记》，孙宝瑄著，上海古籍出版社，1983

《惟适之安：严复与近代中国的文化转型》，黄克武著，联经出版公司，2010

《伟大的人民教育家陶行知》，袁振国、张癸编著，江苏教育出版社，1991

《伪军——强权竞逐下的卒子（1937—1949）》，刘熙明著，稻乡出版社，1992

《魏默深思想研究——以传统经典的诠说为讨论中心》，贺广如著，台湾大学出版委
    员会，1999

《魏源对西方的认识及其海防思想》，王家俭著，台湾大学文学院，1964

《魏源年谱》，王家俭著，"中央研究院"近代史研究所，1967

《魏源全集》，魏源全集编辑委员会编校，岳麓书社，2004

《文化的传递与嬗变：中国文化与教育》，丁钢主编，上海教育出版社，1992

《文史资料存稿选编》，中国文史出版社，2002

《文史资料选辑》，中华书局、中国文史出版社，陆续出版

《文学社武昌首义纪实》，章裕昆著，三联书店，1952

《翁同龢传》，谢俊美著，中华书局，1994

《翁同龢传》，许晏骈著，远景出版事业公司，1986

《翁同龢日记》，陈义杰整理，中华书局，1998；赵中孚编辑，成文出版社，1970

《翁同龢与戊戌维新》，萧公权著，杨肃献译，联经出版公司，1983

《翁文灏日记》，中华书局，2010

《我的半生记》，杨克煌笔录、杨翠华编，杨翠华出版，1997

《我的父亲》，蒋经国著，正中书局，1988

《我的回忆》，张国焘著，明报月刊出版社，1973；东方出版社，2004

《我的生活浪花》，王廉善编著，私人出版，2005

《我国银行会计制度》，李耀祖著，商务印书馆，1938

《我所认识的蒋介石》，冯玉祥著，新潮社文化事业公司，2012

《我所知道的汤恩伯》，文强编，中国文史出版社，2004

《乌江乡村建设研究》，蒋杰著，金陵大学农学院农村新报社，1935

《无花果》，吴浊流著，前卫出版社，1988

《吴敬恒选集·序跋游记杂文》，吴稚晖著，文星书店，1967

《吴三连回忆录》，吴三连口述、吴丰山撰记，自立晚报社，1991

《吴铁城回忆录》，三民书局，1968

《吴虞日记》，中国革命博物馆整理，四川人民出版社，1984

《五卅运动史料》，上海社会科学院历史研究所编，上海人民出版社，1981

《五十年来之中国经济》，中国通商银行编印，1947

《五四与中国》，周策纵等著，时报出版公司，1980

《五四运动八十周年学术研讨会论文集》，政治大学文学院编印，1999

《五四运动与中国文化建设——五四运动七十周年学术讨论会论文选》，中国社会科
　　学院科研局等编，中国社会科学出版社，1989

《伍廷芳集》，丁贤俊、喻作凤编，中华书局，1993

《武昌革命真史》，曹亚伯著，中华书局，1930

《武昌开国实录》，胡祖舜著，武昌久华印书馆，1948

《武汉国民政府史料》，武汉地方志编纂委员会办公室编，武汉出版社，2005

《戊戌变法》，中国史学会主编，神州国光社，1953

《戊戌变法档案史料》，国家档案局明清档案馆编，中华书局，1958

《戊戌变法文献资料系日》，清华大学历史系编，上海书店出版社，1998

《戊戌维新与清末新政》，王晓秋、尚小明主编，北京大学出版社，1998

《戊戌政变记》，梁启超著，文海出版社，1964

《雾社事件》，邓相扬著，玉山社出版公司，1998

《西安事变新探：张学良与中共关系之研究》，杨奎松著，东大图书公司，1995

《西北视察记》，陈赓雅著，甘肃人民出版社，2002

《西藏地方与中央政府关系史》，黄玉生等编著，西藏人民出版社，1995

《西藏六十年大事记》，朱绣著，西藏藏文古籍出版社，2010

《西藏外交文件》，〔英〕乔治·比尔著，王光祈译，台湾学生书局，1973

《西潮》，蒋梦麟著，中华日报社，1960

《西潮又东风——晚清民初思想、宗教与学术十讲》，葛兆光著，上海古籍出版社，
　　2006

《西方汉学家论中国》，傅伟勋、周阳山主编，正中书局，1993

《西南军阀史研究丛刊》第 2 辑，贵州人民出版社，1983

《西俗东渐记——中国近代社会风俗的演变》，严昌洪著，湖南出版社，1991

《西学东渐记》，容闳著，岳麓书社，1985

《西学东渐与晚清社会》（修订版），熊月之著，中国人民大学出版社，2011

《稀见清世史料并考释》，王庆成编著，武汉出版社，1998

《锡良遗稿·奏稿》，中国科学院历史研究所第三所编，中华书局，1959

《细菌战与毒气战》，中央档案馆等编，中华书局，1989

《细说中统与军统》，徐恩曾等著，传记文学出版社，1992

《遐迩贯珍》，松浦章等编著，上海辞书出版社，2005

《夏曾佑集》，杨琥编，上海古籍出版社，2011

《先"总统"蒋公全集》，张其昀主编，"中国文化大学中华学术院"编印，1984

《先"总统"蒋公思想言论总集》，秦孝仪主编，中国国民党党史会，1984

《咸同贵州军事史》，凌惕安著，贵州慈惠图书馆，1932

《现代汉语词汇的形成——19 世纪汉语外来词研究》，〔意〕马西尼著，黄河清译，
　　汉语大词典出版社，1997

《现代华北秘密宗教》，李世瑜著，上海文艺出版社影印本，1990

《现代中国的宗教趋势》，陈荣捷著，文殊出版社，1987

《现代中国货币制度》，赵兰坪著，"中华文化事业出版委员会"，1955

《现代中国政府》，陈瑞云著，吉林文史出版社，1988

《宪政·民主·对外事务》，〔美〕路易斯·亨金著，邓正来译，三联书店，1996

《宪政救国之梦：张耀曾先生文存》，杨琥编，法律出版社，2004

《宪政文化与近代中国》，王人博著，法律出版社，1997

《乡村建设实验》，章元善等编，中华书局，1934—1937

《乡村教育》，古楳著，长沙商务印书馆，1939

《乡村教育纲要》，北平辅仁大学 1934 年夏令讲习会印

《乡村织布工业的一个研究》，吴知著，商务印书馆，1936

《乡土中国乡土重建》，费孝通著，上海世纪出版集团，2007

《湘鄂赣革命根据地文献资料》，人民出版社，1985

《湘军新志》，罗尔纲著，"国防研究院"，1951

《湘绮楼日记》，王闿运著，台湾商务印书馆，1973

《湘绮楼诗集》，王闿运著，文海出版社，1963 年影印本

《想象的共同体：民族主义的起源与散布》，〔美〕安德森著，吴叡人译，上海人民
　　出版社，2005

《小仓山房文集》，袁枚著，文海出版社，1981

《小方壶斋舆地丛钞》，王锡祺辑，广文书局，1962 年影印本

《校邠庐抗议》，冯桂芬著，上海书店出版社，2002

《啸亭杂录》，昭梿著，中华书局，1980

《谢觉哉日记》，人民出版社，1984

《谢南光著作选》，海峡学术出版社，1999

《谢雪红评传》，陈芳明著，前卫出版社，1996

《辛亥革命》，中国史学会主编，上海人民出版社，1957

《辛亥革命货币》，吴筹中等编著，宁夏人民出版社，1986

《辛亥革命前后》（盛宣怀档案资料选辑之一），陈旭麓等主编，上海人民出版社，
　　1982

《辛亥革命前后——盛宣怀档案资料选辑之一》，陈旭麓等主编，上海人民出版
　　社，1979

《辛亥革命前十年间时论选集》，张枏、王忍之编，三联书店，1960、1963、1977；
　　1978

《辛亥革命时期期刊介绍》，丁守和主编，人民出版社，1987

《辛亥革命史》，章开沅、林增平主编，人民出版社，1981

《辛亥革命史料》，张国淦编，龙门联合书局，1958

《辛亥革命始末记》，渤海寿臣辑，五族民报社，1912

《辛亥革命首义记》，李廉方著，湖北通志馆，1947

《辛亥革命先著记》，杨玉茹著，科学出版社，1958

《辛亥革命与 20 世纪的中国》，中国史学会编，中央文献出版社，2002

《辛亥革命与近代中国社会变迁》，朱英主编，华中师范大学出版社，2001

《辛亥革命在湖北史料选辑》，武汉大学历史系中国近现代史教研室编，湖北人民出版社，1981

《辛亥革命在上海史料选辑》，上海社会科学院历史研究所编，上海人民出版社，1981

《辛亥革命浙江史料选辑》，浙江省辛亥革命史研究会等编，浙江人民出版社，1981

《辛亥革命资料类编》，中国社会科学院近代史研究所近代史资料编辑组编，中国社会科学出版社，1981

《辛亥前十年中国政治通览》，杜亚泉等著，周月峰整理，中华书局，2012

《辛亥首义回忆录》，中国人民政治协商会议湖北省委员会编，湖北人民出版社，1957—1961

《新货币政府实录》，王世鼎著，财政建设学会，1937

《新区土地改革前的农村》，人民日报编辑部编，人民出版社，1951

《新纂云南通志》，云南省通志馆编，云南省地方志编纂委员会办公室，1985—1989

《熊希龄先生遗稿》，上海书店出版社，1998

《岫庐八十自述》，王云五著，商务印书馆，1967

《徐公桥》，江恒源著，中华职业教育社，1929.

《徐继畬集》，白清才、刘贯文主编，山西高校联合出版社，1995

《徐可亭先生文存》，徐堪著，四川文献社，1970

《徐永昌日记》，"中央研究院"近代史研究所，1991

《徐愚斋自叙年谱》，徐润著，出版者不详，1927

《许宝蘅日记》，许恪儒整理，中华书局，2010

《宣统政纪》，金毓黻编，辽海书社，1934

《薛福成日记》，蔡少卿整理，吉林文史出版社，2004

《薛福成选集》，丁凤麟等编，上海人民出版社，1987

《学科·知识·权力》，〔美〕华勒斯坦等著，刘健芝等译，三联书店，1999

《学治臆说》，汪辉祖著，中华书局，1985

《血路——革命中国中的沈定一（玄庐）传奇》，〔美〕萧邦奇著，周武彪译，江苏人民出版社，1999

《血战余生》，张晴光著，台湾商务印书馆，1985

《寻求富强：严复与西方》，〔美〕史华慈著，叶凤美译，江苏人民出版社，1989

《鸦片战争》，中国史学会主编，上海人民出版社，1957；2000

《鸦片战争档案史料》，中国第一历史档案馆编，天津古籍出版社，1992

《鸦片战争末期英军在长江下游的侵略罪行》，上海社会科学院历史研究所编，上海

人民出版社，1962

《鸦片战争前中英通商史》，〔英〕格林堡著，康成译，商务印书馆，1961

《鸦片战争史》，萧致治主编，福建人民出版社，1996

《鸦片战争史料选译》，广东省文史研究馆译，中华书局，1983

《鸦片战争与林则徐史料选译》，广东省文史研究馆编，广东人民出版社，1986

《鸦片战争在舟山史料选编》，中国第一历史档案馆等编，浙江人民出版社，1992

《衢前农民运动》，中共浙江省党史资料征集研究委员会等编，中共党史资料出版
　　社，1987

《雅尔塔密约与中苏日苏关系》，王永祥著，东大图书公司，2003

《亚东图书馆与陈独秀》，汪原放著，学林出版社，2006

《严复集》，王栻主编，中华书局，1986

《严中平文集》，经君健编，中国社会科学出版社，1996

《晏阳初全集》，湖南教育出版社，1989

《晏阳初与定县平民教育》，李济东主编，河北教育出版社，1990

《杨度集》，刘晴波主编，湖南人民出版社，1986

《杨度集》，刘晴波主编，湖南人民出版社，2008

《杨基振日记》，黄英哲、许时嘉编译，"国史馆"，2007

《杨天石文集》，上海辞书出版社，2005

《杨肇嘉回忆录》，三民书局，2004

《洋务运动》，中国史学会主编，上海人民出版社、上海书店出版社，2000

《洋务运动文献汇编》，杨家骆编，世界书局，1963年影印本

《洋务运动与建省：满大人最后的二十年》，许雪姬著，自立晚报出版部，1993

《养知书屋文集》，郭嵩焘著，艺文印书馆，1964年影印本

《姚锡光江鄂日记》，中华书局，2010

《耶稣会士与中国科学》，樊洪业著，中国人民大学出版社，1992

《一次失控的近代化改革——关于清末新政的理性思考》，吴春梅著，安徽大学出版
　　社，1998

《一个被放弃的选择：梁启超调适思想之研究》，黄克武著，"中央研究院"近代史
　　研究所，2006

《一个被拘传教士的自述》，〔瑞士〕薄复礼著，张国琦译，昆仑出版社，1989

《一九二〇年代的中国》，中国社会科学院近代史研究所民国史研究室等编，社会科
　　学文献出版社，2005

《一九二七——一九三七年中国财政经济情况》，〔美〕杨格著，除泽宪、陈霞飞译，
　　中国社会科学出版社

《一九二四年以前台湾社会主义运动的萌芽》，邱士杰著，海峡学术出版社，2009

《一九三〇年代的中国》，中国社会科学院近代史研究所民国史研究室等编，社会科
　　学文献出版社，2006

《一位总督·一座城市·一场革命：张之洞与武汉》，皮明庥著，武汉出版社，2001

《一战时期河南农民运动》，中共河南省委党史工作委员会编，河南人民出版社，1987

《伊斯兰教在中国》，周燮藩、沙秋真著，华文出版社，2002

《伊斯兰教志》，秦惠彬著，上海人民出版社，1998

《伊斯兰文化》，丁士任主编，甘肃人民出版社，2010

《以军令兴内政——征兵制与国府建国之策略与实际》，汪正晟著，台湾大学文学
　　院，2007

《以礼代理——凌廷堪与清中叶儒学思想之演变》，张寿安著，河北教育出版社，2001

《义和团》，中国史学会主编，上海人民出版社，1957

《义和团档案史料》，故宫博物院明清档案部编，中华书局，1959

《义和团——盛宣怀档案资料选辑之七》，陈旭麓、顾廷龙、汪熙主编，上海人民出
　　版社，2001

《义和团史料》上册，中国社会科学院近代史研究所近代史资料编辑组编，中国社会
　　科学出版社，1980；1982

《义和团运动史料丛编》，北京大学历史系中国近现代史教研室编，中华书局，1964

《议会制度》，邱昌渭著，上海书店出版社据世界书局1933本影印

《亦云回忆》，沈亦云著，传记文学出版社，1968

《异辞录》，刘体仁著，上海书店，1984年影印本

《奕䜣慈禧政争记》，宝成关著，吉林文史出版社，1980

《银线》，林满红著，江苏人民出版社，2011

《饮冰室合集》，梁启超著，中华书局，1989

《印度史》，吴俊才著，三民书局，1990

《英帝国与中国西南边疆（1911—1947）》，吕昭义著，中国藏学出版社，2001

《英国档案有关鸦片战争资料选译》，胡滨编译，中华书局，1993

《英国蓝皮书有关辛亥革命资料选译》，胡滨译，中华书局，1984

《英国蓝皮书有关义和团运动资料选译》，胡滨译，丁名楠、余绳武校，中华书局，
　　1980

《英国侵略西藏史》，〔英〕荣赫鹏著，孙煦初译，台湾学生书局，1973

《英国与中日战争（1931—1941）》，徐蓝著，北京师范学院出版社，1991

《英美烟公司在华企业资料汇编》第1册，上海社会科学院经济研究所编，中华书
　　局，1983

《英使访华录》，〔英〕爱尼斯·安德逊著，费振东译，商务印书馆，1963

《瀛环志略》，徐继畬著，山西古籍出版社，2004

《瀛壖杂志》，王韬著，上海古籍出版社，1989

《影印太平天国文献十二种》，王庆成编注，中华书局，2004

《幽暗意识与民主传统》，张灏著，新星出版社，2006

《油彩·热情·陈澄波》，林育淳著，雄狮图书公司，1998

《于达先生访问纪录》，张朋园、林泉、张俊宏等访问，张俊宏纪录，"中央研究院"
　　近代史研究所，1989

《狱中人语》，罗文幹著，沈云龙主编《近代中国史料丛刊》正编第16册，文海出版
　　社，出版时间不详

《元以来西藏地方与中央政府关系档案史料汇编》，中国藏学研究中心等合编，中国
　　藏学出版社，1994

《袁世凯传》，李宗一著，中华书局，1989

《袁世凯家书》，"中央研究院"近代史研究所编印，1990

《袁世凯奏议》，天津图书馆、天津社会科学院历史研究所编，廖中一、罗真容整理，
　　天津古籍出版社，1987

《远东国际关系史》，〔美〕马士、宓亨利著，姚曾廙等译，商务印书馆，1975

《远东漫游——中国事务系列》，〔英〕巴尔福著，王玉括等译，南京出版社，2006

《远生遗著》，林志钧编，商务印书馆，1984

《约章成案汇览》甲编，北洋洋务局纂辑，上海点石斋，光绪三十一年（1905）承印

《月牙集》，老舍著，河北人民出版社，1981

《阅世编》，叶梦珠著，上海古籍出版社，1981

《越峤书》，李文凤编，庄严文化公司，1996

《越缦堂读书记》，李慈铭著，中华书局，1963

《越缦堂日记》，李慈铭著，广陵书社，2004

《粤氛纪事》，夏燮著，欧阳跃峰点校，中华书局，2008

《云南：联结印度和扬子江的铁链》，〔英〕戴维斯著，李安泰等译，云南教育出版
　　社，2000

《云南对外贸易概观》，万湘澄著，新云南丛书社，1946

《云南护国简史》，白之瀚著，新云南丛书社，1946

《云南近代兵工史简编（1856—1949）》，云南省国防科学技术工业办公室军事工业史办公室编印，1991

《云南近代史》，《云南近代史》编写组著，云南人民出版社，1993

《云南抗日战争史》，孙代兴、吴宝璋主编，云南大学出版社，1995

《云南文史资料选辑》，云南人民出版社，陆续出版

《云南辛亥革命史》，云南省历史学会、云南省中国近代史研究会编，云南大学出版社，1991

《云南辛亥革命资料》，谢本书等著，云南人民出版社，1981

《云南杂志选辑》，中国科学院历史研究所第三所编，科学出版社，1958

《恽代英日记》，中央档案馆等编，中共中央党校出版社，1981

《恽代英文集》，人民出版社，1984

《恽毓鼎澄斋日记》，浙江古籍出版社，2004

《在蒋介石身边八年——侍从室高级幕僚唐纵日记》，唐纵著，群众出版社，1991

《早期中美关系史》，〔美〕赖德烈著，陈郁译，商务印书馆，1963

《增补本李秀成自述原稿注》，罗尔纲著，中国社会科学出版社，1995

《曾国藩传》，萧一山著，中华文化出版事业委员会，1952

《曾国藩全集》，岳麓书社，1985—1991

《曾国藩与近代中国》，王继平、李大剑主编，岳麓书社，2007

《曾惠敏公手写日记》，曾纪泽撰，吴相湘主编，台湾学生书局，1965 年影印本

《曾纪泽日记》，刘志惠点校辑注，岳麓书社，1998

《战后世界历史长编》第 1 编第 2 分册，《战后世界历史长编》编委会编，上海人民出版社，1976

《战后台湾的接收与重建：台湾现代史研究论集》，郑梓著，新化图书公司，1994

《战时教育行政回忆》，陈立夫著，台湾商务印书馆，1973

《战争与革命中的西南联大》，〔美〕易社强著，饶佳荣译，传记文学出版社，2010

《张公权先生年谱初稿》，姚崧龄编著，传记文学出版社，1982

《张国淦文集》，杜春和编，北京燕山出版社，2000

《张季子九录·政闻录》，中华书局，1931

《张謇传记》，刘厚生著，上海书店，1985；香港龙门书店，1965

《张謇全集》，张謇研究中心、南通市图书馆编，江苏古籍出版社，1994

《张力与限界：中央苏区的革命（1933—1934）》，黄道炫著，社会科学文献出版社，2011

《张人骏家书日记》，张守中编，中国文史出版社，1993

《张申府文集》，河北人民出版社，2005

《张深切全集》，陈芳明等编，文经出版社，1998

《张文襄公全集》，文海出版社，1963

《张文襄公全集》，张之洞著，中国书店，1990年影印本

《张学良在台湾》，郭冠英著，中国友谊出版公司，1994

《张元济年谱长编》，张人凤、柳和成编著，上海交通大学出版社，2011

《张元济日记》，张人凤整理，河北教育出版社，2001

《张震回忆录》，解放军出版社，2003

《张之洞与湖北教育改革》，苏云峰著，“中央研究院”近代史研究所，1976

《张之洞与清末新政研究》，李细珠著，上海书店出版社，2003

《张之洞与中国近代化》，冯天瑜等主编，中国社会科学出版社，2010

《张之洞与中国近代化》，河北省社会科学院等编，中华书局，1999

《章士钊全集》，文汇出版社，2000

《章太炎书信集》，马勇编，河北人民出版社，2003

《章太炎政论选集》，中华书局，1977

《长江三角洲小农家庭与乡村发展》，黄宗智著，中华书局，1992

《长汀县志》，三联书店，1993

《掌故丛编》，故宫博物院掌故部编，中华书局，1990

《找寻真实的蒋介石——蒋介石日记解读》，杨天石著，香港三联书店，2008

《赵柏岩集》，赵炳麟著，出版者不详，1922年铅印本

《折断了的杠杆——清末新政与明治维新比较研究》，赵军著，湖南出版社，1992

《这些从秦国来——中国问题论集》，〔英〕赫德著，叶凤美译，天津古籍出版社，2005

《郑观应传》（修订本），夏东元著，华东师范大学出版社，1985

《郑观应集》，夏东元编，上海人民出版社，1982

《郑观应年谱长编》，夏东元编著，上海交通大学出版社，2009

《郑观应评传》，易惠莉著，南京大学出版社，1998

《政坛回忆》，程思远著，广西人民出版社，1983

《知堂回想录》，周作人著，三育图书公司，1980

《直隶风土调查录》，商务印书馆，1915

《直系军阀私人经济活动研究》，王秋华著，河北大学历史系硕士学位论文，2006

《殖民地台湾：左翼政治运动史论》，陈芳明著，麦田出版，2006

《指严随笔》，许国英著，中共中央党校出版社，1998

《中层理论》，杨念群著，江西教育出版社，2001

《中村孝志教授论文集——日本南进政策与台湾》，〔日〕中村孝志著，卞凤奎译，
　　稻乡出版社，2002

《中俄外蒙交涉始末》，吕秋文著，成文出版社，1976

《中法越南交涉档》，"中央研究院"近代史研究所编印，1962

《中共党史参考资料》，中国人民解放军政治学院党史教研室编印，1979

《中共党史暨文献选粹》，司马璐编著，翻印本，时地不详

《中共抗日部队发展史略》，张廷贵、袁伟、陈浩良著，解放军出版社，1990

《中共中央第一次国内革命战争时期统一战线文件选编》，中央统战部、中央档案馆
　　编，档案出版社，1991

《中共中央华南分局文件汇集》，中央档案馆、广东省档案馆编印，1989

《中共中央文件选集》，中共中央党校出版社，1989—1992

《中共中央香港分局文件汇集》，叶金蓉、陈扬和、许振咏编，中央档案馆、广东省
　　档案馆，1989

《中共中央政治报告选辑（1922—1926）》，中央档案馆编，中共中央党史出版社，
　　1981

《中国保甲制度》，闻钧天著，商务印书馆，1936

《中国报学史》，戈公振著，三联书店，1955

《中国不平等条约之缘起及其废除之经过》，钱泰著，"国防研究院"，1961

《中国城镇体系——历史、现状、展望》，顾朝林著，商务印书馆，1996

《中国出版界简史》，杨涛清著，永祥印书馆，1946

《中国出版史料补编》张静庐辑注，中华书局，1957

《中国大革命武汉时期见闻录——1925—1927年中国大革命札记》，〔苏〕A. B. 巴库
　　林著，郑厚安等译，中国社会科学出版社，1985

《中国道教简史》，唐大潮编著，宗教文化出版社，2001

《中国道教史》，卿希泰著，四川人民出版社，1996

《中国地方志集成·光绪广州府志》，史澄、李光廷纂，上海书店出版社，2013

《中国地方志集成·光绪续纂句容县志》，江苏古籍出版社编印，1991

《中国地方志集成·民国任县志》，上海书店编印，2006

《中国地方志集成·民国三河县新志》，上海书店编印，2006

《中国地方志集成·乾隆兴安府志·嘉庆续兴安府志》，凤凰出版社等编印，2007

《中国地方志集成·同治湖州府志》，上海书店编印，2011

《中国地方志集成·同治黄县志》，凤凰出版社等编印，2004

《中国地方志民俗资料汇编》，丁世良、赵放主编，书目文献出版社，1989—1995

《中国的大企业：烟草工业中的中外竞争》，〔美〕高家龙著，樊书华、程麟荪译，
　　商务印书馆，2001

《中国的思想与制度》，〔美〕费正清编，郭晓兵、王琼等译，世界知识出版社，2008

《中国的文化与宗教》，〔美〕J. L. 斯图尔特著，闵甲等译，吉林文史出版社，1991

《中国的现代化》，〔美〕罗兹曼主编，国家社会科学基金“比较现代化课题组”译，
　　江苏人民出版社，1988

《中国的银行》，吴承禧著，商务印书馆，1934

《中国第一次近代化运动的倡导者：恭亲王奕䜣大传》，董守义著，辽宁人民出版
　　社，1989

《中国法律与中国社会》，瞿同祖著，中华书局，1981

《中国纺织建设公司研究》，金志焕著，复旦大学出版社，2006

《中国革命史》，苏生著，出版者不详，辛亥年九月

《中国工人运动史》，曾成贵著，广东人民出版社，1998、

《中国公共卫生之建设》，胡宣明著，东亚图书馆，1928

《中国共产党广东省组织史资料》，中共广东省委组织部等编，中共党史出版社，1994

《中国共产党历史》上卷，中共中央党史研究室著，人民出版社，1991

《中国共产党上海市组织史资料》，中共上海市委组织部等编，上海人民出版社，1991

《中国共产党组织史资料》，中共中央组织部等编，中共党史出版社，2000

《中国古代地理名著选读》第 1 辑，顾颉刚等编著，科学出版社，1959

《中国古代思想史论》，李泽厚著，安徽文艺出版社，1999

《中国关税沿革史》，〔英〕莱特著，姚曾廙译，商务印书馆，1963

《中国关税制度论》，〔日〕高柳松一郎著，李达译，商务印书馆，1924

《中国国民党党务发展史料：组织工作》，李云汉主编，中国国民党党史会出版，1993

《中国国民党党章政纲集（增订本）》，萧继宗主编，中国国民党党史会，1976

《中国国民党第二次全国代表大会会议记录》，中国国民党中央执行委员会印行，1926

《中国国民党第六届中央执行委员会常务委员会议纪录汇编》，中国国民党中央委员

会秘书处编印，1954

《中国国民党第五届中央执行委员会常务委员会会议纪录汇编》，中国国民党中央委员会秘书处编印，时间不详

《中国国民党第一、二次全国代表大会会议史料》，中国第二历史档案馆编，江苏古籍出版社，1986

《中国国民党教育政策》，朱子爽著，国民图书出版社，1941

《中国国民党历次代表大会及中央全会资料》，荣孟源主编，光明日报出版社，1985

《中国国民党历次会议宣言及重要决议案汇编》，中国国民党中执会训委会编印，1941

《中国国民党历次全国代表大会重要决议案汇编》，秦孝仪主编，中国国民党党史会，1978

《中国国民党历届历次中全会重要决议案汇编》，秦孝仪主编，中国国民党党史会，1979

《中国国民党临时全国代表大会史料专辑》，林泉编，中国国民党党史会，1991

《中国国民党史述》，李云汉著，中国国民党党史会，1994

《中国国民党题名录》，李云汉主编，中国国民党党史会，1994

《中国国民党之沿革与组织》，陈昧凉著，世界书局，1927

《中国国民党职名录》，刘维开编，中国国民党党史会，1994

《中国国民革命军的北伐———一个驻华军事顾问的札记》，〔苏〕亚·伊·切列潘诺夫著，中国社会科学院近代史研究所翻译室译，中国社会科学出版社，1981

《中国海关与辛亥革命》，中国近代经济史资料丛刊编辑委员会主编，中华书局，1983

《中国海关与义和团运动》，中国近代经济史资料丛刊编辑委员会主编，中华书局，1983

《中国化学史话》，曹元宇著，江苏科学技术出版社，1979

《中国回教史》，傅统先著，宁夏人民出版社，2000

《中国回忆录》，〔苏〕达林著，侯均初等译，中国社会科学出版社，1981

《中国货币金融史略》，石毓符著，天津人民出版社，1984

《中国货币史》，彭信威著，群联出版社，1954

《中国教育史》，陈青之著，台湾商务印书馆，1963

《中国教育思想史》，任时先著，台湾商务印书馆，1968

《中国教育之改进———国联教育考察团报告书》，宗青图书出版公司影印版，1990

《中国金融旧事》，朱镇华著，中国国际广播出版社，1991

《中国金融年鉴》，沈雷春著，文海出版社，1979

《中国金融史》，洪葭管著，西南财经大学出版社，2001

《中国金融通史》，张国辉、洪葭管等著，中国金融出版社，2003—2008

《中国近百年政治史（1840—1926）》，李剑农著，台湾商务印书馆，1982；复旦大学出版社，2002

《中国近百年政治史》，李剑农著，台湾商务印书馆，1967；复旦大学出版社，2002

《中国近代报刊史》，方汉奇著，山西人民出版社，1981

《中国近代对外关系史资料选辑》，复旦大学历史系中国近代史教研组编，上海人民出版社，1977、1978

《中国近代对外贸易史资料（1840—1895）》，姚贤镐编，中华书局，1962

《中国近代工业史资料》，陈真、姚洛主编，三联书店，1960

《中国近代工业史资料》，汪敬虞主编，科学出版社，1957

《中国近代国民经济史》，湖北大学政治经济学教研组编，高等教育出版社，1958

《中国近代航运史资料》，聂宝璋主编，上海人民出版社，1983

《中国近代货币史资料》，中国人民银行总行参事室编，中华书局，1964、1986

《中国近代教育史》，陈景磐著，人民教育出版社，1983

《中国近代教育史资料》，舒新城编，人民教育出版社，1961

《中国近代教育史资料・实业教育、师范教育》，璩鑫圭、童富勇、张守智编，上海教育出版社，2007

《中国近代教育史资料汇编・教育行政机构及教育团体》，朱有瓛等编，上海教育出版社，1993

《中国近代教育史资料汇编・留学教育》，陈学恂、田正平编，上海教育出版社，2007

《中国近代教育史资料汇编・普通教育》，李桂林、戚名琇、钱曼倩编，上海教育出版社，2007

《中国近代教育史资料汇编・学制演变》，璩鑫圭、唐良炎编，上海教育出版社，2007

《中国近代经济史（1840—1894）》，严中平主编，人民出版社，2001

《中国近代经济史（1895—1927）》，汪敬虞主编，人民出版社，2000

《中国近代经济史统计资料选辑》，严中平等编，科学出版社，1955

《中国近代民主思想史（修订本）》，熊月之著，上海社会科学院出版社，2002

《中国近代农业史资料》，李文治、章有义编，三联书店，1957

《中国近代期刊篇目汇录》，上海图书馆编，上海人民出版社，1980

《中国近代缫丝工业史》，徐新吾等著，上海人民出版社，1990

《中国近代史》，陈恭禄著，商务印书馆，1935

《中国近代史料丛刊·洋务运动》，中国史学会编，人民出版社，1961

《中国近代史论丛》第1辑，包遵彭等编纂，正中书局，1959

《中国近代史上的关键人物》，庄练著，四季出版公司，1979

《中国近代史资料丛刊·戊戌变法》，中国史学会编，人民出版社，1953

《中国近代史资料丛刊·辛亥革命》，中国史学会编，上海人民出版社，1957

《中国近代史资料丛刊续编·太平天国》，罗尔纲、王庆成主编，广西师范大学出版社，2004

《中国近代手工业史资料（1840—1949）》，彭泽益编，中华书局，1962

《中国近代思想史的转型时代——张灏院士七秩祝寿论文集》，王汎森等著，联经出版公司，2007

《中国近代思想史论》，李泽厚著，安徽文艺出版社，1999

《中国近代思想史论》，王尔敏著，华世出版社，1977

《中国近代思想史论续集》，王尔敏著，社会科学文献出版社，2005

《中国近代思想与学术的系谱》，王汎森著，联经出版公司，2003

《中国近代铁路史资料》，宓汝成编，中华书局，1963

《中国近代通史》，张海鹏主编，江苏人民出版社，2009

《中国近代外交史》，陈志奇著，南天书局，1993

《中国近代外债史统计资料（1853—1927）》，徐义生编，中华书局，1962

《中国近代文化问题》，中华近代文化史丛书编委会编，中华书局，1989

《中国近三百年学术史》，钱穆著，台湾商务印书馆，1990

《中国近现代史论文集》第24编，"中华文化复兴运动委员会"主编，台湾商务印书馆，1986

《中国经济年鉴（1934年）》，实业部中国经济年鉴编纂委员会编，商务印书馆，1934

《中国经济年鉴·1947》，狄超白主编，太平洋经济研究社，1947

《中国经济史论文集》，孙健编，中国人民大学出版社，1987

《中国经济研究》，方显廷著，商务印书馆，1938

《中国经济原论》，王亚南著，香港生活书店，1947

《中国军事力量的兴起：1895—1912》，〔美〕鲍威尔著，陈泽宪、陈霞飞译，中国社会科学出版社，1979

《中国军事史》，中国军事史编纂组编，解放军出版社，1983

《中国军用钞票史略》，丁张弓良著，浙江大学出版社，2003

《中国历代政权与伊斯兰教》，吴振贵著，宁夏人民出版社，1996

《中国历史上的宇宙理论》，郑文光、席泽宗著，人民出版社，1975

《中国历史转型时期的知识分子》，余英时等著，联经出版公司，1992

《中国立宪史》，荆知仁著，联经出版公司，1984

《中国秘密宗教史研究》，刘平著，北京大学出版社，2010

《中国民主社会党》，方庆秋编，档案出版社，1988

《中国民主政治的困境，1909—1949——晚清以来历届议会选举述论》，张朋园著，
　　联经出版公司，2004

《中国民族及其文化论稿》，芮逸夫著，台湾大学人类学系，1972

《中国农村的过密化与现代化：规范认识危机及出路》，黄宗智著，上海社会科学院
　　出版社，1992

《中国农村经济论文集》，千家驹编，中华书局，1936

《〈中国农村〉论文选》，薛暮桥、冯和法编，人民出版社，1983

《中国农村问题》，李景汉著，商务印书馆，1937

《中国农民银行》，中国人民银行金融研究所编，中国财政经济出版社，1980

《中国农民运动纪事》，高熙编，求实出版社，1988

《中国农民运动近况》，中国国民党中央执行委员会农民部编印，1926

《中国农业资源》，沈宗瀚著，中华文化出版事业委员会，1952

《中国青年运动历史资料》，中国新民主主义青年团中央委员会办公厅编印，1957

《中国人的生活方式：从传统到近代》，李长莉著，四川人民出版社，2008

《中国人口（内蒙古分册）》，宋迺工主编，中国财政经济出版社，1987

《中国人口地理》，胡焕庸、张善余著，华东师范大学出版社，1984

《中国人留学日本史》，〔日〕实藤惠秀著，谭汝谦、林启彦译，三联书店，1983

《中国人民解放军全国解放战争史》，军事科学院军事历史研究部编，军事科学出版
　　社，1997

《中国社会教育概况》，教育部社会教育司编印，1939

《中国实业志·山东省》，实业部国际贸易局编印，1934

《中国史新论·基层社会分册》，黄宽重主编，"中央研究院"、联经出版公司，2009

《中国书院制度》，盛朗西著，中华书局，1934

《中国思想传统及其现代变迁》，余英时著，广西师范大学出版社，2004

《中国四大家族》，陈伯达著，长江出版社，1947

《中国天主教编年史》，顾卫民著，上海书店出版社，2003

《中国天主教简史》，晏可佳著，宗教文化出版社，2001

《中国通商银行》，谢俊美编，上海人民出版社，2000

《中国通与英国外交部》，〔英〕伯尔考维茨著，江载华等译，商务印书馆，1959

《中国外事警察》，赵炳坤著，商务印书馆，1937

《中国文化史新编》，谢澄平著，青城出版社，1985

《中国现代化的区域研究——江苏省》，王树槐著，"中央研究院"近代史研究所，1984

《中国现代化的区域研究——闽浙台地区（1860—1916）》，李国祁著，"中央研究院"近代史研究所，1982

《中国现代化历程》，虞和平主编，江苏人民出版社，2007

《中国现代化区域研究：山东省，1860—1916》，张玉法著，"中央研究院"近代史研究所，1982

《中国现代教育大事记（1919—1949）》，中央教育科学研究所著，教育科学出版社，1988

《中国现代史》，张玉法著，东华书局，1983

《中国现代史丛书 8》，张玉法主编，东大图书公司，1996

《中国现代史想史论》，李泽厚著，三民书局，1996

《中国现代史学会 30 周年庆典与学术研讨会论文集》，郑州，2010

《中国现代史资料选辑》，彭明主编，中国人民大学出版社，1991

《中国现代政治史论》，张玉法著，东华书局，1988

《中国宪法类编》，陈荷夫编，中国社会科学出版社，1980

《中国心灵》，〔德〕卫礼贤著，王宇洁等译，国际文化出版公司，1998

《中国新工业发展史大纲》，龚俊著，华世出版社，1978

《中国新货币政策》，余捷琼著，商务印书馆，1937

《中国新民主主义革命时期根据地法制文献选编》，韩延龙、常兆儒编，中国社会科学出版社，1981

《中国新文学大系（1927—1937）》，上海文艺出版社，1987

《中国新闻发达史》，蒋国珍著，上海世界书局，1927

《中国伊斯兰教派门宦溯源》，马通著，宁夏人民出版社，2000

《中国银行爱国爱行事例选编》，中国银行精神文明建设和思想政治工作办公室编，中国经济出版社，1997

《中国银行行史（1912—1949 年）》，中国银行行史编辑委员会编著，中国金融出版社，1995

《中国银行行史（1949—1992年）》，中国银行行史编辑委员会编著，中国金融出版社，2001

《中国银行行史资料汇编》，中国银行总行、中国第二历史档案馆合编，档案出版社，1991

《中国与罗马教廷关系史略》，顾卫民著，东方出版社，2000

《中国早期的轮船经营》，吕实强著，"中央研究院"近代史研究所，1962

《中国早期工业化：盛宣怀和官督商办企业》，〔美〕费维恺著，虞和平译，中国社会科学出版社，2002

《中国早期现代化中的地方督抚——刘坤一个案研究》，崔运武著，中国社会科学出版社，1998

《中国战区中国陆军总司令部处理日军投降文件汇编》，中国陆军总司令部编印，1945

《中国政府》，陈之迈著，商务印书馆，1945

《中国政府》，董霖著，世界书局，1941

《中国政治思想史》，萧公权著，联经出版公司，1982

《中国知识分子与西方》，汪一驹著，枫城出版社，1978

《中国资本主义的发展和不发展》，汪敬虞著，经济管理出版社，2007

《中国资本主义发展史》，许涤新、吴承明主编，人民出版社，1985、1990；2003

《中国资本主义与国内市场》，吴承明著，中国社会科学出版社，1985

《中国资产阶级的黄金时代》，〔法〕白吉尔著，张富强、许世芬译，上海人民出版社，1994

《中国自然区划概要》，全国农业区划委员会中国自然区划概要编写组编，科学出版社，1984

《中国宗教通史》，牟钟鉴、张践著，社会科学文献出版社，2003

《中国租佃制度之统计分析》，国民政府主计处统计局编，正中书局，1942；1946

《中韩关系史论集》，〔韩〕全海宗著，全善姬译，中国社会科学出版社，1997

《中华帝国对外关系史》，〔美〕马士著，张汇文等译，三联书店，1957；商务印书馆，1963；上海书店，2000

《中华帝国晚期的城市》，施坚雅主编，叶光庭等译，中华书局，2000

《中华帝国晚期的叛乱及其敌人》，〔美〕孔飞力著，谢亮生等译，中国社会科学出版社，1990

《中华归主：中国基督教事业统计》，中国社会科学院世界宗教研究所编，中国社会科学出版社，1987

《中华民国大学院之研究》，陈哲三著，台湾商务印书馆，1976

《中华民国国父实录》，罗刚编著，财团法人罗刚先生三民主义奖学金基金会，1988

《中华民国货币史资料》，中国人民银行总行参事室编，上海人民出版社，1986、1991

《中华民国建国史》，"教育部建国史编委会"主编，"国立编译馆"，1990

《中华民国教育史》，熊明安著，重庆出版社，1990

《中华民国教育政策发展史：国民政府时期（1925—1940）》，吴家莹著，五南图书
　　出版公司，1990

《中华民国金融法规档案资料选编》，中国第二历史档案馆等编，档案出版社，1989

《中华民国经济发展史》，秦孝仪主编，近代中国社，1983

《中华民国开国前革命史》，冯自由著，世界书局，1971

《中华民国开国史》，谷钟秀著，文星书店，1962

《中华民国陆军大学沿革史》，杨学房、朱秉一主编，"三军大学"，1990

《中华民国名人传》，近代中国社，1988

《中华民国南海四大群岛节略》，"内政部地政司"，1974

《中华民国商业档案资料汇编》，江苏省商业厅、中国第二历史档案馆编，中国商业
　　出版社，1991

《中华民国时期中央政府与西藏地方的关系》，祝启源、喜饶尼玛著，中国藏学出版
　　社，1991

《中华民国史》，张宪文等著，南京大学出版社，2006

《中华民国史档案资料汇编》，中国第二历史档案馆编，江苏人民出版社，陆续出版

《中华民国史稿》，张玉法著，联经出版公司，1998

《中华民国史事纪要》，"中华民国史事纪要"编辑委员会编，"国史馆"，陆续出版

《中华民国史事日志》，郭廷以编著，"中央研究院"近代史研究所，1979、1984

《中华民国史研究三十年》，中国社会科学院近代史研究所编，社会科学文献出版
　　社，2008

《中华民国史研究述略》，曾景忠编，中国社会科学出版社，1992

《中华民国史专题论文集》，"中华民国史专题讨论会"秘书处编，"国史馆"，1994、
　　1996

《中华民国史资料丛稿》增刊第5辑，中国社会科学院近代史研究所中华民国史研究
　　室编，中华书局，1979

《中华民国史资料丛稿·大事记》第12辑，中国社会科学院近代史研究所中华民国
　　史研究室编，中华书局，1982

《中华民国外交史》，张忠绂编著，正中书局，1943

《中华民国外交史资料选编》，程道德等编，北京大学出版社，1985、1988

《中华民国与联合国史料汇编——筹设篇》，叶惠芬编，"国史馆"，2001

《中华民国政治发展史》，秦孝仪主编，近代中国出版社，1985

《中华民国政治制度史》，林炯如、傅绍昌、虞宝棠著，华东师范大学出版社，1995

《中华民国重要史料初编》，秦孝仪主编，中央文物供应社，1981

《中华全国风俗志》，胡朴安著，广益书局，1923

《中华文史资料文库》，中国文史出版社，1996

《"中间地带"的革命：国际背景下看中共成功之道》，杨奎松著，山西人民出版社，
　　2010

《中美关系研究丛书 7》，汪熙主编，复旦大学出版社，1997

《中美关系资料汇编》，世界知识出版社编印，1960

《中美经济关系研究（1927—1937）》，仇华飞著，人民出版社，2002

《中美特殊关系的形成——1914 年前的美国与中国》，〔美〕韩德著，项立岭、林勇
　　军译，张自谋校，复旦大学出版社，1993

《中缅疆界研究》，柳长勋编著，"光复大陆设计委员会"，1977

《中日战争》，中国史学会主编，上海人民出版社，1957

《中山先生墨迹选萃》，香港中原出版社，1986

《中苏关系》，孙科著，中华书局，1946

《中苏关系史（1917—1926）》，李嘉谷著，社会科学文献出版社，1996

《中苏国家关系史资料汇编（1917—1924）》，薛衔天编译，中国社会科学出版社，
　　1993

《中外关系史译丛》，朱杰勤译，海洋出版社，1984

《中外旧约章汇编》，王铁崖编，三联书店，1982

《中外条约汇编》，黄月波、于能模、鲍厘人编，商务印书馆，1935

《中行服务记》，姚崧龄著，传记文学出版社，1968

《中央革命根据地史料选编》，江西省档案馆等编，江西人民出版社，1982

《中央陆军军官学校史稿》，中央陆军军官学校编印，1936

《中央银行史话》，寿充一、寿乐英编，中国文史出版社，1987

《中央银行史料》，洪葭管编，中国金融出版社，2005

《中印国界研究》，"光复大陆设计研究委员会"编印，1977

《重游赣南记》，王澄霄著，广州宏艺公司印行，1927

《周恩来一九四六年谈判文选》，中央文献出版社，1996

《周佛海日记》，蔡德金注，中国社会科学出版社，1986

《周作民与金城银行》，许家骏等编，中国文史出版社，1993

《朱家骅先生言论集》，"中央研究院"近代史研究所，1977

《诸蕃志》，嘉靖十四年重校万卷楼本

《竺可桢全集（10）·竺可桢日记》，上海科学教育出版社，2004

《转向自我——近代中国政治思想上的个人》，杨贞德著，"中央研究院"中国文哲
　　研究所，2009

《转折年代——中国的 1947 年》，金冲及著，三联书店，2002

《转折——以早期中英关系和〈南京条约〉为考察中心》，郭卫东著，河北人民出版
　　社，2003

《追忆蔡元培》，陈平原、郑勇编，中国广播电视出版社，1997

《资本论》，〔德〕马克思著，中央编译局译，人民出版社，1975

《资产阶级与辛亥革命》，林增平著，湖南出版社，1991

《资政院议场会议速记录——晚清预备国会论辩实录》，李启成校订，上海三联书
　　店，2011

《宗教社会学》，戴康生、彭耀主编，社会科学文献出版社，2000

《"总统"蒋公大事长编初稿》，秦孝仪总编纂，中国国民党党史会，1978

《"总统"蒋公思想言论总集》，秦孝仪编，中央文物供应社，1984

《走出西域——沿着马可波罗的足迹旅行》，〔英〕布鲁斯著，周力译，海潮出版
　　社，2000

《走到出版界》，高长虹著，上海泰东图书局，1929

《走向近代：国史发展与区域动向》，"走向近代"编辑小组编，东华书局，2004

《走向近代化的北京城——城市建设与社会变革》，史明正著，北京大学出版社，1995

《最近三十年中国政治史》，李剑农著，太平洋书局，1931

《最近之五十年——申报馆五十周年纪念》，申报馆编印，1923

《左文襄公全集·奏稿》，左宗棠著，文海出版社，1964 年影印本

《左文襄公在西北》，秦翰才著，商务印书馆，1947

《左宗棠全集》，刘泱泱等点校，岳麓书社，2009

『北一輝著作集』、北輝次郎編、東京：書房、1968

『北支治安戦』、防衛庁防衛研究所戦史室著、東京：朝雲新聞社、1971

『変動期東日本：史的考察』、日本国際政治学会編、東京：有斐閣、1980

『朝貢近代』、濱下武志著、東京：岩波書店、1997

『大東亜戦争全史』、服部卓四郎著、東京：原書房、1996

『大南実録・正篇第一紀』、東京：有隣堂、1963

『東方進出条約』、吉田金一著、東京：近代中国研究、1984

『東亞政治史研究』、衛藤瀋吉著、東京：東京大学出版会、1968

『福澤諭吉全集』、東京：岩波書店、1970

『国際法辞典』、国際法学会編、東京：鹿島出版会、1975

『互市見清朝通商秩序』、廖敏淑著、札幌：日本北海道大学大学院法学研究科博士
　　学位論文、2006

『加藤弘之前期政治思想』、松岡八郎著、東京：駿河台出版社、1983

『近代日中関係人物史研究新地平』、陶徳民、藤田高夫編、東京：雄松堂、2008

『近代中国国際的契機—朝貢貿易近代—』、濱下武志著、東京：東京大学出版
　　会、1990

『近代中国海関』、岡本隆司著、名古屋：名古屋大学出版会、1999

『近代中国政治外交史：五四運動』、坂野正高著、東京：東京大学出版会，1973

『橘樸中国』、山本秀夫編、東京：勁草書房、1990

『立憲政体成立史研究』、奥田晴樹著、東京：岩田書院、2004

『立憲政友會史』、菊池悟郎著、東京：日本圖書、1990

『琉球所属問題関係資料』第8巻、州立大学宝玲叢刊編纂委員会監修、東京：本邦
　　書籍株式会社、1980

『鹿児島県史料—旧記雑録拾遺伊地知季安著作史料集二』、鹿兒島縣歴史資料黎明
　　館編、鹿児島：鹿児島県発行、1999

『露清外交研究』、野見山温著、東京：酒井書店、1977

『満州事変作戦経過概要・満州事変史』、参謀本部編、稲葉正夫解説、巌南
　　堂、1972

《秘録土肥原賢二》、土肥原賢二刊行会、東京：芙蓉書房、1972

『明治文化全集』巻3、加藤弘之著、東京：日本評論社、1952

『明治文化資料叢書第四巻・外交編』、下村富士男編、東京：風間書房、1962

『幕藩制国家琉球支配』、紙屋敦之著、東京：校倉書房、1990

『慶應政治學：地域研究』、應義塾大學法學部著、東京：慶應義塾大學出版
　　社、2008

『日本近代史講義：明治立憲制形成理念』、鳥海靖著、東京：東京大学出版会，

1988

『日本外交年表主要文書（1840—1945）』、外務省編、原書房、2007

『日本外交史〈24〉大東亜戦争・戦時外交』、鹿島平和研究所編、東京：鹿島研究所出版会、1974

『日本外交史概説（増补版）』、池井优著、東京：庆应通信、1982

『日本外交文書』、外務省編、東京：外務省、陆续出版

『日本政治史：外交権力』、北岡伸一著、東京：日本放送出版會、1990

『上海工作76號』、晴氣慶胤著、東京：毎日新聞社、1980

『森有禮全集』第1巻、大久保利謙編、東京：宣文堂書店、1972

『外交史』、尾上正男著、東京：有信堂、1969

『我苦难道行：汪兆铭真实』、上坂冬子著、東京：講談社、1999

『現代史資料』（13）日中戦争（5）、臼井勝美編、東京：書房、1966

『現代史資料7・満州事変』、小林龍夫、島田俊彦編、書房、1964

『鴉片戦争研究：資料篇』、佐々木正哉編、東京：近代中国研究委員会、1964（中译本：《鸦片战争前中英交涉文书》，佐佐木正哉编，文海出版社，1967）

『扬子江今』、犬養健著、東京：中央公論社、1984

『昭和動乱』、重光葵著、中央公論社、1952

『浙江财阀论—基本的考察』、山上金男著、東京：日本评论社、1938

『支那事変陸軍作戦』、防衛庁防衛研究所戦史室著、東京：朝雲新聞社、1975—1983

『支那事變戦争指導史』、堀場一雄著、東京：時事通信社、1962

『中国近世社会秩序形成』、岩井茂樹編、京都：京都大学人文科学研究所、2004

『中国農村慣行調査』、中国農村慣行調査刊行会編、東京：岩波書店、1955

『中国外交文書辞典（清末篇）』、植田捷雄等編著、東京：学術文献普及会、1954

『中華民国幣制金融』、財団法人金融研究会著、東京：金融研究会、1936

《日省录》，汉城：汉城大学校出版部，1972

《阴晴史》，金允植著，汉城：国史编纂委员会，1958

《俞吉浚全书》，该书编纂委员会编，汉城：一潮阁，1995

Aldrich, Richard J., *Intelligence and the War against Japan: Britain, America and the Politics of Secret Service*, Cambridge: Cambridge University Press, 2008.

Alford, W.P., *To Steal a Book Is an Elegant Offence: Intellectual Property Law in Chinese Civilization*, Stanford: Stanford University Press, 1995.

Annual Report of the Board of Director of Chamber of Commerce and Manufactures, Manchester, 1849.

Anon, *A Modern Sabbath or a Sunday Ramble in and about the Cities of London and Westminster*, London, 1807.

Barnett, A. Doak, *China on the Eve of Communist Takeover*, New York: Frederick A Praeger, 1963.

Bau, Mingchien Joshua, *Modern Democracy in China*, Shanghai: The Commercial Press Limited, 1927.

Bays, Daniel H., *A New History of Christianity in China*, Wiley-Blackwell, 2011.

Bays, Daniel. H and Widmer, Ellen eds., *China's Christian College: Cross-Cultural Connections, 1900–1950*, California: Stanford University Press, 2009.

Bergère, Marie-Claire, *The Golden Age of the Chinese Bourgeoisie, 1911–1937*, Cambridge & New York: Cambridge University Press, 1989.

Blum, John Morton, *From the Morgenthau Diaries*, Boston: Houghton Mifflin, 1959.

Borg, Dorothy, *The United States and the Far Eastern Crisis of 1933–1938: From the Manchurian Incident through the Initial Stage of the Undeclared Sino-Japanese War*, Cambridge, Mass.: Harvard University Press, 1964.

Borthwick, Sally, *Education and Social Change in China: The Beginnings of the Modern Era*, California: Hoover Institution Press, Stanford University, 1983.

Bowring, L. B., *Autobiographical Recollection of Sir John Bowring, with a Brief Memoir*, London, 1877.

Boyle, John Hunter, *China and Japan at War 1937–1945: The Politics of Collaboration*, California: Stanford University Press, 1972.

British Parliamentary Papers, China, Shannon: Irish University Press, 1971.

Cameron, M. E., *The Reform Movement in China, 1898–1912*, New York: Octagon Books. Inc., 1963.

Carswell, J., *From Revolution to Revolution: England, 1688–1776*, London: Routledge & Kegan Paul, 1973.

Chen, Yung-fa, *Making Revolution: The Communist Movement in Eastern and Central China, 1937–1945*, Berkeley: University of California Press, 1986.

Cheng, Linsun, *Banking in Modern China: Entrepreneurs, Professional Managers, and the Development of Chinese Banks, 1897–1937*, Cambridge & New York: Cambridge University Press, 2003.

Chu, C. Y. Y. & Mak, R. K. S. eds., *China Reconstructs*, *Lanham*, Md.: University Press of America, 2003.

Ch'I, Hsi-sheng, *Nationalist China at War: Military Defeats and Political Collapse*, *1937–1945*, Ann Arbor: University of Michigan Press, 1982.

Ch'u T'ung-tsu, *Local Government in China under the Ch'ing*, Cambridge, Mass.: Harvard University Press, Council on East Asian Studies, 1962.

Coble, Parks M., *Chinese Capitalists in Japan's New Order: The Occupied Lower Yangzi*, *1937–1945*, Berkeley: University of California Press, 2003.

Coble, Parks M., *The Shanghai Capitalists and the Nationalist Government*, *1927–1937*, Cambridge, MA: Council on East Asian Studies, Harvard University, 1980.

Cochran, Sherman ed., *The Capitalist Dilemma in the China's Communist Revolution*, Ithaca: Cornell University East Asia Program, 2014.

Cohen, P. A., *Discovering History in China: American Historical Writing on the Recent Chinese Past*, New York: Columbia University Press, 1984.

Coleman, James S., *Education and Political Development*, New Jersey: Princeton University Press, 1965.

Costin, W. C., *Great Britain and China*, *1833–1860*, Oxford: Oxford University, 1937.

Davids, J., ed., *American Diplomatic and Public Papers: The United States and China*, *Series Ⅲ*, *The Sino-Japanese War to the Russo-Japanese War 1894–1905*, vol. 1, *The China Scene*, Wilmington, Delaware: Scholarly Resources Inc., 1981.

Documents on Communism Nationalism and Soviet Advisers in China 1918–1927, New York, Columbia University Press, 1956.

Documents on German Foreign Policy, *1918–1945*, London, 1949.

Eitel, E. J., *Europe in China*, *the History of Hong Kong from the Beginning to the Year 1882*, Hong Kong, 1895.

Emily S. Rosenberg, *Spreading the American Dream*, *American Economic and Cultural Expansion*, *1890–1945*, New York: Hill and Wang, 1982.

Esherick, J. W., Kayali, H., & Young, E. V., eds., *Empire to Nation: Historical Perspectives on the Making of the Modern World*, London: Rowman and Littlefield, 2006.

Everset, Allan Seymour, *Mongenthau, the New Deal and Silver: A Story of Pressure Political*, New York: King's Crown Press, 1950.

Fairbank, J. K. , ed. , *The Chinese World Order: Traditional China's Foreign Relations*, Cambridge, Mass. : Harvard University Press, 1968.

Fairbank, J. K. , Reischauer, E. O. , & Craig, A. M. , *East Asia: The Modern Transformation*, Boston, 1965.

Fairbank, J. K. , *Trade and Diplomacy on the China Coast*, Stanford: Stanford University Press, 1969; Cambridge, Mass. : Harvard University Press, 1953.

Feuerwerker, A. , *China's Early Industrialization: Sheng Hsuanhuai (1844 – 1916) and Mandarin Enterprise*, Cambridge, Mass. : Harvard University Press, 1958.

Feuerwerker, A. , Murphey, R. , & Wright, M. , eds. , *Approaches to Modern Chinese History*, University of California Press, 1967.

Fewsmith, Joseph, *Party, State, and Local Elites in Republican China: Merchant Organizations and Politics in Shanghai, 1890 – 1930*, Honolulu: University of Hawaii Press, 1985.

Fincher, J. H. , *Chinese Democracy: The Self-Government Movement in Local, Provincial and National Politics, 1905 – 1914*, Canberra: Australian National University Press, 1981.

Foreign Relations of the United States, Washington D. C. : U. S. Department of States, Official Print.

Fung, Edmund S. K. , *The Diplomacy of Imperial Retreat: Britain's South China Policy, 1924 – 1931*, Hong Kong & New York: Oxford University, 1991.

Graham, G. S. , *The China Station War and Diplomacy 1830 – 1836*, Oxford: Clarendon Press, 1978.

Griswold, Whitney A. , *Far Eastern Policy of the United States*, New York: Harcourt, Brace & Company, Inc. , 1938.

Hanway, J. , *An Essay on Tea*, London, 1756.

Hanway, J. , *Letters on the Importance of the Rising Generation of the Labouring Part of Our Fellow-Subjects*, London, 1767.

Hausman, William J. , Hertner, Peter, & Wilkins, Mira, *Global Electrification: Multinational Enterprise and International Finance in the History of Light and Power, 1878 – 2007*, Cambridge University Press, 2008.

Helen, S. , *The London Ritz Book of Afternoon Tea: The Art and Pleasures of Taking Tea*, New York: Arbor House, 1986.

Henriot, Christian & Yeh, Wen-hsin eds. , *In the Shadow of the Rising Sun: Shanghai un-*

der Japanese Occupation, Cambridge: Cambridge University Press, 2004.

Hill G. , *History of English Dress from the Saxon Period to the Present Day*, New York, 1893.

Hitchcock, Walter T. ed. , *The Intelligence Revolution: A Historical Perspective*, Washington D. C. : U. S. Government Printing Office, 1991.

Ho Ping-ti & Tsou Tang, eds. , *China in Crisis*, vol. 1, *China's Heritage and the Communist Political System*, Chicago: The University of Chicago Press, 1968.

Hoe, S. , & Roebuck, D. , *The Taking of Hong Kong*, Surrey: Curzon Press, 1999.

Hou Chi-ming, *Foreign Investment and Economic Development in China, 1840-1937*, Cambridge, Mass. : Harvard University Press, 1965.

Hou, Chiming, *Foreign Investment and Economic Development in China, 1840-1933*, Cambridge, Mass. : Harvard University Press, 1965.

Hsiao KungVchuan, *Rural China: Imperial Control in the Nineteenth Century*, Seattle: University of Washington Press, 1960.

Hunter, W. C. , *The "Fan Kwae" at Canton: Before Treaty Days, 1825-1844*, London: Kegan Paul, Trench & Co. , 1882.

Inglis, R. , *The Chinese Security Merchants in Canton and Their Debts*, Canton, 1838.

Iriye, Akira & Cohen, Warren eds. , *American, Chinese and Japanese Perspectives on Wartime Asia, 1931-1949*, Wilmington, Del. , : SR Books, 1990.

Iriye, Akira, Across the Pacific, *An Inners History of American-East Asian Relation*, Harcourt, Brace & World, Inc. , New York, 1967.

Iriye, Akira, *The Cambridge History of American Foreign Relations*, vol. Ⅲ , *The Globalizing of America, 1913-1945*, Cambridge University Press, 1993.

Kalyagin, Aleksandr Ya, *Along Alien Roads*, New York: East Asian Institute, Columbia University, 1983.

Kapp, Robert A. , *Szechwan and the Chinese Republic: Provincial Militarism and Central Power, 1911-1938*, New Haven and London, Yale University Press, 1973.

Keaton, G. W. , *The Development of Extraterritoriality in China*, vol. Ⅰ , New York: Howard Fertig, 1969.

Kirby, William C. , *Germany and Republican China*, California: Stanford University Press, 1984.

Lee En-han, *China's Quest for Railway Autonomy, 1904-1911*, Singapore: Singapore University Press, 1977.

Lin, W. Y. , *The New Monetary System of China*, Chicago: The University of Chicago Press, 1936.

Lindsay, H. H. , *Letter to the Right Honorable Viscount Palmerston, on British Relations with China*, London: Saunders and Otley, 1836.

Liu, F. F. , *A Military History of Modern China, 1924-1949*, New Jersey: Princeton Universuty Press, 1956.

Lu, Xiaobo & Perry, Elizabeth eds. , *Danwei: The Changing Chinese Workplace in Historical and Comparative Perspective*, New York: M. E. Sharpe, 1997.

Lutz, Jessie G. , *China and the Christian Colleges, 1850-1950*, Ithaca: Cornell University Press, 1966.

Macpherson, D. , *The History of the European Commerce with India*, London: Printed for Longman, 1812.

Mancall, M. , *China at the Center: 300 Years of Foreign Policy*, New York: Free Press, 1984.

Mancall, M. , *Russia and China: Their Diplomatic Relations to 1728*, Cambridge, Mass. : Harvard University Press, 1971.

Marshall, D. , *English People in the Eighteenth Century*, London and New York: Longmans, 1956.

May, Ernest R. & Thomson Jr. , James C. eds. , *American-East Asian Relation: A Survey*, Cambridge, Mass. : Harvard University Press, 1972/1986.

McCune, G. M. & Harrison, J. A. , eds. , *Korean-American Relations*, vol. 1, Berkeley & Los Angeles: University of California Press, 1951.

Millett, Allan R. & Murray, Williamson eds. , *Military Effectiveness*, vol. 3, *The Second World War*, Boston: Unwin Hyman, 1988.

Moore, B. , *Social Origins of Dictatorship and Democracy: Lord and Peasant in the Making of the Modern World*, Penguin Books, 1973.

Morse, H. B. , *The Chronicles of the East India Company Trading to China 1635-1834*, Oxford: Clarendon Press, 1926-1929.

Mui Hoh-Cheung, & Mui, H. L. , *Shops and Shopkeeping in Eighteenth Century England*, Kingston Ont. : McGill-Queen's University Press, 1989.

Nathan, Andrew J. , *Peking Politics, 1918-1923: Factionalism and the Failure of Constitu-

tionalism, Berkeley: University of California Press, 1976.

Nelson T. , *Johnson and American Policy Toward China*, *1925-1941*, East Lansing: Michigan State University, 1968.

Nixon, Edgar B. ed. , *Franklin D. Roosevelt and Foreign Affair*, vol. 2, 1935, Cambrideg, Mass. : Harvard University Press, 1969.

Olsen, K. , *Daily Life in 18th Century England*, London: Greenwood Press, 1999.

Palmer, David A. , Shive, Glenn and Wickeri, Philip L. ed. , *Chinese Religious Life*, Oxford: Oxford University Press, 2011.

Pollard, Robert T. , *China's Foreign Relations*, *1917-1931*, New York, 1933.

Pritchard, E. H. , *The Crucial Years of the Anglo-Chinese Relations 1750-1800*, Pullman, Wash: State College of Washington, 1936; 2000.

Pye, Lucian W. , *The Spirit of Chinese Politics: A Psychocultural Study of the Authority Crisis in Political Development*, Cambridge, Mass. : M. I. T. Press, 1968.

Pye, Lucian W. , *Warlord Politics: Coalition in Modernization of Republican China*, New York: Praeger, 1971.

Romanus, Charles F. & Sunderland, *Riley, Stilwell's Mission to China*, Washington D. C. : Office of the Military History, Department of the Army, 1953.

Romanus, Charles F. & Sunderland, Riley, *Stilwell's Command Problems*, Washington D. C. : Office of the Chief of Military History, Department of the Army, 1956.

Roosevelt, Elliott, *As He Saw It*, New York: Duell Sloan and Pearce, 1946.

Rosenberg, Emily S. , *Financial Missionaries to the World: The Politics and Culture of Dollar Diplomacy*, *1900-1930*, Cambridge, Mass. : Harvard University Press, 1999.

Rosenthal, Jean-Laurent & Wong, R. Bin, *Before and Beyond Divergence: The Politics of Economic Change in China and Europe*, Cambridge, Mass. : Harvard University Press, 2011.

Roy, P. , *English Society in the Eighteenth Century*, New York: Penguin USA, 1990.

Schaller, Michael, *The U. S. Crusade in China*, *1938-1945*, New York: Columbia University Press, 1971.

Shen, L. Y. , *China's Currency Reform*, Shanghai: The Mercury Press, 1941.

Sheridan, James E. , *Chinese Warlord*, *Feng Yu-hsiang*, California, Stanford University Press, 1966.

Sheridan, James E. , *Chinese Warlord: The Career of Feng Yu-hsiang*, California: Stanford

University Press, 1973.

Sherwood, Robert E. , *Roosevelt and Hopkins*: *An Intimate History*, New York: Harpers and Brothers, 1948.

Shiroyama, Tomoko, *China during the Great Depression*: *Market*, *State*, *and the World E-conomy*, *1929–1937*, Cambridge, Mass. : Harvard University Press, 2008.

Sih, Paul K. T. ed. , *Nationalist China During the Sino-Japanese War*, *1937–1945*, Hicks-ville, New York: Exposition Press, 1977.

Sih, Paul K. T. ed. , *The Strenuous Decade*: *China Nation-Building Efforts*, *1927–1937*, N. Y. : St. John's University Press, 1976.

So, Wai-chor, *The Kuomintang Left in the National Revolution*, *1924–1931*, Oxford & New York: Oxford University Press, 1991.

Spector, S. , *Li Hung-chang and the Huai Army*: *A Study in Nineteenth Century Chinese Re-gionalism*, Seattle: University of Washington Press, 1964.

Stanley, C. J. , *Late Ching Finance*: *Hu Kuang-yung as an Innovator*, Cambridge, Mass. : Harvard University Press, 1961.

Staunton, G. T. , *Miscellaneous Notices Relating to China*, London: John Murray, 1822.

Tan Chung, *China and the Brave New World*: *A Study of the Origins of the Opium War*, *1840–1842*, Durham: Carolina Academic Press, 1978.

Teitler, Ger & Radtke, Kurt W. eds. , *A Dutch Spy in China*: *Reports on the First Phase of the Sino-Japanese War*, *1937–1939*, Leiden: Brill, 1999.

The Inspectorate General of Customs, *Treaties*, *Conventions*, *etc.* , *between China and Foreign State*, Shanghai, 1908.

Thewall, A. S. , *The Inquinities of the Opium Trade with China*, Wm H. Allen & Co. , 1839.

Thompson, E. P. , *Customs in Common*: *Studies in Traditional Popular Culture*, New York: New Press, 1993.

Trotter, Ann, *Britain and East Asia*, *1933–1937*, LSE Monographs in International Studies.

U. S. Military Intelligence Report: *China*, *1911–1941*, Reel V.

Vattel, Monsieur de, *The Law of Nations*, *Or*, *Principles of the Law of Nature*, London: Printed for G. G. and J. Robissok, Paternoster Row, 1797.

Waldron, Arthur, *From War to Nationalism*: *China's Turning Point*, *1924 – 1925*, New York: Cambridge University Press, 1995.

Watson, J. S. , *The Reign of George III 1760-1815*, Oxford, 1960.

Wedemeyer, Albert C. , *Wedemeyer Report*, New York: Henry Holt & Company, 1958.

Wei, Wen-pin, *The Currency Problems in China*, New York: Columbia University Press, 1914.

Wells, Sumner, *Seven Decisions That Shaped History*, New York: Harper and Brothers, 1951.

Wested, Odd Arne, *Decisive Encounters: The Chinese Civil War, 1946-1950*, California: Stanford University Press, 2003.

White, Theodore H. ed. , *The Stilwell Papers*, New York: Schocken Books, 1948.

Wilbur, C. Martin, *The Nationalist Revolution in China, 1923-1928*, Cambridge: Cambridge University Press, 1984.

Williams, G. , *The Age of Agony: The Art of Healing, 1700-1800*, Academy Chicago Publishers, 1996.

Wong J. Y. , *Anglo-Chinese Relations 1839-1860, A Calendar of Chinese Documents in the British Foreign Office Records*, Oxford: Oxford University Press, 1983.

Wood, H. J. , *Prologue to War, The Anglo-Chinese Conflict 1800-1834*, Ph. D. dissertation, University of Wisconsin, 1938.

Woodhead, H. G. W. edited, *The China Year Book, 1923*, The Tientsin Press, Ltd. , 1923.

Woodman, *Himalayan Frontiers*, New York, 1969.

Wou, Odoric Y. K. , *Militarism in Modern China: The Career of Wu P'ei-fu, 1916-1939*, Studies of the East Asian Institute, Columbia University, 1978.

Wright, A. F. , ed. , *Studies in Chinese Thought*, Chicago: University of Chicago Press, 1953.

Wright, M. , ed. , *China in Revolution: The First Phase, 1900-1913*, New Haven and London: Yale University Press, 1968.

Wright, M. , *The Last Stand of Chinese Conservatism: The T'ung-chih Restoration, 1862-1874*, Stanford: Stanford University Press, 1957.

Young, Arthur N. , *China and the Helping Hand, 1937-1945*, Cambridge, Mass. : Harvard University Press, 1963.

Young, Arthur N. , *China's Nation-Building Effort, 1927-1937*, California: Hoover Institution Press, 1971.

Young, C. K. , *Religion in Chinese Society*, Berkeley & Los Angeles: University of California Press, 1961.

Younghusband, F. , *India and Tibet*, London: John Murray, 1910.

Yu, Maochun, *The Dragon's War: Allied Operations and the Fate of Modern China, 1937–1947*, Annapolis: Naval Institute Press, 2006. .

Zarrow, P. , ed. , *Creating Chinese Modernity: Knowledge and Everyday Life, 1900–1940*, New York: Peter Lang, 2006.

Zhang, Yongjin, *China in the International System, 1918–1920*, London, Macmillan, 1991.

后　记

　　晚近以来的中国近代史，是中国历史长河中的重要时段，包含着多重的政治、经济、军事、外交、思想、文化、社会等方面的内容，不仅具有历史的意义，更因其与现实密切关联，而引起学界和社会各界的广泛关注。近代史研究一向是中国史学研究中最为活跃的领域之一。自20世纪30年代初期中国学者明确提出"中国近代史"的概念及开展相关研究，至今已近百年，其间有关研究成果数量丰硕，涉及的主题包括了中国近代史的方方面面，成绩斐然。20世纪80年代以来，随着大量过去深藏不露的档案文献的开放，随着时代环境的变化及学术潮流的衍变，随着学术交流的广泛进行和研究的深入及认知的变化，海内外的中国近代史研究不断发展、深化、创新，成果迭出。

　　为了进一步推动中国近代史研究，尤其是促进海峡两岸学者对中国近代史的共同研究，2010年10月，中国社会科学院近代史研究所发起"两岸新编中国近代史"研究计划，约请大陆及海峡对岸的台湾各大学和研究机构的同人共同参与，并得到他们的积极回应。其后，该项计划进入实质性研究阶段，其研究宗旨为：

　　1. 以专题研究的框架，展现中国近代史研究的广度与深度，尤其着重展现20世纪80年代以来中国近代史研究在史料运用、研究方法、个案解读、历史诠释等方面的新进展与新趋向，注重其学术性与前沿性。

　　2. 面向学界同行，具有国际视野，体现全球化时代学术研究的新特点。同时，亦考虑到大学本科以上学生及社会大众读者的学习需要和阅读兴趣，力求有更广大的读者面。

　　3. 在注重学界过往比较重视的政治、经济、外交史研究的同时，也注重体现近年来学术研究的新视角与新趋向，在思想、文化、社会史研究等方面，亦有充分的写作与讨论空间。

4. 各章节以专题和专论为中心，不求面面俱到，但求有感而发，内容详略得当，文字通畅可读，书后附参考文献和人名索引。

考虑到学术研究的百家争鸣特性，以及本研究计划的参加者来自不同地域、不同机构，具有或同或异的学术背景和研究经历，我们不要求以同一视角和话语系统从事研究与写作，而是充分尊重作者个人的研究兴趣、学术见解与表述方式，本着文责自负的原则，在自由讨论切磋的基础上，以客观真实、实事求是为本，既凸显学术共识，又保留表述差异，最终形成在中国近代史各个不同论述主题之下的异彩纷呈的学术研究精品。

参加本研究计划的学者共有 57 位，其中大陆学者 34 位、台湾学者 21 位、香港学者 2 位，每位学者就其所擅长之研究主题各撰写一章。北京近代史研究所所长王建朗研究员统筹主持研究计划，台北近代史研究所时任所长黄克武研究员在联络台湾学者参与研究并提出撰写意见方面贡献良多。王建朗、黄克武研究员慨允共同主编本书并为序。

自 2013 年起，本书作者陆续完成并提交了书稿初稿。2013 年 8 月，在北京召开了书稿讨论会，参加者有北京近代史所王建朗、汪朝光、金以林、杜继东研究员，北京大学王奇生教授，中山大学桑兵教授，台北近代史所黄克武研究员，台湾东海大学唐启华教授，以及本书出版方社会科学文献出版社的杨群、徐思彦编审。本次会议讨论了书稿审阅定稿过程中若干需要解决的问题，确定了书名，并对全书的体例统一、章节安排、参考文献、文字表述等技术性问题，明确了修改原则。会后，我们将书稿先行发给相关主题的作者互审，收获了许多很好的意见。自 2015 年起，我们又集中对书稿进行了统一审阅和编辑校订，汪朝光研究员承担了其中不少工作。前后历时五年，终竟全功。

在《两岸新编中国近代史》的研究、撰写、编辑、定稿的全过程中，我们得到各位作者包括大陆和台湾诸多学界同人的大力支持。我们向他们表示衷心的感谢！感谢他们对学术的认真负责及对我们工作的宽厚包容！

本研究自最初发端到完成出版，始终得到社会科学文献出版社的大力支持。社会科学文献出版社的领导和近代史编辑室宋荣欣、赵薇、李丽丽等编辑，在书稿编辑出版过程中尽心尽力，排忧解难，为书稿最终以这样的方式呈现给读者贡献多多。我们亦向他们表示衷心的感谢！感谢他们多年来对学术研究和出版的无私支持！

学术研究的健康发展不仅在于学者自身的努力，也在于有关各方的关心支持，形成良好的百家争鸣、百花齐放式的研究氛围，以有利于真正优秀的科研成果脱颖而出。本研究进行过程中，得到中国社会科学院科研局领导及"创新工程"项目的支持，得到"国家出版基金"的出版经费支持，我们也向他们表示衷心的感谢！感谢他们为学术研究和成果出版创造的良好环境！

《两岸新编中国近代史》完成出版，是两岸学者合作共同研究中国近代史的良好开端，并提供了成功的经验。在中国近代史研究领域，未来两岸合作研究具有无限广阔的空间。我们期待两岸学者有更多的合作，在全球化的时代，建立我们对中国历史的主体性诠释，留下我们这一代学者的学术印迹！

中国社会科学院近代史研究所

二〇一六年四月

图书在版编目（CIP）数据

两岸新编中国近代史：典藏版：全 4 卷／王建朗，
黄克武主编. -- 北京：社会科学文献出版社，2024.8（2025.9 重印）
ISBN 978-7-5201-4728-6

Ⅰ.①两… Ⅱ.①王… ②黄… Ⅲ.①中国历史–研
究–近代 Ⅳ.①K25

中国国家版本馆 CIP 数据核字（2023）第 216777 号

两岸新编中国近代史·典藏版（全 4 卷）

主　　编／王建朗　黄克武

出 版 人／冀祥德
责任编辑／李丽丽　李期耀　邵璐璐　石　岩
责任印制／岳　阳

出　　版／社会科学文献出版社·历史学分社（010）59367256
　　　　　地址：北京市北三环中路甲 29 号院华龙大厦　邮编：100029
　　　　　网址：www.ssap.com.cn
发　　行／社会科学文献出版社（010）59367028
印　　装／北京联兴盛业印刷股份有限公司

规　　格／开　本：787mm×1092mm　1/16
　　　　　印　张：148.25　字　数：2347 千字
版　　次／2024 年 8 月第 1 版　2025 年 9 月第 3 次印刷
书　　号／ISBN 978-7-5201-4728-6
定　　价／498.00 元（全 4 卷）

读者服务电话：4008918866